武進年鉴 2023

WUJIN YEARBOOK

常州市武进区地方志办公室 编

方志出版社
Publishing House of Local Records

图书在版编目（CIP）数据

武进年鉴．2023 / 常州市武进区地方志办公室编．
北京 ：方志出版社，2023.9
ISBN 978-7-5144-5768-1

Ⅰ．①武… Ⅱ．①常… Ⅲ．① 武进区－2023－年鉴
Ⅳ．①Z525.34

中国国家版本馆CIP数据核字（2023）第192929号

责任编辑：陈菁
责任校对：张玉霞
责任印制：梅中英
出 版 者：方志出版社
地　　址：北京市朝阳区潘家园东里 9 号（国家方志馆4层）
邮　　编：100021
网　　址：http://www.zgfzcb.cn
发　　行：方志出版社图书营销中心（010-67110500）
印　　刷：常州市武进第三印刷有限公司
开　　本：889毫米×1194毫米　1/16
印　　张：24.25
字　　数：1062千字
版　　次：2023年9月第1版
印　　次：2023年9月第1次印刷
定　　价：180.00元

年度荣誉 2022

NIANDURONGYU

全国综合实力百强区第 3 名

全国投资潜力百强区第 1 名

全国首批中央财政支持普惠金融发展示范区

第三批国家农业绿色发展先行区

全国县域农业农村信息化发展先进县

国家知识产权强县建设示范县

全国青年发展型县域试点

1

2

3

古风今韵总相宜。武进全力保障历史文化遗产创造性转化、创新性发展，全面推进绿色城区示范区建设、生态绿城创建。

1. 武进国家产城融合示范区远眺
（摄于 2022 年 7 月）
2~3 组图：国内唯一保存完好的西周至春秋时期地面城池——淹城。2017 年，以淹城为核心建成国家 AAAAA 级旅游景区
（摄于 2022 年 5 月）
4. 新天地公园夜景
（摄于 2022 年 8 月）

1

2

2022 年，武进把高水平建设“两湖”创新区作为贯彻实施“532”发展战略，切实扛起“两湖”创新区的核心区、先导区、引领区首位担当，谋篇“最美湖湾城”远景。

1. 开发中的长三角中庭——常州西太湖科技产业园揽月湾（摄于 2022 年 12 月）
2. 11 月 15 日，武进区代表与会第十二届苏港澳青年发展论坛
3. 10 月 22 日，市委常委、区委书记乔俊杰担任青年代表“领学员”，带领青年代表参观“两湖”创新区规划展示馆
4. 6 月 6 日，第二届长三角两岸青年创新创业大赛在武进颁奖

1

3

4

2

2022年，武进全力推进长三角交通中轴建设，实现由"补齐短板"向"打造长板"的重大转变，畅通现代化武进"主动脉"。

5

1. 跨越8千米滆湖，与沪武高速公路同向并肩的沪宁沿江高铁轨道铺设全面完成，"两湖"地区迈入"高铁时代"（摄于2022年12月）
2. 获2022年度中国市政最高质量水平评价的龙江路—长虹路立交改扩建工程（摄于2022年8月）
3. 7月，"532"发展战略"长三角交通中轴"重点项目之常州东港集装箱物流中心一期投入运营，设计年吞吐量10万标准箱（摄于2022年7月）
4. 常州首座双线千吨级交通船闸——前黄船闸（摄于2022年8月）
5. 省级"美丽农村路"——揽月路（摄于2022年7月）

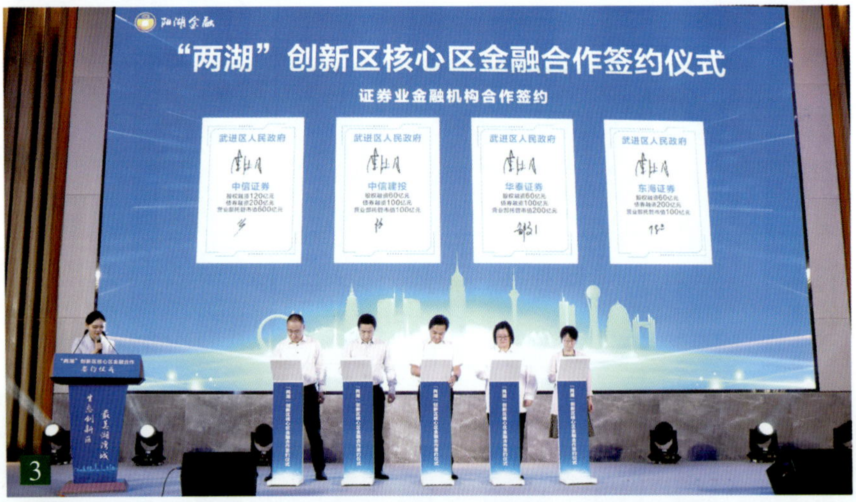

2022 年，武进区持续优化营商环境，合力推进 212 个省、市、区重大项目任务清单，通过金融服务、招揽英才、“一网通办”等举措，密集释放政策利好，为激发企业创新活力和地方发展动力注入强劲势能。

1. 7 月 30 日，“两湖”创新区核心区金融合作签约仪式在西太湖畔召开
2. 7 月 5 日，武进区中央财政支持普惠金融发展示范区建设启动
3. 7 月 30 日，证券业金融机构合作签约仪式召开
4. 7 月 15 日，武进区召开惠企政策计算器启用暨优化营商环境企业家座谈会
5. 8 月 21 日，武进区地方金融监管局举办上市苗圃“直通港交所”主题活动暨武进企业赴港上市推介会
6. 武进区行政审批局推出“一站式”服务（摄于 2022 年 2 月）

7~8 组图：11 月 16 日，上海市公共服务平台管理中心与武进区人民政府签署协议，“智融科创·才赢天下”长三角（常州）创新中心入驻武进，首批引入高科技项目企业与地方代表签约

4

5

6

7

8

CKP 12

1

CIICW
2022中国—以色列创新合作周开幕式暨中以创新发展论坛
OPENING CEREMONY OF 2022 CHINA-ISRAEL INNOVATION COOPERATION WEEK & CHINA-ISRAEL INNOVATION AND DEVELOPMENT FORUM
创新之季
合作之约
With You · With Innovation
2022中国—以色列创新合作周
2022 CHINA-ISRAEL INNOVATION COOPERATION WEEK

2

2022 年，武进进一步提升创新平台能级，汇聚科技资源，筑巢引凤，打造创新创业高地，推动高质量发展。

1. 中以常州创新园一角（摄于 2022 年 7 月）
2. 9 月 5—9 日，2022 中国—以色列创新合作周在武进开幕
3. 武进“创新之核”——常州科教城远眺（摄于 2022 年 7 月）
4. 全区首个“园区更新”项目——嘉泽智建创业中心（摄于 2022 年 12 月）
5. 联东 U 谷·常州国际企业港（摄于 2022 年 10 月）

1

2

2022 年，武进聚力“智造升级”，做强现代产业“主引擎”，加快打造新能源之都首位区，为常州建设国际化智造名城、打造长三角产业中轴贡献武进力量。

1. 3 月 6 日，武进国家高新区 2022 年一季度重点项目集中签约
2. 3 月 8 日，2022 年常州西太湖科技产业园产业发展大会召开
3. 6 月 21 日，理想汽车理想 L9 发布
4. 11 月 20 日，常州石墨烯科技产业园上榜国家级小型微企业创新创业示范基地
5. 省级专精特新企业——常州富烯科技生产线（摄于 2022 年 10 月）
6. 常州朗合医疗器械有限公司核心产品中国首台经支气管肺部柔性内窥镜手术机器人操作展示（摄于 2022 年 10 月）
7. 星星充电入围胡润“2022 年全球独角兽榜”，图为车间一角（摄于 2022 年 12 月）
8. 8 月，中铁建电气化局集团轨道交通器材有限公司研制的棘轮补偿装置获评第四批国家级专精特新“小巨人”产品，图为车间一角

3

4

5

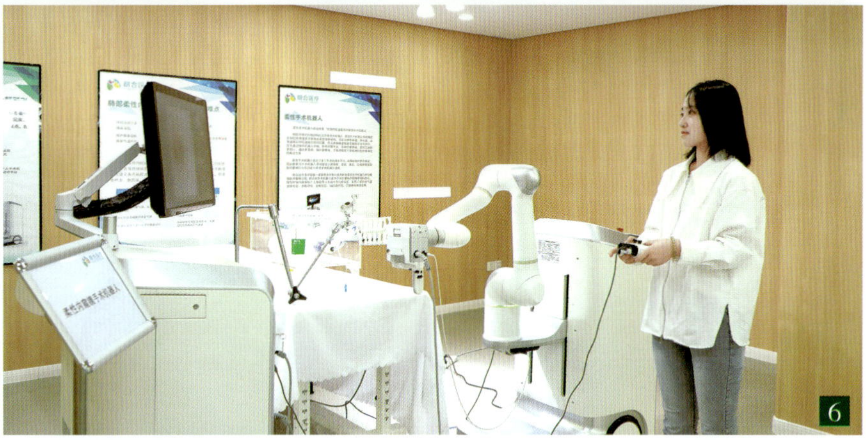

6

7

8

2022年，武进以建成第三批国家农村产业融合发展示范区为契机，构建“以花木产业为主，绿色工业、休闲旅游为辅”的核心产业体系，共治小微水体，共享“水清、河畅、岸绿、人和”生态美景。

1. 全国花木之乡——嘉泽镇一景（摄于2022年7月）
2. 江苏省最美乡村健身公园——洛阳镇马鞍村体育公园（摄于2022年5月）
3. 市级示范幸福河湖——嘉泽镇士桥浜（摄于2022年8月）
4. 雪堰镇生态湿地公园（摄于2022年8月）
5. 滆湖生态风景线（摄于2022年10月）
6. 市级幸福小微水体示范村——湟里镇村前村（摄于2022年8月）
7. 全市首个河长制主题公园——湟里河南村塘墩（摄于2022年5月）

4

5

6

7

1

2

3

2022年，武进锚定建设长三角文旅中轴工作目标，打造全域休闲度假旅游，形成“一古一今一生态”（淹城、太湖湾、西太湖）文旅总体格局，全域旅游知名度和美誉度提升。

1. 8月27—28日，2022常州西太湖国际音乐节在西太湖中国花卉博览园举行
2. 6月25日，不止骑·单车环太湖100千米活动在太湖湾旅游度假区开赛
3. 7月16日，“花都水城·浪漫武进”文化旅游节暨“龙城夜未央·武进尽欢畅”夜生活节“古城夜宴”秀
4. 在建中的西太湖外国语学校（摄于2022年12月）
5. 5月9日，常州西太湖医院开诊
6. 首批国家5C自驾车旅居车营地——太湖湾露营谷（摄于2022年8月）

4

5

6

《武进年鉴（2023）》编纂委员会

名誉主任 乔俊杰
主　　任 恽淇丞
副 主 任 张小虎
成　　员 （按姓氏笔画排列）

万向阳　王明源　孔令君　左朝辉　田　华
冯　宇　夷建良　朱建刚　朱鹏程　汤　枫
何泽宇　张　群　张卫星　张文伟　陈　刚
陈　江　罗　燕　居敏俊　袁　涛　夏建飞
钱勤东　谈正刚　陶　可　曹雄伟

年鉴编辑部

主　　编 孔令君
执行主编 朱建刚
副 主 编 罗　燕　万向阳
编　　辑 万向阳　周小红　陈　蓉　颜　赶　张怡菁
王国新　杨汉平
图片摄影 谷建平　陆　新　刘建中　许正宏等
彩页设计 杨汉平
英文翻译 吉盘华

地　址　江苏省常州市武进区行政中心1号楼东侧二楼　邮政编码　213159
电　话　（0519）86310472（传真）　86310473　86310158
网　址　wjsz.cz.js.cegn.cn　邮　箱　wjnj88@163.com

《武进年鉴（2023）》审稿人

（按姓氏笔画排列）

于洋洋	万家东	王　伟	王　勇	王　勇
王　斌	王　戬	王　燕	王云梅	王伟华
王志刚	王丽莉	王贤方	王建虎	王栋梁
王保华	王照江	尤霄峰	毛　兴	卞曙光
邓韶雄	左朝辉	左燕钢	夷建良	朱宏英
朱建刚	庄代远	许建勋	孙浩威	纪佩来
严　波	严　琳	李　栋	李　甜	李　博
李　媛	李大岭	李文俊	李建林	杨　琳
杨丹珂	杨育才	杨姗菁	杨美英	吴　玲
吴　柯	吴　頔	吴海涛	何伟杰	何泽宇
佘　挺	冷亚春	闵贤俊	羌云庆	汪志南
沈　隽	沈　超	沈　雷	沈惠芬	宋志盛
张　群	张小锋	张文伟	张佳佳	张建新
陆　尧	陆卫东	陆红林	陈　健	陈　涛
陈　萍	陈云峰	陈名恭	陈江红	陈晓阳
邵　云	武绍光	林春雷	金丽英	周培根
周嫣倩	单志伟	孟　瑶	赵　鼎	赵沁芝
赵美娟	皇甫海鸥	费爱民	姚文虎	姚绍洋
夏建飞	夏晓征	顾　青	顾祺波	钱　瑜
钱建忠	钱继东	徐　宁	徐　峰	徐正华
徐鸿飞	徐新波	奚惠芳	翁路英	唐蕴东
诸文洁	谈海燕	陶　可	陶春健	陶美娟
曹法南	符　伟	符敏霞	章　钧	巢云芳
董晓燕	蒋　燕	蒋王娇	蒋亚军	蒋金标
鲁　东	曾文军	谢伟洪	强　雨	潘　军
潘　凌	魏　峰			

武进区主要机构全称、简称对照表

全　　称	简　称
中共常州市武进区委员会	区委
常州市武进区人民代表大会常务委员会	区人大常委会
常州市武进区人民政府	区政府
政协常州市武进区委员会	区政协
中共常州市武进区纪律检查委员会	区纪委
常州市武进区监察委员会	区监委
中共常州市武进区委办公室	区委办
常州市武进区人大常委会办公室	区人大办
常州市武进区政府办公室	区政府办
政协常州市武进区委员会办公室	区政协办
常州市武进区人民武装部	区人武部
常州市武进区人民法院	区法院
常州市武进区人民检察院	区检察院
中共常州市武进区委组织部	区委组织部
中共常州市武进区委宣传部	区委宣传部
中共常州市武进区委统一战线工作部	区委统战部
中共常州市武进区委政法委员会	区委政法委
中共常州市武进区委网络安全和信息化委员会办公室	区委网信办
常州市武进区委机构编制委员会办公室	区委编办
中共常州市武进区委巡察工作办公室	区委巡察办
中共常州市武进区委老干部局	区委老干部局
中共常州市武进区委党史工作委员会	区委党史工委
常州市武进区地方志办公室	区地方志办
中共常州市武进区委员会党校	区委党校
常州市武进区行政学校	区行政学校
常州市武进区融媒体中心	区融媒体中心
常州市武进区发展和改革局	区发改局
常州市武进区科学技术局	区科技局
常州市武进区工业和信息化局	区工信局
常州市公安局武进分局	武进公安分局
常州市武进区财政局	区财政局
常州市武进区人力资源和社会保障局	区人社局
常州市武进区住房和城乡建设局	区住建局
常州市武进区城市管理局	区城管局
常州市武进区文体广电和旅游局	区文体广旅局
常州市武进区卫生健康局	区卫健局
常州市武进区市场监督管理局	区市场监管局
常州市武进区地方金融监督管理局	区金融监管局
常州市武进区生态文明建设办公室	区生态办
常州市自然资源和规划局武进分局	武进自然资源和规划分局
国家税务总局常州市武进区税务局	区税务局
中国人民银行常州市武进支行	人民银行武进支行
共青团常州市武进区委员会	团区委
常州市武进区妇女联合会	区妇联
常州市武进区科学技术协会	区科协
常州市武进区文学艺术界联合会	区文联
常州市武进区工商业联合会	区工商联
常州市武进区残疾人联合会	区残联
武进区关心下一代工作委员会	区关工委
中共江苏常州经济开发区工作委员会	常州经开区党工委
江苏常州经济开发区管理委员会	常州经开区管委会
中共武进高新技术产业开发区工作委员会	武进高新区党工委
武进高新技术产业开发区管理委员会	武进高新区管委会
中共常州西太湖科技产业园（江苏武进经济开发区）工作委员会	西太湖科技产业园（武进经发区）党工委
常州西太湖科技产业园（江苏武进经济开发区）管理委员会	西太湖科技产业园（武进经发区）管委会
中共常州市武进绿色建筑产业集聚示范区工作委员会	武进绿建区党工委
武进绿色建筑产业集聚示范区管理委员会	武进绿建区管委会
中国国民党革命委员会武进区基层委员会	民革武进区基层委员会
中国民主同盟武进区基层委员会	民盟武进区基层委员会
中国民主建国会武进区基层委员会	民建武进区基层委员会
中国民主促进会武进区基层委员会	民进武进区基层委员会
中国农工民主党武进区委员会	农工民主党武进区委
中国致公党武进区基层委员会	致公党武进区基层委员会

编辑说明

1.《武进年鉴》以马克思列宁主义、毛泽东思想、邓小平理论、“三个代表”重要思想、科学发展观、习近平新时代中国特色社会主义思想为指导，坚持辩证唯物主义和历史唯物主义的立场、观点和方法。其宗旨是全面、客观、系统地记述年度武进区自然、政治、经济、文化、社会等方面的基本情况和发展状况，为决策者提供参考依据，为社会多层面提供资讯。

2.《武进年鉴》是由中共武进区委、武进区人民政府主管，区委党史工委、区地方志办公室主办，有关部门共同参与编纂的年度资料性文献，首次出版于 1988 年，逐年出版发行，2023 卷是总第 36 卷。

3.《武进年鉴》采用分类编辑法，主体内容分为类目、分目、条目 3 个层次，部分信息资料较少的行（事）业合设一个类目，部分分目设子分目，条目为记述内容的主要形式。《武进年鉴（2023）》卷首设“图片专辑”，有类目 34 个、分目（子分目）205 个，收录条目 1026 个、照片 204 幅（随文照片 150 幅）、表格 92 个。

4.《武进年鉴（2023）》“人物·荣誉栏”类目设“新任区级领导”“先进个人”“先进集体”分目。“新任区级领导”收录 2022 年 4 月 1 日至 2023 年 4 月 30 日任职的武进区委、人大、政府、政协领导。“组织机构与负责人名录”收录时间下限为 2023 年 4 月 30 日。为记述方便，设“武进区主要机构全称、简称对照表”。

5.《武进年鉴（2023）》稿件、资料均由区各级、各部门和驻武进单位提供，部门和单位负责人审稿，经《武进年鉴》编纂委员会和区委保密委员会办公室审核。全书采用法定计量单位，由区统计局提供，地区生产总值、增加值、工农业产值（除注明者外）均按当年价计值。因统计口径等原因，年鉴供稿单位提供的个别数据与区统计部门的统计数据或不一致。

6. 数字用法、标点符号用法分别采用国家标准《出版物上数字用法》（GB/T 15835—2011）、《标点符号用法》（GB/T 15834—2011），计量单位采用国家技术监督局 1993 年 12 月发布的《量和单位》系列国家标准。

7. 为方便读者阅读，《武进年鉴（2023）》在卷首、卷尾配备多重检索系统；全书文字和图片链接由武进区人民政府网站（网址：wjsz.cz.js.cegn.cn）发布。

总　目

目 录
Contents

专 记

大事记

区情概览

中共常州市武进区委

常州市武进区人大

常州市武进区政府

常州市武进区政协

常州市武进区纪委监委

民主党派 · 工商联

群众团体

法　治

军 事

产业园区

农　业

工　业

商贸服务业

对外及港澳台经济合作

旅游业

金融业

城乡发展

交通·水利

生态环境

信息化建设

经济管理

科技创新

教 育

文 化

体 育

卫生健康

社会生活

应急管理

镇·街道

人物 · 荣誉栏

附　录

索　引

Contents

Mass Organizations

Rule of Law

Military

Industrial Parks

Agriculture

Industry

Commercial and Trade Service Industry

Foreign and Hong Kong, Macao and Taiwan Economic Cooperation

Tourism

Financial Industry

Urban and Rural Development

Transportations · Water Conservancy

Ecologic Environment

Information Construction

Economic Management

Scientific and Technological Innovation

Education

Culture

Sports

Hygiene and Health

Social Life

Emergency Management

Towns & Sub-district Offices

Figures & Honors List

Appendices

Indexes

专 记

Special Records

栏目编辑　万向阳

全面深化改革

【概况】 2022年，武进区深入贯彻落实中央和省委、市委关于全面深化改革的决策部署，聚焦常州市“532”发展战略（是2021年提出的城市发展规划，包括五个中轴、三个中心、两个示范，即建设长三角交通中轴、创新中轴、产业中轴、生态中轴、文旅中轴，高标准打造长三角产业科技创新中心、现代物流中心、休闲度假中心，提升城乡融合发展示范区、统筹发展和安全示范区建设水平），聚力“两湖”创新区建设，制定出台《区委全面深化改革委员会2022年工作要点》和任务分解表，梳理汇总重点改革项目36项，深入推进一批“上级有要求、发展有需要、百姓有期盼”的改革项目，为全区高质量发展提供有力的制度保障。年内，中以常州创新园建设、国家双创区域示范基地建设、深化营商环境创新改革等重点改革项目有序推进，新增国家级改革试点5项，武进区荣获全国首批中央财政支持普惠金融发展示范区，入围全国首批国家知识产权强县建设示范区，发放全国首张宅基地建房集中申请电子批准书，《江苏常州武进续写“三块地”改革》被中央和省委改革简报分别录用，并得到市委常委、市委秘书长杭勇批示表扬。优化营商环境举措、推进中以创新园建设等多项改革经验被中央电视台、《人民日报》等高层级媒体报道、刊发。

【推进中以常州创新园建设】 2022年，武进区深入贯彻落实中共中央总书记习近平关于中以合作的重要指示精神，抢抓中以建交30周年机遇，全力推进园区高质量发展取得新成效。园区管理机构成功升格，“东扩”“西拓”思路基本确定，园区概念性规划编制完成，“7.8平方千米核心区+64.7平方千米拓展区”的“一核一区”发展框架基本形成。中以国际创新村开村运营，中以数字谷开工建设，中以产业技术研究院建成机器人与智能制造、骨科与运动康复等公共服务平台；“中以创新合作周”系列活动成功举办，包括第三届中以创新合作与产业投资大会等大型活动7场、签约合作项目36个、开展文化交流活动5场，参与线上、线下活动5000余人次，获得部、省主要领导和以方的高度肯定。深入实施“中以常州创新园共建计划”，持续推进“犹太+”项目招引，新增引进科技型项目和数字经济重点项目36个，获评“龙城英才计划”项目10个，累计培养创新创业人才600余人。成立中以科创学院理事会，并召开第一届会议，启动双岗互聘机制，2022年首批20名“新工科”教育学生均顺利毕业，其中5名到以色列读研深造。在全国率先派队常驻以色列开展工作，推进园区离岸创新平台（以色列江苏创新中心）实质化运营，新增引进3家以色列企业入驻以色列江苏创新中心预孵化，累计15家。

中以常州创新园　　（供图/区融媒体中心　摄于2022年1月）

【国家双创区域示范基地建设】 2022年，武进区积极发挥双创区域示范基地优势，持续探索双创升级版，着力打造长三角创新开放高地。聚焦“95X”产业体系，打造智电汽车、机器人、集成电路、医疗健康、石墨烯五大产业名片和数字经济、细胞治疗和氢能源等未来产业，新增制造业单项冠军1家、国家级专精特新“小巨人”企业17家、市级专精特新中小企业69家。发挥碳材料引领优势，举办长三角双创示范基地联盟石墨烯专委会年度会议，总投资5.5亿元的石墨烯小镇烯望创智港竣工交付，以碳材料为代表的新材料产业实现年产值约40亿元，累计形成全球首创成果14项。积极贯彻长三角一体化高质量发展要求，发挥长三角双创示范基地联盟副理事长单位带头作用，深化“长三角创业地图”小程序创新要素共享、政策互通作用，与上海市杨浦区、嘉兴市南湖区等地联合开展长三角双创券通用通兑试点，推动企业、科研院所、高校在长三角区域内开展创新创业合作，双创券订单数量、订单金额、用券金额和兑付金额连续三年居长三角双创示范基地联盟第一。深化人才培养机制，联合常州大学和以色列高校，开展“新工科”人才培养，累计培养本科及研究生150余名；创新开展“博士后腾飞专项行动”，建成国家级博士后科研工作站1家、市级博士后创新实践基地2家，招收博士后10人；出台集成电路、机器人、生物医药等人才专项政策，持续推进“长三角青年发展友好型示范城区”建设，擦亮“非武不栖、进无止境”人才工作品牌；实施创业带动就业专项行动，提供高校毕业生岗位1万余个，引进重点产业高技能人才2513人，支持大学生自主创业831人，创业带动就业3.28万人。6月，武进区双创示范基地获评国家双创示范基地优秀等次，获得国务院督查激励表彰。

【深化营商环境创新改革】 武进区出台《2022年优化营商环境重点任务清单》，滚动推出优化营商环境举措5批共49项，全面提优营商环境。优化服务机制，在全市率先打造武进惠企政策“一企通”，并汇集惠企政策2500余条，召开4次工作推进会，组织开展8期企业家座谈会，通过问卷调查、摸排自查，确保“事事有回应、件件有落实”。丰富服务场景，深化“一件事”套餐办，深入推进“军人退役”等3个省定标准“一件事”以及4个市定标准“一件事”，出台全区“一件事”改革相关实施方案，各镇（街道）结合基层审批服务改革和各自实际，依托高频事项，积极探索关联业务“套餐办”。2022年，全区共推出“一件事”79个，累计办件8000余件，办理材料和办理时间压缩50%以上，真正实现减环节、减时间、减材料、减跑动次数的“一站式”办理。完善政务服务体系，提升政务服务水准，以常州政务服务品牌“畅通办”和武进营商环境品牌“A武进”为引领，依托“政务＋网格”，培养“畅通办”专员，为群众提供上门、代办、跑腿服务，打造“15分钟政务服务圈”。8月，全市首个面向外国人群体的政务服务便利站——西太湖国际人才社区政务服务便利站揭牌启用。11月初，西湖街道便民服务中心新大厅、礼嘉坂上集管办便民服务点投用。全年新增常州科教城、嘉泽花木市场、江南农商行雪堰支行、江南农商行漕桥支行、农行洛阳支行和洛阳职工服务中心6个政务服务便利站。10个镇（街道）、212个村（社区）基本完成政务服务大厅更名工作，树立基层政务服务大厅品牌形象。强化宣传报道，《江苏常州武进区优化营商环境、激发市场主体活力，以优质服务促企业发展》《常州武进：优化营商环境、政企同心渡难关》等特色亮点做法被央视新闻频道、《人民日报》《新华日报》、“学习强国”学习平台等省级及以上媒体报道，打响“A武进”营商环境品牌。

【自主改革探索】 2022年，武进区在高质量完成上级交办的重点改革任务同时，还围绕当前发展过程中的突出问题，进一步补短板、创特色、增优势，积极开展一系列自主改革探索，有效化解一批发展难题。

经济体制改革　实施科技创新能级跃升工程，制定出台《武进区促进创新发展的若干科技政策》《武进区镇域科技企业孵化体系创新发展三年行动计划》等文件。全年获认定国家级孵化器1家、国家级众创空间1家、省级孵化器1家、省级众创空间2家，新建区级工程技术研究中心68家。深入开展“规模以上企业发明专利突破提升”行动，实施专精特新培育工程，江苏恒立液压股份有限公司、柳工常州挖掘机有限公司获批国家核心技术攻关专项资金，常州铭赛机器人科技股份有限公司、征图新视（江苏）科技股份有限公司入选中央财政支持重点“小巨人”企业名单。深入推进产业工人队伍建设改革，组建中共二十大精神武进职工宣讲团，广泛开展各类技能竞赛和素质提升活动，培育高素质产业工人队伍；配合做好省产改督查组对市产改工作的督查，武进产改工作得到市产改督查组充分肯定。创建新时代“两个健康”先行区，健全民营企业服务中心工作机制，进一步加强实体化运作和功能发挥。推进新时代“两个健康”工作评价指标体系建设，探索建立基层评价体系，服务民营经济高质量发展。深入推进“两湖”创新区核心区建设，高标准做好“两湖”创新区重点地区规划，武进区“三区三线”划定成果获自然资源部批复。市、区联动开展详细规划，启动《常州南站中央枢纽概念性方案设计》编制，推进《常州“两湖”创新区综合交通规划》等方案落地落细。

民主法治领域改革　升级“云上人大代表家、站、点”，建设集宣传、学习、讲座、监督、联络、互动功能于一体的代表履职平台、数智管理平台、联系群众平台，相关工作经验在中国人大网等官方媒体报道。加强和改进全区政协工作，坚持政协常委会议专题协商、主席会议重点协商、专委会对口协商、界别组广泛协商等行之有效的协商形式，强化分层次重点提案督办，开展“建好中以常州创新园、打造创新发展新标杆”等专题调研，实现议政建言、凝心聚力一体设计、一体落实。

文化体制改革　深入实施《创建典范性文明城市三年行动计划》，健全完善争创全国文明典范城市五方面内容16项工作制度，建立区领导常态督查机制，区四套班子领导分组开展专项督查，全年带队开展各类督查20次以上。积极打造区级样本示范点65个，实现常态建设、专项行动与集中整治的有机结合，武进区保持市级文明城市年度测评成绩前列，在2021年全省63个县（市、区）文明城市测评中列第11位。

民生领域改革　深化技能人才培育，推进江苏（武进）技能人才服务产业园建设，作为常州唯一授权的阿里巴巴“数字经济人才孵化中心”积极开展网络直播、商业数据分析师、互联网营销师等数字化技能培训，全年培训各类电商人才3686名，直播带货4564万元；成功培育“武进轨道交通技术员”省级首批劳务品牌，并代表江苏入选全国劳务品牌云展示项目。出台《武进区深入推进集团化办学的实施意见》，全面启动集团化办学3.0版本，深入推进品牌名校孵化行动、乡村教育振兴行动和优质学校成长行动，推动区域优质均衡教育“一盘棋”。深化宅基地改革，印发《2022年全区农村宅基地制度改革工作要点》，探索创新宅基地和建房电子化审批模式，发放全国首张宅基地建房集中申请电子批准书，完成嘉泽镇成章村农民自建区33户农户宅基地建房线上集中审批。创建国家农村产业融合发展示范园，加快形成“以花木产业为主，绿色工业、休闲旅游为辅”的核心产业体系，并完成创建自评工作。武进国家农村产业融合发展示范园项目被列入2022年江苏省重大项目清单。

社会治理与司法体制改革　推动区域社会治理现代化，在全省率先启动专属网格助力平安建设活动，开发建成“武进平安建设专属网格治理系统”。年内，该系统与“12345”热线、武进“一企来”小程序在区级数据库层面打通，实现了工单、事项互派互办和信息资源共享共建。推进应急管理体系和能力现代化建设，按照统筹发展和安全示范区建设要求，制定《关于加强基层应急管理体系和能力建设的实施意见》，建立健全基层应急管理各项机制。

生态文明体制改革　加快实施“十四五”滆湖综合治理规划，系统推进湖泊、近岸带、陆域三大治理，数字孪生滆湖项目入选水利部先行先试工作试点，滆湖退田还湖二期启动区水质显著提升，湖泊51万平方米“水下森林”清晰呈现。深化农村公路管理养护体制改革，同步推进美丽农村路建设、“路长制”公示牌设置、农村公路规范化管理、安全隐患排查整治等工作，建成美丽农村路3条、14千米，推动青洋路、揽月路争创江苏省美丽农村路。

党的建设制度改革　健全完善基层党建工作体系，打造“红盟矩阵”六维评价体系，开展“红盟聚力、先锋建功”系列行动，新建树人红盟、史志红盟、春晖红盟等示范性党建联盟，挂牌成立全市首个新业态、新就业群体党校和党群服务中心，打造“红盟矩阵”六维评价体系工作经验被《人民日报》专题报道。持续加强干部队伍建设，创新开展“定制村干”“戎装兴村”工程，在全市率先实施大学生志愿者服务乡村振兴计划，不断拓宽基层干部来源渠道。推进基层干部专业化建设，选派推荐47名年轻干部到重点领域、基层一线、国家部委挂职锻炼，干部队伍结构不断优化、活力有效激发。

纪律检查体制改革　健全完善监督体系，举办服务保障“532”发展战略暨清风护航优化营商环境行动启动仪式，成立“首位廉盟”，组建“532”服务站，创新实施产业提升、创新驱动、台企融合、青年人才、服务提升、文化传承、基地培育、心灵契合八大行动，发布破坏营商环境十类突出行为，以高质量监督推动各项重大决策部署落实到位。

（方青恬）

“两湖”创新区建设

【概况】 2022年，武进区作为常州“两湖”（滆湖、长荡湖）创新区的核心区，把高水平建设“两湖”创新区作为贯彻“532”、奋进“十四五”的一项全局性、战略性工作，召开“两湖”创新区建设推进大会，成立“两湖”创新区建设工作指挥部办公室，围绕“生态创新区、最美湖湾城”的目标愿景，按照“新城市、新产业、新人才”三大主题定位，组织实施以规划为引领的顶层设计、以交通为支撑的枢纽构建、以项目为底气的引擎发动、以创新为内核的发展赋能、以生态为底色的环境优化、以人民为中心的品质生活创造，推动重大项目在“两湖”创新区开工建设、高端平台在“两湖”创新区加速聚集。

【规划引领】 2022年，武进区紧扣“生态创新区、最美湖湾城”目标，以“两湖”创新区为城市新中心，坚持市、区、板块联动，重点深化常州南站、总部经济区以及其他城市设计。高站位研究常州南站，初步规划“1+4+4”的轨道交通构成，即：1条高速铁路（常泰铁路），4条都市快线（分别往苏州无锡、奔牛机场、金坛溧阳、太湖湾方向），引入3条和预留1条地铁线，形成多网融合的轨道线路。高标准谋划总部经济区，形成综合开发控制要素征求意见稿，并组织专家论证，上报市国土空间规划委员会，并同步推进总部经济区控规修编工作。强化国土空间规划，划定“三区三线”（农业、生态、城镇三个功能区，永久基本农田、生态保护红线和城镇开发边界三条控制线），配置建设用地指标，初步划定成果通过自然资源部审查；编制“两湖”创新区核心区控制性详细

“两湖”创新区规划展示馆　（摄影/陈哲　摄于2022年11月）

规划（修改）等规划7项，其中“两湖”创新区综合交通规划、“两湖”创新区核心区市政基础设施专项规划通过市规划委员会审议。完成中国以色列常州创新园城市设计和武进区长沟河片区优化提升规划编制，推进武高新滆湖东岸地区、江理工南部片区、沟南片区等城市重点片区的城市设计，开展滆湖文化艺术中心等项目前期研究。“两湖”创新区规划展示馆于9月8日开馆，年内累计接待党政机关、招商等团队超500批次，参观人次超3万人。

【交通枢纽构建】 2022年，武进区围绕“两湖”创新区是建设长三角中轴枢纽的关键“轴心”，坚持一体化推进快速公路、铁路、高速公路、干线公路建设，构建现代综合交通体系。建设铁路工程，南沿江城际铁路武进段轨道铺设全面完成，武进站综合交通枢纽地下主体工程基本完工；配合做好常泰铁路、盐泰锡常宜铁路、苏锡常都市城际铁路、常州至马山城际铁路等规划方案研究和前期工作，实现常泰铁路线型优化释放超千亩土地空间。构建“高速中环”，配合做好丹金高速、沪武高速扩建项目前期工作，开展苏锡常南部高速西延规划研究的前期工作。完善干线路网，推进在建工程建设，青洋路快速化（滆湖路—武进大道）工程于6月28日建成通车，花海大道（南沿江城际铁路段）工程年底完工，腾龙大道智慧快速路先导段开工建设。

【重大项目推进】 2022年，武进区坚持项目为王，聚焦大院大所、重点实验室、总部经济等牵引性、支撑性项目，开展重大项目招引。推进名校院所赋能“两湖”创新区，南京大学未来技术创新研究院、江苏大学武进分子诊断与肿瘤精准医学研究院、常州医疗健康科技园、江苏理工学院武进绿建区协同创新园、吉林大学常州技术转移中心、中国科学院、大连理工大学等院所落户“两湖”创新区核心区，打造产学研合作路径，构筑未来发展新高地。开启央地合作模式，牵手中建集团、中铁集团等央企，与中建基础设施公司、中铁十五局签署合作框架协议，深入开展交流合作，借力央企助推“两湖”创新区高质量发展。加强产业项目招引，年内签约项目156个，计划总投资770亿元。推进项目建设，年内开工项目54个，总投资393.3亿元。西太湖细胞治疗前沿技术研究中心、石墨烯小镇烯望创智港等重大平台竣工运行，“两湖”创新区规划展示馆、万丽酒店等建成投用，江苏铭纳阳新能源汽车电驱动系统高端成套装备项目、江中亚邦医药物流项目、江苏嘉轩高效节能驱动系统及配套设备生产与研发项目开工奠基，国际医药创新中心、氢湾国际创新智慧园等项目有序推进。

【科技创新发展】 2022年，武进区坚持科技、人才、创新的战略支撑定位，做大做强“平台、金融、人才”三方面要素，塑造创新发展新动能、新优势。搭建高端平台，开展中以创新合作周活动，承办第十一届中国创新创业大赛全国赛开幕式暨科创企业创新发展峰会，揭牌智能制造龙城实验室，发布长三角青年创新创业港，征图新视（江苏）科技股份有限公司升格为国家级博士后科研工作站，常州医疗器械产业研究院晋升为国家级孵化器。贯穿常州科教城、中以常州创新园、武进高新区、武进绿建区、西太湖科技产业园的“科创长廊”逐步形成。打造人才高地，持续打响“非武不栖、进无止境”人才品牌，2022武进人才周16场子活动全方位展示武进人才生态，全区筹集建设人才公寓11719套，推出创新创业资助、金融政策支持、引才荐才奖励等一系列含金量高、竞争力强的扶持政策，健全从大专到博士直至顶尖人才的全覆盖综合补贴体系，构建从“一张床”到“一间房”再到“一套房”的人才公寓供给体系；“智融科创、才赢天下”长三角（常州）创新中心成立，上海市研发公共服务平台武进科创促进中心签约入驻；建成江苏（武进）技能人才服务产业园绿建分园、常州科教城分园，服务技能人才5万余人次；启动“长三角青年发展友好型示范城区”建设，入选全国青年发展型县域试点名单；常州“两湖”青年创新中心揭牌，“两湖”创新区规划展示馆青年中心启用，西太湖青年巴士开通，持续为青年人才集聚“两湖”提供服务保障。引入金融活水，武进区政府与17家金融机构、11家银行分别签订战略合作协议，在未来3年意向为“两湖”创新区核心区建设提供总额超2000亿元的融资安排。同心荟才投资基金揭牌，济峰资本、望溪投资、九洲创投、珊瑚资本签约落户龙城金谷（南区）。龙城金谷（南区）引进投资机构208家，注册资本205.94亿元。

【生态环境优化】 2022年，武进区坚持生态优先、人与自然和谐共生，系统推进生态综合治理工程，打造长三角生态绿心。推进生态水利项目建设，武南第二污水处理厂一期工程建成投运，新孟河运动公园全面建成，湖滨水厂、滆湖退田还湖二期、武南片区防洪除涝及畅流活水闸站建筑物等项目加快建设，环孟津河生态廊道建设、滆湖流域水环境综合整治、入湖流量控制闸站、湖滨水厂一期、滨湖污水处理厂二期5个生态治理类项目开工建设。实施滆湖水生态修复，优化《滆湖（武进）生态修复总体方案》《数字孪生滆湖建设》内容，深入推进涉磷行业规范化整治、排口整治，完成滆湖生态清淤试点、60%以上太湖流域入河（湖）排污口整治任务，为滆湖实现“水清岸绿、鱼翔浅底”的生态目标奠定基础。提升滆湖水生态环境，洮滆片区成为全省唯一的国家级流域水环境综合治理与可持续发展试点，滆湖51万平方米“水下森林”美景亮相央视，“我在滆湖很想你”成为群众向往的生态打卡地。

【民生品质生活创造】 2022年，武进区持续推动医疗、教育、文体等资源向“两湖”创新区延伸布局，西太湖医院、嘉泽镇卫生院、常州二院医联体西湖街道社区卫生服务中心等医疗项目投入运营，江理工绿建区协调创新园等项目加快建设，西太湖星湖幼儿园与武进区机关幼儿园达成合作，万丽酒店建成投用；“两湖”创新区核心区循环巴士线路开通，“一站式”政务服务大厅建立，人才服务中心1号店开业；肯德基、丽华快餐等服务业项目入驻。同时，紧扣全市“长三角文旅中轴、休闲度假中心”建设要求，举办全国摩托艇锦标赛、2022年全国女子曲棍球锦标赛、西太湖国际音乐节等文体活动，构建由影视基地、雅集园、花博园等组成的“文旅IP”。

（周　佩）

大事记

Chronicle of Main Events

栏目编辑　颜　赶

1月

4—6日　武进区政协十五届一次会议举行。会议审议并通过石伟东代表区政协十四届常委会所作的工作报告、单骏初代表区政协十四届常委会所作的提案工作情况报告，赞同区政府工作报告以及其他书面报告。会议选举郑政平为区政协十五届委员会主席，祝正庆、蒋红英、徐宁、朱红兴、谈胜为副主席。

5—7日　武进区十七届人大一次会议举行。会议表决通过关于政府工作报告的决议、关于人大常委会工作报告的决议、关于人民法院工作报告的决议、关于人民检察院工作报告的决议、关于2021年国民经济和社会发展计划执行情况及2022年计划安排报告的决议、关于2021年预算执行情况和2022年预算的决议。会议选举石伟东为区十七届人大常委会主任，孙金才、刘云英、周庆中、戴志华为副主任；选举恽淇丞为区人民政府区长，刘志峰、李德森、王晓航、张小虎、朱岩、徐俊、贾东为副区长；选举唐家中为区监察委员会主任；选举宋文良为区人民法院院长；选举张娟为区人民检察院检察长。

7日　南沿江城际铁路正线实现从南京至苏州长达168千米区间长距离贯通。

8日　武进高新区智慧园区建设项目通过省级建设科技指导性项目验收。

11日　武进区人民政府与中核环保有限公司战略合作协议签约。

是日　武进区与以色列卡米尔市举行视频会议。

12日　武进区首场港澳居民内地参保政策宣讲会在常州科教城举行。

13日　东海投资与武进高新区共同设立的常州东仁创业投资合伙企业（有限合伙）医疗器械产业投资基金成立，基金总规模5亿元，首期规模1亿元。

18日　总投资3亿元的舒朋士智慧型一体化排水系统项目在武进高新区奠基。

24日　零碳科技投资基金落户常州市龙城金谷（南区）。该基金是国内首个零碳科技投资基金，基金总规模100亿元，首期募资规模50亿元。

28日　中天钢铁集团有限公司技术中心入选2021年新认定（第28批）国家企业技术中心名单。

是月　中天钢铁智慧废钢判级系统上线投用。

2月

9日　武进区前黄镇卫生院、洛阳镇卫生院、雪堰镇中心卫生院、遥观镇卫生院被国家卫健委、国家中医药局评为2021年“优质服务基层行”活动表现突出、服务优质机构。

23日　由上海细胞治疗集团和江苏九洲投资集团联合打造的江苏白泽细胞生物技术有限公司在武进开业。该公司冻存免疫细胞30万份，是全省最大的免疫细胞冻存基地。

是日　常州铭赛机器人科技股份有限公司高性能智能装联设备产业化项目在常州科教城开工奠基。该项目总投资3.4亿元，用地面积2.58公顷。

3月

9日　省生态环境厅调研组在武进区调研环太湖地区城乡有机废弃物处理利用示范区建设工作。

是日　理想汽车预查验基地在理想汽车常州基地揭牌，成为全国首家下线即验车全流程试点企业。

10日　常州市武进区工伤康复定点医疗机构在武进中医医院康复科揭牌，成为全区首家工伤康复定点医疗机构。

11日　国内首套自主可控9FA燃机控制系统（TCS）在江苏华电戚墅堰发电有限公司投运。

11—12日　陕西省安康市汉滨区委常委、宣传部部长冯荣平率考察团在武进区交流考察。

14日　副省长陈星莺在湖塘全员核酸采样点督查疫情防控工作，看望慰问奋战在抗疫一线的工作人员。

是月　武进区在国家发展改革委和中国

科协联合发布的大众创业万众创新示范基地2021年度评估中获优秀等次，在全省区域类基地中排名第一。

是月 全区首个污水处理厂中水回用工业企业项目在湟里镇全面投运，开创武进区中水再生利用和水资源高效节约新模式。

4月

6日 常州市武进区环境卫生管理中心揭牌成立。

12日 省委书记吴政隆在武进区检查指导疫情防控、生产生活秩序恢复、重大产业项目建设等工作，并就领办督办的《关于支持“专精特新”中小企业高质量发展的建议》提案进行调研。

19日 江苏现代轨道交通产业孵化基地、常州医疗器械创业服务中心入选2021年度国家级科技企业孵化器名单。

21日 “喜迎二十大、阅读向未来”武进区第五届读书节暨书记荐书活动启动，全市首个区级全民阅读促进会武进区全民阅读促进会揭牌。

24日 武进区入选国家发展改革委遴选的2021年区域双创示范基地督查激励推荐名单，系全省唯一。

26日 琥崧锂电材料装备项目落户西太湖科技产业园，总投资30亿元。

28日 2022年江苏—欧盟绿色建材对接会在武进绿建区举行。

是月 《武进区全域旅游地图》发布。

是月 中天钢铁集团突破超低碳、超低锰纯铁的生产技术“瓶颈”，完成YT系列纯铁（原料纯铁）试生产工作，成为全省首个具备该项生产能力的企业。

是月 武进区完成武南河、永安河、孟津河、锡溧漕河、雅浦港5条河道保护规划编制工作并获批复，在全市率先实现区域内省级名录骨干河道保护规划全覆盖。

5月

5日 武进区入选江苏省首批省级农作物品种展示评价基地。

10日 武进农家“一平米”品牌签约仪式举行。

11日 雪堰镇曹家村河道整治工程项目线上招投标完成，成为全国首个通过信用评价减免投标保证金的集体资金招投标项目。

是日 “两湖创新当先行，中以合作向未来”中以常州创新园项目集中签约，中以合作平台、中以合作项目、以色列人才项目等18个重点项目签约或入驻。

13日 武进区第七届梦之蓝杯“同心助残、与爱同行”慈善义卖作品展闭幕。该作品展于4月20日开幕，有63位艺术家捐赠作品86件，到场观展2120人，义卖共筹得资金177万元。

18日 武进区启动“长三角青年发展友好型示范城区”建设。

20日 全市首个新时代文明实践集中行动日暨武进区第三届新时代文明实践交流展示活动在西太湖揽月湾广场举行。

是日 东南大学附属中大医院泌尿外科诊疗中心常州分中心在武进人民医院签约揭牌。

是日 武进区农村产业融合发展示范园被国家发展改革委、农业农村部等五部委联合认定为第三批国家农村产业融合发展示范园，成为全市首个国家农村产业融合发展示范园。

23日 常州石墨烯小镇烯望创智港项目通过竣工验收。该项目总投资5亿元，占地面积6.27公顷。

是日 位于常州科教城的中国（常州）知识产权保护中心在国家知识产权局2021年度知识产权快速协同保护工作绩效考核结果中位列第三，成为全国唯一连续四年考核成绩位居全国前三、企业服务满意度调查连续三年位居全国第一的知识产权保护中心。

25日 省政协副主席、党组成员王荣平在武进区开展“优化营商环境，促进港澳台侨和外资企业健康发展”专题调研。

27日 武南第二污水处理厂一期工程出水仪式在武南河畔举行。该处理厂服务人口超55万人，一期工程污水处理规模10万吨／日。

28日 首期“中以青年人才开放创新训练营”在中以常州创新园开营，武进青年干部和创新人才50多人参训。

是日 武进区机器人产业联盟成立，武进区“机器人产业十条”发布，全固态电池智能装备联合开发项目、轻量型高端工业机器人项目、华山九号机器人基金、方广机器人及自动化基金成功签约。

30日 武进区上榜财政部公布的2022年中央财政支持普惠金融发展示范区名单，成为全省首批入选的三个地区之一。

是月 常州西太湖医院正式投运。该医院位于常州西太湖科技产业园，占地面积8公顷，建筑面积8.3万平方米。

是月 人民桥和红星桥2座跨河桥梁通过验收。至此，新孟河延伸拓浚工程武进段36座桥梁全部通过投入使用验收，并实现通车。

是月 武进区数字孪生江苏太湖地区典型水网工程入选水利部先行先试（2022—2023）工作试点，系全市唯一。

6月

3日 武进区第三届非遗购物节在武进万达广场举行。

8日 陕西省安康市汉滨区党政代表团在武进区开展协作交流活动。

9日 武进区“双创”示范基地获国务院督查激励。

11日 武进区首届“智创武进、知赢未来”IP创新大赛落幕。江苏佰腾科技有限公司小组获一等奖。

14日 2022“龙城英才计划”长三角邀请赛暨中欧绿色低碳产业创新创业大赛在武进区举行。武进绿建区在上海设立的第一家专注于“碳中和”垂直领域的双碳技术创新中心（离岸孵化器）同时揭牌。

16日 武进区委政法委公职律师办公室挂牌成立，成为全市政法系统首个公职律师办公室。

是日 武进区苗木产业供销联盟在嘉泽镇成立，首批会员75家。

17日 安川（常州）机电一体化系统有限公司在武进高新区投产，总投资1.5亿美元。

20日 东方润安集团有限公司联合中国科学院金属研究所开展高质量精密铜材智能制造合作交流活动，双方达成进一步深度战略合作。

是日 省人大常委会副主任、党组副书记王燕文一行在武进区调研理想汽车常州制造基地。

22日 湖北省咸宁市崇阳县副县长王顺荣一行在武进区考察农村集体“三资”管理工作。

23日 国务院安委办督导检查工作组在武进区督查经营性自建房“百日行动”工作情况。

是日 全市首个新业态新就业群体党群服务中心在江苏（武进）技能人才服务产业园揭牌启用。

24日 青海省海南藏族自治州委书记吕刚、州长尕玛朋措率海南州党政代表团在武进区考察交流。

是日 万帮星星充电科技有限公司入选《赛迪科创独角兽百强（2022）》，列第23名。

是日 省法院服务乡村振兴（嘉泽法庭）实践基地揭牌，成为全市首个省法院服务乡村振兴实践基地。

是日 江苏省津通留学人员创业园入选2022年江苏省留学回国人员创新创业示范基地名单。

是日 盐城市副市长、盐都区委书记、盐城国家高新区党工委书记王娟率党政代表团在武进区考察交流。

25—27日 RoboMaster 2022机甲大师超级对抗赛·区域赛（东部赛区）在武进体育馆举行。

26—27日 常州市委常委、武进区委书记乔俊杰率武进区党政代表团在陕西省安康市汉滨区开展对口协作交流活动。

28日 第十四届阳湖果品节新闻发布会暨系列活动开幕仪式在太湖湾竺山湖小镇举行。阳湖果品“千店计划”同时启动。

是日 青洋快速路（滆湖路—武进大道）高架开通。

是日 遥观镇“新观点”众创空间入选科技部2021年度国家备案众创空间名单。

29日 武进区举行“光荣在党50年”纪念章颁发仪式。

30日 江苏省药品监督管理局审评核查常州分中心在西太湖常州市医药产业创新中心启动运行。

是月 武进区上榜全国青年发展型城市建设试点和青年发展型县域试点名单，成为全国99个试点县域之一。

是月 省重大项目汇川新能源汽车多合一动力总成系统项目在武进高新区建成投产，总投资30亿元。

7月

1日 常州为来医疗健康基金签约落户西太湖科技产业园龙城金谷（南区），首期规模1.5亿元。

5日 武进区中央财政支持普惠金融发展示范区建设启动。

6日 苏州大学研究生工作站在武进区妇幼保健计划生育服务中心揭牌。

是日 生态环境部华东督察局局长杨永康一行在武进区调研中央生态环境保护督察整改工作。

7日 德国低碳水循环解决方案展示中心在常州科教城揭牌。

是日 捷翼集团整车电子电器网络连接与智能充电系统项目签约落户武进高新区。

8日 中科深蓝汇泽固态锂电池项目签约落户武进高新区。

13日 武进区政府与光大银行南京分行战略合作签约。

15日 2022“花都水城·浪漫武进”文化旅游节暨“龙城夜未央·武夜尽欢畅”夜生活节开幕。在开幕式上，武进“十佳旅游食品”获颁奖，西太湖影视产业基地获国家AAA级旅游景区授牌。

21日 海纳川海拉车灯常州工厂在武进高新区开业。

是日 武进区入选“2022市辖区高质量发展百强（地级城市市辖区）”榜单，位列全国第三。

23日 武进区入选第三批国家农业绿色发展先行区拟创建名单，是全省竞争性类型示范区创建唯一入选地区。

是日 全国级邮政农品基地落户前黄镇，“阳湖”水蜜桃成为常州首个入选邮政全国基地农品库的农产品。

28日 和柔电缆（常州）有限公司暨和柔亚太区研发生产总部项目在常州经开区开工奠基。该项目总投资1亿美元，占地面积7.33公顷。

29日 第二届长三角两岸青年创新创业大赛总决赛及颁奖仪式在武进举行。长三角两岸青年创新创业培训中心和长三角两岸青年创新创业成果转化中心在颁奖仪式上揭牌。

是日 国台办经济局局长张世宏一行在武进调研，走访考察长三角两岸青年创新创业成果转化中心、长三角两岸青年创新创业培训中心和光宝常州联合营运中心。

是日 武进区政府与中国农业发展银行常州市分行签约举行，达成合作融资总额200亿元。

30日 “两湖”创新区核心区金融合作签约仪式在西太湖畔举行。武进区政府与4家银行签订合作协议总额780亿元。

是月 武进高新区北区贺北社区启用全市首个志愿者河长驿站。

8月

1日 湖塘桥第二实验小学“指向家校社协同育人的小学社群生活实践研究”被列为全国教育科学规划2022年教育部重点立项课题。

2日 省委组织部调研组在常州市新业态新就业群体党群服务中心、党校调研武进区新业态新就业群体党建工作开展情况。

是日 江苏现代轨道交通产业孵化基地在省科技厅2021年度江苏省科技企业孵化器绩效评价中获评优秀（A类）孵化器。

是日 中天钢铁集团“基于非铝脱氧工艺高品质轴承钢关键冶金技术研发及产业化”项目、“绿色高效大载荷轴承钢球用钢关键技术研发及产业化”项目分获2022年度中国钢铁工业协会及中国金属学会冶金科学技术奖一等奖、三等奖。

是日 “天下英才汇龙城、创新创业在常州”——2022年常州市“科创中国”海智面对面武进专场活动举行。

3日 “中以有约、七夕相会”2022“我爱常州”境外友人中以常州创新园文化沙龙在中以国际创新村举行。

4日 中天钢铁集团有限公司、光大环保能源（常州）有限公司、江苏赛拉弗光伏系统有限公司、中车戚墅堰机车车辆工艺研究所有限公司4家企业入选省生态环境厅、省工商业联合会公布的2022年度绿色发展领军企业名单。

4—5日 第二届电动汽车充电设施技术创新大会在武进高新区举行。

7—8日 2022年“海外名校优生江苏行”（常州站）活动在武进区举行。

8日 江苏南方精工股份有限公司等17家企业获第四批国家级专精特新“小巨人”企业认定公示，常州市钱璟康复股份有限公司获第一批专精特新“小巨人”企业复核公示。

是日 江苏小牛电动科技有限公司工业设计中心、江苏君华特种工程塑料制品有限公司工业设计中心和江苏瑞弗橡塑材料有限公司工业设计中心入选省工业和信息化厅公布的2022年度江苏省工业设计中心名单。

是日 江苏源氢新能源项目开工奠基仪式在礼嘉镇举行。

10日 区委十三届三次全会在区行政中心举行。市委常委、区委书记乔俊杰代表区委常委会作题为《拥抱“两湖”时代，扛起首位担当，以实际行动迎接党的二十大胜利召开》的报告。

是日 武进区“喜迎二十大、奋进新征程”第三届阳湖学习达人挑战赛总决赛在湟里镇河南村举行。佳建吾安居战队夺得总冠军。

11日 西太湖国际人才社区政务服务便利站启用，成为全市首个依托青年驿站、提供涉外服务的政务服务便利站。

是日 联合国工业发展组织全球创新网络ESG与碳中和投资指导委员会主席罗响一行在武进区考察。

12日 武进区入选国家知识产权强县建设示范县名单，系全市唯一。

15—17日 2022（第四届）高工氢电产业峰会在武进区举行。氢能与燃料电池产业链上下游企业200余家、行业精英450多人应邀参加，围绕氢能、材料、设备、关键部件、燃料电池及整车运营全产业链展开研讨。

16日 武进区被确认为江苏省首批创新示范县（市、区），全省共10个。

17日 省委常委、常务副省长费高云在理想汽车常州基地调研新能源汽车产业发展情况，并见证理想汽车零部件产业园项目签约落户武进高新区。

18日 省委常委、统战部部长惠建林在万帮数字能源股份有限公司调研武进区民营企业统战工作和民族工作。

是日 2022“看见中国汽车”品牌巡礼全国行常州站活动在理想汽车常州基地举行。

19—21日 2022年全国摩托艇锦标赛在西太湖举行，来自全国16个省份和部分高校的26支队伍参赛。

22日 西太湖碳邦新材料专业孵化器、中国轨道交通双创园区（常州）入选2022年省级科技企业孵化器认定名单。

23日 常州医疗器械创新基地入选中国科协首批“科创中国”创新基地。

25日 常州西太湖电子商务产业园入选2022年增补国家电子商务示范基地。

26日 “日出阳湖·风雅江南”武进区第十届市民艺术节开幕。

27日 全国政协常委、港澳台侨委员会副主任耿惠昌率港区全国政协委员在武进开展“推动长三角高质量一体化发展”考察活动。

27—28日 2022西太湖国际音乐节在中国花博园举行。

28 日 江苏恩迪汽车系统股份有限公司在武进高新区开工。该项目占地面积 2 公顷，总投资 3 亿元。

是日 常州市蒋记食品有限公司的“蒋凤记”牛肉及加工品入选 2022 年江苏农业品牌目录。

29 日 常州经开区在 2022 年江苏省食品安全宣传周主场活动中获第六批省级食品安全示范县（市、区）授牌，为全省唯一获评的省级经济开发区。

31 日 武进中医医院电生理技术培训中心通过验收，获批成为国家级电生理适宜技术培训中心，系全市首家、全省第二家。

是月 万邦星星充电科技有限公司入选《2022 年中全球独角兽榜》，位列第 390 名。

是月 西太湖碳材料产品认证中心获得由省市场监督管理局颁发的检验检测机构资质认定证书（CMA 资质），成为石墨烯碳材料领域全国首个具有独立法人资格的第三方检测认证机构。

9 月

1 日 横林实验小学、湖塘实验中学入选“十四五”首批江苏省科学教育综合示范学校名单。

5—9 日 由中国科技部、以色列经济与产业部、江苏省政府、以色列驻华大使馆共同主办的“2022 中国—以色列创新合作周”在武进区举行。中以创新园区合作联盟同时成立。

5 日 第三届中以创新合作与产业投资大会在武进区举行。以色列驻华大使潘绮瑞和常州市市长盛蕾共同为“中以数字谷”揭牌。“中以数字谷”项目占地面积 3.7 公顷，计划总投资 15 亿元。

是日 科技部副部长张广军在江苏省中以产业技术研究院、常州固立高端装备创新中心调研中以常州创新园建设发展情况。

8 日 “两湖”创新区规划展示馆开馆暨腾龙大道开工。

9 日 武进区首届“感动武进十佳教师”故事分享会暨振兴乡村教师互派交流启动。

13—14 日 水利部现场考察评价专家组在武进区开展滆湖（西太湖）国家级水利风景区现场考察评价。

14 日 武进绿建区数字技术赋能建筑全生命周期低碳发展案例入选中央网信办公布的 2022 年度数字科技企业双化协同典型案例，系全市唯一。

15 日 武进区在 2022 年全国大众创业万众创新活动周江苏分会场启动仪式上被授予“科创江苏”试点区县称号。

16 日 江苏方志大讲堂（武进站）暨武进区史志红盟、史志馆联盟、史志大讲堂启动。

是日 欧美同学会党组书记、秘书长王丕君一行在武进区实地考察“两湖”创新区建设工作，并召开座谈会。会上，“两湖”科创同心荟才投资基金揭牌，基金认缴规模达 3 亿元。

17 日 中车戚墅堰机车车辆工艺研究所有限公司获 2022 年度江苏省省长质量奖提名。

20 日 江苏绿和环境科技有限公司的江苏省建筑固废资源化综合利用工程技术研究中心入选省科技厅 2022 年度拟新建省级工程技术研究中心。

21 日 湖塘镇“湖小美”文明实践巾帼志愿阳光站入选江苏省“在你身边”文明实践巾帼志愿阳光站。

23 日 中天钢铁集团江苏省轿车用高性能齿轮钢工程研究中心、江苏兰陵高分子材料有限公司江苏省高性能防腐防火涂层材料工程研究中心被省发展改革委认定为 2022 年江苏省工程研究中心。

26 日 武进区与中铁十五局集团签署战略合作框架协议。

27 日 “礼赞新时代、追梦复兴路”——2022 常州市“百姓名嘴”风采展示活动总决赛在区融媒体中心举行。

28 日 武进南京大学未来技术创新研究院签约暨长三角青年创新创业港发布活动在“两湖”创新区规划展示馆举行。

是日 江苏（武进）技能人才服务产业园科教城分园开园。

是日 江苏铭纳阳新能源汽车电驱动系统高端成套装备项目在武进高新区奠基，总投资 30 亿元。

是日 上海交大设计研究总院（常州）木结构研究中心、江苏华亚工程设计院总部基地在武进绿建区奠基。

是月 中天钢铁集团有限公司、东方润安集团有限公司、新华昌集团有限公司、江苏万帮金之星车业投资集团有限公司入选“2022 中国民营企业 500 强”，分别列第 33 名、第 181 名、第 456 名和第 461 名。中天钢铁集团有限公司、东方润安集团有限公司、新华昌集团有限公司、江苏江南实业集团有限公司入选“2022 中国民营企业制造业 500 强”，分别列第 20 名、第 112 名、第 282 名和第 418 名。

是月 奥地利—绿建区海外离岸孵化器协议签署，进入运营阶段，系全区首个奥地利海外离岸孵化器。

是月 武进人民医院检验中心实验室主任严永敏“外泌体 LIMA1 在肝纤维化诊疗中的应用及机制研究”课题获得 2022 年度国家自然科学基金项目立项。

10 月

5 日 江苏慕林智造科技股份有限公司、江苏君华特种工程塑料制品有限公司、江苏宏达数控科技股份有限公司等 8 家企业入选 2022 年度省科技企业上市培育计划。

9 日 省委第六巡视组巡视武进区工作动员会召开。

10 日 江苏嘉轩高效节能驱动系统及配套设备生产与研发项目在西太湖科技产业园奠基，总投资 10 亿元。

11 日 全区首个规划师工作室落地礼嘉镇蒲岸村。

是日 太湖流域永安河拓浚整治工程入选 2022 年度江苏省水利优质工程，系全市唯一获此荣誉的水利工程。

是日 东方润安集团有限公司、江苏万帮金之星车业投资集团有限公司入选 2022 江苏百强企业，东方润安集团有限公司、重庆理想汽车有限公司常州分公司、瑞声光电科技（常州）有限公司、江苏今创控股集团有限公司入选 2022 江苏制造业百强企业，江苏万帮金之星车业投资集团有限公司、江苏江南农村商业银行股份有限公司入选 2022 江苏服务业百强企业。

14 日 湖北省广水市副市长方国全一行在武进区调研休闲农业、智慧农业发展情况。

17 日 江苏大学武进分子诊断与肿瘤精准医学研究院在武进人民医院揭牌。

是日 江中亚邦医药物流项目在西太湖科技产业园开工，总投资 3.75 亿元。

18 日 武进区人民法院被国家版权局评为 2021 年度查处重大侵权盗版案件有功单位，系全市唯一。

是日 江苏恒立液压股份有限公司获第七届中国工业大奖（企业），新誉集团有限公司的“轨道交通绿色驱动整体解决、方案与智能化控制系统应用示范”项目、万帮数字能源股份有限公司的“基于移动能源网的智能充电装备研发及产业化”项目分获第七届中国工业大奖（项目）、表彰奖（项目）。

24 日 中天钢铁集团有限公司、江苏日盈电子股份有限公司、江苏中鑫家居新材料股份有限公司和轨道交通装备检验检测及技术评价服务平台入选第七批江苏省服务型制造示范企业（平台）。

是日 江苏晶雪节能科技股份有限公司“构建以‘S—M—S’驱动的高质量管控模式的实施经验”入选 2022 年全国质量标杆典型经验中小企业类别，成为全区首家获此荣誉的企业。

是日 快克智能装备股份有限公司的电子装联精密焊接设备、中天钢铁集团有限公司的深拉拔用高强度高碳钢线材入选第七批国家级制造业单项冠军产品。新誉集团有限公司、五洋纺机有限公司和瑞声开泰精密科技（常州）有限公司入选拟通过复核的第四批制造业单项冠军。

28 日 武进区绿色建筑和建筑产业现代化推进办公室申报的“基于 BIM 的建筑构件全生命周期碳排放计算平台”以及久瓴（江苏）数字智能科技有限公司申报的“基于数字孪生的城市地下管网运营平台”项目入选 2022 年智慧江苏重点工程和标志性工程认定项目名单。

31 日 2022 武进区“中国农民丰收节”在前黄镇联庆村开幕。

11 月

3 日 省长许昆林在理想汽车常州基地、汇川新能源汽车技术（常州）公司专题调研武进区战略性新兴产业融合集群发展情况。

3—10 日 2022 年全国女子曲棍球锦标赛在武进曲棍球训练基地开赛，来自全国的 9 支队伍参赛。四川队、辽宁队和江苏队分别获得冠军、亚军和季军。

4 日 “邹燕勤国医大师常州市武进中医医院传承工作站”获授牌，成为全区首个国医大师传承工作站。

5 日 华旋高精密旋变传感器项目在常州经开区开工，总投资 3.1 亿元。

7 日 华健高阻隔医药包装材料智能制造项目在西太湖科技产业园开工奠基，计划总投资约 5 亿元。

是日 武进区入选中央财政支持的 2023—2024 年水系连通及水美乡村建设县，系全市唯一。武进区 2023—2024 年水系连通及水美乡村建设县项目总投资 4.3 亿元，总面积 115.4 平方千米。

9 日 雪堰镇新康片高标准生态农田建设项目入选全省首批高标准农田示范项目，系全市唯一。

是日 省人大常委会常务副主任、党组副书记李小敏率调研组在武进区开展“学习贯彻党的二十大精神、更高水平建设社会主义民主政治”专题调研。

是日 常州国家广告产业园灵通基地（灵通展览系统股份有限公司）入选首批 5 家江苏省广告人才培养实践基地建设试点单位。

是日 深圳市人大常委、深商总会、商业联合会执行会长林慧一行在武进区考察。

11 日 2022 数字赋能绿色发展国际峰会暨智领行动启动仪式在武进区举行。活动现场，智领行动、“十链突破”项目启动，中欧低碳学堂揭牌，“数智领航 碳路未来”战略合作共建仪式举行。

14 日 江苏淹城野生动物世界、环球动漫嬉戏谷入选 2021—2025 年第一批全国科普教育基地名单。

16 日 “非武不栖、进无止境”2022 常州 · 武进人才周开幕。

是日 常州科教城“金凤凰”人才公寓启用。该公寓总投资约 20 亿元，总面积 15.06 万平方米。

17 日 “武进轨道交通技术员”被评为全国劳务品牌云展示项目，亮相全国劳务品牌发展大会。

18 日 在《光明日报》刊发的 2022 年中国中小城市高质量发展指数研究成果中，武进区获 2022 年度全国投资潜力百强区第一名，并连续 9 年获全国综合实力百强区第三名。湖塘镇、遥观镇入选 2022 年度全国综合实力千强镇前 100 强。

20 日 2022 年全国青年曲棍球锦标赛在江苏武进曲棍球训练基地落幕。江苏队突破历史夺得女子组冠军，北京队夺得男子组冠军。

24 日 “两湖潮起向未来”绿色宜居创新创业人才论坛在武进区举行。活动现场，长三角绿色建筑与韧性城市产业技术联合创新中心启动，长三角绿色产业“+设计”联盟成立，上海市政总院常州分院揭牌。

是日 征图新视（江苏）科技股份有限公司的“机器视觉智能化鲜切花分级设备（FS-RSorting-8P）”和金石机器人常州股份有限公司的“用于智能仓储的空中分拣机器人（T800）”获 2022 年江苏省首台（套）重大装备认定。

24—25 日 中车戚墅堰机车有限公司参赛队在 2022 年中国创新方法大赛全国总决赛中获得优胜奖。

25 日 “扛起‘首位’担当，护航‘两湖’建设”武进区“首位廉盟”成立。

28 日 吉林大学与常州技术转移中心在西太湖科技产业园签约共建。

是日 常州石墨烯科技产业园入选工业和信息化部 2022 年度国家小型微型企业创业创新示范基地，系全市唯一。

是月 常州康普药业有限公司、常州英诺激光科技有限公司、芯晟捷创光电科技（常州）有限公司、常州常衡德宇粉体集成系统有限公司等武进区 52 家企业通过 2022 年度省级专精特新中小企业申报认定，数量系全市第一。

12 月

1 日 浙江省湖州市党政代表团在武进区考察城市规划、产业发展和科技创新等工作。

是日 省产业工人队伍建设改革第五督查组在武进区督查 2022 年产业工人队伍建设改革工作。

4 日 武进区创成江苏省第一批城乡公交一体化达标县（市、区）。

5 日 江苏华电戚墅堰发电有限公司的戚电 2 号燃机余热锅炉完成脱硝项目改造后并网投运，成为国内首个全负荷脱硝进入试运行的 F 级燃机。

7 日 省委、省政府分别表彰江苏恒立液压股份有限公司、中车戚墅堰机车车辆工艺研究所有限公司和苏文电能科技股份有限公司董事长、总经理施小波为“江苏制造突出贡献奖”优秀企业和先进个人。

7—8 日 共青团常州市武进区第二十二次代表大会召开。来自全区的 215 名团代表参加会议。会议审议并通过蒋雨晨代表团区委二十一届常委会所作的工作报告，选举产生团区委二十二届委员会委员 27 人，选举蒋雨晨为团区委书记，周钺、杨琳、冯玲（挂）、沈立人（兼）、卞碧莲（兼）为副书记，选举产生出席常州市第十七次团代会代表 36 人。

是日 中车戚墅堰机车车辆工艺研究所有限公司、江苏南方精工股份有限公司入选 2022 年度江苏省示范博士后科研工作站。

12 日 自然资源武进区卫星应用技术分中心获批建设。

13 日 “两湖”创新区金融护航中心成立。

14 日 常州市辖市区农技协联盟在武进区成立，江南大学、扬州大学、南京农业大学、江苏大学为产学研合作单位。

17 日 第八届苏台青少年科技创意创新活动（常州赛区）在武进区人民路初级中学举行，来自台湾地区和江苏省的 2800 余人同台竞技。

是日 津通国际工业园三期项目开工奠基，总投资约 15 亿元，总建筑面积约 30 万平方米。

20 日 武进区政务网站入选 2022 年度中国领先政务网站（县级政务网站）。武进惠企政策“一企通”入选 2022 年度中国优化营商环境典型案例（十佳）。

26 日 新沟河延伸拓浚工程入选水利部 2022 年度拟认定国家水土保持示范工程。

28 日 区委十三届四次全体会议在区行政中心召开。市委常委、区委书记乔俊杰代表区委常委会作题为《以党的二十大精神为统领，以首位担当铸就时代荣光，奋力书写好中国式现代化的武进答卷》的报告。会议动员全区上下坚决扛起“争当表率、争做示范、走在前列”光荣使命，在全市“国际化智造名城、长三角中轴枢纽”城市定位和“532”发展战略引领下，坚决扛起“两湖”创新区建设主力军、主战场重任，聚力打造“一园一城一示范”，蹄疾步稳推进“六个现代化强区”建设，为全市迈入“GDP 万亿之城”做强支撑，奋力书写好中国式现代化的武进答卷。全会还审议通过《中共常州市武进区委关于深入学习贯彻党的二十大精神在新征程上奋力书写好中国式现代化武进答卷的决定》，审议《中共常州市武进区委常委会 2022 年度落实全面从严治党主体责任情况的报告》。

是日 中天钢铁集团有限公司职工书屋获评全市首个“全国工会品牌职工书屋示范点”。

是日 武进区产业投资基金入选“投中 2022 年度中国最佳私募股权投资引导基金 TOP30”。

30 日 组织工程国家工程研究中心江苏分中心落户常州西太湖科技产业园。

是日 江苏明月软件技术股份有限公司和江苏嗨购网络科技有限公司入选全省首批 15 个数字贸易优秀案例。

是月 武进区获评 2022 年“四好农村路”全国示范县创建单位。环太湖公路被评为 2022 年度“十大最美农村路”12 月“智慧创新路”。

区情概览

Overview of Wujin District

栏目编辑　万向阳

自然地理

【地理位置】 武进区位于长江三角洲太湖平原西北部，北纬 31° 20′ ~ 31° 48′、东经 119° 40′ ~ 120° 12′，濒太湖，衔滆湖，东临无锡，西毗常州金坛、镇江丹阳，南接无锡宜兴，北靠常州天宁、钟楼，总面积 1065.26 平方千米。

【地貌地形】 武进境内形成剥蚀和湖积的基本地貌，地形总体呈西南高、东北低。有海拔 30 米及以上的山丘 39 座，最高的牛肩顶头 179.4 米，均分布在东南、东北诸镇，为天目山余脉。大椒山、小椒山位于太湖之中。有大小河流 1048 条，每平方千米陆地有 1.82 千米河道，是典型的江南水网地区。京杭运河横贯东西，新孟河、德胜河、藻江河、北塘河、舜河形成南北向运北水系，孟津河、扁担河、武宜运河、采菱港、武进港等形成南北向运南水系。湟里河、北干河、中干河西起金坛洮湖，东入滆湖。太滆运河西起滆湖，东入太湖。众多次级河道与骨干河道相接，形成较为完善的灌排、航行系统。

【自然资源】 武进位于亚热带北缘，光温适宜，雨水充沛，土地肥沃，物产丰富，素有“鱼米之乡”之称。植物资源丰富，东部雪堰、潘家低山丘陵地区盛产茶叶和桃、梨、葡萄等水果。有滆湖、阳湖、宋剑湖等自然湖泊，河港汊荡纵横交错，淡水渔业资源丰富，适宜于鱼、蟹、虾、蚌等水产养殖。矿产资源主要有潘家、芙蓉等地的优质矿泉水，新安等地的白泥、紫砂、陶土等。

（方　志）

【气候】 气温　2022 年（1—12 月），全区平均气温 17.8℃，较常年偏高 1.2℃，与 2021 年并列历史第一。冬季（2021 年 12 月—2022 年 2 月）平均气温 5.5℃，比常年偏高 0.4℃；春季（3—5 月）平均气温 17.5℃，比常年偏高 1.7℃，位列历史第二，仅次于 2018 年的 17.6℃；夏季（6—8 月）平均气温 30.2℃，比常年偏高 2.9℃，位列历史第一；秋季（9—11 月）平均气温 18.7℃，比常年偏高 0.4℃。一年中，3 月、6 月、7 月、8 月、11 月气温异常偏高，4 月显著偏高，12 月显著偏低，其余月份正常（偏均值小于 1℃）。年极端最高气温 40.3℃，年极端最低气温 −5.6℃。日最高气温 ≥ 35.0℃的高温日为 51 天，日最低气温 ≤ 0℃的低温日为 27 天。

降水　2022 年（1—12 月），全区降水量 782.5 毫米，比常年偏少 436.1 毫米，属偏少年份。冬季（2021 年 12 月—2022 年 2 月）降水量 126.2 毫米，比常年偏少 27.7 毫米；春季（3—5 月）降水量 229.0 毫米，比常年偏少 33.3 毫米；夏季（6—8 月）降水量 212.3 毫米，比常年偏少 390.3 毫米；秋季（9—11 月）降水量 194.4 毫米，比常年偏少 3.1 毫米。各月降水时间分布不均，异常偏少的有 5 月（位列历史第一）和 8 月，显著偏少的有 6 月和 7 月，偏少的有 2 月、9 月、10 月、12 月，显著偏多的有 11 月，偏多的有 1 月、3 月、4 月。6 月 23 日入梅，较常年（6 月 18 日）偏晚 5 天，7 月 11 日出梅，梅长 18 天，较常年（24 天）偏短 6 天。梅雨量为 101.9 毫米，较常年偏少 64%。

日照　2022 年（1—12 月），全区日照时数 1941.5 小时，比常年偏少 25.9 小时，属正常年份。冬季（2021 年 12 月—2022 年 2 月）日照时数 395.3 小时，比常年偏少 0.3 小时；春季（3—5 月）日照时数 557.9 小时，比常年偏多 35.7 小时；夏季（6—8 月）日照时数 629.5 小时，比常年偏多 76.8 小时；秋季（9—11 月）日照时数 403.1 小时，比常年偏少 95.7 小时。6 月偏多，1 月、2 月、9 月、11 月偏少，其余月份均正常。

（雷正翠）

历史文化

【建置沿革】 武进在 5000 多年前就有人类定居、繁衍生息。郑陆寺墩、横林青墩出土的文物表明，武进境内在新石器时代已形成原始村落。到春秋时期已有城池出现，淹城（在今武进中心城区）是国内迄今为止保存最为完整的西周至春秋早期地面城池遗址。春秋战国时期，武进称延陵邑，为吴国季札封地。秦置延陵县，西汉改称毗陵县，新莽改称毗坛县，西晋太康二年（281 年）置毗陵郡、县，分丹徒、曲阿以东地区置武进县，西晋永嘉五年（311 年）改称晋陵郡、晋陵县。此后，晋陵、武进两县时分时合，数易其名。清雍正四年（1726 年）分置武进、阳湖两县，清宣统三年九月（1911 年 11 月）合并为武进县。1949年4月23日，武进解放，县城析出建立常州市。1983年3月，实行市管县体制，武进属常州市管辖。1993年7月18日，武进县政府驻地由常州市区迁至湖塘镇。1995年6月8日，国务院批准武进撤县设市。2002年4月，武进撤市设区。2015年4月28日，国务院批准撤销常州市武进区和戚墅堰区，设立新的武进区，以原武进区（不含奔牛镇、郑陆镇、邹区镇）和戚墅堰区的行政区域为新设立的武进区行政区域。

【地名由来】 三国吴大帝孙权崇尚武功，曾以统一大业为己任，于嘉禾三年（234年）诏复丹徒为武进，取以武而进之意，故名。西晋太康二年（281年），晋武帝恢复丹徒旧称，并分丹徒、曲阿以东地区置武进县。

【历史名人】 武进历史上曾出过1500多名进士，其中科考状元佘中、霍端友、陈祖仁、杨廷鉴、吕宫、赵熊诏、钱维城、庄培因、孙廉（武状元）9人和特科状元萧立、刘纶2人，名列全国县级城市前三。春秋时期政治家、外交家、音乐鉴赏家季札受封延陵（今武进属之），南朝齐高帝萧道成、梁武帝萧衍故里在南兰陵（武进，今常州市新北区），梁昭明太子萧统组织编纂《昭明文选》。至清代，武进有以庄存与为代表的今文经学派、以恽敬为代表的阳湖文派、以张惠言为代表的常州词派、以恽南田为代表的常州画派等。中医孟河医派名家众多，清末民国初有“吴中名医甲天下，孟河名医冠吴中”之说。清代史学家、诗人赵翼所著《廿二史札记》为清代三大史学名著之一，其诗句“江山代有才人出，各领风骚数百年”至今传诵。李宝嘉的《官场现形记》开创中国近代谴责小说之先河。现代有中共早期领导人、革命活动家瞿秋白、张太雷、恽代英，中共早期革命活动家董亦湘，抗日救国“七君子”中的李公朴、史良，东北抗日联军著名将领冯仲云，外交活动家章汉夫、冯铉和谢启美，两院院士秦仁昌、吴阶平、许学彦等57人，画家刘海粟、谢稚柳、吴青霞，著名戏剧家洪深、吴祖光、阿甲，小说家高晓声，诗人严辰等，誉满中外。

【方言】 武进方言属吴语，是北吴语片（太湖片）中常州小片的代表，在语音上较完整地保留了古全浊声母的体系，诸如冻≠洞、富≠父、记≠忌。有声母28个、韵母42个和声调7个（阴平、上声、阴去、阴入、阳平、阳去、阳入），古代平、上、去、入4个声调各以声母清浊为条件分成阴、阳2个调类，只是阳上和阳去不分，诸如稻=盗、妇=附、舅=旧。武进方言与其他吴语一样，有一部分字有文、白两读的现象，文言读舌面音声母，白话读舌根音声母。一般来说，文言音接近普通话，有少数词语受北方方言影响带有“官话”色彩。语助词“佬”出现频率较高，可以附在名词性成分、动词性成分和形容词成分的后面，构成“佬”字短语，表示不同的语法功能，诸如铁佬、木头佬和晓得佬、开心佬及好佬、甜佬等。武进地方话内部差别表现在语音上，东部的横林、崔桥等地有些字带有无锡口音，南部的漕桥、东安等地有些字音与宜兴相近，西南部的夏溪、湟里等地语音受到金坛话影响。武进方言受日益普及的普通话影响，尤其是年轻人口音发生了一定的变化。

（方　志）

区划·人口

【行政和经济区划】 2022年，全区（含常州经开区）有镇11个、街道5个，辖行政村182个、社区137个；有国家级高新区1个、综合保税区1个、省级高新区（筹）1个、省级经济开发区2个、省级旅游度假区1个、省级现代农业产业园区1个，以及住房和城乡建设部首个授牌的绿色建筑产业集聚示范区。

【人口】 2022年年末，全区（含常州经开区）常住人口172.15万人，其中户籍人口100.25万人，人口密度941人／平方千米（按户籍人口计算）。户籍人口中，男性48.43万人，女性51.82万人。户籍人口出生率5.79‰，死亡率7.71‰，人口自然增长率−1.92‰。

表1　2022年武进区区划和人口情况表

镇、街道和开发区	面　积（平方千米）	行政村（个）	社　区（个）	年末户籍人口（人）
湖塘镇	59.04	—	45	198441
牛塘镇	34.64	9	5	48453
洛阳镇	55.75	18	3	51437
雪堰镇	104.75	25	4	76755
前黄镇	103.59	20	4	66298
礼嘉镇	57.84	14	3	48324
嘉泽镇	101.49	19	5	74647
湟里镇	86.10	16	4	61916
横林镇	46.67	15	6	51091
遥观镇	44.70	13	9	46515
横山桥镇	58.23	19	5	59325
武进高新区（含高新区北区、南夏墅街道）	78.22	12	20	116769
西太湖科技产业园（含武进经发区、西湖街道）	48.21	2	5	27396
丁堰街道	10.18	—	6	15210
潞城街道	16.77	—	6	26379
戚墅堰街道	4.73	—	7	33568

（方　志）

民族 · 宗教

【民族】 武进区居民以汉族为主。2021年，全区有户籍登记的少数民族族别36个，常住少数民族人口近2万人，外来流动少数民族人口1.6万人。回民聚居村1个（雪堰镇城西村），回民聚居组1个（雪堰镇夏墅村后承村民小组），水族聚居点1个（丁堰街道蓝山湖社区）。

【宗教】 武进宗教有佛教、道教、伊斯兰教、天主教和基督教。西晋泰始年间（265—274年），道教传入武进。南北朝时期，佛教在武进已广泛流传。元初，伊斯兰教随陇、豫等地回族迁徙武进而传入，大部分人居住在雪堰镇的陡门塘和仁庄村小坞里。天主教于清道光年间（1821—1850年）传入武进。基督教于清光绪二十八年（1902年）由苏州教会派宣教士罗格恩到常州传教而传入。“文化大革命”期间，宗教场所被拆毁或占用，民间散居道士纷纷转业，宗教活动停止。中共十一届三中全会后，武进宗教事业得到恢复性发展，宗教信仰受到尊重和保护，寺庙、教堂恢复开放。2022年，武进区有依法登记的宗教活动场所41个，其中佛教25个、道教5个、基督教11个。

（方　志）

风景名胜

【太湖湾旅游度假区】 位于武进区雪堰镇境内，南濒太湖，面积39.6平方千米。以低山丘陵为主，山丘占总面积的66%。大气环境达国家一级标准，植物生长茂盛，植被良好，有乔木、灌木、草本植物百余种，鸟类70多种。太湖湾沿湖岸线长7.8千米，有山头19座、山坞11个，大、小水库8座，临湖山湾7个，湖中大、小椒山2座。文化底蕴深厚，有春秋五霸之一吴王阖闾的都城、全国重点文物保护单位阖闾城遗址，东晋蓼莪禅寺、宋代龟山书院和王孝子墓、陈烈帝墓等古迹，以及中共早期革命活动家董亦湘故居、中国近代资产阶级思想家吴稚晖故居。2007年获“国家旅游名片”称号，2009年5月被命名为“全国龙舟竞赛基地”，2020年12月被文化和旅游部认定为国家级旅游度假区。区内环球动漫嬉戏谷2012年11月创成国家AAAA级旅游景区，中华孝道园2014年12月创成国家AAAA级旅游景区。

【春秋淹城旅游区】 位于武进中心城区，规划总面积7.6平方千米，分为春秋淹城遗址、淹城春秋乐园、淹城野生动物世界、淹城传统商业街坊和宝林禅寺五大旅游景区。春秋淹城遗址占地面积300公顷，为国内保存最为完整的西周至春秋早期地面城池遗址。1988年被列为全国重点文物保护单位，2007年被国家旅游局命名为“中国第一水城”。淹城春秋乐园是一个以文化游乐与文化休闲相结合的人文主题公园，2010年4月29日开园，景点淹城春秋王宫2011年5月1日建成开放，“春秋水战”水上互动游乐项目2014年5月1日开放。淹城野生动物世界占地面积133.33公顷，是以野生动物生态散养为特色，集动物野趣观赏、休闲娱乐、科普教育于一体的大型综合性主题公园。淹城传统商业街坊由丰乐坊、常乐坊、怡乐坊3条古街组成。宝林禅寺位于淹城遗址西北约1000米处，始建于南朝梁武帝时期，2015年10月重建开放，宝林观音阁高91.9米，供奉39.9米高的三面十方观世音菩萨。春秋淹城旅游区于2010年5月通过国家AAAA级旅游景区认定，2012年9月获“全国低碳旅游示范区”称号，2017年4月国家AAAAA级旅游景区揭牌。

【西太湖旅游度假区】 武进区依托苏南第二大淡水湖——滆湖，打造西太湖旅游度假区，规划总面积约24平方千米（水域面积14平方千米、揽月湾8平方千米、花博园2平方千米），拥有黄金水岸线14千米，绿化覆盖率超过40%，是西太湖科技产业园独具滨湖生态优势的核心地带，被誉为“城市后花园”。该度假区分布西太湖揽月湾、“滆湖之星”观光塔、中国花卉博览园、西太湖影视基地、雅集园等精品旅游景点，拥有刘海粟夏伊乔艺术馆、油灯博物馆、陈履生美术馆等文化旅游载体，集聚武进曲棍球基地、武进网球馆、奇峰水上运动俱乐部、米兰游艇俱乐部、DS赛车场等体育旅游体验项目，承办第八届中国花卉博览会、西太湖国际马拉松赛、环太湖国际公路自行车赛、中国热气球公开赛、西太湖国际音乐节等品牌赛事活动，成为常州武进地区环境质量佳、文化体育氛围浓郁、广受游客青睐的户外休闲旅游度假胜地。

（方　志）

西太湖夜景　　（摄影／谷建平　摄于2022年9月）

地方特产

【淡水鱼类】 武进是苏南著名的淡水鱼养殖基地，主要淡水鱼除鲢、鳙、草、青、鲤、鲫、鳊等大宗鱼类外，还精养和温控养殖大口黑鲈、鳜鱼、鲟鱼等10多种名贵鱼类。2022年，生产成鱼2.9万吨。

虾蟹类养殖品种主要有中华绒螯蟹、日本沼虾等。2022年，全区虾蟹类产量3227吨。

【太湖“三白”】 太湖“三白”即银鱼、白鱼、白虾，为中国五大淡水湖之一的太湖特产。银鱼无刺，鲜嫩爽口，主要出口到日本和东南亚国家，供应上海、南京、杭州等大中城市高档饭店。白鱼肉质细腻，刺软。白虾壳薄、晶莹，味道鲜美。

【茶叶】 主要产区为雪堰、潘家、漕桥、横山桥等地的丘陵地区。以高品质绿茶碧螺春茶、“阳湖新月”绿茶为主。潘家城湾茶场所产“阳湖新月”绿茶是江苏省名牌产品，“雪堰”碧螺春茶为中国名牌产品。2022年，全区茶园面积162.13公顷，茶叶产量27.7吨。

【水蜜桃】 主要产区为雪堰、潘家、洛阳、漕桥等地。雪堰、潘家两地在民国时期种植水蜜桃，桃子色润汁丰、口感甜爽，因地近无锡而被称为“无锡水蜜桃”。2022年，全区桃园面积2483.2公顷，桃产量3.68万吨。武进“阳湖”水蜜桃于2018年6月通过中国森林认证，2021年6月获国家农产品地理标志产品授牌。

【葡萄】 全区各地普遍种植葡萄，主要产区为礼嘉、洛阳等地。在推广种植“巨峰”“藤稔”等丰产品种的同时，引进种植“夏黑”“阳光玫瑰”等新品种，果肉坚实味甜。礼嘉镇葡萄文化小镇入围省农业特色小镇培育名单，“礼嘉”葡萄于2020年4月获得地理标志证明商标专用权。2022年，全区葡萄种植面积242.13公顷，产量1.86万吨。

（方　志）

经济社会发展

【经济建设】 2022年，武进区面对疫情反复和经济下行压力，坚持智能制造主攻方向，发展现代产业体系，壮大实体经济根基，推动全区经济由量大转向质强。“95X”产业体系加快完善，高端装备、新一代信息技术、新材料、新能源等九大重点产业产值规模突破2700亿元，智电汽车、工业机器人等战略性新兴产业强势崛起，产值均增长30%以上，数字经济、氢能等新赛道产业加速布局。企业发展量质并举，江苏恒立液压股份有限公司和新誉集团有限公司、万帮数字能源股份有限公司分获第七届中国工业大奖，快克智能装备股份有限公司入选工业和信息化部第七批制造业单项冠军企业（产品）名单，全区入选国家级、省级专精特新“小巨人”企业分别达21家、152家。“智改数转”进程加快，新增省级智能工厂4家、省级星级上云企业151家，星星充电智慧能源消费服务平台、中天钢铁项目分别被列为工业和信息化部新型信息消费示范项目、工业互联网创新发展工程项目。全年完成规模以上工业总产值3387.91亿元，武进区获评省级制造业高质量发展示范区。现代农业蓬勃发展，滨湖现代农业产业园开工建设，11个水稻新品种通过省级及以上认定。武进区再次获评全国县域农业农村信息化发展先进县，入选国家农业绿色发展先行区创建名录，创成全市首个国家农村产业融合发展示范园。创新园区锚定航向，中以常州创新园扩容提级，建成中以国际创新村，设立中以园大湾区创新中心，探索国际科技合作“1+2+N”新模式。武进高新区实施创新驱动战略，并获省政府督查激励，理想汽车零部件产业园等重大项目签约落户，国家级高新区综合排名上升至第35位。西太湖科技产业园加快平台升级，细胞治疗研究院完成院士级项目注册4个。武进绿建区建成长三角碳管理体系研究院、长三角绿色建筑与韧性城市技术联合创新中心。“重大项目攻坚突破年”活动持续推进，铭纳阳汽车电驱动系统、豪森新能源汽车核心零部件智能装备、御马高精密电机零部件等重点项目签约落户，泛亚氢质子交换膜、博瑞电力储能产业基地、中以数字谷等省重大项目进展良好。现代服务业提档升级，规模以上服务业营业收入增长12%，西太湖电商产业园创成国家电子商务示范基地，湖塘科技产业园入选首批省现代服务业高质量发展集聚示范区。创新主体培育成效显著，新获认定国家级众创空间2家、独角兽企业1家、潜在独角兽企业10家、省级瞪羚企业40家，累计有效高新技术企业1060家，万人有效发明专利达70.5件，武进区入围首批国家知识产权强县建设示范区。全年完成地区生产总值3101.97亿元，一般公共预算收入203.93亿元，全体居民人均可支配收入增长5%。武进区荣获全国投资潜力百强区第一名、中国高质量发展百强（地级城市市辖区）第三名，连续9次获评全国综合实力百强区第三名。

【政治建设】 2022年，武进区坚持严的基调不放松，扎实推进全面从严治党，以永远在路上的坚定执着深入推进新时代党的建设新的伟大工程。高举习近平新时代中国特色社会主义思想伟大旗帜，坚定捍卫“两个确立”、坚决做到“两个维护”。把“迎接中共二十大、学习宣传贯彻中共二十大精神”作为鲜明工作主线，推出“喜迎二十大、一起听吾说”“10个一”理论宣讲系列活动，区委常委担任“领学员”深入基层开展宣讲近30场。区委理论学习中心组全面落实“第一议题”学习制度，组织开展集中学习研讨15次，蝉联两届省级示范点。强化主流宣传工作，中央、省级主流媒体正面报道全年共计2000余次，两部影视作品获省精神文明建设“五个一工程”奖。全面压紧压实意识形态工作责任制，建好用好管好各类意识形态阵地，政治安全和意识形态安全更加牢固。深化以“党史”为重点的“四史”教育，推动党史学习教育常态化、长效化。实施“红盟聚力先锋建功”系列行动，挂牌成立全市首个新业态新就业群体党校和党群服务中心，聚焦城市、农村、机关、两新等领域，切实提升抓党建促乡村振兴、促基层治理、促经济发展的实效。出台全面从严治党主体责任、“第一责任人”责任、“一岗双责”责任、监督责任四项清单，推行“共性＋个性”责任清单制度，推动全面从严治党向纵深发展。以自我革命的勇气和对党的事业高度负责的态度，坚决落实省委巡视工作部署，认真配合巡视工作，做到同题共答、同向发力。统筹开展政治巡察，持续推进农贸市场腐败和作风问题等专项治理，深入开展反腐倡廉"走基层"宣传教育活动，筑牢党员干部廉洁防线。同心同德凝聚发展合力，区人大、政协分别获评全省人大系统先进集体、政协系统先进集体。新时代"两个健康"先行区创建高效推进，广泛凝聚社会各界共识、智慧和力量。

位于常州科教城的"金凤凰"人才公寓于2022年11月交付使用
（摄影／高岷　陆新　徐晶玮　摄于2022年10月）

【文化建设】 2022年，文体惠民不断加码，"花都水城·浪漫武进"文化旅游节成功举办，太湖湾音乐节享誉周边，全年送戏送综艺400场，武进第三图书馆建成开放。前进村体育公园建成投用，二十届省运会成果喜人，武进区获全省县（市、区）人才输送奖第一名，金牌数、奖牌数、总分均位列常州市第一。城市内涵持续丰富，武进第三图书馆开放运营，曲艺故事《捕风》获省"五星工程奖"，太湖湾音乐节、机甲大师超级对抗赛等活动成功举办。

【社会建设】 2022年，武进区以"两湖"创新区建设为龙头牵引，加快城市发展格局变革重塑，推动城乡融合一体化发展。以科学规划引领城市发展，高标准编制国土空间规划，划定"三区三线"（农业、生态、城镇三个功能区，永久基本农田、生态保护红线和城镇开发边界三条控制线）；立足打造长三角中轴枢纽"第一门户"，加快推进常州南站周边城市设计；突出商业商务、科技创新、文旅休闲等多业态功能，完成总部经济区城市设计及详细规划修改。以交通先行拉开发展框架，南沿江城际铁路武进段轨道铺设全面完成，武进站综合交通枢纽工程地下主体基本完工，花海大道涉铁段顺利建成，青洋路快速化二期工程（滆湖路—武进大道）建成通车，丹金高速涉铁段基本完成，腾龙大道智慧快速路先导段开工建设，常泰铁路线型优化释放超千亩土地空间。以项目落地浓厚发展氛围，西太湖细胞治疗前沿技术研究中心、石墨烯小镇烯望创智港等重大平台竣工运行，"两湖"创新区规划展示馆、万丽酒店等建成投用，国际医药创新中心、氢湾国际创新智慧园等重点项目有序推进。城市面貌持续焕新，长沟河片区城市设计发布，沟南片区整体规划完成；创成精品街道21条，全新升级星级菜场22个，完成老旧小区改造15个，公益广告、道路道板、空中线缆等领域整治取得阶段性成果。乡村振兴纵深推进，新增美丽农村路14千米，武进区入选"四好农村路"全国示范县创建单位，获评全省首批城乡公交一体化达标县；建成农民集中居住区8个，实现省级生态文明建设示范镇全覆盖，新增洛阳镇马鞍村、湟里镇武宜村2个省级生态文明建设示范村，文明典范城市测评、城市长效管理考核、农村人居环境考评成绩均位居全市前列。笃行不怠惠民生，十大类民生实事项目高质量完成。教育优质均衡加快实现，牛塘实验学校、鸣凰中心小学等新、改扩建项目竣工投用，新增义务教育阶段学位1.3万个，新市民学校整治任务圆满完成。医疗卫生保障不断强化，武进医院创成三甲综合医院，武进医院南院二期加快建设，武进第三医院病房楼顺利竣工，西湖街道社区卫生服务中心、前黄医院病房楼、嘉泽卫生院新院区建成投用，医联体建设加快推进。"一老一幼"全面提标，为400户困难老年人家庭提供适老化改造，新增省级普惠托育机构2家、省级示范托育机构1家。在全省率先启动城乡居民基本养老保险集体补助试点工作，统筹推进居家养老服务中心改造、养老助餐服务、困难老人家庭适老化改造等工作，全国未成年人保护示范区创建通过民政部验收。社会保障持续强化，建成全市首家"就业驿站"，新增城镇就业4.7万人。发放慈善救助资金、社会公益事业补助资金8586万元，完成住房公积金扩面5.02万人，低保每月标准达到1000元。双拥模范区创建实现"九连冠"。第十批武进对口援疆工作圆满收官。

【生态文明建设】 2022年，武进区践行绿色发展理念，持续夯实生态基底，系统推进滆湖治理，完成滆湖国家级水利风景区现场验收，数字孪生滆湖项目入选水利部试点，退田还湖成效显著，呈现51万平方米的"水下森林"景观；"绿箭2022"专项行动圆满收官，武南第二污水处理厂一期工程建成投运，河道水质显著提升，镇村小微水体面貌焕然一新。新沟河工程获评国家级水土保持示范工程，新沟河武进段、新孟河漕桥河武进段入选江苏省幸福河道建设示范样板。新建农田林网面积373.27公顷，乡村绿脉加快形成。持续改善水环境，支流支浜专项整治圆满收官，自监测以来首次出现Ⅱ类水断面，6个国省考断面实现"Ⅲ升Ⅱ"。$PM_{2.5}$平均浓度同比改善12.7%，降至32.2微克／立方米，创历史最好成绩。积极配合中央环保督察，全力整改相关问题，全年办结中央环保督察信访件69件、省级环保专项督查问题368个。武进区创成国家级建筑产业现代化示范城市，荣膺中国绿色发展百强区第二名，湖塘镇获评江苏省文明乡镇和生态文明建设示范乡镇，嘉泽镇周庄村、礼嘉镇庞家村等8个村建成省级绿美村庄。

（方　志）

中共常州市武进区委

CPC Committee of Wujin District of Changzhou

栏目编辑　王国新

决策部署

【区委十三届三次全会】 8月10日在区行政中心召开，区四套班子领导出席会议。市委常委、区委书记乔俊杰作题为《拥抱“两湖”时代，扛起首位担当，以实际行动迎接党的二十大胜利召开》的报告，区委副书记、区长恽淇丞部署工作。全会坚持以习近平新时代中国特色社会主义思想为指导，深入贯彻习近平总书记在省部级主要领导干部专题研讨班上的重要讲话精神和党中央的决策部署，落实省委工作会议、市委十三届四次全会精神，总结上半年工作，部署下阶段任务。动员全区上下坚决扛起“勇挑大梁”的重大责任，深入贯彻常州市“532”发展战略（是2021年提出的城市发展规划，包括五个中轴、三个中心、两个示范，即建设长三角交通中轴、创新中轴、产业中轴、生态中轴、文旅中轴，高标准打造长三角产业科技创新中心、现代物流中心、休闲度假中心，提升城乡融合发展示范区、统筹发展和安全示范区建设水平），全力推动“两湖”创新区建设，谱写“强富美高”新武进、现代化建设新篇章，以实际行动迎接中共二十大胜利召开。强调要稳中求进，坚持拥湖发展，勇当“两湖”建设领跑者；坚持改革开放，勇当创新发展急先锋；坚持产业强区，勇当转型升级排头兵；坚持民生为本，勇当共同富裕新典范；坚持协调发展，勇当城乡融合样板区；坚持生态优先，勇当绿色低碳先行军；坚持治理提效，勇当和谐稳定护航员，加快提升武进发展贡献度。要求各级领导干部全面落实新时代党的建设要求，大力弘扬伟大建党精神，纵深推进全面从严治党。锤炼政治品格，筑牢忠诚信仰之基，把忠诚拥护“两个确立”、坚决做到“两个维护”作为最坚定的政治立场、最鲜明的政治方向、最牢固的政治信念，不断提高政治判断力、政治领悟力、政治执行力，始终在思想上政治上行动上同以习近平同志为核心的党中央保持高度一致。牢记“国之大者”，始终站在全局和战略高度想问题、办事情，把对党忠诚体现在贯彻落实习近平总书记的重要指示和党中央、省委、市委决策部署的行动上，体现在推动改革发展的实效上，体现在党员干部日常的言行中。夯实理论武装，铸就思想信念之魂；激活组织动能，昂扬干事创业之志；抓牢正风肃纪，恪守清正廉洁之本，聚焦高效统筹疫情防控和经济社会发展、防范化解各类风险等上级重大决策部署，推动政治监督具体化常态化，确保执行不偏向、不变通、不走样。完善统战格局，凝聚同心同向之力，深化“梧桐同心”品牌建设，继续夯实“四柱两翼”工作架构，持续优化“党委统一领导、统战部门牵头协调、有关方面各负其责”的大统战工作格局，为发展凝聚最广泛的强大力量。以“功成不必在我”的精神境界和“功成必定有我”的历史担当，不忘初心、牢记使命，埋头苦干、勇毅前行，努力在新的赶考之路上赢得更大的胜利和荣光。

8月10日，中共武进区委十三届三次会议在行政中心召开（供图/区融媒体中心）

【区委十三届四次全会】 12月28日在区行政中心召开，区四套班子领导出席会议。全会听取并分组讨论通过市委常委、区委书记乔俊杰代表区委常委会所作的题为《以党的二十大精神为统领，以首位担当铸就时代荣光，奋力书写好中国式现代化的武进答卷》的报告，审议通过《中共常州市武进区委关于深入学习贯彻党的二十大精神在新征程上奋力书写好中国式现代化武进答卷的决定》和《中共常州市武进区委十三届四次全体会议决议》，书面审议通过《中共常州市武进区委常委会2022年度落实全面从严治党主体责任情况的报告》，区委副书记、区长恽淇丞部署工作。全会总结2022年各项工作，部署2023年重点任务，动员全区上下踔厉奋发、勇毅前行，深入推进“两湖”创新区建设，在新时代新征程更好地“扛起新使命、谱写新篇章”，奋力书写好中国式现代化的武进答卷。全会指出，全区上下要坚决贯彻习近平总书记“五个牢牢把握”和“全面学习、全面把握、全面落实”的重要指示要求，深入学、反复学，读原文、悟原理，做到学懂弄通、常悟常进、知行合一，真正把中共二十大精神转化为推动经济高质量发展的生动实践，奋力谱写“强富美高”新武进现代化建设新篇章。要深刻领悟“两个确立”，在学思践悟中做到“两个维护”；坚定信心决心，在抢抓机遇中开启现代化征程；深化改革创新，在勇挑重担中提升发展质量；坚守为民初心，在坚定立场中推动共同富裕。要更加坚定地忠诚核心、信赖核心、紧跟核心、维护核心，坚决维护党中央的权威和集中统一领导，学深悟透笃行习近平新时代中国特色社会主义思想，胸怀“两个大局”、牢记“国之大者”，做到政治上绝对忠诚、思想上高度统一、意志上更加坚韧、行动上坚决有力，在以习近平同志为核心的党中央周围团结成“一块坚硬的钢铁”，步调一致向前进，不断夺取新的伟大胜利。要自觉对标对表中共二十大精神，深刻把握中国式现代化五大特征和本质要求，在综合发展实力、人民生活品质、生态环境质量、社会文明程度、社会治理效能上不断赋予新的发展内涵，推动武进在新的历史方位中实现新跨越、再创新辉煌。要坚持和加强党的全面领导，坚持旗帜鲜明讲政治、坚定方向锐意进取，坚持锤炼队伍展作为、永葆激情担当奋进，坚持筑牢基层强堡垒、厚植根基丰润沃土，坚持正风肃纪不松劲、锲而不舍昂扬正气，坚持众志成城办大事、同心协力共谱新篇。推动全面从严治党纵深发展，以高质量党建引领高质量发展，为武进现代化建设注入强大精神动力。

【全区党建工作暨作风建设会议】 2月19日在区行政中心召开，区四套班子领导参加会议。区委副书记、区长恽淇丞主持会议，市委常委、区委书记乔俊杰发表讲话。会议总结2021年全区党建工作及作风建设主要成绩，要求各级党组织和党员干部深入学习贯彻习近平新时代中国特色社会主义思想、中共十九大和十九届历次全会精神，大力弘扬伟大建党精神，以高质量党建引领高质量发展，压紧压实管党治党责任，持之以恒抓好作风建设，为高标准打造“一园一城一示范”、全力争当现代化建设标杆提供坚强保障。牢固树立“抓好党建是最大政绩”的理念，守土有责、尽职尽责，不折不扣将全年党建工作任务落到实处。突出政治建设，始终把牢党建工作的正确方向。健全“我为群众办实事”长效机制，推进重点民生项目，解决群众的“急难愁盼”，努力把好事、实事办到群众的“心坎”上；大力弘扬“勇争一流、耻为二手”的常州精神，发挥好“书记项目”龙头作用，力争形成更多“第一唯一”的武进经验，切实发挥“关键少数”的示范引领作用，形成“立说立行、说了就办、定了就干”的良好氛围。坚持同向发力，充分发挥党建工作的引领作用。抓队伍夯基础，铸强干事创业主心骨，在“优选严管”上动真格，在“强基固本”上下功夫，在“招才引智”上见实效，大力培养使用年轻干部，深入开展“双招双引”活动，早谋划、早行动；抓纪律正风气，营造风清气正好环境，做实日常监督，增强治理效能，聚焦“四风”顽疾，持续发力整治，坚持一体推进，巩固良好生态；抓团结聚人心，开创和谐奋进新局面，在凝聚共识上积极作为，在服务发展上奋发有为，在促进和谐上担当善为；抓作风促担当，提升保障发展硬能力，以优质的服务汇聚力量，以实干的行动克难奋进，以严格的管理治庸提效，真正以好作风、好形象奋进新征程。强化履职尽责，切实扛起党建工作的第一责任。全区上下要以众志成城的决心、敢于担当的勇气、闻令而动的效率，同频共振、协同发力，压实管党责任，强化督查考核，凝聚工作合力，确保各项部署落到实处，持续提升新时代党的建设质量和水平。会上，区委表彰了2021年度武进区“十佳书记项目”和“优秀书记项目”，通报表扬了2021年度“阳湖先锋”，区纪委监委、区委组织部、宣传部、统战部分别做工作报告。

【领导干部研讨会】 12月11日在区行政中心召开，区四套班子领导，区法院院长、检察院检察长以及武进国家高新区、西太湖科技产业园、各镇（街道）、相关部门负责人参加。会议深入学习贯彻中共二十大精神，以及中共中央政治局关于2023年经济工作的最新部署，全面落实省委十四届三次全会要求，全面回顾2022年工作，系统谋划2023年工作。与会领导结合分管工作，交流各分管条线2023年发展思路、工作重点。会议指出，全区上下要坚持谋长远和抓当下相结合，在深刻领会中央和省、市最新精神的基础上，对近两年来武进的现代化探索进行再总结、再优化、再提标，努力把武进率先探索的“先发优势”转化为争先进位的“发展态势”，踏疾步稳推进“六个现代化强区”建设，努力实现高标准引领、高质量发展、高品质生活、高效能治理、高素质保障，让中国式现代化在武进大地上率先展现出可观可感的现实图景。要加快建设产业高端、动能充沛的现代化强区。推进集群强链做“加法”，围绕主导产业，构建打不散、搬不去、压不垮的产业集群。培育本土龙头企业，对全产业链开展垂直整合，加快抢占行业制高点。要立足当前、面向未来，探寻科技前沿与产业基础的“交汇点”，精心布局一批“黑科技”“超现代”产业。要加快“腾笼换凤”做“减法”，统筹区镇村三级力量，加强区级国资平台实体化运作，形成“财政资金撬动、社会资金联动、企业资金主动”的良性循环。要推动数字赋能做“乘法”，大力推进智能化改造、数字化转型。要优化营商环境做“除法”，全面擦亮“武A服务、进无止境”营商环境品牌。要加快建设创新涌动、青年友好的现代化强区。以高质量教育涵养源头活水，为科技创新和产业发展培育、集聚人才。以高水平创新激发动能活力，聚焦“点上突破、线上成景、面上蓄能”，高标准推进中以常州创新园建设，大力实施创新主体培育工程，加快形成科技型中小企业、高新技术企业和瞪羚、独角兽企业有机衔接的创新型企业“雁阵”梯队，积极探索与科教城融合发展的“大创新”格局。以高素质人才夯实基础力量，聚焦“青年发展友好型示范城区”定位，加快长三角青年创新创业港等载体建设。以高能级开放集聚发展资源，发挥驻外功能机构作用，推动外资企业增资扩股、设立区域总部。以综合保税区提档升级为抓手，带动武进区外贸转型创新发展。要加快建设民生幸福、共同富裕的现代化强区。以“十个吾有”品牌建设为主线，探索共同富裕的“武进路径”。要帮老百姓“多赚钱”，坚持就业优先，更加注重农民增收，拓宽增收渠道，推动城乡居民收入差距进一步缩小。要为老百姓“花好钱”，正确处理“政府过紧日子”与“群众过好日子”的关系，“把钱花在刀刃上”，办好民生实事。要让老百姓“存住钱”，充分发挥社会保障的兜底作用，切实减轻群众的负担。要加快建设能级跃升、品质一流的现代化强区。拉开综合交通框架，加快打造多功能、现代化、智能化的城市“中央车站”，扮靓“两湖”创新区的“第一门户”。要凝聚“志气、朝气、底气、锐气、神气、烟火气”，加快未来新城建设。要深化农村宅基地制度改革，增强镇村“造血”功能，赋能乡村振兴。要深化文明城市创建，以文塑旅、以旅彰文，努力绘就“处处皆胜景”的全域旅游武进画卷。要加快建设绿色低碳、生态宜居的现代化强区。树牢绿色发展理念，充分发挥独特滨湖优势，守牢“两湖”生态底色。要加强污染防治攻坚，守护好武进的蓝天、碧水、净土。要打造特色亮点品牌，打造“农业强、农村美、农民富的新时代鱼米之乡”武进样板。要加快建设治理高效、安全稳定的现代化强区。坚持底线思维，打造社会治理更有张力、德治法治相辅相成、社会彰显公平正义的现代化治理新样板。要持续提高公共安全水平，压紧压实安全生产责任，深入推进公共安全体系建设。要有效提升社会治理效能，深入推进民主法治建设，持续深化治安防控体系建设，提升平安武进水平。

【区委常委会2022年工作要点】 4月12日，《中共常州市武进区委常委会2022年工作要点》出台，明确全区上下必须坚持以习近平新时代中国特色社会主义思想为指导，全面贯彻中共十九大和十九届历次全会以及中央经济工作会议精神，大力弘扬伟大建党精神，坚决扛起“争当表率、争做示范、走在前列”光荣使命，坚持稳中求进工作总基调，完整、准确、全面贯彻新发展理念，深入贯彻“532”发展战略，全面深化改革开放，坚持创新驱动发展，统筹抓好疫情防控和经济社会发展，统筹发展和安全，扎实抓好“六稳”“六保”工作，持续改善民生，促进共同富裕，高标准打造“一区一城”（生态滨湖区、现代智造城），以“一园一城一示范”（中以常州创新园、建设“最美湖湾城”、争做“长三角一体化”高质量发展示范）为着力点，全面实施“六个跃升行动”，全力争当现代化建设标杆。

【省委第六巡视组对武进开展巡视】 10月8日至12月20日，省委第六巡视组对武进区开展巡视。10月9日，省委第六巡视组召开见面沟通会、工作动员会、党委工作情况汇报会和纪委工作汇报会。市委常委、区委书记乔俊杰汇报全区情况，表示武进区将坚决贯彻落实中央和省委深化政治巡视的要求，坚决积极配合巡视组开展各项工作，坚决全力以赴把巡视组各项要求落到实处。统一思想认识，准确把握政治巡视深刻内涵，把接受省委巡视作为学懂、弄通、做实习近平新时代中国特色社会主义思想的重要契机。严密组织实施，区委专门成立巡视工作联络组，严格遵守巡视纪律，倾力配合巡视工作全面开展。主动担当作为，坚决抓好问题整改成果转化，做到领导带头担当、问题整改见底、成果加速转化，把接受巡视与贯彻落实新发展理念结合起来，提振干事创业的精气神，推动武进区各项事业实现新发展。省委巡视组在武进区巡视期间（2022年），设专门值班电话、邮政信箱，主要受理反映武进区领导班子及其成员、下一级部门单位主要负责人、相关重点岗位干部（含已离退休、已调离）问题的来信来电来访。

【建设“长三角青年发展友好型示范城区”实施意见出台】 5月26日，《武进区建设“长三角青年发展友好型示范城区”实施意见》出台，明确坚持以习近平新时代中国特色社会主义思想为指导，全面贯彻中共十九大和十九届历次全会以及中长期青年发展规划精神，深入落实省、市、区党代会及全会精神，把建设“长三角青年发展友好型示范城区”放在武进高质量发展基础性、先导性、战略性位置。“十四五”期间，制定实施“YOUNG HOO（谐音‘阳湖’）青年之城”品牌、“汇智、优创、港湾、乐享、国际”五大行动为主体的“1+5”政策体系，全面提升武进区对青年人才的吸引力、集聚力和承载力，切实增强

5月18日，武进“长三角青年发展友好型示范城区”建设启动（供图/团区委）

青年人才对全区发展的融入度、服务度和贡献度，为武进打造“一园一城一示范”，争当现代化建设标杆汇聚强大青春动能。

（杨　勉）

组织工作

【概况】 2022年，区委组织部遵循新时代党的组织路线，全面贯彻落实全国、省、市组织部长会议精神，紧扣市委“532”发展战略、区委“一园一城一示范”部署要求，统筹推进基层党建、干部、人才工作，积极主动作为，有效发挥作用，取得各项工作成效。年末，武进区有党组织3465个（含常州经开区），其中基层党委127个、党总支327个、党支部3011个；有党员75327名，其中女性党员23475名，占31%。年内，发展党员823名，其中35岁及以下532名，占65%；女党员317名，占39%；大专及以上文化党员741名，占90%。

【“学习贯彻二十大、踔厉奋发建新功”主题活动】 2022年，区委组织部组织各基层党组织实施“三学六进六促”工程，开展“头雁领学”“基层促学”“红色研学”活动，推动中共二十大精神进农村促振兴、进社区促治理、进“两新”（新经济组织、新社会组织）促发展、进“新新”（新业态、新就业群体领域）促融合、进机关促效能、进国企促规范。农村领域开展“党建领航、金融惠农”深化提升现场推进会，城市领域开展武进区党建引领城市基层治理“十佳”为民实事成果展演，“两新”领域开展党群阵地“五亮五优工程”（红色阵地亮形象，进一步优化党建资源；“标准阵地”亮规范，进一步优化规划布局；“民心阵地”亮承诺，进一步优化服务功能；“先锋阵地”亮活力，进一步优化引领质效；“品牌阵地”亮特色，进一步优化创新举措）推进会，新业态、新就业群体领域开展“学说做”专题活动，机关领域开展党建工作现场推进会，国企领域开展持续深化国企改革，组织开展中共二十大精神专题学习会、研讨会。向全区党组织和党员发放《中国共产党章程》《党的二十大报告辅导读本》等学习用书6万余套。

【党员干部凝心聚力战疫情】 2022年，新冠肺炎疫情发生后，区委组织部贯彻落实“疫情要防住、经济要稳住、发展要安全”的要求，第一时间划拨200万元专项党费，发动全区3000多个基层党组织、6万多名党员参与疫情防控。印发《机关党员疫情防控志愿服务应急预案》《突发事件党员志愿服务应急预案》，招募180名机关党员干部组建机关党员志愿服务“应急先锋队”，组织区级机关63个部门、2.7万人次下沉一线防控新冠肺炎疫情，累计工作时长超120万小时，相关做法得到市委领导的批示肯定，被《新华日报》《人民日报》《中国组织人事报》等媒体刊载。

6月18日，区委组织部举办公务员公文写作技能大赛　（供图/区委组织部）

【实施组织工作高质量发展攻坚行动】 2022年，区委组织部对照《常州市组织工作服务保障现代化建设五年行动计划》，计划统筹利用5年时间，一年一个主题分步实施。围绕“考准考实干部政治素质”“进一步强化党建引领城市基层治理”等八大问题，组建八大课题组，聚焦34个攻坚项目，系统构建“课题化攻坚、项目化推进、清单化验收”工作模式。通过实施“部署—落实—反馈”有效闭环，选干部配班子、抓基层打基础、建队伍聚人才，全面提升服务高质量发展大局的能力。围绕建机制、上台阶，持续推动攻坚实践固化为体制机制成果，构建系统完备、科学规范、运转高效的组织工作体系。

【“红盟聚力、先锋建功”系列行动】 2022年，区委组织部贯彻《新时代江苏基层党建“五聚焦五落实”深化提升行动计划（2022—2026年）》精神，开展基层党建“红盟聚力、先锋建功”系列行动，制定政策体系，健全完善基层党建工作体系。创新“红盟矩阵”运行管理机制，围绕“需求、资源、项目”3张清单，建立“红盟矩阵”评价机制，持续增强共建合力。发布成立“旗帜红盟”“树人红盟”“食安红盟”等红盟组织，全面深化“磁力红盟”“金牛红盟”“绿建红盟”“珠光红盟”等红盟组织建设，区级红盟成员单位累计54个。相关建设经验被《人民日报》《半月谈》专题报道，被《省委快报》《市委快报》专题刊发。实施“蝶变计划”，打造“乡村振兴红盟”“融驿家红盟”等品牌，汇聚更多资源向乡村倾斜。推进“党建领航、金融惠农”深化提升行动，为乡村振兴引入金融活水。强化党建引领村级集体经济扩量提质，申报立项嘉泽镇跃进村等6个项目，调研集体经营性收入低于100万元的村，制定“一村一策”，形成增收初步方案。选派19名“第一书记”驻村工作，有效加强基层组织建设，提升基层治理水平。选派9名优秀村干部到属地所在银行支行任副行长，接收9名银行支行长任属地乡镇（街道）乡村振兴指导员，实现金融人才向乡村振兴一线扎根、基层干部接触专业金融知识的双向奔赴。深化“红网格”“红色物业”建设，探索建立“党建触网、双网融合”的共治模式。实施国企党建“星耀计划”，出台《2022年度常州市武进区区属企业党的建设成效评价实施方案》，将国企党建纳入全区党建考核体系。定期召开区委党建工作领导小组会议，建立健全国企党建联席会议制度。贯彻落实“国企党建三十项重点任务”，全面细化党组织书记责任清单，精准选题国企党建“书记项目”，将党建成效与年度绩效挂钩，构建完整工作闭环。开展“一支部一品牌一示范”活动，先后评选三批共15个“五星党组织”。6月5日，成立全市首个新业态新就业群体党校和党群服务中心。全年打造枢纽型党群服务中心1个、行业党群服务中心6个、党群阵地（龙城红色驿站和红色服务吧）2个、党员先锋岗等“162”阵地服务体系100个。新业态新就业群体党群服务中心全年提供技能培训、职业认证等12类开放式、共享式、一站式党群综合服务，组织主题党日、技能培训、公益认领等活动60余场，首批发放“暖新服务卡”180张，覆盖新业态新就业群体1万余人次；新业态新就业群体党校开设专题党员教育课程80堂，开展“党课开讲啦”“先锋书记说”等多元化教学直播252场，累计在线观看100多万人次。相关经验做法在“学习强国”学习平台、《新华日报》刊载，市领导陈金虎、季培东、乔俊杰多次调研指导。货运司机“云上党小组”工作法在全省推广，相关经验报送中组部组织二局。6月20日，区级机关“旗帜红盟”成立，集聚机关、高校、金融机构、企业等各方力量，梳理形成“问题、需求、资源”3张清单，以打造“优势资源联享、学习实践联训、创新攻坚联动”3联平台为抓手，实施“党建领航、党建赋能、党建为民”3个项目，用好“1+N执行、平战转换、精准服务”3项机制。组建机关党员志愿服务“应急先锋队”，在疫情防控、抢险救灾、应急救援、安保维稳以及文明城市等中心工作中发挥作用，机关党员冲在一线，超5000人次参与“文明来敲门”入户宣传、文明交通劝导服务等志愿活动。先后建成“新孟河党建驿站”“水韵园”“磁力空间”等机关党建阵地，推动机关党员“走在前、做表率”。

【实施全区党群阵地“五亮五优工程”】 2022年，区委党建办牵头实施全区党群阵地“五亮五优工程”，整合区委党建工作领导小组各成员单位力量，重点打造“十里红延”“青洋红途”示范带和农村党建“乡村振兴”、城市党建“一体两翼”、两新党建“创新湖湾”示范圈，“两带三圈”规划初步落地成型。构建“武进红印”认证体系，将334个存量阵地纳入编码管理，建成投用西太湖党群服务中心、水韵蒲岸环线等重点扶持项目23个，提档升级村（社区）党群服务中心65个，建成龙城红色驿站71个、龙城红色服务吧110个。构建新业态新就业群体“15分钟服务圈”，启动建设武进区党群服务中心，发布各类服务项目5.8万个，服务超28万人次，党群阵地政治功能、组织功能和服务功能全面提升。

【“红链工程”三年行动计划全面启动】 7月21日，区委组织部出台《“红链工程”三年行动计划》，全面启动“红链工程”。聚焦全区先进制造业集群中21条区级优势产业链，承接农机装备等4条市级重点产业链。在“两湖”创新区依托链主企业布局产业链“龙城红色驿站”，选树智电汽车、健康医疗、绿色建筑“示范红链”3条和“红链之星”30个，打造智电汽车产业链“红色车间”10个，组建党员攻坚队15支。深化新生代企业家凝聚工程，举办出资人专题研修班、“领航计划”训练营等活动6场。绿色建筑产业链党建联盟为链上企业争取银行授信10亿元，减税减租近1000万元，获批各级项目和荣誉92项（个），获资助资金940万元。

【年轻干部淬火锻炼】 2022年，区委组织部聚焦常州市“532”战略、武进区“一园一城一示范”建设，加强专业干部统筹调配和力量倾斜，围绕经济管理、招商引资、规划建设等领域，专项配备优秀年轻干部。启动优秀青年干部人才选聘“菁选计划”，从“双一流”高校和世界排名前百位海外高校的毕业生中选拔人才，入职区级机关、乡镇、开发区、国企，纳入区优秀青年干部人才库统一跟踪管理。推出“就在吾径”暑期实践项目，与南京大学签订《共建学生实习实践基地协议》，先后接收实习学生7批次、86人。与复旦大学、华中科技大学对接合作，先后接收学生6批次、127人到武进党政机关实习。出台《关于探索深化基层干部专业化体系建设的实施意见》等文件，完善基层干部“选、育、管、用、督”全链条。系统实施基层干部“青蓝工程”，围绕党建引领乡村振兴、基层治理等主题，打造“理论强学、项目促学、岗位跟学”三位一体培养模式，发现、培养、储备优秀年轻后备干部。全面启动基层干部学历提升工程，落实“8090”计划要求，148名基层干部实现学历提升。推荐年轻干部到国家发展改革委、科技部、华中科技大学挂职锻炼，得到国家发展改革委、科技部等致信表扬。实施公务员“新芽计划”，紧贴专业需求导向，抽调新录

7月16日，区委组织部组织开展“就在吾径”暑期党政实习——户外拓展活动
（供图/区委组织部）

用公务员参加“智电汽车”招商项目磨砺锻炼。组织动员新录用公务员以青年突击队形式参与文明典范城市创建志愿活动。选派机关新录用公务员下沉基层一线，开展村（社区）“驻村历练”、信访岗位“跟学实践”，提升群众工作能力和实操经验。

【构建干部“四维”监督体系】 2022年，区委组织部大力拓宽干部监督信息渠道，探索建立“横向联系、上下联动、内部沟通、内外结合”的“四维”监督体系。建立干部监督工作联席会议协调配合机制，构建来信、来访、电话、“12380”综合监督举报平台，聘请特邀监督员实时监督各级领导班子和干部群众关注的热点问题，印发《干部监督信息沟通办法》，对干部监督信息开展综合研判，常态化实施提醒、函询和诫勉，坚决防止领导干部“带病提拔”“带病上岗”，全面提升干部监督实效，营造风清气正的良好政治生态。

【2022武进人才周】 11月11—17日举行。累计邀请9名院士到武进考察调研，中国科学院院士沈学础、陈洪渊，中国工程院院士贲德，南京大学教授、俄罗斯自然科学院院士燕红受聘成为武进区“城市引才顾问”。累计签约科创人才项目50个，达成合作金额4.8亿元；区内10家行业龙头企业向全球“揭榜挂帅”，榜单金额超2000万元。成立长三角（常州）创新中心，在全市率先成立海外引才服务联盟，促进上海、常州两地科技资源转移联动，构建“科技＋人才＋产业”发展体系和服务体系，构建国际、国内“引才双循环”格局，集聚更多创新资源。武进人才周开幕式通过中国新闻社客户端向海内外直播，累计20万人次在线观看，相关成果获新华社、央视新闻、中新网关注报道。

【推出武进英才“荣誉工程”2.0版】 2022年，区委组织部拓展武进英才“荣誉工程”服务内容，吸纳全省首个“高层次人才服务联盟”，汇聚19个政府部门政策资源和26家市场主体资源，提供30项精细化、多元化、专业化的服务项目，为人才提供更舒心的生活环境。探索推行人才创新创业生命全周期服务，统筹教育、卫生、农业、文化、编办等部门力量，构建人才发展全链条服务体系。进一步完善多层次、全覆盖的人才安居体系，构建从“一张床”到“一间房”再到“一套房”的人才公寓供给体系。

【推行“一行业领域一人才”政策】 2022年，区委组织部围绕“95X”产业体系（高端装备、智电汽车、新一代信息技术、新材料、新能源、医疗健康、节能环保、纺织服装、绿色精品钢9个产业集群，机器人、智电汽车、集成电路、石墨烯、医疗健康5张产业名片，聚焦数字经济等X批未来产业），构建差异化行业人才政策，在集成电路、机器人、海外人才、青年人才以及卓越博士后等领域推行“一行业领域一人才政策”，让更专业的政策服务更细分的人才。推出创新创业资助、金融政策支持、引才荐才奖励等一系列含金量高、竞争力强的扶持政策，健全从大专到博士直至顶尖人才的全覆盖综合补贴体系。年内，吸引院士1人、国家重大人才工程A类专家1人到武进自主创办企业，新增国家重大人才工程A类专家1人、省“333高层次人才”18人、省“双创博士”9人，引进“龙城英才计划”领军型创业人才83人、创新人才26人。医疗器械研发龙头企业精微视达医疗科技（常州）有限公司取得世界第二张、国内首张共聚焦显微内窥镜医疗器械注册证。

【人才安居体系建设】 2022年，区委组织部围绕全区“十四五”期间新增2.2万套人才公寓的目标，从顶层设计、角色定位、优化提升等方面入手，出台《武进区人才公寓建设和运营管理暂行办法》，覆盖规划、建设、认定、运营、申请及退出等全流程，设置认定奖励、建设或改造奖励以及运营奖励，进一步激发各方参与人才公寓建设的积极性。精准匹配区域发展层次、产业结构、人才结构，把握各类人才群体共性与特性，重点在产业园区、商务楼宇、科研机构和高校院所等区域增加人才公寓供给，打造“国际人才社区—高层次人才公寓—蓝领人才公寓—青年驿站”人才安居体系。年末，全区累计建成人才公寓11719套，面积60万平方米，入住率超86%。西太湖国际人才社区、科教城“金凤凰”、绿地香奈、天安珑园等人才公寓创成首批武进区人才公寓。

【机关作风效能评价系统创新】 2022年区委组织部借助信息化手段，在机关办公区域以单位、科室、个人为主体，设立作风效能监督码。群众办事后即可微信扫码点评，将评价权力交给群众，评价更精准、更高效。纵向上区、镇、村三级全覆盖，群众无论在哪一级办事，均可扫码点评。类型上单位、科室、个人三级全覆盖。全区累计设立3000余张监督码，对外服务机构与人员100%纳入监督体系。对系统进行全流程闭环管理，全力做好后半篇文章。月均收到评价800余条，对于平台接收到的投诉举报、意见建议等事项，安排专人第一时间交办处理，全程跟踪督办，架起与群众沟通的桥梁。相关工作被《常州日报》头版头条报道。

（汤　悦）

宣传工作

【概况】 2022年，武进区宣传部门牢牢把握举旗帜、聚民心、育新人、兴文化、展形象的使命任务，突出学习宣传贯彻习近平新时代中国特色社会主义思想，突出学习贯彻落实中共二十大精神主线，扎实推进理论武装、新闻宣传、文明创建、文化发展等工作，服务经济社会发展大局。全区实现文化产业增加值130.60亿元，占地区生产总值的6.19%。年内，评选表彰2022年度“阳湖先锋”集体6个、个人10人，季文斌等5人获评常州市最美人物，获“学习强国”学习平台录用有效稿件464.5篇，武进区获评江苏省冬训工作示范县（市、区）。

【理论学习教育】 2022年，区委理论中心组发挥示范引领作用，深入学习贯彻习近平新时代中国特色社会主义思想和中共二十大精神，严格执行“第一议题”学习制度，坚持党委（党组）理论学习中心组学习制度，区委理论学习中心组带头开展集中学习研讨10次、重点交流30人次，获评全省党委（党组）理论学习中心组示范点。全面落实中心组巡学旁听制度，对23家单位开展巡学督学。

制订党史学习教育常态化、长效化实施意见，持续开展以党史教育为重点的“四史”学习教育，持续巩固党史学习教育成果。持续扩大“听吾说”宣讲品牌效应，推出“武晓理”和“武晓宣”2个品牌动漫IP形象，并运用到视频、读本、广播、插画等群众喜闻乐见的宣讲产品中。指导培育各类特色宣讲品牌，涌现出“丰亩地”“游塘印红”等创新品牌，形成多元宣讲品牌矩阵。创新打造“吾常学”“吾来讲”“吾在行”深学笃行党员冬训体系，武进区先后15次获评全省基层党员冬训工作示范区，湖塘镇、礼嘉镇获评全省基层党员冬训工作示范镇，冬训视频获评省先进1部、市先进3部。推出“喜迎二十大、一起听吾说”等宣讲系列活动，组织“礼赞新时代、追梦复兴路”主题宣讲、“喜迎二十大、奋进新征程”学习达人挑战赛、“强国复兴有我——喜迎二十大幸福唱出来”等系列主题活动，编创《逐梦532》广场舞歌曲。发挥“红色文艺轻骑兵”“890青年说”“6070桑榆红”“阳湖女声”4支宣讲队伍的作用，开展分众化理论宣讲2500余场，孙英获评江苏省理论宣讲先进个人，微视频《双手》被推荐到中宣部。

【新闻宣传】 2022年，区委宣传部围绕中共二十大胜利召开，在《武进日报》开设《奋进新征程，建功新时代》专栏，策划报道各部门、各行业推动高质量发展的生动实践、奋进精神和对美好未来的热切期盼；策划出版《非凡十年》特刊，作为《奋进新时代，全景看武进》读本，全面展现近十年武进经济社会发展辉煌成就，凝聚起奋进新征程的磅礴伟力。4月中旬，开展“贯彻‘532’，喜迎二十大——聚力‘一园一城一示范’融媒体新闻行动”，邀请中央、省、市、区级媒体记者共同参与，重点聚焦“一园联中以、创新强动力、平台提能级、项目积厚势”等内容。11月上旬，启动“新征程，再出发——学习宣传贯彻中共二十大精神融媒体新闻行动”，努力打造全方位、多层次的宣传矩阵，推动形成学习宣传贯彻中共二十大精神的强大声势。全力做好区两会、区委全会的媒体统筹和宣传报道，将党中央“疫情要防住、经济要稳住、发展要安全”重大要求与相关会议精神、主要领导要求有机统一，利用融媒体中心“报、台、网、端、微、屏”等多平台优势，以全媒体发声传播党心民意。在新冠肺炎疫情防控期间，全区累计刊播电视新闻、报纸新闻、短视频、微信、宣传海报1500余条；在经济发展方面，按照常州市“532”发展战略的整体框架设置宣传专题专栏，聚焦“‘两湖’创新”“智造升级”“人才集聚”“民生改善”和“项目落地”，展示武进高质量发展的做法与成效；在安全生产方面，依托全媒体宣传矩阵，开设“创建安全发展示范城市”“落实新安法”“安全生产靠大家”等专栏专题，采用报纸电视动态宣传、社区大屏动画形式滚动播放等方式，夯实各界安全责任，提高群众安全意识。累计在《人民日报》《新华日报》、央视等主流媒体发稿2000余篇。其中，“党建聚合资源 联动解决难题”“江苏常州武进区以优质服务促企业发展”被《人民日报》录用，“优化疫情防控举措，筑牢群防群控防线”被央视《新闻联播》播报。

【“阳湖先锋”推选活动】 2022年，全区围绕“创新开放先锋”“智能制造先锋”“滨湖生态先锋”“安居乐业先锋”和“防疫抗疫先锋”5个主题，开展“阳湖先锋”推选活动，通过推荐申报、评委评审、资格审核、社会公示等程序，10人和6个集体获“阳湖先锋”提名。区委、区政府发文通报表彰，授予许敏锐、陈斌、周太娣、夏力、倪文达、凌光旭、徐洁芬、蒋中君、韩澈、鞠燎原“阳湖先锋”称号，常州市武进区人民法院执行局、常州市武进区卫生健康局、常州市武进国家高新区北区网格中心、常州市武进区西湖街道建设局、常州市武进区洛阳镇“珠光红盟”、苏文电能科技股份有限公司“阳湖先锋”集体称号。

【新闻出版管理】 2022年，区委宣传部坚持把新闻出版发行产品的内容安全放在首位，将印刷行业3年中排查到的192个隐患全部整改到位。完成印刷企业年检314家，核验出版物零售单位210家，备案出版物网上销售单位1家，依法注销营业不正常的出版物零售单位8家。开展新闻出版领域安全生产检查，与相关印刷企业签订安全生产责任状，做好危化品专项整治排出问题的整改落实工作。

【“扫黄打非”行动】 2022年，武进区全面落实中央和省委、市委、区委关于“扫黄打非”工作的决策部署，召开全区“扫黄打非”工作会议，发出《2022年“扫黄打非”行动实施方案》《2022年“扫黄打非”重点任务分工方案》《2022年“扫黄打非”工作考评细则》等文件，开展“扫黄打非”行动。全面推进护苗“绿书签行动”，在222个基层站点张贴“护苗”海报，选配3名市级“护苗宣讲员”，发挥区融媒体中心“报、台、网、端、微、屏”全媒体优势，开展“护苗”宣传，最大程度激发全民共识；联合区教育局开展“书香润童心，悦读向未来”护苗主题活动，近50所中小学校参与，发放安全防范告家长书近9万份；围绕“网络暴力”“网络侵权”“网络直播打赏”等问题，邀请检察、公安等部门举办网络文明进校园系列活动，开展“E起护苗”行动，武进清英外国语学校、洛阳初级中学、江苏省前黄高级中学等学校通过辩论会、主题班会、国旗下的讲话等形式，不断提升青少年网络文明素养。武进区“扫黄打非”领导小组办公室被评为2022年度全省“扫黄打非”先进集体，新城域社区“红领域”护苗工作站创成全省“扫黄打非”进基层示范点。

【区域文化建设】 2022年，区委宣传部以“喜迎二十大”为契机，实施文化惠民工程，打造文化强区品牌。

文化宣传教育 开展“强国复兴，有武有我”群众性主题宣传教育，将初心使命融入党员干部群众的血脉之中。聚焦党的百年足迹和常州市“532”发展战略，依托武进区革命烈士陵园、王诤故居、李公朴故居等爱国主义教育基地，策划推出“学习阳湖革命事迹，传承红色血脉基因”“寻访红色云溪”红色学习体验系列活动。打造“太湖湾耕读大学堂”中小学生劳动教育实践基地，发布“至田家”课程体系，为中小学生提供“以劳育人”的崭新平台。深化“节日里的党史教育”，在重大节庆日、纪念日，开展主题党日、入党宣誓、升国旗、缅怀祭扫先烈等仪式活动，举办“阳湖学习达人挑战赛”15场。在武进区博物

8月26日，武进区第十届市民艺术节开幕　（供图/区委宣传部）

馆举办“新时代颂”2022江苏美术摄影主题联展武进区展，展出103幅摄影作品，全面展示中共十八大以后武进经济社会发展成就。季文斌、张湄江、徐洁芬、秦文、张洁5人获评常州最美人物。

文化产业发展　武进区完成文化增加值130.60亿元，文化产业增加值占地区生产总值比重6.19%。捷成华视网聚（常州）文化传媒有限公司（简称“捷成华视”）、江苏时光信息科技有限公司分获中央文化产业发展（推动对外文化贸易发展）专项资金68万元、28万元；捷成华视获评全国版权示范单位，为全市唯一。西太湖影视基地、捷成华视、视觉（中国）获评常州市优秀文化产业园区（基地）。10月28日，在第十九届中国常州国际动漫艺术周开幕仪式上，守伴王国股权投资项目、元宇宙产业基金项目、捷成华视网聚动漫影视IP衍生产业版权交易基地项目集中签约。

扶持文艺精品生产　区委宣传部制定《武进区文艺精品项目扶持实施办法（试行）》，进一步加强对全区文艺创作的规划和指导。电视剧《王牌部队》《爱上特种兵》获江苏省第十二届“五个一工程”奖，区文化馆创作编排的群口评书《捕风》获第十五届江苏省“五星工程奖”。

【全民阅读系列活动】　2022年，武进区举办第五届读书节、第三届乡村读书节、江苏省数字农家书屋系列活动，承办第十二届江苏书展常州分展场等重大活动，累计开展各类阅读活动912场、村（社区）书记荐书活动115次，播出“八点半为你读书”乡村广播节目72场，开展“以书换礼”志愿活动44次，举办农家书屋国学小课堂21次，在全区农家书屋推广“喜迎二十大”20本好书。围绕外籍阅读群体，建设秋白书院西太湖外文馆，在常州西太湖方舱医院设立“阳湖有声图书馆”。以丫河村农家书屋为试点，实施“农家书屋蝶变计划”，全面提升全区农家书屋软硬件，并打造一批“阳湖红书角”。举办大型品牌阅读活动“龙城淘书节”，落实惠民购书券，在全区实体书店分会场广泛开展各类阅读活动近百场。成立常州市首个区级全民阅读促进会，将桥梁纽带和资源整合作用延伸至每个阅读组织。该促进会与区慈善总会联合实施三年困境儿童助读计划，全面关心困境儿童全面发展；与书式生活儿童馆联合开展龙城少年读书会活动，与常州市邮政管理局联合在全区农家书屋举办“一路邮你”微书展，与常州幼儿师范学校联合开展“童心同梦”绘本伴读活动，与刘卫辉国学团队倾力打造品牌读书活动“智德义馨读书会”。

（王元霆）

【网络宣传】　2022年，区委网信办围绕中共二十大氛围营造和全面贯彻中共二十大精神、疫情防控、“两湖”创新区等重大主题，推出一系列专栏专题，为全区发展营造贯彻新思想、弘扬主旋律的良好舆论氛围。3—5月，围绕常州“3·13”疫情防控，在各类新媒体发布抗疫新闻600余篇；精耕细作的一系列短视频、精品海报引起广泛关注并广受好评，其中短视频《让青春在战“疫”一线熠熠闪光》获《中国青年报》客户端报道，短视频《静待喧嚣》总浏览量突破百万人次。从5月起，开设《奋进新征程，建功新时代》专栏，聚焦中以常州创新园、专精特新“小巨人”企业、重大项目、美丽乡村等主题，发稿60余篇，并精心制作相关短视频15个。6—8月，首次组织“网络战队”参与“喜迎二十大、奋进新征程”第三届阳湖学习达人挑战赛并进入总决赛，线上、线下辐射百万名党员群众。7月，启动“两湖”创新向未来——“武融记者环湖行”大型新闻采访活动，策划开展《武进优化营商环境三十七计》系列报道，共刊发相关报道33篇。9月，“今日武进”微信公众号开设“‘吾’进新时代，党代表话十年”系列专题，共刊发报道60余篇。从9月起，区融媒体中心推出“二十大时光”“喜迎党的二十大，民营企业这十年”2个专题和“非凡十年看武进”特别报道，共刊发报道28篇。及时快速组织好武进区网上重大主题宣传稿件的生产、推送和传播工作，深度挖掘全区在全国、全省的“第一唯一”和特色亮点，提升“武进正能量”的网上能见度、美誉度。年内，向全省推送稿件14篇、“交汇点”移动新闻客户端推送78篇、常州网“E常精彩”专栏推送272篇、全网推送《中国饭碗里面的武进粮》等短视频6个，被“学习强国”学习平台录用近200篇；相关评论文章获省、市录用178篇，位列常州各辖市区第一；积极发动网络大V，就贯彻“532”发展战略、推进“两湖”创新区建设等主动引导，发表网评文章18篇。区委网信办获评2022年全市网评工作先进集体、全省网信系统先进集体。

【网络安全工作】　2022年，区委网信办扎实做好网络意识形态工作，有力保障全区网络安全。3—12月，联合区公安、教育、市场监管、金融监管等部门开展打击非法集资、整治养老诈骗、“网剑”等专项行动，共清理境外有害信息2000余条，约谈账号持有人1人；处置违法违规网站平台3家，全部整改或关停；查处互联网虚假违法广告案件166件，罚没13.43万元。12月，“聚焦五个‘一’，打造网络举报受理处置一体化‘武进样本’”被评为全省网络举报一体化机制建设十大创新实践案例。推进武进区网络安全应急指挥中心建设，武进区于4月被列入全省县级网络安全应急指挥中心建设首批7个试点地区之一。6月10—11日，江苏省网络综合治理创新试点项目建设现场会在武进召开，武进区网络安全应急指挥中心面向全省13个设区市展示汇报，获省委网信办和兄弟单位的充分肯定。8月，武进作为7个试点地区之一，在全省网络应急指挥体系建设推进会上作交流发言。

【网络文明传播】 2022年，区委网信办实施网络文明传播工程，做精做优品牌链。重点打造网络文明阵地，于5月建成启用武进区清朗E站。9月，与区检察院、区教育局、武进公安分局等单位签署共建协议，首批驻站导师、合作学校、学生站长签约入驻。10月，武进区清朗E站获评第二批省级网络文明素养实践教育基地。聚焦青少年，系统实施“宣教＋净网＋监管”三位一体的“E起护苗”网络公益项目，该项目被评为2022年全省网络综合治理创新试点项目。区委网信办联合区检察院开展“携手护网行、共治E空间”网络直播课，联合区检察院、现代快报小记者站开展网络普法主题夏令营，联合区妇联开展“E网联心、未爱同行”网络普法小课堂。9月，启动网络安全宣传周活动，发布实施普法护苗、巾帼护苗、红色护苗等专项行动9个。同时，推动属地、学校围绕“网络暴力”“网络侵权”“网络直播打赏”等重大主题，通过辩论、主题班会、国旗下的讲话等形式不断提升青少年网络文明素养。针对青少年上网生态开展净网行动，发动网络志愿者积极举报低俗媚俗、血腥暴力等网络信息，联系删除相关不良信息20余条。建立由区委网信办牵头抓总，区检察、教育、公安等部门积极参与，属地板块具体开展的“清朗网络E起来”志愿服务项目长效机制。积极组织参与常州市首个新时代文明实践集中行动日暨武进区第三届新时代文明实践交流展示活动，宣传倡导“清朗网络、传播文明”理念，受到广泛关注和好评；积极组织网络文明志愿服务活动，相关工作信息被中央网信办录用1篇、“学习强国”学习平台录用3篇、省委网信办录用12篇。区委网信办被市文明办评为常州市网络文明传播优秀组织单位。

【网络社会工作】 2022年，区委网信办实施行业党建领航工程，着重推进网络主播群体党建工作，抓细抓牢服务链。3月，深入重点主播企业开展调研，共摸排出从事主播业务企业和社会组织7家、网络主播行业从业人员1282人、互联网主播行业党员从业人员40人，其中党员主播15人。6月，中共常州市武进区网络主播行业支部委员会成立。7月，嘉泽镇跃进村互联网电商党支部书记被评为2022苏网先锋先进个人；开展武进区互联网行业党建工作推进会暨“主播心向党、喜迎二十大”主题党日活动，为网络主播群体注入“红色动能”。11月，连续第三年开展“E企当先锋”党建创优行动，继续推进“三个一批”互联网党建品牌塑造，江苏（武进）技能人才服务产业园主播加油站、礼嘉镇“五色花”先锋直播间被评为重点党建阵地，“洛e红”等5个品牌被评为特色党建品牌，“喜迎党的二十大、我们E起阅读吧”等9个项目被评为优秀党建项目；举办“贯彻党的二十大、E企同心向未来”——武进区互联网行业党建工作现场推进会，通过回顾历程、表彰先进、展望未来等形式，为全区互联网行业党建工作举旗定向。联合全区重点部门、板块、学校和企业，整合直播资源，集成直播优势，共建“吾网说”网络直播品牌矩阵，相关经验材料多次被上级媒体录用，其中新华社客户端录用1篇，“学习强国”学习平台录用6篇，“交汇点”移动新闻客户端录用2篇。整合重点园区、产业集聚区、基层党组织等现有党建资源，打造“1+2+3”主播行业党建载体矩阵，利用江苏（武进）技能人才服务产业园打造近800平方米的网络主播行业党建工作站，建成首批主播加油站2个和龙城红色直播间3个。

（沈　嬿　庄伟锋）

精神文明建设

【概况】 2022年，武进区贯彻落实中央、省、市宣传思想工作会议精神，以培育和践行社会主义核心价值观为主线，围绕文明城市建设和深化新时代文明实践建设为重点，积极开展各类群众性精神文明创建活动，着力提升城乡社会文明程度和市民文明素质。武进区在市级文明城市综合考评中列全市各辖市区第1名，在省级文明城市测评中成绩列第7名。2人获评“江苏好人”，10人当选“常州好人”；26家单位获全国青少年读书教育活动先进集体奖；77名老师和学生获评全国青少年读书教育活动先进个人。

【公民思想道德建设】 2022年，武进区贯彻落实《新时代公民道德建设实施纲要》和《新时代爱国主义教育实施纲要》，

9月2日，“点亮自我 闪耀未来”武进区“强国复兴有我”专题道德讲堂在融媒体中心举行，市委常委、宣传部长陈志良（右一）为青年代表赠送道德传家宝

（供图／区委宣传部）

围绕提升市民素质和道德水平，营造宣传氛围，开展选树道德典型、深化道德讲堂、组织细胞创建等实践活动。进一步健全三级联动、广泛覆盖、全媒联动的典型推选机制，固化月度推、年度评的运行模式，精心选树宣传道德模范、最美人物、身边好人、新时代好少年等先进典型。邵建荣、杨维芳当选为“江苏好人”，潘东力、黄强、武美兰、佘模方、杨维芳、陆菊凤、杨秀秀、马瑞青、赵玉泉、邵建荣10人当选为“常州好人”。区文明办采取总堂承办和分堂举办相结合的办法，开拓网上道德讲堂，举办“点亮自我，闪耀未来”2022武进区“强国复兴有我”专题道德讲堂。组织区级十佳宣讲员评选，赵树建获评常州市十佳宣讲员。将道德讲堂与各类道德实践相结合，开展“喜迎二十大，文明向未来”第十五届社区邻里节等活动和“社区天天乐”活动。部署“治理高额彩礼，减轻人情负担，推进移风易俗”活动，引导群众讲道德、尊道德、守道德。围绕乡村振兴抓文明村镇创建，重点抓好省级及以上文明村镇对标提档。注重家庭、家教、家风建设，组织省级、市级文明家庭申报，潘香君家庭获评省级文明家庭。做好省级、市级、区级文明创建推荐、申报、评选等工作，推荐20个单位预申报省级文明村、单位、社区、校园。

【新时代文明实践建设】 2022年，武进区创新推进新时代文明实践基层所（站）建设，在拓展资源利用、创新活动方式、服务更多群众上面发力，不断提高活动针对性和实效性。编制《新时代文明实践所（站）提升行动方案》，推进全区新时代文明实践阵地提档升级、提质增效，在西太湖科技产业园探索建设全市首个新时代文明实践基地。5月20日，举办新时代文明实践集中行动日暨武进区第三届新时代文明实践交流展示活动，发布文明实践志愿服务项目200个。“520”公益日被列为全市4个新时代文明实践集中行动日之一。开展“文明实践，志愿同行”公益大集市，交流展示志愿服务成果。评选表彰区优秀志愿者100人、志愿服务项目30个、志愿服务组织20个，给予资金奖补。围绕常州市“532”发展战略，发出“建功‘532’，文明向未来”倡议。以“两湖”创新区为纽带，与全市辖市区建立“文明实践共建联盟”，推动项目共建、资源共享，共圆“四地两湖梦”。壮大志愿服务队伍，在线注册志愿者超20万人，累计志愿服务组织2370多个。区文明办设计发布“文明实践好‘周’到”，推出每周主题，指导各志愿服务队常态化开展活动。推出武进文明实践志愿服务特色logo、卡通形象大使“小水滴”及表情包、文明实践手账本与特色阵地手绘地图，不断传播文明理念，增强志愿服务的吸引力和感召力。在省级验收中，武进区新时代文明实践中心获省级评估优秀等次。

【文明城市建设】 2022年，武进区围绕文明城市建设要求和目标任务，抓落实、攻难点、促整改，全面提高全区文明城市建设水平。健全完善文明城市建设五方面内容16项工作制度，印发《全国文明城市实地测评重点工作提示》等资料，全面推进文明城市制度化、规范化、常态化建设。制定印发2022年度争创文明城市重点任务专项提升行动和文明城市、城镇长效综合管理和农村人居环境三项融合考核工作有关方案，组织参加省级、市级各类培训，明确工作推进的重点和方向。召开全区推进会，全力打造更具引领力、示范力、影响力的“文明高峰”。继续推行区领导带队督查制，组织27名区领导对各镇（街道）和重点项目开展不发通知、不打招呼、不听汇报、不用陪同接待、直奔基层、直插现场的“四不两直”专项督查。成立文明城市互促互评工作组，组织各镇（街道）人员，共同对镇（村）开展区级测评，采取边测、边促、边培训的指导模式。按照“日巡查、季测评、年考核”要求，委托第三方开展文明城市区级季度测评，并按照点位、责任单位考核打分排名。组织开展常态巡查，有力推动重点难点的整治提升和各项目标任务的高标准完成。以破解难点、打造亮点为主要方向，推进文明提升、城市精细化管理和农村人居环境整治专项提升行动，取得校园周边、集贸市场及周边、公益广告、道路道板、空中线缆等整治提升阶段性成果，形成文明城市、城镇长效管理、农村人居环境融合考评方案和具体操作办法，实现指标、考评、数据、整改的融合。全区开展文明城市、文明村镇、新时代文明实践建设等培训活动10多场次。区级机关、文明单位的700多名志愿者参加“文明来敲门”入户宣传、清洁环境、文明交通等活动，发放文明城市宣传资料12万余份。武进区在市级文明城市综合考评中列全市各辖市区第1名，在省级文明城市测评中成绩列第7名，高质量完成全国文明城市国家和省级测评迎检工作。

5月20日，“建功‘532’，文明向未来”常州市首个新时代文明实践集中行动日暨武进区第三届新时代文明实践交流展示活动举行 （供图/区委宣传部）

【未成年人思想道德建设】 2022年，武进区实行未成年人工作目标化管理，推进未成年人思想道德建设。深入开展“新时代好少年”推选宣传，在全区广大未成年人中发掘向上向善、孝老爱亲、忠于祖国、忠于人民的先进典型。向市文明办推荐常州市“新时代好少年”候选人15人，上榜6人。评选表彰2021—2022年度武进区“新时代好少年”11人，在雪堰镇举办“新时代好少年”发布仪式，通过《武进日报》《今日武进》等媒体，宣扬好少年的优秀品质和典型事迹，在全区青少年中营造见贤思齐、崇德向善的良好氛围。组织开展“喜迎二十大，筑梦向未来”系列教育实践活动，学习贯彻中共中央总书记习近平给淮安市新安小学少先队员重要回信精神，激励引导广大未成年人听党话、跟党走，争做德智体美劳全面发展的社会主义建设者和接班人。项目化推进未成年人思想道德实践活动，组织申报市级未成年人思想道德建设项目9个，开展“我们的节日”系列活动。推进“复兴少年宫”省级试点建设，建成“复兴少年宫”区级1个、镇级9个、村级9个，落实专项扶持经费30万元。在区级“复兴少年宫”开设思想道德、传统文化、技艺技能等10类课程、14个班，聘请学校在职教师、退休教师担任辅导员，参与课程培训3600余人次。全区“复兴少年宫”根据地域和季节特点，开展盆栽制作、非遗文化、文明礼仪、法律法规、琴棋书画等课程，受到市民好评。开展主题为“科创强国，筑梦未来”青少年读书教育活动，江苏省前黄高级中学等26家单位获全国青少年读书教育活动先进集体奖，蒋红卫等77名老师和学生获评全国青少年读书教育活动先进个人。武进高级中学等24所学校获武进区青少年读书教育活动优秀组织奖，张瑛等395名老师和学生获评武进区青少年读书教育活动先进个人。

（王元霆）

统战工作

【概况】 2022年，区委统战部以学习宣传贯彻中共二十大精神为主线，围绕常州市“532”发展战略、“两湖”创新区建设和武进区“一园一城一示范”建设，充分发挥统一战线强大法宝作用，坚守主责主业，服务中心大局，广泛凝聚共识、智慧和力量，扎实推进多党合作、民营经济“两个健康”（非公有制经济健康发展、非公有制经济人士健康成长）、民族、宗教、港澳台侨、光彩事业等工作，全力促进政党、民族、宗教、阶层、海内外同胞关系和谐。深化新时代“两个健康”先行区创建。召开先行区创建工作推进会暨专班工作会议，表彰优秀创建成果15项，布置创建行动计划10项，实施“武商荣誉工程”和年轻企业家培养行动。实施武进区党外代表人士培养选拔“双百计划”（100名左右党外后备干部培养对象、100名左右党派团体负责人培养对象），全面加强党外代表人士队伍建设。持续推进宗教活动场所安全专项治理，深入开展“红石榴家园”等民族团结进步创建工作，区民宗局获评“平安常州建设先进集体”。做大做强区欧美同学会（留学人员联谊会）平台，“两湖科创同心荟才”投资基金、“梧桐同心·海创武进”工作品牌被市委统战部评为2022年度优秀统战品牌项目。成立梧桐同心·涉台法律服务中心，组建涉台法律服务团队，优化涉台法治环境。承办第二届长三角两岸青年创新创业大赛、第八届苏台青少年科技创意创新活动等省级及以上重点活动，新增市级对台交流中心（春秋淹城遗址）1个、市级台湾青年就业创业基地（西太湖国际社区）1个。举办全区统战理论政策培训班、“同心·微讲堂”干部成长课堂，深化“梧桐同心”统战品牌建设。区委统战部获2022年度全市统战工作实践创新成果奖、全市统战理论政策研究创新成果三等奖、全市统战宣传工作先进单位一等奖及全市统战信息工作先进单位。

8月7—8日，区委统战部、组织部共同承办“海外名校优生江苏行”武进站活动
（供图/区委统战部）

【深化新时代“两个健康”先行区创建】 2022年，区委统战部发挥牵头统筹职能，召开先行区创建工作推进会暨专班工作会议，印发《2022年武进区创建新时代“两个健康”先行区工作要点》，表彰“两个健康”品牌提升行动、“法润武进”护企行动等优秀创建项目15个，布置“武商荣誉工程”“武商服务卡”、企业专精特新梯度培育行动等创建行动计划10项，构建更加公平的营商环境，增强民营企业的获得感。加强非公企业党建引领，与区行政审批局联合建设“易企赢商”党建红盟矩阵，与区发改局、工信局等9个部门开展党建共建活动，构建开放、融合、高效、共享的党建工作新模式。实施“武商荣誉工程”，印发《“武商服务卡”实施办法（试行）》，向有突出贡献的102名民营企业家发放“武商服务卡”，传递党委、政府的关心和温暖，倾力打造安商、亲商、护商的一流环境。发挥民企服务平台作用，在新冠肺炎疫情期间成立武商企业疫情防控服务专班，主动收集行业发展最新情况，向区委、区政府递交“酒店行业发展困境”“建筑项目工地防疫”等调研报告6篇，反映酒店、建筑、机械、纺织等行业发展热点难点问题，推动区政府出台扶持服务行业发展、小微企业纾困等多项惠企纾困政策。完善“万所联万会”法律服务机制，开展小微企业法律服务月活动，成立区总商会律师调解工作站，进一步优化全流程法律服务平台。完善“科普和学术项目”政府采购服务，利用

科技转移中心资源，进一步完善全方位科技创新服务体系。优化与区发改、工信、人社及金融等部门的协作，扩大惠企资源应用，进一步扩展全体系政务服务类别。深化民营企业家队伍思想引领，开展武进区第三届优秀中国特色社会主义事业建设者和“爱国、敬业、创新、诚信、守法、贡献”先进会员评选，引导广大民营经济人士进一步统一思想、凝聚共识，弘扬新时代优秀企业家精神。印发《武进区年轻企业家培养工作方案（2022—2025年）》，拓展年青一代企业家培养机制，有效推进“服务‘532’，决胜主赛道”青年干部、人才、企业家联合培训班和“走长征路、筑强国梦”年青一代企业家主题教育活动，团结起一支超过600人的青年创新创业骨干队伍。

【推进多党合作事业发展】 2022年，区委统战部加强思想政治引领、党派团体自身建设，推进多党合作事业发展。在全区各民主党派团体中开展“统一战线献礼中共二十大”主题宣传教育、“多党合作与中华民族伟大复兴”征文、“讲多党合作故事，献礼中共二十大”短视频大赛、“榜样引领前行，同心共向未来”主题访谈暨无党派人士风采展等活动，先后召开武进区党外代表人士学习贯彻中共二十大精神座谈会、多党合作座谈会，进一步夯实全区多党合作思想政治基础。结合全区重点工作，印发《2022年度区各民主党派、党外知识分子联谊会工作指导意见》，协助区委制定落实《2022年度中共常州市武进区委与区各民主党派政治协商计划》，明确党派团体全年重点工作和7项协商内容，强化履职能力建设。年内，围绕“532”发展战略、“两湖”创新区建设、年度经济社会发展情况等重要议题，召开协商座谈会4场；围绕政府工作报告，召开征求意见座谈会1场；围绕党风廉政建设、人事变动，召开通报会1场。全区各民主党派、党外知识分子联谊会提交提案132件，其中入选区政协优秀提案14件；完成调研课题31个，其中获省级立项4个、市级立项12个；报送社情民意信息268篇，其中被中央层面录用14篇、省级录用25篇、市级录用47篇。支持民主党派开展“矢志不渝跟党走、携手奋进新时代”政治交接主题教育，加强党派团体组织建设。鼓励民主党派团体发挥优势特色，打响“同心助残”“中山兴农”等工作品牌，开展形式多样的社会服务活动。九三学社武进区基层委员会被九三学社中央委员会评为九三学社全国宣传思想工作先进单位，农工党武进区委员会被农工党江苏省委员会评为2017—2021年度优秀县（市、区）级组织，致公党武进区基层委员会被致公党江苏省委员会评为“强富美高”新江苏建设做贡献先进集体。

【党外代表人士队伍建设】 2022年，武进区出台《关于进一步加强武进区党外代表人士队伍建设的实施意见》，明确党外代表人士队伍建设的目标任务，对党外代表人士的发现储备、教育培养、选拔任用和管理等提出具体要求；实施党外代表人士培养选拔“双百计划”，着力培养一支素质优良、结构合理、数量充足、同中国共产党同心同德的党外代表人士队伍，为市、区高质量发展、谱写新时代多党合作事业、深化大统战格局提供坚强人才保障。区委统战部根据全区人事变动及工作需要，调整区委常委、党员副区长与党外代表人士联系交友名单，与33名党外代表人士建立交友关系。组建“益心为公”检察云平台志愿者队伍，向区检察院推荐政治素质和道德品行良好，公道正派、热心公益，有一定专业工作经历的党外人士32名，向区法院推荐5名首届特约监督员候选人，4名党外人士被区监委聘请为第二届特约监察员，为党派团体开展民主监督拓展新领域。年末，全区有党外领导干部56人，实职安排42人。其中，2022年新提拔副科职（级）领导干部5人。党外代表人士政治安排方面，区人大代表16人（常委4人）、区政协委员143人（常委28人），特约人员57人。

【推进民族团结进步事业发展】 2022年，武进区推进民族团结进步创建工作，开展“喜迎二十大，民族一家亲”民族团结进步宣传月活动，举办坂上小学庆“六一”暨首届民族文化艺术节，潘家小学的民族团结互助活动获江苏新疆西藏青海少年儿童“手拉手”互助活动贡献奖。开展“红石榴家园”创建活动，常州市凯宏铝业有限公司创成江苏省第三批“红石榴家园”。认真贯彻落实中央和省委民族工作会议精神，开展“红石榴就业行动”，积极吸纳“民族8省区”（内蒙古、广西、西藏、宁夏、新疆5个自治区和贵州、云南、青海3个省）各族群众到武进经商务工，落实就业300多人。雪堰镇城西回民村新建标准厂房项目被列入省2022年度乡村振兴入库项目，获省财政衔接资金353万元。雪堰镇城西回民村与金坛区指前镇丰产村达成“红石榴村村结对”共建，向丰产村捐赠帮扶资金40万元，用于建设“同心大道”。

【维护宗教领域和谐稳定】 2022年，区委统战部积极引导宗教与社会主义社会相适应，召开全区宗教界学习全省宗教工作会议精神暨“崇俭戒奢”教育活动动员部署会议，举办宗教界代表人士学习中共二十大精神宣讲报告会。印发《关于进一步做好公共场所非法传教活动专项治理工作的通知》，全面摸排全区基督教私设聚会点、民间信仰点，联合区委宣传部、武进公安分局和区教育局、卫健局等部门，防范处置公共场所非法传教活动。落实宗教活动场所安全专项整治三年行动方案，重点管理建筑安全、消防安全、活动安全，编发《深化提升武进区宗教领域安全生产专项整治三年行动重点工作任务分解表》，召开全区宗教领域安全大检查工作推进会，开展宗教领域“安全生产月”主题活动等，排查整改宗教活动场所安全隐患127处，整改率100%。

【新的社会阶层人士统战工作】 2022年，区委统战部细化新的社会阶层人士成长培养。发挥新联会“1+4+X+N”（1个总会+4个群体分会+示范点+镇级分会）模式作用，推动不同地域不同类别分会联合活动，进一步激发会员与分会活力。2月，组织“梧桐同心，春风送岗”2022年武进区新联会公益专场招聘会。3月，开展“刚柔相生，自信绽放”主题活动。8月，组织会员企业参加专精特新企业招聘夜市。10月，举办“寻美常州”——常州市武进区新的社会阶层人士“献礼党的二十大，同心奋进新征程”艺术精品展。年内，指导各分会开展“新荟说”成长课堂、“千年水乡，耕读前黄”新媒体推介会、“品味书香，奋进前行”读书会等活动，打响“梧桐新艺”自由职业者工作新品牌，促进全区新阶层工作更具特色、更有成效。

【港澳台统战工作】 2022年，武进区强化港澳台工作政治引领，牢牢把握大团结大联合主题，开展“喜迎二十大，台属心向党”学习实践活动、台胞台属学习中共二十大精神座谈会暨“同心筑梦再出发，携手同心促发展”主题活动等9场次，不断凝聚起促进祖国统一和民族复兴的磅礴力量。年内，开展港澳资企业和在武港澳同胞走访慰问活动，宣传武进投资、金融、人才等相关政策。创成市级对台交流中心1个（春秋淹城遗址）、市级台湾青年就业创业基地1个（西太湖国际社区）。举办“四季四送”品牌活动、“两岸一家亲”篮球联赛、“缘来是你”两岸青年交友活动、“共建和谐家庭，同叙两岸亲情”——两岸婚姻家庭亲子夏令营等活动。开展“武台一家亲·融合促发展”台企联公益专场招聘会和“两岸一家亲，融合促发展”——2022常州大学·武进台企专场招聘会。举办“服务‘532’发展战略、助推台企高质量发展”——区台企“智改数转”专题辅导对接会。优化涉台法治环境，成立梧桐同心·涉台法律服务中心，组建涉台法律服务团队，推进涉台民商事纠纷多元化解，助力台资企业健康发展。

【侨务工作】 2022年，武进区强化侨务工作政治引领，围绕服务中心大局，加快侨企与地方经济融合发展。完善侨情数据库，建立健全联系服务涉侨企业和人才常态长效机制。制定印发《武进区“双百”行动方案》，开展武进区“双百”企业、人才走访慰问。开展“梧桐同心，侨创湖湾”侨法宣传月系列活动、“侨心相印党的二十大”归侨侨眷看武进、“沐科技之光，享文化之旅”海外留学生看武进等活动十余场。做大做强区欧美同学会（留学人员联谊会）平台，在全国率先实现欧美同学会（留学人员联谊会）镇级全覆盖。年内，承办中加友好线上文化交流活动，组织高层次海归人才积极参与“非武不栖，进无止境”2022常州·武进人才周等活动。“梧桐同心·海创武进”工作品牌被市委统战部评为2022年度优秀品牌项目。成立产业服务、人才服务和生活服务3个专委会，设立总投资3亿元规模的“两湖科创同心荟才”投资基金，助推“两湖”创新区建设。

（顾珂迪）

【承办横向交流活动2项】 2022年“海外名校优生江苏行”（常州站）活动　8月7—8日，在武进区举行，来自剑桥大学、牛津大学、哥伦比亚大学、东京大学、墨尔本大学等全球顶尖高校的30余名海归博士参加，开展生物医药、人工智能、新能源、新材料等领域交流。其间，7名海归博士与常州大学、常州工学院、武进高新区等7家单位签约，达成合作意向。

2022年线上中华文化大乐园——欧洲园第五期开园仪式　12月19日，在武进区实验小学分校举行。此次大乐园课程由20多名常州优质教师授课，主要有汉服礼仪、中华武术、传统书法、花式面点、成语故事、剪纸工艺、中医养生等课程，来自英国、波兰、瑞士3个国家31所海外华校的老师和172名华裔学生参加为期7天的“云端”课程。

（王　艳）

【光彩事业】 2022年，区光彩事业促进会积极发挥光彩事业的公益效能，新建千万光彩基金2个、百万光彩基金25个，实施光彩项目299个，投入使用光彩事业资金3886万元。其中，兴隆河河道管护、南埝村庄河道整治、向东河河道管护、武阳村环境卫生整治等城乡环境提升项目，解决了部分村镇基础设施落后、村容村貌不整等问题。牵头5家企业捐赠100万元设立常州市武进苏陕共建教育光彩基金，定向用于陕西省安康市有关方面培养基础教育人才、开展贫困家庭教育帮扶、奖助品学兼优学生等；牵头成立华健艺术百万光彩基金，定向支持陕西省安康市汉滨区发展汉调二簧事业。

【“梧桐同心”统战品牌建设】 2022年，区委统战部聚焦全区中心大局，深化“梧桐同心红盟”党建品牌建设。深入开展共建联建，与江苏峰度控股集团有限公司开展党建共建，与区文联开展部门共建，整合各类组织资源、发展资源、服务资源，创新党建工作载体，提高业务

7月5日，区委统战部举办“沐科技之光，享文化之旅”——“海外留学生看武进”活动　（供图/区委统战部）

工作水平。加强干部队伍建设，积极推荐年轻干部到中央层面的群团组织挂职锻炼，推荐青年党员参加区委重点课题撰写；持续开办“同心·微讲堂”干部成长课堂，采取部机关、基层单位、党派成员轮流讲课的形式，加强成员交流，提升能力素质。组织动员全体机关干部参与全区新冠肺炎疫情防控志愿服务，协助区疫情防控指挥部转运专班以及“龙城畅运”武进货车服务站、社区核酸检测有关工作。在全国文明典范城市迎检工作中，组织部分党员在湖塘镇聚湖社区开展志愿服务活动。机关支部被命名为武进区第三批“五星党组织”，“梧桐同心红盟”被命名为武进区第三批“党支部工作名片”，武进区党外代表人士培养选拔“双百计划”获评2022年度武进区“优秀书记项目”，武进区梧桐同心广场阵地获“五亮五优工程”赋码认证，“完善政党协商，助力协商民主”获评2022年度武进区域社会治理创新重点项目优秀奖。

（顾珂迪）

机构编制管理

【概况】 2022年，区委编办围绕“改革见实效、改革促发展”的目标，开展三整合改革“回头看”，推动基层“1+4”模式（加强党的全面领导、便民服务一窗口、综合执法一队伍、镇村治理一张网、指挥高度一中心）的优化升级。深化“转职能、转方式、转作风”工作要求，系统推进重点领域改革，优化机构职能体系，创新机构编制管理，积极服务保障民生。全年审核编制使用计划78名，其中行政编制38名、事业编制（不含教育卫生）40名。优先保障教育系统编制，核准公办中小学编制使用计划350名、公办幼儿园备案聘用员额使用计划318名。保障医疗卫生人才招录，核准使用事业编制133名、备案制员额使用计划142名、村医村护员额56名。推进事业单位法人注销登记清理工作，注销事业单位法人47家。开展事业单位法人公示信息抽查，随机抽查法人单位10家，限期整改具体问题4类、26个。对100家卫生、教育系统事业单位开展信用等级评价，进一步完善事业单位的信用监管。全年编发《武进机构编制简报》4期，被“学习强国”学习平台、交汇点新闻和省、市编办门户网站录用信息100余条。区编办在年度市、区考核中列第一等次。

【机构编制调整】 2022年，武进区调整部门机构编制事项68件。优化中国以色列常州创新园管理体制机制，调整管理办为党工委、管委会，机构规格提升至正处级，核定处级职数5名、科级职数12名。设立常州市医药产业创新中心，增挂江苏省药品监督管理局审评核查常州分中心牌子，增核武进高新区事业编制4名。通过区内挖潜及向上争取统筹编制708名，全区中小学教职工编制达到全国统一标准。动态调整2023年度教职工总额为9074名，批准设立常州市武进区前黄实验高级中学、常州市武进区淹城实验小学、常州市武进区东龙实验小学、常州市武进区东龙实验初级中学、常州市武进高新区龚家幼儿园及部分幼儿园分园。核定基层卫生医疗机构核定总额3193名，优化片区公共卫生服务的整体布局，批准设立常州市武进区湖塘镇阳湖社区卫生服务中心，恢复常州市武进国家高新区人民医院名称，将常州市武进区礼河卫生院更名为常州市武进区西湖街道社区卫生服务中心。深化权责清单工作，落实完善线上、线下相结合的动态调整机制，全年调整行政权力事项354项。

【经济发达镇改革与培育】 2022年，武进区扎实推进雪堰镇、湟里镇经济发达镇改革和培育工作。12月，出台《常州市武进区经济发达镇改革与培育工作方案》，围绕“巩固基层政权、体制机制改革、经济社会发展、基础设施建设、生态环境宜居”等方面细化培育举措，配套支持政策43条，对雪堰镇、湟里镇在用地、公共服务、金融、产业、体制机制等方面给予支持和倾斜，促进两镇在“改革、发展、生态、人文”各领域协调发展，实现基层“高质量发展、高品质生活、高效能治理”目标，在区域范围内发挥引领、示范和带动作用。

【区级机关部门高质量发展绩效考核】 2022年，区委编办紧扣实际、创新举措，制定印发《2022年度区级机关单位高质量发展绩效评价考核实施方案》，推动绩效考核由单向考核向多维度考评转变。全区60个部门和单位参加考核，考核项目由重点工作目标、常规工作目标、管理工作目标、争先进位目标4个部分组成，包含“贯彻落实市委‘532’发展战略重点项目（工作）推进情况，区委重点工作督查，全面深化改革，区政府工作目标任务完成情况”“重点目标管理和为民办实事完成情况（含粮食安全责任制考核）”“按照‘三定’履行职责情况”“安全生产工作情况”等10个具体考核指标，由区委办、政府办、发改局、应急局等10个考核责任部门牵头制定考核实施细则。在指标体系中创新性引入镇（街道）、开发区班子成员对区级机关部门反向评价，丰富考评主体范围，体现基层话语权。配合区考核办建立平时考核体系，加强考核牵头部门对上、对下指标平时监测，强化责任落实，层层传导压力，发挥考核导向作用，推进区级机关部门高质量发展。

（王 沁）

台湾事务

【概况】 2022年，区台办认真贯彻中央对台决策部署，努力提升全区对台工作水平，服务“532”发展战略，助力“两湖”创新区建设。全区新批台资项目20个，完成利用台资8787.65万美元。65家台资工业企业实现营业收入133.14亿元，完成外贸出口12.93亿美元。优化台商台胞发展环境，成立梧桐同心·涉台法律服务中心，新增市级对台交流中心、市级青创基地各1个，承办第二届长三角两岸青年创新创业大赛、第八届苏台青少年科技创意创新活动等重点交流活动。报送涉台工作动态稿件50多篇，被《两岸关系》刊物录用2篇，被国台办录用信息1条，获省委领导批示信息1条。区台办被中央台办评为2022年度“两刊”对台宣传工作先进单位，获常州市辖市（区）台办涉台信息宣传工作第一名、2022年度常州市辖市（区）台办工作综合考评优胜单位。

【助力台资企业高质量发展】 2022年，区台办主动作为，开展系列服务活动，助力台资企业（简称“台企”）高质量发展。1月，开展“翰墨飘香进台企，春联纳福迎新春”活动，祈福贺新春，营造温馨祥和的节日气氛。2月16日，与区新联会、区人社局联合开展“武台一家亲·融合促发展”台办专场公益招聘会，6家台企提供岗位近100个，达成就业意向50余人。5月30日，开展“两岸一家亲·融合促发展”——2022常州大学·武进台企专场招聘会，提供就业岗位280余个，达成就业意向近80人。其间，区台企联谊会与常州大学签署友好合作协议，建立服务台企与大学生就业常态化工作机制。5月，围绕服务台企“智改数转”，区台办重点走访规模以上台企，开展面对面座谈，宣传政策，发放调查问卷，协调解决台企生产发展过程中遇到的困难。7月，举办“智改数转”专题辅导对接会，解读相关扶持政策，邀请光宝科技（常州）有限公司等台资企业家参加专题分享，有关第三方公司做业务指导，推动规模以上台资企业实施制造业智能化改造和数字化转型。至年末，全区21家规模以上台资企业完成市、区两级“智改数转”诊断15家。年内，全区新批台资项目20个，总投资1.39亿美元，其中投资超3000万美元项目1个、超1000万美元项目2个。协议注册台资6656.48万美元，实际利用台资8787.65万美元。65家工业台资企业实现营业收入133.14亿元，完成外贸出口12.93亿美元，上缴税收9784.82万元。常州承芯半导体有限公司获评省级潜在独角兽企业，沃沛斯（常州）能源科技有限公司、常州永和精细化学有限公司、兴勤电子（常州）有限公司3家台企获评省级专精特新中小企业。

【武进区对台交流交往】 2022年，区台办开展及协办对台交流交往活动6项。5月21日，在西太湖揽月湾举办“缘来是你”两岸青年相约西太湖活动，54名两岸青年参加，中国新闻网络点击量近16万人次。7月9日，举办首届“两岸一家亲”篮球联赛，20余家台资企业组队参赛。7月29日，承办第二届长三角两岸青年创新创业大赛，武进区台资企业国创移动能源创新中心（江苏）有限公司和沃沛斯（常州）能源科技有限公司的2个台湾青年创业项目均获三等奖。8月19日，组织两岸婚姻家庭亲子夏令营活动，两岸婚姻家庭及子女23人参加。9月，开展“喜迎二十大，台属心向党”学习实践活动，组织区台谊会理事30人到淮安参观周恩来故居和纪念馆。12月17日，承办第八届苏台青少年科技创意创新（常州站）活动，海峡两岸同步直播竞技，苏台青少年2800余人参加，其中台湾会场2000人（线上）、江苏会场800人。

5月21日，区台办举办“缘来是你”两岸青年交友活动　（供图/区委统战部）

【优化台商台胞发展环境】 2022年，区台办推进落实《关于进一步优化台企台胞发展环境的实施意见》，推动涉台政策落地落实。走访台胞台属知名人士50余人次，对接协调台商台胞各类诉求20余起，为7名台商子女解决入学问题。8月4日，成立梧桐同心·涉台法律服务中心，组建一支由专业律师、重点台胞及涉台工作者组成的涉台法律服务团队，从建机制、搭平台、送政策、优服务等方面入手，为台企台胞发展营造更好的法治环境。10月，举办“同心逐梦再出发，携手同行促发展”主题活动，组织重点台企负责人、属地高校的台籍教授以及台属代表学习中共二十大精神。

（寿鹤婷）

侨　务

【概况】 2022年年末，全区常住人口中有归侨14人、侨眷6000余人，在海外的华侨华人6000余人，分布在世界近40个国家和地区，相对集中于美国、加拿大、日本、英国等国家和中国香港地区。年内，武进区秉承“以人为本，为侨服务”的宗旨，凝聚侨心，汇集侨智，维护侨益，发挥侨力，画好最大同心圆。区侨务部门持续开展“春送健康、夏送清凉、秋送亲情、冬送温暖”品牌活动，走访慰问困难归侨侨眷、侨界代表人士200余人次，发放困难补助、慰问金7万余元。开展走百家侨资企业、访百名侨界人才“双百”行动，走访侨界企业家和人才50余人，畅通政企沟通，推动惠企人才政策落地。协助申报“龙城英才”项目8个，协助12人申报“启明计划”人才项目，服务230余名留学归国人员到武进创新创业。武进区欧美同学会（留学人员联谊会）在全国率先实现欧美同学会（留学人员联谊会）镇级分会组织全覆盖。侨界人大代表、政协委员、侨界代表人士积极参政议政，共提交议案16件。5月，常州西太湖侨海驿站揭牌。7月，武进区留学人员之家成立。10月，区侨联、区华侨活动中心组织开展“侨心相印党的二十大”归侨侨眷看武进活动。年末，区侨办、侨联“梧桐同心·海创武进”项目获2022年度常州市优秀统战品牌项目。侨联组被区政协评为优秀界别活动组，何静华、周涛获评2022年优秀政协委员，顾锁娟提交的《关于加强我市产业工人技能培训的建议》获评2022年政协优秀提案。

【实现欧美同学会镇级全覆盖】 2022年，武进区把好“高、广、专、强、暖”

7月9日，武进区欧美同学会在全国率先实现镇级基层组织全覆盖（供图/区侨办）

五字诀，推动欧美同学会由区级向镇级发展，在各镇（街道）、开发区均成立欧美同学会（留学人员联谊会）基层分会，在全国率先实现欧美同学会（留学人员联谊会）镇级全覆盖。区欧美同学会拥有在册单位顾问和个人会员500多人，涵盖社会各领域高层次人才。其中，硕士及以上学历占36%，45岁及以下青年占92.8%，各类专家，江苏省“双创人才”“龙城英才”“武进英才”，拟上市公司（IPO）后备企业负责人等高层次人才50多人。区侨办、侨联持续擦亮“梧桐同心·海创武进”工作品牌，成立产业、人才、生活服务专委会，致力于搭建学习教育、建言献策、联谊交友、服务社会的载体，为欧美同学会各类人才提供锻炼成长、展示才华、服务会员的平台。9月16日，欧美同学会（中国留学人员联谊会）秘书长王丕君一行调研常州市“两湖”创新区，充分肯定武进的工作，并寄语区欧美同学会将战略定位与自身区域发展相结合，积极探索，深入实践，形成亮点。

【常州西太湖侨海驿站揭牌】 5月31日，常州西太湖侨海驿站在西太湖国际社区揭牌。该平台由区委统战部、西太湖科技产业园在西太湖国际社区联合打造，依托西太湖国际社区的海外资源特色，建设“吾＋侨之家”，探索聚力服务青年海归人才发展协作机制，构建新侨海归人才精准服务体系，推动新侨海归人才在西太湖科技产业园区创新创业，与园区同成长共发展，助力“两湖”创新区建设。

【常州“华创苑”落地武进高新区】 11月，常州“华创苑”落地武进高新区。“华创苑”由省委统战部打造，致力为侨服务、助侨发展和引智引资等工作，吸引海外华侨华人高层次人才归国创新创业，推动华人华侨落地生根，促进地方经济发展。武进高新区立足中以常州创新园、津通国际工业园、高新区众创服务中心等园区平台载体，实施产业配套、政策扶持、项目服务、生活关怀、权益维护等一系列为侨服务举措，壮大海外高层次人才队伍，扩大园区国际化开放合作，形成侨务工作服务大局、服务侨胞、服务海外人才的品牌载体，已成功引进30多个国家和地区的1万多家企业，集聚海内外高层次人才7400余人，其中华侨专家16人。

【“华健艺术百万光彩基金”设立】 6月8日，“华健艺术百万光彩基金”签约设立。该基金为苏陕协作对口帮扶项目，由常州市华健药用包装材料有限公司总经理、常州西太湖科技产业园侨联主席、常州西太湖欧美同学会（留学人员联谊会）会长顾锁娟出资，向陕西安康市汉滨区捐赠100万元，用于支持汉调二黄事业发展，并为有艺术追求梦想但家境贫困的学生提供支持和帮助。汉调二黄是陕西第二大剧种，流行于陕西安康、汉中、商雒、西安及四川、甘肃、湖北的部分地区，已有400多年历史，于2006年被列入第一批国家级非物质文化遗产名录。“华健艺术百万光彩基金”设立后，汉滨区成立汉调二黄名师工作室，选聘思想政治坚定、社会影响广泛、艺术造诣深厚、工作经验丰富的汉调二黄艺术家，突出传帮带作用，聚焦戏曲传承及人才培养、戏曲创作研究，进一步推进汉调二黄事业传承创新与发展。

【金东方社区侨联打造“五型侨联”工作品牌】 金东方社区侨联成立于2017年7月，为常州市首家社区侨联。2022年，该侨联坚持“凝聚侨心侨力、同圆共享中国梦”工作主题，积极打造书画侨联、学习侨联、大爱侨联、文化侨联、敬老侨联“五型侨联”工作品牌。建立完善24小时“on-call”制度，首创为世界儿女尽孝的“临终关怀”模式，增设侨眷迎宾志愿者、茶吧志愿者等常态化服务，对孤独老人开展心理疏导，与牛塘镇欧美同学会开展归侨侨眷结对共建。先后获评“江苏省侨胞之家”“全国优秀侨胞之家”等称号，侨联主席王亮亮获评“全国归侨侨眷先进个人”。侨联委员周明达创建武进区星火爱心助学协会，累计募集各类助学捐款1255万元，资助贫困学生1.3万人次。

（王　艳）

老干部工作

【概况】 2022年年末，武进区有离休干部89人，其中武进直属68人、代管（含垂直条线部门）16人、易地安置5人；副处级以上退休干部120人。有离退休干部党支部（总支）85个和卫健系统、教育系统、区级机关事业单位退休干部协会3个。年内，区委老干部局抓好离退休干部党建工作、服务管理、作用发挥，团结带领全区广大离退休干部讲政治、献余热、做贡献，为全区经济社会发展增添正能量。加强信息化建设，推广使用“江苏省离退休干部服务管理系统”。加强老干部工作宣传，在门户网站发布信息272篇，通过“武进桑榆”微信公众号推送消息365条，累计上报工作信息100余篇，被“学习强国”学习平台、《人民论坛》《光明日报》《交汇点新闻》和省委老干部局网站及微信公众号等录用95篇，入选省委老干部局“赓续荣光·江苏老干部工作40年”宣传项目1个、“永远跟党走、奋进新征程”银发微讲堂视频1个。结合年度重点工作任务，申报区级书记项目1个、市级老干部工作创新项目4个、市级“银发生辉”志愿服务项目2个，完成区级及以上重点调研课题2个。发放“桑榆爱心基金”帮扶款15.9万元。深化“桑榆进基层，治理当先锋”志愿服务，新增试点村（社区）20个，开展活动202次、服务9.9万人次。全区获评常州市2021年度“六有一提升”先锋党支部4个，武进区评选表彰第二批“桑榆堡垒”11个，命名第五批“支部品牌”19个。

【离退休干部党建工作】 2022年，区委老干部局开展“喜迎二十大，奋进新时代”主题党日、主题征文、参观考察、专题调研等6项系列活动，推荐申报全市优秀主题党日案例2个，选登主题征文30篇，线上展出老干部摄影及诗词书画作品122幅，集中开展区级“迎接二十大，学习二十大，当好新征程、争当银发先锋”主题党日活动1次，举办老干部红色电影展播、益智活动、游园活动等文体活动10余场。中共二十大召开前夕，组织10名优秀离退休党支部支部书记参加“喜迎二十大，银龄书记说”专项活动，连续推送“书记说”党建微视频10期。以线上、线下结合的方式开展送理论宣讲到基层活动，编印“桑榆”宣讲课题32个，组织“桑榆”宣讲团成员为基层离退休党支部宣讲12场次；深化“桑榆云讲堂”栏目，组织收看全国、全省离退休干部网上专题报告会8场。累计推送党员学习教育资源包、学习参考、党史小故事、学习贯彻中共十九届六中全会微党课、中共二十大知识问答等线上学习资料128篇。

【离退休干部服务管理】 2022年，区委老干部局全面落实离退休干部政治待遇和生活待遇，提升离退休干部服务管理质量。举办老干部情况通报会、“光荣在党50年”纪念章颁发、住院离休干部看望慰问、四套班子老领导参观考察等活动，优化落实离休干部“三有一落实”（让每一名离休干部都能够享有就医绿色通道、享有家庭签约医生、享有医疗特困帮扶，落实好离休干部提高享受医疗待遇政策）工作举措，为离休干部高龄养老、看病就医创造更好条件。举办区管干部荣退仪式2期，为49名新退休区管干部颁发荣退纪念章。深化“情暖桑榆”红盟，实施“党建领航”“荣退礼遇”“精品优学”“幸福康养”“文化乐享”5大实事项目，在区“桑榆红色影院”加装LED彩色电子显示屏，在区老干部活动中心加装非机动车晴雨棚、医保自助查询机等。开展第七轮“桑榆爱心基金”帮扶，逐一走访特困重点对象，发放帮扶款15.9万元。

【离退休干部作用发挥】 2022年，区委老干部局完善以三级组织体系、四种活动方式、五项服务内容、六支特色团队为主要内容的“3456”志愿服务模式，引导离退休干部党员、志愿服务队成员主动到居住地社区报到，把“银发生辉”工程引向基层“最后一公里”。3月，全区老干部通过门岗执勤、流调排查、调解劝导、敲门行动、网格管理、暖心晚餐、维护秩序等形式，积极参与社区新冠肺炎疫情防控，涌现出黄浩清、徐亚新、杨建江、“老街红枫”等银发先锋。深化“桑榆进基层，治理当先锋”志愿服务，实施“扩试点、拓服务、提实效”三大举措，新增试点村（社区）20个，累计开展活动202次、服务9.9万人次。打造“时间银行”互助式养老志愿服务模式，指定6个试点开展专项探索，覆盖城市老小区、安置小区、涉农社区、纯农村社区等类型，湟里镇葛庄村、湖塘镇南街社区、高新区北区龚家社区等取得初步成效。推出“桑榆”河长护航“武水”长清志愿服务项目，以离退休干部党支部为主体组建“桑榆”河长基层队伍15支，首批上岗“桑榆”河长59人，全年通过“日常＋集中”相结合的方式巡河65次，反馈问题21个，该举措被水利部官网、“学习强国”江苏学习平台等推介。启动2022年度“最美桑榆”推荐宣传工作，征集候选人（含集体）66个，联合区融媒体中心开设“最美桑榆”巡礼专栏，宣传2022年度“最美桑榆”21人。湖塘镇永定社区“银发生辉”志愿服务队获评全省第二届“最美老干部志愿服务团队”。

（陈　分）

关心下一代工作

【概况】 2022年，全区有各级关心下一代工作组织686个，常态化参与关心下一代志愿活动的“五老”（老干部、老专家、老模范、老教师、老战士）人员2080人；各级校外教育辅导站256个，参加校外辅导的志愿者1400人，辅导学生7.5万人次；电子阅览室182个，参加电子阅览室活动的学生3.5万人次；有思想道德宣讲员265人，撰写宣讲稿310篇，开展宣讲280余场，接受教育3万人次。区关工委贯彻实施《2022年武进区关心下一代工作意见》，积极实施新时代青少年培养工程，与区文明办、教育局共同开展“老少心向党、喜迎二十大”主题教育系列活动。各镇（街道）、村（社区）关工委和学校关工委共开展各类主题教育活动200场次，参与学生2.3万人次。开展校外教育示范辅导站创建和优秀站评审、“五有五好”民营企业关工委创建工作，不断提升关工事业的感染力和影响力。38名学生获江苏省《关心下一代周报》“冰凌花”奖学金，6名学生获省关心下一代基金会资助。7月，区关工委在省关工委宣传工作会议上做题为“让《周报》助力关爱下一代伟大事业”的交流发言。

【校外教育示范辅导站创建】 2022年，区政府从教育费附加中安排专项资金50万元，奖励优秀校外教育辅导站。区关工委依托区“复兴少年宫”，采取校（学校）站（辅导站）结合的形式，落实施教区负责制、需求派遣制和在职教师进社区工作考核制，进一步提升示范辅导站创建工作水平。累计组织9.6万余名中小学生在武进太湖湾耕读大学堂参加劳动教育实践，不断提升学生的综合素质。联合区文体广电和旅游局开展校外教育辅导站青少年寒假健身活动，各镇（街道）关工委联系学校，举行体育竞赛和游戏类节目；江苏唯德康医疗科技有限公司、东方润安集团有限公司等民企关工委举办职工子女夏令营活动，展示校外教育辅导站健康活泼的风貌。8月，湟里镇东方润安集团民企校外教育辅导站挂牌，成为常州市首批民企校外教育辅导站之一。牛塘镇青云村、西湖街道长汀村2个校外教育辅导站，嘉泽镇成章村、南夏墅街道南河社区、武进高新区香溢澜桥3个辅导站分别获省、市级表彰，共获奖励资金17万元。9月，区关工委负责人在省关工委工作会议上作题为“以示范创建为抓手，全面提升校外教育辅导站工作整体水平”的交流发言。年末，全区校外教育辅导站示范创建率达50%。

【“老少心向党、喜迎二十大”主题教育系列活动】 1月29日，区关工委在全区青少年中启动开展“老少心向党、喜迎二十大”主题教育系列活动。5月，区、镇两级关工委先后召开推进会，推进活动深入开展。各镇上报“文化塑造未来”、武进区“书香阳湖，心约未来”读书实践活动案例30篇，有序开展“喜迎二十大，筑梦向未来”老少同台节目展演活动。10月，有关基层关工委选送的11个节目视频参加区视频展演，其中湟里镇湟里中心小学关工委选送的《听爷爷讲过去的故事》、洛阳镇关工委选送的《逛新镇》、礼嘉镇礼嘉中心小学关工委选送的《逛“嘉”乡》获评一等奖。在全省“党的光辉照我心，童心喜迎二十大”主题征稿活动中，全区报送参赛作品1439件，武进区人民路初级中学等学校的3件作品获一等奖，区关工委、区教育局关工委、礼嘉中心小学、鸣凰中心小学、湖塘桥实验小学5个集体获省优秀组织奖。11月，在2022年度全省校外教育辅导站优秀活动视频评比中，牛塘镇关工委制作的《青云村的小美好》获特等奖，湖塘镇关工委与永定社区校外教育辅导站联合制作的《小学校、大教育》获一等奖，湖塘镇关工委制作的《红色连环画、映红少年心》获二等奖。

【青少年修身社团建设】 年初，区关工委与区委老干部局在牛塘镇青云村推进“银发育新人，修身修未来”志愿服务项目试点活动，结合青云村的历史文化和教育资源，分别成立青云书法社、青莲阅读社、青雅艺术社，推进青少年修身社团建设。青云书法社的主要师资力量为牛塘书法联谊会的老年会员，他们以书法课程引导青少年“写好中国字、做好中国人”。青莲阅读社邀请“五老”成员中曾经参加过革命建设和改革开放、阅历丰富的老干部，以身说故事，开展以红色教育为主题的系列阅读和交流活动。青雅艺术社邀请老教师、老干部面向青少年开展歌唱、舞蹈、绘画、雕刻、乐器等形式的活动，开创老少同登台、艺术永传承的良好局面。修身社团分两批配置11名有丰富阅历、有教育情怀、有奉献精神的人生导师，让社团的孩子们在学校有老师为伴，在校外有“人生导师”指引，让孩子们能够在有困惑的时候能及时找到老干部，让老干部可以及时发现青少年成长过程中出现的问题，并为他们答疑解惑。该志愿者服务项目被市委老干部局评为创新成果奖。

（陈　辅）

5月15日，“老少心向党、喜迎二十大”主题教育活动推进会在牛塘镇举行，图为星火宣讲团授旗仪式

（供图／区关工委）

党校工作

【概况】 2022年，区委党校（区行政学校）紧跟时代发展步伐，紧扣区委、区政府中心工作，紧贴党员、干部实际需求，在政治理论建设、干部教育培训、科研决策咨询、严以治校办学上积极作为，实现办学质量明显提升。持续改善办学条件，投入100余万元改造教学楼、住宿楼及餐饮楼辅房，投入50余万元创建党校党群服务中心，同时挂牌湖塘镇区域职工服务中心。全年举办主体班次17期，受训1333人次；承接外来班次61期，参训4311人次。区委党校本部承接各类培训及会议198场次，15074人次；太湖湾分校接待办班25场次，1715人次。完成区级及以上科研课题18个，在省级及以上刊物发表学术论文9篇，印发《区情研究》3期。根据区疫情防控指挥部的统一安排，先后6次成为武进区新冠肺炎疫情集中隔离医学观察点之一，服务相关人员1256人。张红晓、张懿分别获评全市党校（行政学院）系统优秀教学管理工作者、常州市基层理论宣讲优秀个人。

【干部教育培训】 根据《2022年全区干部（人才）教育培训工作要点》，区委党校与相关部门协作配合，突出理论基础、党性修养、世界眼光、战略思维的课程设置，实行校领导带班、班主任跟班的“双班主任制”，开展干部教育培训，提升培训实效。

6月28日，礼嘉镇村干部能力素质提升培训班（第一期）在太湖湾分校瑞廷西郊校区开班，参训36人。年内，区工信局新时代基层干部培训班、区青年文艺人才培训班、南夏墅街道“两新”党组织党务工作培训班、区农业农村局支农政策培训班等在太湖湾分校陆续开班。

8月5—15日，常州市村（社区）党组织书记培训班（第二期）在区委党校举办，全区100名村（社区）党组织书记参训。该培训班围绕习近平新时代中国特色社会主义思想、城乡基层党组织专项整顿、巡视巡察、常州市村（社区）相关政策解读等主题，邀请高校学者、政策专家、精英讲师和职能部门负责人授课。

8月10日，2022年武进区新任乡

科职领导干部任职培训班在区委党校开班，96名新任乡科职领导干部参训。该培训班分两期进行，设置理论强基、他山之石和多元视角3个单元，安排一周时间组织学员外出学习典型案例和先进管理经验，通过“请进来教”与“走出去学”相结合的方式，促使理论学习与实践体验互为补充。

8月15—19日，全区区级机关及区属企业党组织书记培训班在区委党校举办，参训90余人。该培训班突出习近平新时代中国特色社会主义思想，设置“党的十九届六中全会精神解读”“稳字当头，稳中求进——2022年中国经济展望”等理论课程，“机关党建的实践与探索”“新时代国有企业党建”等业务指导课程以及党建红色沙盘沉浸式课程。通过案例剖析、互动问答等方式，开展专题辅导，帮助学员拓宽工作思路、提升业务能力。

9月3日，2022年秋季学期党政主要领导政治能力提升培训班开班。市委常委、区委书记、区委党校校长乔俊杰出席并作专题辅导报告。该培训班把学习贯彻习近平总书记重要讲话精神作为重大政治任务，与学习《习近平谈治国理政》相结合，深刻领悟“两个确立”，坚决做到“两个维护”，进一步学懂弄通做实习近平新时代中国特色社会主义思想，不断提高政治判断力、政治领悟力、政治执行力。通过培训，深化对习近平总书记关于提高政治能力的重要论述的认识，不断提升党政主要领导干事创业的能力水平。

9月13日，2022年武进区新录用公务员初任培训班暨“菁选计划”新录用优秀青年干部人才入职培训班开班，参训60人。该培训班设置政治理论、市情区情、职业道德、自身建设等理论课程，采用专家讲座、专题研讨、互动交流等教学方式，组织学员先后到武进区知识产权中心、城市规划馆和常州三杰纪念馆接受现场教育，并参加“学模范、明初心、赴征程”主题道德讲堂和军训，提高理论学习和现场教学成效。

6月28日，区委党校与常州科教城党工委联合创建的科创企业党建研究中心揭牌
（供图 / 区委党校）

【主题理论宣讲】 2022年，区委党校围绕深入学习宣传贯彻习近平新时代中国特色社会主义思想，结合中共二十大召开，开发完善由20堂核心课、60堂精品课组成的课程体系，把省、市、区党代会精神等专题纳入宣讲内容，以改革发展、区情教育等课程帮助广大干部群众正确认识形势，为改革、发展和稳定营造氛围。围绕学习宣传贯彻中共二十大精神，召开座谈会、理论研讨会和集体备课会，在《武进日报》理论专栏发表专题文章12篇。选派骨干教师参加区委“党的二十大精神”宣讲团，深入各单位、各系统、各行业开展中共二十大精神宣讲50余场次。

【调查研究与决策咨询】 2022年，区委党校围绕全区中心工作和经济社会发展的热点、难点与重点、亮点开展调研。调研文章《擦亮“常有善治”名片，构建“引领—共治”社区治理行动框架》在《区情研究》第1期刊发，获区委常委、区人武部政委王照江肯定性批示。参与完成的区经研会课题《关于遏制耕地“非粮化”对策的初步探析》获区委副书记吴震宇肯定性批示。与区人大、区委组织部、区自然资源和规划局等单位合作实施研究课题6个，为相关职能部门提供及时的决策性和政策性研究支持。申报并获评常州市优秀理论宣讲报告1篇，申报全市党员教育全媒体作品创作大赛作品5个。围绕产业发展、乡村振兴、和谐社区建设等，开发优质现场教学点课程6个，与56个现场教学点逐一对接洽谈，建立良好的长期合作关系。

【党建品牌与联建共建】 2022年，区委党校聚焦政治引领，着力推进组织建设品质，有力提升党建工作特色。以“举党旗、育党人、立党言、尽党责”为理念，扎实推进“红巢工程”党建品牌建设，培育出“红雁宣讲队”“红鸽志愿队”“红雁书屋”“红雁讲堂”等系列“红”字招牌。打造党建宣传栏、廉政文化宣传栏、党建文化标语、校园文化墙、党员活动室等红色元素，做到党性教育有依托、党员活动有平台、党性锻炼有载体，增强红色学府氛围，提升党校党建广度。拓展党建共建联建阵地，6月23日，与区人社局等8个部门率先成立全省首个新业态新就业群体党校，通过发布课程、提供师资、理论宣讲，助力打造新业态党建“聚能环”，为外卖小哥、快递员等新就业形态劳动者群体定制专题课程80堂、“党的二十大精神学习”课程12堂。6月28日，与常州科教城管委会开展区域化党建共建、资源共享、优势互补，建立科创企业党建研究中心，探索实践“在服务中加强对党员的教育管理、在培训中加强对党务工作者的培养帮带、进一步促进党支部规范建设”的“两加强一促进”科创企业党建新模式，助力提升科技创新园区企业党建工作质量。加入武进“绿建红盟”，共同建立武进区产业链党建研究中心，发挥党建优势，激发全区绿色建筑产业高质量发展新动能。深化与马杭社区及“山水红盟”“经纬红盟”“耕读红盟”等党建联盟的协作，不断推进党建共建工作走深走实。

（师　伟）

常州市武进区人大

People's Congress of Wujin District of Changzhou

栏目编辑　王国新

重要会议

【区十七届人民代表大会第一次会议】 1月5—7日，在武进假日酒店会议中心召开。会议听取和审议《武进区人民政府工作报告》《武进区2021年国民经济和社会发展计划执行情况及2022年计划安排报告》《武进区2021年预算执行情况和2022年预算草案》《武进区人大常委会工作报告》《武进区人民法院工作报告》《武进区人民检察院工作报告》，批准以上报告并通过相应决议。会议选举石伟东为区十七届人大常委会主任，孙金才、刘云英、周庆中、戴志华为区十七届人大常委会副主任，并选举区十七届人大常委会委员43名，表决通过区十七届人民代表大会财政经济委员会、法制委员会、监察和司法委员会以及社会建设委员会主任委员、副主任委员、委员名单。选举恽淇丞为区人民政府区长，刘志峰、李德森、王晓航、张小虎、朱岩、徐俊、贾东为副区长，唐家中为监察委员会主任，宋文良为区人民法院院长，张娟为区人民检察院检察长，报经常州市人民检察院检察长提请常州市人民代表大会常务委员会批准，并选举出席常州市第十七届人民代表大会代表105名。票决产生30项2022年重点民生实事项目。

【区十七届人大常委会会议】 2022年，区十七届人大常委会共召开常委会会议8次，听取和审议政府、监察委员会、法院、检察院专项工作报告14项，作出决议、决定16项，任免国家机关工作人员194人次。共邀请区人大代表32人、选民16人列席各次会议。

第一次会议　2月18日在区行政中心召开。会议审议有关人事任免事项，免去章毓区人民法院嘉泽人民法庭庭长职务、秦雪松区人民法院民事审判第一庭副庭长职务、刘伟叙区人民法院前黄人民法庭副庭长职务、白雪区人民法院速裁审判庭庭长职务、朱文俊区人民检察院检察委员会委员及检察员职务，免去戚黎娜、陈红区人民检察院检察员职务。决定任命朱书阳为区人民政府副区长（挂职）、田华为区人民政府办公室主任、夷建良为区发展和改革局局长、曹雄伟为区教育局局长、张卫星为区科学技术局局长、张文伟为区工业和信息化局局长、李荣为区民政局局长、薛健峰为区司法局局长、叶青为区财政局局长、谈正刚为区住房和城乡建设局局长、殷海峰为区城市管理局局长、周俊为区交通运输局局长、刘建荣为区水利局局长、诸东海为区农业农村局局长、王勇为区商务局局长、居敏俊为区文体广电和旅游局局长、王洪新为区卫生健康局局长、王丹为区退役军人事务局局长、金旭兵为区应急管理局局长、严晓国为区审计局局长、祁斌为区行政审批局局长、朱小平为区市场监督管理局局长、陈江为区统计局局长、蒲启城为区信访局局长、刘宇为区地方金融监督管理局局长。任命章毓为区人民法院副院长、秦雪松为区人民法院审判委员会委员及速裁审判庭庭长、刘伟叙为区人民法院民事审判第二庭（执行裁判庭）副庭长、王逸为区人民法院刑事审判庭（少年案件审判庭）副庭长、周运为区人民法院前黄人民法庭副庭长、高璐为区人民法院高新区人民法庭副庭长，任命顾建中、王春伟为区人民法院审判员。审议通过区人大常委会2022年工作要点、区人大常委会2022年重点工作责任分解表、《常州市武进区人大常委会关于开展“人大代表在行动”主题活动的实施意见》。批准区人民政府关于提请审议2022年第一批政府投资项目建设计划的议案。

第二次会议　5月12日在区行政中心召开。会议审议通过有关人事任免事项，免去周亚明区人大常委会城市建设环境资源工委副主任职务、周艺区人民法院人民陪审员职务、漆莉萍区人民检察院检察员职务。决定任命张征宇为区人民政府副区长，任命郑丽艳为区人民法院审判员、审判委员会委员、副院长。审议通过区人民检察院检察履职护航民营企业健康发展情况的报告。

第三次会议　7月6日在区行政中心召开。会议审议通过有关人事任免事项，免去符伟区人大常委会办公室主任职务，武华忠区人力资源和社会保障局局长职务、刘建荣区水利局局长职务、诸东海区农业农村局局长职务、朱小平区市场监督管理局局长职务、蒲启城区信访局局长职务、丁文柯区监察委员会委员职务、何纪华区人民法院审判员职务。决定接受唐家中辞去区监察委员会主任职务的请求，并报武进区第十七届人民代表大会第二次会议备案。任命丁文柯为区人大常委会办公室主任、周文彬为区水利局局长、钱勤东为区农业农村局局长、王世康为区人民政府研究室主任、蒋志刚为区市场监督管理局局长、冯冠华为区信访局局长、白雪为区人民法院嘉泽人民法庭庭长、陈建为区人民法院审判委员会委员。任命李旌巍为区监察委员会副主任，并决定其代理区监察委员会主任职务。审议通过关于扎实推进“一园一城一示范”建设的决议、2021年度全区国有自然资源资产管理情况专项报告、2021年度全区国有资产管理情况综合报告、全区安全生产专项整治三年行动开展情况报告。审议通过有关常委会委员辞职事项，决定接受符伟、冯冠华辞去区十七届人大常委会委员职务的请求，并报武进区第十七届人民代表大会第二次会议备案。

第四次会议　8月12日在区行政中心召开。会议审议通过有关人事任免事项，任命曲义飞为区监察委员会委员，陈琦为区人民检察院检察员。审议通过有关区代表辞职事项，决定接受王宏强辞去武进区第十七届人民代表大会代表职务的请求。批准区人民政府关于提请审议2022年电子政务项目建设计划的议案、2022年第二批政府投资项目建设计划的议案、2021年财政决算草案的报告、2021年度本级预算执行和决算草案的审计工作报告、2021年财政决算的报告。审议通过区人民法院关于人民法庭工作情况的报告。

第五次会议　9月9日在区行政中心召开。会议审议通过有关人事任免事项，免去潘德方、江山区人民检察院检察员职务，任命陈鹏为区人大常委会南夏墅街道工委主任。审议通过2022年上半年国民经济和社会发展计划执行情况报告、开展群众反映强烈突出问题整治工作情况报告、区十七届人大一次会议代表建议办理情况的汇报。

第六次会议　10月14日在区行政中心召开。会议审议通过有关人事任免事项，免去张亚萍区人民法院审判员职务，决定任命赵钢为区人民政府副区长，任命彭琳等30人为区人民法院人民陪审员。审议通过代表辞职有关事项，决定接受张征宇、蒋志刚、冯冠华、周文彬、钱勤东、符伟、陈卫华7人辞去武进区第十七届人民代表大会代表职务的请求。审议通过关于个别代表的代表资格的报告、《江苏省农民专业合作社条例》贯彻实施情况、《常州市武进区人大常委会人事任免办法》。

第七次会议　11月28日在区行政中心召开。会议决定接受张龙辞去武进区第十七届人民代表大会代表职务的请求，通过《关于接受张龙辞去武进区第十七届人民代表大会代表职务请求的决定》。批准2022年财政预算调整方案、2022年预算执行情况及2023年预算初步方案。审议通过2021年度区本级预算执行和决算草案审计查出问题整改情况、2022年度全区环境状况和环境保护目标完成情况、《常州市武进区人民代表大会常务委员会议事规则》《常州市武进区人民代表大会常务委员会讨论、决定重大事项的规定》《常州市武进区人民代表大会常务委员会关于加强经济工作监督的决定》《常州市武进区民生实事项目人大代表票决制实施办法》。评议部门和国家机关工作人员，开展满意度测评。

第八次会议　12月21日在区行政中心召开。会议审议通过2022年常州市武进区重点民生实事项目实施情况报告，并对实施情况进行满意度测评。讨论通过区人大常委会工作报告和法制委员会、监察和司法委员会、财政经济委员会、社会建设委员会工作报告以及2022年度规范性文件备案审查工作情况报告，决定将这些报告提交区十七届人民代表大会第二次会议通过。审议通过武进区第十七届人民代表大会第二次会议相关情况的汇报，并决定将会议议程、日程、各项名单草案提交武进区第十七届人民代表大会第二次会议预备会议通过。审议通过《关于召开常州市武进区第十七届人民代表大会第二次会议的决定》《关于调整武进区第十七届人大常委会代表资格审查委员会组成人员的决定》《关于接受刘云英等同志辞去武进区第十七届人民代表大会相关专门委员会主任委员职务请求的决定》。审议通过关于个别代表的代表资格的报告，并决定将代表资格情况予以公告。任命丁文柯为武进区第十七届人民代表大会财政经济委员会副主任委员，蒲启城、潘一沁为武进区第十七届人民代表大会财政经济委员会委员，蒋一波为武进区第十七届人民代表大会监察和司法委员会委员。补选于贵平为常州市第十七届人民代表大会代表，并将补选代表结果报市人大常委会代表资格审查委员会审查，由市人大常委会确认并公告。

【区十七届人大常委会主任会议】 2022年，区人大常委会召开主任会议18次，听取讨论决定重大事项、年度工作安排、重点建议办理、工作评议、民生实事、环境保护、经济发展、城市建设等专题汇报11项。

【区五届人大工作研究会换届】 4月20日，武进区五届人大工作研究会换届会在区行政中心举行。会议选举产生新一届理事会，有理事25人；选举周仲华为会长，黄盛英为秘书长。区人大常委会领导石伟东、孙金才、刘云英、周庆中、戴志华、周仲华参加会议。区人大常委会主任石伟东在讲话中强调，新一届人大工作研究会要提高政治站位，总结提炼全区加强和改进人大工作好的经验做法，及时研讨人大工作面临的新情况新问题，积极探索人大制度的特点和人大工作的规律。年内，区五届人大工作研究会形成重点调研课题14个、调研报告51篇，评选优秀调研报告25篇，其中2篇被区委调查研究刊录，向省、市人大报送10篇。

（田扬中）

重点工作

【贯彻落实中央人大工作会议精神】 6月14日，区委人大工作会议在区行政中心召开。区委副书记、区长恽淇丞主持会议，市委常委、区委书记乔俊杰出席会议，并专题部署人大工作。区人大常委会主任石伟东、区政协主席郑政平出席会议。6月中旬，武进区制定贯彻落实中央人大工作会议精神重点任务分工方案，提出65项工作任务，以项目化推进会议精神贯彻落实，为人大工作把关定向。6月下旬，区人大常委会开展专项调研，推动区委人大工作会议精神在基层有效落实。各镇（街道）人大召开专题学习会议，学习贯彻区委人大工作会议精神。

【护航“一园一城一示范”建设】 7月6日，区十七届人大常委会第三次会议首次作出《关于扎实推进“一园一城一示范”建设的决议》，及时把区委重大决策部署通过法定程序转变为全区人民的共同意志，为区委决策提供法定护航。9月，区人大常委会开展视察调研、专题询问，召开专题座谈会，听取工作推进情况汇报。11月，向区委报送决议执行情况的调研建议的报告，提出问题100余个、解决办法建议50余条，扎实推动决议执行。

【建立“云上人大代表家、站、点”平台】 2022年，区人大常委会主动适应信息化和新冠肺炎疫情防控新形势，创新打造集宣传、学习、讲座、监督、联络、互动等功能于一体的“云上人大代表家、站、点”平台，获评2022年武进区推进区域社会治理体制现代化优秀项目和2022年常州市人大代表履职线上平台创新成果。组织代表参加云上会议4次，开展云上专题询问1场，举办云上讲堂8期、云接待选民201人次，帮助协调解决全域空中线缆整治等民生诉求91件，平台总访问量达3万余人次，实现信息技术与代表履职行权深度融合，为代表工作高质量发展提供新动能。武进区人大代表履职线上平台创新做法先后被中国人大网、《人民日报》客户端、江苏人大网、《人民与权力》杂志等媒体报道。

（田扬中）

人大监督

【建立人大监督“六个三”工作机制】 2022年，区人大常委会探索创新监督方式方法，于5月5日出台《关于建立人大监督“六个三”工作机制，推动正确监督有效监督依法监督的意见》及多个配套实施文件。以“三公开、三报告”形式，公开征集议题、监督议题、监督结果，报告监督计划、监督进度、监督成果，围绕区委重大决策部署，确立监督议题42项，督促开展工作48项，实现支持式监督。以“三清单、三销号”形式，制定发现问题清单、审议意见清单、问题整改清单，跟踪推进、落实、整改环节，围绕专项审议议题，提出问题数量52个，解决一件，销号一件，实现问题式监督。以“三对照、三统筹”形式，对照法律、规定、建议，统筹开展综合监督、专项审议、调查研究，打好监督“组合拳”，提出有针对性的建议88件，向区委区政府报送专项监督建议7件，报送重点调研课题成果4件，实现推动式监督。

【执法检查】 4月，区人大常委会配合市人大常委会对2021年度环境状况与环保目标完成情况和环保法贯彻实施情况开展执法检查，配合市人大常委会对《江苏省保护和促进香港澳门同胞投资条例》贯彻实施情况开展执法检查。8月，配合市人大常委会对《常州市住宅物业管理条例》贯彻落实情况开展执法检查。9—11月，区人大常委会组建执法检查组，开展《江苏省农民专业合作社条例》贯彻执行情况执法检查。

【调研视察】 2022年，区人大常委会围绕经济社会、民生事业、城市建设、乡村振兴，组织开展专题调研6次、视察活动4次。

4月14日，调研“八五”普法工作推进情况。调研组先后走访调研香溢澜桥社区民主法治建设情况、区公共法律服务中心和法治宣传教育中心，听取区司法局“八五”普法工作推进情况汇报，肯定相关部门普法工作中取得的成绩，强调要提高工作实效、落实普法责任、强化部门联动。

4月18日，调研武进公安分局、区法院、区检察院工作开展情况。调研组先后走访调研武进公安分局指挥中心、区检察院春晖工作室、区法院执行指挥中心，听取公、检、法3个单位的工作情况汇报，肯定公、检、法取得的工作成效，强调要把党的领导融入全过程，要把护航发展作为主基调，要把履职为民作为基本盘，要把队伍建设作为硬举措，要把接受监督作为新常态。

4月27日，调研全区应急管理工作。调研组先后走访调研区水上搜救应急队、江苏海鸥冷却塔股份有限公司、区消防救援大队和区应急指挥中心，听取相关部门关于全区应急救援队伍建设、企业安全生产、应急管理体系建设等方面情况汇报，提出要强化使命意识、责任意识，落实落细安全责任，提升生产管理水平，发挥信息化、科技化手段优势等工作要求。

5月19日，视察宗教活动场所不动产登记情况。视察组视察紫竹林禅寺、南山寺，听取区民宗局关于两处宗教活动场所的发展历程、人员组成和土地规划等情况汇报，提出区民宗局及相关部门要敢于直面问题，摸清情况，理清思路，按照先易后难的方式，积极有序推进宗教活动场所不动产登记工作。

6月12日，调研检察公益诉讼工作情况。调研组调研区检察院开展公益诉讼实际情况，查阅档案，实地走访，听取相关情况汇报，提出转变司法理念、抓好专业化办案团队建设，深化智慧检务工程，大数据赋能检察监督等建议。

7月15日，视察重大交通基础设施建设。视察组先后视察江苏南沿江城际铁路武进站综合交通枢纽工程项目现场、青洋快速路，听取项目概况和施工进度情况汇报，提出抢抓发展机遇、系统谋划布局、畅通交通网络、加快项目建设、凝聚建设合力等要求。

7月下旬，视察各类民生实事项目。视察组视察武进区星河实验小学分校、常州科教城人才公寓项目、武进人民医院南院二期扩建工程项目、南夏墅街道庙桥金星公寓、滆湖生态清淤现场和武南第二污水处理厂一期工程、南沿江城际铁路武进站建设等项目，听取相关部门关于项目建设情况汇报，提出思想认识要到位、项目推进要优质、工程保障要安全、综合效益要彰显等建议。

3—9月，调研全区特色农产品品牌建设。调研组调研雪堰、礼嘉、前黄、洛阳、嘉泽等镇，听取镇相关领导、部分涉农企业及农业合作社负责人关于特色农业品牌创建情况汇报，提出坚持科技为先、加快创建特色农产品优势区、突出区域公用品牌建设、强化品牌引领带动、加强农业品牌公益宣传、健全扶持体系等建议。

10月12—19日，调研督查省市高质量考核指标完成情况。调研组调研督查区发改局、科技局、工信局、市场监管局等部门，听取部门高质量考核指标完成情况的汇报，肯定各部门在推进高质量指标中做出的努力，强调要贯彻落实中央人大工作会议精神，增强自觉接受人大监督的意识；要围绕高质量考核工作，增强争先进位的意识；要坚持依法行政，提升全面创优意识。

10月28日，视察《关于扎实推进

“一园一城一示范”建设的决议》执行情况。视察组视察滆湖退田还湖二期工程、高新片区项目建设、区社会治理中心网格化社会治理工作情况，听取决议执行情况汇报，提出全区上下要咬紧牙关，凝心聚力，乘势而上，聚势而强；精益求精，新益求新；攻坚克难，造绿护绿；能级跃升，内外兼修；学思践悟，细照笃行等意见。

【专题询问】 5月12日，区人大常委会举行“优化营商环境、服务‘一园一城一示范’建设”专题询问活动。市委常委、区委书记乔俊杰，区领导刘志峰、孙金才、刘云英、周庆中、戴志华出席，区人大常委会主任石伟东主持。区政府通报全区营商环境建设工作情况，9名区人大常委会委员、人大代表、选民代表分别向区发改局、科技局、人社局等9个部门开展充满“辣味”的询问，区、镇人大代表1000多人通过“云上人大代表之家”观摩活动。9月9日，区人大常委会开展“民生实事项目推进情况”专题询问活动，推进2022年度区级民生实事项目落地见效，增进民生福祉。

【人大常委会对政府部门工作评议】 4—11月，区人大常委会组织对区发改局、科技局、民政局、城管局、水利局、卫健局及其局长，区人民法院11名员额法官、人民检察院9名员额检察官开展工作评议。区人大常委会成立6个评议工作组，由各委、室具体负责，形成动员部署、调查反馈、集中评议、整改督查的监督闭环。11月28日，区十七届人大常委会第七次会议开展集中评议和满意度测评。其中，区发改局、民政局、城管局、水利局、卫健局部门测评均为全票满意；区科技局有1票不满意，其余均为满意。夷建良、张卫星、李荣、殷海峰、王洪新5人测评均为全票满意。区人民法院、人民检察院20名员额法官、员额检察官，除1名员额法官有1票为基本满意外，其余均为全票满意。

【“听百案、议百事、评百员”活动】 2022年，区人大常委会继续组织开展“听百案、议百事、评百员”活动，促进司法公正规范、助推营造良好法治环境、增强人大监督实效。全年组织全国、省、市、区、镇五级人大代表44人次，旁听庭审案件5件，监督评议法官7人、律师11人，评议结果均为优良。

（田扬中）

代表工作

【代表建议意见督办】 2022年，全区有各级人大代表1509人，其中全国人大代表1人、省人大代表5人、市人大代表105人、区人大代表415人，镇人大代表983人。区十七届人大一次会议期间，共收到代表建议132条，闭会期间通过“代表直通车”收到建议2条，均在法定期限内办复，按时办结率、代表见面率、建议办理满意率均达100%。建立自上而下督办领办机制，区委常委会领导督办重点建议6条，区人大常委会领导重点督办建议5条，区政府领导领办重点建议8条。开展议案建议办理工作评估，评选“优秀代表建议”15条。

【人大代表履职服务平台建设】 2022年，区人大常委会提档升级“人大代表家、站、点”，推动人大代表在服务大局中贡献更大力量。8月3日，在区行政中心召开全区“人大代表家（站、点）”工作会议，推进人大代表履职服务平台建设，以“云上”建家拓展代表履职渠道，以“云上云下”融合促进代表履职增效。11月，召开武进区人大代表“市民茶室”联络站暨立法联系点建设推进会，为阳湖、马杭、鸣凰3个“市民茶室”联络站、立法联系点授牌，打造人大代表“市民茶室”联络站与基层立法联系点融合建设，让代表下沉一线履职，疏通民意堵点，使民情民智贯穿社会治理和立法工作全过程。年内，区人大常委会推动80个“人大代表之家”提档升级，新增“人大代表联系点”50个，确保203个“人大代表联络站”常态运行。“云上人大代表之家（站、点）”发挥实效，连点成线、织线成网，构建云上推动云下、云下丰富云上的工作格局，打造服务选民群众24小时“不打烊”的代表直通车。嘉泽镇、西湖街道“人大代表之家”获评2022年常州市十佳示范型“人大代表之家”。

【“人大代表在行动”主题活动】 2月，区人大常委会出台《关于开展“人大代表在行动”主题活动的实施意见》，启动“人大代表在行动”主题活动。按照“高、全、勤、清、准、大、强、优”八字履职要求，紧扣打造“一园一城一示范”、实施“六个跃升行动”主题，共收到代表监督建议190余条，代表在各条战线亮身份、当先行、展风采，参加活动3000余人次。年内，开展“主任接待日”“代表直通车”“代表走访月”“代表集中接待选民月”等特色活动56批次，区委书记、区长等四套班子领导以代表身份带头接待群众、听取意见，共开展接待代表和选民活动382人次，收集高质量意见建议165条。组织代表开展常态化履职活动，代表参加区镇人大活动600余人次，向选民述职279人次，走访接待选民9850人次，收集意见建议1277件，推动解决问题12314件。

【重点民生实事项目票决】 1月7日，区十七届人民代表大会第一次会议票决确定“吾有善育”“吾有优学”“吾有健康”“吾有颐养”“吾有安居”“吾有众扶”“吾有优服”“吾有畅行”“吾有美丽”“吾有惠民”十大类30个2022年度区级重点民生实事项目，涵盖住房安居、文体教育、乡村振兴、交通出行等多个方面。3—11月，区人大常委会按照《武进区重点民生实事监督办法（试行）》《2022年武进区重点民生实事项目实施情况督查工作方案》要求，开展实地督查、专题询问等活动，推进民生实事项目落地见效，增进民生福祉。12月，区十七届人大常委会第八次会议听取和审议区人民政府关于区重点民生实事项目实施情况报告，并开展满意度测评，30个重点民生实事项目的测评结果均为满意。

（田扬中）

常州市武进区政府

People's Government of Wujin District of Changzhou

栏目编辑　王国新

重要会议与活动

【区政府常务会议】 1月21日，区政府第一次常务会议在区行政中心召开。会议集体学习新修订的《江苏省信访条例》和国家统计局贯彻落实《关于更加有效发挥统计监督职能作用的意见》视频会议精神，审议并原则同意《2021年度经济工作先进光荣册》《武进区工业园区产业项目准入指导意见（试行）》《武进区关于加快推进知识产权高质量发展的若干政策》《2022年常州市武进区重点民生实事项目责任分解落实方案》《2022年区级重点产业项目投资计划表》《武进区2022年第一批政府投资项目建设计划》《2022年国有公司项目投资计划》《2022年春节期间鼓励外地员工留常过节的若干措施》《常州市武进区"十四五"生态环境保护规划》《常州市武进区公共安全体系建设实施方案》《武进区集成电路产业高层次人才引进实施办法（试行）》《2022年政府工作报告目标任务分解落实方案》和《常州市武进区2021年行政复议应诉案件分析报告》。

3月4日，区政府第二次常务会议在区行政中心召开。会议集体学习《中华人民共和国监察法实施条例》《地方党委和政府领导班子及其成员粮食安全责任制规定》和省、市生态环境保护工作会议精神，听取2021年武进区区长质量奖评审、信访工作、武进区突出环境问题整改情况和常州市武进区2021年政务公开工作情况的汇报，审议并原则同意《长三角双创示范基地联盟双创券通用通兑管理办法》《2022年全区重点项目目标任务》《2022年全区主要经济社会发展预期目标任务分解表》《关于开展"创智武进当标杆"活动的实施意见》《关于切实做好2022年全区自然资源和规划工作的实施意见》《常州市武进区水利(务)发展"十四五"规划》《关于优化农村生态补偿政策的实施意见》《关于下达武进区"十四五"期间粮食生产目标任务的通知》《常州市武进区"十四五"教育发展规划》《武进区教育高质量发展三年行动方案（2022—2024年）》《武进区深入推进县域医共体建设实施方案》《武进区深化农村公路管理养护体制改革实施方案》和《全面推行农村公路"路长制"实施方案》。

4月2日，区政府第三次常务会议在区行政中心召开。会议集体学习《中华人民共和国反有组织犯罪法》《中央生态环境保护督察工作规定》《中央生态环境保护督察整改工作规定》相关内容和中央第二生态环境保护督察组督察江苏省动员会议精神，听取迎接中央生态环境保护督察和全区安全生产工作情况的汇报，审议并原则同意《2022年全区科技招商工作突破年实施方案》《江苏省制造业高质量发展示范区建设计划书》《常州市武进区"十四五"农业农村现代化规划》《关于做好2022年全面推进乡村振兴加快农业农村现代化重点工作的实施意见》《关于深入开展农村人居环境整治提升行动，扎实推进生态宜居美丽乡村建设的实施意见》《常州市武进区太湖（滆湖）湖泛应急预案》《2022年武进区太湖滆湖安全度夏应急防控实施方案》《常州市武进区既有住宅加装电梯实施方案》《法治武进建设规划（2021—2025年）》《常州市武进区贯彻落实〈法治政府建设实施纲要（2021—2025年）〉实施方案》《常州市武进区法治社会建设实施方案（2021—2025年）》和《关于在全区公民中开展法治宣传教育的第八个五年规划（2021—2025年）》。

5月12日，区政府第四次常务会议在区行政中心召开。会议集体学习《信访工作条例》，听取"信访突出问题攻坚化解年"、关于调整武进区污水厂网站一体化特许经营服务费和关于争创2022年江苏省法治政府建设示范地区和示范项目工作情况的汇报，审议并原则同意《关于加强基层应急管理体系和能力建设的实施意见》《关于各镇、开发区集中行使农村村民非法占用土地建住宅行政处罚权试点工作方案》《武进区建设"长三角青年发展友好型示范城区"实施意见》《武进英才"荣誉工程"实施办法（修订）》《武进区机器人产业高层次人才引进实施办法（试行）》《2022年度武进区关于推进制造业智能化改造和数字化转型的若干措施》《2022年度武进区引导化工企业转型发展的若干政策》《第二届武进"金牌工人"正式候选人名单》《武进区自建房安全隐患排查整治工作方案》《武进区妇女发展规划（2021—2025年）》和《武进区儿童发展规划（2021—2025年）》。

6月15日，区政府第五次常务会议在区行政中心召开。会议集体学习《中国共产党纪律检查委员会工作条例》，听取武进区2021年度争先奋进创新创优先进集体和先进个人和关于表彰奖励"区见义勇为先进个人"工作情况的汇报，审议并原则同意《关于武进区公办义务教育学校吸纳新市民学校学生入读的实施方案》《常州市武进区“武商服务卡”实施办法（试行）》《武进区人才公寓建设和运营管理暂行办法》《武进区“532”发展战略2022年度重点项目（工作）清单》《武进区级政府储备粮管理办法》《武进区制造业智能化改造和数字化转型行动计划》《关于促进武进区医疗健康产业高质量发展若干政策措施》《2022年常州市武进区食品安全重点工作安排》《武进区防止耕地“非粮化”稳定粮食生产管理办法（试行）》《武进区2022年度对口支援协作合作工作要点》和《2022年常州市武进区法治政府建设工作要点》。

7月19日，区政府第六次常务会议在区行政中心召开。会议集体学习工程建设领域违纪违法典型案例和《中华人民共和国个人信息保护法》，听取关于在武进区开展第五次全国经济普查专项试点、2022年上半年武进区生态环境、全区安全生产、全区消防和全区信访工作情况的汇报，审议并原则同意《2022年武进区深入打好污染防治攻坚战工作方案》《武进区2022年第二批政府投资项目建设计划》《武进区2022年电子政务项目建设计划》和《武进区应急管理综合行政执法改革实施方案》。

8月25日，区政府第七次常务会议在区行政中心召开。会议集体学习《江苏省保护和促进香港澳门投资条例》，听取关于武进区人民政府与南京大学共建“未来技术创新研究院”相关情况的汇报，审议并原则同意《关于加强基层治理体系和治理能力现代化建设的实施意见》《武进区深化社区建设和管理的实施意见》《关于加强社区工作者队伍建设的实施意见》《关于探索深化基层干部专业化体系建设的实施意见》等“1+5”政策体系、《武进区关于深化资源配置改革试点，赋能“危污乱散低”用地出清提升的实施方案》《关于取消、承接、调整一批行政权力事项及进一步规范行政审批中介服务事项的通知》《常州市武进区促进创新发展的若干政策（试行）》《常州市武进区全民科学素质行动规划纲要实施方案（2021—2025年）》《2022年武进区普惠金融发展示范区建设实施方案》《武进区推进普惠金融发展政策意见》《武进区城乡居民基本养老保险集体补助方案》《武进区国家知识产权强国建设示范工作方案（2022—2024年）》和《2022年度武进区政府重大行政决策事项目录》。

9月22日，区政府第八次常务会议在区行政中心召开。会议集体学习《纪检监察机关派驻机构工作规则》，传达上级关于安全生产方面的最新精神和全国基层消防力量建设视频会议精神，听取近期全区安全生产、全区消防安全、第二轮中央生态环境保护督察问题整改、腾龙路东侧园区更新项目、嘉泽联动区（一期）新型城镇化项目建设相关情况的汇报，审议并原则同意《常州市武进区生态文明建设规划（2022—2026）》《西太湖与嘉泽镇联动发展方案》《关于进一步提升全区政务帮办代办促办服务质量的实施方案》和《武进区区长质量奖管理办法》。

10月7日，武进南京大学未来技术创新研究院项目签约（供图/西太湖科技产业园）

10月26日，区政府第九次常务会议在区行政中心召开。会议集体学习《江苏省土壤污染防治条例》，听取武进区2022年秋粮收购准备工作及涉粮巡察反馈问题整改、信访工作情况的汇报，审议并原则同意《武进区深入推进“危污乱散低”专项治理工作实施方案》和《关于公布常州市武进区行政许可事项清单的通知》。

11月22日，区政府第十次常务会议在区行政中心召开。会议集体学习《关于贯彻党的二十大部署要求，锲而不舍落实中央八项规定精神深化纠治“四风”工作的意见》，听取当前信访工作情况的汇报，审议并原则同意《常州市武进区经济发达镇改革与培育工作方案》《区政府关于加快数字政府建设的实施方案》《武进惠企政策“一企通”管理暂行办法》《2022年预算收支计划调整草案》和《2023年预算安排草案》。

12月21日，区政府第十一次常务会议在区行政中心召开。会议集体学习《中华人民共和国农产品质量安全法》，听取全区信访工作情况的汇报，审议并原则同意《武进区关于加快推进质量品牌和标准化高质量发展的若干意见》《2023年武进区重点民生实事候选项目》和《常州市武进区“无废城市”建设实施方案（2022−2025年）》。

12月26日，区政府第十二次常务会议在区行政中心召开。会议听取关于岁末年初安全防范工作的部署安排和2022年对口支援协作合作工作情况的汇报，审议并原则同意《武进区“十四五”太湖流域水环境综合治理规划》《常州嘉泽花木市场扩展区综合开发项目总体实施方案概要》《关于加快推进企业上市挂牌的若干政策意见》《武进区城乡网格化服务管理实施办法（试行）》《武进区2023年第一批政府投资项目建设计划》《2023年政府工作报告》《常州市武进区相关建制镇和开发区相对集中行使的行政处罚权目录清单》和《2022年国民经济和社会发展计划执行情况及2023年计划安排的报告》。

9月6日，2022中国—以色列创新合作周期间举行技术合作与项目签约仪式

（供图／西太湖科技产业园）

【经济协作与招商活动】 2022年，区政府组织开展经济协作与招商重大活动20余次，开工、签约产业重点项目210多个，总投资近1350亿元；落实对口援疆、援陕经济协作项目44个。

5月11日，中以常州创新园举行“两湖创新当先行，中以合作向未来”项目集中签约仪式，重点项目签约进驻18个。9月5日，举行第三届中国以色列创新合作与产业投资大会，集中签约30个项目，中以常州创新园与广东以色列理工学院签署战略合作协议。11月10日，湖塘科技产业园项目签约暨新启航仪式举行，集中签约项目20个。

开展国内重大招商活动8次。豪森新能源汽车有限公司的新能源汽车核心零部件智能装备项目、江苏铭纳阳智能装备有限公司的新能源汽车电驱动产品及成套装备项目、常州新能源汽车零部件产业园项目、江苏恒立液压股份有限公司的电磁插装阀及集成阀组项目等17个项目签约落户武进高新区，总投资240亿元。琥崧微纳米科技（常州）有限公司的微纳米材料高端装备制造基地项目、江苏唯德康医疗科技有限公司的消化内镜医疗器械研发及产业化项目、常州威克医疗器械有限公司的医疗外科器械研发制造中心项目、江苏先诺新材料科技有限公司的高性能聚酰亚胺纤维项目等12个项目签约落户西太湖科技产业园。亿泽（常州）区块链融合科创园、江苏华亚木结构研究基地、新环绿色建造研发总部等项目签约落户武进绿建区。

开展重大经济协作12次。1月11日，武进区政府与中核环保有限公司签订战略合作协议。4月28日，召开江苏—欧盟绿色建材对接会，省内近50家绿色建材企业和欧洲60余家建筑设计、房地产开发、建筑咨询等领域的知名企业参加。6月8日，陕西省安康市汉滨区党政代表团到武进区开展协作交流活动。6月26—27日，武进区党政代表团在陕西省安康市汉滨区开展对口协作交流活动。7月4日、7月13日、7月29日，武进区政府分别与江南农村商业银行常州分行、光大银行南京分行、中国农业发展银行常州分行签订总额超500亿元的战略合作协议。7月30日，举行“两湖”创新区核心区金融合作签约仪式，武进区政府与中国银行常州分行、建设银行常州分行、邮储银行常州分行、民生银行常州分行签订总额达780亿元的战略合作协议。8月27日，举行医共体建设集中签约仪式，武进人民医院与武进第四人民医院、武进中医医院与嘉泽镇卫生院签订医共体合作协议，上海市第九人民医院与礼嘉镇坂上卫生院签订专科联盟单位合作协议，常州市第二人民医院与武进区卫生健康局签署战略合作协议。9月26日，武进区与中铁十五局集团有限公司签署战略合作框架协议。9月28日，举行武进南京大学未来技术创新研究院签约暨长三角青年创新创业港发布活动。11月25日，举行“湖光跃金，融惠武进”2022年江苏省普惠金融县区行——常州专场武进站活动，武进区政府与中信银行常州分行、兴业银行常州分行签订总额达850亿元的战略合作协议。

（鲍　阔）

人才人事管理

【概况】 2022年，武进区落实“人才强区”战略，优化人才发展环境，打好“政策纳才、活动聚才、项目揽才、生态留才”组合拳，引进各类人才2.75万人，签约落户“龙城英才计划”优质人才项目99个。创新实施“博士后腾飞专项行动”，新增国家级博士后科研工作站1家、省级博士后示范科研工作站1家、市级博士后创新实践基地2家，招收博士后

10月29日，“魅力两湖，相约金秋”青年人才联谊活动举办　（供图／区人社局）

14人。全省首个高层次人才服务联盟扩容提质，发布十大类30项人才服务菜单，举办各类人才活动超过60场次，服务各类人才超过3万人次。年末，全区人才资源总量40.4万人。

【事业单位人事管理】 2022年，区人社局有序推进事业单位岗位聘任工作，指导38家事业单位做好重新设岗、人员调整、岗位重新聘用等工作。事业单位公开招聘970人，其中普通事业单位人员42人、高层次人才15人、中小学编内教师313人、备案制幼儿园教师321人、卫健系统人才279人。配合区委组织部完成2022年“菁选计划”公开招聘工作，共招录21个岗位优秀青年干部人才30人。有序实施县级及以下事业单位管理岗位职务与职级晋升，全年共晋升2批八级职员24人。完成事业单位工作人员考核，确定记功81人、优秀等次2336人、合格等次9222人、基本合格等次3人、不合格等次9人、不定等次275人。人事考试规范化管理达标率和考试安全率保持100%。做好全区13033名事业单位工作人员年度调资工作，人均月增资86元。审核做好高层次人才年薪制工资，实行高层次人才年薪制，人均40万元。完成事业单位4332名工作人员带薪年休假审批，人均发放金额9600元。审核区级机关事业单位1403名编外用工绩效奖励，人均发放2.2万元。核定新冠肺炎疫情防控期间医疗卫生机构等单位工作人员待遇，对直接参与疫情防控一线工作人员10581人发放值守工作补助1526万元。其中，援外值守补助118人，人均6597元；救治值守工作补助3569人，人均1112元；卡口值守工作补助1565人，人均819元；发放基层医疗卫生机构的一线工作人员疫苗接种工作补贴1955人，人均1035元。对承担防控任务重、风险程度高的医疗卫生事业单位等增核一次性专项绩效25家、598万元。组织189名优秀事业单位人员参加健康疗养，2.5万名在职和离退休人员参加健康体检。办理事业单位人员抚恤金、遗属补助等审批208人次。做好全区争先奋进创新创优表彰工作，表彰先进集体100个、先进个人200人；向市推荐“高质量发展”先进集体18个、先进个人22人。配合省人社厅现场专项评估“武进区和谐劳动关系企业创建”工作。

9月28日，江苏（武进）技能人才服务产业园科教城分园开园仪式在常州科教城现代工业中心举行。省人社厅二级巡视员余强为10名专家顾问颁发聘任证书

（供图／区人社局）

【人才引进和培育】 2022年，区人社局组织对接“龙城英才计划”第十九、二十、二十一批领军人才创业项目面谈评估活动，吸引180多个领军人才项目报名，签约落户优质项目99个。以省“双创计划”为锚点，精准构建育才体系，邀请高校教授、创投大咖等专家参与青年拔尖人才推荐，开展模拟答辩活动6轮，获常州市推荐申报江苏省“双创计划”创业类项目8个、高技能类项目3个。积极参加“第十届中国江苏人才创新创业大赛”市级评选工作，3个项目获市级推荐。创新开展“博士后腾飞专项行动”，新建国家级博士后科研工作站1个、省示范博士后科研工作站1个、市级博士后创新实践基地2个，招收博士后14人。年末，全区累计设有国家级博士后工作站8个，省、市级博士后创新实践基地18个，在站博士后34人，创造直接经济效益超10亿元。

【人才发展环境优化】 2022年，武进区进一步优化人才发展环境，高标准推进江苏（武进）技能人才服务产业园建设，建成绿建分园、常州科教城分园，引进知名技能人才培训机构、评价机构、人力资源服务机构40家，服务技能人才5万余人次。提升人才资金效能，实施“青春留武”计划，以“非申即享”模式发放青年人才生活资助3.15万人次，总额1036万元；落实武进区产业创新人才政策，为1185名高层次人才和13个博士后项目发放人才开发资金1900万元。走访领军人才企业121家，为50家企业拨付区级创业扶持资金2566万元，3家领军人才企业获市级创业项目资助500万元。坚持“用户思维”，为高层次人才提供政策落地、投资融资、安居宜居、便捷出行、医疗健康等优质服务，形成十大类30项人才服务菜单。区高层次人才服务联盟成员单位突破80家，服务人才超3万人次。举办“资者见智”人才贷路演、“龙城英才计划”异地邀请赛、“非武不栖，进无止境”“两湖”青年人才联谊等活动60场，打造“热带雨林”式人才生态。发挥科创人才基金和“人才贷”支点作用，推动“项目池”联通“资金池”，让“资本”“智力”深度融合，依托“资者见智”系列活动，为人才企业新增无抵押“人才贷”8000万元，累计5.3亿元。举办银企对接活动4场，有效缓解初创企业融资难、融资贵、融资慢等问题。

（张连惠）

信访工作

【概况】 2022年，武进区信访工作部门坚决扛起为民解难、为党分忧的政治责任，及时反映社情民意，攻坚化解突出问题，切实维护群众权益，实现信访总量持续下降，信访结构持续优化，信访秩序持续好转。全年接待人民群众上访274批、2194人次，化解区级重点积案11件，化解省排查交办的重点矛盾8件。

【加强信访工作政治引领】 2022年，武进区深入学习贯彻国务院颁布的《信访工作条例》，把信访工作纳入全区高质量发展考核体系，进行单列考核。区信访办举办全区信访干部培训班4期，学习贯彻中共中央总书记习近平关于加强和改进信访工作的重要指示和全国信访工作会议精神，邀请中共二十大代表、常州市信访局副局长王颖宣讲二十大精神，相关报道被《求是》杂志等核心期刊引用。区委书记、区长带头接待信访群众，阅批群众来信，调研信访工作。区委常委会每季度、区政府常务会议每月听取信访工作汇报，部署重点积案化解任务。建立区、镇两级领导“双包案”工作机制，发挥领导干部在突出信访矛盾化解中的示范引领作用。

【信访积案化解攻坚】 2022年，武进区推进“信访突出问题攻坚化解年”行动，中央信访工作联席会议办公室交办的2批、186件信访事项和省信访工作联席会议办公室交办的30件重点信访矛盾结案率均为100%。开展积案化解专项行动，化解区级重点积案11件，化解省排查交办的重点矛盾8件。

【初信初访办理】 2022年，区信访办实施区来访接待中心“人民满意窗口”建设质量提升工程，开展群众合理诉求“最多访一次”专项行动，提升初信初访办理质量，接待人民群众上访274批、2194人次，均及时办理到位。开展城乡建设领域和欠薪欠费等重点领域突出矛盾整治专项行动，定期召开联席会议分析研判不稳定因素，全区发生的211批次集访事项均得到及时处置。完善区联合接访运行方式，常态化设立突出领域矛盾“一站式”维权窗口，建立集中接待日、快调快办快结工作机制，引导群众及时就地反映诉求，注重提升初信初访办理质量，着力压降群众走访上行率，全区阳光信访系统事项及时受理率、按期办结率均为100%。

（魏海波）

外事·港澳事务

【概况】 2022年，武进区因公赴澳门经贸团组8批、23人，接待外宾7批、100余人次。区外事部门按照“计划控制、总量管理”的原则，从严审批因公出国（境）团组，确保出访团组精简高效。加强因公出国人员政治纪律、外事纪律、财经纪律等方面的学习教育。密切武进与各国驻沪总领馆联系，扩大武进的影响力。推动与港澳的交流合作，实现双边互利共赢。应对新冠肺炎疫情对全区国际合作的影响，各部门、板块创新方式，采取视频连线、线上路演、高峰论坛、网络平台沟通等方式与国际伙伴开展交流合作，同时做好来华邀请、核酸检测、场所码扫验等服务工作。

【对外交流与合作】 2月10日，江苏省人民政府外事办公室四级调研员孔静会同加拿大BC省林业创新投资署中国代表处代表张娟一行访问武进绿建区，参观江苏省绿色建筑博览园，实地考察中欧园绿色低碳展示馆和中欧暖通人才创新港项目，与武进绿建区沟通对接国际低碳产业研究院项目、中加乡村振兴绿色低碳示范项目等，达成开展绿色低碳领域培训、推广、宣传等方面合作的初步意向。3月2日，法国驻沪总领事纪博伟率领法中生态城以及在华相关成员企业代表团考察武进绿建区，参观常州西太湖科技产业园的索普瑞玛公司，参加欧洲之星——中法生态城市创新合作交流会，就中法绿色低碳产业合作进行洽谈对接。法中生态城俱乐部的13家企业代表、法国驻华大使馆经济处及法国建筑科技技术中心、工信部国际合作中心、同济大学，以及中恒泽控股集团、峰度控股集团、中欧暖通人才港等中方企业代表参加对接。7月7日，武进区组织30余家企业参加常州2022“对话德国”活动。9月4日，以色列驻华大使潘绮瑞、驻沪总领事爱德华一行参加“中以创新合作周”系列活动。10月25日，瑞士苏黎世大区中国代表处首席代表高建平考察常州西太湖科技产业园的常州科普动力机械有限公司、湟里镇的武进长虹结晶器股份有限公司2家专精特新企业，深入了解常州企业对外交流合作需求，介绍瑞士及苏黎世大区的相关情况，探讨加强交流合作，为企业“走出去”提供精准服务。11月8—9日，武进区3家企业先后参加常州市外事办公室在上海与德国海外商会联盟、瑞士中心共同举办的“2022对话德国常州—德国合作对接会”“2022常州—瑞士合作对接会”。11月11日，2022数字赋能绿色发展国际峰会暨智领行动启动仪式在新城希尔顿酒店举行，英国驻上海领事馆代理总领事安德鲁等3名外国嘉宾应邀做视频交流发言。

【武进与港澳交流合作】 4月19日，市人大常委会副主任许峥带队调研武进区贯彻实施《江苏省保护和促进香港澳门

4月14日，市委常委、区委书记乔俊杰（中右）会见法国驻沪总领事纪博伟（中左）一行　　（供图/西太湖科技产业园）

同胞投资条例》情况，与武进高新区的世特科流体动力系统（常州）有限公司负责人座谈交流。5月23日，省人大常委会副主任樊金龙带队调研武进区贯彻实施《江苏省保护和促进香港澳门同胞投资条例》情况，调研西太湖科技产业园区的福隆控股集团有限公司和武进高新区的世特科流体动力系统（常州）有限公司。10月28日，在“两湖”创新区规划展示馆举行“常州等你来”——2022港澳高层次人才云聘会暨“两湖”青年中心启动仪式，向港澳高层次人才发布常州招才引才最新政策以及岗位需求，邀请港澳地区的优秀人才一起“创梦”常州，世特科流体动力系统（常州）有限公司等企业的人力资源负责人走进直播间发布岗位人才招聘信息。赵宁等在武进区创新创业的港澳青年通过现场分享、视频连线等方式分享创业经历。

（何伟杰）

对口支援与合作

对口援疆

【概况】 2022年，武进区对口支援伊犁州尼勒克县工作组（简称“武进援疆工作组”）围绕新疆工作总目标，深入贯彻第三次中央新疆工作座谈会和第八次全国对口援疆工作会议精神，结合尼勒克县实际，扎实推进智力援疆、产业援疆、文旅润疆、医疗援疆、教育援疆和交流交往等工作，持续助力尼勒克县经济高质量发展。全年投入援疆资金9302万元，实施援疆项目21个，尼勒克县武进民生产业园四期项目主体竣工。特色旅游农产品研发中心项目投入运营，开发马奶粉、低氘水啤酒等新产品。DSA（数字减影血管造影）导管室竣工投用，填补尼勒克县介入治疗领域的技术空白，完成介入手术近300例。人居环境改善项目、基层阵地建设项目等基本完成。引进医疗、教育、招商、文旅、农业等领域柔性人才近40人次、高层次紧缺人才10人，新建优秀专家工作室2个。

【智力援疆】 2022年，武进援疆工作组坚持把人才援疆作为提升受援地发展软实力的关键，突出需求导向，统筹人才引进，实施专业化、高层次的人才培养计划，帮助当地建设一支带不走的高素质干部人才队伍。邀请南京大学规划团队到尼勒克县考察交流，举办“江苏名师讲堂”1场，由南京大学城市与区域规划系教授、博士生导师朱喜钢作题为《资源化、资本化、资产化：土地财政与城市经营的逻辑与案例》的专题讲座。推动开展党政干部、教育医疗、创业就业等交流培训10余个班次，培训3500人次。聚焦受援地各工作条线所急所需，实施尼勒克县柔性引才项目，持续做好柔性人才援疆工作，引进医疗、教育、招商、文旅、农业等领域柔性人才近40人次，解决技术难题，发挥示范帮带作用。深入推进优秀专家工作室建设和拔尖人才队伍建设，新建朱建国名医工作室、陈华林影像工作室，成功引进高层次紧缺人才10人。

【产业援疆】 2022年，武进援疆工作组努力克服新冠肺炎疫情影响，充分挖掘尼勒克本地资源，依托对口援疆优势，积极开展招商引资工作，更好地实现从“输血”向“造血”的转变。依托“江苏援疆（武进）产业园”（尼勒克县民生产业园），联合县商务、工信等部门，加快招租企业入园，形成规模化生产效益。尼勒克县伊犁特色旅游农产品研发中心项目继续交由中国农科院农产品加工所负责运营，已完成马奶、肉类产品、低氘水等产品开发，建成小试基地，实施该项目的尼勒克县科技局被人力资源和社会保障部、科技部评为全国科技管理系统先进集体。加快景区基础设施配套建设，招商引进杭州民宿龙头企业宿集营造社，基本确定“飞鸟集”等知名民宿品牌项目投资意向；招商引进阿勒泰民宿群，加快做大民宿产业。牵头研发的3号移动挤奶车形成市场规模化量产，加快推进“伊牧欣”等奶牛养殖企业和养猪等畜牧饲养企业的招商引进工作。完成《尼勒克唐布拉冰雪旅游基础设施项目可研报告》，加快冰雪旅游企业招商引资工作，重点对接万龙滑雪场、中交投资、港中旅等业内龙头企业，初步明确政府、市场等各自定位和方向，基本形成尼勒克县冰雪产业的发展蓝图。

【文旅润疆】 2022年，武进援疆工作组按照文化润疆的新要求，瞄准旅游项目体系化建设方向，围绕打响“宜居康养城·甜蜜尼勒克”品牌，助力尼勒克旅游产业高质量发展。牵头引进南京大学规划设计院、中青旅等专业团队，编制完成《尼勒克县蜜蜂小镇片区规划》《唐布拉仙女湖景区策划》《唐布拉景区赛马场旅游升级改造规划》《种蜂场基础设施提升方案》等规划和设计方案。实施尼勒克县全域旅游示范区创建配套建设项目，投入援疆资金近3000万元。黑蜂科技文化馆建设项目完成招商，实现正常运营；孟克特景区游客服务中心、孟克特古道提升工程、草原生态文化馆、景区智能化等基本建成，景区运营车辆等采购完成；种蜂场灯光亮化工程、赛马场升级改造项目基本建成。通过规划建设旅游线路以及开展各种旅游节活动，整合尼勒克县农牧产品资源，强化产品的设计和包装，带动特色商品销售推广。充分挖掘地域历史文化资源，邀请知名歌手沙宝亮演唱孟克特草原主题曲《孟克特之恋》，展示民族文化魅力，带动尼勒克县旅游业发展。

【教育援疆】 2022年，武进援疆工作组围绕“武进班”教育援疆品牌，加强研究、强化管理，凸显“组团式”援疆优势，重点关注高三教学质量提升，通过专题励志讲座等形式，关注学生心理健康，提升师生决胜高考的斗志，“武进班”高考取得优异成绩。持续推进“武进名师云端万里行”活动，云端送课40余堂，开设公开课、观摩课和专题讲座等19堂，受益教师1000余人次。开展“师徒结对”培养，带教老师平时坚持听受援学校年轻教师的课，并开展交流，提出中肯建议。深度参与受援学校教科研发展管理，改进学校集体备课的模式，完善学校教科研机制，提升受援学校教师的教学水平，受援学校教师在伊犁州“三中名校长（书记）工作室”、伊犁州“六校联盟”赛课等活动中取得优异成绩。6—12月，援疆教师克服新疆新冠肺炎疫情和时差影响，坚持网上授课，圆满完成各项教学任务。援疆教师每人结对帮扶2名学生，除在生活上予以一定的资助外，更加注重平时的“暖心”工作，达到在情感上“帮心”、思想上“扶志”的目的。援疆教师为尼勒克县中小学开展“订单式”讲座10余场，惠及基层乡镇学校

9月24日，武进区援疆教师开展教学研讨集中备课　（供图/武进援疆工作组）

247人，将教育援疆的作用辐射到各乡镇（场）学校。

【医疗援疆】 2022年，武进援疆工作组结合尼勒克实际，创新推进“组团式”医疗援疆。由援疆项目资金购置的大型医疗设备数字减影血管造影机（简称“DSA”）投入使用，DSA导管室正式揭牌，填补尼勒克县人民医院介入治疗领域的技术空白。全年完成冠脉介入手术近300例，其中急诊经皮冠状动脉介入治疗术（PCI）超30例，无一例死亡。为尼勒克县人民医院采购一台价值60余万元的便携式彩色多普勒超声诊断仪投入临床使用，提高了麻醉术中操作的安全性及有效性。持续推进骨科基础设施，引进新技术2项（DSA引导下经皮椎体成形术和改良Kessler缝合技术治疗肌腱断裂）。注重开展临床服务，心内科、骨科援疆医生坚持每周上专家门诊1～2次，每周参加教学查房2次以上，每次重点查房3～5个病人；制定DSA介入治疗传帮带计划，提升受援地心内科介入医护人员的专业水平。选派尼勒克县11名医护人员到武进区相关医院开展为期2～3个月的跟班学习，提升专业技术水平。武进援疆医疗组全体人员多次参与尼勒克县人民医院新冠肺炎疫情防控工作，经常奔赴体育馆、社区医院甚至100千米外的乡镇接种场参与新冠疫苗接种医疗保障工作，负责尼勒克县900余名高考学生以及数百名内地新疆高中班、初中班学生体检工作。武进援疆医疗组深入各社区、学校等单位，开展送医下乡义诊、举行健康知识讲座等活动，用实际行动增进民族团结。

【武进区与尼勒克县两地交往交流】 2022年，武进援疆工作组积极推动武进区与尼勒克县两地党政机关、乡镇街道、园区板块开展结对共建活动，当好两地交往交流的桥梁。常州市政协代表团、常州经开区党政代表团等8个团组到尼勒克县考察交流。武进工作组牵头组织2批次尼勒克县乡镇党政主要领导干部到武进区学习考察。邀请武进区优秀机关干部、武进区名校名师等到尼勒克县开展交流活动，举办旅游、文化、法治、教育等方面专题讲座8场。开展鸿雁传书活动，通过视频、书信等形式，深入推进武进区尼勒克县两地青少年“万里鸿雁传真情”交友活动，组织两地1000余名各族学生开展结对交流，增进民族团结。筹集特色援疆资金300万元，采购恒温核酸扩增仪、全自动样本分杯处理系统、全自动液体工作站和核酸检测车等设备，采购钢丝床（含被褥）、口罩防护服等防疫物资1000套，助力受援地防疫工作。常州幼儿师范学校捐赠二手笔记本电脑50台，成立常州市小记者协会尼勒克县武进实验学校小记者站。武进星火爱心协会、江苏春为公司等为尼勒克县优秀困难学生捐赠爱心款20余万元。

（巢云方）

对口协作与合作

【概况】 2022年，武进区与陕西省安康市汉滨区对口合作，落实省级苏陕协作资金2.23亿元，实施的23个项目全部开工，完工10个。落实镇、村对口帮扶资金110万元，捐款及捐物折价合计337.32万元，新增消费帮扶专馆2家，采购、帮助销售受援地区农牧产品和特色手工艺产品等1.5亿元，举办“武进汉滨一家亲、齐心协力促振兴”汉滨富硒农特产品展销推介活动。

积极推进与盐城市阜宁县的南北结对帮扶工作。8月，签订《武进区和阜宁县关于进一步深化结对帮扶合作框架

8月，武进团区委举办“援疆手拉手　共筑中国梦”——少先队暑期夏令营活动
（供图/团区委）

协议》，建立联络合作机制，拨付结对帮扶资金2000万元。9月，召开南北结对帮扶工作推进会，部署推进武进区与阜宁县部门间互访对接。年内先后有科技、教育、卫生、民政等部门的8批120多人次开展交流对接。全年实施帮扶项目19个，竣工14个。成立“武进 · 阜宁”科创飞地，举办阜宁招商发展合作（武进）推进会。拨付重庆云阳县帮扶款30万元。

【乔俊杰率武进区党政代表团在阜宁县开展南北结对交流活动】 11月23—25日，市委常委、区委书记乔俊杰率武进区党政代表团，在盐城市阜宁县开展结对帮扶合作交流活动。举行武进—阜宁结对帮扶合作联席会议，乔俊杰与阜宁县委书记张利华签订《武进区和阜宁县关于进一步深化结对帮扶合作框架协议》，建立联络合作机制，及时拨付结对帮扶资金2000万元。武进区农业农村局、教育局与阜宁县农业农村局、教育局分别签订农业合作协议、结对合作协议。武进区党政代表团参观考察金沙湖、阜宁阿特斯阳光电力科技有限公司、阜宁县实验初级中学滨湖校区、益林镇穆沟古村。

【汉滨富硒农特产品展销推介会在武进举行】 5月24—26日，武进区与陕西省安康市汉滨区共同举办汉滨富硒农特产品展销推介会，以“武进汉滨一家亲、齐心协力促振兴”为活动主题，在武进吾悦广场和政府机关食堂设置2个线下展销专场，组织8家企业展出鸡蛋、腊肉、蜂蜜、富硒水、茶叶、魔芋、香菇、木耳、核桃等富硒农特产品40余种，实现销售额近30万元。其间，两地知名主播联袂开展线上直播，完成销售额63万余元。

（杨姗菁）

经济研究

【概况】 武进区经济研究会成立于1987年5月，是研究经济社会发展的非营利性社团组织。2015年11月，区委、区政府决定成立新的武进区经济研究会（简称“区经研会”），挂牌武进区老区开发促进会（简称“区老促会”），实行两块牌子、一套班子的运作机制。全区10个镇（街道）均成立镇级经济研究分会。2020年1月18日，区经研会（老促会）由常州市天宁区永宁路11号武进交建大厦搬迁到区行政中心北门外环府路39号办公。

2022年，区经研会（老促会）以迎接中共二十大和学习贯彻中共二十大精神为主线，围绕常州市“532”发展战略和全区中心工作，积极发挥参谋助手和桥梁纽带作用，深入调查研究，积极建言献策，全力为区委、区政府科学决策提供服务。全年编发《建言参考》7期、《研究与参考》8期，共刊发调研材料和各类典型材料23篇。其中，《关于建立完善农村集体经济组织扶持政策的建议》被国家相关部门采纳，列入《农村集体经济组织法（草案）》相关条款；《关于推进我区共同富裕的几点建议》在区委研究室、区政府研究室《调查研究》上刊发；《关于加大力度培育北交所上市企业的建议》《关于加强滆湖退田还湖二期工程区域管理的建议》等7篇文章引起区领导和有关部门重视，推动面上工作落实；《老有所为，促有行动——武进区老促会扶贫帮困纪实》等5篇文章被《中国老区建设》和老促网采用。在完成全区红色资源调研普查工作的基础上，联合区委党史工委、区政协教文卫体和文史委、区档案馆编纂的《历史的丰碑——武进红色资源概览》于12月由团结出版社出版，与区委宣传部、武进自然资源和规划分局、区委党史工委联合编制推出《历史的丰碑——武进红色资源地图》，并向基层党组织及红色场馆、文明实践所（站）、为民服务中心发放。组织王诤故居、冯仲云纪念馆申报第一批国家级红色示范基地。

【武进区经济研究会（老区开发促进会）第五届第二次会员代表大会】 2022年5月31日在区行政中心召开，全区各相关部门、各镇（街道）分管领导和各行业代表共72人参加会议。区委副书记、区长恽淇丞出席会议并讲话，要求区经研会（老促会）作为党委、政府重要的参谋助手，要坚持与时俱进，以更高站

表2 1987—2022年武进区（县、市）经济研究会历届负责人情况表

届次	顾问	名誉会长	会长	副会长
第一届（1987—1997年）	朱宗金 邱福成 孙祖法 张铭琴 张志一	薛峰	仓子和	于宏志 许鼎铉 杨凤章 杨金岳 陈锡生 方海大 郭子潜
第二届（1997—2009年）	朱宗金 邱福成 孙祖法 张铭琴 张志一	宋诚宇	仓子和 邱福成	方海大 许鼎铉 杨凤章 陈锡生 翁文铸 郭子潜
第三届（2009—2015年）	邱福成 徐克兴 许鼎铉 方海大 翁文铸 陈锡生	徐伟南 周斌 臧建中	周福元	杨凤章 陆惠良 汤松德 田炳坤
第四届（2015—2021年）	邱福成 周福元 张伯初	戴士福	顾伟国	陆小玉（常务副会长） 汤松德 田炳坤 何永祯 丁荣良 郑冠华 许勤丰 金刚
第五届（2021— ）		陈志良 恽淇丞	史建国	金刚 许勤丰 郑冠华 黄学贤

位谋划工作，在促进经济发展、增进民生福祉等方面广集众智、多出良策，切实当好武进经济社会发展的参与者和推动者。会议聘请区长恽淇丞为第五届区经研会（老促会）名誉会长，表彰2021年度先进集体、先进工作者。

【庆祝武进经济研究会成立35周年】 2022年，区经研会（老促会）与区委老干部局等单位合作，在《武进日报》上设立宣传专版。市委常委、区委书记乔俊杰对武进经济研究会的工作专门做出批示。市、区老领导薛锋、周福元专门撰写纪念文章，会长史建国发表《老骥伏枥，砥砺前行》文章。各镇（街道）经研分会（老促分会）在报纸专栏上连续12期发表相关文章，广泛宣传老领导、老同志老有所为、乐于奉献的先进事迹和发挥独特作用。

【《历史的丰碑——武进红色资源概览》编纂出版】 内容参见“文化”类目p214相关条目。

（王小伟）

机关事务管理

【概况】 2022年，区机关事务管理中心突出科学规范，强化专业思维，提升机关资产资源高效集约利用能力。完成区委办、区文联、区人武部等办公室及公共部位零星装修改造出新项目28个，区网络安全应急指挥中心装修改造、区应急管理局办公楼出新等9个投入20万元以上的工程项目竣工。完成行政中心1号楼7～12层部分会议室多联电空调改造，节能效果明显。配合做好全国文明典范城市创建、党政机关内庭院雨污分流、机关事业单位食堂油烟治理等工作。推进全区党政机关节约型机关示范创建工作，成功创建71个，创建比例达98.6%。

【区机关事务管理中心获评省级荣誉2项】 12月，区机关事务管理中心获评江苏省公务用车管理专项领域创新引领实践单位、2022年度江苏省公共机构能效领跑者。2022年，区机关事务管理中心按照江苏省公务用车管理专项领域建设工作要求，制定出台新能源汽车推广使用工作方案，构建以租赁为主体、购置为辅助、共享为补充的武进新能源汽车推广使用模式。全区党政机关和事业单位公务用车租赁新能源汽车133辆、购置12辆、共享使用30辆，新能源汽车推广使用数量占总数的21.85%。

6月，武进区启动乡镇街道新能源汽车共享试点　（供图／机关事务管理中心）

开展“反食品浪费行动”，区行政中心机关食堂实施“光盘行动”，严格执行食材定点采购制度，实行采购及监管两分开，食堂餐厨垃圾明显减少。联合区财政、城管等部门建立全区公共机构可回收物专项收运系统，明确生活垃圾分类工作的部门职责，全区公共机构办公区域实现生活垃圾分类工作全覆盖。推进节约型机关创建，新创建节约型机关71个，创建比例达98%。湟里镇创建成为全国首个市级高标准节水型乡镇，全镇公共机构节水型机关、单位建成率达77.8%。

【省级县（区）级公物仓样板示范建设】 武进区行政事业单位实体公物仓位于武进市民广场负一楼，使用面积3000平方米，设有线上体验区、宣传展示区、维修再利用区、办公家具标准示范区、存储区5个功能区，拥有“一物一码”体系，实现资产的身份识别。2022年，区机关事务管理中心推进省级县（区）级公物仓样板示范建设，完成公物仓文化墙的设计和布置，搭建“实体公物仓＋调剂信息共享”平台，对闲置资产集中统一调剂使用。全年归集17个单位的资产745件（套），调拨划转557件（套），修旧利用办公家具、空调电器等453件（套），节约资金60多万元。国家、省、市机关事务管理局先后调研武进区公物仓建设，充分肯定武进推动资产资源循环利用、共享共用、高效使用的做法。

【公车公房统一集中管理】 2022年，区机关事务管理中心从运行监管、日常保障、租赁补充、应急值班四方面推进全区党政机关和事业单位公务用车“区域一体化保障”工作。联合市机关事务管理局以及天宁区等机关事务管理部门，落实14车次公务用车“市域一体化保障”工作，配合市（区）纪委核查公务用车违规线索3起。根据《武进区党政机关和事业单位办公用房管理办法》，结合人员编制、办公需要，为区委网信办和区卫健局、发改局等部门调剂、置换、借用配置办公用房50多间，释放办公用房综合利用价值。完成亚泰财富中心14套房产过户，并划转至国资办，经国有公司市场化运作，实现资产收益的最大化与资产的保值增值。做好办公用房统一权属登记工作，全年办理办公用房确权8处、13万平方米。

（顾　叶）

常州市武进区政协

Chinese People's Political Consultative Conference in Wujin District, Changzhou

栏目编辑　王国新

重要会议

【政协常州市武进区第十五届委员会第一次会议】 1月4—6日在武进假日酒店会议中心召开，政协委员396人出席，在武进的省、市政协委员及各镇（街道）统战委员列席。常州市委常委、区委书记乔俊杰在会上作题为《扛起光荣使命，谱写时代篇章，为争当现代化建设标杆而努力奋斗》的讲话。会议审议并通过区政协主席石伟东代表区十四届政协常委会所作的工作报告和区政协副主席单骏初代表区十四届政协常委会所作的提案工作情况报告。与会委员列席人大常州市武进区十七届一次会议，听取区委副书记、代区长恽淇丞所作的《政府工作报告》，并参与分组讨论。会议选举郑政平为区政协第十五届委员会主席，选举祝正庆、蒋红英、徐宁、朱红兴、谈胜为区政协副主席，选举产生区政协第十五届委员会常务委员。会议审议通过区政协十五届一次会议提案审查报告和区政协十五届一次会议决议。

【政协常州市武进区常委会会议】 2022年，政协常州市武进区十五届常委会共举行3次会议，即第一至第三次会议。4月7日，第一次常委会会议在区行政中心召开，传达学习全国两会精神，协商通过区政协2022年工作要点及年度协商计划、有关人事任免事项和《政协常州市武进区第十五届委员会各专门委员会组成人员名单》。8月17日，第二次常委会会议在区行政中心召开，听取区委副书记、区长恽淇丞关于全区经济社会发展情况通报，协商讨论“建好中以常州创新园，打造创新发展新标杆”常委会调研课题，学习传达《中国共产党政治协商工作条例》，协商讨论有关人事任免事项。12月19日，第三次常委会会议在区行政中心召开，听取常务副区长刘志峰代表区政府所作的区政协十五届一次会议以来提案办理情况通报，协商讨论区政协十五届委员会常务委员会工作报告、提案工作情况报告（讨论稿）等区政协十五届二次会议有关事项。会议决定区政协十五届二次会议于2023年1月1—3日召开。

（王　勋）

1月4日，区政协十五届一次会议在武进假日酒店会议中心开幕　（摄影/陆新）

专题协商

【概况】 2022年，区政协充分发挥专门协商机构作用，聚焦协商主业，打造“协商为民、助力发展”工作品牌，组织开展区政协常委会会议协商、主席会议协商、专委会对口协商、界别协商等多个层次的协商活动，深化开展“一村一员一室 助力乡村振兴”工作，以“武协建”形式报送协商成果9篇，均得到区委、区政府重视并转交相关部门落实。

【政协常委会会议协商】 2022年，区政协聚焦区委中心工作，围绕“建好中以常州创新园，打造创新发展新标杆”“推进‘两湖’创新区交通枢纽建设”课题开展专题协商。5—8月，区政协常委会组建调研组，围绕“建好中以常州创新园，打造创新发展新标杆”开展调研协商。通过实地走访、座谈交流等形式，多方面吸收意见和建议，形成《关于“建好中以常州创新园，打造创新发展新标杆”的调研与建议》。8月17日，区政协召开第二次常委会会议，专题协商调研工作，副区长王栋参加会议。10—12月，区政协常委会围绕“推进‘两湖’创新区交通枢纽建设”开展调研协商，形成《关于推进“两湖”创新区交通枢纽建设的调研与建议》。

【政协主席会议协商】 8月11日，区政协召开主席会议，专题协商推进绿色低碳产业发展和培育创新主体2个课题，副区长张小虎应邀参加。会议听取区发改局、科技局、工信局等部门负责人以及政协委员的意见建议，形成《关于推进绿色低碳产业发展的调研与建议》《关于“大力培育创新主体，助推创新活力跃升”的调研与建议》，相关建议被区政府吸收采纳。9月7日，区政协召开主席会议，专题协商中心城区建设、基层应急机构和能力建设、村级卫生队伍建设3个课题，副区长张征宇应邀参加。会议形成《关于加快推进中心城区建设、提升城乡发展品质的调研与建议》《关于加强基层应急机构和能力建设的调研与建议》《关于加强村级卫生队伍建设，高质量发展基层健康事业的调研与建议》，其中《关于加强基层应急机构和能力建设的调研与建议》获市委常委、区委书记乔俊杰批示，转交相关部门落实。

【对口协商和界别协商】 2022年，区政协各专委会开展对口协商活动，其中“发挥金融杠杆作用，助推产业跨越发展”“加快提升党校办学条件，不断增强干部培训竞争力”“推进环太湖‘四好农村路’建设”“高质量推进高中及义务制阶段学校建设”等课题对口协商成效显著。4—10月，区政协经济科技和农业农村委员会开展“发挥金融杠杆作用，助推产业跨越发展”对口协商调研，会同区地方金融监管局召开专题座谈会，实地考察江苏嘉轩智能工业科技股份有限公司等企业，形成《关于“发挥金融杠杆作用，助推产业跨越发展”的调研与建议》，获市委常委、区委书记乔俊杰批示。7月，区政协提案和委员工作委员会通过召开座谈会、实地调研等方式，详细了解区委党校办学体制、课堂规模以及配套设施建设情况，提出“加快提升党校办学条件，不断增强干部培训竞争力”等具体建议被区委党校吸收采纳。9月，区政协环境资源和城乡建设委员会围绕“推进环太湖‘四好农村路’建设”开展调研，并与区交通运输局、太湖湾旅游度假区管理办公室等部门就环太湖“四好农村路”一体化全国示范路常州段建设工作展开深入协商，提出建设性意见和建议。9月，区政协教文卫体和文史委员会在深入调研基础上，会同区教育局、财政局召开“高质量推进高中及义务制阶段学校建设”对口协商会，围绕学校改（扩）建项目建设、教育事业经费保障、教育资源布局调整、优秀教师培养等方面提出意见建议。年内，区政协24个界别活动组聚焦产业发展、乡村振兴、教育提升、社会保障等方面，认真开展调查研究并积极建言献策，为党委、政府决策提供参考。

【深化“一村一员一室，助力乡村振兴”工作】 2022年，武进区政协深化“一村一员一室，助力乡村振兴”工作机制建设，探索界别组与基层政协工委融合互动履职模式，推动政协协商与基层协商相衔接、与社会治理相结合，推进“有事好商量”协商议事工作常态长效。全区412名政协委员下沉基层一线，分别联系299个村（社区）“有事好商量”协商议事室（社情民意信息联系点），认真开展“有事好商量”协商议事活动，围绕湖滨大排档提升改造、新建农贸市场、小微水体改造等小课题，深入调研协商、反映民情民意；围绕基层应急机构和能力建设、村级卫生队伍建设等大课题，集智聚力、献计献策。9月15日，江苏省政协党组副书记、副主席杨岳专题调研武进区基层协商议事工作并给予高度肯定。年内，区政协积极落实江苏省政协助力化解信访突出问题活动的试点工作，找准工作定位，综合运用协商议事、民主监督等方式，适时开展就业帮扶、法律援助、心理疏导等专业性较强的工作，为化解疑难复杂问题把脉问诊，助力基本化解信访积案16起。

（王　勋）

民主监督·文史研究

【概况】 2022年，区政协围绕增强人民获得感、幸福感、安全感的具体问题，推进民主监督、提案办理和反映社情民意信息工作，推动解决区重点工作和民生实事问题。结合“书香政协”建设，常态化开展“品味书香润初心，静享悦读担使命”委员读书活动。牵头编纂出版《崇德向善话武进》，与区委党史工委联合编印《历史的丰碑——武进红色资源概览》，讲好武进故事，增强文史工作影响力。

【推进协商式民主监督】 2022年，区政协创新方式方法，通过深入调查研究、拓宽协商平台，做实监督过程，推进协商式民主监督。围绕“‘双碳’背景下打造节能环保产业链”“加强基层劳动保障监察执法力量”等课题，向区发改局、人社局等部门派驻民主监督小组，开展走访交流、协商调研，寓监督于参与服务、支持助推之中。各民主监督小组通过召开专题座谈会、学习考察等方式，开展常态化、全过程民主监督，形成《关于“双碳”背景下打造节能环保产业链的调研与建议》等监督成果，有效促使受派部门改进工作，助力区委、区政府重要决策部署落实到位。

【政协提案督办】 区政协十五届一次会议期间，收到提案342件，立案304件。区政协健全重点提案领办督办机制，确定区政协重点提案23件，分别由区领导领办和区政协领导督办。12月2日，市委常委、区委书记乔俊杰领办“大力扶持当地中小型企业”重点提案并召开专题会议，区政协主席、党组书记郑政平参加，听取区工信局、财政局、科技局、市场监管局、地方金融监管局、税务局等单位提案办理情况汇报，并与提案人座谈交流。12月7日，区委副书记、区长恽淇丞领办“常态化开展停车秩序整治工作，巩固城区精品街道创建成果”重点提案并召开专题会议，区政协主席、党组书记郑政平参加，听取区城管局等提案办理情况汇报，并与提案人座谈交流。区领导吴震宇、赵天晟、刘志峰、薛红霞、李德森等领办“加速集聚集成电路产业人才，助力集成电路产业发展”“安全培训进社区，提升居民应急处置能力”等重点提案，与承办单位、提案人“面对面”协商交流，协商解决提案办理中的有关问题，有效推动区重点工作和民生实事的落地落实。在各方共同努力下，提案办理满意率达100%。年内，区政协与区检察院共同建立委员提案与公益诉讼检察建议衔接转化工作机制，推动社会治理重心向基层下沉，维护公平正义。年底，区政协评选出《关于常州市高端技术研发人才及领军型创新人才引进的建议》等优秀提案33件。

【社情民意信息办理】 2022年，区政协坚持把反映社情民意信息工作当作履职的重要基础和关键环节，深入发挥社情民意“直通车”作用，编报社情民意信息227条，被上级政协录用95条。其中，《台湾地区大陆同乡会三重困境亟须破解》《警惕披着推行国家政策外衣的新型传销》等4条被全国政协录用，《落实〈江苏省对台经济文化交流合作促进条例〉亟须打通台胞证、居住证信息共享障碍》获省委、省政府领导批示，《应积极主动打响阳湖水蜜桃品牌》获市委书记陈金虎批示，有效促进相关部门解决实际问题。全年编发《关于促进我区医疗器械产业高质量发展的建议》《关于发展产业基金，进一步促进武进区产业高质量发展的建议》等区级社情民意简报11期，为党委、政府及时了解和分析社会舆情、化解社会矛盾、解决实际问题提供参考。

【“品味书香润初心、静享悦读担使命”委员读书活动】 2022年，区政协坚持书香赋能、增强凝聚力，开展“品味书香润初心、静享悦读担使命”委员读书系列活动，依托“政协书屋”“委员工作室”等平台载体，线上组建读书群5个，推送委员读书分享和各类学习内容70余篇；线下举办委员大讲堂、读书分享会等，开展学习交流活动50余场，委员参与率超90%，展现“读书有味、学习有用、政协有为”风采。10月28日，区政协组织“喜庆二十大，同心跟党走”知识竞赛，吸引6万多名网友在线观看，有效扩大政协读书文化的外溢效应，推动委员读书与思想进步、能力提升、履职增效、凝聚共识共融互促，被《人民政协报》专题报道。

【编纂出版文史资料著作2部】 2022年，区政协坚持打造文史精品，彰显新时代文史资料“存史、资政、团结、育人”作用。联合区委党史工委、区老促会编纂《历史的丰碑——武进红色资源概览》，于10月出版。全书收录全区（含常州经开区）名人故居、重要历史事件和机构旧址等四大类红色资源29处，图文并茂地全面展示新民主主义革命时期武进地区发生的重大党史事件，真实记录和反映武进籍以及在武进战斗、工作和牺牲的非武进籍的重要革命人物，为广大党员干部和群众重温党的光辉历史、追寻先辈红色足迹，提供了地方党史简明读本。牵头区委宣传部及区融媒体中心、人社局、卫健局、慈善总会等部门联合编纂《崇德向善话武进》，由江苏人民出版社出版。全书分“古近代贤哲”“模范好人”“抗疫英雄”“捐赠典型”4个篇章，共撷选人物81名，通过他们美德善行的鲜活故事，使武进的精神血脉更加充沛、文化自信更加充足，为奋力书写好中国式现代化的武进答卷提供强大道德支撑和精神力量。

表3

2022年度武进区政协优秀提案情况表

提案人	案　　由
李靖彬	关于常州市高端技术研发人才及领军型创新人才引进的建议
吴　健	关于加速推进医疗器械产业发展的建议
吴嘉禄等3人	关于强化我区数字经济发展的建议
郁金华	加大力度扶持当地中小型企业
路军方等5人	加快集聚基础资源，推进武进数字经济发展
江　敏	协助企业“数智化”转型的相关建议
顾锁娟等3人	关于加强我市产业工人技能培训的建议
工商联组	关于进一步加强武进人力资源中介市场运行管理的建议
梅士员	关于多措并举扩大阳湖水蜜桃品牌效应促进桃农丰收增收的建议
张　群	加速集聚集成电路产业人才，助力集成电路产业发展
钱　程	关于进一步加强低效用地整合的建议
许丽萍	关于加强“农家乐”餐饮监管的建议
韩亚伟	关于加强工业园区标准厂房开发建设及配套服务设施建议
朱溪源	关于加快推动既有住宅小区电动自行车停车棚（库）和充电设施建设改造的建议
桑　遥等5人	关于完善加强我区建筑市场规范发展的建议
李　峰	关于常态化开展停车秩序整治工作，巩固城区精品街道创建成果的建议
蒋金标等9人	关于加强垃圾分类的建议
刘建朝	关于湟里镇交通亟须提升的建议
金宏平	关于坚持生态优先打造最美湖湾城的建议
宗子仰等4人	关于开展常州经开区新江南水乡总体规划和重点区域乡村设计，进一步优化全域乡村建设国土空间规划编制的建议
叶馨远等12人	关于加快推进书香武进建设，提高全民阅读率的建议
慧　闻等2人	进一步提升宝林寺在淹城景区中的服务能力
蒋洁艳等4人	关于推进西太湖基础教育建设的建议
庄惠芬等4人	区域教育高质量发展需要高站位的教育智库支撑
民进武进区基层委员会	关于推进我区非遗与旅游融合发展的建议
吴振明	关于进一步均衡义务教育教师资源的建议
周小宇	关于深挖西太湖历史文化厚塑最美湖湾城之魂的建议
胡彦卓	关于“优化法治营商环境，助力提升涉台法律服务”的建议
吴文英	关于加强群租房安全管理的建议
周仲元等2人	关于进一步提升安置小区社区治理服务能力的建议
王桂玉	关于加快农村人居环境整治提升的建议
朱丽娜等3人	关于安全培训进社区、提升居民应急处置能力的建议
孔新芳	关于联合整治横山旅游风景区内违规公墓的建议

（王　勋）

常州市武进区纪委监委

Supervision Committee of Discipline Inspection Commission of Wujin District of Changzhou

栏目编辑　王国新

综　述

【概况】 2022年，区纪委监委全面落实中央、省、市纪委和区委部署要求，坚持政治引领，自觉做到“两个维护”；坚持问题导向，保障人民群众利益；坚持精准规范，切实履行监督职责；坚持肃贪反腐，纵深推进“三不”机制；坚持政治巡察，彰显巡察利剑作用；坚持严管厚爱，锻造纪检监察铁军。坚定稳妥推进全区纪检监察工作高质量发展，为谱写“强富美高”新武进现代化建设新篇章提供坚强政治保障。全年受理各类信访举报244件，立案370件。严肃查处贪污贿赂、滥用职权等职务违法犯罪，共留置20件、20人，移送检察机关13件、13人。查处违反中央八项规定精神问题60起、95人，通报曝光典型案例16批、43起、69人。区纪委监委获评2022年度常州市纪检监察系统绩效考评优秀单位。

【践行“两个维护”】 2022年，区纪委监委深入学习贯彻中共二十大精神和中共中央总书记习近平重要讲话指示批示精神，深入开展《习近平谈治国理政》第四卷学习交流活动，切实把学习成果转化为不可撼动的理想信念。坚持思想理论武装与党内集中教育相结合，推进党史学习教育常态化长效化，开展“喜迎二十大，奋进新征程”主题党日活动，不断提高纪检监察干部政治判断力、政治领悟力、政治执行力。把学习宣传贯彻中共二十大精神作为首要政治任务，区纪委常委会第一时间传达学习，区纪委理论学习中心组召开集体学习会，区纪委监委领导班子成员深入机关、基层开展宣讲。通过观摩盛会、研读报告、交流感悟以及开展“逐梦新时代，奋进新征程”主题演讲比赛等活动，掀起中共二十大精神学习热潮，引导全区纪检监察干部凝心铸魂。强化思想宣传阵地作用，发挥好“武廉网”微信公众号作用，全方位加强中共二十大精神的理论阐释和宣传解读。

【强化政治监督】 2022年，区纪委监委把学习贯彻中共中央总书记习近平重要讲话指示批示精神和党中央、省委以及市委重大决策部署，与武进实际紧密结合，推进政治监督具体化、精准化、常态化。围绕统筹新冠肺炎疫情防控和经济社会发展，因时因势调整监督检查重点，督促整改问题514个，查处问题11个，通报曝光典型案例2批、5人，协调解决企业复工复产难题18件。围绕安全生产、生态环保等党中央重大决策部署，认真督促推动中央环保督察反馈问题整改，做好贯彻落实情况的监督检查，发现安全生产专项整治部署不平衡、企业落实主体责任不到位等问题23个，立案处置8人。牵头成立武进区“首位廉盟”，有效汇聚部门合力，抓好重点项目源头管控，构建全方位、深层次、立体化互联互通的廉洁建设共同体，护航“两湖”创新区发展。统筹推进“清风助企”“清风惠企”“清风护企”，在全市率先确立营商环境廉情监测点企业2批、30家，印发《武进区优化营商环境廉情监测点工作机制（试行）》，公布破坏营商环境十大突出行为，开通“武廉码”微信公众号，打通政企互动渠道。

【优化政治生态】 2022年，区纪委监委紧盯全区各级“一把手”和领导班子，督促推动管党治党政治责任落到实处。落实《加强对“一把手”和领导班子监

11月25日，武进区“首位廉盟”成立　　（供图/区纪委监委）

督若干措施责任清单》要求，约谈部分“一把手”及其他领导班子成员，层层传导压力，逐级压实责任。组织各区级机关部门学习《纪检监察机关派驻机构工作规则》，增强各党委（党组）主动接受监督意识。精准规范实施问责，全年问责党组织10个，党内问责26人，党纪政务处分6人。坚持“三个区分开来”，积极开展容错纠错、信访举报失实澄清，严把选人用人廉洁关，上报容错纠错典型案例8个，为受到不实举报的5名干部澄清事实，回复党风廉政意见74批次、4180人，激发和保护党员干部干事创业的积极性、主动性和创造性。

【政治巡察】 2022年，区委巡察机构深入贯彻中央和省委、市委、区委巡视巡察决策部署，坚守政治巡察定位，坚持发现问题与整改落实并重，进一步提高巡察质效。积极协助区委做好巡视巡察相关衔接、准备和保障工作，按照工作部署扎实开展巡视巡察“上下联动”，组建3个联动巡察组，对农村道路交通安全、农房改善、安置房分配等情况开展延伸了解。编制《十三届武进区委巡察工作规划（试行）》，高站位谋划部署，高标准推进落实。全年部署开展3轮巡察，巡察监督区级机关6个、乡镇（街道）3个、国企2家。推进国企巡察，紧扣“助力武进高质量发展”主题，对2家区属国有企业开展专项巡察，进一步规范平台公司的融资行为。对巡察中发现的重大问题线索，坚持边巡边移、快查快办、严查严处，快速形成震慑。全年巡察发现问题354个，移交问题线索54条，立案38件，留置6人。协助区委推动涉粮问题专项巡视巡察整改工作，推动责任单位整改到位。认真落实市委巡察指导督导反馈问题整改，制定完善《区委巡察工作操作指引》等10项制度，形成《巡察整改督查督办协作联动》等6项机制，不断提高巡察规范化水平。

（李　琦）

监督检查

【概况】 2022年，区纪委监委紧紧围绕监督这个基本职责、第一职责，定位向监督聚焦、责任向监督压实、力量向监督倾斜，在推进全区治理体系和治理能力现代化中，充分发挥监督保障执行、促进完善发展作用。严格依据党章党规党纪和宪法法律法规履行职责，健全完善监督体系，切实提升监督质效，做深做实日常监督。综合运用走访、调研、督查、谈心谈话等方法，探索“嵌入式”“蹲点式”“体验式”监督方式，推动监督落地见效。始终坚持提醒在先，加强对全区党员领导干部的警示提醒，向全区党员领导干部发送廉政短信6000余条。精准运用“四种形态”，全年共处理干部593人，第一、第二种形态占比达89.7%，教育大多数效果充分彰显。

【监督体系完善】 2022年，区纪委监委根据区委统一部署，学习贯彻中共中央办公厅印发的《党委（党组）落实全面从严治党主体责任规定》，推动党委（党组）主体责任和纪委监督责任贯通联动、一体落实。统筹衔接“四项监督”（巡察监督、纪律监督、监察监督、派驻监督），通过精准高效监督，切实将各职能部门的思想和行动统一到区委决策部署上来。以“深化纪检监察体制改革，健全完善监督体系”创新项目为抓手，建立信息互通、力量整合、工作联动等机制，推动巡察、纪检监察监督与组织、审计、财会、统计等监督协作配合，增强监督合力。

【监督质效提升】 2022年，区纪委监委精准运用“四种形态”教育挽救干部，把惩和治结合起来，推动纪法情理贯通融合，提升监督质效。完善覆盖广泛、动态更新、安全可靠的监督信息平台，试点“小微权力”“监督一点通”，发挥信息技术强有力支撑作用，助力监督办案提质增效。深化派驻机构改革，运用“室组”联动监督、“室组地”联合办案机制，提升派驻工作质效。强化派出监察员办公室职能，切实发挥基层监督作用。3个派出监察员办公室全年处置问题线索125件，以监委名义立案91件、政务处分52人次。

【新冠肺炎疫情防控监督】 2022年，区纪委监委深入贯彻“疫情要防住、经济要稳住、发展要安全”重大部署，迅速响应、靠前监督，统筹兼顾新冠肺炎疫情防控与经济社会发展，切实履行监督保障执行、促进完善发展应有职责。印发《疫情防控工作提示》，督促推动各地各部门落细落实各项防控措施，积极主动服务企业复工复产。制定《武进区助企纾困政策落实情况专项监督任务清单》，推动派驻纪检监察组跟进监督、精准监督、全程监督。联合应急管理部门成立监督检查组，现场督查企业复工复产进度、安全生产等情况，协调解决企业复工复产中遇到的突出困难和问题，对监督检查中发现的问题清单化管理销号式落实。全年查处新冠肺炎疫情防控相关问题11起，批评教育帮助和处理8人，处分5人，通报曝光相关典型案例2批、3起、5人，制发重点事项交办单14份。

（李　琦）

正风肃纪

【概况】 2022年，区纪委监委持之以恒落实中央八项规定及其实施细则精神，深化纠治顽瘴痼疾，完善作风建设长效机制，推动党风政风向善向好。发扬钉钉子精神，紧盯节日期间易发多发和隐形变异问题，加强监督检查，持续纠治享乐主义、奢靡之风。深化整治形式主义、官僚主义，纠“四风”、树新风并举，整治群众身边腐败和不正之风。全年查处违反中央八项规定精神问题60起、95人，通报曝光典型案例16批、43起、69人。

【整治作风顽疾】 2022年，区纪委监委把落实中央八项规定精神作为一项政治纪律和政治规矩，始终坚持严字当头、寸步不让，牢牢盯住重要节点，时刻保持严的基调、严的措施、严的氛围。聚焦春节、端午、中秋、国庆等重要节点，紧盯易发多发的“节日病”，采用“明察＋暗访”“分片＋交叉”“执纪＋执法”督查方式，与区发改、市场监管、商务、公安、税务等部门力量联动，深入商超、专卖店、酒店、机关食堂，摸排公款购物、公款吃喝、违规操办宴席及餐饮浪费等问题，共检查党政机关、企事业单位等262家次，检查商场、超市、烟酒店等330余家，发现问题5个。密切关注“四风”问题隐形变异新动向、新表现，严查违规发放津补贴、公款旅游、收送礼品礼金等违纪违法问题。

【群众身边腐败问题专项治理】 2022年，区纪委监委聚焦群众需求，坚持民生导向，着力解决群众反映强烈、损害群众利益的突出问题。坚持以“小切口”解决“大问题”，成立专项治理工作专班，制定工作方案，通过全面摸清底数，开展专项检查、严肃执纪问责、完善制度机制等方式，形成专项治理工作闭环。印发《强化监督执纪推进基层治理的实施意见》，在全区纪检监察系统部署开展“十百千”工程，通过“十场民情座谈会、百名干部下基层、千名群众共评议”，发放问卷1.39万份，走访群众206人，梳理汇总群众意见197条，广泛收集群众意见，妥善化解矛盾。严肃查处农贸市场经营管理中职务侵占、挪用资金等违纪违法行为，立案32人，留置1人，推动建立健全长效监管机制，守好群众“菜篮子”。针对“12345”政府服务热线处置民生诉求中存在的推诿扯皮、久拖不决、答复不实等突出问题，全面摸排政府公共服务平台工单4.9万件，立案8人，督促主管部门制定《“12345”政府公共服务平台工单处置“红黑榜”》等8项制度。针对“小微权力”点多面广、容易损害群众切身利益问题，及时回应群众关切，围绕惠农补贴资金、涉农项目资金、农村集体“三资”失管脱管漏管等问题，严肃查处失职失责、侵占挪用、优亲厚友、吃拿卡要等行为，立案40人，党纪政务处分30人，推动出台“三资”管理正负面清单等制度，确保“小微权力”始终在阳光下运行。

【公款旅游及隐形变异问题专项整治】 2022年，区纪委监委按照市纪委监委部署，在全区开展公款旅游及隐形变异问题专项治理，逐一排查2017—2022年全区78家单位市外活动8868个，处理22人。针对专项治理中发现的党员干部违规因私出国（境）情况，进一步督促各级党组织落细落实全面从严治党主体责任，强化制度执行，从严教育管理监督干部。

【廉洁文化涵养】 2022年，区纪委监委加强廉洁文化建设，深入推进反腐倡廉“走基层”宣传教育活动，打造“一镇一品”廉洁文化阵地，挖掘武进历代廉吏故事，制作常州市首部贤吏视频《赵翼：人间第一流》以及廉政微视频《趋市还梅》《廉拒贿金》等，不断丰富优质廉洁文化产品和服务供给。开展“武廉清风进万家”活动，引导党员领导干部及其家属廉以修身、廉以持家。充分发挥“新媒体”宣传优势，通过“武廉网”微信公众号发送节日禁令、案例通报、案件剖析和廉政微视频，让全区党员干部时刻保持对“腐蚀”“围猎”的警觉。

（李　琦）

审查调查

【概况】 2022年，区纪委监委坚持无禁区、全覆盖、零容忍，坚持重遏制、强高压、长震慑，坚决查处各类违纪违法案件和腐败问题，严肃查处贪污贿赂、滥用职权、玩忽职守、徇私舞弊等职务违法和职务犯罪，强化行贿受贿一起查。牢固树立没有安全就没有审查调查的理念，时刻绷紧审查调查安全弦。强化精准思维，规范办案程序，把握执纪执法尺度，提升审查调查工作的规范化、法治化水平，实现政治效果、纪法效果、社会效果有机统一。

【违纪违法案件查处】 2022年，区纪委监委坚决向违纪违法行为“亮剑”，坚决查处各类违纪违法行为和腐败问题，在“不能腐”上持续加压。纪检监察组织全年受理各类信访举报244件，立案370件，增长11.1%，其中自办案件291件，增长9%。查处“一把手”违纪违法案件23件、科级及以上干部25人，查处重点行业领域违纪违法案件158件。严查贪污贿赂、滥用职权等职务违法犯罪行为，共留置20件、20人，增长66.7%，移送检察机关13件、13人，增长8.3%；累计追赃挽损1342万元。查办伟驰控股集团有限公司等平台公司系列腐败案件。加强信息化建设，借助“大数据”分析研判技术，推进审查调查工作提质增效。

【深化腐败问题源头治理】 2022年，区纪委监委把案件查办与完善制度、促进治理、推动发展贯通起来，剖析典型案例，深挖腐败问题根源，全区纪检监察组织制发纪检监察建议书31份，督促完善健全“小特精”制度50余项。针对粮食购销领域存在的工作人员失职渎职、国有资产出租不规范、基层粮库财务管理不严格等问题，督促主管部门全面排查整改，健全完善靠制度管权、管粮、管人长效机制。找准国有平台公司在融资借款、工程建设、招商引资等方面的突出问题，推动修订完善《党委会议事规则》《董事会议事规则》《“三重一大”决策制度实施办法》等制度，进一步加强风险防控。坚持惩戒与挽救相结合，深入开展回访教育，与受处分人员开展回访谈话，做好释纪释法、解压疏导工作，帮助受处分人员端正态度、卸下包袱，达到惩前毖后、治病救人的目的。

（李　琦）

11月11日，区纪检监察干部在湟里镇向农户了解惠农政策落实情况

（供图／区纪委监委）

民主党派·工商联

Other Parties · The Association of Industry and Commerce

栏目编辑　王国新

民主党派

【概况】 2022年年末，武进有民革武进区基层委员会、民盟武进区基层委员会、民建武进区基层委员会、民进武进区基层委员会、农工党武进区委员会、致公党武进区基层委员会、九三学社武进区基层委员会7个民主党派组织和武进区党外知识分子联谊会。民主党派和党外知识分子联谊会共有成员906人，其中省人大代表1人（常委会委员1人）、省政协委员2人，市人大代表13人、市政协委员26人（常委4人），区人大代表21人（常委4人）、区政协委员166人（常委32人），特约人员57人、区监委第二届特约监察员4人、区法院第一届特约监督员5人；“益心为公”检察云平台志愿者队伍32人。民主党派、无党派人士担任领导干部49人，其中副厅级1人、副处职4人、正科职（级）5人、副科职（级）35人，另有区属学校、医院、垂管部门相当于科级及以上党外干部10人。年内，武进区各民主党派、党外知识分子联谊会深入开展献礼中共二十大系列活动及“矢志不渝跟党走、携手奋进新时代”政治交接主题教育，围绕共同促进全区经济社会高质量发展建言献策，与时俱进推动各项工作。九三学社武进区基层委员会被九三学社中央委员会评为九三学社全国宣传思想工作先进单位，农工党武进区委员会被农工党江苏省委员会评为2017—2021年度优秀县（市、区）级组织，致公党武进区基层委员会被致公党江苏省委员会评为“强富美高”新江苏建设做贡献先进集体。

【民主党派团体献礼中共二十大系列活动】 2022年，武进区各民主党派、党外知识分子联谊会围绕迎接中共二十大召开和学习宣传贯彻中共二十大精神主线，开展多形式系列活动。民盟武进区基层委员会、民建武进区基层委员会、致公党武进区基层委员会报送“多党合作与中华民族伟大复兴”主题征文3篇；民革武进区基层委员会、民建武进区基层委员会、九三学社武进区基层委员会摄制上报“讲多党合作故事，献礼中共二十大”短视频3条，其中民革武进区基层委员会摄制的短视频《时代的奋斗者》入选江苏民革微信公众号平台，获评优秀奖；民建武进区基层委员会拍摄的短视频《有我》获评江苏省委统战部短视频大赛三等奖。民建武进区基层委员会、民进武进区基层委员会、九三学社武进区基层委员会申报开展常州市“统一战线献礼党的二十大”主题宣传教育活动3项。武进区党外知识分子联谊会拍摄短视频《知梦》参与常州市委统战部“榜样引领前行，同心共向未来”主题访谈暨无党派人士风采展示活动。农工党武进区委举办“喜迎二十大，奋进新时代”公益书法培训班，20余名骨干成员参加为期半年的培训学习。

中共二十大胜利召开之后，武进区各民主党派、党外知识分子联谊会召开形式多样的专题学习会。10月23—24日，九三学社武进区基层委员会在溧阳市委党校举办中共二十大精神专题培训班。11月4日，民进武进区基层委员会全体领导班子、支部主任等集体学习中共二十大精神。11月9日，民建武进区基层委员会举办“新时代新征程中国共产党的使命任务”专题讲座，致公党武进区基层委员会召开中共二十大精神学习

2022年武进区民主党派、党外知识分子联谊会基本情况表

表4

单位名称	成员（人）							提案、议案（件）	
	人数	人大代表			政协委员			件数	优秀提案
		省	市	区	省	市	区		
民革武进区基层委员会	60	—	0	2	—	1	14	13	2
民盟武进区基层委员会	131	1	2	4	—	3	23	7	1
民建武进区基层委员会	140	—	2	4	1	6	24	8	1
民进武进区基层委员会	127	—	3	2	—	4	24	18	3
农工党武进区委员会	230	—	3	4	1	6	31	11	0
致公党武进区基层委员会	66	—	1	1	—	1	11	5	2
九三学社武进区基层委员会	59	—	1	2	—	3	12	9	4
武进区党外知识分子联谊会	93	—	1	2	—	2	27	10	2

宣讲座谈会。11月18日，民盟武进区基层委员会邀请民盟常州市委会组织处处长曹永忠作题为《盛会凝聚人心，使命催人奋进》的讲座。11月19日，农工党武进区委会举办“融入‘两湖’新征程，聚力建功新时代”中共二十大精神专题学习会，并组织党员参观“两湖”创新区规划展示馆。11月25日，武进区党外知识分子联谊会以“学习中共二十大，走进‘两湖’创新区”为主题，组织成员集中学习中共二十大精神，参观中国石墨烯科技产业展示馆、“两湖”创新区规划展示馆。12月8日，民革武进区基层委员会采用线上授课方式，邀请区委党校杨广作题为《坚定历史自信，增强历史主动，谱写新时代更加绚丽华章》的讲座。

【政治交接主题教育】 2022年，武进区各民主党派深入开展“矢志不渝跟党走、携手奋进新时代”政治交接主题教育。6月11日，民革武进区基层委员会开展“吾爱民革·致敬抗疫英雄”主题活动。8月18日，民盟武进区基层委员会第二个“盟员之家”在常州鼎典装潢工程有限公司揭牌，开展参政议政信息培训。9月7日，民进武进区基层委员会在中国民主促进会会史教育基地徐伯昕事迹陈列馆开展“民进人的教育情怀”教师节主题活动。7月30日，农工党武进区委召开七届五次全委（扩大）会议，专题开展“矢志不渝跟党走、携手奋进新时代”政治交接主题教育。7月18日，致公党武进区基层委员会组织党员走访调研西太湖科技产业园文创产业，围绕提升创造力、加强知识产权保护等建言献策。7月上旬，九三学社武进区基层委员会的3个支部先后参观恽代英纪念馆、常州方志馆、张太雷纪念馆，进一步巩固与中国共产党团结奋斗的共同思想政治基础。

【民主党派团体参政议政】 2022年，武进区各民主党派、党外知识分子联谊会积极履行参政议政职能，提交提案81件，完成调研课题31个，报送社情民意信息268条。《关于强化我区数字经济发展的建议》等15件提案被区政协评为优秀提案。农工党武进区委《关于促进我区医疗器械产业发展的思考与建议》、致公党武进区基层委员会《关于加强我区高新技术企业创新培育能力提升的建议》被列入区政协大会重点发言。调研课题获省级立项4个、市级立项12个。民革武进区基层委员会的《加快科技自立自强，着力打造先进制造业集群》入选民革省委重点课题，《数字赋能农业发展，智慧助力乡村振兴》入选民革江苏省委课题；农工党武进区委的《关于推进江苏省细胞治疗产业立法管理的调研报告》《关于探索加强农村集体聚餐食品安全管理的调研报告》入选农工党江苏省委调研课题。社情民意信息被中央层面录用14条、省级录用25条、市级录用47条。民盟武进区基层委员会的《我国青少年足球运动发展较缓待破解》、农工党武进区委的《大龄心智障碍青少年康复亟待引起重视》被全国政协录用，民进武进区基层委员会的《关于加强农民种粮积极性的建议》被中央统战部《零讯》专刊采用，民建武进区基层委员会的《集中带量采购背景下基层医药行业存在三点困境亟须重视》被民建中央录用，致公党武进区基层委员会的《关于完善研究生培养（指导老师）工作规定的建议》被致公党中央录用并获参政议政优秀成果，民革武进区基层委员会的《疫情防控期间常州鲜活农产品运输绕道问题亟待解决》被省政协录用；九三学社武进区基层委员会的《关爱残疾人出行的建议》获省领导批示，《应积极主动打响阳湖水蜜桃品牌》获市主要领导批示。

【民主党派团体民主监督】 2022年，武进区各民主党派、党外知识分子联谊会充分发挥民主监督基本职能，与有关部门围绕常州市“532”发展战略、“两湖”创新区建设和武进区年度经济社会发展等重要议题，召开协商座谈会4场；围绕区政府工作报告，召开征求意见座谈会1场；围绕全区党风廉政建设、人事变动，召开通报会1场。常态化开展对口联系活动8场次。4名党派团体成员受聘为区监委第二届特约监察员，助推反腐倡廉事业建设。5名民主党派团体成员担任区法院第一届特约监督员，监督区法院审判执行以及队伍建设等工作，提出意见和建议。32名党派团体成员加入区检察院“益心为公”检察云平台志愿者队伍，通过检察听证、跟踪观察、评估验收等志愿活动，参与检察公益诉讼。33名党外代表人士被列入区委常委、党员副区长与党外代表人士联系交友名单，建立交友关系。

【民主党派团体社会服务】 2022年，武进区各民主党派、党外知识分子联谊会发挥优势特色，扎实开展社会服务。民革武进区基层委员会着力打造“中山兴农”品牌，建立一品牌两载体五团队的“125”工作体系，在嘉泽镇跃进村开展健康义诊、法律咨询服务2次。民盟武进区基层委员会依托霞光同心驿站打造“勿忘我”品牌公益项目，获市民政局2022年度公益创投项目扶持，在卢家巷社区、大巷社区开展助老活动23场，直接受益群众1500人次。民建武进区基层委员会开展“思源·助残”结对活动，会员企业为“励志残疾人之家”残疾员工提供实训岗位；新冠肺炎疫情期间，会员企业家沈敏为街道、社区和医院捐赠健康码阅读认证核验一体机20套。民进武进区基层委员会开展“春联万家”“春风行动”“非遗进校园”等品牌服务活动11场次，会员张建红、陶文洪、是幼峰、徐晓明捐赠18.5万元，用于庙桥初级中学“四有教师团队建设”和学生发展。农工党武进区委开展“送医、送健康”、艾滋病预防、急救知识等义诊讲座培训20场次，党员钱晓锦、赵晨茜、林瑞城捐赠防护服、酒精棉片、口罩等防疫物资价值30余万元。致公党武进区基层委员会以“致富礼嘉”为切入点，为礼嘉镇泛亚微透、常发集团等重点企业提供科技创新、产学研合作、知识产权等服务方案。九三学社武进区基层委员会同心健康驿站举办“喜迎二十大，同心助残，与爱同行”慈善义卖活动，筹集资金177万元，全部用于助残公益项目。武进区同心护蕾驿站与爱迪儿童康复中心的4个困难家庭结对帮扶，武进区党外知识分子联谊会和民建武进区基层委员会共同赠送开学大礼包，捐赠书籍近100册。

【九三学社武进区基层委员会获评九三学社全国宣传思想工作先进单位】 11月18日，获评九三学社全国宣传思想工作先进单位。九三学社武进区基层委员会以习近平新时代中国特色社会主义思想为指导，全面贯彻中共十九大及历次全会精神，认真学习贯彻中共二十大精神，扎实有效开展“矢志不渝跟党走、携手奋进新时代”政治交接主题教育，弘扬九三学社“爱国民主科学”优良传统，强化政治引领，坚持“双向发力”，推动工作提质增效。相关活动宣传、人物事迹、经验总结等文章被人民网录用1篇，被新华网录用13篇，被《团结报》录用6篇，被江苏统一战线网站录用11篇。

（安永彬）

武进区工商业联合会

【概况】 2022年，区工商联聚焦“两个健康”工作主题，开展“铸魂领航、赋能接力、提质创新、改革强基”四大行动，打造“武商心向党、政企新空间、创新赢未来”工作品牌，加强政治引领，规范组织运作，强化队伍建设，创新工作举措，提升服务能力，加力年青一代企业家培养，展示工商联组织在全区经济社会发展中的地位和作用。年内，新增会员333家，累计4644家。年末，全区有镇（街道）、开发区商会10家，行业商会（同业公会）19家，各级青商会11家，异地商会4家，专业商会2家，市场商会1家，会员企业经济总量占全区经济总量的80%以上。区工商联持续推进“两个健康”先行区建设、商会组织规范化建设，开展民营经济人士主题教育活动50多场，选树区级及以上先进商会26家，评选表彰先进会员企业98家。会员企业入围中国民营企业500强3家、中国民营企业制造业500强3家、江苏民企200强8家、江苏民企制造业100强3家、江苏民企创新100强4家、绿色发展领军企业4家。区工商联获全国工商联民营企业调查点工作先进示范单位、江苏省工商联系统先进集体、江苏省工商联与司法行政机关联系协作机制建设示范单位等荣誉称号。

【商会组织规范化建设】 2022年，区工商联强化自身建设，夯实组织基础。1月8日，常州市武进区前黄镇玻璃钢行业商会成立，徐全海当选为会长，有会员单位39家。1月12日，常州市武进区食品业商会农贸市场行业分会成立，陈刚当选为会长，有会员单位36家。年内，10家商会完成换届工作。区工商联加强所属商会党建工作，向10家基层商会和16家行业商（协）会派驻专职党建指导员，开展各类党建活动50余场次，所属商会组建党组织37家。湖塘镇商会、武进区轻工业商会、武进区建筑业协会3家获全国“四好商会”称号，武进区机械装备业商会、西太湖科技产业园商会、前黄镇商会、武进区合肥商会4家获江苏省“四好商会”称号，湖塘镇商会、武进区建筑业协会、武进区青商会3家获江苏省商会组织先进集体称号，16家商会被评为武进区“十佳”社会组织、优秀社会组织。区工商联所属商会AAAA级及以上社会组织累计17家。

【民营经济人士主题教育】 2022年，区工商联围绕贯彻落实中共二十大精神和习近平新时代中国特色社会主义思想，持续加强全区民营经济人士主题教育，在《武进日报》、武进区总商会微信公众号刊发40多名企业家学习中共二十大精神心得体会和热议感悟，在《武进日报》专栏刊登“民营企业这十年”专题报道10篇。围绕“武商心向党”主题，开展专题党课、政策宣讲会、革命传统教育等主题活动50余场。6月28日，武进合肥商会党群服务中心揭牌，成为全市首家商会党群服务中心。7月25日，举办“与先锋同行”学习交流活动，组织青年企业家学习江苏常发集团股份有限公司董事长黄小平创新创业经验。8月24日，邀请市委常委、区委书记乔俊杰为民营企业家讲授“学百年党史，建百年企业，进军百年新征程，以实际行动迎接党的二十大胜利召开”专题党课。11月9—13日，开展年青一代企业家学习“党的二十大精神”暨“走长征路·筑强国梦”主题教育，组织27名企业家参观湘江战役旧址，领悟红军长征精神。开展“爱国敬业创新诚信守法贡献”表彰活动，表彰先进会员企业98家。

【推进新时代“两个健康”先行区建设】 内容参见“中共常州市武进区委”类目p27相关条目。

【服务民营企业高质量发展】 2022年，区工商联加强政企沟通、院企产学研对接和企业管理培训，助推全区经济转型升级。开展“走进企业、学习先进”活动22场，推动企业“智能化改造、数字化转型”升级。举办“云端看企业”活动6场，遴选专家顾问75人，发布23所高校的科研成果3500项，开展商会产学研对接活动7场。举办经营管理人才培训班18场，培训2300人次。开展小微企业法律服务月活动，成立区总商会律师调解工作站，举办法律讲座6期，开展商会法治讲座58场。为264家企业开展法治体检，发现法律风险隐患64条，提出风险防控法律建议103条。推进区、镇（街道）、开发区领导挂钩联系服务重点企业，为82家企业办结诉求事项187件次，办结率达100%。举办政银企、政融企、商会金融对接会15场。承办常州市民营企业家队伍建设“百千万工程”2022武进万人班，参训学员202人。

【企情调研】 2022年，区工商联围绕全区经济发展大局，加强企情调研，努力提升服务水平。2月，组织工业系统行业商会，开展问卷调查、实地走访，收集整理600余家规模以上会员企业春节后开复工情况，分析原因，提出建议，为区委、区政府掌握情况、做出决策提供参考。在新冠肺炎疫情防控中，向区委、区政府递交行业防疫、复工等专题调研报告6篇，收集、处理企业诉求事项47件。关注企业“用工难”问题，形成《激发“后疫情”时代人力资源活力，助推制造业高质量发展》报告，被《武进政务》刊发。牵头开展“全省区域民营经济营商环境满意度调查”填报工作，完成有效问卷119份。配合开展上规模民营企业调研、企业社会责任调研、绿色发展调研等调研统计27项，完成问卷1500余份。

（许建勋）

群众团体
Mass Organizations

栏目编辑　王国新

武进区总工会

【概况】 2022年年末，武进区总工会下辖镇总工会8个、街道总工会2个、国家级开发区总工会1个、省级开发区总工会1个、旅游区管委会工会2个、系统（局）工会9个和直属单位工会10个。全区有独立基层工会2930个、联合基层工会281个，覆盖单位10972家。全区职工总数46.82万人，会员44.20万人，入会率94.4%。

年内，区总工会围绕推进常州市“532”发展战略、助力打造产业高质量发展“武进标杆”，抓实政治强基、产改推进、维权服务、改革攻坚、系统提升等重点工作。组织各级工会宣传贯彻中共二十大精神，常态化开展党史学习教育。在全区各级劳模、工匠、金牌工人、优秀工会工作者中择优选拔12人成立中共二十大精神武进职工宣讲团，深入基层开展系列宣讲活动。扎实推进“三创争两提升”（创争先进党支部、创争模范职工之家、创争工人先锋号，提升政治引领力、提升群众组织力）工作，江苏旷达科技集团创成省级示范单位，申报市级优秀成长案例2个。开展“劳模工匠进校园、思政教师进企业”活动16场，成立武进职工“吾声”合唱团、武进职工“吾韵”形体队。创建职工书屋示范点全国1家、省级1家、市级5家、区级6家，为全区职工书屋示范点和便利型职工阅读站（点）赠书1万余册。举办常州市第一届职工男子篮球比赛武进区预选赛，组织参加市总工会职工网球比赛。推进“江苏工会服务一张网”工作，江苏工会App武进会员注册激活16.22万人次。联合区法院、人社局、司法局成立区劳动人事争议四方联合调处中心，印发《关于建立处理劳动人事争议案件联合调处中心的意见》。重点聚焦农民工、新就业形态劳动者等群体，完成企业免费“法律体检”服务100家。开展“安全隐患随手拍”活动，征集到作品382件，评选优秀作品28件。健全社会化工会工作者队伍管理机制，为96名百人以上非公企业工会主席发放工作补贴。举办全区党工建工作指导员培训班、首批挂职新生代企业家初任培训班、工会新时代基层干部主题培训班各1期。江苏恒立液压股份有限公司获全国“五一”劳动奖状，江苏龙城精锻集团有限公司获省“五一”劳动奖状，沈平良获省“五一”劳动奖章，罗杰里奥（Rogerio Aguiar Rodrigues）获省“五一”劳动荣誉奖章，常州市武进惠丰金属制品有限公司警用标志车间、江苏凯达重工股份有限公司机电工段电工组、江苏瓯堡纺织染整有限公司织造车间、常州市武进区应急管理局安全生产基础科获评省工人先锋号，常州市钱璟康复股份有限公司等12个单位获市“五一”劳动奖状，樊天润等24人获市“五一”劳动奖章，江苏南方轴承股份有限公司技术创新班组等22个单位获评市工人先锋号。江苏（武进）水稻研究所徐洁芬获评省“十佳文明职工”，储军获评市“十佳文明职工”。区总工会评选表彰全区女职工“双争”典型65个。7月，全省职工服务中心赋能创优试点苏南片区座谈会在武进召开。年内，区总工会

11月18日，“工声嘹亮，匠心筑梦”——中共二十大精神武进职工宣讲启动仪式暨首场宣讲报告会，图为职工宣讲团成员授书仪式　　（供图 / 区总工会）

获评2022年度武进区推进高质量发展争先创优先进集体。

【基层工会集中建会行动】 2022年，区总工会进一步推动基层百人以上企业、外资企业、港澳台企业建会，印发及梳理基层百人以上企业、外资企业、港澳台企业清单，全力推进建会工作。区总工会领导班子成员带领各部、室负责人下沉一线，指导开发区及建会任务重的板块，根据结合产业分布实际和单位职工数量精准建会。至年末，全区新组建百人以上企业工会106个、外资及港澳台资企业工会164个、新就业形态企业工会34个，以及专题园区、商务楼宇、商圈市场工会13个，社会组织工会16个，其他类型企业工会79个。区级快递行业、道路货运行业、外卖送餐行业成立行业联合工会，常州通有汽车服务有限公司（T3出行武进运营商）成立工会。

【关爱职工行动】 2022年，区总工会积极推进区政府为民办实事项目——关爱职工行动。组织各类爱岗敬业优秀职工1.6万人参加免费体检。探索开展持卡职工医疗互助保障工作，个人缴费从30元降至20元，最高赔付从2万元提高至5万元，增加职工原位癌患者慰问金1000元，全年在职职工参加医疗互助保障71598人，向5745人发放补助642.36万元。为10537名新就业形态劳动者购买意外伤害保险。新建（提升）户外劳动者驿站27家，在建2家。全年共计返还小微企业工会经费10111.86万元，向229家企业发放小额保证保险贷款4390万元，向227家发放贷款贴息保费补贴310.8万元。组织50家企业登录江苏工会服务网开展线上招聘，提供电焊工、数控车床、设备维修、水电工等岗位2700余个。在洛凯机电、新誉集团等企业试点开展直播招聘活动10场，每场上线职工3000余人。新建镇级职工心理服务站1个，全年完成心理体检2500人、心理咨询495人次，举办心理讲座、团建活动27场。开展送健身培训到基层活动336场次，服务职工5132人次；完成641场次公益培训，惠及职工15375人次。元旦、春节期间，全区各级工会组织慰问各类对象6072人，发放慰问金286.56万元。区总工会联合团区委、区妇联开展“武进与您云上过虎年”活动，出资95万元采购手机流量包3.2万份，免费发放给留在武进过年的外来务工人员。为68户困难职工家庭发放生活、医疗、助学救助金134.19万元。积极引导有条件的企事业单位组织外来务工人员子女开展夏令营活动，9家企业开设爱心托管班，东方润安集团有限公司暑期公益夏令营、常州市久虹医疗器械有限公司幸福家人之少儿训练营入围2022年度江苏工会爱心托管班表彰名单。开展高温慰问、“关爱圆梦”行动、“惠职工·送服务”职工服务在身边系列活动，向1753名新就业形态劳动者发放送温暖资金合计88.16万元。联合洛阳镇总工会开展“来自魅力桃乡的问候——关爱优秀外来职工暑期行动”活动，向500名优秀外来职工家属邮寄水蜜桃。组织1433名长期从事特殊工种和防疫一线的职工参加疗（修）养活动。

【职工技能素质提升行动】 2022年，区总工会联合区人社局开展“技行武进”系列职业技能大赛，完成工种技能大赛14个，全区100余家企业的1200余名职工报名参赛，45名选手获各类竞赛奖项。各镇（街道）、开发区组织职工技能竞赛16场次，近万名选手参赛。9月，区总工会联合区应急管理局举办常州市安全生产和劳动保护技能竞赛预赛，150名选手参赛，前六名选手分两队代表武进区参加市决赛，武进区一队获团体二等奖，博世汽车部件（苏州）有限公司常州分公司的朱亚梅获个人第二名。组织柳工常州机械有限公司组队参加全省钢结构机器人焊接技能竞赛，2名选手分获个人第三名和第五名；选拔4支队伍参加常州市工业互联网预测性维护技能竞赛技术比赛，获二等奖2项；组织4支队伍参加常州市工业产品数字化设计和制造技能竞赛，获一等奖1项、二等奖1项。组织全区3万余名职工参加常州市“紫金保险”杯劳动保护知识竞赛。在全区职工队伍中开展“五小”创新活动（小革新、小发明、小改造、小设计、小建议）评比，收到“五小”创新作品89件，评出一等奖2个、二等奖3个、三等奖5个、优秀奖20个。为企业提供安全生产、职业素养、职场礼仪、思想道德、党史辅导、民法典及数控、电工、电焊等培训课程151个，开展培训196期，培训职工10141人次。实施职工学历提升行动，引导职工提升学历层次和文化素质，为326名职工减免学历提升培训费48.25万元，向211人发放学历提升奖励资金11.85万元。

【新时代武进产业工人队伍建设改革】 2022年，新时代武进产业工人队伍建设改革工作（简称“产改”）被纳入区委全面深化改革工作要点、全区党建工作要点和全区督查检查工作计划，区总工会制定督查实施方案，推进产改试点扩面工作。全区申报特色产业园区试点单位2家和省级试点单位3家、市级16家、区级88家、镇级45家，初步形成四级产改试点工作体系。全区各试点园区，各镇（街道）、开发区建立由区总工会牵头、相关单位参与的产改工作领导小组及办公室，落实常态化联系机制。区总工会召开产改联席会议2次、企业家座谈会3次。按照《2022年武进区推进产业工人队伍建设改革督查反馈意见》要求，针对提出的问题，研究制定整改措施，逐项整改落实到位。12月，江苏省产改第五督查组现场督查调研武进区，到武进绿建区、东方润安集团有限公司开展专题督查，对武进产改工作给予充分肯定和高度评价。11月28日，市委常委、区委书记乔俊杰专题调研全区产业工人队伍建设改革工作，强调要深入学习贯彻中共二十大精神，深入推进产业工人队伍建设改革工作走深走实，不断提升产业工人技能水平，努力让“试点”成为“示范”。

【第二届武进“金牌工人”评选】 2月，武进区劳动竞赛委员会印发《关于开展第二届武进“金牌工人”评选的通知》，聚焦全区生产一线的先进典型和技能人才且在武进实际工作满3年的在职职工或基层劳动者，评选第二届武进“金牌工人”。7月，经过推荐申报、评定审核和媒体公示，区政府发出《关于命名第二届武进“金牌工人”的决定》，表彰第二届武进“金牌工人”20人：马艳东、陈玉、杨威、吴恺、巩尊国、李虎业、洪贺、郑明威、吕楠、曹志亮、孙国华、高华清、徐伟、沈文伟、陈涛、巩伦川、杨明恺、王金丽（女）、胡正力、黄小如。

（储家浩）

共青团常州市武进区委员会

【概况】 2022年，全区有团（工）委116个、团总支123个、团支部2334个，专（兼）职团干部4006人，团员31733人。其中，新建基层团组织297个，新发展团员1435人。团区委以习近平新时代中国特色社会主义思想和中共二十大精神为指引，切实履行“抓思想引领、促青年建功、谋服务青年”的职责使命，不断提高共青团的组织力、凝聚力和战斗力，取得各项工作新进展。围绕中共二十大、中国共产主义青年团成立100周年等重大主题，持续推进“青马工程”（青年马克思主义者培养工程）全国试点工作，开展专题学习教育，衔接贯通党、团、队一体化育人链条。抢抓全国青年发展型县域试点建设机遇，打响“YOUNG HOO”青年品牌,以“朝阳红、活力橙、温暖黄、生态绿、奋斗青、创新蓝、成熟紫”七色工作法为引领，推动“长三角青年发展友好型示范城区”建设迈出坚实步伐。团区委连续两年获评全省共青团工作先进单位，各项青年核心指标数据位列全省前列。全区各级团组织获省级及以上荣誉8个，南夏墅街道南河社区团支部获评“全国五四红旗团支部”，7个先进集体和个人获评省级“两红两优”（红旗团委、红旗团支部、优秀共青团员、优秀共青团干部）荣誉。

12月7—8日，共青团常州市武进区第二十二次代表大会在区行政中心召开

（供图/团区委）

【共青团常州市武进区第二十二次代表大会】 12月7—8日，在区行政中心召开，来自全区农村、企业、学校和机关各条线、各行业的215名团代表参加会议。市委常委、区委书记乔俊杰出席开幕式并寄语广大青年，要坚定不移听党话、跟党走，在各自工作岗位上脚踏实地、锐意进取，在复杂艰苦环境中经历风雨、增长才干，在中国式现代化建设中跑出青春“加速度”，以不凡壮志谱写青春之歌，以奋斗姿态奔赴美好未来。团市委书记吴震宇到会祝贺，区领导恽淇丞、石伟东、赵钢、李旌巍、赵天晟、刘志峰、薛红霞、李德森、张小虎出席会议。大会审议通过蒋雨晨作题为“拥抱‘两湖’时代，逐梦青年之城，为奋力书写中国式现代化的武进答卷贡献青春力量”的工作报告，差额选举产生共青团常州市武进区第二十二届委员会、委员27人。蒋雨晨当选为团区委书记，周铖、杨琳、冯玲（挂）、沈立人（兼）、卞碧莲（兼）当选为团区委副书记。大会差额选举产生出席常州市第十七次团代会代表36人。

【县域共青团基层组织改革】 2022年，团区委全面推开团的基层组织改革，坚持把强基层、增活力作为改革强团的攻坚点，推动改革往实里走、向深里做。把牢严的主基调，深入推进县域共青团基层组织改革，出台《武进区共青团基层组织改革实施方案》，不断保持和增强县域共青团基层组织的政治性、先进性、群众性。把准严的着力点，着力提升团员先进性，普遍落实推优、积分、评议入团制度，新发展团员1435人。扩大团组织覆盖面，新建社会领域团组织279个，新建量位居全市第一。新增“青年之家”实体阵地3个，累计25个，实现全区镇（街道）“青年之家”全覆盖，全年服务青年近万人次。增强严的执行力，更加凸显团的组织功能，组团化推进基层团建工作品牌项目34个，形成一批有社会影响的工作项目。发挥“联青服务站”“一专一站两联”（“一专”指团的专门委员会建设，“一站”指团代表联络站建设，“两联”指建立团的委员会成员联系团代表、团代表联系团员青年）机制作用，让共青团与青年走得更近。武进区共青团基层组织改革的经验做法受到团中央基层建设部“团建头条”微信公众号点赞推广。

【青少年思想引领】 2022年，团区委坚持用习近平新时代中国特色社会主义思想武装全团、铸魂育人，引导广大青年坚定不移听党话、跟党走。把学习宣传贯彻中共二十大精神作为鲜明工作主线，开展“高举团旗跟党走、青春闪耀在YOUNG HOO”主题实践活动，一堂沉浸式主题团课、一次青春歌会快闪等“十个一”特色活动，吸引8000余人次团员青年积极参与，在全区掀起学习贯彻中共二十大精神热潮。依托“青年大学习”平台、“890青年说”“红领巾宣讲团”理论轻骑兵、“青年学习社”等阵地，全方位加强党的科学理论的“青年化”阐释，教育覆盖青年20万人次。运营好“武进青年”等团属新媒体，创作《潮起向湖行》视频、《青春就这YOUNG》快闪、武青柠表情包等原创网络文化产品，在正面宣传中有力发声。组织开展入团、入队仪式和“争做新时代好队员”等实践活动100余场，选树十佳“YOUNG HOO”之星、百名“青春领航员”，激发全区团员青年的情感共鸣、思想认同和实践认同。

【青春建功行动】 2022年，团区委坚持“以青年为本”，持续推进青春建功行动，倾心服务青少年全面发展。充分发挥“号手岗队”等“青”字号品牌作用，25支青年突击队、2000余名青年在重大项目攻坚、典范性文明城市创建、新冠肺炎疫情防控等全区重大工作中勇当先锋、争当闯将。牵头实施“城市焕青”计划、“四进四促”（推动青年人才进乡村、推动青商企业进乡村、推动“青字号”金融资本进乡村、推动青年风尚进乡村，促进乡村青年人才发展、促进乡村困难学子成长、促进乡村文化生活丰富、促进乡村社会治理提升）等项目，团结带领广大青年在科技创新、乡村振兴、社会治理的生动实践中绽放青春、挥洒汗水。推动“青年骑手”参与社会治理的经验做法获2022年度武进区域社会治理创新重点项目暨“双争”榜项目三等奖。

【“长三角青年发展友好型示范城区”建设】 5月，团区委贯彻《全国青年发展型城市建设试点实施方案》精神，顺应“长三角中轴枢纽”的区位质变优势，紧扣全市“两湖”创新区“青年之城、未来之城”的目标定位，在全省率先出台《武进区建设“长三角青年发展友好型示范城区”实施意见》，积极创建“长三角青年发展友好型示范城区”，纵深推进“汇智、优创、港湾、乐享、国际”五大行动，积极探索“新城市、新产业、新人才”共同成长、相互成就的“武进样板”，各项青年核心指标数据位列全省县域第一方阵。6月，武进区被确定为全国青年发展型县域试点。7月，团省委书记司勇专题调研武进区青年发展型县域试点工作，给予高度肯定。9月，市委常委、区委书记乔俊杰在全省青年工作联席会议上做专题经验交流，署名文章刊载于《中国共青团》。年内，团区委一体化推进人才公寓与青年驿站建设，建成精品青年驿站5家，上线“武小栖”服务管家小程序，经验做法在全省推广。高标准建设“两湖”青年人才服务中心，在全省率先打造青年版政务服务器，在人才公寓、孵化载体、楼宇商圈等青年密集区布局“武青柠会客厅”8个，常态化开展各类公益、社交活动，推动青年社会融入。结合武进区“95X”产业体系，打造“两湖”大学生实习实训基地，规划3条职场体验线路。开展8轮“青春留武、职在当夏”直播荐岗活动，为全区重点企业与应届大学生搭建云上平台。承办“中以创新周”、第十一届中国创新创业大赛、2022机甲大师·东部决赛等活动，不断提升青年人才、创新菁英对武进的好感度。11月，武进区被省港澳办、团省委评为苏港澳（国际）青年创新创业基地。

【青少年权益维护】 2022年，团区委高标准实施“梦想改造+”关爱计划，累计建成“梦想小屋”100间。整合各类优质资源，组建100人“希望家长”队伍，与困境儿童开展结对关爱，进一步完善困境青少年关爱帮扶体系。常态化精准帮扶，开设“小水滴”公益课堂、“菁牛青苗”夏令营等公益项目，开展亲情陪伴、学业辅导、社会融入等关爱活动，推动实现“焕新小屋”到“焕新精神”的转变。有效落实减轻学生的作业量以及作业时长“双减”工作，解决少年儿童暑期看护难题，依托“七彩夏令营”“汉服文化课堂”等品牌项目，广泛开设爱心暑托班，覆盖中小学生880余人。积极推动青少年自护教育，《阳阳遇险记》获常州市中小学自护情景剧大赛小学组一等奖。

（戚慧雯）

5月13日，团区委举办“890青年说”活动　　（供图/团区委）

武进区妇女联合会

【概况】 2022年年末，全区有镇（街道）、开发区妇联13个，机关事业单位妇联36个，村（社区）妇联231个。年内，区妇联实施思想政治领航、创新创业续航、家家幸福导航、权益保障护航、妇联改革远航“五大行动”，实施“阳湖女声”巾帼好声音思想引领项目、“星辰大海”巾帼创业品牌建设项目、“吾爱武家·幸福万家”家庭文明建设项目，强化“绽放爱的希望”维权、“圆梦微心愿”困境妇女儿童关爱帮扶工作，打造新时代文明实践模式。区妇联获江苏妇女儿童慈善优秀组织奖、第四届江苏省女性融媒体创意大赛优秀组织奖、优秀工作案例奖。区妇联获评常州市网络文明传播优秀组织单位、“在你身边”巾帼志愿服务支队获评常州市优秀志愿服务组织。江苏恒立液压股份有限公司财务部、万帮数字能源有限公司线束车间获评江苏省巾帼文明岗，国家税务总局常州市武进区税务局彩虹舟巾帼志愿服务队获评江苏省巾帼建功先进集体，常州埂绿农业科技有限公司获评江苏省巾帼现代农业科技示范基地。庄惠芬获评江苏省三八红旗手标兵，朱燕芬获评江苏省巾帼建功标兵，胡菁菁获评江苏省优秀妇女工作通讯员，芮泽珺获评江苏省妇女儿童慈善工作先进工作者，李静获评江苏省99公益爱心传递大使。武进国家高新区北区工作组获评常州市三八红旗集体，许榴琴、钱小花、徐洁芬获评常州市三八红旗

12月9日，武进区“在你身边”文明实践巾帼志愿阳光站获全国文明实践巾帼志愿阳光站授牌 （供图/区妇联）

手。改革经验、妇女发展成果及优秀巾帼典型被《人民日报》、央视新闻、“学习强国”学习平台等媒体宣传报道307次。8月17日，省妇联党组书记、主席朱劲松专题调研武进区妇联助企纾困工作，并给予充分肯定。

【妇联基层组织建设】 2022年，区妇联继续实施妇联基层组织建设“磐石工程”，开展乡镇（街道）、村（社区）妇联换届“回头看”暨基层妇联组织建设专题调研，指导区级机关妇联集中完成换届工作，新建区委政法委妇联。联合区委组织部出台《关于深化“党建带妇建”推进全区新领域妇联组织建设的工作意见》，推进外卖送餐、快递物流、网络主播等行业妇联建设，新建各类新领域妇联48个。新建“伊路同心”妇女微家、悦融妇女微家、YIM妇女微家等新领域妇女微家46个。打造“女性BUFF续航站”，为新领域女性提供健康、知识、智慧等补给。深化“武梦‘执’为她”执委领办实事项目，区妇联55名执委带动全区3300多名基层妇联执委办好妇女思想引领、巾帼创新创业等“一执委一实事”项目，助力服务妇女儿童“最后一公里”。7月12—14日，举办“晨雁计划”妇联干部训练营，开展全区“常阿姐”大讲堂妇联工作展示交流活动，切实提升基层妇联干部服务妇女儿童、参与决策管理、融入基层治理的能力和水平。

【实施“阳湖女声”巾帼好声音思想引领项目】 2022年，区妇联组建“阳湖女声”中共二十大精神“巾帼好声音”宣讲团，深入推进“巾帼心向党、喜迎二十大”系列群众性主题宣传教育活动。推出“强国复兴有我”“话十年、向未来”“了不起的她”“最美家力量”专栏47期，在人才公寓、秋白书苑等场所建立特色巾帼学习社16个。优化升级“阳湖女声”巾帼宣讲队，深入企业、农村（社区）、学校，开展“礼赞新时代、追梦复兴路”主题宣讲200余场，培训妇女1万余人次。选树区级三八红旗手21人、集体10个，获评市级三八红旗手3人、集体1个，市级“十佳母亲”“十佳好儿女”各1人。湖塘镇“湖小美”文明实践巾帼志愿阳光站入选首批省级站点。创作融媒体三部曲《上善若水》《水滴石穿》《奔腾不息》，讲好巾帼奋斗故事。选送的作品《我在村里修厕所》获第四届江苏女性融媒体创意大赛短视频组一等奖。

【巾帼建功工作品牌建设】 2022年，区妇联大力推进巾帼建功“532”发展战略行动，深化创新创业“汇智行动”，密切联系、走访调研女企业家、女科技工作者，联合区委组织部、区人社局等部门，完善女性高层次人才库，徐洁芬、于青霓、武德珍获评常州市最美女科技工作者。赋能女性“双创”（创新创业）平台发展，武智沃客众创空间、交大（常州）科技园获评常州市“丁香”女性创新创业服务基地。试点推动武进高新区、常州科教城、产业园区女性科技人才服务工作新模式，韭田西太湖创客、西太湖国际社区、韭田“湖·寓”获评市女性人才公寓服务站。深化“星辰大海”巾帼创业品牌建设，为创新创业女性提供政策辅导、项目孵化、技术转移等服务，西太湖国际人才社区创业项目参加省巾帼创新创业大赛，助力女企业家创业发展。优化升级妇女创业贷款经办服务流程，放贷妇女创业小额担保贴息贷款570万元，贴息16.7万元。推进巾帼建功行动，13个岗组获评市级巾帼文明岗，培育省级巾帼现代农业示范基地1个、市级巾帼示范家庭农场2个、市级巾帼现代农业科技示范基地2个，常州市龙凤谷生态旅游发展有限公司获评市级巾帼新业态助农创新基地。实施“乡村振兴巾帼行动”妇女创业技能培训民生实事项目，举办家政服务技能培训班，培训380余人。12月9日，联合“两湖”创新区建设工作指挥部办公室和区人才办、女企业家协会等单位，发布“玉兰芬芳women课堂”“我为妇女办实事”“女性buff续航站”“湖光闪耀志愿之光”“亲子科创研学之旅”“湖湾之家引才计划”“一米高度看世界”七大行动计划，通过实施思想引领、家庭建设、志愿服务、民生实事等项目，在服务“生态创新区、最美湖湾城”建设中彰显巾帼担当。全年建成“美丽庭院”示范村（社区）22个、示范户163户，湟里镇葛庄村获评市级“美丽庭院”示范村，湟里镇西墅村获评美丽家园省级示范点。

【“绽放爱的希望”维权工作】 2022年，区妇联按照《武进区“十四五”妇儿发展规划（2021—2025年）》，深入推进村（社区）女性网格员与基层妇联执委交叉任职，以“妇联＋网格＋N”模式开展侵害妇女儿童权益问题排查整治专项行动，用“疏导＋教育”分类施策、化解矛盾隐患，“幸福e家”婚姻家庭智慧治理平台全年派单2715件。通过分色分类管理，帮助3户困境女童家庭改造学习生活的“花蕾空间”，为16户家庭提供“五个一”（一村一户、一户一策、一策一组、一户一岗、一户一档）精准

10月30日，区妇联主办献礼二十大——“武家幸福”首届家庭亲子欢乐跑活动
（供图/区妇联）

微关爱。创新基层妇女议事新模式，推进“常阿姐”民生茶社项目100%覆盖各村（社区），《常阿姐妇女议事堂，议出乡村治理新气象》获评首届江苏省“十大妇女议事优秀案例”，“常阿姐”民生茶社项目在常州市“生命关爱”幸福家工程子项目绩效评估中获一等奖，“吾爱武家·幸福万家”为社会治理注入家力量项目获评武进区域社会治理创新重点项目暨“双争”榜项目一等奖。联合区法院成立“守·望”婚姻家事调解工作室，推出“武梦课堂维权说”“武家幸福”婚姻家庭直播课10余期，开展“拒绝家暴，吾爱武家”反家暴系列活动、“法润她心，武家幸福”“健康人生、绿色无毒”青少年禁毒活动等主题活动和普法活动200余场，覆盖妇女儿童1.5万人次。

【实施“吾爱武家·幸福万家”家庭文明建设项目】 2022年，区妇联在24个校园家风馆中培育家庭家风家教基地，推进形成武进特色的家庭文化氛围。组织全区12户“最美家庭”成员在“阳湖女声”微信公众号开展“喜迎二十大，最美家力量”专题宣讲4期。探索完善家庭教育体系，创新打造“武家幸福”专业化导师＋志愿服务的家庭教育联盟。建成省级“三全”家庭教育指导服务示范社区14个，武进高新区北区喜盈门社区“探索覆盖城乡的家教指导模式”被央视新闻报道。9月25日，区妇联举办水稻研究科普亲子研学营，70余组家庭参加。10月30日，举办首届“武家幸福”家庭亲子欢乐跑，让父母和孩子在亲子活动中进一步了解科学的家庭教育理念，在全社会营造未成年人健康成长的良好氛围。落实妇儿民生实事，谋划实施区政府民生实事长沟河儿童友好片区建设项目，建成星河“We来星”、南街“玉兰儿童议事厅”市级儿童友好社区2个。夯实“最美家庭”工作品牌，选树区级“最美家庭”323户、五好家庭59户，获评市级“最美家庭”8户、五好家庭3户，创建省级“最美家庭”、文明家庭、教子有方家庭各1户。

【“圆梦微心愿”困境妇女儿童关爱帮扶】 2022年，区妇联发动各级妇联开展“圆梦微心愿”困境妇女儿童关爱帮扶活动，向2158名“两癌”（乳腺癌和宫颈癌）妇女、困境家庭妇女儿童赠送新春慰问金共计250万元，向1133名低保家庭、低保边缘家庭、特困家属和军属家庭妇女赠送“美丽人生”妇女健康公益保险，保额5.67万元。发动各界爱心人士认领困境儿童家庭“微心愿”131个。

（濮梦佳）

武进区科学技术协会

【概况】 2022年，武进区有区科学技术协会（简称“科协”）1个、镇科协8个、街道科协2个、开发区科协2个、企业科协55个、区级学（协）会17个；有科普教育基地183个，其中国家级8个、省级14个，区科技智库专家43人。全区各级科协及所属团体按照《武进区科协系统深化改革实施方案》要求，积极为科技工作者服务，为创新驱动发展服务，为提高全民科学素质服务，为党委、政府科学决策服务。全年开展科普宣传、学术交流、科技对接等活动200余次。年内，创成市级科普教育基地7个，科学教育综合示范学校省级1所，市级1所及市级科普惠农服务站1个，新增区级科普教育基地7个。全年申报市级软课题5项，其中《关于打造长三角产业中轴、建设国际化智造名城的思考与建议》《共同富裕视域下加快提升基础教育均等化水平研究——以常州市武进区为例》获市级立项。武进区接受全国科普示范区创建验收，成功申报“科创江苏”试点区。

【武进区接受全国科普示范区创建验收】 武进区于2021年11月被中国科协确定为2021—2025年度第二批全国科普示范区创建单位。2022年，区科协按照“政府推动、全民参与、提升素质、促进和谐”的工作方针，加强组织领导，健全科普网络，完善基础设施，突出武进特色，打造科普品牌，稳步推进示范区创建工作。9月20日，省科协党组成员、副主席冯少东带领科普示范区检查组到武进区检查验收，实地考察武进区星河实验小学、武进区地质矿物科普馆、江苏嬉乐湾生态农业示范园、湖塘镇长安大巷社区、江苏省前黄高级中学等单位，听取科普教育基地建设和管理情况汇报，并现场核查基础设施建设、日常科普活动开展以及推广等情况。经省科协公示，推荐至中国科协审核，于2023年1月通过国家级验收。

【开展第六个全国科技工作者日主题活动】 5月30日，区科协结合第六个全国科技工作者日，以“创新争先、自立自强”为主题，开展走访慰问、座谈交流等活动。区人大常委会副主任、科协主席刘云英带队走访慰问武进人民医院医务科技工作者，同时走访慰问一批“四长”（院长、校长、农技站站长、科技型企业家）代表人物。《武进日报》、武进电视台、武进区融媒体中心平台等媒体，以专版报道、专题片、新闻等形式，宣传报道优秀科技工作者事迹，传播科技工作者敢为人先、拼搏奉献的科学精神和作风。

【“科创江苏”试点区建设】 武进区于3月启动首批“科创江苏”试点区创建工作，其纳入贯彻常州市“532”发展战略年度重点项目，明确试点工作的重点产业、重点领域、重点方向和重点项目，坚持以“科创江苏”赋能科技创新，聚焦产业科创需求，加快导入科创资源要素，推进重大科技创新平台、新型研发机构、双创载体落地。围绕人才引育、产业发展和重大项目等，举办“两湖”创新区创新创业人才项目路演、海智对接交流会、“科创江苏”创新创业大赛等活动，下好区域创新“先手棋”。实施“创新产业名片提升三年计划”，重点围绕智能制造装备、先进碳材料、生命健康等产业名片，着力推动创新链与产业链深度融合。4月29日，在常州市“科创中国”试点工作推进会上，副区长徐俊作创建工作交流。8月2日，在江苏省“科创江苏”专项行动推进会暨会企合作对接会上，武进区作为全省15个试点区县的唯一代表，由副区长王栋作“科创江苏”试点区建设交流发言。9月15日，在2022年全国大众创业万众创新活动周江苏分会场启动仪式上，武进区被授予“科创江苏”试点区县称号。

【助力产业开发区科技创新平台建设】 2022年，区科协依托“科创中国”平台，助力开发区科技创新平台建设。8月2日，2022年常州市“科创中国”海智面对面武进专场活动在西太湖科技产业园举行，副区长、西太湖科技产业园党工委书记徐俊介绍园区生态环境、创新氛围、营商环境等情况，西太湖科技产业园管委会获“‘科创中国’常州科技服务站”授牌。11月3日，区科协依托武进高新区国家级海智基地，举办2022武进国家高新区第八届海智对接交流会，向海外推介武进高新区的投资环境，组织韩国、日本等国家的高端海智项目线上路演对接。围绕武进高新区机器人产业集群，与中国自动化学会联合申报2022“科创中国”国家机器人发展产学融合项目。年内，区科协积极助推中以常州创新园海外人才离岸创新创业基地升格，申报创建国家级海外人才离岸创新创业基地。成立省人工智能学会中以常州创新园服务站，组织开展系列科技人才项目对接活动。

【科创合作与科技成果转移】 2022年，区科协积极推动区科技成果转移中心的23个高校分中心，与区工商联的46个基层商会、行业商会开展科创合作，打造科技成果转移直通车。对接省级学会和入驻常州市的国家级学会，有效推动产学研和科创合作项目精准对接。年内，区科技成果转移中心共采集企业需求信息110条、高校科技成果信息4056条，开展产学研活动52场，达成各类合作意向25项，签订产学研合同1300万元。在“科创中国”平台上发布科研成果信息670条、专家信息145条、科技资讯95条、需求65条。区科协推动省照明学会普罗斯电器（中国）科技服务站、省人工智能学会中以常州创新园服务站2个省级服务站落户武进。与中国机械工程学会、中国检验检测学会、中国汽车工程学会等入驻常州市的国家级学会紧密合作，深入开展产学研对接交流活动。通过省科协、省国际科技交流与合作中心向区商务局、西太湖科技产业园推荐人才项目25个。充分发挥科技顾问、智库专家、“引才合伙人”、科协委员作用，服务全区高层次人才培育和引进工作。清华大学自动化系教授王凌、华中科技大学机械学院党委书记高亮等科协顾问协助开展科技对接活动，助推华科大国家智能设计与数控技术创新中心在武进建立联合分中心、院士工作站等事项。协调省学会服务中心组织省医学会、省中医药学会、省药学会、省营养学会、省生物医学工程学会、省智能助老装备研究会、省能源研究会等组织，围绕西太湖大健康产业开展对接交流。

【《常州市武进区全民科学素质行动规划纲要实施方案（2021—2025年）》出台】 2022年9月8日，《常州市武进区全民科学素质行动规划纲要实施方案（2021—2025年）》出台，明确武进区“十四五”期间全民科学素质建设工作的总体要求、主要任务和保障措施，并对组织实施进行系统全面规划。该实施方案以提高全民科学素质服务高质量发展为目标，以践行社会主义核心价值观、弘扬科学精神为主线，坚持改革创新，不断优化科学素质建设长效机制，大力普及科学知识、弘扬科学精神、传播科学思想、倡导科学方法，着力营造热爱科学、崇尚创新的社会氛围。到2025年，武进区全民科学素质建设的基础设施体系更加公平普惠，机制体制、组织保障等体系更加健全；各类人群科学素质发展更为均衡，全社会文明程度实现新提高。

【打造全域科普格局“武进样板”】 2022年，区科协着力打造全域科普格局“武进样板”，推进全域科普设施建设，形成政府统筹规划并兜底保障，省、市、区、镇上下联动，工、农、医、教等多方参与的科普基础设施建设体系。5月24日，常州市科协、武进区科协、牛塘镇政府三级共同打造的武进地质矿物科普场馆在环太湖艺术城开馆，并获授牌，成为武进区乡村复兴少年宫科普教育点、武进区新时代文明实践中心科普服务点和武进教育“树人红盟”科普基地。年内，江苏甲子生态旅游发展有限公司、江苏太湖湾研学旅行有限公司等5个单位被评为市级科普教育基地，常州市龙凤谷生态旅游发展有限公司、嬉戏族集团有限公司等5个单位被评为市级优秀科普教育基地；江苏省前黄高级中学动物博物馆、王诤故居2个单位被推荐申报省科普教育基地，雪堰镇雅浦村委村史馆提档升级项目被推荐为省“基层科普行动计划项目”。至年末，全区科普教育基地总数达183个，其中省级及以上达22个。推进科普资源共建共享，开发包含溧阳、金坛辖区内科普基地、科普场馆组成的科普旅游路线。开展全域科普志愿活动，广泛吸收教育、医疗卫生、农业技术推广等领域机构负责人和科技型企业家加入科技志愿者和科普信息员队伍，推进科技志愿服务专业化、规范化、常态化发展和精准化对接。围绕应急科普、疫情防控科普、银龄科普、新时代文明实践科普广泛开展志愿服务。

聚焦新形势下的青少年科普教育，推进科普资源走进校园、青少年走进科普基地。力推全域科普宣传，引入科普中国平台、省市科技馆及其数字展示平台等优质资源，提供丰富的科普宣传产品；开辟《武进日报》“科普／发现”栏目，武进电视台《科普天地》《科普新说》节目，武进电台《科普小贴士》，“微武进”“武进科普”“武进应急”等微信公众号、抖音号，推出纸质版和线上版“武进科普地图”，为受众多维度、全天候提供科普资源共享渠道。各学会、基层科协和企业科协，围绕科技创新、学科前沿、行业热点等主题，开展培训讲座、学术会议、科创沙龙、科技论坛等学术交流活动。

（戴冬蕾）

武进区文学艺术界联合会

【概况】 2022年，武进区有文艺家协会8个、基层文联10个、挂靠社团3个，会员2000余人。其中，国家级协会会员60余人、省级协会会员200余人、市级协会会员1000余人。区文联围绕学习宣传贯彻中共二十大精神的主线，坚持围绕中心、服务大局，团结和带领广大文艺工作者，积极践行举旗帜、聚民心、育新人、兴文化、展形象的使命任务，推动武进文艺事业发展。区文联举办“新时代颂”2022江苏美术摄影主题联展武进区展、学习宣传贯彻党的二十大精神文艺会演、“寻美·常州”——常州市武进区新的社会阶层人士“献礼二十大、奋进新征程”艺术精品展等主题性文艺活动20场次，观众达2万人次。戏剧曲艺家协会开展文化惠民、送戏下乡演出200余场，观众达5万人次。全年刊发《武进文艺》3期，70件作品获省级及以上奖项。

【“聚力‘两湖’创新区、文艺装点新农村”主题活动】 2022年，区文联围绕乡村振兴、新时代文明实践中心建设等重大战略，完善区文艺家协会与各镇（街道）、开发区文联结对共建机制，联合开展“聚力‘两湖’创新区、文艺装点新农村”主题活动。5月20—23日，常州市首个新时代文明实践集中行动日暨武进区第三届新时代文明实践交流展示活动在西太湖科技产业园揽月湾景区举行，区美术家协会、摄影协会、工美协会分别选送“美术空中课堂”“手机摄影互动”“留青竹刻展示”3个项目，参与展示交流。7月1—8日，区摄影家协会联合雪堰镇文联开展喜迎中共二十大“新时代颂”摄影展，展出作品80件，观众1000人次。11月，区音舞协会与牛塘镇文联联合开展学习宣传贯彻中共二十大精神文艺会演，观众2000人次。区书法家协会与武进高新区文联联合开展“笔墨迎春、清风送廉”活动，送出对联500余副。

【开展主题性文艺活动】 “新时代颂”2022江苏美术摄影主题联展武进区展　10月26日至11月27日在武进博物馆举行，分“经济强”“百姓富”“环境美”“文明程度高”4个篇章，展出摄影及书画作品75幅，全面展示中共十八大以来武进区经济社会发展成就。

“寻美·常州”——常州市武进区新的社会阶层人士“献礼党的二十大、同心奋进新征程”艺术精品展　10月26日至11月底举行，展出全区37位知名艺术家精心创作的作品45件，涵盖猛犸牙刻、留青竹刻、紫砂壶、乱针绣、剪纸、书法、国画等。该精品展由区委统战部、区文联、区工商联联合主办，并组织到武进区行政中心、江苏省前黄高级中学、武进区星辰实验学校、武进区湖塘桥第二实验小学、武进区机关幼儿园、湖塘镇星河社区等地巡展。

武进区文艺名师结对工程成果会演　11月5日，由区委宣传部、区文联、牛塘镇共同在牛塘镇清莲园广场举办，分“栉风沐雨——永远跟党走”“潮起‘两湖’——拥抱新时代”“逐梦前行——艺起向未来”3个篇章，演出歌舞、戏曲、器乐表演等节目，其中王文雅、薛嫣、宋波演唱的原创歌曲《西太湖的月光》《逐梦532》《揽月湾》具有浓郁武进风格，激发观众热烈掌声。

【全区青年文艺人才读书班】 6月23—24日，区文联举办全区青年文艺人才读书班，组织40余名学员参训，听取江苏凤凰出版传媒股份有限公司总编辑、编审徐海和常州市文联主席舒文分别作题为《读书与人生修养》《新时代与青年文艺工作者的使命》的报告，到太湖湾露营谷红色基地、雪堰镇城西回民村开展“新时代颂”主题创作采风活动。号召青年文艺工作者要多读书，读好书；要认识肩上担负的使命责任，发挥文艺培根铸魂的独特作用；要善于从人民之声中提炼主题、萃取题材、用心创作，推出优秀的作品，开展系列文艺活动，不断繁荣武进文艺。

【“武”爱朗诵第二季公益实训课程培训班】 5—11月，由区文联和区朗诵艺术协会在湖塘镇综合文化服务中心联合举办，分为初级和中级两个梯队课程，每

11月5日，武进区文艺名师结对工程成果会演在牛塘镇清莲园广场举行

（供图／区文联）

月1期，聘请常州武进地区知名的朗诵吟诵专家高坤、丁香、马美婷等做导师，提供面对面、一对一的全方位辅导，涉及吐字发声、情感技巧、配音赏析、舞台表演、吟诵文化等内容。其间，共举办培训班10期，培训朗诵爱好者86人。

【文艺惠民系列活动】 1月，区文联组织开展“春天的问候”文艺惠民系列活动。组织书法家协会、美术家协会会员到纪委机关、丰乐社区、洛阳岑村、光宝科技公司等单位送春联，为广大干部群众送上温馨的新年祝福。组织开展书协青年会员春联雅集、恽南田书画会公益培训、戏曲协会送培训下基层、锡剧云直播、“学雷锋送温暖”锡剧轻骑兵在行动、送电影下乡等活动，通过交流展示、笔会雅集、惠民展演等方式，满足人民群众精神文化需求。

（葛　岩）

武进区残疾人联合会

【概况】 2022年，全区新增残疾人705人，累计持证残疾人16975人。其中，肢体残疾9900人、视力残疾1936人、听力残疾1224人、言语残疾60人、智力残疾2038人、精神残疾1606人、多重残疾211人。区残联围绕全区中心工作，抓住党建引领红色主引擎，坚持以人为本，强化残疾人社会保障，扎实推进残疾人精准康复进程，切实拓宽残疾人就业创业路径，全面加强自身建设，促进残疾人事业发展。在常州市第七届残疾人运动会上，武进区代表队获金牌38枚、银牌19枚、铜牌4枚，包揽团体总分和金牌榜第一，并获得“体育道德风尚奖”和“优秀组织奖”。区残联表彰先进集体12个、先进个人15人。武进区励志残疾人之家获评江苏“书香残疾人之家”。

【区残联第七次代表大会】 10月29日，武进区残疾人联合会第七次代表大会在区行政中心召开，到位代表97人。市委常委、区委书记乔俊杰出席会议并讲话。大会审议通过区残联理事长李洪兴代表区残联第六届主席团所作的《聚焦残疾人美好生活，高质量开启残疾人事业现代化新征程》工作报告；选举产生区残联第七届主席团委员23人，主席团主席张小虎，副主席李洪兴、荆成、赵美娟、王燕、周武杰，执行理事会理事长李洪兴，副理事长赵美娟、王燕、夏伟平（兼）、邱晨辉（兼）、樊天润（兼）、张亮（兼），以及盲人协会、聋人协会、肢残人协会、智力残疾人及亲友协会、精神残疾人及亲友协会（简称“五大协会”）主席、副主席、秘书长。大会推荐产生出席常州市残联第八次代表大会代表及常州市残联第八届主席团委员候选人，聘请区委常委、宣传部部长薛红霞为常州市武进区残疾人联合会第七届主席团名誉主席。

【残疾人社会保障】 2022年，区残联认真落实残疾人社会保障兜底政策，全面筑牢民生保障线。向困难残疾人和重度残疾人发放“两项”补贴经费7721.75万元。其中，向7073名残疾人发放生活补贴6873.86万元，向4967名残疾人发放护理补贴847.89万元。向126名残疾人机动轮椅车主发放燃油补贴3.28万元，向71名残疾车主发放养老金补贴82.25万元；落实39名残疾学生和低保残疾人家庭子女助学金4.85万元。新增托养服务170人，其中寄宿制托养16人、日间照料8人、居家托养146人。走访慰问贫困残疾人家庭7288户，发放慰问金388.12万元。常态化推进持证残疾人基本状况调查工作，入户登记16875人，电话登记120人，入户登记率99.28%，App采集率99.92%，完成率100%。排查全区已纳入保障服务范围的对象以及未纳入保障、可能存在特殊困难或风险的残疾人对象，联系有关部门、相关企业合力解决残疾人的迫切需求。全年完成企业残保金征收339家，征收残保金9027.88万元，增长23.62%；安置残疾人1776人。组织集中评残11次、上门21人次，新增残疾人705人，期满复核换证778人。

【残疾人精准康复】 2022年，区残联实施新的残疾人辅助器具适配办法，组织实施“三助一免”（助行、助听、助视，免费发放辅助器具和持证精神病人免费服药）康复救助工程、0～14周岁残疾儿童及15～17周岁残疾少年康复救助工程和贫困残疾人家庭无障碍改造。根据省市残联和财政的有关要求，为41名残疾人安装助听器、3名残疾人装配假肢、23名残疾人安装矫形鞋，发放轮椅、拐杖等辅具176件，为1019名贫困精神病患者办理免费服药手续、250名贫困和肇事肇祸精神病人办理入院治疗手续，为399名0～14周岁残疾儿童及15～17周岁残疾少年发放救助补贴、4名听障儿童发放人工耳蜗补助，完成55户贫困残疾人家庭无障碍改造。创建“康复体育进社区示范点”2个，分别在雪堰镇城湾村和洛阳镇友谊村设立康复活动室，配备专门的康复体育活动器材，717名残疾人享受到家门口免费的康复服务。

【残疾人就业创业】 2022年，区残联拓宽就业培训渠道，分批次组织残疾人花木实用技能线上培训、安全生产知识培训、就业及维权培训、烘焙手工培训等课程，提高残疾人的劳动技能，增强残疾人就业竞争能力，参加技能培训205人，完成残疾人农村新增就业129人、城镇新增就业23人。扶持残疾人自主创业12人，发放扶持金23.1万元。25个“残疾人之家”提供辅助性就业344人。区残联贯彻“残疾人之家”提升与党建引领助残融合发展理念，专项指导区励志残疾人之家、星馨残疾人之家、心家园残疾人之家、宏毅残疾人之家、欣摄残疾人之家，协助开展党建助残志愿服务、辅具适配租赁平台搭建。探索以“轻残助重残”模式开展“居家托养服务”模式，5个“残疾人之家”通过市“三化三提升”评估验收。其中，“星馨残疾人之家”挂牌成立“星工坊”。强化智力、精神群体的庇护，累计建档服务精神、智力残疾青年27人。

【社会组织助残活动】 2022年，全区有助残社会组织22个，助残志愿者1500余人。5月16日，围绕第三十二次“全国助残日”，区委统战部、慈善总会、红十字会和同心助残驿站等单位联合组织“同心助残、与爱同行”大型义拍活动，筹得善款177万元，全部用于帮扶贫困残疾人。5月25日，区司法局在区残联挂牌成立常州市武进区法律援助中心、区残联法律援助工作站，每月安排1名专业律师免费为残疾人提供法律援助服务，保障残疾人合法权益。年内，民建武进三支部与区励志残疾人之家结对，开展“思源·助残”活动，实行精准扶助。区心家园公益助残服务中心、爱迪儿童康复中心、蓝精灵儿童康复中心及“五大协会”等组织机构分别举办“同心抗疫、拼出美好”线上蔬果拼盘大赛、孤独症孩子电影专场、庆六一游园会、残疾人趣味运动会等活动，在全区形成积极影响，吸引众多爱心组织、爱心人士加入扶残助残队伍。

（谢　悦）

武进区红十字会

【概况】 2022年，武进区有各级红十字会组织115个，有红十字志愿者服务基地207个、特色志愿服务队6个、志愿服务项目5个；新注册志愿者746人，累计5600余人。全区各级红十字会组织贯彻落实《中华人民共和国红十字会法》和《中国红十字会章程》，以省、市红十字会核心业务体系建设要求为指导，发扬“人道、博爱、奉献”精神，开展“三救三献”（灾害救援、人道救助、应急救护，献血、捐献造血干细胞、捐献遗体与器官）核心业务工作，服务百姓，助困群众。举办红十字应急救护知识竞赛、“博爱送万家”“博爱光明行”及线上应急救护培训等活动，加强红十字人道救助和应急救护培训。区红十字会先后获中国红十字会总会报刊宣传先进集体和2022年红十字生命教育防灾避险知识竞赛单位组织奖一等奖等荣誉，常州星河协通房地产开发有限公司、常州市武进区星火爱心助学协会被省红十字会授予“江苏红十字人道奖”和“江苏红十字奉献奖”，7个红十字会组织和14名成员分获全国和省、市荣誉。

【人道救助】 2022年，区红十字会推进“博爱天使、爱心驿站”红十字“双癌”（一个家庭有2个或2个以上成员罹患癌症）、白血病大病特困家庭专项救助活动，对新增符合救助条件的60户“双癌”家庭和23名白血病患者分别给予爱心救助5000元／户和3000元／人，

7月17日，区红十字会在又一城开展应急救护培训走进商场活动

（供图／区红十字会）

共发放爱心救助款36.9万元。开展“博爱送万家”救助活动，深入全区各镇（街道）、开发区慰问困难家庭1200余户，发放食用油、大米、牛奶、被子、毛毯等救助物资和慰问金合计40万元。5月，实施武进“博爱光明行”救助项目，帮助辖区内建档立卡贫困人员和75岁以上白内障患者实施复明手术，减轻医疗负担。至年底，共救助216人，按500元／人的救助标准发放救助金10.8万元。做好红十字爱心病房项目，对符合条件的9名困难病人，按照1000～3000元／人红十字人道救助金标准发放救助款2.1万元。

【纪念世界红十字日系列活动】 5月8日，区红十字会结合纪念第75个“世界红十字日”，开展“红十字博爱周”系列活动，宣传普及红十字知识，提高群众知晓率，增强救护意识，提高救护技能。以红十字“救”在身边为主题，通过微信公众号“武进之声886”开展云端“红十字博爱周”宣传活动，每天近千人参与学习《中华人民共和国红十字会法》、红十字急救知识等，通过有奖答题形式，掀起学习传播红十字文化热潮。联合区委统战部及区慈善总会、残联、工商联举办“同心助残、与爱同行”大型义卖活动，精准助残，弘扬红十字人道精神。

【红十字“三献”活动】 2022年，区红十字会通过武进电视台、《武进日报》等媒介宣传无偿献血、捐献造血干细胞志愿者典型事迹和捐献知识，组织“天使相髓”志愿队队员参与“三献”宣传活动，增强志愿者捐献自豪感。协助市中心血站开展献血宣传52场次，累计动员1.2万人次，无偿献血290余万毫升，献血总量居全市首位。造血干细胞捐献入库登记225人，1名志愿者成功捐献非血缘关系造血干细胞，累计23例。11月，联合区文明办、区级机关工委开展“礼献党的‘二十大，捐献热血你我他”三献志愿服务活动，200余人报名，165人成功献血4.9万毫升，有效缓解冬季的供血压力。

【应急救护培训】 2022年，区红十字会加强救护师资队伍的培训技能，选派7名红十字骨干志愿者参加省师资初训班。牵头实施区“532”发展战略“全民自救互救能力提升”项目，制定年度总培训人数不少于1.1万人的目标，细化实施方案，编制培训课件，安排救护培训师进企业、进学校、进社区、进农村、进机关，开展公益性应急救护培训，普及救护知识。根据新冠肺炎疫情波动情况，通过线上理论＋线下实操相结合的方式，全年培训初级救护员1037人，参加普及救护知识培训10046人次。

（郝　培）

法 治

Rule of Law

栏目编辑　张怡菁

政法委及综治

【概况】 2022年，武进区紧扣为中共二十大胜利召开创造安全稳定政治社会环境的主题主线，防范化解重大风险，推进护航大局、平安建设、市域治理、网格管理等重点工作，推动新时代政法工作高质量发展。护航发展大局，圆满完成中共二十大等维稳安保任务，开展平安护企系列行动，优化法治营商环境。深化平安建设，开展打击整治养老诈骗、电信网络诈骗和加强困难群体救助帮扶、妇女儿童权益保障等系列专项行动。创新社会治理，组建区域社会治理专家库，发布区域治理体系课程菜单。推进网格服务提质增效，在全省率先推进专属网格试点建设，提升护航发展贡献度和网格工作影响力。加强政法队伍建设，从严从实贯彻政法工作条例，开展政治忠诚剖析。群众安全感为99.33%，位列全市第一档。武进区获2022年度全市平安建设工作考核平安建设和从严管党治警2项第一名，政法工作综合绩效位列全市第一，湟里镇、牛塘镇、礼嘉镇、嘉泽镇获评全市平安建设绩效突出镇。武进区实施法治文化作品“百千万”工程入选司法部案例库。

【发展大局护航】 2022年，武进区开展防风险、保安全、护稳定工作，圆满完成中共二十大、北京冬季奥运会和全国、省、市、区两会及各级党代会等维稳安保任务。整肃信访秩序，办结国家信访局交办信访件近190件、省信访局交办重点信访件30件。构建包括出台《关于加强新形势下重大决策社会稳定风险评估机制建设的实施意见》、建立第三方机构管理库等的“1+2+3”社会稳定风险评估新模式，组建重大决策社会稳定风险评估专家库，参与重大项目、土地类稳评125个，成功备案114个。在全市率先探索建立“12345”“一企来”区级子系统，打造企业服务快速通道，优化法治营商环境。民营企业职务犯罪预防、打击、治理“护盾”工程和“武进网格”微信小程序等获评全市第十四届“政法工作创新创优奖”。打造知识产权保护矩阵，破获全国性重大经济犯罪案件2件，挽回经济损失5800余万元。开展积分入学工作，累计保障流动人口子女入学5000余人。参与新冠肺炎疫情防控，核查涉疫人群数据200万余条，落实管控近50余万人次，筑牢抗疫防线。

【平安建设】 2022年，武进区开展打击整治养老诈骗、困难群体救助帮扶、妇女儿童权益保障问题排查整治等专项行动，累计办结中央政法委“12337”平台交办线索28条，抓获养老诈骗嫌疑人130余人，追缴涉案财产1500余万元，排查侵害妇女儿童权益问题线索110余条。开展严重精神障碍患者监护以奖代补工作，惠及严重精神障碍患者近5000人。开展社会矛盾风险隐患拉网式大排查、大起底、大化解活动，排查重点领域、重点问题、重点群体风险隐患1800余个。推进诉源治理，诉前调解比2021年上升9.23%。深化扫黑除恶斗争，贯彻落实《中华人民共和国反有组织犯罪法》，推进电信网络诈骗打击治理，推广“金钟罩”警民联防平台，预警劝阻3万余人次，冻结止付17.6亿元。推进群租房“清患安居”行动，安全隐患排查整改率100%。落实交通安全“严管”“护行”，道路交通事故死亡人数下降超20%。创新实施安全生产网格化监管，推进“网格＋应急管理”模式，将1.2万家企业划分精微网格330个，一体化开展隐患排查、安全管理、社会治理等，压降安全事故。创建市级平安校园4个、区级平安校园4个，武进区创成全省首批高质量平安校园建设区。

【社会治理】 2022年，武进区以市域社会治理为契机，出台区域社会治理工作指标107项，发布“争当表率，争做示范”工作榜单35项，开展市域社会治理创新重点项目28个，制作“一领三聚五破题”（搭建党建引领核心引擎，共治聚力、联动聚能、科技聚智，破流动人口管理难题、破违法犯罪打击难题、破安全风险防范难题、破妇女儿童困境难题、破诉源治理落地难题）治理经验专题片，发放《魅力“武进之治”》全景书。围绕常州市社会治理学院武进分院建设，孵化实践基地6个，遴选专家50人组建区域社会治理专家库，发布配套“1+5+5”（推进市域社会治理体制现代化＋防范化解政治安全风险、防范化解社会治安风险、防范化解社会矛盾风险、防范化解公共安全风险、防范化解网络安全风险＋发挥政治引领作用、发挥法治保障作用、发挥德治教化作用、发挥自治强基作用、发挥智治支撑作用）区域治理体系课程菜单近80项，“民生茶社”等11项工作获评全市市域社会治理试点工作优秀案例。举办“时代领航，善治担当”区域社会治理“双争”展活动。建立区级未成年人保护中心，打造全市首所严重不良行为青少年专门教育学校，创新培育“一老一小”关爱品牌，相关经验被国家级媒体报道。

【网格服务】 2022年，武进区围绕“网络治理能力跃升年”主题，对标省、市考核要求，科学量化问题解决率、群众知晓率等重点指标，优化制定网格化服务管理工作考核细则，提升网格工作质效。优化调整网格布局，推进“精网微格”建设，划分微网格2301个，配备网格联络员2301人，提升网格精细管理、精微服务能力和水平。推进网格示范链创建工程，梳理确定网格示范链项目16个。在全省率先推进专属网格试点建设，将专属网格107个划分为平安校园、平安医院、平安市场、平安园区、平安景区及其他六大类，分门别类明确“六一”（成立一个组织机构、明确一份目标任务、组建一支网格队伍、执行一张网格清单、整合一批社会力量、完善一套查报流程）创建任务，累计采集更新主体信息1.4万条，流转处置事项1500余件。创新开展“12345”热线管家系统建设，实现工单重点督办、一键交办和平台数据分类分析研判，为解决企业、群众关切和辅助党委、政府决策提供数据支撑。

【政法队伍建设】 2022年，区委政法委出台《关于进一步加强全区政法系统政治建设的实施意见》等文件，提请区委常委会、区政府常务会讨论政法工作13次、17件，组织开展政法系统政治忠诚剖析活动。深化政法队伍教育整顿成果，常态化开展顽瘴痼疾整治；开展政治督察，督查巡查政法单位窗口纪律作风，改进服务作风，展示良好形象。政治轮训覆盖干警1900余人，评选武进区“最美政法干警”20人，更新政法英模库涵盖先进干警105人，制作发放《武进区政法英模风采录》2万余册。

（张　鑫）

【法治武进建设】 2022年，武进区坚持以习近平新时代中国特色社会主义思想为指引，将学习贯彻中共二十大精神与学思践悟习近平法治思想相结合，坚持法治武进、法治政府、法治社会一体建设。将党政主要负责人履行推进法治建设第一责任人职责情况纳入领导班子和领导干部年终述职报告，组织召开区委全面依法治区委员会第四次会议，贯彻落实《法治政府建设实施纲要（2021—2025年）》，实施全面依法治区“三个专项行动”（基层综合执法规范化建设专项行动、防止干预司法“三个规定”执行情况专项检查行动、普法责任制落实情况专项检查行动），圆满完成法治建设年度工作任务。在全市率先实现镇（街道）法治建设议事协调机构全覆盖，建立系统规范运行机制。把《习近平法治思想学习纲要》作为党委（党组）理论学习中心组学习重点内容，分层分级举办习近平法治思想专题辅导讲座100余场，征集习近平法治思想学习心得50余篇。开展法治政府建设示范创建活动，制定示范创建分工方案，落实具体指标任务100项，群众法治建设满意度92.04%。在全市首创刑事案件快速办理中心，简易、速裁程序适用率超93%。健全司法联席会商机制，协调办理时某非法吸收公众存款执行案等重点案件近20件。推广“援法议事”活动，培育“法律明白人”近1700人，累计开展普法活动200余场。举办“法治之光·平安之夜”学习宣传贯彻中共二十大精神主题活动，成立全省市、县政法系统首个公职律师办公室。

（吕剑箫　张　鑫）

法治政府建设

【概况】 2022年，武进区按照中共中央、国务院《法治政府建设实施纲要（2021—2025年）》及省、市决策部署，推进法治武进“一规划两方案”[《法治武进建设规划（2021—2025年）》《常州市武进区贯彻落实〈法治政府建设实施纲要（2021—2025年）〉实施方案》《常州市武进区法治社会建设实施方案（2021—2025年）》]贯彻落实，为全区高质量发展提供坚强法治保障。出台《常州市武进区党政主要负责人履行第一责任人职责列入年终述职内容工作实施方案》，推动党政主要负责人履行法治建设第一责任人职责。执行《常州市武进区重大行政决策程序实施细则》，提升依法决策水平。加强行政权力运行监督，下放行政执法事项更新为427项，强化放权赋能。发挥行政复议解决行政争议主渠道作用，加大涉企案件调解力度，建立行政复议重大案件督办制度。优化法治营商环境，强化包容审慎监管和柔性执法。提升政务服务水平，开展“援法议事”活动2000余次，解决群众身边问题、难题2800多个，相关经验做法获国家级和省级媒体宣传报道。深化行政执法体制改革，突出食品药品、生态环境、交通运输、安全生产、城市管理等重点领域，推进跨领域、跨部门综合行政执法体制改革，探索基层综合执法新模式和改革新路径。武进区获评全省第二批法治政府建设示范区。

【行政决策行为规范】 2022年，武进区落实国务院《重大行政决策程序暂行条例》和《江苏省重大行政决策程序实施办法》等法律法规、规范性文件，建立重大行政决策程序规范化建设工作制度体系和组织网络。围绕目录管理、法定环节规范运行、全程监管，完善重大行政决策程序，提升重大行政决策质效。健全完善重大行政决策档案管理制度，实现重大行政决策全过程记录、信息化运行。高标准执行决策程序，区政府重大行政决策事项3个均落实公众参与、专家论证、风险评估、合法性审查、集体讨论决定等法定程序。发挥政府法律顾问、公职律师作用，建立责任部门前置审核、司法局全流程审核重大行政决策审核机制，确保重大决策程序“于法有据、运行有序”。

【行政权力运行监督】 2022年，武进区深化政务公开，召开新闻发布会8场，举办在线访谈20场，开展意见征集和网上调查30次、网上直播20次。主动公开重点工程、财政审计、公益救助、社保就业、征地拆迁、科教文卫等政府信息2330条。主动接受人大、政协、司法监督，依法依规向区人大及其常委会报告工作，完成市人大建议、政协提案29件，区人大、政协交办建议、提案436件，满意率100%。发挥审计专门监督作用，探索“同级审”新领域，审计项目绩效编制、政府综合财务报告等事项，实现部门预算执行审计全覆盖，完成审计项目 18 个，移送处理事项 9 件。区司法局配合区农业农村局起草《各镇、开发区集中行使农村村民非法占用土地建住宅行政处罚权试点工作方案》，根据法律法规立改废情况，动态调整镇域综合执法赋权事项。推动行政执法规范化建设，细化行政执法公示内容，强化信息化执法手段，加强重大执法决定法制审核。落实涉企轻罚免罚制度，梳理、公布重点领域涉企常用行政处罚裁量标准和免罚清单 159 项。

【行政复议应诉】 2022 年，武进区制定行政复议委员会案件审理会议议事规则，规范案件审议程序，完善行政复议办案制度，从受理、答复、审理、决定等环节推进行政复议办理标准化。针对复议复杂、疑难、争议较大案件，建立“调查听证—专家征询—集体审议”审理路径，保证案件审理公平、公正、公开，提高行政复议权威和公信力。审理行政复议案件 128 件（含上期结转 22 件），其中不予受理 21 件、维持 39 件、驳回 30 件、撤回终止 18 件、确认违法 2 件、撤销 7 件、未审结 9 件，40% 办结案件经过调查或听证，集体讨论案件 18 件，专家论证案件 3 件，符合公开条件的行政复议决定均公开，行政复议透明度提升。落实行政机关负责人出庭应诉制度，强化行政机关主要负责人出庭考核。行政应诉案件行政机关负责人出庭应诉率 100%，发生区政府为被告的行政诉讼案件 32 件，审结 22 件，其中驳回起诉 2 件、驳回诉讼请求 19 件、撤诉 1 件。

【法治营商环境优化】 2022 年，武进区发出《2022 年优化营商环境重点任务清单》，围绕政策环境、市场环境、政务环境等五大环境制定目标任务 60 条，滚动推出优化营商环境举措 5 批次、49 项。深化“放管服”改革，开展“减证便民”行动，扩大适用范围和领域，公布教育、人力资源和社会保障、农业农村、交通、司法行政和医疗保障等 9 个部门实行告知承诺制证明事项 47 项，实现免提交、减材料 5000 余件。创新“帮吾办”服务品牌，累计推出“一件事”套餐办 79 个，事项办理材料和时间压缩在 50% 以上。建立“1+3+X”（重点项目帮代办服务，项目建设、市场准入、公共服务三大领域，继续探索其他领域）模式政务帮办、代办、促办体系，推进政务服务跨领域、跨部门协同合作，为企业、群众提供“整体政府”公共服务体验。深化信用建设试点“2+N”（地区试点 + 行业试点，一批试点单位）品牌建设，将信用融入行业监管、社会治理，武进区信用监测排名连续第七次列常州市辖区第一名。

（吕剑萧）

公　安

【概况】 2022 年，武进公安机关以中共二十大安保维稳为主线，坚持防风险、护稳定、保平安、促发展，创造安全稳定社会环境。破获刑事案件 2311 件，破案率 36.9%，现行命案 7 件全部破获，故意杀人、故意伤害致人重伤或死亡、强奸、抢劫、贩毒、放火、爆炸、投毒破案率 98.3%，打掉涉恶犯罪团伙 1 个，破获敲诈勒索、寻衅滋事、聚众斗殴等九类涉恶案件 55 件，打掉侵财犯罪团伙 60 个，抓获犯罪嫌疑人 518 人，破获侵害妇女儿童权益案件 49 件，抓获犯罪嫌疑人 62 人，接触性侵财案件破案率 51%，城区接触性侵财案件破案率保持 60% 以上，成功侦破公安部挂牌督办的命案积案 1 件，抓获公安部“红通”逃犯 1 人。南夏墅派出所被公安部评为全国优秀公安基层单位，有 30 个集体和 286 人获江苏省公安厅、常州市公安局表彰，1 名民警被省公安厅记一等功，2 名民警获评全省优秀人民警察，荣誉数量创历史最高。

【公共安全监管】 2022 年，武进公安分局推进群租房安全管理“清患安居”行动，排查整改群租房安全隐患 2172 处，处罚不按规定登记上报承租人信息的出租房主 80 人，开展出租房安全整治，排查出租房 8 万余户，排查整改安全隐患 8.8 万处，群租房和出租房重大隐患整改率保持 100%。实施农村道路交通安全主动防控工程，成立农村道路交通安全专项整治行动工作领导小组，由区政府主要领导任组长、3 名副区长任副组长，部署开展为期 2 年的农村道路交通安全专项整治行动，道路交通事故死亡人数比 2021 年减少 20.41%。深化危险化学品使用安全治理和危险物品安全专项整治，推广应用危爆物品溯源管控信息系统和易制毒化学品管理平台，重点监管剧毒、易制爆、枪支、烟花爆竹、放射源等 6 类危险物品单位 318 个，检查整改安全隐患 95 处，妥善处置危险品 520 千克。

【社会治安立体防控体系升级】 2022 年，武进公安分局以治安防控云平台建设为牵引，持续开展前端感知升级改造和新建补盲，探索移动警务生态建设。引进应用人体特征识别、图像相似比对和人像识别三大关键技术，通过结构化解析运用存量视频，视频解析中心具备

武进公安分局大数据指挥服务中心　（供图 / 区融媒体中心　摄于 2022 年 8 月）

2000路视频解析能力，推动人像图像和人体图像互联互通、智能应用，提升人员轨迹刻画能力。围绕安保维稳、打击破案等警务实战，以及生态保护、疫情防控等社会治理场景，拓展感知数据赋能路径，为数字公安和数字城市建设提供双向支撑。

【公安执法管理】 2022年，武进公安分局加强嘉泽执法办案中心实体化运作，推动公检法进驻嘉泽执法办案中心，成立由公安法制、区检察院派驻检察室、区法院刑事速裁法庭组成的刑事案件快速办理中心，升级执法办案管理系统，形成“一站式”办案、“一平台”监管执法办案新格局。按照“繁简分流”思路，下放部分刑事案件办理过程性审核权限至派出所，扩大派出所行政案件快办范围，推动基层执法办案全方位提质、全链条提速。审核办理各类行政案件4203件，治安（行政）处罚3358人次。裁决强制隔离戒毒17人次、社区戒毒16人。审核刑事拘留释放289人次、取保候审2587人次、监视居住5人。未有行政诉讼败诉案例。通过执法公示平台公示警情处理信息26963条、案件状态信息37469条、人员措施信息29784条、涉案财物措施信息5731条、行政处罚文书3328件，发布治安形势分析10期、投诉答复63件，均得到满意结果，咨询答复839件，实现应公示尽公示、应答复全答复。

【基层警务工作】 2022年，武进公安分局围绕应核尽核、全面覆盖原则，攻坚基础信息采集，推进基层治理效能提升。组织开展实有人口核查清理攻坚会战，组织警力1000余人，核查数据52.82万条，核查率100%；登记变更暂住人口15.9万人，登记寄住人口6.5万人，标注在业实体单位31411个。开展户口专项行动，排摸无户口人员10人，核查“错重假”户口数据338条，核查整改“出生医学证明”编号缺失和疑似错误数据35122条。围绕全警基础工作重点课题，推动18个派出所设立综合指挥室基础管控岗，承接基础管控任务指令，负责数据质量监测、指令流转反馈、情报信息报送。开展“放管服”改革，推进派出所综合服务窗口建设，提升群众办事便利度和获得感，接待解答户政疑难问题500余人次，核查处理“12345”政府热线、信访等相关投诉27件。

【公安专项行动】 2022年，武进公安分局组织开展夏夜治安巡查宣防行动、娱乐服务场所“苏安·净风行动”和“常安”集中清查等专项行动，集中清查治理治安复杂区域和场所。集中优势警力，专项清查整治市委政法委挂牌督办重点地区2个、市公安局挂牌督办重点地区1个和城市综合体11个，按期摘牌市公安局“百日行动”挂牌督办重点地区。重点地区和重点部位侵财、娼赌警情分别比2021年下降21%、35%。加强网络招嫖、重复警情监测治理，梳理确定娼赌警情多发重点目标91处，“一点一策”开展靶向整治，查实娼赌警情9件，打击处理35人，关停场所3个，打掉组织介绍卖淫团伙2个、9人。部署开展“全警大巡防”和“亮灯行动”，将全区划分为综合巡区9个、专属巡区17个，严格落实一级加强巡防勤务，每日投入专职巡防警力37组123人、机关警力92人及其他巡防人员共计1300余人次，开展社会面巡防，2个综合警务站、21个快反点和巡特警大队武装巡逻力量保持全天运转，提升社会面见警率、管事率和快速反应能力。开展“拉车门”“关店门”“拔钥匙”行动，日均检查电动车1400余辆、机动车1600余辆、店铺900余个，街面盗窃警情下降5.6%。开展“全民反诈”专项行动，打造“反诈红盟”“警花说防范”等反诈宣传矩阵，推广注册“金钟罩”警民联防平台8.8万人，有效遏制电信网络诈骗案件高发势头，电信网络诈骗警情下降3.7%。

【见义勇为表彰奖励】 2022年，武进区以“弘扬见义勇为精神，倡导见义勇为行为，服务见义勇为人员”为宗旨，紧扣《江苏省奖励和保护见义勇为人员条例》精神，加力表彰、奋力宣传，提升见义勇为工作效能。开展即时送奖和集中送奖活动28次，累计奖励见义勇为人员、治安积极分子、物业服务从业人员、辅警等2640人次，发放奖金167.22万元，走访慰问见义勇为人员及其家属137人次，发放慰问品和慰问金合计16万元。帮扶救助因见义勇为牺牲、致残和生活困难家庭18户，发放慰问及救助金6.49万元，激发人民群众参与维护社会治安积极性、主动性。受到表彰奖励人员提供违法犯罪线索972条，协助侦破案件932件，参与抢险救灾48件、救死扶伤25件。

【出入境管理】 2022年，武进区落实国家移民管理局非必要不出境工作要求，强化实质性审查，从严从紧从实签发出入境证件。受理中国公民因私出国境申请1700人次，受理境外人员签证、证件1384人次，查获特大组织人员偷越国（边）境至缅甸跨境赌博团伙1个，抓捕到案123人，采取强制措施107人（逮捕5人，取保候审102人，移送起诉31人），成功申报公安部督办案件。走访涉外单位96个，约谈境外人员65人，为企业11家急办出入境证86件次。服务境外优秀人才，将外国人工作许可、居留许可“一窗联办”工作时限由原来的25个工作日缩减至5个工作日。受理工作许可业务884件次，其中“一窗联办”外国人工作许可、居留许可72件次，居全市首位。

（周世民）

【道路交通安全管理】 2022年，武进区成立道路交通安全委员会和新设道路交通安全专业委员会，围绕交通事故预防“减量控大”目标任务，推进道路交通安全、道路运输安全专项整治，打好隐患歼灭、秩序净化、信息制导、宣传攻势、协同共治“五大硬仗”，提升道路交通本质安全水平。完善交通事故警情繁简分类处理机制、交通事故案件规范执法机制等“五项机制”和交通死亡事故党政领导现场必勘制度，实施交通事故一案一查、亡人事故深度调查。武进公安交警部门在20处农村公路隐患突出平交路口增设减速带，在14处国省道平交路口和47处县乡道路平交路口新建信号灯11处、非机动车信号灯43处，针对路口视线盲区、货车右转易肇事、行人过街不观察，安装“智能哨兵”系统10套和“右转必停”“右转盲区避让”标志牌33块，施划“红月亮”警示区110处。推进重点道路运输企业安全监管机制，城区渣土工程运输车辆统一安装“主动安全告警系统”，实时预警和主动干预车辆不安全状态、驾驶人不安全行为。函告交通运输部门高风险运输企业19家，曝光重点企业交通违法人员672人，公告重点运输企业“红黑榜”12期，动态清理重点运输车辆及驾驶人隐患1332件。完善交通事故分析预警系统，开展夏季治安打击整治“百日行动”“苏安护行”“常安”“畅安”系列等统一行动，严查酒驾醉驾和骑乘电动自行车不戴头盔、飙车炸街、超限超载等重点交通违法行为。现场查处交通违法行为14.57万件，电子警察抓拍比2021年减少43.73%，其中“两客一危”（公路客运、旅游客运和危化品运输车）车辆违法331件、酒驾醉驾1629件、货车超载1526件。成立全省首个“警保联动服务中心”，推广道路交通事故处理“龙e处”平台，实现轻微车损事故处理“零跑腿”、保险理赔“零等待”、车辆维修“零垫付”，保险赔付率达78.2%。武进区道路交通事故、死亡人数分别下降8.51%、10.20%。

【交通畅行工程】 2022年，交通畅行工程连续第四年入选常州市民生实事项目，武进公安交警部门优化城市交通综合秩序，提升人民群众交通出行安全感、顺畅性和舒适度。在上、下班高峰时段允许社会车辆借用BRT车道通行，改善道路通行条件。常武路、长虹路路口采取“潮汐＋可变车道”缓解拥堵问题入选公安部交通管理局城市道路交叉口精细治理优秀案例。结合文明典范城市创建，协调属地政府实施“一点一策”微改造60处，获评市域社会治理现代化工作一等奖。实体运作交通信号配时中心，统筹调整交通信号配时，主干道交通信号协调控制率、城区主干道“绿波”协调控制率均达97%。推进道路交通安全设施标准化、一体化建设，拆除迁移不合理交通隔离栏2789处，设置新式交通隔离栏38.58千米。交通健康指数、平均通勤时耗等指标保持全国同类城市第一方阵。

（陆　恒）

检　察

【概况】 2022年，区检察院忠实履行法律监督职责，为武进“一园一城一示范”建设、争当现代化建设标杆提供有力司法保障。办理刑事案件2267件、民事案件166件、行政案件33件、公益诉讼案件90件、刑事执行监督和控告申诉等案件283件。案件监督管理部门公开案件程序信息1904件、法律文书61份，公布重要案件信息256件，接待律师查询520人次。区检察院发挥检察履职推动社会治理，针对未成年人犯罪记录封存漏洞、私营诊所未履行强制报告义务等问题，制发检察建议16件。牵头出台全省首份安全生产“从业限制”行政执法与刑事司法衔接工作指引，建立涉嫌安全生产违法犯罪案件数据共享、包底通报、疑难会商3项机制，加强检察职能与行政执法职能协作配合。吕某某等人电信诈骗案入选最高人民检察院依法惩治制售假冒伪劣商品犯罪典型案例，许某某、鲍某某等人诈骗案入选最高人民检察院打击整治养老诈骗犯罪典型案例。区检察院获评全国节约型机关、全国检察宣传先进单位、2019—2021年度江苏省文明单位。

【刑事检察】 2022年，区检察院刑事检察部门依法打击刑事犯罪，批准逮捕305件、403人，提起公诉1180件、1681人。起诉故意杀人、抢劫等严重暴力犯罪44件、48人，涉枪涉爆、危险驾驶等危害公共安全犯罪389件、396人。起诉电信网络诈骗犯罪162件、266人，批准逮捕以高薪招募为幌子、跨省市诈骗货车司机2000余人的新型“套路运”案件犯罪嫌疑人21人。起诉企业内部盗窃、职务侵占、挪用资金等犯罪21件、36人，依法从快批准逮捕收受商业贿赂7900余万元企业管理人员2人。强化惩腐责任担当，受理区监委移送职务犯罪15件、17人，提起公诉11件、11人，其中科级及以上干部4人。强化生态环境司法保护，办理破坏生态环境资源、污染水体、非法捕捞等案件12件、19人。加强刑事侦查活动监督，监督立案81人，监督撤案82人。联合武进公安分局在执法办案中心建立侦查监督与协作配合办公室，出台《检警执法司法信息共享工作办法（试行）》等制度12项，推动公安执法和检察监督制度化、规范化。联合区法院、武进公安分局在全市首创刑事案件快速办理中心，促进刑事案件繁简分流、简案快办，简易、速裁程序适用率达93.01%。加强刑罚执行监督，对在押人员拨打亲情电话审批不规范等问题发出检察建议4件，强化减刑、假释、暂予监外执行案件实质化审查监督9件。开展重大案件侦查终结前讯问合法性核查24次，细化核查工作流程，维护在押人员合法权益。

【未成年人检察】 2022年，区检察院未成年人检察部门从严打击性侵、拐卖等严重侵害未成年人权益犯罪，批捕16人，起诉33人。最大限度教育感化挽救涉罪未成年人，不批捕8人，附条件

5月25日，区检察院“春晖”工作室在武进区人民路小学开展未成年人普法宣传
（供图/区检察院）

不起诉65人。针对未成年人犯罪记录封存有漏洞、私营诊所未履行强制报告义务等问题，制发检察建议16件，督促职能部门开展专项整治推动问题整改，会同区卫健局落细落实强制报告制度入选全省检察机关强制报告典型案例。与区妇联推进“安巢暖蕾”关爱女童项目，救助慰问涉案困难家庭93户，为困境女童35人优化改造居住环境，获评全市“生命关爱”幸福家工程三等奖。主动融入全区争创全国未成年人保护工作示范区建设，牵头成立“春晖”未成年人保护红盟，与职能部门、高等院校、社会组织18个单位签约共建，现场发布未成年人临界预防、亲职教育等十大重点任务，将司法保护融入政府、学校、家庭、社会、网络保护。融合式监护监督实现未成年人综合司法保护最大价值入选江苏省人民检察院侵害未成年人案件强制报告典型案例，未成年人检察部门获评常州市关心下一代宣传工作优秀集体。

【民事行政检察】 2022年，区检察院民事行政检察部门加大民事支持起诉工作力度，依法支持起诉农民工讨薪等案件94件。办理当事人不服法院民事判决裁定申请检察监督案件，提出再审检察建议11件，法院改判10件。坚持法律监督与解决问题并重，通过依法监督、释法说理促使民间借贷当事人握手言和案入选全省检察机关民事检察典型案例。开展虚假诉讼专项监督，与法院、公安形成打击合力，纠正虚假诉讼14件，立案侦查涉嫌刑事犯罪3人。开展行政非诉执行案件专项监督，同步监督行政行为、法院审查和执行活动，发出检察建议20件，促进依法行政、规范执行。与区法院、司法局等部门加强协作联动，推进行政争议实质性化解，化解行政争议7件，实现案结事了人和。

【公益诉讼检察】 2022年，区检察院公益诉讼检察部门坚持履行公益保护职责，立案办理公益诉讼83件，其中民事公益诉讼10件、行政公益诉讼73件。主动争取支持，与区人大常委会、区政协会签文件，推动建立人大建议、政协提案与检察建议双向衔接转化机制。推行“公益诉讼+保护矩阵”签约共建，依托“益心为公”检察云平台聘请网格员32人担任公益诉讼观察员，与常州市同心圆社会工作服务中心等社会公益团体3个签署合作备忘录。围绕个人信息保护、水环境治理、文物保护等新领域，开展公益诉讼专项监督16次，通过圆桌磋商、诉前检察建议促进源头治理。开展无障碍环境建设公益诉讼专项监督，推动修复无障碍环境设施20余处，督促整治商场周边违法占用盲道案例入选全国检察机关“为民办实事、破解老大难”千案展示案例。

【控告申诉检察】 2022年，区检察院控告申诉检察部门依法妥善办理群众信访203件，开展涉法涉诉律师评析78件，7日内回复率、3个月内完成办理和结果答复率均达100%。重视弱势群体司法保护，办理国家司法救助案件92件，发放救助金45万元。推进刑事和解、公开听证工作，促成刑事和解20件，召开公开听证会4次。拓宽检察环节矛盾纠纷化解途径，邀请代表委员、基层群众参与72件疑难复杂案件听证处理，公开、当面说透法理、讲清情理。

【入选最高人民检察院典型案例2例】

吕某某等人保健品电信诈骗案入选最高人民检察院检察机关依法惩治制售假冒伪劣商品犯罪典型案例 区检察院在办案过程中，依法审查证据，准确认定事实，根据各行为人参与犯罪时间长短、职责分工、非法获利、职业经历等情况，综合判断行为人责任轻重，分类处理涉案人员，对犯罪集团首要分子、骨干成员提出10～13年量刑建议，对部分参与时间短、认罪态度好、情节较轻一般参与人员，提出判处缓刑量刑建议。深化社会治理成效，及时向物流公司及相关部门发出检察建议，促进加强快递审核力度；向社会发布该案件，提高群众识骗防骗意识，规劝老年人在正规医院看病就诊。

许某某、鲍某某等人销售虚假藏品诈骗案入选最高人民检察院检察机关打击整治养老诈骗犯罪典型案例 区检察院在办案过程中发挥引导取证作用，会同公安机关做好案情研判，依法及时批准逮捕犯罪嫌疑人16人，发现遗漏犯罪嫌疑人1人，依法督促公安机关追加逮捕。结合犯罪嫌疑人在犯罪中的地位、作用、获利情况、参与时间、主观明知程度等因素，全面考量评价，准确区分主从犯，从重惩治犯罪集团首要分子。深化社会治理成效，向市场监督管理部门制发检察建议，推动整治规范收藏品文化市场；开展从业人员预防犯罪警示教育，通过以案释法，教育引导相关市场主体合法、诚信经营。

（潘人杰）

法 院

【概况】 2022年，区法院忠实履行宪法法律职责，狠抓执法办案第一要务，以高质量司法护航武进高质量发展。受理案件22203件（含旧存2004件），审执结20348件，分别比2021年增长7.4%、10.67%，解决争议标的额46.39亿元。其中，审结刑事案件1223件，下降8%，判处罪犯1667人；审结普通民商事案件12547件，上升20.5%；审结行政案件（含非诉行政案件的审查）768件，上升19.8%；执结案件（含恢复执行案件）6802件，执行到位金额9.16亿元。健全“一站式”多元解纷体系，联合相关部门建立涉房地产、涉台等类型化诉调对接平台6个，实现矛盾纠纷“一站式”受理、“一揽子”调处、全链条解决。诉前调解纠纷7795件，调解成功率35.01%。深化“不见面”诉讼服务，网上立案、跨域立案7787件，占新收民商事案件60.41%。在偏远乡镇、综治中心、律所等地设立“龙城e诉中心”，为涉诉群众和律师群体提供立案、开庭等全流程诉讼服务，打造老百姓家门口的“微法院”。实现远程视频庭审全覆盖，线上庭审1125次，在线调解纠纷2577件。区法院获评全省法院信息工作表现突出单位，行政审判庭获评全省法院行政审判工作先进集体，政治部获评全省法院“银耀天平”法律志愿服务组织工作先进集体。

【民商事审判】 2022年，区法院强化以人为本理念，审结民间借贷、教育医疗、劳动就业等民事案件7087件，维护民生合法权益。联合区妇联成立“守·望”婚姻家事纠纷社会参与工作站，发出全市首份人身安全保护令。与区人社局等部门建立劳动人事争议四方联合调处中心，推动劳动纠纷源头预防化解。开展“根治欠薪”专项行动，为农民工讨回薪资1068.36万元，2人因拒不支付劳动报酬被追究刑事责任。审结破产案件（包括执转破案件）75件，比2021年增长97.37%，加速企业优胜劣汰和资源有效配置。持续开展“执破合力”盘活存量资产行动，化解不良债权18.51亿元，释放土地、房产资源33.85万平方米，上缴税收1705.08万元，安置职工687人。

【刑事审判】 2022年，区法院依法惩治刑事犯罪，保持严打高压态势，审结刑事案件1223件，下降8%，判处罪犯1667人。其中，审结杀人、抢劫、强奸等严重暴力犯罪案件33件、37人，盗窃、诈骗等多发性侵财犯罪案件321件、533人。常态化开展扫黑除恶斗争，负责全国扫黑办挂牌督办的蒋某某、陈某某等涉黑恶案件财产刑执行工作，执行到位金额720余万元，铲除黑恶势力经济基础。参与“断卡”行动，审结买卖银行卡、手机卡等帮助信息网络犯罪案件64件87人，审结集资诈骗、电信网络诈骗等涉众型经济犯罪案件16件、142人，追赃挽损5952.61万元。打击保健品、收藏品类养老诈骗犯罪，向监管部门发出司法建议2份，相关案件被《人民日报》关注报道。严惩危害食品药品安全犯罪案件，审结毒狗肉、毒芦蒿、“黑诊所”等案件11件、14人，保障老百姓“菜篮子”“药瓶子”安全。坚持行贿受贿一起打，判处行贿、受贿犯罪案件10件、11人，斩断“围猎”利益链。

【行政审判集中管辖】 2022年，区法院支持和监督行政机关依法行政，审结行政诉讼（含行政赔偿）案件678件，审查非诉行政案件90件。落实集中管辖全市（不含武进）行政案件改革任务，实施“行政争议审前调解暨实质性化解”工程，创新推进简易程序适用。依托行政争议审前调解中心，协调化解行政争议167件，促进“案结事了人和”，简易行政案件平均审理天数压降至13天。加强行政机关负责人出庭应诉工作，应诉率达99.15%。探索建立行政机关自我纠正制度，引导行政机关主动纠正不当行政行为，有效化解养老保险待遇、机动车登记等涉民生行政争议81件。深化司法和行政良性互动，发布行政审判白皮书，通报行政机关败诉及赔偿案件情况，邀请行政执法人员旁听庭审，在行政机关开展专题培训，提升依法行政水平。

【执行攻坚】 2022年，区法院坚持常态化执行攻坚，执结案件（含恢复执行案件）6802件，执行到位金额9.16亿元。开展“春雷行动”“夏日风暴”“秋风怒号”“冬季破冰”四季集中执行50余次，拘传拘留120余人，促使被执行人主动还款1058.87万元。扩大执行工作“朋友圈”，与公安机关、网格中心等部门建立联动执行工作机制，破解查人找物难题。重拳惩治拒执行为，向公安机关移送犯罪线索17条，4人因拒执被判刑。加大财产变现力度，引入拍卖辅助机制和“智槌系统”，拍卖成交金额2.54亿元，平均成交溢价率20.21%。创新执行工作机制，在人民法庭建立“执行驿站”，推行执行财产巡回听证制度，实现案件就地调查、就地执行、就地普法。加强“府院联动”，联合法院等部门建立企业简易注销、信用修复等机制，依法推动“僵尸企业”71家快速出清。成功办理全市首例破产预重整案，帮助濒临破产企业自救重生。探索“类个人破产制度改革”（在民事执行程序中，人民法院根据申请，依照有关财产调查、参与分配、执行和解、失信惩戒等法律规定，参照企业破产法相关原则和精神，促成债权人与被执行人达成和解并同意对其免责，在免责考察期届满后终结执行，以促进确无履行能力的诚信被执行个人重新恢复正常生产、生活能力），办结案件2件。

【司法责任制落实】 2022年，区法院加强司法责任体系建设，按部门和岗位细化各类人员履职清单35项。压实院、庭长监管责任，建立自动化识别、标签化处理、节点化管控机制，确保院庭长监督不缺位、不越位、可追溯。规范法官自由裁量权，推行类案检索过滤、合议庭讨论、专业法官会议研究、审判委员会决定的递进式法律适用问题解决体系，促进类案同判。实现院庭长办案常态化，院庭长参与审结案件13335件，占结案总数的66.07%，发挥办案示范引领作用。增选人民陪审员30人，普通案件参审率64.19%，提升人民群众有序参与司法广泛性、公平性。

（薛　莲）

司法行政

【概况】 2022年，武进区有基层司法所11个，其中区司法局垂直管理司法所1个。有公证处1个、律师事务所42个、基层法律服务所7个、人民调解组织（机构）232个。有公证员7人、执业律师581人（含兼职律师、公司律师、公职律师）、基层法律服务工作者38人、专职和兼职人民调解员929人。区司法行政系统开展线上、线下法治宣传教育活动200余场，培育“法律明白人”1646人。区司法局受理法律援助案件1410件，挽回损失1250余万元。各级调解组织受理矛盾纠纷21611件，调解成功21390件，调解成功率99%。律师代理案件1.88万件，担任企业法律顾问1515家，法律服务收费2.4亿元。基层法律服务工作者代理诉讼案件599件，办理法律事务1462件，法律服务收费284万元。

【普法宣传】 2022年，武进区全面实施“八五”普法规划，出台相关文件14个，发布区级机关单位年度普法依法治理工作联动事项，明晰各单位宣传职责、宣传节点，用好“三单一书”（普法责任清单、重点工作提示单、重点任务督办单以及履职责任评价书）制度，增强普法工作合力。各普法成员单位联动开展“农民工学法活动周”“法润武进·春风行动”“德法涵养文明”“法润武进护企行”“法治之夜”等主题活动200余场，接待群众咨询4万余人次。从法治文化作品创作、特色品牌打造着手，创成民主法治示范村（社区）国家级1个、省级7个。开展法治文化作品“百千万”工程，创作法治文化作品150余件。培育“法律明白人”1646人，实现村（社区）、网格“法律明白人”人均2人及以上，培训率100%。区司法局获评全省“七五”普法工作先进单位，“民生

礼嘉镇民生茶社 （供图/区司法局 摄于2022年7月）

茶社”获评常州市委政法委社会治理创新项目。

【法律服务】 2022年，武进区完善公共法律服务站点布局，在区残联、区信访局、洛阳镇谈家头村等重点民生部门和困难群众相对集中村（社区），新设立法律援助工作站8个。开展村（社区）法律顾问巩固提升工程，在“一村（社区）一法律顾问”全覆盖基础上实现质效双提升。打造法律服务直通车，在“武进政企通”微信公众号设立专栏，帮助企业解决运营发展、风险防范等难题。联合区工商联推出“法润红盟”企业行活动，走访企业383家，为企业314家提供法治体检，发现法律风险隐患86条，提出风险防控法律建议125条，开展法治讲座69场，提供其他服务587次。圆满完成“法援惠民生、倾情保稳定”专项行动任务，排查农民工、未成年人、重度残疾人等重点困难群体法律需求，共办理法律援助案件1410件，为群众追讨劳动报酬、赔偿、补偿等1250余万元。

【行政执法监督】 2022年，武进区出台《全区基层规范行政执法调研督导活动方案》《全区基层综合执法规范化建设专项行动方案》等文件，调研镇（开发区）执法规范化工作，促进行政执法工作协调规范运行，提高队伍规范化建设水平。开展政府购买服务协议专项清理，针对城市管理、交通运输、卫生健康、应急管理、市场监管等重点领域开展执法监督检查，规范政府履职管理行为。开展赋权事项实施专项评估，拟定镇域综合执法评估报告，形成赋权事项评估清单361项。加强基层综合执法队伍建设，组织开展行政执法人员及执法辅助人员清理工作，行政执法证件更换为全国统一制式行政执法证件，总计持证行政执法人员1229人、执法辅助人员870人。组织开展“服务‘532’战略，助推法治政府建设”行政执法专题培训班，提升行政执法队伍综合素质和执法办案能力。

【社会矛盾化解】 2022年，区司法局联合区法院、人社、总工会成立劳动人事争议四方联合调处中心，完善矛盾纠纷多元化解体系。遴选出优秀律师46人组建武进区人民调解专家团，推动成立福建南安商会人民调解委员会、武进区模具商会人民调解委员会，协助化解基层复杂、疑难矛盾纠纷。推广线上即时调解纠纷小程序“苏解纷”，登记注册6万余人次。注重纠纷隐患排查，开展矛盾纠纷排查3972次，组织调解员5286人次深入责任网格片区，了解社情民意和纠纷信息。调解组织受理矛盾纠纷21611件，调解成功21390件，调解成功率99%。牛塘镇开展“援法议事堂”基层矛盾纠纷排查和化解基层治理新模式试点工作，打造“援法议事”新模式，推进基层治理现代化项目获2022年度武进区优秀书记项目表彰奖励。

【特殊人群管理】 2022年，武进区接收社区矫正对象591人，解除矫正631人，在册社区矫正对象748人；接收刑满释放人员342人，在册刑满释放人员1837人，接回重点刑满释放人员40人；在册后续照管对象193人。区司法行政部门开展审前调查196件、释前评估3件、居住地变更54件；请假报备445人次。严格执行请假管理、信息化核查等制度，严防社区矫正对象脱管、漏管和重新犯罪。加强重点排查，确保所有重点人员在管在控，共训诫38人次，警告9人次，提请收监执行4人次。专题部署安保维稳工作，制定突发事件应急处置预案，确保社会和谐稳定。推动智慧矫正中心建设列入区2022年度电子政务项目，完成部级智慧矫正中心创建申报并通过远程视频验收。贯彻落实省司法厅《后续照管工作规范》，帮助后续照管对象再就业，定期实行跟踪回访，确保持续保持戒治操守。武进后续照管工作站被江苏省戒毒管理局评为2021年度后续照管工作成绩突出集体。

【公证】 2022年，武进公证处办理公证事项5313件、公证业务收费402万元，分别比2021年降低13.4%、39%。其中，国内民事公证2753件、经济公证98件，涉外民事公证1109件、经济公证87件，涉港澳台公证50件，安置房公证1216件。发挥公证职能作用，服务企业发展，为武进区信达农村小额贷款股份有限公司办理赋予强制执行公证10件，为新建成品住房样板房办理证据保全公证5件。服务民生实事，为湖塘镇、嘉泽镇等地安置户办理安置房抽签公证1045套和定向商品房选房公证865件，为湖塘镇、横林镇、遥观镇安置户办理安置房确权公证325件，为嘉泽镇成章村、礼嘉镇何墅村38户村民做好宅基地择位竞价公证服务。加强公证质量监管，开展公证卷宗自查互查卷宗360余本。在全市公证卷宗质量检查活动中，武进公证处卷宗合格率100%。

（吕剑萧）

军 事

Military

栏目编辑　张怡菁

人民武装

【概况】 2022 年，武进区人民武装部（简称“区人武部”）坚持以习近平新时代中国特色社会主义思想为指导，深入贯彻习近平强军思想，坚定看齐追随，聚焦“忠诚维护核心、矢志奋斗强军”深化主题教育，巩固拓展党史学习教育成果，引导人武部机关人员和全区民兵积极投身强军实践。加强思想政治建设，参与“新时代国动先锋”事迹报告会，组织党员过集体政治生活，提升政治建军质效。推进国防动员，由区委书记乔俊杰、区长恽淇丞组织带领区国防动员委员会相关成员单位参加上级国防动员演练，提升筹划决策和指挥控制能力。开展练兵备战，统筹疫情防控和战备训练，组织首长机关强化训练和民兵分队训练，首长机关参加上级年度军事训练考核成绩名列前茅，民兵遂行任务能力得到提升。民兵 1016 人参加新冠肺炎疫情防控。加强规范化建设，完成“四严四整”教育整训（严抓政治意识、整顿思想，严防政治风险、整肃纪律，严实政治担当、整饬作风，严格政治淬炼、整治队伍），提升全面建设水平。年内，区人武部被江苏省军区表彰为全面建设先进人民武装部，被常州市表彰为民兵工作先进单位、征兵工作先进单位。牛塘镇、洛阳镇武装部获评常州市“五星”级基层武装部。

【思想政治建设】 2022 年，区人武部落实党委中心组理论学习制度，每周组织理论学习，贯彻落实中共二十大精神。提升各镇（街道）党（工）委书记履行党管武装意识，任命湖塘镇、洛阳镇、雪堰镇、横山桥镇党委书记为武装部政治教导员。统筹抓好“忠诚维护核心、矢志奋斗强军”主题教育，4 月，开展“三心两争”（思想安心、工作尽心、守纪入心，争创一流、争当先进）专题教育，以党小组会形式组织讨论，教育引导所属人员振奋精神、凝心聚力；5 月 20 日，组织全体干部职工参观武进烈士纪念馆，缅怀革命先烈，重温入党誓词。

7 月 13 日，区人武部组织基干民兵开展实弹射击训练　　（供图 / 区人武部）

【国防动员】 2022 年，区人武部高质量推进新时期国防动员和后备力量建设，根据人员调整，健全区国防动员委员会、民兵工作领导小组和征兵工作领导小组。修订完善国防动员总体方案，普查评估国防动员能力。规范各级值班值勤制度，完善民兵信息情报体系建设，开展突发情况指挥处置演练和战备拉动，协调相关单位共享全区重大民情社情信息。按照基干民兵和普通民兵统配任务，优化编建基干民兵队伍 2 类，专业对口率、退伍军人比例和党员比例均符合标准要求。完善新兵积分定兵办法，制定条件兵征集规范，落实廉洁征兵工作机制，圆满完成新兵征集任务，大学毕业生比例比 2021 年提高 15 个百分点。

【战备训练】 2022 年，区人武部严格按照军事训练大纲要求，落实年度训练任务。推进首长机关业务训练，按照江苏省军区训练模式，每月组织现役军人、文职人员开展基础技能训练、应急应战业务训练、课题训练和体能训练，在江苏省军区和常州军分区考核中成绩良好。推进民兵训练，应急分队开展集中轮训备勤，其他分队采取“跨区域联训，分专业轮训”方法落实训练任务。4 月，组织全区民兵干部、骨干在溧阳国防园开展业务技能提升训练。5 月，组织全区优秀“四会”（会讲、会做、会教、会做思想工作）教练员5人参加常州军分区比武集训，成绩居第一方阵。6月，组织区防汛抗洪分队在西太湖揽月湾参加武进区自然灾害和滆湖水上救援综合应急演练。9月下旬，组织应急连在区民兵训练基地开展强化训练，代表常州军分区接受江苏省军区应急分队训练质量抽考，单科成绩2个列全省第一名。

（周建平）

武警工作

【概况】 2022年，武警常州支队武进中队（简称“武警武进中队”）坚持以习近平强军思想为引领，以迎接、保卫中共二十大胜利召开为主线，强化政治意识，开展“忠诚维护核心，矢志奋斗强军”主题教育，确保官兵思想纯洁可靠；强化政治文化环境建设，建设夜光球场、书香军营，厚实中队文化底蕴；严格落实训练制度，严密组织周会操、月竞赛等活动，坚持按纲施训、从严治训，提升军事训练质效；加强安全常识教育，定期组织安全形势分析，强化官兵安全防范意识。年内，义务兵高航在支队军人运动会中获得双杠一练习科目第二名。

【执勤战备】 2022年，武警武进中队聚焦迎接、保卫中共二十大胜利召开，强化战备意识，持续推进新时代执勤安保活动精神贯彻落实，按时按点完成各类规范统一和拓展建设，提升执勤能力。推动《军事体育训练大纲》落地落实，将抓好官兵军事训练作为首要任务，强化提升社会面处突维稳能力。年内，成功参与处置武进区“5·24”煤气爆炸事件，受到好评。全年协助武进区看守所完成各类勤务百余次，出动警力百余人次。

（周　亮）

人民防空

【概况】 2022年，区人防部门贯彻总体国家安全观和新时代军事战略方针，以应对强敌军事斗争准备为牵引，优化人民防空体系建设。推进人防组织指挥和信息化建设，加强区人防基本指挥所建设管理，升级机动指挥所通信系统。组织人防实战化训练演练，举行重要经济目标防护专项演习，提升人防遂行使命任务能力。加强人防工程建设监管，规范人防工程维护管理，确保人防工程科学管理、有效运行。开展人防宣传主题活动，深化学校人防知识教育，营造关注人防、关爱生命的良好氛围。

【人防指挥与信息化建设】 2022年，区人防部门加强区人防基本指挥所日常管理，每周与省、市以及镇（街道）、疏散地域指挥所开展高清视频会议系统联调联测通信工作。完善机动指挥体系建设，完成全省人防机动指挥所暨苏锡常防护区联演联训任务。落实人防警报建设专项规划要求，布点建设警报器，确保主城区、开发区、重要经济目标毗邻区全覆盖。高质量完成人防训练演练任务，常态化开展机动指挥所、无人机操作训练和跨区域通信保障训练，积极参加上级拉练、演习和比武竞赛。完成年度人防专业队整组任务，开展群众防空专业队伍和应急分队点验训练，年度参训率在70%以上。举行重要经济目标防护专项演习，开展遭敌空袭扑火救援专项防护演习，提高重要经济目标单位应急处置和应战救援能力。开展“9·18”防空警报统一试鸣活动，组织68个社区、19所学校和9家企业开展防空袭紧急掩蔽、人口疏散等演练活动。

【人防工程建设管理】 2022年，武进区贯彻落实《江苏省人民防空工程建设使用规定》，加强人防工程配建管理。区人防部门实施人防工程建设质量监督“交底、检查、约谈”三项制度，利用江苏省人防工程质量监督管理平台，加强事中、事后监督精准化管理，完成人防工程质量交底监督、主体验收，以及竣工备案和档案归档工作。完善人防工程社会化巡查和维护管理机制，常态化巡查巡检和专业化维护维修全区人防工程专业防护设备。落实人防工程平时使用证制度，规范依法配建防空地下室平时使用流程。推进新竣工人防工程平战转换规范和标识工作，落实新出台的人防工程开发利用备案制度。加强自建工程平时使用管理，跟踪落实平战结合项目合同履约情况。落实财政帮扶政策，减免满足条件的企业租金。开展人防工程等场所安全生产巡查巡检，加强节前、汛期等特殊时期隐患排查，推进整改工作，实现全年人防行业安全生产零事故。

【人防知识宣传教育】 2022年，区人防部门结合国际民防日、防灾减灾日、防空警报试鸣日等重要时间节点，统一组织社区、学校开展人防主题宣传活动，累计发放人防知识宣传资料2万余份，悬挂人防宣传标语横幅60余条。向全区中小学校免费发放小学《人防知识读本》、初中《人防知识》合计2万余册，确保小学四年级、初中二年级学生人防课程正常开设。推动校园人防文化创建，洛阳初级中学人防教育场馆通过省级人防知识进校园示范点创建验收。加强人防宣传报道，媒体平台宣传报道武进人防工作信息40余篇，获省级及以上媒体录用9篇。

（陆文强）

2月28日，雪堰中心小学举办以民防知识为主题的宣传演练活动（摄影/陆新）

产业园区

Industrial Parks

栏目编辑　陈　蓉

江苏常州经济开发区

【概况】 江苏常州经济开发区（简称“常州经开区”）于2015年6月挂牌成立，位于常州市东部，东邻无锡市，与江阴市、惠山区接壤，总面积181.3平方千米，辖镇、街道各3个和行政村47个、社区39个，户籍人口23万人，常住人口42.7万人。2022年，常州经开区实施“12345”发展战略，即聚焦“创成国家级经济技术开发区，勇当全市现代化建设先行军”主题主线，紧扣“苏南智造新高地、开放融合先行区”发展定位，突出“实业为基、创新为要、生态为先”工作导向，推进建设“先进制造业集聚区、产城融合样板区、生态宜居示范区、改革创新引领区”战略布局，落实打造“更富活力的东方新城、更高能级的产业园区、更加宜居的美丽乡村、更有品质的百姓生活、更为安全的发展环境”五项攻坚重点，促进经济社会发展水平迈上新台阶。累计拥有各类市场主体5.18万家、高新技术企业392家、境内外上市企业13家、“新三板”挂牌企业24家、股改企业120家。全年完成地区生产总值992.15亿元，实现一般公共预算收入52.56亿元，分别比2021年下降1.8%、16.86%；完成农林牧渔业总产值5.37亿元，可比增速2.35%，规模以上工业总产值2093.17亿元，下降10.1%；固定资产投资增长10%，服务业投资增长43.3%，社会消费品零售总额127.88亿元，增长1.6%，完成服务业增加值387.44亿元，占地区生产总值的39.1%。完成进出口总额387.83亿元，外资及港澳台资协议注册资本5.84亿美元，实际利用1.22亿美元，下降47.3%。年内，常州经开区获评省绿色金融示范基地，入围省“两业融合”（先进制造业和现代服务业深度融合）试点区域。在省商务厅发布的2021年度全省经济开发区高质量发展综合考核评价中居省级经济开发区第1位，其中经济发展指标连续三年保持第1位，在全省所有经济开发区（含28个国家级经济开发区）中排第11位，获评“年度经济总量十强经开区”。

【“四特三新”产业发展】 2022年，常州经开区统筹主导产业壮大、传统产业升级、新兴产业培育、未来产业布局，于4月出台特色产业园区建设行动方案，确立“四特三新”主导产业新定位，即绿色优特钢、轨道交通、绿色家居、智能电机四大特色产业，汽车电子、光电材料、生命健康三大战略性新兴产业，促进产业发展壮大。新增法人企业1598家，注册资本59.66亿元。签约产业项目48个，总投资超287亿元。推进重点产业项目154个，完成投资282.5亿元。常州经开区获批全省首批产业园用地整治提升试点，园区更新五年规划出台，跨境电商产业园、宋剑湖创新智慧港、万洋众创城、东方数字经济产业园4个园区更新项目开工。制定出台制造业智能化改造和数字化转型三年行动方案及配套政策，确定实施人才保障、金融财税支持等六大服务举措，完成首批390家企业免费诊断服务，常州经开区区域一体化工业互联网公共服务平台建设项目入选国家新型工业化产业示范基地工业互联网平台赋能数字化转型提升试点，今创集团股份有限公司等56家企业被认定为省星级上云企业，常州博瑞电力自动化设备有限公司（简称“博瑞

东方数字经济产业园俯瞰　（摄影/周火男　摄于2022年12月）

电力公司”）的柔性输电装备智能工厂、坤泰车辆系统（常州）股份有限公司的新型变速箱及底盘核心系统智能工厂、江苏日盈电子股份有限公司的汽车高清全景影像系统智能工厂获评省级智能制造示范工厂。光大环保技术装备（常州）有限公司获评国家级服务型制造示范企业，中天钢铁集团有限公司（简称“中天钢铁集团”）、江苏日盈电子股份有限公司、江苏中鑫家居新材料股份有限公司获评省级服务型制造示范企业，中铁检验认证（常州）机车车辆配件检验站有限公司开发的轨道交通装备检验检测及技术评价服务平台获评省级服务型制造示范平台，省级服务型制造示范企业（平台）累计15家（个）。国家级专精特新“小巨人”企业新增4家、累计6家，省级专精特新中小企业新增41家、累计68家。新增国家制造业单项冠军产品1个，累计拥有国家制造业单项冠军企业（产品）5家（个）。至年底，中天钢铁集团加快绿色转型，投入20多亿元实施南厂区环保、数字化、产品提档升级改造；中车戚墅堰机车车辆研究所有限公司获省长质量奖提名奖，其高铁列车高可靠性齿轮传动系统亮相第五届中国国际进口博览会；灵通展览系统股份有限公司获评“江苏省民营文化企业30强”，连续五次参与中国国际进口博览会展位搭建；常州经开区绿色家居产业示范园入选国家林业产业示范园区；常州经开区拥有规模以上工业企业691家，实现规模以上工业总产值2093.17亿元，比2021年下降10.1%。

【常州经开区重大项目招引建设】 2022年，常州经开区攻坚项目招引建设，签约项目49个，总投资近259亿元。其中，投资30亿元及以上项目4个，10亿元及以上、30亿元以下项目1个。省、市、区级重大项目加快推进，省级重大项目3个、结转市重大项目20个全部开工，新增入库市重大项目13个，竣工市重大项目9个。推进重点产业项目154个，完成投资282.5亿元。其中，新建项目开工71个，项目竣工投运49个。

常州南瑞继保博瑞电力构网型储能系统项目 1月，被纳入省重大项目。由南京南瑞继保电气有限公司建设，于2月开工，新建联合厂房面积33.1万平方米，规划建设3个厂区，一厂区主要建设储能系列、智能变电站系列产品生产加工基地，二厂区建设新能源配套产品和特高压直流输电设备等研发、生产、试验及仓储基地，三厂区建设智能光电互感器产品等设备生产基地，总投资25亿元，达产后可生产高压直流、柔性交直流输电等装备，建成常州柔性输电与智能电网产业基地。

和柔线缆亚太区域研发制造中心项目 3月，被纳入市重大项目。由德国和柔线缆有限公司建设，于9月开工，新建办公楼、研发中心、生产车间、存储仓库等建筑2.6万平方米，购置高速挤出生产线、高速成缆生产线等生产设备20套，总投资1亿美元，达产后可年产各类电缆50万千米。

迅安高端焊接防护面罩项目 8月，被纳入市重大项目。由常州迅安科技股份有限公司建设，新建研发中心、生产车间、仓储及办公等建筑5.2万平方米，购置过滤效率测试仪、自动贴合机、自动老化测试仪、泄漏测试仪、粉尘加载测试仪等设备约200台，总投资3亿元，达产后可年产焊接防护面罩100万个、呼吸器4万套。

御马高精密电机零部件项目 3月，被纳入市重大项目。由御马精密科技（江苏）股份有限公司建设，于5月开工，新建生产车间、研发中心等建筑共计约7万平方米，购置超精密数控放电线切割机、五轴镗铣一体数控加工机等进口设备，总投资10亿元，达产后可年产步进电机及伺服电机铁芯6000万套、高精密模具400套。

【常州经开区科技创新】 2022年，常州经开区实施创新驱动发展战略，新增高新技术企业98家，累计391家，完成高新技术企业产值716.49亿元，占规模以上工业总产值的34.2%。获授权专利5444件，其中发明专利664件，万人有效发明专利拥有量61.09件。全年申报科技项目22个，获省级科技项目立项3个，获得项目经费1860万元。由中车戚墅堰机车车辆工艺研究所有限公司、江苏兰陵高分子材料有限公司等5家企业主持（参与）的8个项目获得2021年度江苏省科学技术奖，其中一等奖2个、二等奖1个、三等奖5个。江苏博大新材料科技股份有限公司、常州欣盛半导体技术股份有限公司、常州天虹纺织有限公司获省级工程技术研究中心认定，信承瑞技术有限公司、江苏兰陵化工集团有限公司与省产业技术研究院共建企业联合创新中心，累计拥有省级及以上研发机构113个。江苏宏达数控科技股份有限公司、常州迅安科技股份有限公司等6家企业获省级企业技术中心认定，累计有省级企业技术中心40个。江苏现代轨道交通产业孵化基地、“新观点”众创空间分别被认定为国家级科技企业孵化器、国家级众创空间，累计有省级及以上科技企业孵化器2个、众创空间4个。中天钢铁集团获国家技术创新示范企业，今创集团股份有限公司、中车戚墅堰机车车辆工艺研究所有限公司等5家企业入选省创新型领军企业，艾肯（江苏）工业技术有限公司、常州合力电器有限公司等66家企业被认定为市级瞪羚企业，江苏雷利电机股份有限公司、江苏日盈电子股份有限公司获第二十三届中国专利优秀奖。

【常州经开区优化营商环境】 2022年，常州经开区持续优化营商环境，梳理公布第二批“免证办”事项清单，新增“免证办”应用场景42个，创新营业执照与经营许可事项合办模式，与横林镇、遥观镇、横山桥镇为民服务中心两级联动，实现10余项经营许可48项业务“证照合办”。推进便民服务提升工程，建成便民服务中心6个、村（社区）便民服务站34个、“畅通办”便民服务点20个，培养“畅通办”专员113人。推进改革创新，探索企业开办“一件事”服务，推进开药店、开便利店“一件事”改革工作；推进“证照分离”改革，落实涉企经营许可事项清单管理制度；探索推进告知承诺制，实行公共场所卫生许可等16个事项告知承诺制；探索全生命周期政务服务，在江苏政务网常州经开区旗舰店上线运营企业、工程建设项目、民办校外培训机构全生命周期政务服务专栏，提升服务针对性、系统性；推行“拿地即开工”快速审批，实现工程建设项目审批全程网上办理，和柔线缆亚太区域研发制造中心项目一天内领取“四证五书”（项目开工所需的不动产权证、建设用地规划许可证、建设工程规划许可证、建筑工程施工许可证，国有建设用地使用权出让合同、出让地块交接书、人防行政许可决定书、施工图审查合格书和建设工程质量安全监督通知书)，5小时内实现“拿地即开工”。至年底，新增市场主体8522户（家)，其中个体工商户6810户、法人企业1598家、“个转企”65户（家)，注册资本68.15亿元。

【常州经开区城乡协同发展】 2022年，常州经开区继续实施“农业高质量发展三年行动计划”，建成一期高标准农田450.47公顷，二期430多公顷高标准农田项目全面启动；完成受污染耕地安全利用17.67公顷，安全利用率100%；落实耕地地力补贴1197公顷、国家耕地轮作制度试点145公顷、实际种粮农民一次性补贴1552公顷；建成“菜篮子”工程绿色蔬菜保供基地238.73公顷，完成双蓉村、东方村和金丰村3个精美小菜园项目建设。全年粮食播种面积1006.67公顷，总产量746.55万千克，实现农林牧渔业总产值5.37亿元。推进城建项目37个，竣工东庄路、常和路二期等项目13个。完成征迁面积54万平方米，新增建设用地93公顷，出让经营性地块56公顷。在全省率先开展全域乡村空间布局规划，研究出台《常州经开区全域美丽乡村建设实施意见(2022—2025年)》《常州经开区全域美丽乡村建设资金管理办法》；横山桥芙蓉北集聚区（湖畔雅苑）一期项目261套房屋建成分房，横林镇狄坂村创成江苏省特色田园乡村；实施剑湖（口袋）公园、红联公园等绿化项目12个，新建和改建绿地22万平方米；建设今创路、圩墩路、横北路、山水路、常戚路、横林大道、政和路—建设路、华喜路8条精品街道，新（改）建农村公厕58个。

【常州经开区民生事业发展】 2022年，常州经开区继续实施教育、卫生、文体旅三年行动计划和民生实事项目，完成民生支出33.6亿元，占财政支出的75%。教育方面，横林实验初中、宛沿河幼儿园等9个项目竣工投运，新增学位7020个，创成省优质园2所、市优质园1所、市新优质学校5所，芙蓉初中、新安小学等4所学校创成市教育装备管理应用示范校，冯仲云小学等4所学校创成省智慧校园，实现中小学智慧校园全覆盖；常州经开区智慧教育大数据云平台建设启动，创成市基础教育综合改革实验区。卫生方面，街道社区卫生服务中心高标准投运，新建村卫生室6个、社区卫生服务站3个，创成名中医工作室基层工作站2个、市级特色科室3个。文体旅方面，制定出台《常州经开区文体旅高质量发展三年行动计划》，初心驿站、东方·青禾荟2个秋白书苑入选省最美公共文化空间，经开区轮滑协会、武术运动协会、太极运动协会、棋类运动协会成立；举办经开区第二届文化旅游节、第五届运河文化节、宋剑湖文旅节、“古运新生、活力之夏”群众文化活动，开展“蒸汽狂潮”常州运河摇滚音乐节、惠民巡演等大型活动近20场，承办全国“行走大运河”全民健身健步行（江苏主会场）活动、CBDF中国国际标准舞（体育舞蹈）精英赛等群众体育赛事9项；开展“经开有约·阅享未来”阅读季、“中华优秀传统文化进校园”等系列活动35场，送戏送综艺下乡150场。民生实事高标准落实，新增城镇就业1.2万人，实现失业再就业3913人，净增参保3087人，支持自主创业2550人，引领大学生创业252人，扶持农民自主创业394人，创业带动就业5200人，人均可支配收入60894.2元。提高低保、特困、残疾人困难生活补贴和护理补贴以及困境儿童基本生活保障标准，核发低保救助金403万元、基本生活保障金128.1万元、困难残疾人生活补贴1455万元、重度残疾人护理补贴221.22万元，残疾人全员纳入意外伤害保险保障范围。基本医疗保险参保人数达21.98万人，其中职工医保参保人数11.86万人、居民医保参保人数10.12万人。改造站北新村等老旧小区3个，改造面积9.8万平方米，惠及居民1142户。新建公共停车泊位1110个，完成既有住宅加装电梯6台，新增住宅小区电动自行车充电桩端口990个。新建或改造保障性租赁住房1044套、人才公寓2352套。年内，常州经开区创成省食品安全示范区。

【常州经开区生态环境治理】 2022年，常州经开区推进VOCs（挥发性有机物)、重点行业污染和大气污染源治理，$PM_{2.5}$平均浓度为30微克／立方米，下降23.1%，绝对值和改善幅度在全市排名第一，优良天数比率为75.6%。国考、省考断面水质达Ⅲ类比例为100%，其中国考五牧断面水质稳定在Ⅲ类，总磷平均浓度为0.136毫克／升，下降30.6%。镇北河、立新河获评市级示范幸福河湖，芳渚社区、金丰村获评市级幸福小微水体示范片区。完成河道整治10条、劣Ⅴ类河道消劣整治53条，126个自然村开展农村生活污水治理，新建污水管网10.85千米。丁堰街道、戚墅堰街道获评省级生态文明建设示范街道，横山桥镇五一村获评省级生态文明建设示范村。中天钢铁集团、光大环保（能源）有限公司、江苏赛拉弗光伏系统有限公司、中车戚墅堰机车车辆工艺研究所有限公司获评江苏省2022年度绿色发展领军企业。

【新增国家级专精特新“小巨人”企业4家】 2022年9月，常州经开区4家企业被工业和信息化部认定为第四批国家级专精特新“小巨人”企业，累计6家。

光大环保技术装备（常州）有限公司　成立于2011年，是集环保装备研发、制造、销售、售后、总包服务于一体的高新技术企业，提供生活垃圾焚烧成套设备、烟气净化系统、渗滤液处理系统等产品，拥有有效专利257件，其中发明专利32件，参与国家标准及行业标准5项，制定企业标准5项，曾获得科技部国家重点新产品、环保部科学技术三等奖等奖项。

江苏宏达数控科技股份有限公司　成立于1995年，是专业研发生产数控刀架的高新技术企业，主导产品应用直驱技术为国内首创，产品达到国际先进水平，填补国内高端数控机床长期配置进口产品的短板。拥有授权专利43件，其中发明专利9件、实用新型专利34件，获软件著作权1项，曾获中国产学研合作创新示范企业、中国产学研合作创新成果二等奖等。

常州市龙鑫智能装备有限公司　成立于2001年，深耕微纳米材料研磨专用设备领域，是国家特种超细粉体工程技术研究中心微纳米材料制备工程化与产业化试验地、高新技术企业，拥有相关自主知识产权74件，其中发明专利

9件，先后承担省、市科研项目11个，成果转化50余项。

江苏鼎智智能控制科技股份有限公司　成立于2008年，研发生产步进电机、无刷电机、音圈电机等精密运动控制系列产品，是高新技术企业，主导产品丝杆步进电机国内市场占有率位居前列，呼吸机配套音圈电机打破国外垄断，首次实现国产化。

【光大环保技术装备（常州）有限公司获评国家级服务型制造示范企业】 2022年12月，该公司被工业和信息化部认定为国家级服务型制造示范企业。公司位于遥观镇，成立于2011年，占地面积9.87公顷，从事环保技术研发、咨询以及环保设备制造、销售、售后服务、总包等，是“一站式”全方位环保产业服务商。建有江苏省固废无害化和资源化工程技术研究中心、江苏省研究生工作站、江苏省企业技术中心、江苏省外资研发机构、江苏省餐厨垃圾资源化利用和无害化处理工程研究中心等省级研发平台，2016年与浙江大学共建垃圾焚烧技术与装备工程国家重点实验室，拥有机电设备安装工程专业承包三级证书，是安全生产标准化二级企业（机械），先后通过ISO 9001、ISO 14001、OHSAS 18001等认证体系，曾入选工业和信息化部第四批绿色工厂，获评江苏省现代服务业高质量发展领军企业，2022年实现销售收入12.25亿元，其中服务性收入占40.8%。

【中天钢铁集团获国家级荣誉2项】 2022年，中天钢铁集团被工业和信息化部、财政部联合认定为国家技术创新示范企业，研制的深拉拔用高强度高碳钢线材被工业和信息化部评为第七批制造业单项冠军产品。

该集团总部位于遥观镇，成立于2001年，是全球大型特殊钢棒线材精品制造基地，为汽车、轴承、工程机械、能源等细分领域提供高品质特殊钢材，年产钢1200万吨。其中，高品质特殊用途钢材占总产量的60%，占总产值的70%以上，曾获行业品质卓越奖、国家标准创新贡献奖、冶金产品实物质量金杯奖、江苏省名牌产品等。集团坚持自主创新，构建体系、人才、项目“三位一体”创新体系，深化“内部多层次自主研发＋外延合作平台”创新格局，推进人才工程建设，累计有钢铁冶金、轧钢、材料及相关专业研发人员3260人，其中高级专家及博士40人。构建产学研、产研用等对外合作平台机制，与国内外十余家高等院校和科研院校合作，是钢铁研究总院的研究应用基地，建有国家级企业技术中心、国家博士后科研工作站等创新平台，吸纳各类主体协同创新，在核心技术上不断突破。至2022年年底，获授权专利855件，其中发明专利148件，获省级及以上科技项目立项1个。

集团自主研发关键核心技术5项，生产的深拉拔用高强度高碳钢线材具有纯净度高、性能波动小、断丝率低等优点，可稳定拉拔至直径0.15毫米，主要应用于高端帘线用高碳线材及高端切割钢丝用高碳线材、高强度高耐久性能桥梁缆索用钢、高端工具用高碳钢线材、高端钢丝用高碳钢线材4个方向。其中，首创小方坯轻重压下、高速线材快速冷却装置及方法等系列专利技术，研制低碳节能的超高强度高耐久性能桥梁缆索用钢，应用于贵州开洲湖特大桥等跨度超1000米悬索桥重点桥梁工程；研制最高等级S2高碳合金手工具钢，国内市场占有率稳居行业第一，远销欧洲、北美、亚洲等地。

【入选国家级科技创新创业载体2个】 2022年4月，经科技部认定，江苏现代轨道交通产业孵化基地入选国家级科技企业孵化器，“新观点”众创空间入选2021年度国家备案众创空间。

江苏现代轨道交通产业孵化基地　成立于2008年9月，位于潞城街道龙锦路355号，获认定面积1.47万平方米，面向先进制造、现代交通、电子信息等产业，为常州经开区创新创业高层次人才和大学生提供全面、综合、专业化服务。先后引进专业第三方服务机构19个，聘请行业专家、领军人物、江苏省科技创业导师库入库导师等12人组成创业导师团队，为在孵企业提供知识产权、科技金融、财税辅导、法务服务等专业化服务。至2022年年底，在孵企业43家，其中常州市龙城英才企业2家，毕业企业22家，其中高新技术企业2家。

“新观点”众创空间　成立于2015年10月，位于常州国家广告产业园区灵通投资集团有限公司内，组建服务团队和导师团队，为创客提供工商注册、创业咨询、项目推荐、媒体宣传、金融对接、导师帮扶六大服务。依托遥观镇商会和遥观青年企业家商会资源，打造遥观青商众筹工坊，设立青商创业基金，组建创业梦想导师团，扶持各类青年创新创业。至2022年年底，入驻团队和企业增至143家，其中入驻企业14家、挂靠企业129家。

【戚墅堰轨道交通产业园获评省现代服务业高质量发展集聚示范区】 2022年12月，江苏戚墅堰轨道交通产业园被省发展和改革委评为江苏省现代服务业高质量发展集聚示范区。该产业园规划占地面积32.4公顷，建筑面积29.8万平米，载体用地面积20.4公顷，于2018年6月开园，建设主体是常州市同和科技有限公司，总投资13.67亿元，管辖区内拥有国家级研发平台2个、省级企业院士工作站4个、省级工程技术中心8个、轨道交通配套企业160余家。深耕轨道交通产业，利用中车戚墅堰央地融合基地、中车资源和检验检测中心、科创孵化中心三大产业特色，知识产权服务中心、机械加工协同协作平台、标准化服务试点推广三大创新特色，研究开发、技术转移、检验检测认证、创业孵化、知识产权、科技咨询、科技金融、科学技术普及八大专业领域，以中车戚墅堰机车车辆工艺研究所有限公司、中车戚墅堰机车有限公司、今创集团股份有限公司等龙头企业为引领，打造生产研发、检测认证、金融服务、人力资源、管理服务、数字化服务六大类服务业业态，推进轨道交通产业由“生产型制造”向“服务型制造”转型升级。鼓励企业加大科研创新投入，增强轨道交通牵引、传动、制动、电气等子系统的模块化制造和系统集成水平，提升轨道交通装备制造领域国内领先地位；整合龙头企业资源争取轨道交通工程总包服务资质，聚合设计研发、试验验证、认证咨询、培训教育、运营调控、维修保养等增值服务，加快拓展个性化定制服务、全生命周期管理、网络精准营销和远程运营维护等新业态新模式，推动轨道交通服务链“强链、补链、延链”。园区企业在高铁、城铁、地铁、货运机车、客运专列整车及机关关键零部件的技术研发储备、生产制造装配、检测维修保养等领域均拥有核心优势，其中内燃机占国内市场60%以上，城市轨道交通牵引传动控制系统占国内市场45%以上，车辆内装系统占国内市场65%以上，基本形成轨道交通牵引动力与关键部件生产及维修服务的完整产业链，曾获第四批国家新型工业化示范基地。

【博瑞电力公司一项目获省碳达峰碳中和科技创新项目立项】 2022年9月，博瑞电力公司承担的“面向新型电力系统的支撑型储能装备研发及产业化”项目，经省科技厅审定，被立项为省碳达峰碳中和科技创新项目，是全市唯一获批项目。该项目总投资1.15亿元，建设周期2022年4月至2025年9月，基于构网技术，研发面向新型电力系统的支撑型储能装备，可实现快速灵活的功率控制，主动或受控参与电网调节，提升系统频率、电压稳定性和新能源消纳能力，保障电力可靠供应与新能源高效利用。产品可用于清洁能源发电领域、电力企业、大中型企事业用电单位以及孤岛运行微电网，适用于风电、光伏等清洁能源领域。

（朱铭铭）

武进高新技术产业开发区

【概况】 武进高新技术产业开发区（简称“武进高新区”）地处常州市南翼，1996年3月获省政府批准设立，1997年7月挂牌成立，2012年8月经国务院批准升级为国家高新技术产业开发区。行政区域面积79平方千米，规划控制面积182平方千米，总人口24万余人，下辖社区20个、行政村12个。2022年，武进高新区推进创新引领、产业跃升、融合发展、营商创优、民生普惠、党建强基六大工程，至年底，累计引进30多个国家和地区的企业1万多家，有世界500强企业投资项目33个，上市及“新三板”挂牌企业32家，高新技术企业380家，拥有武进综合保税区、高新区众创服务中心、中汽研（常州）汽车工程研究院有限公司等重要平台。全年完成全社会固定资产投资138.2亿元，其中工业投资103.6亿元，比2021年增长11.3%；地区生产总值582.7亿元，增长2.6%；规模以上工业总产值1482.8亿元，增长12.8%；限额以上批零住餐业506.2亿元、规模以上服务业营业收入63.2亿元，分别增长32.5%、12.8%；一般公共预算收入38.84亿元，实际到账外资及港澳台资4.71亿美元；居民人均可支配收入59476元，增幅4.59%。武进高新区获批国家级知识产权强国建设试点园区、江苏省知识产权建设示范园区，被省政府评为2022年度实施创新驱动发展战略、推进自主创新和发展高新技术产业成效明显的地方。

【“4+2+1”主导产业转型发展】 2022年，武进高新区聚焦高端装备、节能环保、电子信息、新型交通、智电汽车、机器人和集成电路“4+2+1”主导产业，推动主导产业“链式”集聚。全年新签项目中主导产业项目占90%以上，主导产业实现产值1360.3亿元，占规模以上工业产值的91.7%。

高端装备产业　重点发展现代工程机械、数控机床、智能纺机、智能农机、机器人和关键零部件领域，探索智能制造集成服务，加快建设中汽研智能及新能源汽车检验检测中心等创新载体，推动重点企业做大做强，成为全国有影响力的高端装备产业集聚地。新引进铭纳阳、恒立电动缸、道金智能、天正智能等重点项目10个，全年规模以上企业完成产值464.6亿元。国茂减速机股份有限公司入选国家知识产权示范企业；江苏恒立液压股份有限公司、快克智能装备股份有限公司入选国家知识产权优势企业，入围新一轮创新型领军企业培育行动入库企业名单；江苏龙城精锻集团有限公司研制的高压共轨系统喷油嘴毛坯闭塞成型工艺、江苏南方轴承股份有限公司研制的一种超越离合器、江苏恒创热管理有限公司研制的一种吹胀式均热板的加工方法获中国专利优秀奖；柳工常州机械有限公司、江苏南方精工股份有限公司入选2022年度省五星级上云企业，江苏南方精工股份有限公司入选2022年度省示范博士后科研站，卡尔迈耶（中国）有限公司研制的多轴向广角经编机、五洋纺机有限公司研制的智能绒类双针床经编机获评“江苏精品”；江苏恒立液压股份有限公司获评全国五一劳动奖状，江苏龙城精锻集团有限公司获江苏省五一劳动奖状。

节能环保产业　重点发展LED照明、太阳能光伏、绿色电力装备等领域，拓展能源互联网领域，培育常州顺风太阳能科技有限公司、江苏格林保尔光伏有限公司等太阳能光伏行业全国领军企业。新引进江苏纳百光伏科技有限公司、顺风topcon高效太阳能电池、天铂电力研究院等重点项目4个，全年规模以上企业完成产值139.9亿元，增长47.3%。

电子信息产业　紧抓5G产业发展机遇，推动电子元器件等产品升级，向5G器件、通信终端设备和工业信息服务领域拓展，构建电子和智能信息产业差异化竞争优势。新引进大族精工半导体设备制造常州基地、毫厘科技（常州）有限公司等重点项目5个，全年规模以上企业完成产值252.1亿元，增长2.3%。

新型交通产业　重点发展轨道交通、智电汽车等领域，形成产业集聚优势，新引进大连豪森、世润、汇想等重点项目18个，全年规模以上企业完成产值503.6亿元，增长40.4%。新誉集团有限公司的IGBT开关故障检测系统及检测方法获中国专利奖，新誉轨道交通科技有限公司入库创新性领军企业培育行动。

智电汽车产业　重点打造智电汽车产业生态，加快建设江苏省新能源汽车能源与信息创新中心，拓展车联网市场，开展智慧出行服务，建设有全国影响力的智电汽车生产和服务基地。以整车企业带动产业链发展，新增电控、电机、动力电池等核心零部件研发生产企业，推动产业链不断延伸，该产业上下游汽车零部件产品门类覆盖发动机、传动系、制动系、转向系、电气仪表等系列。新引进长春捷翼电子连接器项目、汇川新能源汽车五合一动力总成项目二期、京东供应链物流项目等重点项目18个，全年规模以上企业完成产值456.8亿元，增长53.7%。万帮数字能源股份有限公司入选国家知识产权优势企业，万帮星星充电科技有限公司入选胡润研究院发布的“2022年中全球独角兽榜”“赛迪科创独角兽百强（2022）”，其交流充电桩获中国专利优秀奖，选送的星星充电智慧能源消费服务平台获工业和信息化

8 月 18 日，2022“看见中国汽车”品牌巡礼全国行理想汽车站活动举行
（供图 / 武进高新区）

部 2022 年新型信息消费示范项目；理想汽车 L8、L9 车型交付量双双过万辆，2022“看见中国汽车”品牌巡礼全国行理想汽车站活动举行；江苏铭纳阳智能装备有限公司获得 8000 万元 A 轮融资。

机器人产业 顺应人工智能发展趋势，加快工业机器人、服务机器人领域优质项目集聚，形成涵盖机器人本体、核心零部件、系统集成产品、配套服务的产业链。新引进常州节卡智能装备有限公司协作机器人项目、华森医疗骨科关节扩产及上市募投新项目等重点项目 3 个，全年规模以上企业完成产值 100.1 亿元，增长 21.3%。金石机器人常州股份有限公司入选常州市“智改数转”（智能化改造、数字化转型）服务商名单，自主研制的用于智能仓储的 T800 型空中分拣机器人成为省首台（套）重大装备，主办 2022 中国装卸车机器人第一届技术交流大会。快克智能装备股份有限公司研制的电子装联精密焊接设备被工业和信息化部认定为第七批制造业单项冠军产品。

集成电路产业 聚焦化合物半导体，以化合物半导体制造、特色集成电路设计、半导体核心材料与设备为产业发展重点方向，布局终端应用制造产业，形成产业配套齐全、服务功能完善、上下游贯通、规模效应明显的集成电路产业集聚区。全年规模以上企业完成产值 13.3 亿元，下降 60.7%。常州承芯半导体有限公司、常州纵慧芯光半导体科技有限公司获评省潜在独角兽企业称号。

【武进高新区科技创新】 2022 年，武进高新区加快培育创新型企业，打造创新平台载体，优化创新创业生态。全年完成高新技术产业产值 795.2 亿元，企业 R&D 投入占 GDP 的比重超 5%。创新型企业建设加快，获高新技术企业认定 159 家，认定通过率 68.2%，高新技术企业保有量增至 380 家，累计拥有苏南国家自主创新示范区独角兽企业 1 家、潜在独角兽企业 6 家、瞪羚企业 59 家。科技项目支撑明显，获科技计划项目省级立项 5 个、市级立项 21 个，分别争取项目经费 8420 万元、731.3 万元，兑现科技奖励资金 5685 万元；获授权专利 6042 件，其中发明专利 1586 件，有效发明专利拥有量 6941 件，万人有效发明专利拥有量 289 件；5 件专利获第二十三届中国专利奖，德召尼克（常州）焊接科技有限公司、常州君华医疗科技有限公司获评中国创新创业大赛优秀企业。平台建设日趋完善，新增江苏省产业技术研究院企业联合创新中心 1 个，快克智能装备股份有限公司在日本设立海外研发中心；纺织云众创空间获评国家级众创空间，常州科创 X-SPACE·优客工场获批省级众创空间；江苏君华特种工程塑料制品有限公司获批江苏省企业技术中心，江苏汤姆智能装备有限公司获批江苏省工程研究中心，新誉庞巴迪牵引系统有限公司、常州世竟液态金属有限公司、常州节卡智能装备有限公司等 10 家企业获评江苏省企业工程技术研究中心；累计拥有省级及以上“三站三中心”185 个。人才引培成效显著，入选江苏省双创计划人才（团队）5 个，签约“龙城英才计划”项目 25 个，招引“三高一资”（高新技术、高端人才、高成长性、有社会资本投入）型科技项目 35 个，培育常州市“顶尖人才”1 人，获常州市领军型创新人才项目立项 13 个、市外国专家项目立项 8 个，获市创新创业大赛奖项 11 个，立项招收科研助理工作获科技部成果转化与区域创新司和火炬中心书面表彰。产学研合作加快推进，重点瞄准国内高校、科研机构创新资源，组织园区企业参加江苏省产学研对接大会、在常高校产学研对接会等对接活动，达成产学研合作意向 80 项，实施 70 项，完成技术合同认定登记成交额 29 亿元。

【武进高新区招商引资】 2022 年，武进高新区新增落户项目 87 个。其中，总投资 100 亿元（或 10 亿美元）及以上项目 1 个，总投资 30 亿元（或 3 亿美元）及以上、50 亿元（或 5 亿美元）以下项目 3 个，总投资 10 亿元（或 1 亿美元）及以上、30 亿元（或 3 亿美元）以下项目 13 个。全年完成外资及港澳台资注册资金 6 亿美元，实际到账资金 4.71 亿美元，实际到账资金占全区的 78.9%。

【武进高新区营商环境建设】 2022 年，武进高新区深化“1+1+X”项目服务制（打破部门及人员的固定形态，由高新区投资促进服务局牵头，投资促进服务局一名分管领导做服务专员，指定一名工作人员为服务联络员，配合服务专员做好联络跟踪服务，相关职能部门及国有公司分管领导和业务骨干为服务辅导员组成的服务团队，为项目进区至竣工投产提供全过程跟踪服务），落实联络员“首问负责制”，以全生命周期服务当好贴心“店小二”，为项目高质量落地保驾护航，全年推进服务项目 144 个。实施信用承诺预审和“标准地 + 承诺制”，通过企业承诺投入产出、政府承诺绿色通道服务的“双承诺”机制，实现“拿地即开工”，办理“拿地即开工”项目 4 个，通过信用承诺预审制项目 27 个，通过低风险项目简易审批实现开工项目 2 个，汇川新能源汽车技术（常州）有限公司从进区协议签订到一期项目竣工仅用时

12个月。打造“帮吾办”政务服务品牌，采用陪办、帮办、代办等形式，将服务范围拓展至项目建设、市场准入等领域，提高企业投资项目审批效率，全年各综合窗口累计办理事项306件，好评率100%。“开门接电”示范区内20余家企业享受办电零距离、零等待、零投资的“三零”服务，实现从“项目等电”到“电等项目”的转变。在全省率先出台“政企共担客户红线外电力接入工程”政策，为移远通信、中瑞电子、承建半导体等重大项目节省电力建设资金4300万元。

10月16日，龙城智电新能源汽车零部件项目奠基仪式举行（供图／武进高新区）

【武进高新区重大项目建设】 2022年，武进高新区集聚优势资源，有序推进项目建设。全年实施省重点项目4个，全部开工，投资额21.5亿元；46个市重点项目中新建项目开工17个，投资额179.57亿元；97个区重点项目中有新建项目56个，年内全部开工，投资额210.59亿元。

舒朋士一体化泵站项目　由舒朋士环境科技（常州）有限公司实施，于1月18日奠基，规划建设车间及配套用房、研发中心等建筑面积1.7万平方米，购置生产平台、锯床、检测台、焊接台等设备12台（套），总投资3亿元，达产后可年产智能型一体化排水系统500套。

中汽中心智能及新能源汽车检验中心项目　由中汽研汽车检验中心（常州）有限公司实施，于5月25日开工，规划建设智能网联测试车间、新能源测试车间、整车零部件测试车间、排放测试车间等5.5万平方米，购置大功率电力测功机台架、重排CVS系统、OBD诊断仪、高低温环境仓、EMC试验室等测试设备，总投资6.69亿元，建成后可具备传统汽车及相关产品检验检测能力、新能源汽车以及关键部件测试服务能力，覆盖动力电池性能及安全性测试、电驱动系统及零部件测试、充电系统测评等。

安川（常州）机电一体化系统有限公司　由日本安川电机株式会社投资设立，用地面积9.27公顷，其中一期项目用地面积5公顷，主要研发和生产变频器、伺服电机、控制器等，产品主要应用于工业机器人及相关自动化设备系统，于6月17日投产，总投资1.5亿美元。

海纳川海拉车灯常州工厂　由德国海拉集团和北京海纳川海拉车灯有限公司共同出资设立，整体规划生产面积约1万平方米，车间内配备新风系统和温度控制系统，达恒温恒湿及高洁净度生产环境标准，配备大型多色／双色注塑机、面罩防雾漆喷涂线、面罩固化漆喷涂线、振动摩擦焊、真空镀膜等其他零部件生产设备及先进的自动化组装产线，主要生产中高端乘用车和商用车灯具，于7月21日开业，总投资约10亿元，达产后可年产车灯40万套。

高端汽车座椅舒适系统项目　由江苏恩迪汽车系统股份有限公司实施，建设厂房面积3.5万平方米，投资建设ECU自动装配线、风扇自动装配线、气泵自动装配线、Massage自动装配线、自动焊接等自动装配产线，主要研发生产高端汽车座椅舒适系统，于8月28日开工，总投资3亿元。

常州迈睿管理咨询有限公司　由迈睿集团投资设立，租用办公场地面积2000平方米，区别于传统呼叫中心，建设基于全渠道（尤其是数字化渠道）、全触点的智能化销售和服务于一体的现代化消费者互动管理中心。于9月投入运营。

江苏铭纳阳新能源汽车电驱动系统高端成套装备项目　由江苏铭纳阳智能装备有限公司实施，于9月28日奠基，总投资30亿元，其中一期投资约10亿元，建筑面积5.3万平方米，建成后作为企业总部及研发生产基地，达产后可年产新能源扁线电机设备1000套。

龙城智电新能源汽车零部件项目　由江苏龙城精锻有限公司实施，规划建筑面积3.19万平方米，打造数字化生产车间，引进德国全自动旋锻设备、冷锻自动化设备、全自动加工中心等190台（套），建设智能工厂、绿色工厂，于10月奠基，总投资3.6亿元，达产后可年产新能源汽车零部件产品700万件。

津通国际工业园三期项目　由津通集团有限公司实施，建筑面积约30万平方米，按照“整体规划，滚动开发”原则，建设国际化高科技产业园区，重点围绕高精尖科技产业、高端科技产业服务等重点产业，打造区域科技创新平台，于12月17日奠基，总投资约15亿元。

【武进综保区】 前身是武进出口加工区，2015年1月升格为综合保税区（简称“综保区”）。位于武进高新区，东至凤林路、南至武进大道、西至淹城路、北至阳湖路，批准面积1.15平方千米，实际围网验收面积1.08平方千米，2018年因企业发展需要，批准面积缩减至0.95平方千米，实际围网验收面积0.88平方千米。有公路转关监管点、进口商品展示中心两大平台，具有仓储物流对外贸易、国际采购、分销配送、商品展示等功能。2022年，武进综保区推进招商引资，优化企业通关环境，加快产业转型升级和对外开放合作，累计有各类企业54家，产品涵盖电脑周边产品、半导体照明、网络通信、汽车电子产品等领域。进口商品交易展示中心展示10多个进口商入区业务以及澳大利亚、美国、西班牙、新西兰等国家的商品200余种。武进综保区管理局联合海关、税务部门，落实《国务院关于促进综合保税区高水平开放高质量发展的若干意见》要求，落地实施一般纳税人资格试点、委托加工、"四自一简"（自主备案、合理自定核销周期、自主核报、自主补缴税款，海关简化业务核准手续）、优化信用管理、简化进出区管理、便利货物流转、开展检测维修、促进研发创新、推广创新制度落实9项举措。受中美贸易摩擦、电子产业深度调整以及3家生产型企业出区的影响，武进综保区全年完成实际进出口额10.31亿美元，增长2.3%；完成工业总产值97.06亿元。根据海关绩效评估结果，武进综保区绩效评估结果为B类。

【武进高新区获批国家级知识产权强国建设试点园区】 8月29日，武进高新区被国家知识产权局确定为国家级知识产权强国建设试点园区，成为全国首批64个试点园区之一，试点时限为2022年8月至2025年7月。武进高新区建立知识产权工作领导小组，形成跨部门协作机制，每年召开知识产权专题会议研究讨论知识产权工作，将知识产权工作纳入管委会考核一级指标；建立知识产权双轮驱动工作模式，出台专利资助实施意见（试行），每年将知识产权工作经费列入年度财政预算；建成集专利备案、资助奖励、区域监控、技术转移于一体的线上知识产权公共服务平台，汇集知识产权服务机构52个，形成从创造、运用、保护、信息利用到托管的完整知识产权服务链，成立江苏省机器人及智能装备制造产业知识产权联盟。至2022年年底，拥有知识产权管理及执法人员25人，集聚国家级知识产权人才4人、省知识产权领军骨干人才16人、专利代理师105人、知识产权中高级职称工程师32人，知识产权从业人员超1000人。建有较为完善的科技与知识产权金融服务体系，与中国银行、江南农村商业银行等金融机构建立质押融资推荐机制，出台质押融资政策。2022年，金石机器人常州股份有限公司、江苏中汽高科股份有限公司等7家企业质押知识产权51件，获得银行贷款1.5亿元。促进国际技术转移，2020—2022年，通过江苏省中以产业技术研究院和"中以创新汇"等国际专利技术转移平台，集聚以色列独资及中以合作企业188家，2022年涉外技术合同成交额1.56亿元。强化专利技术转移转化，与北京大学、南京航空航天大学等高校共建技术成果转移中心25个，出台《关于与常州科教城共建知识产权全链条体系的实施办法（试行）》，转化运营常州科教城高校发明专利203件，园区企业2022年实施专利转让636件、受让451件。加强优势企业培育，2021—2022年新增中国专利优秀奖8项（累计15项），新增国家知识产权优势企业2家、示范企业1家，优势、示范企业累计13家，贯标备案企业新增102家、累计328家，通过绩效评价和第三方认证企业27家，8家企业获省知识产权战略推进计划立项，其中新誉集团有限公司成为武进区首家省高价值专利培育项目立项企业。建立专利导航、专利预警及重大项目知识产权评议制度，实施机器人及智能装备产业、化合物半导体产业专利导航项目，编制产业发展、创新驱动和专利布局导向目录，布局重点技术和产品专利，通过产业路径导航，2021—2022年引进科技型企业20多家，扶持20多家企业实施以优化研发路径和规避专利侵权风险的企业专利导航项目。构建知识产权综合保护体系，推进中国（常州）知识产权保护中心建设，建立武高新知识产权维权分中心，打造"12315""12345""OA投诉举报平台"等维权平台，在重点商超、企业设立维权援助工作站5个，形成网格化保护体系，2021—2022年开展联合专项执法行动2场，行政查处假冒专利案件154起、商标案件14起，受理商标投诉举报20余件，立案查处15件，涉案金额20余万元，为园区企业提供知识产权维权援助服务和维权资金支持13次；强化知识产权国际保护，2022年，江苏佰腾科技有限公司建立的江苏省应对美国337调查公平贸易工作站新增案件申请8件，发布《服务简报》20期，推送美国337调查立案与进展动态212条、涉外案件快报92条、专利预警分析81条，发布产业竞争力分析报告5篇，发布行业预警和337调查形势，形成《新能源硅钢海外知识产权预警报告》，为钢铁行业重点企业"走出去"提供风险预警和应对建议。第四批技术与创新支持中心（TISC）为江苏恒立液压股份有限公司、常州纳捷机电科技有限公司、光宝光电（常州）有限公司等全市20家骨干外贸出口企业解决外贸企业专利保护规范化管理、规避侵权风险、海外布局以及应对海外专利纠纷难题。

【武进区"科创江苏"试点区建设推进会暨2022武进国家高新区第八届海智对接交流会】 11月30日在新城希尔顿酒店举行，是"非武不栖 进无止境"2022常州·武进人才周系列活动之一，是连接海外人才、汇聚智力资源而搭建的海智专家与国内需求方精准对接的交流平台。由武进区政府、常州市科协主办，武进高新区管委会、武进区科协、侨联、工商联及日中科学技术文化中心等联合承办，各镇（开发区、街道）科协，在常高校、高层次创新创业和海归人才代表120余人参加。活动现场，武进高新区推介创新创业投资环境，举行"龙城英才计划"第二十批6个创业项目签约仪式；日中科技文化中心理事长、日本工程院外籍院士巨东英应聘为"武进国家高新区海智大使"；通过国际连线开展团队推介，围绕武进高新区产业特色，路演智能热处理系统开发及应用推广、次世代新能源汽车轻量化设计及制造等科创项目5个；10名领军型创新创业人才获颁"武进英才荣誉卡"；省科协企业创新服务中心、省学会服务中心、省国际科技交流与合作中心、省人工智能学会、区科技成果转移中心分别与武进高新区开展合作签约。

【2022"看见中国汽车"品牌巡礼全国行理想汽车站活动】 8月18日在理想汽车常州基地举行，"看见江苏汽车"活动启动并构建创新品牌联盟，理想汽车L9首台量产车下线。"看见中国汽车"品牌巡礼全国行由工业和信息化部发起并指导，中国汽车工业协会具体负责策划、组织并实施，是主流中国汽车品牌参与的汽车行业全国性活动、"中国汽车品牌向上发展专项行动"的重要部分，重点展示中国汽车产业技术创新实力。"看见江苏汽车"活动由江苏交通广播网主持人及全省车友代表组成多个探访

小组，走进省内汽车及零部件重点生产企业，以进厂探访、交流分享等形式，发掘企业优质产品和品牌文化，讲述江苏汽车品牌故事、展示品牌成就，多维度立体化传播推广“江苏汽车”，助力打造新能源汽车高质量发展高地。

（王晓芳）

中国以色列常州创新园

【概况】 中国以色列常州创新园（简称“中以常州创新园”）位于常州市“科创走廊”，启动区总面积22万平方米。2014年5月由科技部、江苏省政府与以色列经济产业部三方签约共建，2015年1月揭牌成立，是全国首个由中以两国政府共建的创新示范园区，在全国中以创新合作领域内保持合作机制、合作模式、合作成果三个领先，拥有江苏省中以产业技术研究院、以色列江苏创新中心、中以国际创新村等创新平台及载体。2022年6月，中以常州创新园党工委、管委会成立，机构规格为正处级。2022年，中以常州创新园围绕常州市“532”发展战略实施、“两湖”创新区建设，高质量推动中以创新合作，相关项目、活动被纳入《中以创新合作行动计划（2022—2024）》，累计引进以色列独资及中以合作企业188家，促成中以技术合作项目46个。

【中以常州创新园规划建设】 12月12日，《中以常州创新园城市设计》经市国土空间规划委员会会议审议通过。该设计方案由东南大学王建国院士团队和以色列设计团队合作编制，中以常州创新园作为常州“两湖”创新区规划的重要组团之一，明确核心区+拓展区的“一核一区”新总体布局，总面积72.5平方千米。其中，核心区7.84平方千米，位于常州市“科创走廊”，布局科技创新、中以国际合作核心功能，重点建设科创总部集聚区、商务办公服务区、金融小镇、精特新优产创融合基地，以及国际学校、医院等设施，聚焦学、研、产、创、投融合场景，打造“未来创新核”；拓展区64.65平方千米，位于西太湖（滆湖）之滨，布局生态科研、文旅休闲功能，面向滆湖湾，重点联动周边特色产业小镇，建设先进科创成果中试与转化基地、智慧农业成果转化样板田等设施，为园区预留弹性发展空间。年内，建设省重大项目中以国际创新村二期（中以数字谷）。

【中以常州创新园产业发展】 2022年，中以常州创新园新增高科技、国际化、“犹太+”项目36个，其中入选龙城英才计划项目10个，促成中以技术合作项目6个，6家以色列企业申报“中以常州创新园共建计划”，4家企业通过共建计划落户。在地区优势产业基础上，深化国际合作，瞄准科技前沿，集中力量发展培育新能源、新一代信息技术、智能制造、生命健康、现代农业等产业的创新型增长点。新能源领域成效初显，围绕太阳能、新能源汽车等产业链和创新链，集聚曦日新能源科技有限公司、福飒特汽车科技有限公司、羿邦新能源科技有限公司等重点企业，同步开拓国内及海外市场。新一代信息技术领域初具规模，集聚以皓鸣信息科技有限公司、科纳特软件有限公司等为代表的中以数字经济企业20余家，高层次技术人才200多人。智能制造领域优势突出，以泰迪泰迩汽车电子有限公司、璟和技创机器人有限公司等为代表的智造企业基础扎实，涌现凛灏科技有限公司、小域智能科技有限公司等高成长潜力的细分赛道领军企业。生命健康领域引领创新，主要聚焦于国内外最新技术成果的转化应用，以福洛森医疗科技有限公司、安普未来生物科技有限公司为代表的分子检测技术企业向全球分子诊断和基因科技领域拓展，以维卓致远医疗科技发展有限公司、健一医疗科技有限公司等为代表的智能医疗企业带动合作机构向智慧医疗领域升级。绿氾农业科技股份有限公司、沙漠农夫水产科技有限公司等现代农业领域企业发展加快，在细分产业领域保持领先优势。园区企业全年实现销售收入7.5亿元、税收1426万元。

【中以常州创新园对外合作】 2022年，中以常州创新园抢抓中以建交30周年机遇，从建设平台、拓展渠道、招引项目等方面做出中以合作标杆示范。年初，重启因疫情中断的外派人员驻以工作，通过广泛遴选和“中以青年人才开放创新训练营”系列专业课程培训，形成30人左右的驻以后备力量。至年底，驻以团队举办有规模、有影响的交流对接活动3场，通过零距离高效对接，推动3家以色列企业入驻以色列江苏创新中心，1家以色列企业揭榜国内企业技术需求。9月5日，园区核心创新载体中以国际创新村开村，6个中方创新园区与6个以方孵化器发起成立“中以创新园区6+6合作联盟”，省委书记吴政隆、科技部副部长张广军、以色列驻华大使潘绮瑞、市委书记陈金虎等到场见证。12月8日，合作联盟中方成员单位第一次会议在线上召开，中方成员单位中以常州创新园、中以（上海）创新园、青岛以色列国际客厅、广州国际生物岛（中以合作区）、中以（酒泉）绿色生态产业园、江宁开发区高新技术产业园派代表出席会议。该联盟在科技部指导下，遵循“开放共享，合作共赢”宗旨，整合各地各园区资源力量，共同推动中以创新合作。

【中以常州创新园项目活动被纳入《中以创新合作行动计划（2022—2024）》】 1月24日，国家副主席王岐山在北京以视频方式与以色列候任总理、外交部部长拉皮德共同主持召开中以创新合作联合委员会第五次会议，共同签署《中以创新合作行动计划（2022—2024）》，肯定“中以常州创新园共建计划”实施成效，继续支持中以常州创新园取得更多务实成果。中以常州创新园举办的中以创新合作和产业投资大会等活动，与常州市卫生健康委员会、以色列医疗局联合开展数字医疗合作等项目，均被纳入《中以创新合作行动计划（2022—2024）》的具体内容。

【江苏省中以常州创新园发展工作协调小组第二次会议召开】 2022年，省政府决定调整江苏省中以常州创新园发展工作协调小组成员及单位职责分工，推进中以常州创新园高质量发展。5月20日，江苏省中以常州创新园发展工作协调小组第二次会议在南京市召开，由省政府副秘书长张文浩主持，副省长胡广杰出席会议并作重要讲话，协调小组各成员单位代表，省委编办、人行南京分行（国家外汇管理局江苏省分局）、省地方金融监管局分管负责人参会。会议听取常州市市长盛蕾关于园区工作情况的汇报，研究讨论常州市有关恳请支持事项，同意在省级层面对中以常州创新园申报省级功能园区、开展海外投资试点、加强项目资金用地保障等事项给予支持。

【中以产业技术研究院成果转化】 2022年，中以产业技术研究院面向中国创新技术需求和以色列创新资源商业拓展需要，开展技术研发、成果转化、孵化加速、人才培育等方面工作，提供技术研发服务15项，举办产业研讨会5期，开展中以技术交流合作152次，促成中以技术转移及合作项目8项。招引“高科技、国际化、犹太+”特色科技型项目21个，完成对6个初创企业的天使期投资，投资企业总估值2亿元；组织召开中以科创学院第一届理事会会议，建立学院管理运营团队，培养人才4011人次。推进中以联合研究生培养项目，输送5名学院优秀毕业生赴以留学。实施“青年博士”计划，新增“青年博士联盟”成员10人，申报发明专利24件。

【中以国际创新村开村】 2022年9月，中以国际创新村开村。该创新村位于中以常州创新园启动区。一期项目面积8万平方米，总投资5亿元，建有以色列中国人才服务港、共享办公空间、文化交流中心等公共服务设施，打造具有以色列特色的“基布兹”国际社区（以色列的一种集体社区，过去主要从事农业生产，后发展为从事工业和高科技产业），入驻以色列及中以合作企业188家。二期项目“中以数字谷”被列入省重大项目，占地面积3.67公顷，总建筑面积13.5万平方米，重点发展数字经济，于2022年7月开工建设，计划2024年竣工投用，总投资15亿元。

【2022中国—以色列创新合作周系列活动举办】 9月5—9日，在中以常州创新园举办，庆祝中以建交30周年。该活动由科技部、以色列经济与产业部、江苏省人民政府、以色列驻华使馆主办，科技部国际合作司、以色列经济与产业部对外贸易局、以色列创新署、江苏省科技厅和常州市人民政府承办，以色列驻沪总领事馆、中国科学技术交流中心、长三角国家技术创新中心、中以常州创新园管委会协办，主题是“创新之季、合作之约”，聚焦科技、产业、投资、知识产权、教育、文化、卫生、金融等领域，举办论坛（研讨会）7场，签约合作项目36个，开展中以友谊音乐会等文化交流活动5场，线上、线下共5000余人次参加，吸引海内外100多家媒体密集报道。

（刘文宗）

9月5—9日，2022中国—以色列创新合作周系列活动举行

（供图/中以常州创新园）

常州西太湖科技产业园（江苏武进经济开发区）

【概况】 常州西太湖科技产业园（江苏武进经济开发区）位于西太湖（滆湖）北侧核心地带，管辖面积70.5平方千米（含滆湖水域14平方千米），沿江高速、常泰高速、312国道等干线公路，常州城市西高架、延政西路、长虹西路等城市主干道和京杭大运河穿境而过，交通便捷。2006年成立武进经济开发区，2013年武进西太湖生态休闲区更名为常州西太湖科技产业园（简称“西太湖科技产业园”），与武进经济开发区实行“一套班子、两块牌子”的管理体制，2015年获批筹建省级高新区，拥有国家石墨烯新材料高新技术产业化基地、常州国家医疗器械国际创新园、江南石墨烯研究院、常州西太湖细胞治疗前沿技术研究院、南京工业大学常州西太湖产业学院等产业载体与科创平台，是苏南国家自主创新示范区、苏南现代化建设示范区的重点平台。2022年，西太湖科技产业园（武进经济开发区）围绕“生态创新区、最美湖湾城”目标愿景，聚焦“新城市、新产业、新人才”主题定位，高质量推进科技创新、产业升级、新城开发、生态文明、社会发展、经营增效六大工程，全力开启“两湖”创新区核心区建设新篇章。拥有高新技术企业180家、境内外上市企业10家，全年实现地区生产总值207.22亿元，比2021年增长6%；完成工业总投资31.38亿元、规模以上工业产值321.07亿元，分别增长16.2%、11.8%；实现规模以上服务业营收89.61亿元、限额以上批零住餐销售额113.54亿元，分别增长27.3%、59.7%；一般公共预算收入19.73亿元，增长3.9%；外资及港澳台资到账资金1.19亿美元；居民人均可支配收入5.56万元，增长4.6%。西太湖科技产业园再次被认定为江苏省创业投资集聚发展示范区，西太湖电子商务产业园获评国家电子商务示范基地。

【“一高四新”产业发展】 2022年，西太湖科技产业园（武进经济开发区）加快产业优化升级步伐，发展高端医疗健康、新材料、新能源、新智造、新经济“一高四新”产业，强化产业链重大项目、头部企业招引，招引各类优质项目105个，其中投资10亿元以上项目8个、1亿元以上项目27个。

高端医疗健康产业　全年签约唯德康消化内镜长三角基地等项目27个。集聚江苏南方卫材医药股份有限公司、天衍医疗器材有限公司、福隆控股集团有限公司、江苏亚邦药业集团股份有限公司等健康制造业企业230多家，常州市星空医疗美容门诊有限公司、江苏蒙彼利生物科技有限公司等健康服务业企业近100家，累计获医疗器械产品注册证二类426张、三类150张。全年实现销售收入超105亿元，增幅51%。常州西太湖细胞治疗前沿技术研究院承办西太湖细胞和基因治疗前沿技术发展大会，常州医疗器械创业服务中心被认定为国家级科技企业孵化器，常州西太湖健康产业服务业集聚发展示范区入选2022年江苏省现代服务业高质量发展集聚示范区。

新材料产业　全年引进第六元素石墨烯半导体等石墨烯相关项目8个，石墨烯相关产业年产值近45亿元。常州中钢精密锻材有限公司、江苏晶雪节能科技股份有限公司、常州山由帝杉防护材料制造有限公司、常州富烯科技股份有限公司等新材料企业增幅较大。常州石墨烯科技产业园获批国家小型微型企业创业创新示范基地，江南石墨烯研究院成为江苏省先进碳材料产业链支撑机构，西太湖石墨烯技术创新联合体入选省级试点（全市唯一），西太湖碳材料产品认证中心成为全国首个具体独立法人资格的碳材料第三方检测认证机构，江南石墨烯研究院牵头建设的常州新型碳材料集群入选国家先进制造业集群名单。

新能源产业　集聚常州腾龙汽车零部件股份有限公司、常州联德电子有限公司等新能源汽车核心零部件企业19家，苏文电能科技股份有限公司、常州市科惠电力设备有限公司等新型电力企业15家，新纶新能源材料（常州）有限公司、常州百利锂电智慧工厂有限公司、江苏天奈科技股份有限公司等新能源电池相关企业21家。布局氢能产业，规划建设常州氢湾，打造氢能装备及核心零部件研发与制造基地、华东地区氢能源产业链差异化发展示范区、氢能源科技创新转化中心和氢能装备及核心零部件检验检测中心"一基地、一示范区、两中心"，引领氢能产业高质量发展。

新智造产业　集聚江苏海鸥冷却塔股份有限公司、常州联德电子有限公司、新纶电子材料（常州）有限公司等行业龙头企业和隐形冠军。年内新增国家级专精特新"小巨人"企业6家、省级专精特新中小企业29家，入选潜在独角兽企业4家、瞪羚企业9家。征图新视（江苏）科技股份有限公司研制的机器视觉智能化鲜切花分级设备（FS−Rsorting−8P）获江苏省首台（套）重大装备认定。

新经济产业　发展城市经济、文化旅游和科技金融等生产性服务业，建有西太湖电子商务产业园、西太湖影视产业基地、龙城金谷（南区）等新经济产业平台。市级金融平台龙城金谷（南区）累计集聚基金投资等机构666家，认缴注册资本575.51亿元，对外投资项目881个、投资额267.25亿元。西太湖电子商务产业园入选国家电子商务示范基地。西太湖影视产业基地剧组入驻量连续五年在全国同行业排名前五，全年接待游客1.86万人。2022西太湖国际音乐节、全国摩托艇锦标赛等大型赛事活动成功举办。

【西太湖科技产业园重大项目建设】 2022年，西太湖科技产业园（武进经济开发区）优化重点项目建设全程代办服务制度、重点项目领导挂钩联系机制，每月集中调度、重点推进，加快项目建设投产。实施区级及以上重点项目78个，其中新建项目54个，新增入库市重点项目8个、区重点项目27个。至年底，项目竣工28个。

富维海诺智能车灯光源模组项目　由常州亿诺光电科技有限公司实施，用地面积1.8公顷，新建厂房1.8万平方米，新增模组生产线、SMT（表面贴装技术）生产线、注塑机等主要设备19台（套），于3月开工，总投资3亿元，达产后可年产300万颗模组、PCBA（印刷线路板）800万片。

常美超高压医用球囊产品项目　由江苏云迈医疗器械有限公司实施，用地面积3.33公顷，新建厂房、办公用房等3.5万平方米，新增球囊成型机、拉伸机、激光焊接机、激光切割机、精密导管编织机等主要设备80台（套），于3月开工，总投资3亿元，达产后可年产超高压球囊产品150万（套）。

嘉轩智能永磁驱动系统项目　由江苏嘉轩智能工业科技股份有限公司实施，用地面积6.27公顷，新建研发实验室、生产车间等8万平方米，新增机加设备、浸漆烘干设备、试验台及附属设备等80台（套），于4月开工，总投资5.1亿元，达产后可年产高效节能驱动系统及配套设备8000台（套）。

莱胜大尺寸铝制圆柱电池壳项目　由常州莱胜新能源有限公司实施，用地面积3.33公顷，新建生产车间、研发用房等4万平方米，新增铝制电池壳成型生产整线，包括开卷机、冲杯机、拉伸机、切边机等主要设备12台（套），于5月开工，总投资3.85亿元，达产后可年产新能源铝制电池壳4亿支。

新科智能显示终端项目　由江苏常州武新产业投资有限公司实施，用地面积6.13公顷，新建厂房、办公用房等8.8万平方米，新增电视机总装线、模组生产线、SMT贴片机、断层检查仪、液晶屏切割线等生产检测设备30台（套），于11月竣工，总投资6亿元，达产后可年产各类电子显示器100万台（套）。

【西太湖科技产业园科技创新】 2022年，西太湖科技产业园（武进经济开发区）出台《促进创新发展的若干政策意见（试行）》，从企业主体创新、创新平台建设、创新创业生态等方面优化区域创新生态，激发创新主体活力，增强创新策源能力，推动产业链、创新链、人才链、资金链深度融合。发布长三角青年创新创业港规划，吉林大学常州技术转移中心、江苏省特检院国家氢能产品质量检验检测平台、组织工程国家工程研究中心江苏分中心、中石油—常州大学创新联合体落户。常州西太湖细胞治疗前沿技术研究院完成4个院士项目注册，合作共建的大学科技园等4个平台招引科技项目30个，累计集聚项目超100个。征图新视（江苏）科技股份有限公司建成国家级博士后科研工作站。园区新增入选"龙城英才计划"21个，其中A类项目6个，列全区第一，新增市领军型创新人才8人。由常州百利锂电智慧工厂有限公司牵头的锂电池材料高效绿色生产智能成套装备的关键技术及应用项目、常州磐诺仪器有限公司参与的环境中新污染物监测关键技术突破与示范应用项目获2021年度省科学技术奖二等奖。江苏先诺新材料科技有限公司承担的高强高模聚酰亚胺纤维研发及产业化项目入选省科技成果转化专项资金项目，获项目经费1500万元。全年申报市级及以上科技计划79个，获立项22个，其中省级3个，获项目经费1750万元；新增市级及以上“三站三中心”10个，其中省级3个；获专利授权1980件，其中发明专利194件，有效发明专利拥有量950件；净增高新技术企业36家，有效高新技术企业累计180家，入选潜在独角兽企业4家、瞪羚企业20家，瞪羚企业入选数在省级高新区中位列第一，全年完成规模以上高新技术产业产值258.82亿元，增长25.1%，占规模以上工业产值的80.6%。

【西太湖科技产业园产城融合】 2022年，西太湖科技产业园（武进经济开发区）融入常州“两湖”创新区战略，参与规划研究设计，协助编制“两湖”创新区概念规划、核心区城市设计，协助完成“两湖”综合交通规划、核心区控规、市政基础设施规划，核心区地下空间规划等。启动总面积97万平方米的核心区拆迁工程，年内完成32万平方米工程量。加快完善城市功能配套，“两湖”创新区规划展示馆建成开馆，常州星河万丽酒店建成运营，常州西太湖医院开放运营，西湖街道社区卫生服务中心建成投用并与常州市第二人民医院共建医联体。常州大学西太湖校区二期建成投用，石墨烯小镇烯望创智港竣工交付，西太湖外国语学校主体工程基本完工，腾龙大道智慧快速路改造一期启动段、常州南站配套工程（果香路）全面进场施工。开通“青年巴士”交通专线，和西湖街道整合建立“一站式”政务服务大厅。启动“星湖荟”1号店建设，肯德基、麦合等核心区服务业首店项目入驻。

【西太湖电子商务产业园入选国家电子商务示范基地】 内容参见“商贸服务业”类目p121相关条目。

【晶雪节能获评全国质量标杆】 10月，在2022年全国质量标杆典型经验遴选和交流活动中，江苏晶雪节能科技股份有限公司（简称“晶雪节能”）申报的“构建以‘S-M-S’驱动的高质量管控模式的实施经验”获评全国质量标杆，是全市唯一入选企业，也是行业内首个获此

晶雪节能生产线　　（供图/西太湖科技产业园　摄于2021年8月）

荣誉的企业。该实施经验是企业创建国际一流冷库库体和节能厂房围护整体解决方案中探索形成的，以“S-M-S”驱动的高质量管控模式主要通过战略、市场、生态三者相互驱动、相互支撑，构建产品设计、制造和服务的纵向集成和企业横向价值链集成，打造冷链物流系统制造行业的创新模式标杆，为客户提供一体化系统解决方案。该模式的应用推动公司进入高端市场，先后承担“上海特斯拉超级工厂”“巴西费拉兹南极科学考察站”等重大建设项目，在同行业具备复制推广价值。

（周　健）

【常州石墨烯科技产业园获评国家小型微型企业创业创新示范基地】 2022年12月，常州石墨烯科技产业园被工业和信息化部认定为国家小型微型企业创业创新示范基地，是全市唯一获评基地。该产业园位于西太湖科技产业园兰香路8号，由常州西太湖科技产业园管委会下属国资公司出资建设，委托江南石墨烯研究院运营，是国内首个以石墨烯为发展重点的碳材料专题园区，也是全国唯一获批的国家级石墨烯新材料高新技术产业化基地，总建筑面积25万平方米，于2015年正式开园。集聚江南石墨烯研究院、江苏省石墨烯创新中心、南京工业大学西太湖产业学院、常州大学碳材料研究院、常州先导石墨烯高端制造装备协同创新促进中心5个研发平台，有专职创新创业服务人员22人，主要从事石墨烯及先进碳材料的应用技术开发、企业孵化及创新创业服务，为入驻企业提供财税、知识产权、广告宣传、法律、技术咨询、投融资、科技咨询等8类专业服务，2020年被省工业和信息化厅认定为小型微型企业创业创新示范基地。2022年，投入1105万元，购置检测设备11台（套），形成涵盖检验检测、标准认证、创业孵化、信息共享、成果转化、投融资在内的公共服务体系。至年底，集聚服务机构18家，累计服务企业172家，服务人数超500人；入驻企业151家，提供就业岗位6493个，企业产值48亿元；累计获授权专利1648件，其中发明专利365件、PCT专利22件。

（朱江宁　薛舒明）

【江苏省石墨烯产业技术创新联合体入选省级试点】 11月，省科技厅发布2022年度江苏省创新联合体建设试点名单，江苏省石墨烯产业技术创新联合体入选，成为全省10家创新联合体建设试点之一，是全市唯一获批单位。该联合体由江苏省石墨烯创新中心牵头成立，联盟单位有常州第六元素材料科技股份有限公司、常州富烯科技股份有限公司、国成仪器（常州）有限公司、江南石墨烯研究院、东南大学等省内科研院校和产业链优势企业。试点期内，围绕新一代半导体集成电路、网络通信技术、新能源科技、电力能源、轨道交通等国家重点领域的发展需求，聚焦石墨烯行业的重大创新，重点推动石墨烯高端装备、制备等共性关键技术研究，引领石墨烯技术创新突破、成果转移转化

和应用产业化，最终形成石墨烯材料制备、应用开发、终端应用等关键环节良性互动的石墨烯产业体系。

【2022年西太湖细胞和基因治疗前沿技术发展大会】 3月26—27日，以线上直播形式举行。该大会由农工党中央科技工作委员会、农工党中央生物技术与药学工作委员会、常州市人民政府主办，武进区人民政府、常州西太湖细胞治疗前沿技术研究院、中关村国际细胞治疗产业创新联盟承办，4万多人次观看直播。会上，中国科学院院士王福生、阎锡蕴和中国工程院院士田志刚分别作“重大传染病细胞治疗的临床研究进展”“基于CD146-LCK相互作用的新型Car-T设计及实体瘤治疗”“合成免疫技术与智能型NK细胞”主旨发言，举行“干细胞转化研究与规范应用”“脑肿瘤创新药物临床试验与再创新研究”等专题报告30多场、路演项目13个，集中展示中国细胞和基因治疗的产业现状和前沿技术。

【省药监局审评核查常州分中心在武进投运】 6月30日，江苏省药品监督管理局审评核查常州分中心在西太湖科技产业园投运。该中心位于常州市医药产业创新中心4楼，是江苏省药品监督管理局审评中心和江苏省药品监督管理局审核查验中心的联合派出机构，按照“省管市有”模式运行，在审评中心和核查中心的统一调度下，可承担常州市及周边地区相关药品、医疗器械及化妆品技术审评任务和许可检查任务。首次赋权事项清单包括便民办理、便民受理、一类审评、一类核查四大类69项。至年底，完成常州地区各类办件2066件。其中，办理便民受理事项1305件、便民办理事项543件、医疗器械延续注册审评103件；药品核查事项3件；器械经办注册及注册变更核查事项101件；医疗器械生产许可11件。

【第二届长三角两岸青年创新创业大赛总决赛在武进举行】 7月29日，第二届长三角两岸青年创新创业大赛总决赛在武进九洲花园酒店举行。第二届长三角两岸青年创新创业大赛由苏台青创联盟主办，两岸企业家峰会中小企业合作及青年创业推进小组为支持单位，国台办经济局、长三角三省一市台办为指导单位，常州市台办、常州西太湖科技产业园承办，主题是“筑梦长三角、青年共发展”，于5月启动报名，经专家初评，涵盖电子信息、智能科技、现代医疗、电机电子、健康医疗、新材料等行业领域的30个项目晋级总决赛。最终，膝关节前交叉韧带等长重建术前智能规划系统项目和先进采血生命芯片项目获一等奖，智能显示屏主动式驱动芯片项目等4个项目获二等奖，半导体真空腔体核心零部件一站式整合服务等8个项目获三等奖。赛间，长三角两岸青年创新创业培训中心、长三角两岸青年创新创业成果转化中心成立，落户西太湖科技产业园，促进长三角两岸青创科技成果转化，构建产学研金融平台，推动产业项目落地发展。

（周　健）

6月30日，省药监局审评核查常州分中心运行　　（摄影/周健）

住房和城乡建设部（武进）绿色建筑产业集聚示范区

【概况】 住房和城乡建设部（武进）绿色建筑产业集聚示范区（简称“武进绿建区”），位于武进中心城区西南部、西太湖东岸线，紧邻龙江路高架和江宜高速，核心区面积约3平方千米，是部省共建、全国唯一的绿色建筑产业集聚示范区。2022年，武进绿建区持续发挥绿色建筑产业优势，推进产业集聚和示范引领，加快建设中欧（常州）绿色创新园、全国绿色建筑推广示范先行区和长三角建筑科技创新中心，增强绿色建筑展示度和特色性。引进西安联美（常州）环保设备研发总部项目、中欧蔚蓝谷项目、德国高端精密制造项目等绿色建筑重大项目6个，围绕打造数字建筑、智能建造生态，招引深圳小库科技有限公司、上海秉匠信息科技有限公司等科技型项目30多个。新增省重大项目1个、区重点产业项目8个，新增投资超21.5亿元，至年底，项目新开工11个、竣工6个。围绕重大创新平台引育、人才项目提质增效、高新技术企业三年倍增计划三大方向，招引科技型企业33家、海外人才29人，净增高新技术企业20家，累计39家，比2021年增长1倍；长三角绿色建筑与韧性城市技术联合创新中心成立，全国首个长三角碳管理体系研究院揭牌；中欧（常州）绿色创新园加快建设，中欧低碳学堂揭牌成立，武进区首个驻奥地利离岸孵化器设立。全年审查绿色建筑面积超200万平方米、装配式建筑面积超150万平方米，新增海绵城市占地面积超150万平方米。在绿建核心区的科技辐射带动下，武进区绿色建筑产业持续向好，绿色建筑产业规模以上或资质企业超470家，总产值923.3亿元，其中规模以上工业产值超646.7亿元，分别比2021年增长1.46%、12%；园区开票销售收入93.06亿元、税收2.17亿元，分别增长28.3%、35.3%；武进区海绵城市建设行政中心片区建设项目入围中国“全域海绵”典范项目，武进绿建区被列为常州市产改特色试点园区。

【绿色建筑重大项目招引与建设】 2022年，武进绿建区紧盯建链补链强链，招引西安联美（常州）环保设备研发总部项目、中欧蔚蓝谷项目、德国高端精密制造项目3个优质项目，总投资48亿元。至年底，开工建设重点项目11个，完成年度投资6.5亿元，增长58%，开工面积超18万平方米，立华股份总部研发基地等6个重点项目竣工投运，竣工总面积超6万平方米。

西安联美（常州）环保设备研发总部项目　于1月落户，由西安联美生物科技有限公司投资建设，用地面积2.67公顷，总投资3亿元。该项目导入西安联美生物科技有限公司优质资源，引进核心技术研发团队成员，设立环保设备研发及产业化总部，建立面向城市生活垃圾生物资源化利用的工业生物链技术中心，开发固废及水处理相关成套环保机械设备，打造新一代基于工业生物链理论的生活垃圾处理的装备研发中心。

中欧蔚蓝谷项目　由奥地利欧本德弗集团与欧中（江苏）低碳产业创业投资有限公司共同投资建设，于12月签约，规划用地面积8.8公顷，总投资2亿美元。该项目定位为奥地利欧本德弗集团中国建筑数字化产业研发功能总部、中欧低碳产业创新中心，建设“一院一群一示范三平台”，即欧本德弗产业数字化低碳建筑研究院、建筑数字化产业创新集群、中欧零碳建筑示范和中欧合作平台、绿色创新平台、综合服务平台。

德国高端精密制造项目　由比利时哈科集团投资建设，项目中国区总部及未来上市主体于12月落户，用地面积7.87公顷，总投资10亿元。该项目利用德国公司工业母机集群优势，针对航空航天、新能源车、风电、轨道交通等领域核心关键部件加工，引入上下游生态合作伙伴，共同打造航空航天高端装备产业园，引进德国五轴联动型材加工中心、数控五轴联动龙门加工中心和车铣复合加工中心整套技术，并实现产业化。

江理工绿建区协同创新园　是省重大项目，于9月20日开工。该项目紧邻“两湖”创新区核心区域，东至蒋公路、西至湖滨路、南至聚湖西路、北至G312，占地面积137公顷、规划建筑面积约120万平方米。新建工程一期项目计划投资约76亿元，建筑面积82万平方米。其中，江苏理工学院新校区70万平方米，中小学、科研孵化楼等12万平方米。按照“水为脉、绿为核，匠为魂、扬新帆”设计理念，打造校城一体、产教融合的创新创业基地，实现产业优势与科技、人才、学科优势对接融合。

长三角低碳循环创研谷　是区重点项目，由江苏合欣实业有限公司投资建设，于4月29日开工。该项目位于武进绿建区横溪路以南、漕溪路以西，用地面积3.89公顷，总建筑面积7万平方米，总投资3.02亿元。突出高科技生态的产业发展理念，建设环保设备和建筑科技产业的总部创投基地，主要吸引建筑、环保、智能装备等领域高新技术企业总部及研发孵化基地，打造集企业总部、研发设计、中试成果转化、产品展示和生产性服务功能于一体的生产性服务业集聚地，形成聚合上下游高端产业的集群。

亿泽智研谷·常州区块链融合科创园　由亿泽科技产业发展（常州）有限公司投资建设，于3月28日开工。该项目位于武进绿建区横溪路南侧、龙江路东，用地面积1.62公顷，总建筑面积4万平方米，总投资1.2亿元。将区块链技术应用于企业生产制造场景，融合去中心化资产识别、生产数据信任化识别及储存、供应链金融、采购联盟、大数据服务，打造“区块链＋工业4.0”新型企业坞，助推园区企业降本增效。

新环绿色建造研发总部　由江苏新环建设工程有限公司投资建设，于6月28日开工。该项目位于武进绿建区横溪路以北、漕溪路以东，用地面积0.8公顷，总建筑面积2万平方米，总投资1.01亿元。按绿色建筑设计标识三星级规划建设，建成后主要用于建筑新材料研发、技术培训等，可形成年培训1万人次、开办各类技术职业技能培训20场次的培训能力。

上海交大设计总院木结构研究中心、江苏华亚工程甲级设计院总部基地　由江苏程长建筑科技有限公司投资建设，于9月28日奠基。该项目位于武进绿建区核心区，用地面积0.89公顷，总建筑面积2.76万平方米，计划总投资超1.2亿元，被列入区重点项目库。主要打造“四平台一总部”，即上海交大设计研究总院常州木结构研究分院、上海交大设计研究总院木结构研究中心、交大现代木结构工程实训中心、上海交大设计研究总院新材料联合实验室四大科研平台，以及华亚建筑工程甲级设计院总部基地，秉承匠心传承传统木构、创新发展现代木构、推动研发装配木构的发展理念，致力中国传统与现代木结构的创新结合与应用，以及现代木结构在国内的推广应用，重点开展装配式绿色木建筑技术研究，推广有中国特色的健康、绿色、智能木建筑产品。

立华股份总部研发基地　位于延政大道北侧，由江苏立华牧业股份有限公司投资建设，于11月落成投用，总建

11月，立华股份总部研发基地落成投用　（供图／武进绿建区）

筑面积6.9万平方米，总投资4.6亿元。该项目对标绿色建筑三星级指标要求，建设办公楼、科研楼、配套用房、人才公寓等，在设计、建造及运维中综合采用高性能围护结构、自然采光、高性能设备、可再生能源系统、海绵城市等绿色低碳技术，选用节能节材的设备与绿色建筑材料，是2019版《绿色建筑评价标准》实施后，全市首个三星级大型绿色公共建筑、全国畜牧业行业首个三星级大型绿色公共建筑。

【绿色技术运用示范与实践推广】 2022年，武进绿建区审查绿色建筑项目建筑面积200多万平方米，其中二星级及以上项目面积占比超过65%；审查装配式建筑面积150多万平方米，占新开工民用建筑比例超过50%；海绵城市专项审查总占地面积超150万平方米。武进区海绵城市建设行政中心片区建设项目入围中国“全域海绵”典范项目，得到《中国建设报》专题报道。“基于BIM的建筑构件全生命周期碳排放计算平台”“基于数字孪生的城市地下管网运营平台”2个项目被认定为2022年智慧江苏重点工程。常州工程职业技术学院现代建筑技术馆项目获批江苏省绿色建筑创新奖三等奖。常州新城九熙台苑和常州新城樾华名苑获批绿色建筑二星运行标识，立华股份总部研发基地项目获绿色建筑三星预评价证书。

【武进区海绵城市建设行政中心片区建设项目入围中国“全域海绵”典范项目】 12月，2022年度中国“全域海绵”典范项目终评入围案例揭晓，武进区海绵城市建设行政中心片区建设项目名列其中。该项目位于武进中心城区核心区，东至半夜浜和花园街、西至武宜中路、南至延政中大道和武进假日酒店、北至长虹中路高架，区域面积1.1平方千米，于2017年12月启动建设，2020年12月总体完成，海绵投资达6040万元。以老城区改造为主，将海绵城市建设理念贯穿城市规划、建设与管理全过程，实施海绵城市综合改造、低影响开发雨水系统建设、既有建筑改造、片区景观提升等工程。武进区从试点项目出发，以点带面、系统全域推进海绵城市建设，打造武进海绵城市建设模式，提升全区水生态、水安全、水环境和水资源水平，建设具有连片效应、海绵功能的宜居城区。经过试点建设，水安全问题得到解决，重点解决淹城东侧武宜路、延政路严重积水问题和丰乐公寓一、二期淹涝问题，汛期多场降雨监测数据显示，历史积水点全部消除。核心区护城河清澈见底，2020年3月监测结果显示，水质达Ⅲ类水标准。结合地块已有改造或建设计划、周边空间、管理主体协调等情况，有针对性地制定各控规单元切实可达的年径流总量控制指标，综合规划区域年径流总量控制率达77%的规划目标要求。

【“数字技术赋能建筑全生命周期低碳发展”入选国家级数字科技企业数字化绿色化协同转型发展典型案例】 9月，“数字技术赋能建筑全生命周期低碳发展”被中央网信办信息化发展局认定为2022年度数字科技企业数字化绿色化协同转型发展典型案例，是全市唯一入选案例。该案例由武进绿建区联合江苏绿和环境科技有限公司（简称“绿和环境公司”）、江苏绿瓴数字城市与智能建造研究院有限公司共同实施，开发基于BIM（建筑信息模型）的建筑全生命周期碳排放计算平台与建筑垃圾资源利用数字化管理平台，依托数字化技术，解决建筑在建造过程中碳排放数据不互通、信息不透明、难于管理等情况，改变建筑业数据原本割裂、孤立和分散的状态，促进产业链高效整合，为低碳示范园区建设提供数字化支撑，可运用大数据技术直观园区碳排放情况，针对性提出降碳建议。依托绿和环境公司在建筑垃圾资源化利用领域先行地位，探索研发建筑垃圾“进厂—分拣—回收—再利用”的全周期、多方位智能化监测技术、评估模型和决策方法，真正实现建筑从设计到拆除再利用的全生命周期数字可视化。

【2个项目入选智慧江苏重点工程】 10月28日，常州市武进区绿色建筑和建筑产业现代化推广办公室申报的“基于BIM的建筑构件全生命周期碳排放计算平台”、久瓴（江苏）数字智能科技有限公司申报的“基于数字孪生的城市地下管网运营平台”项目被省信息化领导小组办公室认定为2022年智慧江苏重点工程。

基于BIM的建筑构件全生命周期碳排放计算平台　由常州市武进区绿色建筑和建筑产业现代化推广办公室牵头搭建，是全市唯一入选的、由政府牵头建设的智慧平台工程。该项目通过建筑构件碳排放计算的应用理论、测算方法、计量工具等开展研究；应用建筑信息模型、物联网、无人机、人工智能、大数据等先进技术构建双碳仿真数据模型，建立集空、天、地于一体的建筑碳排放数据采集模型，提取建筑构件碳排放基础数据；研发自主可控的建筑信息模型引擎，基于建筑信息模型技术构建信息数据库，对各类建筑材料和施工工序编码。建设基于建筑信息模型的建设项目全生命周期碳排放计量模型构架，以建筑碳排放决策模型引擎为依托，搭建基于建筑信息模型的建筑构件全生命周期碳排放计算平台。

基于数字孪生的城市地下管网运营平台　由久瓴（江苏）数字智能科技有限公司建设，依托自主研发的数字孪生技术，以城市电力、燃气、通信、热力、给排水等工程管线及城市综合管廊为服务对象，利用三维数字地图，融合各类管道业务指标和运行数据，实现地下管网场景可视化，助力解决地下管网运维过程中平台割裂、数据分散、管理复杂等问题，赋予城市地下管网可看、可查、可管、可控、可预测的“五感”能力。该项目以上海和常州示范场景为基础，按照以点串线、以线成面、以面扩体思路，实现长三角地区城市地下空间管理全面数字化转型。

【常州工程职业技术学院现代建筑技术馆项目获批江苏省绿色建筑创新奖三等奖】 2022年12月，经国际绿色建筑联盟、江苏省绿色建筑协会评选，常州工程职业技术学院现代建筑技术馆项目获评2022年度江苏省绿色建筑创新奖三等奖。该项目属于常州工程职业技术学院新增建筑，占地面积9710平方米，建筑面积9070.57平方米，于2018年9月投入运营，总投资3000万元。按绿色建筑三星级要求设计建设，采用太阳能光伏、屋顶绿化、透水铺装等绿色建筑技术，以及国际领先的“无支撑全预制装配结构体系”，整体预制装配率为63.2%，是全市首个全预制混凝土框架结构绿色三星建筑示范工程。相关技术获发明专利和实用新型专利，立项江苏省住房和城乡建设厅装配式建筑示范项目、住房和城乡建设部示范项目。至2022年年底，绿色节能运行效果良好，太阳能光伏累计发电35万千瓦时，雨水回用等设施累计节水3800余吨。

【长三角碳管理体系研究院揭牌】 11月10日，在2022城市能源互联网产业发展论坛上，长三角碳管理体系研究院揭牌成立。该研究院由武进绿建区、常州产业投资集团、上海环境能源交易所三方共同建立，重点围绕碳管理体系的研究与发展、能源智慧管理、碳市场等领域，建设跨学科交叉、跨领域融合、多主体协同的科技公共服务平台，为行业、园区、企业提供高水平排放核算、能源管理等服务。依托上海环境能源交易所，发挥低碳技术、节能减排、资源解决、金融服务、人才管理优势，为碳管理体系发展提供技术支撑。

【中欧低碳学堂揭牌成立】 11月11日，在2022数字赋能绿色发展国际峰会暨智领行动启动仪式上，中欧低碳学堂揭牌成立。该学堂实行理事会领导下的院长负责制，理事会成员由政府、研究机构和企业代表组成，总部选址中科绿色科技产业园5号楼，先期建设面积3000平方米。根植于“打造中欧绿色合作伙伴关系”，服务中欧工业对话磋商机制，与中欧相关高校、机构、重点企业合作共建低碳人才培养体系，形成以中欧（常州）绿色创新园为主、若干合作伙伴为补充的“1+N”创新合作平台。围绕绿色建筑、新能源、节能环保等绿色低碳领域，开展中欧高技能人才培养，每年开展相关技能培训不低于20场，培养各类高技能人才不少于2000人次，为促进绿色低碳产业高质量发展和地方创新发展增加人才支撑，形成有益示范。

【长三角绿色建筑与韧性城市技术联合创新中心成立】 11月24日，长三角绿色建筑与韧性城市技术联合创新中心成立。该中心由武进绿建区与上海市政总院联合发起，集科技研发、推广应用于一体，由院士等领衔建设博士后联合培养基地、研究生实习基地和五大研究所

11月24日，长三角绿色建筑与韧性城市产业技术联合创新中心成立

（供图/武进绿建区）

（碳中和与绿色投资研究所、绿色建筑与海绵城市研究所、韧性城市与数字智慧研究所、绿色建材与资源利用研究所、“两湖”创新研究所），发挥武进绿色建筑产业先行优势和上海市政总院专业优势，构建绿色建筑与韧性城市产业技术研发平台、技术转移平台、人才培育平台、国际合作平台，联合攻关绿色建筑与韧性城市产业领域共性、关键性、前瞻性技术，实现技术研究、试点示范、标准推广、产业化之间的良性互动。

【武进区首个驻奥地利离岸孵化器设立】 9月，武进区首个驻奥地利离岸孵化器签约设立。该孵化器位于维也纳市中心第4区，紧邻维也纳技术大学主校区，实行“海外孵化、国内加速”模式，直接吸纳当地一流人才和技术，以“带土移植”方式引导优质项目落户中欧（常州）绿色创新园，促进中奥双方在科技交流、项目、人才方面深化合作，助力中奥间绿色低碳产业发展，服务中欧（常州）绿色创新园在中欧工业对话磋商机制相关内容的建设，打造中奥绿色低碳领域创新合作平台。

【2022“龙城英才计划”长三角邀请赛暨中欧绿色低碳产业创新创业大赛】 6月14日，在武进绿建区举行，常州科教城和武进区各镇（开发区）相关部门负责人、重点企业代表及金融与创投机构负责人等约100人参加。活动现场，双碳技术创新中心（离岸孵化器）揭牌，西太湖国际人才社区、星河创客工寓等8个人才公寓获“高层次人才服务联盟人才公寓”授牌，深圳高层次人才促进会获武进区“引才合伙人”聘书，武进绿建区与上海九颂山河股权投资有限公司共同发起成立绿谷九颂人才基金，长三角绿色建筑与韧性城市产业技术联合创新中心平台项目发布，武进绿建区与拨云中欧绿色人才创新谷开展重大人才平台签约，与江苏卓每智能科技有限公司、常州智砼绿色建筑科技有限公司、常州长映科技有限公司、翰翔精工科技（常州）有限公司开展人才项目入驻签约。2022“龙城英才计划”长三角邀请赛暨中欧绿色低碳产业创新创业大赛线上路演同时举行，分为绿色低碳、智能制造、智能建造与数字城市3个组别，参赛项目30个。

【江苏—欧盟绿色建材对接会】 4月28日，在武进绿建区举行。该活动由中国国际贸易促进委员会商业行业委员会、中国国际贸易促进委员会江苏省分会、常州市商务局、中国国际贸易促进委员会常州市支会、武进绿建区等共同举办，近50家江苏绿色建材生产制造企业，60余家来自欧盟国家从事房地产开发与建筑建造的采购商参加。对接产品集中在木材地板、玻璃制品、门窗、五金工具、智能家居、智能建材等领域，30多家国内供应商企业和境外采购商达成初步合作意向。

（张　丽）

农 业

Agriculture

栏目编辑　颜　赶

综　述

【概况】 2022年，武进区推进现代农业建设，投资3149.49万元，新建高标准农田1133.33公顷。全区水稻种植面积3960公顷、小麦种植面积1670公顷，粮食生产全程机械化水平96.77%，特色农业机械化水平72.1%；花木种植面积7834公顷，花木销售额20.22亿元，夏溪花木市场完成交易额186.50亿元；引进种植水蜜桃、葡萄、梨等品种10余个，果品栽培面积4111.67公顷，蔬菜常年性耕地面积稳定在2013.33公顷；水产养殖面积2626.61公顷，水产品总量3.22万吨，产值7.05亿元；生猪存栏4.62万头，其中能繁母猪存栏0.85万头，年内出栏7.01万头，畜牧业总产值2.75亿元。实施省级重大项目12个（产业融合6个、要害工程2个、乡村建设4个），完成投资额5.61亿元。实施水稻等重要农业品种科技创新，水稻新品种通过省级及以上审定11个。培植经营主体，新增农业龙头企业市级2家、区级8家，区级及以上龙头企业年度销售额达351.81亿元，较2021年上涨4.7%。成功申报省乡村休闲旅游农业特色模式（项目）2个、省乡村休闲运动基地2个，创成省级示范农民专业合作社（家庭农场）4家、市级“双百”示范农民专业合作社（家庭农场）20家。打造优势农产品品牌，举办阳湖果品节、农民丰收节、年货节等活动，提升“阳湖果品”“夏溪花木”“滆湖鲜”等特色品牌知名度。实施“武进农家”三年行动计划，推动武进农家“一平米”建设，打通本地农产品销售新渠道；发布“阳湖·吾家菜”武进预制菜区域公共品牌，以及雪堰“春、夏、秋、冬”和南环线5条农业旅游线路。全区累计拥有“二品一标”（绿色食品认证、有机农产品认证、农产品地理标志产品认证）产品91个、市名优农产品27个、省（市、区）级品牌目录49个、省级绿色优质农产品基地6个，绿色优质农产品占比69.46%。组织新申报绿色食品（含续展）27个、有机农产品（含再认证）13个，涉及面积1733.33公顷。推进绿色优质农产品基地（简称“绿优基地”）创建，创成绿优基地6个，总面积5013.33公顷。前黄鑫丰家庭农场获评“淮味千年”杯2022江苏最美绿色食品（蔬菜）企业评选优秀奖。推进农业信息化建设，武进区获评全国县域信息化发展先进县，3家单位入选江苏省数字农业示范案例。全区农产品电商线上、线下销售额累计突破20亿元，电子商务培训300余人次。实施高素质农民培训，参加各级农民教育培训2146人。落实惠农政策，拨付2021年度农村生态补偿资金2645.66万元。推进农业保险发展，累计开展农业保险品种26个，全年签单保费4353.06万元，增长14.7%。武进区入选第三批国家农业绿色发展先行区创建名单，成为全省竞争性类型示范区创建唯一入选地区。优化实施新一轮农村生态补偿政策的举措得到国务院领导批示。

【高标准农田建设】 2022年，武进区持续推进高标准农田项目建设，改善农业生产基本条件，提高农业综合生产能力。完成国家级高标准农田建设项目6个，分别为2021年度前黄镇大成丁舍片、坊前片，礼嘉镇，雪堰镇浒庄片，洛阳镇友谊小留片、洛东片高标准农田建设项目，建设规模1133.33公顷（按照武进区“第三次国土调查”数据，其中耕地面积496.45公顷），总投资3149.49万元。区农业农村局获评2021年全省高标准农田建设成效显著单位。全区高标准农田建设获省政府督查激励。

【武进区获评全国县域农业农村信息化发展先进县】 12月，农业农村部信息中心发布2022全国县域农业农村信息化发展水平评价工作结果，武进区获评2022全国县域农业农村信息化发展先进县。武进区围绕现代农业发展的主线，充分利用现代信息技术改造、提升农业，深入推进“互联网+”现代农业融合发展，重点推动农业物联网技术在粮油、畜禽、园艺、水产等领域的推广和应用，以示范点带动周边智能化、数字化、自动化生产，编织“智能监管一张网”“智慧生产一张网”和“惠农服务一张网”，促进农业转型升级和长效发展。2022年，以打造乡村数字经济发展新高地为目标，推进全域数字平台建设，探索建立种植业智能管理、“数字化+精准化”农安监管、渔业智能化监管，实现全域数字化管理；推动物联网建设，建设小型气象站130个，覆盖面积超26.67公顷；完成武进智慧渔业平台一期建设，建成水质观测站100余个，实现水温、溶解氧等常用指标实时监测。

【农产品质量安全监管】 2022年，武进区推进食用农产品“治违禁、控药残、促提升”三年行动，出台水产品质量安全提升三年行动方案、水产品质量安全专项整治行动方案等文件，开展联合执法，加强“行刑链接”，办理一批典型案件，取得专项整治显著成效。区农业农村局探索建立“数字化＋网格化”精准监管模式，推进区农安智慧监管平台建设，草拟武进区村级服务站运行管理办法，联合区市场监管、财政局发布《武进区食用农产品双证上市制度工作方案（试行）》。全区累计建成农产品质量安全村级服务站40个，各类农业主体累计开具合格证400余万张。完成各级各类定量抽检1920批次、定性抽检2万余批次，其中采用胶体金快速检测方法1.4万批次，23家单位获评A级信用主体。督促提升全区基层农产品质量安全监管服务能力，获评江苏省五星级农产品质量安全监管站1个、四星级农产品质量安全监管站2个，数量均居全市第一。印发《武进区推进现代农业全产业链标准化建设意见》，着力构建水蜜桃全产业链标准化体系。

【农产品电商销售】 2022年，武进区注重培育、发展农产品电子商务，做好2021年度农产品电子商务示范补助工作，共计补助17家单位165万元。组织开展农产品电子商务培训，在礼嘉、嘉泽等镇举办电商培训班，鼓励参训学员把握电商发展趋势，争做懂农业、懂电商、懂市场的“新农人”，共计培训300余人次，其中线上培训150余人次。积极参加特色农产品云展销年货节活动，优选24家农企、200余款年货产品参与年货节直播活动，实现线上观看人数超30万人，累计完成“阳湖有礼”年货礼盒销售额近400万元。全区农产品电商线上、线下累计销售额突破20亿元。

【政策性农业保险】 2022年，武进区农业保险工作平稳进行，各级财政补贴资金3820万元。开展农业保险品种17个，全年累计签单保费4042.81万元，较2021年增长14.04%，理赔结案率100%，综合赔付率57.94%。农业保险保额增幅超过第一产业增加值增幅，增速程度为771.71%。水稻、小麦、玉米三大主粮保险覆盖率75.34%，育肥猪保险覆盖率45.31%。

【新品种新技术推广】 2022年，武进区继续实施基层农技推广体系改革与发展项目，遴选37名技术指导员，组建3个农业主推技术专家团队，对全区（稻麦、林果、水产）三大主导产业550户科技示范户进行示范推广，采取“专家团队＋主推技术＋示范基地＋农业经营主体＋农户”链条式技术推广服务模式，助推主推技术应用普及，带动全区主导产业发展。全区累计引进和推广水果、蔬菜、水稻、水产等农业新品种19个，优良品种率均达到95%以上；推广重大农业增产技术22项，农民受益面80%。完成“稻鸭共作”综合种养模式试点30.4公顷，积极推广水稻绿色种植技术。加快水稻产业转型升级，积极发展优良食味稻米品种，全区优良食味稻米品种占水稻种植面积超75%。

【农产品优选品牌评选】 2022年年底，武进区累计拥有“二品一标”产品数量91个、市名优农产品27个、入选省市区农业品牌目录49个、省级绿色优质农产品基地6个，涉及面积5013.33公顷，绿色优质农产品占比达69.46%。新申报绿色食品（含续展）27个、有机农产品（含再认证）13个，涉及面积1733.33公顷。持续推进省级绿色优质农产品基地创建工作，重点督促已创成基地持续规范管理、健全体系，压实基地监管责任。武进区前黄鑫丰家庭农场获评“淮味千年”杯2022江苏最美绿色食品（蔬菜）企业评选优秀奖。重点培育“阳湖果品”“夏溪花木”区域公用品牌，推进实施阳湖水蜜桃“双地标”项目（国家地理标志农产品保护工程项目、省商标品牌培育保护项目）。

【2022武进区“中国农民丰收节”】 10月31日，在前黄镇联庆村举行，常州市委常委、武进区委书记乔俊杰出席开幕式并讲话，强调认真学习宣传贯彻中共二十大精神和省、市有关会议精神，全面推进乡村振兴，坚持农业农村优先发展，大力推进农业农村现代化，扎实促进农民农村共同富裕，在奋勇迈向农业强国的新征途中展现更多“武进力量”。活动现场，《武进区南环线农业旅游线路推荐》、“阳湖·吾家菜”品牌先后发布，前黄镇联庆村生态农业实践示范基地获授牌，2022年武进水稻新品种公布，武进乡村振兴红盟——稻米产业联营合作单位签约，为荣获“江苏好大米”称号的获奖者颁奖。新时代文明实践活动同步开展，充分展现农村生活的新变化、新气象。

横山桥镇东周村莲藕种植基地丰收的景象（组图） （供图/区融媒体中心 摄于2022年7月）

表 5

2022 年武进区农业农村重大项目实施情况表

项目名称	建设单位	建设规模或主要建设内容	总投资（万元）	计划投资（万元）	完成投资（万元）	形象进度
香泉村特色田园建设项目	湟里镇香泉村委	村舍印象、田园客堂等节点建设，田园舞台建设，公共卫生服务设施建设，照明、道路项目建设，河道清淤疏通，雨污水整治建设	2000	2000	2000	村舍印象、田园舞台等已完工，河道疏浚完工，雨污水整治结束，公共服务设施全部完成
湟里镇孟津河沿线农田排灌工程项目	湟里镇人民政府	立新河节制闸，建孔宽 5 米节制闸 1 座及 150 米防洪墙；沈家北节制闸，建孔宽 4 米节制闸 1 座；镇东排涝站，建排涝站 800ZLB－125 水泵 2 台；祠堂湾排涝站，建排涝站 600ZLB－125 水泵 1 台，同步安装可视化监控	1500	1500	1500	已完成
常发农装拖拉机用精密齿轮项目	江苏常发农业装备股份有限公司	用于研发设计、制造拖拉机用精密齿轮。利用现有厂房 1 万平方米，购置数控车床、滚齿机、插齿机、剃齿机、立式加工中心、花键铣床等设备共计 172 台（套）	15000	15000	15000	设备全部购置完毕，设备安装调试完毕并投产
常发农业装备发动机及全动力换挡系统项目	江苏常发农业装备股份有限公司	用于设计研发、制造大马力发动机及与之匹配全动力换挡系统。利用现有厂房，购置大马力加载磨合台、轮胎拧紧机、制动器壳体自动线、变速箱壳体自动线、伞齿配对检查机、龙门加工中心等设备共计 383 台（套），与原有产线和设备相配套	40000	14000	14000	项目收尾
何墅村人居环境提升改造工程	礼嘉镇人民政府	何墅村村庄改造配套工程	1100	1100	1100	项目完成，已分房
洛东片区农村水环境提升工程	洛阳镇人民政府	洛东片区农村水环境提升工程，主要包括戈家头自然村、堵墅自然村等地的雨污分流改造，以及部分二次截流泵站建设、曹王浜河道整治工程，完善农村雨污分流工程，提升农村人居环境	1300	1300	1300	曹王浜河道整治工程已完工，戈家头、堵墅、新科花园污水接管改造已完成，阳光明珠苑污水接管完工
武进滨湖现代农业产业园建设（一期）项目	江苏灵湖现代农业科技发展有限公司、江苏余年农林生态发展有限公司	包括灵台现代渔业基地 266.67 公顷，建设池塘清淤和规整、湿地净化设施建设、养殖尾水收集设施建设、管区建设、电力、道路及生产用房建设等；开展余年水产基地改造工程	10000	5000	5000	灵台现代渔业基地进入全面施工阶段；余年水产基地监控中心建设，滆湖放养生态产品回收工作、生态产品回收辅助设施建设及改造工作已完成。项目一期建设内容已完成
模威科技农业自动化设备制造项目	常州模威科技有限公司	利用原有土地 0.67 公顷，建设厂房面积 9699.62 平方米，实施猪场用饲喂自动化设备制造	2000	2000	2000	已完成
成章村人居环境提升改造工程项目	嘉泽成章村委	结合美丽乡村建设、节约集约利用宅基地，改善农村居住条件，有序推进农村宅基地改革农民自建区建设	5000	5000	5000	成章自建区启动区建房已建设完成，绿化基本完成
云越花卉科技产业园（一期）项目	江苏云越花卉园艺有限公司	该项目规划用地 56.2 公顷，包括基地基础设施建设、办公及研发用房建设、喷滴灌及水肥一体、大棚及相关设施、新品种种苗引进、育苗等相关设施	20000	5000	5300	土方工程已完成，小型配套建筑物工程、泵房供水设备已到位，管道工程材料已到位，智能温室大棚正在施工。一期建设内容完成
三鑫美树馆产业园区项目	常州金典天辰园林工程有限公司	建设 6.67 公顷的精品苗木展示园区，结合现场高端实景打造，配套园艺休闲场景设施，形成一二三产融合发展的现代农业产业园区布局	2500	1000	2500	施工收尾
武进区高标准农田建设项目（前黄、雪堰）	前黄镇人民政府、雪堰镇人民政府	前黄镇运村、祝庄村高标准农田建设面积为 266.67 公顷；雪堰镇王允村高标准农田建设面积 66.67 公顷，主要建设农田沟、渠、路等配套设施，进一步提高农业综合生产能力	1520	1520	1400	项目进入收尾阶段

（叶　帆）

粮油作物种植业

【概况】 2022年，武进区粮食播种面积6750公顷，完成粮食总产4948.8万千克，比2021年略增。其中，水稻种植面积3960公顷，平均亩产631千克；小麦种植面积1670公顷，平均亩产319.7千克。小麦和水稻病虫害损失率分别控制在0.51%和0.42%。推广以南粳系列为主的优质高效水稻品种和以扬麦系列为主的中、弱筋小麦品种，稻麦良种覆盖率100%。推广机插稻面积3524公顷，占水稻种植总面积的89%。开展轮作休耕，完成国家耕地轮作试点面积1483.5公顷，主要以稻油轮作为主，搭配稻绿轮作。秋播季在全区范围内落实国家耕地轮作试点面积1400公顷，较2021年秋播实际落实面积减少166.8公顷，主要以水稻绿肥轮作为主，搭配水稻油菜为辅。各镇开展粮食"绿色、高质、高效"创建活动，全区累计创建面积267公顷。

【水稻品种通过省级以上审定11个】 2022年，江苏（武进）水稻研究所培育的水稻新品种武香粳7218、武育粳919、莹香1号、武香粳100、武运粳962、软玉7276通过江苏省农作物品种审定委员会审定，审定编号分别为"苏审稻20220009""苏审稻20220037""苏审稻20220057""苏审稻20220061""苏审稻20220063""苏审稻20220064"。沪软玉1号、武香粳6622通过上海市农作物品种审定委员会审定，审定编号分别为"沪审稻2022008""沪审稻2022009"。武香粳168、上农粳927、武运9367通过国家农作物品种审定委员会审定，审定编号分别为"国审稻20220266""国审稻20220278""国审稻20226130"。

武香粳7218　由武4083/12008杂交育成，属中熟中粳稻早熟品种。省区试平均结果：全生育期141.4天，株高87.4厘米，结实率91.5%，千粒重28.2克。中感稻瘟病、白叶枯病，抗条纹叶枯病，感纹枯病。米质达农业行业《食用稻品种品质》标准三级。2021年参加生产试验，平均亩产666.9千克，较对照苏秀867增产5.2%。适宜在江苏省淮北地区种植。

武育粳919　由南粳9108/45129-2杂交育成，属中熟中粳稻品种。联合体区试平均结果：全生育期146.2天，株高94.1厘米，结实率91.0%，千粒重26.6克。中感稻瘟病、白叶枯病、条纹叶枯病,感纹枯病。米质达农业行业《食用稻品种品质》标准一级。2021年参加生产试验，平均亩产675.5千克，较对照徐稻3号增产6.4%。适宜在江苏省淮北地区种植。

莹香1号　由南粳46/武运粳30号×武运粳7号/武运粳30号杂交育成，属迟熟中粳稻早熟品种。联合体区试平均结果：全生育期148.9天，株高100.7厘米，结实率92.8%，千粒重26.1克。中抗稻瘟病，中感白叶枯病、条纹叶枯病，感纹枯病，直链淀粉含量9.7%，属半糯粳稻品种。2021年参加生产试验，平均亩产689.3千克，较对照武运粳27号增产7.1%。适宜在江苏省苏中及宁镇扬丘陵地区种植。

武香粳100　由南粳46/武粳363/3095杂交育成,属早熟晚粳稻品种。联合体区试平均结果：全生育期153.7天，株高96.8厘米，结实率93.9%，千粒重27.8克。中感稻瘟病、白叶枯病，抗条纹叶枯病，感纹枯病。米质达农业行业《食用稻品种品质》标准三级。2021年参加生产试验，平均亩产683.1千克，较对照武运粳23号增产5.4%。适宜在江苏省沿江及苏南稻区种植。

武运粳962　由武运粳30号/武运粳7号×武运粳23号/沪运粳4326杂交育成，属早熟晚粳稻品种。联合体区试平均结果：全生育期155.6天，株高100.9厘米，结实率89.9%，千粒重27.2克。中感稻瘟病、白叶枯病、条纹叶枯病,感纹枯病。米质达农业行业《食用稻品种品质》标准二级。2021年参加生产试验，平均亩产729.4千克，较对照武运粳23号增产8.0%。适宜在江苏省沿江及苏南稻区种植。

软玉7276　由武运粳24号/武运粳27号×农13/武运粳19号杂交育成，属早熟晚粳稻品种。联合体区试平均结果：全生育期153.8天，株高99.1厘米，结实率93.8%，千粒重24.8克。中感稻瘟病、白叶枯病、条纹叶枯病，高感纹枯病，直链淀粉含量10.3%，属半糯粳稻品种。2021年参加江苏省早熟晚粳武进所科企联合体生产试验，平均亩产715.6千克，较对照武运粳23号增产5.9%。适宜在江苏省沿江及苏南稻区种植。

沪软玉1号　由南粳46/软玉3号杂交育成，属粳型常规水稻品种，在上海作单季晚稻种植，全生育期152天，株高104.1厘米，结实率86.9%，千粒重25.7克。中抗稻瘟病，抗纹枯病，直链淀粉含量9.7%，属半糯粳稻品种。2021年参加上海市常规粳稻组生产试验，平均亩产644.3千克。适宜在上海市种植。

武香粳6622　由扬辐粳8号/2808杂交育成，属粳型常规水稻品种，在上海作单季晚稻种植，全生育期151.4天，株高103.2厘米，结实率91.8%，千粒重29.4克。中感稻瘟病，感纹枯病，直链淀粉含量10.8%，属半糯粳稻品种。2020年参加上海市常规粳稻组生产试验，平均亩产651.7千克，较对照秀水134增产3.2%。适宜在上海市种植。

武香粳168　由镇稻16号/武运粳12号杂交育成，属粳型常规水稻品

2022年武进区粮油作物生产情况表

表6

类 别	面 积（千公顷）	比2021年（±%）	总 产（万千克）	比2021年（±%）	亩 产（千克）	比2021年（±%）
全年粮食	6.75	0	4948.8	0.01	488.4	−0.02
夏 粮	1.82	0.28	837.5	3.18	306.3	2.75
小 麦	1.67	3.09	799.7	4.43	319.7	1.36
秋 粮	4.93	−0.16	4111.3	−0.61	555.8	−0.48
稻 谷	3.96	2.06	3746.3	0.84	631.0	−1.10
油 料	0.36	−7.69	73.1	−5.43	134.0	1.52
油菜籽	0.32	−8.57	65.6	−6.55	136.0	0.74

种，在长江中下游作单季晚稻种植，全生育期145.8天，株高98.2厘米，结实率88%，千粒重27.4克。中感稻瘟病、白叶枯病、条纹叶枯病，高感褐飞虱。米质达农业行业《食用稻品种品质》标准二级。2020年生产试验，平均亩产630.9千克，较对照品种增产3.27%。适宜在浙江省、上海市、江苏省南部、安徽省沿江、湖北省沿江粳稻区的稻瘟病轻发区作单季晚稻种植。

上农粳927　由苏秀298/武运5218杂交育成，属粳型常规水稻品种，在黄淮海稻区种植，全生育期151.3天，株高95.7厘米，结实率86.4%，千粒重27.2克。中感稻瘟病、条纹叶枯病、白叶枯病。米质达农业行业《食用稻品种品质》标准三级。2021年生产试验，平均亩产660.1千克，较对照品种增产6.7%。适宜在河南沿黄及信阳地区、山东南部、江苏淮北、安徽沿淮及淮北地区的稻瘟病轻发区种植，稻瘟病重发区不宜种植。

武运9367　由常13—9/丙11—1×R大穗/2024杂交育成，属粳型常规水稻品种。在长江中下游作单季晚粳种植，全生育期147.2天，株高100.1厘米，结实率87.0%，千粒重25.6克。中感稻瘟病、条纹叶枯病，高感白叶枯病、褐飞虱。米质达农业行业《食用稻品种品质》标准二级。2021年生产试验，平均亩产666.8千克，较对照品种增产1.2%。适宜在浙江省、上海市、江苏省南部、安徽省沿江、湖北省沿江粳稻区的稻瘟病轻发区作单季晚稻种植。

【开展化肥农药减量增效行动】 2022年，武进区在礼嘉镇庞家街村、前黄镇杨桥村和联庆村、雪堰镇南宅村建立4个耕地质量提升与化肥减量增效示范区，综合采用种肥同播、侧深施肥等技术。建设2022年度省级农作物病虫害绿色防控示范区2个、市级葡萄绿色防控示范区1个，辐射面积800公顷。在全区补贴推广测土配方专用肥430吨，每吨补贴1000元，覆盖面积933.33公顷。实施绿色农药零差价配供项目，将水稻生育期内常用的高效低毒低残留化学农药加入推广目录，并完成项目变更手续，配套软硬件更新到位。6月，启动绿色农药零差价配供工作，继续在雪堰、洛阳、前黄、礼嘉4个镇试点，实际完成销售总额22.52万元，结算财政补贴4.05万元。

【水稻病虫绿色防控示范区建设】 2022年，武进区在前黄镇建设省级水稻病虫绿色防控示范区，在礼嘉镇、洛阳镇分别建设省、市级葡萄病虫害绿色防控示范区。

前黄镇省级水稻病虫绿色防控示范区　核心区位于大成、杨桥、祝庄、联庆、农场村，面积共计66.7公顷，辐射水稻面积667公顷。在核心区示范应用农业、物理、生物等多种防控措施，设立技术展示牌，向广大项目区农户宣传绿色防控技术。在辐射区大力推广性迷向、性信息素诱杀、灯光诱杀等诱杀技术，生物农药和专业化统防统治等绿色防控技术。示范区较常规防治区减少化学农药用量33.6%，生物、物理等非化学农药的绿色防控技术覆盖率38.3%，绿色防控产品使用面积占比达100%。

礼嘉镇省级葡萄病虫害绿色防控示范区　核心区位于庞家村、秦巷村，建设面积9公顷，辐射面积66.67公顷。在核心区示范应用农业、物理、生物等多种防控措施，设立技术展示牌，向广大项目区农户宣传绿色防控技术。在辐射区大力推广农业防治、物理防控、害虫诱杀、生物农药等非化防控措施及科学用药等绿色防控技术。单位面积化学农药使用量较常规防治区减少45.6%，绿色防控产品和主推技术到位率100%，示范区农产品农药残留检测合格率100%。

洛阳镇市级葡萄病虫害绿色防控示范区　核心区位于马鞍村，建设面积8公顷，辐射面积66.67公顷。在核心区示范应用农业、物理、生物等多种防控措施，设立技术展示牌，向广大项目区农户宣传绿色防控技术，在辐射区大力推广农业防治、物理防控、害虫诱杀、生物农药等非化防控措施以及科学用药等绿色防控技术。单位面积化学农药使用量较常规防治区减少31.3%，绿色防控产品和主推技术到位率100%，示范区农产品农药残留检测合格率100%。

（叶　帆）

8月，江苏（武进）水稻研究所育种试验基地的育种科研工作者正在为杂交水稻进行人工授粉　（摄影/陆新　徐晶玮）

林果园艺业

【概况】 2022年，武进区引进种植水蜜桃、葡萄、梨等品种10余个，果品栽培面积4111.67公顷，其中种植桃树2483.2公顷、梨树237.67公顷、葡萄1242.13公顷，年产果品6821万千克，产值5.86亿元。蔬菜常年性耕地面积2133.33公顷，全年蔬菜播种面积（含复种）4933公顷，产量14600万千克，产值5.1亿元。花木种植面积7834公顷。其中，观赏苗木种植面积5893公顷，草坪种植面积1785公顷，盆栽植物种植面积156公顷。全区花木销售额达20.22亿元，夏溪花木市场完成交易额186.5亿元。全区有花木经纪人近万

嘉泽镇满墩村志愿者与农户正在将黄桃搬运装车

（摄影 / 陆新　徐芊卉　摄于 2022 年 8 月）

人，花木园林企业 250 余家，花木市场中间商 4000 多人，从业总人数 7.84 万人。嘉泽、湟里两大花木板块花木种植面积达 7163 公顷，占全区花木总面积的 91.43%。茶园面积 162.13 公顷，茶叶产量 2.77 万千克，产值 1289.58 万元。推进林果蔬菜品牌建设，创建省级园艺作物标准园 1 个、市级精美小菜园 8 个。开展绿色蔬菜规模种植补贴项目，共计补贴 57.6 万元，惠及 6 个镇、59 个行政村、410 户蔬菜种植户。开展“阳湖”水蜜桃十佳示范基地评选，雪堰守拙园家庭农场、前黄钱俊家庭农场、常州市聚丰果品专业合作社等 10 家家庭农场或合作社入选。

【第十四届“阳湖”果品节】 6 月 28 日，武进区第十四届“阳湖”果品节在太湖湾竺山湖小镇开幕。该届果品节重点围绕“打造示范基地、提升包装形象、聚力 IP 塑造、实施‘千店计划’、精准产销对接、构建传播矩阵”等方面，开展系列活动。在开幕式上，“阳湖”果品“千店计划”启动，区果品协会分别与百果园、温州耕读、明都超市、信特超市等企业签约，第二批“阳湖”水蜜桃示范基地获授牌，“地理标志 + 亚夫科技服务”武进洛阳工作站揭牌成立。果品节期间，“苏韵乡情”农旅采摘线路和雪堰“春、夏、秋、冬”农旅采摘线路 4 条发布，助力农旅产业融合发展；评选出第二批“阳湖”水蜜桃示范基地 10 个和“阳湖”果品金牌农产品经纪人，推出“阳湖”水蜜桃、“阳湖”葡萄精品款包装；拓展货运专线，与顺丰速运合作开设“常州—北京”“常州—广州”两条“阳湖”水蜜桃专线，为“阳湖”水蜜桃外销搭建快捷通畅的空中物流通道，提高果品向北京、广州等一线城市的流通速度；策划开展“阳湖有好市”武进特色农产品巡回展销活动 13 场，累计参展企业 120 余家；实施“阳湖”果品“千店计划，“阳湖”水蜜桃远销上海、北京、广州等地，进驻品牌水果企业门店超 500 家。礼嘉镇水蜜桃集散地年交易额近 3000 万元，前黄果品交易市场建立常州首个全国级邮政农产品基地。“阳湖”水蜜桃入选邮政全国基地农品库，在“邮政农品”平台销售额超 80 万元，水蜜桃年交易额达 1800 万元。

（叶　帆）

畜牧业

【概况】 2022 年，武进区围绕“保供给、优生态、强安全、促发展”目标，切实抓好生猪产能调控工作，促进生猪产业健康持续发展。稳定能繁母猪存栏和规模猪场存量，统筹中等规模场生猪生产，发挥网格化监管作用，做好非洲猪瘟防控、封闭式管理及疫病监测等指导工作，最大限度稳定全区现有生猪产能。开展国家级生猪产能调控基地申报，常州市志华牧业有限公司（简称“志华牧业”）入选国家级生猪产能调控基地。采取“先建后补”方式，支持志华牧业购置洗消设备在牛塘镇建成生猪运输车辆洗消中心，实现生猪的安全转运和运输车辆的清洗消毒，提升养殖环节非洲猪瘟防控水平。全区年产肉类 1.14 万吨，禽蛋产量 0.056 万吨，全年实现畜牧业总产值 2.75 亿元。推进重大动物疫病春季防疫及犬类狂犬病防疫行动、夏季重大动物疫病集中补免和消毒灭源行动、重

表 7　2022 年武进区畜牧业生产情况表

项　目		单　位	指　标	比 2021 年（±%）
生猪	年末存栏	头	46193	−40.62
	能繁母猪	头	8544	79.76
	年内出栏	头	70092	−35.89
	猪肉产量	吨	6869	−36.85
羊	年末存栏	头	698	−16.21
	年内出栏	头	1353	−31.32
	羊肉产量	吨	20	−33.33
家禽	年末存栏	万　羽	67.20	−10.36
	鸡	万　羽	63.40	−11.10
	鸭	万　羽	2.85	8.08
	鹅	万　羽	0.95	−6.55
	年内出栏	万　羽	298.48	−3.96
	禽肉产量	吨	4531	−3.62
	禽蛋产量	吨	564	11.68

大动物疫病秋季集中防疫行动三大防疫行动，累计防疫高致病性禽流感 393.04 万羽次、新城疫 370.42 万羽次、生猪口蹄疫 19.26 万头次、羊口蹄疫 0.19 万头次、猪瘟 20.21 万头次、高致病性猪蓝耳病 12.85 万头次、羊小反刍兽疫 0.19 万头次，防疫犬 3.7 万只。

【重大动物疫病防控】 2022 年，武进区扎实开展动物疫病防控护航行动，落实防控网格管理要求，抓好疫病综合防控措施，加强重点疫病流调预警，筑牢疫情应急管理屏障。在全区范围内推进“先打后补”工作，参加“先打后补”企业 52 家，其中规模肉鸡场 48 家、规模蛋鸡场 1 家、规模猪场 3 家，实现规模场“先打后补”覆盖率 100%。消毒灭原净化养殖环境，立足生物安全体系构建，从源头上控制动物疫病传播风险，自 3 月起，每两个月开展一次“三灭四消”（灭蚊灭蝇灭鼠和日常消毒、重要时点消毒、突击消毒、应急消毒活动）专项行动，对畜禽养殖场、无害化收集点、众恒肉联等场所开展全面消毒。全年累计使用消毒药 6.25 吨，覆盖 970 个场所 70.44 万平方米；累计使用灭害药物 1.22 吨，覆盖 695 个场所 50.01 万平方米。加强“人病兽防”，推进犬只狂犬病强制免疫工作，累计免疫犬只 3.7 万只。率先在全市推行犬防信息化管理，开发应用犬只狂犬病免疫手机 App 程序，犬防信息登记录入便捷性大幅提高。

（叶　帆）

渔　业

【概况】 2022 年，武进区申报制定“稻鱼循环种养”“河蟹肝胰腺坏死病害防控”两项绿色水产技术地方标准，推进武进滨湖现代农业产业园一期与太湖、滆湖渔区建设，加快推进全区水产养殖池塘标准化改造 9 个点位、406.67 公顷（含滨湖园区）的工作进度。开展禁捕退捕工作，区禁捕退捕专班多次与省滆湖渔政监督支队、省太湖渔政等单位开展禁渔执法联动，出动执法人员 280 余人次，共计收缴地笼网 430 余个、搬罾 13 个、撒网 28 个，清理鱼簖 30 余个、电捕器 3 套，立案 13 起，罚没金额 1.15 万元。加强水生动物疫病防控与水产品质量管控，完善水产苗种产地检疫制度。区水产技术推广站完成江苏省水产养殖种质资源基本情况普查任务获省农业农村厅表扬。

前黄镇鑫丰家庭农场的生态化高密度养殖系统

（供图 / 区融媒体中心　摄于 2022 年 10 月）

【水产良种引进与推广】 2022 年，区农业综合管理服务中心牵头创建滆湖生态渔业绿色技术协同创新平台，重点围绕虾蟹、大宗淡水鱼两大产业以及螺蚌等

表 8　2022 年武进区渔业指标完成情况表

项　目		单　位	指　标	比 2021 年（±%）
基本情况	养殖面积	公　顷	2627	−2.20
	其中：池塘养殖面积	公　顷	2599	−2.18
	河沟养殖面积	公　顷	28	−3.45
	水产品产量	万千克	3224	−4.07
	渔业产值	亿　元	7.05	−16.54
	鱼池改造面积	公　顷	356	12.30
	工厂化养殖面积	立方米	15896	19.16
特种水产养殖	总面积	公　顷	1711	−1.70
	总产量	万千克	343.3	0.35
	河蟹　面　积	公　顷	1153	9.08
	河蟹　产　量	万千克	220	2.30
	青虾　面　积	公　顷	1044	0.87
	青虾　其中：单养面积	公　顷	12	0
	青虾　产　量	万千克	30.2	−4.13
	青虾　其中：单养产量	万千克	3.33	−5.00
	龟鳖　控温面积	公　顷	2.4	20.00
	龟鳖　养殖面积	公　顷	4	−33.30
	黄颡鱼面积	公　顷	9	28.57
苗种生产	淡水鱼苗产量	亿　尾	1.20	1.69
	扣蟹育苗量	千　克	18600	0.54

开展良种培育、绿色养殖。按照水产苗种产地检疫试点工作内容要求，开展电子出证工作，做好辖区内水产苗种生产企业的宣传工作，设立水产苗种产地检疫申报点1个，开展苗种检疫8次，指导开展净水鱼类苗种生产基地提升建设和养殖基地智能化建设，完成生态渔业监控中心建设和池塘标准化改造提升工程。引进优质种源提升养殖质量，引进“太湖2号”青虾优质良种2000余千克、“诺亚”“长江”系列良种蟹苗3000余千克、鲫鱼新品种“合方鲫”2号30万尾。

（叶　帆）

农业产业化

【概况】 2022年，武进区稳步推进农业产业化进程，通过项目带动、创先评优等形式，助力新型农业经营主体成长。申报各级各类项目67个，下达财政资金470.8万元。新增农业龙头企业市级2家、区级8家，累计区级及以上重点农业龙头企业34家，其中国家级3家、省级9家、市级9家，实现销售额（交易额）超350亿元。发展新型农业经营主体，培育市级“双百”示范农民专业合作社11家、市级“双百”示范家庭农场9家、省级示范家庭农场2家、省级示范农民专业合作社2家。发展休闲观光农业，成功申报省乡村休闲旅游农业特色模式（项目）2个、省乡村休闲运动基地2家，组建雪堰农业休闲观光产业联合体，组建雪堰农业休闲观光产业联合体。打造“武进农家”品牌矩阵，于9月出台《“武进农家”品牌矩阵打造三年行动方案（2022—2024）》，组织助农直播、“阳湖·吾家菜”农家菜谱评选、打造“农家一平米”展示窗口等活动，打造“武进农家”品牌矩阵，促进全区农业农村高质量发展。

【发展休闲观光农业】 2022年，区农业农村局着力发展休闲观光农业，于1月推动组建全市首个农业休闲观光类产业联合体——雪堰农业休闲观光产业联合体。该联合体由省级农业产业化龙头企业常州市龙凤谷生态旅游有限公司牵头，联合常州市乐涵观光生态农业有限公司等3家企业、雪堰镇城西回民村等3个休闲观光村，以及雪堰丰香果园家庭农场、常州市静心园果蔬种植专业合作社等11家家庭农场共同组成，本着“自愿平等、互信互利、精诚合作、共同富裕”的宗旨，以分工协作为前提，规模经营为依托，充分发挥龙头企业、种植养殖合作社、家庭农场的各自优势，进一步扩大雪堰镇农业休闲观光产业规模和品牌效应。2022年，该联合体营业收入突破亿元，各成员单位增收超2000万元。

（叶　帆）

农业机械化

【概况】 2022年，武进区新增各类先进适用补贴农业机械216台（套），其中大中拖拉机13台、高性能联合收割机4台、高性能插秧机4台、植保无人机6架、谷物烘干绿色能源改造20台（套），享受补贴农户163户。推进“全程机械化+综合农事”服务中心和特色农业生产全程机械化示范基地建设，建成“全程机械化+综合农事”服务中心省级1家、市级2家，建成市级粮食生产“智能化农场”2家、市级特色农业生产全程机械化示范基地2家，投入中央及省级财政补贴资金145.81万元。至年底，全区有农机专业合作社、农机作业服务公司等农机服务组织30个，农机服务组织作业面积占机械作业总面积的85%以上；农机总动20.24万千瓦，其中柴油机动力8.49万千瓦、汽油机动力2.42万千瓦、电动机动力9.33万千瓦；机插秧面积0.345万公顷，占水稻种植面积的88.9%。全区农业综合机械化水平94.91%，其中粮食生产机械化水平96.77%，特色农业机械化率72.1%，农业机械化水平在全省保持领先地位。推进秸秆机械化还田，实现稻麦秸秆机械化还田率达87%。

【推进秸秆机械化还田】 2022年，武进区推进秸秆机械化还田工作，区政府与各镇政府签订秸秆机械化还田责任状。全区拥有大中型拖拉机387台、大中型秸秆还田机235台、秸秆打捆机34台，配置秸秆切碎装置收割机189台，保有生态型犁耕深翻还田作业配套机具125台，机具装备能全部满足还田作业需求。全区小麦和水稻种植面积5630公顷，全年实际完成稻麦秸秆机械化还田面积4893.34公顷，其中小麦秸秆机械化还田面积1586.67公顷、水稻秸秆机械化还田面积3306.67公顷，稻麦秸秆机械化还田率达87%。

（叶　帆）

位于嘉泽镇跃进村的江南花都产业园　　（供图/区融媒体中心　摄于2022年9月）

工 业

Industry

栏目编辑　陈　蓉

工业经济运行

【概况】 2022年，武进区有国家级工业产业园区1个、省级工业产业园区1个，年主营业务收入2000万元以上（简称"规模以上"）工业企业1561家、超100亿元企业3家，高新技术企业1061家。围绕"532"发展战略与"两湖"创新区建设目标，武进区聚焦"95X"产业体系（"9"指高端装备、智电汽车、新一代信息技术、新材料、新能源、医疗健康、节能环保、纺织服装、绿色精品钢9个重点产业，"5"指机器人、智电汽车、集成电路、医疗健康、以石墨烯为代表的碳材料5张产业名片，"X"指数字经济等未来产业），持续推进优势产业"强链补链"、新兴产业"固链延链"、未来产业"建链拓链"，重点发展高端装备产业集群及新一代信息技术、智电汽车、新材料、节能环保等特色产业集群，高端装备、智电汽车、新一代新技术三大产业产值规模超1600亿元。武进区被省政府认定为2021年度促进制造业创新转型、先进制造业集群培育、推进产业基础高级化和产业链现代化、保持制造业比重基本稳定等成效明显的地方，获相应督查激励。据中国信息通信研究院发布的2022年中国工业百强县、中国工业百强区榜单，武进区位列中国工业百强区全国第八、全省第二。东方润安集团有限公司入围2022年中国民营企业500强、中国民营企业制造业500强。武进区制造业上市企业累计32家。

2022年，武进区工业经济加速修复、稳步向好，产业发展韧性进一步增强。工业投资逐步回升，比2021年增长14.4%；工业技改投入增长21.4%，占工业投资的55.6%。工业生产平稳增长，全区规模以上工业累计完成产值3387.91亿元，增长10.2%。其中，重工业产值2607.65亿元、轻工业产值780.26亿元，分别增长9.7%和11.7%；十大产业链完成产值1946.75亿元，增长16.9%；高新技术产业产值占规模以上工业总产值的54.57%。规模以上工业增加值按可比价计算增长7.1%；完成工业开票销售收入4290.12亿元、规模以上工业营业收入3369.34亿元，分别增长5.6%、5.8%。叠加2021年基数较高影响，2022年规模以上工业利润波动明显，规模以上工业利税总额270.53亿元、规模以上工业利润总额184.67亿元，分别下降0.1%、5.3%。重点企业支撑有力，销售收入百强工业企业累计完成产值2270.22亿元、销售收入2293.75亿元、利税182.99亿元，分别增长19.5%、14.2%、0.48%，有效拉动工业发展，获评2022年度常州市工业星级企业52家。能耗强度控制良好，工业用电量178.6亿千瓦时、用气量4.58亿立方米，分别下降9.15%、3.31%，

柳工常州机械有限公司车间　（供图／区融媒体中心　摄于2017年11月）

规模以上工业综合能耗261.35万吨标准煤，下降6.2%。

（顾素菁）

【工业企业运行监测】 2022年，围绕年度工业经济目标任务，区工信局发出《关于印发〈2022年武进区工业和信息化重点工作目标任务书〉的通知》，筛选江苏恒立液压股份有限公司等重点企业50家、江苏唯德康医疗科技有限公司等高成长企业100家，组织定期和专题运行分析，调查和掌握经济发展面临需求收缩、供给冲击、预期转弱“三重压力”持续加大，以及多种超预期因素冲击的复杂形势，及时提出重点问题和相关预测，加强重点行业、重点企业监测预警，培育新增长点，确保工业经济运行态势稳健向好。年内，50家重点企业累计完成产值1864.26亿元，占规模以上工业企业产值的55.03%，有力支撑工业发展。100家高成长企业累计完成产值524.65亿元，较2021年增长21.1%，高于规模以上工业企业产值平均增幅10.9个百分点。

2022年武进区50家重点工业企业主要经济指标完成情况统计表

表9 单位：万元

主要经济指标 / 企业名称	产值		营收		利税		利润	
	2022年	比2021年（±%）	2022年	比2021年（±%）	2022年	比2021年（±%）	2022年	比2021年（±%）
江苏恒立液压股份有限公司	840922.70	−14.21	874725.00	−12.45	292225.70	−13.79	260866.90	−11.27
瑞声科技控股有限公司	1086390.30	4.79	1227133.60	−1.66	82929.00	−18.49	55131.80	−26.64
新誉集团有限公司	267157.54	−31.00	274215.90	−28.55	46084.00	−41.49	34753.20	−45.82
重庆理想汽车有限公司常州分公司	3345705.10	75.23	3588250.00	72.67	42654.60	−64.99	−126143.50	/
光宝科技（常州）有限公司	690315.60	−3.29	690640.30	−8.73	27597.80	61.37	27597.80	61.37
江苏顺风光电科技有限公司	832472.88	57.04	886367.80	49.79	43942.40	409.38	37897.70	560.54
柳工常州机械有限公司	317918.95	−25.25	479221.90	−24.58	1471.00	−93.58	−100.60	/
纳恩博（常州）科技有限公司	505183.00	27.34	540536.60	53.37	20001.70	35.53	18195.10	60.27
江苏国茂减速机股份有限公司	254356.60	−11.69	267277.90	−7.60	60484.90	9.61	46287.90	−6.41
卡尔迈耶（中国）有限公司	146656.64	−41.07	155022.70	−36.42	23512.30	−56.53	20454.40	−57.17
常州新奥燃气发展有限公司	295502.10	23.75	285985.50	20.23	51487.50	10.12	46363.20	11.61
今创集团股份有限公司	192206.40	−17.92	237684.80	−3.73	32641.10	−3.37	25587.40	−7.59
万帮数字能源股份有限公司	179573.80	−16.17	280129.30	41.61	32059.80	14.24	28477.00	20.73
安费诺（常州）高端连接器有限公司	165606.35	1.32	165423.50	5.93	65783.50	45.28	46990.40	37.26
安川（中国）机器人有限公司	194015.48	25.64	181898.60	17.06	34620.90	31.45	29510.80	30.13
江苏华丽智能科技股份有限公司	69651.30	−51.02	115829.60	−35.39	4433.40	−63.02	4141.30	−61.00
贝内克长顺生态汽车内饰材料（常州）有限公司	127731.10	8.63	128432.10	12.56	19864.00	0.96	19127.50	1.25
江苏龙城精锻集团有限公司	100703.90	−10.55	94168.40	−6.18	10016.60	67.72	7299.50	167.16
安费诺（常州）连接系统有限公司	124844.40	22.39	126426.90	23.40	21681.50	88.05	21325.50	89.59
博世力士乐（常州）有限公司	97533.90	−2.23	109010.30	−0.86	25073.60	3.99	18528.20	0.95
斯泰必鲁斯（江苏）有限公司	102687.00	16.42	106100.90	20.34	13528.10	−20.22	9315.10	−27.88
兴勤（常州）电子有限公司	86554.20	14.11	72465.50	0.57	13231.50	4.84	12666.40	4.54
快克智能装备股份有限公司	75921.70	4.52	83932.30	20.93	31590.10	19.91	29338.10	29.13
江苏纳博特斯克今创轨道设备有限公司	7931.90	−52.48	18334.00	5.72	6614.70	12.11	6127.10	12.41
江苏南方精工股份有限公司	61643.50	−0.73	58885.80	3.12	14121.00	−14.78	12108.50	−15.26
曼恩机械有限公司	71429.66	17.58	72979.60	17.20	6984.90	314.61	6127.50	398.86
诺马连接技术（常州）有限公司	42402.70	−13.37	44366.70	−1.83	4276.30	−30.24	3831.30	−28.61
常州华森医疗器械股份有限公司	48866.10	6.14	34883.60	−24.75	9742.20	−44.65	7742.30	−46.76
江苏小牛电动科技有限公司	345779.49	9.72	361646.00	−0.49	26746.10	−8.42	18406.50	−10.21
江苏海鸥冷却塔股份有限公司	86599.20	−2.08	86318.60	22.63	6281.30	−37.05	4288.40	−50.33
常州腾龙汽车零部件股份有限公司	98088.20	58.27	160726.70	65.91	17301.20	50.40	14565.70	37.36
江苏晶雪节能科技股份有限公司	107206.90	76.14	91096.10	6.15	9798.00	14.81	6006.80	−11.19

续表 9

主要经济指标 / 企业名称	产值		营收		利税		利润	
	2022 年	比2021年（±%）	2022 年	比2021年（±%）	2022 年	比2021年（±%）	2022 年	比2021年（±%）
江苏南方卫材医药股份有限公司	54837.20	4.07	47075.20	−6.56	3295.60	8.65	633.60	−7.64
新纶电子材料（常州）有限公司	19655.30	−19.19	14452.70	−40.58	−710.10	/	−1131.20	/
常州市武进广宇花辊机械有限公司	38300.30	−25.02	38382.30	−25.00	9878.60	−9.38	7107.20	−10.18
江苏洛凯机电股份有限公司	85255.00	1.58	87498.70	5.61	6411.50	−19.16	4029.80	−21.04
江苏南方通信科技有限公司	66232.20	38.92	68510.20	43.70	328.90	/	−1026.90	/
常州市蓝托金属制品有限公司	60545.00	45.45	59217.70	45.93	5721.00	85.59	4056.90	93.55
旷达控股集团有限公司	184017.59	4.84	180625.00	4.13	15432.30	−0.23	16793.50	−2.30
中铁建电气化局集团轨道交通器材有限公司	84952.00	23.90	72345.40	10.23	4251.20	112.26	6610.80	85.26
常州康普药业有限公司	22541.00	−21.30	25515.00	1.83	19936.00	5.26	16681.00	4.15
江苏鑫和泰机械集团有限公司	31025.00	−9.69	30612.00	−22.12	2202.00	−32.41	1511.00	−41.02
常州九盈铜业有限公司	417064.00	22.76	409943.00	18.24	6380.00	763.33	5477.00	2942.78
江苏常发实业集团有限公司	910452.36	26.85	811283.60	6.18	57505.00	83.32	47274.80	104.37
百兴集团有限公司	321241.48	22.92	323423.60	17.57	13279.50	−35.54	8576.60	−46.75
江苏丰润电器集团有限公司	327876.40	46.69	239275.90	−4.40	16659.80	35.52	16150.60	51.07
江苏泛亚微透科技股份有限公司	38151.50	15.10	34414.00	15.41	9400.40	19.90	8792.40	21.19
三鑫重工机械有限公司	121587.70	35.63	108598.10	30.37	3931.00	193.69	2175.20	489.49
东方润安集团有限公司	4886343.70	13.43	4532295.00	−0.13	257639.50	−13.89	168515.50	−10.51
常州金鼎电器有限公司	2919.70	−21.15	2764.00	−22.90	−2.00	/	−68.00	/
合计	18642556.02	15.95	18986347.90	10.74	1530320.90	−8.35	1064975.00	−15.77

说明：①表内企业按《区政府办公室关于公布 2022 年武进区重点企业、高成长企业名单的通知》中 50 家重点工业企业名单排序；②“/”表示本期或同期为负数

（万永吉）

【区级工业重点项目建设】 2022 年，武进区实施区重点工业项目 315 个，完成投资 280.57 亿元，完成年度目标的 104.5%。其中，总投资额超 10 亿元项目 17 个。至年底，钢研极光高品质金属增材制造结构件项目、博俊汽车精密零部件和精密模具项目、恒丰航空航天特种合金导体材料项目等 148 个项目竣工投产。

（朱梦斐）

工业转型升级

【概况】 2022 年，武进区坚持稳增长、调结构、促转型、强基础、补短板的工业发展方向，以先进制造业集群培育为总抓手，推进产业链现代化，加强企业培育，狠抓有效投入，推动绿色转型，深化融合发展，助推工业经济平稳运行和高质量发展。

“智改数转”全面推进。把智能化改造、数字化转型（简称“智改数转”）作为建设先进制造业基地主攻方向，实施制造业“智改数转”行动计划，出台《关于推进制造业智能化改造和数字化转型的若干措施》，明确四大类 19 条专项政策，实行数字经济发展、企业智能化升级、行业标杆示范等政策措施，并与机器人、集成电路等相关产业政策充分协同，发挥政策叠加效应，提升制造业“智改数转”的应用水平、基础保障水平和自主供给水平，打造“智改数转”样板区。年内，武进区出资购买“智改数转”诊断服务，向企业免费提供专业诊断意见，帮助企业梳理“智改数转”中存在的问题和短板，服务企业 880 家；建立“智改数转”项目库，累计入库项目 302 个，投入智能化设备和工控软件 115 亿元，项目投入使用银行贷款 15.7 亿元，全年争取省级及以上专项资金 3.08 亿元。

推动企业做大做强。通过政策引导推动企业“小升规”（小微企业规范升级为规模以上企业）和“防退规”（防止工业企业退出规模以上企业统计范围），强化特色企业培育。2022 年，837 家企业完成江苏省千企升级平台入库填报和数据更新，全区入库企业总量增幅 48.67%，形成培育库企业—市级专精特新中小企业—省级专精特新“小巨人”企业—工业和信息化部专精特新“小巨人”企业—制造业单项冠军企业的梯度培育体系。年内，新增制造业单项冠军产品 1 个，累计有制造业单项冠军企业 6 家、制造业单项冠军产品 4 个；新增国家级专精特新“小巨人”企业 17 家、省级专精特新中小企业 111 家，分别增长 183.33%、258.06%。常州检验检测标准认证研究院获批国家中小企业公共服务示范平台，常州石墨烯科技产业园获评国家级小型微型创业创新示范基地，全区累计有国家中小企业公共服务示范平台、国家小型微型创业创新示范基地各 2 个。

创新能力持续提升。发挥高端装备产业集群优势，支持智能装备及关键零

马拉兹（江苏）电梯导轨有限公司获评江苏省首批“绿色发展领军企业”，图为企业生产车间 （摄影/戴静莉 徐芊卉 摄于2022年8月）

部件研制应用，推动企业解决“卡脖子”技术难题，6家企业获江苏省关键核心技术（装备）攻关产业化项目认定。加大首台（套）智能化成套设备和关键部件应用推广力度，2个项目获评江苏省首台（套）重大装备。围绕新能源汽车、新材料等重点前沿领域创新发展的重大共性需求，加强关键核心技术攻关，提高重点领域创新能力，8家企业的9个产品通过省级新产品鉴定或入选省级新产品推广目录，获奖励资金45万元，柳工（常州）机械有限公司搭建新产品应用场景获奖励资金557万元。

智能制造加速转型。出台《关于支持机器人产业发展若干政策》《智电汽车产业高质量发展工作方案》《武进区集成电路产业高层次人才引进实施办法（试行）》等文件，动态完善产业智能制造产业政策体系。19家企业通过工业和信息化部两化融合管理体系贯标升级版评定，20家企业获评省两化融合管理体系贯标示范试点企业。新增省级智能工厂1家、省级智能车间9家，新增省级星级上云企业96家，其中五星级3家、四星级69家、三星级24家。万帮星星充电科技有限公司运营的星星充电智慧能源消费服务平台入选工业和信息化部新型信息消费示范项目，全区新增省级重点工业互联网平台4个、省级智能制造领军服务机构1个，常州市工业互联网研究院有限公司获评省级工业互联网产业链发展促进机构，江苏国茂减速机股份有限公司“5G+个性定制化减速机生产”项目获省级“5G+工业互联网”融合应用项目认定。

绿色制造全面推进。加快构建绿色制造体系，助力工业领域实现碳达峰、碳中和目标。武进高新区获评国家级绿色园区，光宝科技（常州）有限公司等3家企业获评国家级绿色工厂，旷达汽车饰件系统有限公司被评定为国家级绿色供应链管理企业，江苏瓯堡纺织染整有限公司等4家企业的产品被评定为国家级绿色设计产品，全区新增省级绿色工厂9家、省首批“绿色发展领军企业”4家。坚决淘汰低端产能，拓宽生态空间，实现化工、电镀、铸造、深井铸造等行业淘汰类工艺装备清零，洛阳镇关停取缔C类铸造企业7家。

（顾素菁）

【电子装联精密焊接设备获评全国制造业单项冠军产品】 2022年10月，由快克智能装备股份有限公司研制的电子装联精密焊接设备被工业和信息化部认定为第七批制造业单项冠军产品。快克智能装备股份有限公司位于武进高新区，是国内精密电子焊接领域龙头企业、工业和信息化部制造业单项冠军企业、国家级专精特新“小巨人”企业。电子装联精密焊接设备包括烙铁焊接、热风焊接、高频焊接、红外焊接、微点焊接、热压焊接、选择性波峰焊、激光焊接、超声波焊接等系列品类，在运动控制底层技术、软件系统、视觉算法、精密机械、焊接工艺等方面深度创新，形成激光焊接、热压焊接、选择性波峰焊、高频焊接、微点焊接、共晶焊接等系列化智能设备及高品质行业解决方案，其中精激光压焊、激光锡环焊、高密复杂焊点缺陷检查等工艺填补领域“卡脖子”问题，技术水平及性能国际领先，在国内外市场占有率均列第一。该设备应用于3C智能穿戴、新能源、汽车电子、智能物联、航天科工、半导体等行业，服务于苹果、比亚迪、华为、松下等品牌客户。

【17家企业获评国家级专精特新“小巨人”企业】 2022年8月，武进区17家企业被工业和信息化部认定为第四批专精特新“小巨人”企业，累计28家。其中，中铁建电气化局集团轨道交通器材有限公司位于雪堰镇，成立于2008年，注册资金3亿元，专业生产接触网零部件，产品涵盖高速、客专、普速、城市轨道用电气化铁路接触网零件多个品种规格。设有江苏省工程技术研究中心，与中国铁道科学研究院集团有限公司、国家铁路产品质量检验监督中心、北京有色金属研究院、湖南大学、西南交通大学等高校院所保持长期合作，拥有授权发明专利11件、实用新型专利112件，参与编制行业标准3项、地方标准3项，曾获北京市科技进步奖一等奖、中国铁道学会科学技术奖特等奖，“高铁智能接触网腕臂预配中心的研制”项目获中国设备管理创新成果奖一等奖，“时速350公里及以上铁路用高可靠性接触网核心零部件研发及产业化”项目获江苏省科技成果转化项目立项，获科研经费900万元，填补国内相关领域自主知识产权空白及标准接触网零部件短板，主导产品国内市场占有率40%。常州市武进长虹结晶器有限公司位于湟里镇，创立于1996年，是高新技术企业，生产各种规格、材质、异型以及大型、特大型的结晶器铜管，高效连铸机结晶器铜管、结晶器总成等，是江苏省服务型制造示范企业、江苏省民营科技企业，拥有发明专利8件、实用新型专利50余件。“CCM”结晶器市场占有率稳居全国首位，研制的全球大型220毫米×1250毫米断面管式一次成型板坯结晶器铜管投产使用，获江苏省首台（套）重大装备及关键部件认定。

表 10

2022 年度武进区新增国家级专精特新“小巨人”企业一览表

企 业 名 称	所在地
常州天正工业发展股份有限公司	常州科教城
常州路航轨道交通科技有限公司	常州科教城
江苏高凯精密流体技术股份有限公司	常州科教城
江苏南方精工股份有限公司	武进高新区
江苏德速智能机械股份有限公司	武进高新区
江苏汤姆智能装备有限公司	武进高新区
江苏君华特种工程塑料制品有限公司	武进高新区
常州联德电子有限公司	西太湖科技产业园
常州威克医疗器械有限公司	西太湖科技产业园
江苏嘉轩智能工业科技股份有限公司	西太湖科技产业园
常州腾龙汽车零部件股份有限公司	西太湖科技产业园
常州科普动力机械有限公司	西太湖科技产业园
常州克劳诺斯特种轴承制造有限公司	西太湖科技产业园
中铁建电气化局集团轨道交通器材有限公司	雪堰镇
常州康普瑞汽车空调有限公司	牛塘镇
江苏常美医疗器械有限公司	洛阳镇
常州市武进长虹结晶器有限公司	湟里镇

【111 家企业获评省级专精特新中小企业】 12 月，武进区 111 家企业被省工业和信息化厅评为 2022 年度江苏省专精特新中小企业，累计 168 家。其中，常州富烯科技股份有限公司位于西太湖科技产业园，成立于 2014 年，建有石墨烯热管理工程技术研究中心，主要研发、生产和销售石墨烯散热材料，是高新技术企业，技术和产品市场占有率行业领先，拥有授权专利 75 件，其中发明专利 23 件、国际 PCT 专利 6 件。利用创新技术制备石墨烯导热膜，与其他同类散热材料相比，具有机械性能好、导热系数高、质量轻、材料薄、柔韧性好等优异性能，广泛应用于智能终端、电子通信、新能源汽车、工业自动化等领域，填补国内外石墨烯高导热性应用产业化空白，打破对国外原材料的依赖。江苏容天乐机械股份有限公司位于武进高新区，始建于 1974 年，主要研发制造汽车发动机水泵轴连轴承，是高新技术企业，获评省工程技术研究中心、省研究生工作站等。多次参与制定、修订行业标准，与华东理工大学、河海大学等高等院校成立研究生合作基地，拥有授权专利 54 件，相关技术打破国际技术壁垒。公司产品在国内自主品牌实现全覆盖，在合资品牌取得部分配套资格，国内市场占有率 24.09%。

表 11

2022 年度武进区新增省级专精特新中小企业一览表

企 业 名 称	所在地	企 业 名 称	所在地
江苏泷膜环境科技有限公司	武进高新区	博世力士乐（常州）有限公司	武进高新区
江苏容天乐机械股份有限公司	武进高新区	江苏久创电气科技有限公司	武进高新区
常州中车柴油机零部件有限公司	武进高新区	常州龙骏天纯环保科技有限公司	武进高新区
常州安费诺福洋通信设备有限公司	武进高新区	江苏美淼环保科技有限公司	武进高新区
常州市双强机械制造有限公司	武进高新区	中国机械总院集团江苏分院有限公司	武进高新区
常州市南方电机有限公司	武进高新区	卡雷迪电气（常州）有限公司	武进高新区
常州龙腾光热科技股份有限公司	武进高新区	江苏中盈高科智能信息股份有限公司	武进高新区
常州液压成套设备厂有限公司	武进高新区	江苏中汽高科股份有限公司	武进高新区
常州市卓群纳米新材料有限公司	武进高新区	江苏武运传动机械有限公司	武进高新区
常州回天新材料有限公司	武进高新区	江苏华丽智能科技股份有限公司	武进高新区
常州华数锦明智能装备技术研究院有限公司	武进高新区	江苏格林保尔新能源有限公司	武进高新区
江苏铭纳阳智能装备有限公司	武进高新区	江苏法玛施药用玻璃有限公司	武进高新区
常州金信诺凤市通信设备有限公司	武进高新区	风凯换热器制造（常州）有限公司	武进高新区
常州纳捷机电科技有限公司	武进高新区	常州纵慧芯光半导体科技有限公司	武进高新区
常州市都威电子有限公司	武进高新区	常州英诺激光科技有限公司	武进高新区
常州世竟液态金属有限公司	武进高新区	常州市武进华瑞电子有限公司	武进高新区
常州大恒环保科技有限公司	武进高新区	常州市安贞建设工程检测有限公司	武进高新区
江苏芯盛智能科技有限公司	武进高新区	常州瑞尔特测控系统有限公司	武进高新区
常州市莱特气弹簧有限公司	武进高新区	常州庆源机械科技有限公司	武进高新区
兴勤（常州）电子有限公司	武进高新区	常州千帆环保科技有限公司	武进高新区

续表 11

企 业 名 称	所在地	企 业 名 称	所在地
常州亘源数控设备有限公司	武进高新区	常州市华瑞焊割机械有限公司	雪堰镇
常州创胜特尔数控机床设备有限公司	武进高新区	常州旷达威德机械有限公司	雪堰镇
常州奥智高分子集团股份有限公司	武进高新区	常州回回机械科技有限公司	雪堰镇
博睿康科技（常州）股份有限公司	武进高新区	江苏泛亚微透科技股份有限公司	礼嘉镇
常州富烯科技股份有限公司	西太湖科技产业园	常州市艾迈斯电子有限公司	礼嘉镇
江苏东瑞磁材科技有限公司	西太湖科技产业园	常州市武进红光无线电有限公司	礼嘉镇
常州中进医疗器材股份有限公司	西太湖科技产业园	英特曼电工（常州）有限公司	礼嘉镇
常州天地人和生物科技有限公司	西太湖科技产业园	江苏腾驰科技有限公司	礼嘉镇
常州恒丰特导股份有限公司	西太湖科技产业园	常州市武进顺达精密钢管有限公司	礼嘉镇
常州市华健药用包装材料有限公司	西太湖科技产业园	常州敏杰电器有限公司	前黄镇
盈帜科技（常州）有限公司	西太湖科技产业园	常州市武进武南管道设备有限公司	前黄镇
常州市延陵电子设备有限公司	西太湖科技产业园	江苏宏远科技工程有限公司	前黄镇
常州孟腾智能装备有限公司	西太湖科技产业园	常州康普药业有限公司	前黄镇
常州市永明机械制造有限公司	西太湖科技产业园	常州九天新能源科技有限公司	前黄镇
江苏先诺新材料科技有限公司	西太湖科技产业园	常州安康医疗器械有限公司	湖塘镇
苏文电能科技股份有限公司	西太湖科技产业园	江苏智马科技有限公司	湖塘镇
江苏山由帝奥节能新材股份有限公司	西太湖科技产业园	江苏孜航精密五金有限公司	湖塘镇
江苏中科朗恩斯车辆科技有限公司	西太湖科技产业园	沃沛斯（常州）能源科技有限公司	湖塘镇
常州华阳检验检测技术有限公司	西太湖科技产业园	旷达纤维科技有限公司	湖塘镇
江苏振邦智慧城市信息系统有限公司	西太湖科技产业园	常州市盈能电气有限公司	湖塘镇
永旭晟机电科技（常州）有限公司	西太湖科技产业园	常州科旭纺织有限公司	湖塘镇
芯晟捷创光电科技（常州）有限公司	西太湖科技产业园	常州金德纺机科技有限公司	湖塘镇
普罗斯电器（中国）有限公司	西太湖科技产业园	江苏亚邦染料股份有限公司	牛塘镇
江苏长三角环境科学技术研究院有限公司	西太湖科技产业园	常州市五洲环保科技有限公司	牛塘镇
江苏常阳科技有限公司	西太湖科技产业园	江苏绿和环境科技有限公司	牛塘镇
常州苏特轴承制造有限公司	西太湖科技产业园	常州东仕豪机械制造有限公司	牛塘镇
常州思雅医疗器械有限公司	西太湖科技产业园	江苏华阳智能装备股份有限公司	洛阳镇
常州市科能电器有限公司	西太湖科技产业园	常州多维电气股份有限公司	洛阳镇
常州山由帝杉防护材料制造有限公司	西太湖科技产业园	常州市联谊特种不锈钢管有限公司	洛阳镇
常州磐诺仪器有限公司	西太湖科技产业园	江苏月仙冷藏设备集团有限公司	洛阳镇
常州欧瑞电气股份有限公司	西太湖科技产业园	常州迈腾机械有限公司	洛阳镇
常州二维暖烯科技有限公司	西太湖科技产业园	常州永和精细化学有限公司	洛阳镇
常州常衡德宇粉体集成系统有限公司	西太湖科技产业园	常州碳酸钙有限公司	洛阳镇
常州市恒立气动科技有限公司	雪堰镇	常州市威普电子科技有限公司	洛阳镇
常州市武进第二法兰锻造有限公司	雪堰镇	安达科（江苏）陶瓷有限公司	嘉泽镇
江苏特一机械股份有限公司	雪堰镇		

（毛 丹）

【获评省级企业技术中心2个】 8月，武进区2个企业技术中心被省工业和信息化厅、发展改革委、科技厅、财政厅、税务局及南京海关认定为省级企业技术中心，累计有企业技术中心省级60个、国家级3个。

江苏君华特种工程塑料制品有限公司企业技术中心　成立于2007年，有科研人员66人，占职工总数的25%。配备熔体速率检测仪、光学影像测量仪、高低温万能力学试验机、500吨重型压机、激光加热的辊压成型设备、热塑性复合材料拉挤成型设备、复合材料降温控温工装、金相显微镜、密度仪等高端研发设备。重点开发方向为“连续碳纤维增强PEEK基热塑性复合材料制备关键技术项目”“高性能聚醚醚酮（PEEK）型材挤出项目”“医用聚醚醚酮材料研发及产业化关键技术研究项目”等，拥有授权发明专利10件、实用新型专利20件。承担项目曾获中国石油和化学工业联合会科技进步二等奖、中国轻工业联合会科学技术进步三等奖、中国国际工程塑料产业创新行业解决方案奖、第十届“创业江苏”科技创业大赛先进碳材料专项赛总决赛三等奖等。其中，“国产医用PEEK材料及其骨科植入型材”获2022年中国塑料加工工业协会创新材料奖，“连续CF/PEEK复合材料在骨科领域的应用”获2022年度应用类SAMPE中国创新奖。2022年，该中心研制的PEEK复合材料系列制品实现销售收入1.9亿元、利税4230万元。

江苏中科朗恩斯车辆科技有限公司企业技术中心　成立于2016年，建筑面积约2500平方米，研发团队58人，占公司总人数的19.73%。持续推进智能化LED车灯技术研发，研究领域涉及ADB自适应大灯技术、DLP智能数字大灯技术等，拥有配光性能测试系统、高低温试验箱、复合振动试验箱试、芯片烧录设备全自动编带IC测试机等行业领先测试研发设备，保障新产品研发测试，拥有发明专利5件、实用新型专利44件。主导产品有LED模组、车灯调光电机和LED透镜，与奔驰、吉利、上汽等汽车品牌主机厂配套，其中车灯调光电机在中东地区市场占有率达95%。

（沈　伟）

【通过省级智能制造示范车间认定9个】 12月，武进区9个工业企业生产车间被省工业和信息化厅认定为2022年度省级智能制造示范车间，累计有省级智能制造示范车间59个。9家企业均主动应用国产核心软件和核心装备开展智能设备投入和改造，在加工、检测、仓储、配送等环节实施工艺改进和革新，建成智能化制造车间，实现智能装备和设备联网、关键重要装备远程监控；车间建设仓储管理系统，集成智能仓储装备，应用条形码、二维码、射频识别、智能传感等技术，实现物料自动出入库；应用智能物流装备，集成视觉／激光导航、室内定位和机器学习等技术实现动态配送、自动配送和路径优化；在生产、管理等环节深度运用数字孪生、人工智能、大数据等新技术，依据生产计划、工艺、资源状态、约束条件等自动生成车间作业计划，实现资源配置和加工过程等信息的实时采集、可视化呈现和智能分析决策，持续调度、动态优化车间作业，实现异常事件自动预警、快速响应与自动恢复；采用识别传感、定位追踪、物联网、5G等技术，实现对车间物料的单件或批次跟踪与防错校验，将订单、物料、工艺、装备、人员、质量等信息关联标识，实现生产过程信息追溯；在关键工序采用智能检测设备，实现产品质量的在线检测、自动判读和趋势分析；建立重点能源消耗的动态监控和计量，统计分析高能耗设备能耗数据，合理制定能耗评价指标。车间采用先进安全的生产工艺、智能装备和防护装置，降低安全风险，消除事故隐患；采用物联网、大数据、人工智能等技术手段，采集分析车间环境（热感、烟感、温度、湿度、有害气体、粉尘等）、人员、设备、物料等数据，实现对工业环境的自动监测、自动调节与自动报警，对危险源的监测预警与事故应急管理，提升本质安全水平；车间废弃物处置纳入信息系统统一管理，处置过程符合环境保护的规定和要求；建立网络安全风险评估、信息通报、应急处置等制度，加强安全防护能力建设，定期开展工业控制系统信息安全风险评估，保障数据安全和运行安全。智能车间运行后，企业可根据生产和经营管理实际需求，集成生产管理系统与计划、采购、仓储、工艺（研发）、财务等信息系统，达成车间和其他部门间数据共享和管理流程一体化，实现车间内外联动协同，安全生产水平和经济效益明显提升。

（谢晓燕）

2022年度武进区新增省级智能制造示范车间一览表

表12

车　间　名　称	所　属　企　业
高效单晶硅太阳能电池智能制造车间	江苏格林保尔光伏有限公司
超线性扬声器智能制造车间	瑞声光电科技（常州）有限公司
特种型钢轧辊智能化热处理车间	江苏凯达重工股份有限公司
挖掘机结构件智能制造车间	柳工常州机械有限公司
轮拖事业部轮拖总装智能制造车间	江苏常发农业装备股份有限公司
特种轴承套圈精密磨加工智能制造车间	常州克劳诺斯特种轴承制造有限公司
高气密性发动机增压器管路智能制造车间	江苏腾驰科技有限公司
单晶组件智能制造车间	环宇光伏科技（常州）有限公司
汽车发动机缸盖智能制造车间	江苏万盛铸造有限公司

【新增省级工业设计中心3个】 8月，武进区3个工业设计中心被省工业和信息化厅认定为省级工业设计中心，累计有省级工业设计中心24个。

江苏小牛电动科技有限公司工业设计中心　成立于2016年，建筑面积8926平方米，专业工业设计人员36人，其中本科及以上学历占95%。拥有BMS（电池管理系统）综合检测设备、车架震动耐久疲劳试验机、车轮径向冲击试验机、车轮径向载荷疲劳试验机、车轮旋转弯曲疲劳试验机、电池充放电检测设备、高低温交变湿热试验箱等硬件设施。承担智能电动两轮车研发设计，突破传统设计出多款具有工业设计感的智能锂电电动两轮车，MQI系列、UQI系列车型多次获国际设计大奖，其中M1曾获德国红点、美国IDEA、日本G-Mark、德国IF、中国红星等全球设计大奖7项，U1获中国外观专利银奖、江苏省外观专利金奖。累计获授权专利136件，其中外观专利104件、发明专利7件、实用新型专利25件。

江苏君华特种工程塑料制品有限公司工业设计中心　成立于2007年，占地面积1500平方米，专业工业设计人员40人，其中高级职称2人。拥有天远三维扫描仪、三坐标测量仪、光学影像测量仪、“一站式”影像测量仪、齿轮传动测试试验台等中试设备，设计生产高性能特种工程塑料PEEK型材及制品，包括连续碳纤维增强CF/PEEK复合材料医疗器械髓内钉瞄准架，防霉、自重不沾桌PEEK筷子，海水淡化、消防泵等液压泵用滑靴柱塞包胶轴，植入级PEEK零件、齿轮零件等，应用于医用、电子半导体、光伏、石化行业等领域。累计获授权专利42件，其中发明专利13件，是江苏省工程技术研究中心、江苏省企业技术中心。

江苏瑞弗橡塑材料有限公司工业设计中心　成立于2021年，建筑面积1.7万平方米，专业工业设计人员25人。拥有冲击吸收测量仪、垂直变形测量仪、田径场地抗滑测量仪等试验检测仪器，跑道设备自动输送计量混料系统、耐黄变试验机、智能全自动混料系统、双螺杆挤出机组等设备。面向各类中高端运动场地开展定制设计，产品广泛应用于通过世界足联认证的人造草坪足球场、大型体育场馆田径场、中小学及高校篮球场、排球场及国内外曲棍球等赛事场地。设计生产的人造草坪环保填充颗粒料及人造草坪减震地垫，应用于国家队训练中心及多所中超俱乐部比赛训练场所，先后参与爱尔兰、芬兰、加拿大、美国等国家的高校体育场馆建设。累计获授权专利38件，其中发明专利7件。

【万帮数字能源股份有限公司被认定为国家级服务型制造示范企业】 12月，该公司被工业和信息化部认定为第四批服务型制造示范企业，成为武进区首个获此认定的企业。公司是研发、制造、运营电动汽车智能充电装备及新能源新型电力系统的高新技术企业，牵头成立江苏省制造业创新中心，建有电动汽车智能充换电系统实验室等科技平台，核心研发及服务能力强，为汽车主机厂、公交、地产等八大领域客户提供“软件＋服务＋硬件”全生命周期一体化解决方案，在能源领域自主研发先进技术产品，其直流充电桩产品国内市场占有率约30%、交流充电桩国内市场占有率约70%。

【新增省级服务型制造示范企业（平台）5家（个）】 2022年，武进区引导支持制造企业由主要提供产品制造向提供“产品＋服务”转型，推动优势行业龙头企业围绕定制化服务、供应链管理、检验检测认证服务、全生命周期管理、总集成总承包、节能环保服务、生产性金融服务等制造业生产各环节实施创新，增强生产技术工艺和服务能力水平优势，延展制造业价值链。10月，江苏华丽智能科技股份有限公司、常州腾龙汽车零部件股份有限公司、中国机械总院集团江苏分院有限公司、江苏道金智能装备股份有限公司、常州华阳检验检测技术有限公司运营的新能源发电、储能系统检验检测服务平台被省工业和信息化厅认定为省服务型制造示范企业（平台）。武进区累计有省级服务型制造示范企业（平台）32家（个）。

（沈娇露）

【常州质量基础一站式公共服务平台获评国家中小企业公共服务示范平台】 2022年12月，常州质量基础一站式公共服务平台被工业和信息化部认定为国家中小企业公共服务示范平台。该平台位于武进区西湖路2～18号，成立于2017年，由常州检验检测标准认证研究院运营，主要承担产品、商品质量监督检验及其他检验，研究建立社会公用计量标准，执行强制检定和法律规定的其他检定、测试工作，开展校准工作，承担行政机关委托的计量标准等工作，开展专业技术培训、咨询和产品研发，向社会提供标准化、认证认可等相关咨询服务。拥有国家级质检中心3个、省级质检／计量中心7个、省级检测技术重点实验室2个、省级及以上专业技术标准化委员会5个，各类专业技术人才268人，实验室面积5万多平方米，仪器设备3785台（套），年接待客户1.8万人次，出具证书／报告38.1万份，业务收入超1亿元。2022年，该平台新增39个产品、411个参数的检验检测能力；新增服务企业3000余家，服务企业1.55万家，其中中小企业1.5万家；开展强制检定、“两免费”检定（集贸市场和农村基层医疗卫生机构计量器具免费检定）、免费血压计检定以及光明进校园等公益性服务活动2065场次，减免收费3045.14万元，中小企业客户满意度98%。

【新增省级中小企业公共服务示范平台2个】 12月，常州市知识产权保护中心、常州天正工业发展股份有限公司被省工业和信息化厅认定为省级中小企业公共服务示范平台（三星级），常州常信园科技创业服务有限公司复核为省级中小企业公共服务示范平台（四星级），武进区累计有省级中小企业公共服务示范平台18个。2个三星级平台注重产学研合作，集聚人才资源，累计进驻社会服务机构近30家，开展活动近60场，在技术创新、专业培训、绿色生产等方面服务企业近5200家，服务人数近8000人。

【常州石墨烯科技产业园获评国家小型微型企业创业创新示范基地】 12月，由江南石墨烯研究院运营的常州石墨烯科技产业园被工业和信息化部认定为国家小型微型企业创业创新示范基地。相关内容参见“产业园区”类目p89相关条目。

（薛舒明）

常州天正工业发展股份有限公司企业展厅一角（供图/区工信局　摄于2020年6月）

重点特色产业

高端装备产业

【概况】 武进区高端装备制造产业集群主要研发生产智能制造装备、轨道交通装备、高端农机装备、工业机器人和其他专用装备。2022年，该产业集群有规模以上工业企业205家，完成产值726.72亿元，比2021年增长1.69%。产业骨干企业主要有江苏恒立液压股份有限公司、柳工常州机械有限公司等工程机械专用装备企业；安川（中国）机器人有限公司、快克智能装备股份有限公司、常州铭赛机器人科技股份有限公司、常州节卡智能装备有限公司、遨博（江苏）机器人有限公司等工业机器人企业；江苏今创交通设备有限公司、新誉集团有限公司、中铁建电气化局集团轨道交通器材有限公司等轨道交通装备企业；卡尔迈耶（中国）有限公司、五洋纺机有限公司、常州市武进广宇花辊机械有限公司等高端纺机制造企业；常州创胜特尔数控机床设备有限公司、常州市德速机械有限公司等数控设备生产企业。年内，落实区委、区政府《关于推进智造名城主引擎建设的实施意见（2021—2023）》《关于武进区机器人产业链卓越发展实施方案（2021—2023）》，武进区在全省率先成立地区机器人产业联盟，发布“机器人产业十条”政策，整合机器人产业资源，强化产业链供应保障，完善产业协作生态体系。5月，武进区机器人产业联盟成立。高端装备产业集群全年实施区重点项目72个，总投资201.87亿元，累计完成投资113.85亿元，其中2022年投资72.93亿元。快克智能装备股份有限公司研制的电子装联精密焊接设备获工业和信息化部制造业单项冠军产品，江苏德速智能机械股份有限公司、常州天正工业发展股份有限公司等10家企业获评工业和信息化部专精特新“小巨人”企业，柳工常州机械有限公司、江苏洛凯机电股份有限公司等7家企业通过工业和信息化部两化融合管理体系升级版评定，江苏国茂减速机股份有限公司获评国家知识产权示范企业，快克智能装备股份有限公司获评国家知识产权优势企业，新誉集团有限公司获第二十三届中国专利优秀奖，征图新视（江苏）科技股份有限公司被认定为国家级博士后科研工作站，江苏恒立液压股份有限公司获江苏制造突出贡献奖。江苏凯达重工股份有限公司江苏常发农业装备股份有限公司等5家企业通过省级智能车间认定，江苏国茂减速机股份有限公司被认定为江苏省智能制造示范工厂，征图新视（江苏）科技股份有限公司、金石机器人常州股份有限公司研制的设备通过省首台（套）重大装备认定，柳工常州机械有限公司获评省五星级上云企业。

（石　敏）

【新增省首台（套）重大装备2个】 12月，武进区工业企业研制的机器视觉智能化鲜花分级设备（FS-Rsorting-8P）等2个设备被省工业和信息化厅认定为2022年度江苏省首台（套）重大装备。

机器视觉智能化鲜花分级设备(FS-Rsorting-8P) 由征图新视（江苏）科技股份有限公司研制，通过图像采集处理系统采集流水线中鲜花的俯视图像，实施技术处理，将预处理后的图像输入到深度学习算法训练分类模型，实现对鲜花的开放度分类、花损检测和弯头检测，达到检测和智能化分级目的。产品可提高鲜切花的检测效率和精度，通过建立缺陷数据库、开展数据分析，为鲜花企业和花农改良种植工艺和鲜切花质量控制提供支撑。

用于智能仓储的空中分拣机器人(T800) 由金石机器人常州股份有限公司研制，克服叉车效率低、安全隐患大、成本高等弱点，提升设备负载作业范围，填补国内空白，主要应用于制造业、快消品、化工、建筑、物流、原材料和能源等行业；研发自主可控、小而精的无柜控制系统，打破国外垄断，实现大规模进口替代；研发智能管理和监测软件平台，保证系统科学性、高效性。

（顾舒康）

【钢研极光高品质金属增材制造结构件项目】 该项目由常州钢研极光增材制造有限公司于2021—2022年度实施，租用厂房5599平方米，购置3D打印机、真空炉、空气炉、喷砂机、线割机、检验检测设备、运输设备等主辅设备共119台（套），于2022年5月竣工，总投资3.08亿元，达产后可年产高品质金属增材制造结构件8000件。

【恒诺智能气动元器件项目】 该项目由常州恒诺智能装备有限公司于2021—2022年度实施，用地面积3.12公顷，新建厂房2.2万平方米，购置数控车床、加工中心、车铣复合机、珩磨机、环缝焊接机等生产、研发、检测设备159台（套），于2022年6月竣工，总投资3亿元，达产后可年产各类智能气动元件160万套，其中智能气缸80万套、多功能电磁阀40万套、导轨丝杠20万套、新能源汽车及轨道交通用气源处理器20万套。

【恒立液压高压摆动执行器项目】 该项目由江苏恒立液压股份有限公司于2021—2022年度实施，利用原有厂房8.9

用于智能仓储的空中分拣机器人　（供图/区工信局　摄于2022年6月）

万平方米，实施设施改造，购置立式加工中心、立式数控车、机器人自动焊机等设备148台(套),于2022年12月竣工，总投资1.6亿元，达产后可年产双螺旋高压摆动执行器2万套。

【常发农装拖拉机用精密齿轮项目】 该项目由江苏常发农业装备股份有限公司于2021—2022年度实施，利用原有厂房1万平方米,购置数控车床、滚齿机、插齿机、剃齿机、立式加工中心、花键铣床等设备172台（套)，于2022年5月竣工，总投资1.5亿元，达产后可年产齿轮2万套。

【洛凯智能电网核心零部件项目】 该项目由江苏洛凯机电股份有限公司于2021—2022年度实施，利用自有厂房，购置高精密加工中心、激光切割机、自动化生产线等设备125台（套），于2022年5月竣工，总投资1.07亿元，达产后可年产开关操作机构16万台、抽架8万台。

（朱梦斐）

智电汽车产业

【概况】 武进智电汽车产业集群以重庆理想汽车有限公司常州分公司等整车企业作为创新“磁场”，以理想制造整车企业为龙头，以中国汽车技术研究中心汽车工程研究院华东院等研发测试中心为平台，集聚博世汽车电子、法雷奥西门子、斯泰必鲁斯、斯佩尔风机等优质项目，培育发展万帮数字能源股份有限公司、江苏龙城精锻集团有限公司等地方明星企业，集聚形成较为完整的新能源整车、汽车关键零部件和充电设备产业链。2022年，该产业集群完成产值585.37亿元，比2021年增长36.5%。新能源整车领域，理想ONE成为中国新能源SUV单一车型销量冠军，累计交付量超20万辆。8月18日，由工业和信息化部汽车工业协会组织的2022“看见中国汽车”品牌巡礼全国行第三站活动在理想汽车常州基地举行，理想汽车L9首台量产车下线。部分细分领域处国内产业前列水平，具有较高知名度和市场占有率：江苏龙城精锻集团有限公司生产的汽车发电机爪极占全球汽车市场的38%；万帮数字能源股份有限公司获国家级服务型制造示范企业、国家知识产权优势企业、第二十三届中国外观设计优秀奖，公司承担的项目获中国工业大奖表彰奖；江苏南方精工股份有限公司、常州腾龙汽车零部件股份有限公司、常州康普瑞汽车空调有限公司获评工业和信息化部专精特新“小巨人”企业；江苏中科朗恩斯科技车辆有限公司等3家企业通过工业和信息化部两化融合管理体系升级版评定；江苏南方轴承股份有限公司、江苏龙城精锻集团有限公司的2件专利获第二十三届中国专利优秀奖；江苏腾驰科技有限公司的高气密性发动机增压器管路智能制造车间通过省级智能车间认定；江苏南方精工股份有限公司、贝内克长顺生态汽车内饰材料（常州）有限公司获评江苏省五星级上云企业。万帮数字能源股份有限公司董事长邵丹薇获市长质量奖。

（石 敏）

【博俊汽车精密零部件和精密模具项目】 该项目由常州博俊科技有限公司于2021—2022年度实施，用地面积6.48公顷，建设生产用房、办公用房、辅助用房等建筑5.55万平方米，购置热成型、激光切割机、冲床、机器人工作站、车床，加工中心等设备455台（套)，于2022年9月竣工，总投资5亿元，达产后可年产高精密汽车零部件5000万套、模具1000套。

【旷达高性能交通车辆内饰复合材料项目】 该项目由旷达汽车饰件系统有限公司于2021—2022年度实施，租用厂房2.5万平方米，购置配料、搅拌系统、涂布、表处、压纹、复合生产线、除味机、废气处理辅助设备等共计150台（套)，于2022年10月竣工，总投资3亿元，达产后可年产高性能交通内饰复合材料6000万米。

【弘昌新能源汽车电控及连接系统项目】 该项目由常州弘昌环境科技有限公司于2021—2022年度实施，用地面积2.6公顷，新建厂房、办公楼、研发中心等4.85万平方米，购置精密车床、CNC加工中心、自动装配线、振动试验台、高低温冲击试验箱、空压机、环保设备等950台(套)，于2022年12月竣工，总投资2.26亿元，达产后可年产高压配电箱5万套、集成控制器5万套、电控连接系统30万套。

【康普瑞车用环保制冷压缩机项目】 该项目由常州康普瑞汽车空调有限公司于2021—2022年度实施，利用原有厂房，购置钻攻中心、数控车床、钻床、自动组装线、耐久测试台、一拖二桁架机器人、精益生产电子看板等设备105台（套)，于2022年5月竣工，总投资3066万元，达产后可年产车用制冷空调压缩机（使用环保制冷剂）95万台。

（朱梦斐）

新一代信息技术产业

【概况】 武进区新一代信息技术产业主要分布在武进高新区和常州科教城内常州信息产业园等信息技术和软件产业集中区。2022年，该产业集群有规模以上工业企业48家，完成产值311.9亿元，基本与2021年持平。产业骨干企业主要有瑞声科技控股有限公司、安费诺（常州）高端连接器有限公司、光宝科技（常州）有限公司、常州纵慧芯光半导体科技有限公司等企业。龙头企业瑞声科技控股有限公司的声学及触控反馈产品在全球移动终端市场的占有率达40%，综合实力位列中国电子元件行业百强第二。年内，安费诺（常州）高端连接器有限公司等3家企业通过工业和信息化部两化融合管理体系升级版评定，常州恒创热管理有限公司一专利获第二十三届中国专利优秀奖，瑞声光电科技（常州）有限公司的超线性扬声器智能制造车间通过省级智能车间认定。

（石 敏）

【光宝光电半导体元器件项目】 该项目由光宝光电（常州）有限公司于2021—2022年度实施，利用自有厂房实施改造，购置外观检验机、固晶机、全自动送板机等设备458台（套)，于2022年11月竣工，总投资1.85亿元，达产后可年产光电半导体元器件30亿颗。

【光宝科技无线网卡、电脑触摸板、电源技术改造项目】 该项目由光宝科技（常州）有限公司于2021—2022年度实施，利用自有厂房，购置切板机、无线网络测试仪、自动清洗机等设备292台（套）实施技术改造，于2022年12月竣工，总投资1.7亿元，达产后可维持年产无线网卡6594万片、电脑触摸板1800万台、电源8700万台。

【瑞声开泰微型振动马达配动块项目】 该项目由瑞声开泰精密科技（常州）有限公司于2022年度实施，利用公司自有厂房实施改造，购置粉碎机、注射机、热处理炉等设备及设施共394台（套），于12月竣工，总投资1.1亿元，达产后可年产微型振动马达配动块4000万个。

【瀚镓激光二极管及光电二极管项目】 该项目由常州瀚镓半导体有限公司于2021—2022年度实施，租用厂房并实施改造，购置贴片机、封帽机、固晶机等设备41台（套），于2022年12月竣工，总投资1亿元，达产后可年产激光二极管5000万个、光电二极管1亿个。

（朱梦斐）

新材料产业

【概况】 武进区新材料产业以石墨烯研发生产为代表，主要研发和生产新型功能材料、先进结构材料、共性基础材料。2022年，全区新材料产业集群有规模以上工业企业60余家，完成产值129.19亿元，比2021年增长8.85%。产业骨干企业主要有百兴集团有限公司、新纶科技（常州）有限公司、碳元科技股份有限公司、江苏泛亚微透科技股份有限公司、常州富烯科技股份有限公司等企业。年内，常州石墨烯科技产业园获评国家小型微型创业创新示范基地，常州回天新材料有限公司通过工业和信息化部两化融合管理体系升级版评定。

（石　敏）

【石墨烯先进碳材料产业】 武进区石墨烯先进碳材料产业主要布局在西太湖科技产业园，建有江苏省石墨烯创新中心、常州大学碳材料研究院、南京工业大学西太湖产业学院等新型研发平台，具备集“研究院—众创空间—孵化器—加速器—产业园—特色小镇”于一体的创业孵化载体体系，形成涵盖研发设计、创业孵化、检验检测、标准制订、产品认证、知识产权、信息情报、市场推广、投资融资等功能于一体的公共服务体系，累计形成原创性石墨烯产品150余种、全球首创成果14个。2022年，武进区持续提升石墨烯产业综合发展水平，引进第六元素石墨烯半导体项目、富烯科技铝基碳化硅项目等石墨烯项目8个，入选“龙城英才计划”项目2个。常州石墨烯小镇获省政府命名，江南石墨烯研究院运营的常州石墨烯科技产业园被认定为国家小型微型企业创业创新示范基地、常州西太湖石墨烯众创社区获省级科技计划项目专项支持；江南石墨烯研究院获评江苏省先进碳材料产业链支撑机构，作为主导单位制定江苏省石墨烯地方标准2项，累计14项，副院长董国材获评江苏省标准创新贡献个人奖；该研究院分析测试中心全年投入超1000万元购置透射电子显微镜等设备，增强测试中心在微纳领域及新能源电池领域的检测能力，建设常州碳材料质量基础设施一站式服务平台；石墨烯产品认证中心获得检验检测机构资质认定证书（CMA资质），包含石墨烯及其制品、碳材料及其制品在内的三大类53个项目。江苏省石墨烯创新中心年内新增研发场地3800平方米，新增实验室2个、中试线3条，新购仪器设备64台（套），全年研发投入超2000万元；申请专利59件，其中发明专利35件，累计获得专利授权86件，其中发明专利6件；获评江苏省石墨烯技术创新联合体、江苏省科技企业专业孵化器、长三角优秀双创券服务机构等称号。2022年，石墨烯产业新增省级专精特新企业4家，通过潜在独角兽企业和瞪羚企业认定3家、省级企业研发机构认定2个，企业获省级科学技术奖一等奖1家、三等奖1家。全年举办专精特新、检验检测与标准认证、知识产权、金融对接、产业与应用推广等专题活动17场。

（朱江宁）

【恒丰航空航天特种合金导体材料项目】 该项目由常州恒丰特导股份有限公司于2021—2022年度实施，用地面积3.33公顷，新建厂房、研发中心等3万平方米，购置多线拉丝机、中拉机、并线机、绞线机、压延机等生产设备300台（套），于2022年9月竣工，总投资5.12亿元，达产后可年产超维细合金导体5000吨。

【泷膜高性能反渗透膜及元件项目】 该项目由江苏泷膜环境科技有限公司于2021—2022年度实施，用地面积3公顷，新建车间、仓库、综合楼（研发中心）和辅助用房等约3.7万平方米，购置铸膜机、涂膜机、家用膜手动卷膜机、工业膜手动卷膜机等研发、生产、检测设备96台（套），于2022年12月竣工，总投资3亿元，达产后可年产高性能反渗透膜组件30万套。

恒丰航空航天特种合金导体材料项目（摄影/陆新　徐芊卉　摄于2022年11月）

【回天精密电子保护膜项目】 该项目由常州回天新材料有限公司于2021—2022年度实施，利用现有土地，新建车间2.2万平方米，利用公司原有厂房6705平方米，购置泡棉涂布机、保护膜涂布机、分切机等设备141台（套），于2022年12月竣工，总投资1.5亿元，达产后可年产泡棉1500万平方米、精密电子保护膜3600万平方米。

【泛亚微透 SiO_2 气凝胶及膜复合材料项目】 该项目由江苏泛亚微透科技股份有限公司于2021—2022年度实施，利用自有土地新建车间3500平方米，新增 SiO_2 气凝胶制造产线设备、精密涂布机等32台（套），总投资1.23亿元，于2022年4月竣工，达产后可年产 SiO_2 气凝胶1604立方米、气凝胶与膜复合材料24万平方米。

（朱梦斐）

新能源产业

【概况】 2022年，武进区新能源产业有规模以上工业企业60余家，完成产值204.3亿元，比2021年增长38.8%。产业骨干企业有江苏顺风光电科技有限公司、江苏格林保尔光伏有限公司、常州吉鑫风能科技有限公司、常州九天新能源科技有限公司、天铂电力有限公司等，初步形成了以光伏、光热综合应用为主导，相关配套企业协同并进的发展格局。年内，常州尚德太阳能电力有限公司、江苏顺风光电科技有限公司通过工业和信息化部两化融合管理体系升级版评定，江苏格林保尔新能源有限公司的高效单晶硅太阳能电池智能制造车间、环宇光伏科技（常州）有限公司的单晶组件智能制造车间通过省级智能车间认定。

（石 敏）

【柯海华煜机械零部件项目】 该项目由常州市柯海华煜机械有限公司于2022年度实施，租用厂房5750平方米，购置数控落地镗、帕玛数控镗床、海克斯康三座标、数控高速立车等设备8台（套），于9月竣工，总投资5000万元，达产后可每年增产氢能、锂电铜箔制造设备机械零部件200套。

【纳百光伏组件项目】 该项目由江苏纳百光伏科技有限公司于2022年度实施，租用厂房2.35万平方米，实施装修改造，购置串焊机、层压机、测试仪等设备及设施83台（套），于11月竣工，总投资5000万元，达产后可年产光伏组件700兆瓦。

【纳科诺尔电池极片辊压智能装备项目】 该项目由常州纳科诺尔精密轧制设备有限公司于2022年度实施，租用厂房8032平方米，实施装修改造，购置轧辊外圆磨床、卧式车床、无轨电动平车等设备48台（套），于12月竣工，总投资5000万元，达产后可年产电池极片辊压智能装备200台。

【格林保尔新能源太阳能光伏组件技改项目】 该项目由江苏格林保尔新能源有限公司于2022年度实施，租用厂房1.22万平方米，购置划片机、多栅串焊机、全自动层压机等设备39台（套），实施产线技术改造，于12月竣工，总投资5000万元，达产后可年产太阳能光伏组件1.2吉瓦。

（朱梦斐）

医疗健康产业

【概况】 武进区是全省乃至全国重要的新型医疗器械生产基地之一，产业基础好，配套能力强，形成骨科植入类、高分子器械、手术器械类、卫生材料及敷料、医用电子产品、康复器材六大主体群，专业生产企业超200家，其中骨干核心企业50家。西太湖科技产业园创成国家医疗器械国际创新园、国家医药外贸转型升级示范基地，是全球骨科植入器械的重要生产基地和一次性医疗器械生产企业集聚地，其中以天衍医疗器材有限公司、法富来医疗科技（常州）有限公司、常州鼎健医疗器械有限公司为代表的潜力型行业企业生产的吻合器占据国内市场份额的70%。常州市钱璟康复股份有限公司的便携化、智能化康复器械稳居行业龙头地位。2022年，全区医疗健康产业集群有规模以上工业企业70余家，完成产值101.02亿元，比2021年增长23.9%。71家医疗健康产业核心企业中，常州威克医疗器械有限公司、江苏常美医疗器械有限公司获评工业和信息化部专精特新“小巨人”企业，江苏创英医疗器械有限公司通过工业和信息化部两化融合管理体系升级版评定。依托常州医疗器械产业研究院有限公司建设的“科创中国”常州医疗器械创新基地入选中国科协首批“科创中国”创新创业孵化类创新基地。

（石 敏）

【泽辉医用直流电机项目】 该项目由常州泽辉机械有限公司于2022年度实施，利用原有土地，新建车间建筑面积约4400平方米，购置注塑机、半自动转子线、电机装配流水线等主要设备34台（套），于12月竣工，总投资5000万元，达产后可年产医用直流电机30万个。

常州医疗器械创业服务中心　　（供图/区科技局　摄于2019年3月）

【东功源医疗器械项目】 该项目由江苏东功源医疗科技有限公司于2022年度实施，租赁厂房2272平方米，购置超声波清洗机、自动捆包机、超声波焊接机、高频电刀质量检测仪等设备37台（套），于10月竣工，总投资3000万元，达产后可年产多功能手术解剖器1万把、一次性使用射频等离子电极1万把。

【合心腕表式动态血压仪项目】 该项目由江苏合心医疗科技有限公司于2022年度实施，租赁厂房，购置生产流水线、净化系统、测试设备、可调稳压电源、医用电压测试仪等研发和生产设备44台（套），于10月竣工，总投资3000万元，达产后可年产腕表式动态血压仪1.5万台。

【晖铭营养管路类医疗器械项目】 该项目由江苏晖铭医疗器械有限公司于2022年度实施，租赁厂房2377平方米，购置组合式空气处理机组、单挤出生产线、双色挤出生产线、流延机、印刷机、营养管路袋体热合机、鼻饲管冲孔、收口设备等生产试验及检测设备151台（套），于11月竣工，总投资3000万元，达产后可年产营养管路80万套、鼻胃肠管25万套，肠外营养输液袋50万套。

（朱梦斐）

节能环保产业

【概况】 2022年，武进区节能环保产业集群有规模以上工业企业90余家，完成产值183.36亿元，比2021年增长19.1%，形成从技术开发到专业装备、从检测试验到咨询服务的完整产业链。产业骨干企业包括以常州市武进东方除尘设备有限公司、江苏河马井股份有限公司等为代表的节能环保装备类企业，以常州常发制冷科技有限公司、江苏晶雪节能科技股份有限公司、江苏月仙冷藏设备集团有限公司等为代表的节能电器类企业，以江苏美淼环保科技有限公司、江苏绿和环境科技有限公司、贝赛尔科技（常州）有限公司等为代表的水处理、废弃物处理、再生资源类企业，拥有武进高新区节能环保科技产业园、武进绿色建筑产业集聚示范区等高层次产业平台。年内，普罗斯电器（中国）有限公司、江苏泷膜环境科技有限公司通过工业和信息化部两化融合管理体系升级版评定，江苏晶雪节能科技股份有限公司获评国家知识产权优势企业、2022年全国质量标杆。

（石　敏）

【舒朋士智慧排水系统项目】 该项目由舒朋士水务科技（常州）有限公司于2021—2022年度实施，用地面积2.1公顷，新建车间及配套用房、研发中心等1.7万平方米，购置软件开发中心、焊接智能机器设备、智能AGV车系统、清淤干化材料检测试验中心、激光跟踪仪等研发生产和检测设备161台（套），于2022年12月竣工，总投资3亿元，达产后可年产智能型一体化排水系统500套。

【晶雪冷链物流保温系统项目】 该项目由江苏晶雪节能科技股份有限公司于2020—2022年度实施，用地面积4公顷，新建车间、研发中心等2.8万平方米，购置高发泡系统、双履带机等主要生产设备83台（套），进口气相色谱仪、液相色谱仪等主要试验设备38台（套），软件设备51台（套），于2022年5月竣工，总投资2.9亿元，达产后可年产冷链物流保温隔热材料180万平方米。

【艾克司天然气罐项目】 该项目由常州艾克司低温设备有限公司于2021—2022年度实施，利用原有土地1.67公顷，新建生产车间1.5万平方米，新增焊接设备、机加设备、行车、真空泵等主要设备150台（套），于2022年5月竣工，总投资1.15亿元，达产后可年产规格20～40英尺低温绝热液化天然气罐式集装箱5000台（套）。

（朱梦斐）

优势传统产业

【概况】 武进区优势传统产业主要包括纺织服装产业、绿色精品钢产业等。武进纺织产业起步早、发展快、平台高，形成纺织织造为主体、面料成衣为窗口的较为完善的产业链，纺织织造领域主打灯芯线、色织布、牛仔布三类产品，形成纱、坯布、色织布、牛仔布、灯芯绒、印染布、针织物、毛织物、产业用布、服装辅料等系列产品体系。2022年，武进区纺织服装产业集群有规模以上工业企业100余家，完成产值163.13亿元，比2021年增长8.1%。产业骨干企业有江苏瓯堡纺织染整有限公司、江苏新光纺织有限公司、常州市兰贵人纺织品有限公司、常州市美尔娜服饰有限公司、全棉乐家科技（江苏）有限公司、常州群达纺织原料有限公司等。

2022年，武进区绿色精品钢产业集群有规模以上工业企业10余家，完成产值297.18亿元，比2021年增长9.3%。主要核心企业为常州东方特钢有限公司、常州中钢精密锻材有限公司、山阳金属（常州）冷拉钢有限公司、常州市联谊特种不锈钢管有限公司等相关企业。其中，东方润安集团有限公司拥有300万吨优特钢、40万吨铜加工能力，具备齿轮钢、轴承钢、高压锅炉管用钢、油井管用钢等多品种钢的生产能力，是华东地区优特钢精品棒材、型材的主要供应商，为高端装备、工程机械、节能环保、汽车零部件等产业协同发展提供有力支撑，电梯导轨全球市场占有率超70%。

（石　敏）

【新惠武纺织专用设备零部件项目】 该项目由常州新惠武科技有限公司于2021—2022年度实施，用地面积1.49公顷，新建生产、辅助用房等1.98万平方米，购置数控机床、立式加工中心等生产设备101台（套），于2022年9月竣工，总投资1.02亿元，达产后可年产纺织专用设备零部件1000件。

【三鑫铸钢件项目】 该项目由三鑫重工机械有限公司于2021—2022年度实施，用地面积1.09公顷，新建厂房7000平方米，购置热处理设备、加工设备等生产设备10台(套)，于2022年11月竣工，总投资5328万元，达产后可年产铸钢件精整产品5000吨。

【再创纺织机械及高档服装材料项目】 该项目由常州市再创科技有限公司于2021—2022年度实施，利用原有土地0.62公顷，新建厂房1.36万平方米，购置卧式数控机床、立式数控机床、高速经编机等设备55台（套），于2022年12月竣工，总投资5000万元，达产后可年产经编机200套、圆织机100套、高档经编服装材料300吨。

【昇聚达超柔弹张塑持牛仔面料项目】 该项目由常州市昇聚达纺织有限公司于2022年度实施，租用厂房5000平方米，实施装修改造，购买RFRL50−240型高速剑杆织机、验布机、打卷机等设备59台（套），于8月竣工，总投资3100万元，达产后可年产超柔弹张塑持牛仔面料500万米。

（朱梦斐）

重点企业选介

【江苏恒立液压股份有限公司】 始创于1990年，位于武进高新区，是全球知名液压元件以及系统供应商、中国液压行业龙头企业，总资产超120亿元，年销售额超93亿元，有员工6000余人，2011年在上海证券交易所主板上市。在全球建有四大研发中心、十大制造基地，产品高压液压油缸、液压泵、液压阀、液压系统和高精密液压铸件、气动元件等，涉及工程车辆、港口机械、能源开采、隧道机械、工业制造等行业，销往20多个国家和地区。公司深耕机械工业制造领域芯片——液压元件这一细分领域，在国内率先自主研制35兆帕以上压力等级核心液压元件，实现进口替代，打破国外垄断。聚焦绿色发展、智能发展道路，先后投入20多亿元建设具有国际先进水平的智能制造工厂。曾获评工业和信息化部制造业单项冠军示范企业、国家知识产权示范企业、中国智能制造百强企业、江苏制造突出贡献奖。2022年，完成工业产值84.09亿元，实现营业收入87.47亿元。

【东方润安集团有限公司】 成立于2010年，位于湟里镇，是集钢铁、导轨、铜业于一体的现代化制造业集团。钢铁板块优特钢年产量330万吨，主要生产碳结钢、合结钢、弹簧钢、轴承钢、球磨钢、齿轮钢、油井管用钢、高压锅炉管用钢、电梯导轨钢等品种钢，用于通用机械、工程机械、汽车、能源、电梯等领域，是华东地区优特钢精品棒材、型材的专业供应商。导轨板块产品品质高，市场份额全球领先，是电梯导轨专业制造商；铜业板块涵盖铜材加工、国际贸易等，拥有年产铜杆40万吨、铜线9万吨、铜管15万吨的生产能力，是长三角地区颇具影响力的铜杆、铜线、铜管供应商。公司累计投入30多亿元，实施全流程超低排放，与中国科学院金属研究所、沈阳理工大学、北京科技大学等科研院所建立创新联合体，推进“智转数改”，核心竞争力不断提升，曾获评中国优特钢行业最具影响力的生产企业、省百强民营企业、省管理创新优秀企业等称号。2022年，完成工业产值488.63亿元，实现营业收入453.23亿元，位居2022中国企业500强第397位、中国民营制造业500强第112位、江苏省百强民营企业第17位。

【重庆理想汽车有限公司常州分公司】 创立于2015年，位于武进高新区，是重庆理想汽车有限公司的核心生产基地，有员工3000多人，建有冲压、焊接、涂装、总装四大车间，设计年产豪华智能电动汽车10万辆。公司数字化投入占总投入的10%以上，其中焊装车间自动化率100%、涂装及冲压车间自动化率均超96%，通过智能化系统控制实现无人化（少人化）生产，是互联网、大数据、人工智能和汽车制造高度融合的创新企业。2020年7月30日，在美国纳斯达克证券市场挂牌上市，股票代码为“LI”。2021年8月12日，在香港联交所主板上市，股票代码为“2015”。2022年6月，全新全尺寸豪华SUV理想L9发布；9月，理想L8和L7发布。2022年，累计交付13.32万辆，完成工业产值334.57亿元，实现营业收入358.83亿元。

【瑞声科技控股有限公司】 成立于1993年，位于武进高新区，是享誉全球的精密制造龙头企业、中国电子元件业领军企业，也是工业和信息化部认定的“三料”（微型声学、触觉反馈、MEMS麦克风）制造业单项冠军示范企业，在美国、德国、中国香港地区设分公司。2005年在香港上市，是《财富》中国500强及中国制造业500强企业。主要生产微型电声器件、微型振动电机、陶瓷传感器、射频模块、微型摄像镜头等，涵盖声学、微机电、触控马达、射频及结构件、光学等新型微型技术器件领域，应用于移动终端、机器人、无人驾驶汽车等智能设备，为谷歌、微软、华为等国内外30多个知名品牌企业提供产品和技术方案服务，市场份额占全球的35%。公司坚持创新驱动发展策略，每年研发投入占营业收入的10%以上，有研发中心19个，在微型声学、精密光学、电磁传动、MEMS传感器等领域申请专利超过1.4万件。在声学领域，为全球超90%的智能旗舰手机提供声学方案；在光学领域，在全球率先掌握WLG（晶圆级玻璃）镜片技术，实现量产，是全球三大塑胶镜头供应商之一；在电磁传动领域，率先研制X轴触控产品，也是全球大型X轴触控产品提供商；在MEMS传感器领域，首次真正实现从电

重庆理想汽车有限公司常州分公司总装前后挡风玻璃自动化安装工位

（供图/区工信局　摄于2022年9月）

路设计、晶圆制造、芯片封测、器件封装的全产业链国产化。公司与知名手机品牌商建立长期稳固战略合作关系，产品应用于智能手机、智能穿戴、智能家居、智能汽车等人机交互领域，是国内电子元器件领域重要供应商之一。2022年，完成工业产值108.64亿元，实现营业收入122.71亿元。

【新誉集团有限公司】 创立于2002年，位于武进高新区，专业从事轨道交通、新能源、数控设备、现代物流、办公设备、航空6项核心业务，是高新技术企业，总资产90亿元，员工4000余人。建有省级工程技术研究中心、省级风电装备技术研究院、省级博士后科研工作站，拥有国家级EMC电磁兼容实验室、3.8兆瓦的机组出厂地面全性能检测试验台和国家级风力发电重点试验室，配套产品广泛应用于高铁、城际列车、机车以及轻轨等轨道交通领域，是国家火炬计划轨道产业基地骨干企业、铁路总公司机车车辆配套重点生产企业，曾获评工业和信息化部制造业单项冠军示范企业。2022年，完成工业产值26.72亿元，实现营业收入27.42亿元。

【万帮数字能源股份有限公司】 创建于2014年，位于武进高新区，集电动汽车智能充电装备及新能源新型电力系统研发、制造与运营于一体，致力于为主机厂、公交、地产等八大领域客户提供“软件＋服务＋硬件”全生命周期一体化解决方案，是高新技术企业、亚洲数字能源头部独角兽企业、国家级服务型制造示范企业，核心品牌“星星充电”。坚持创新驱动发展，牵头成立江苏省制造业创新中心，建有国家CNAS认证的电动汽车智能充换电系统实验室、江苏省工程研究中心、江苏省工程技术研究中心、江苏省企业技术中心、江苏省博士后创新实践基地等创新平台，掌握综合能源管理、车网双向互动、超大功率及液冷散热、动态功率分配技术等核心研发及服务能力，在智能充电设备、智慧能源产品开发方面研发能力强，涵盖产品的概念设计、产品研发和应用研发全流程，通过建立国际先进的硬件设计开发、软件开发、试验测试、全生命周期服务体系，助推产品迭代升级。研发具有自主知识产权的交直流充电设备、光储充放设备、能源路由器等先进技术产品，直流充电桩国内市场占有率约30%，交流充电桩国内市场占有率约70%，呈逐年增长趋势。2022年，入围胡润研究院发布的《2022年中全球独角兽榜》，完成工业产值17.96亿元，实现营业收入28.01亿元。

【江苏国茂减速机股份有限公司】 成立于2013年，位于武进高新区，是集减速机研发、制造、销售于一体的高新技术企业，占地面积53万平方米，员工近2200人，2019年6月14日在上海证券交易所A股主板上市。建有江苏省减速机传动机械工程技术研究中心和江苏省企业技术中心，主要生产齿轮减速机和摆线针轮减速机，年产量约70万台，广泛应用于工程机械、智能物流与仓储、工业自动化、冶金、环保、化学工业、可再生能源、食品轻工、游乐设备、港口机械、资源开采等通用机械行业领域，配套宝钢股份、海亮集团、徐工集团、葛洲坝集团、振华重工、宝鸡石油、景津环保等行业龙头企业，出口全球数十个国家。齿轮减速机被工业和信息化部认定为第六批制造业单项冠军产品，“国茂”商标获评中国驰名商标。公司先后获评江苏省服务型制造示范企业、国家知识产权优势企业、国家绿色工厂等称号，成为中国通用机械工业、减变速机行业标杆型专业制造服务企业与领军企业。2022年，入围中国机械工业百强企业，完成工业产值25.44亿元，实现营业收入26.73亿元。

【安川（中国）机器人有限公司】 成立于2012年3月，位于武进高新区，是株式会社安川电机在海外设立的首个机器人制造基地，总投资1.15亿美元，占地面积10公顷，有员工460人。主要研发、设计、生产机器人（含垂直多关节工业机器人、焊接机器人、控制系统），使用机器人的自动化设备系统，及其附属品、零部件，年生产能力2.5万台，应用于汽车、电池相关、5G、新能源等新基础设施领域以及半导体、电子零件市场。2022年，公司累计出厂机器人10万台，完成工业产值19.4亿元，实现营业收入18.19亿元。

【贝内克长顺生态汽车内饰材料（常州）有限公司】 成立于2014年12月，位于武进高新区，由德国大陆集团和长顺集团张家港合资公司合资设立，总投资7300万欧元，注册资本2500万欧元，用地面积7公顷，一期建筑面积2.2万平方米，员工380人。在中国市场最早引入水性漆，主要生产环保型、低排放、无致敏性汽车内饰材料，产品广泛应用于汽车座椅、门板，供应奔驰、宝马、奥迪等德系豪车品牌，及特斯拉、理想、蔚来、小鹏等主流新能源汽车品牌。2022年，完成工业产值12.77亿元，实现营业收入12.84亿元。

【旷达控股集团有限公司】 成立于2000年，位于雪堰镇，是一家以生产交通工具内饰材料为主，涉足封头制造、光伏发电、射频滤波器、医疗养老、进出口贸易、实业投资等业务于一体的大型现代化企业集团，2010年在深圳中小企业板上市。下属企业旷达科技集团股份有限公司是国内行业龙头企业、国家重点高新技术企业，主要研发、生产和销售汽车内装饰材料，具备从有色差别化纤维生产到座套成品的完整产业链生产体系和先进的生产技术装备，是国内大型汽车座椅内装饰材料生产基地。集团建有国家级实验室、省级工程技术中心、省级工业设计中心和博士后创新工作实践基地等科研平台，销售、售后网络遍布国内主要汽车生产基地，为80多家OEM（原始设备制造商）汽车制造商、新能源造车和高铁动车长期配套内饰材料，取得德国大众、美国通用全球供应商资格，市场占有率国内行业第一。曾获评第四届中国工业大奖提名奖、国家守合同重信用企业、江苏省优秀民营企业、中国汽车零部件百强企业等，多项产品获江苏省工业设计产品优秀奖，2019年获中国纺织联合会产品开发贡献奖。2020年，布局打造国内最优质的SAW（声表面波滤波器）滤波器公司，拥有国内先进SAW滤波器技术。2021年，在实现对日本NSD公司控股的基础上优化布局、拓展市场，为国内主要移动端类或模组类客户定制滤波器，项目合肥工厂于2022年开工建设。2022年，完成工业产值18.4亿元，实现营业收入18.06亿元。

（万永吉）

商贸服务业

Commercial and Trade Service Industry

栏目编辑　周小红

商贸流通

【概况】 2022年，面对受新冠肺炎疫情影响国内消费增长放缓形势，武进区积极协调相关部门，多措并举促进消费增长，推动商贸流通业复苏繁荣。区商务部门加强疫情期间生活必需品物资保供调度，保障疫情封控小区生活必需品供应。3月14日至5月31日，免费发放生活必需品物资7万份。建立应急保供绿色通道，为企业核发疫情防控应急物资及人员运输车辆通行证61份。其间，组织督查农贸市场560家次、大型商超270家次，完成农贸市场从业人员核酸检测超24万人次，为40家商贸流通企业争取防疫消杀补贴55.2万元。组织参加常州市第三届“嗨购节”消费促进活动，举办武进区第十届汽车下乡巡展活动，积极拉动消费市场回暖。加强行业监管，开展全区大型商业综合体突发事故应急处置演练、安全生产宣讲活动10多次，聘请第三方机构对全区加油站（点）开展安全隐患排查，累计组织安全生产督查检查活动77次，检查企业单位234家次，发现问题隐患587个，整改问题隐患482个，整改率82%。二手车交易、再生资源回收利用特许行业监管规范有序，完成全区二手车经营企业全国汽车流通信息管理系统企业端备案292家，促进再生资源回收利用市场合理布局。在全市率先成立武进区单用途预付卡管理联席会议制度，优化“12345”平台工单派发和调处流程，现场调处网络舆情类工单2件，妥善调处涉预付卡和其他商贸类消费纠纷820件，实现工单回复及时率及满意度有效提升。

1—12月，全区社会消费品零售总额719.57亿元，同比下降4.1%，总量和占比在全市位于前列；限额以上社会消费品零售总额224.29亿元，同比下降14.8%。春节消费市场运行良好，10家重点流通企业累计实现销售额1.53亿元，增长7.5%；武进吾悦广场和武进万达广场分别实现销售额5530万元、4271万元，同比增长6.44%和76.94%。

路劲又一城举办夏季营销活动　（供图/区融媒体中心　摄于2022年7月）

【武进汽车下乡活动】 7月9日，2022“携手相约·畅行乐游”武进区第十届汽车下乡巡展活动在西湖街道鑫河公园启动。该活动由区商务局主办，区融媒体中心、武进汽车城承办，相继在西湖街道、遥观镇、礼嘉镇、南夏墅街道、雪堰镇举办巡展活动，集结明都集团、外汽集团、宝尊集团、中天集团以及常州中诚吉利等20多家品牌4S店、70多款车型参展，至8月初，共收到订单100多个，收集意向客户2000余个，参展人数超2万人。

【花园街商业街】 位于聚湖路以南、滆湖路以北，武宜路以东、和平路以西，以花园街为中轴线，涵盖百货、超市、餐饮和娱乐多种业态，至2022年运营商业有武进万达广场、新天地不夜城、新城上街、路劲又一城。

武进万达广场位于花园街北端，建筑面积59万平方米，是集超市、五星级酒店、影院、KTV、美食以及办公、居住于一体的城市综合体。2022年，实现销售额12.3亿元，总客流1401万人次，日均客流3.03万人。

路劲又一城位于花园街、长虹路高架的交会处，建筑面积18万平方米，是集购物、美食、休闲、娱乐于一体的大型商业广场。2022年，在营运品牌有202个，其中代表性品牌有大润发、海底捞、天空之城、耐克、阿迪达斯、哥弟、阿玛施、百丽、蛙喔、半天妖、九田家、钱小奴海鲜自助等，实现销售额6.8亿元。

【武宜路商圈】 武宜路为贯通常州市区与武进中心城区的南北方向交通要道，沿途聚集武进吾悦广场、星河国际商业街、四季青购物中心等商业载体。

武进吾悦广场总建筑面积80万平方米，涵盖大型超市、购物中心、主题会所、酒店式公寓、高端住宅等业态，汇集购物、美食、娱乐、休闲、亲子、超市、电影、步行街，运营商业品牌有323个，其中代表性品牌有易买得、孩子王、优衣库、海底捞、理想汽车、小米、哥老官、NIKE、同庆楼、苹果等。消费客户以年轻客群为主，2022年实现销售额18.44亿元。

星河国际商业街总规模30万平方米，运营项目有麦德龙、星河HOME、滨水商业、国际欢乐广场、国际风情广场，其中迪卡侬（健康运动基地）2022年销售额4301万元。

【武进乐购商圈】 位于湖塘镇常武路与定安路交会处，拥有华润万家超市、富克斯流行广场、武进购物中心、南洋广场等大型商业设施，以及周边住宅小区沿街商业。

武进购物中心总建筑面积16万平方米，设置购物区、休闲餐饮区、主题休闲娱乐区、主题文化艺术区以及金融商务区，入驻主力商家有深圳海港大酒楼、苏宁电器、莱蒙电脑城、海乐迪量贩KTV，是集时尚消费、休闲娱乐、文化数码、特色餐饮、商务办公于一体的时尚之城。商业体周边有华润万家超市、武进路桥小商品市场、湖塘皮革城、家家爱家具、神采飞扬大型游乐公园等。

富克斯流行广场总营业面积4.8万平方米，运营品牌有浪琴、通灵、周大福、潮宏基、老凤祥、钻石世家、欧珀莱、百丽、千百度、蹀愫、新秀丽、沙驰、VERO MODA、遐逸、诗凡黎、哥弟、波司登、玖姿、木子兰、莱芙艾迪儿、金利来、报喜鸟、太平鸟、GXG、耐克、阿迪达斯、狼爪、富安娜、水星家纺、好孩子、斯乃纳、丽婴房等，2022年实现销售额4.1亿元。

（潘　磊）

【实施供销合作“十百千万”工程】 2022年，区供销合作联合社按照《常州市供销合作总社促进共同富裕先行先试“十百千万”工程实施方案》要求，将“十百千万”工程，即“十四五”期间，组建十大农业特色产业“农合联”，建设百家供销综合为农服务中心，培育千名金牌农产品经纪人，带动万户低收入（低于本行业平均收入）农民增收致富；建立“先富带后富、大户带小户、党员带社员、产业联农户、流通联万户”的共同富裕机制作为年度中心工作，依托农业龙头企业组建产业“农合联”2家，分别是武进区苗木产业供销联盟、武进区水蜜桃产业供销联盟，发挥“农合联”示范引领作用，完成农村综合服务社改造升级10家，培育“金牌经纪人”100名，带动低收入农户致富增收。

（叶　帆）

【夏溪花木市场】 夏溪花木市场位于嘉泽镇，隶属万臻生态科技有限公司，总占地面积133.33公顷，其中建成区域面积90公顷，集聚稳定商户2500余个、花木经纪人3万余人及园林企业500余家。2022年，该市场发挥“价格指数”“花木源”App、微信客户端、夏溪花木网等线上平台功能，助推花卉苗木产业转型升级。推进花木行业电商发展，打造花境展销区，将产品销售、直播带货多渠道融合，其中东篱草堂、拾芳园等成为“网红打卡点”。适应园艺消费上涨趋势，升级园艺村建设，推动行业高质量、精品化发展，以及花木行业与文化旅游结合增量发展。全年完成市场交易额186.5亿元，继续保持在全国花木类市场中的龙头地位。

（应　彦）

【江苏明都汽车集团】 江苏明都汽车集团有限公司是以汽车销售服务为核心、金融投资和高星级酒店为辅的多元化集团企业，总部位于武进区湖塘镇常武北路280号。拥有全资子公司50家，控股公司3家，参股公司2家，员工2800人，年末固定资产账面余额17.66亿元。代理主流汽车品牌27个，其中新能源品牌4个，拥有品牌汽车4S店47家，销售网点主要分布在常州、无锡、苏州、镇江、扬州、南通和湖南邵阳等地，同时经营汽车租赁、二手车置换等业务，是江苏省和常州市汽车销售服务领域的领军企业。

2022年，该集团公司克服汽车行业受到新冠肺炎疫情、持续高温天气和全球经济下行等影响，发挥国家拉动内循环的扶持政策影响力，建成高邮宝马、常州电马、苏州电马、常州路特斯、常州哪吒、常州极氪等品牌4S店，并改造升级常州众成、常州汇福、溧阳领畅3家4S店，改造调整常州君爵、常州路捷等4S店5家，建成常州宝达等综合体展厅3家，全年完成销售额64.2亿元，稳住基盘并保持较好的市场份额。是年，该公司列中国汽车经销商集团第70名、中国民营企业百强排名榜第46名，获评2021—2022江苏省汽车销售服务三十强称号。

（张宏伟）

粮食购销

【概况】 2022年，武进区有粮食收购备案企业31家(含国有企业1家)。推进“放心粮油”工程建设，年末拥有市级示范粮油销售及加工企业7家、区级“放心粮油销售店”18家。完成轮换政府储备小麦、粳稻，区政府储备粮管理符合规定要求。全区各类粮食收购主体理性参与粮食市场收购，完成全社会粮食收购12896万千克，其中小麦3462万千克、稻谷9434万千克（粳稻9355万千克、籼稻79万千克）。区粮食部门做好粮食产销对接及武进地区粮食收购工作，组织粮油经营企业建立粮食协作平台，实施与外地粮食生产基地的零距离衔接，全年签订协议粮食购销3055万千克。按照要求落实政府成品粮油存储，优选部分粮食企业签订协议，确定区粮油应急加工企业和粮油应急保供网点。

【粮食应急保供】 2022年，按照武进区防疫指挥部要求，加强与属地政府沟通协调，每日跟踪监测粮食生产销售情况，督促大米加工厂抓紧时间安全生产，有效保证市场供应。完善区级粮食应急网点建设，结合原有粮油米面应急储备的网络布局，形成以8家大米加工生产、3家粮食配送、31个应急供应网点、1家物流企业、1家储运企业为生产供应链，以2家大型超市生活物资采购、储备、配送为一线供应保障。严格检查考评，确保成品粮、食用油、冻猪肉等储备规模到位、数量真实、管理规范。建立健全应急物资储备保障体系，按规定做好储备保管，全面提升防范重大自然灾害和处置突出事件的保障能力。加强自然灾害应急物资保障体系建设，严格落实生活保障物资储备，做到储得好、调得快、保得优。

（官庆辉　谢志峰　唐　莉）

烟草专卖

【概况】 2022年，区烟草专卖局（分公司）统筹抓好疫情防控和安全生产，有序开展烟草专卖各项工作。新办烟草零售许可证479户，变更91户，延续727户，停业55户，恢复营业22户，补办14户，歇业298户，审批注销97户，收回99户。至年末，全区持有烟草专卖零售许可证零售户6082户，实现卷烟销量4.72万箱、销售收入（不含税）21.21亿元、税利7.62亿元，各项经济运行指标在全省排名第一方阵。

【烟草市场监管】 2022年，区烟草专卖局聚焦重点违法违规大户，开展“攻坚100”专项行动，共监管557次、查处62次，取消卷烟经营资格14户。推进专卖打假打私工作数字化转型，上报网络案件2起，在侦案件3起，刑拘11人，判刑3人。开展异常、虚假客户专项治理，摸排虚假异常户346户，处置319户，处置率92.2%。加强电子烟管理引导，清理学校（中小学、幼儿园）周边零售点22户。构建协作机制，将“多网融合”路径手段与“五不一稳”市场监管目标深度融合，不定期召开打假打私联席会，深挖细节线索，增强协作合力。借助“研制面向零售户精准普法新工具”课题，形成普法宣传手册。加强法治宣传，开展普法活动5次。全年查获各类涉烟违法案件441起，其中5万元以上案件106起、100万元以上案件2起，查获各类违法卷烟1703.75万支，总案值2131万余元。区烟草专卖局获省烟草专卖局嘉奖令表彰1次。

【卷烟营销】 2022年，区烟草分公司坚持稳中求进工作总基调，推进诚信体系建设，指导烟草零售户开展线上、线下签约，共签约5989户，签约率99.32%。开展区域消费调查，及时完成消费需求预测，为精准货源投放提供可靠的决策依据。维护诚信小组稳定，构建互助小组410组，覆盖率100%，开展线上活动92958场次、线下活动5834场次。加强终端阵地建设，建成加盟终端44户，优质加盟终端验收考评达标率位列全市第一。累计上线新现代终端客户345户，扫码笔数、聚合支付占比均处于全市前列。直播扩大金丝利零售品牌效应，与洛阳镇政府、夏溪花木市场分别举办“洛丰水蜜桃”“缤纷嘉泽”直播活动2场，切实助力乡村振兴。营造良好文明吸烟环境，建成吸烟亭4个、吸烟柱1550个。开展吸烟亭、吸烟室排查维护整改，树立文明城市形象。

（张　珏）

3月8日，区烟草专卖局开展普法进校园活动　（供图/区烟草专卖局）

物流业

【概况】 2022年，武进区有省重点物流企业3家、省重点物流基地1家，拥有道路货物运输经营业户7327家。全区实现物流业增加值61.96亿元，可比价下降4.5%。

（何秋斌）

【天众供应链管理仓储物流中心建成投运】 项目位于西太湖科技产业园河新路一侧，为常州西太湖互联网产业园物流基地的重要组成部分，总投资5.2亿元，占地面积11.3万平方米，总建筑面积6.44万平方米，建设包括电子商务仓储、快件分拨中心等，利用物流大数据，加速“互联网+”产业与特色优势产业相融合，激发产业新能量。项目于2021年年底试运行，至2022年年末，天众供应链管理仓储物流中心入驻企业657家。

（曹丽娜）

【常州中天物流中心投用】 2月6日，常州中天钢铁物流中心有限公司（简称“常州中天物流中心”）正式开业，现场3辆装载HRB400、HRB400E等系列钢材约90吨的重型卡车缓缓驶出园区，发往下游客户，标志常州中天物流中心开启打造智慧物流园区标杆征程。

该物流中心位于中天钢铁集团常州基地北区，规划面积53万平方米，南依312国道，北枕沪宁铁路和沪宁高速公路，西临沿江高速公路，京杭大运河穿园而过，水陆交通便利。2022年9月，中天钢铁集团在原钢轧三分厂炼钢区、三炼铁、高线厂、电炉厂、西料场等区域，规划建设中天物流中心，总投资2亿元，分三期建成一座年吞吐1000万吨钢材及大宗物料的大型综合智能物流园，以建筑用钢、工业棒材、工业线材、型材、板材、有色等为主要货种，集仓储、物流、加工、贸易等功能于一体。物流园分为3个功能板块：以中天钢铁自产钢材为基、螺纹钢为主的钢材物流集散基地；

建立钢材贸易市场，引进外部钢材物流业务，满足钢材上下游产业需求，增加钢材加工业务；引进其他物资物流业务，成为综合性智能物流园区。2022年，常州中天物流中心业务范围辐射整个华东地区，为钢铁行业物流运转及常州现代服务业高质量发展作出贡献。

（方志夭）

【武进粮食物流园平稳运行】 该物流园是以江苏奔牛国家粮食储备库为主体异地新建的粮食仓储设施项目，承担全区140多万人的粮食应急保障任务，肩负6000公顷粮食收购任务、30多家粮食企业可持续发展的引领任务，具有储存、中转、贸易、检测、信息等功能，是集粮油采购、交易、运输、仓储多种功能的现代化粮食物流园区。项目位于武进区前黄运村祝庄，总投资约2亿元，占地面积6.03万平方米，规划总建筑面积2万多平方米，建设9.15万吨（3万吨周转仓）粮食仓储设施、内河300吨泊位2个以及烘干房、器材库、综合楼、道路、绿化等配套设施，于2017年3月开工建设，同年12月主体工程完工，2019年6月正式启用，引进常州前黄粮食购销有限公司、常州市冉裕搬运装卸有限公司、江苏阳湖红粮食购销有限公司、江苏申新米业有限公司4家企业入驻。

2022年，武进粮食物流园实现存储原粮5.2万吨、成品大米800吨、各类应急救灾物资（生活类）若干，添置码头粉尘检测设备2套、谷糙分离机4台，提升环保储粮能力。建立健全应急保供体系，实现省、市、区粮食储备监管互联互通，确保粮食存储安全。

（唐　莉）

餐饮业

【概况】 2022年，武进区有各类餐饮单位1万余家，从业人员5万人，有三星级及以上旅游饭店8家。全区积极应对新冠肺炎疫情影响，出台专项扶持政策，举办文化旅游节、美食节及各类地方美食评比活动，推动消费复苏。区农业农村局举办“阳湖·吾家菜”农家菜谱评选，区烹饪协会推广地方特产与美食，助力餐饮行业发展。各餐饮企业适应年夜饭消费新需求，推出线上年夜饭预订、半成品菜套餐等服务。全区2家样本餐饮企业，在春节7天实现销售额147.28万元。城市综合体内餐饮消费火爆，武进万达广场7天餐饮营业额1081万元，同比增长119.6%。全年限额以上住宿餐饮业营业收入13.69亿元，下降1.7%。

【“阳湖·吾家菜”农家菜谱评选】 6—12月，围绕弘扬本土美食文化，挖掘、培育地方特色品牌，区农业农村局组织开展“阳湖·吾家菜”农家菜谱评选活动，经前期宣传、推介和初选，有71家饭店共上报农家菜150道，被确定入围44道，最终评选出“阳湖·吾家菜”农家菜谱25道。其中，冷菜有老猪肝、皮蛋、鸭头、白斩鸡、湟里牛肉、瓜畲菜、爆鱼、中南花生8道；热菜与汤羹有烩羊肉、红烧滆湖大鲢鱼、扣三丝（雪堰）、清汤鳝筒、银鱼炒蛋、东安肉蟹、酒糟扣肉、鱼肚窠、蟹糊、红汤炝虾、氽青鱼、清蒸白鱼、寨桥老鹅13道；主食与点心有酒酿元宵、萝卜干炒饭、蒸甜饭、羊汤笃烂面4道。

（潘　磊）

邮政快递

【概况】 2022年，武进区（含常州经开区）有快递法人企业6家和分支机构109家，邮政公司分支机构1家，邮政支局29个，社区配送站395个，直接从业人员3289人。武进邮政管理局（区邮政业发展中心）准确把握疫情防控、复工复产和安全监管形势，统筹推进疫情防控和行业发展。开展邮检、邮警合作，联合区检察院、公安分局建立寄递安全协作机制，印发《常州市武进区寄递行业行政执法与刑事司法衔接工作指引》，增强监管力量，规范快递市场，净化寄递环境。加强行业法规及安全理念宣贯，开展快递员安全宣传教育培训2次。全面排查整治风险隐患，开展“清风·安全生产”专项行动，检查企业（营业网点）115处，查处违法违规行为12起，约谈企业21家次，立案12起，罚款金额15.3万元。建设行业群团组织，先后成立武进区快递行业联合工会、妇联，开展关爱快递员系列活动，有1829名快递员获赠送意外伤害保险及互助险，38名快递职工获互助保障资金4.45万元。推进普惠邮政、智慧邮政建设，实施公共服务设施提档升级，规范快递网点109个，发展菜鸟驿站等自提点186个，安装智能快递柜473组，建成规范化村级寄递服务站36个。全区快递服务企业完成业务量9303.82万件，实现快递业务收入17.91亿元，分别下降2.75%、3.92%。

【农村寄递服务体系完善】 2022年，武进邮政管理局围绕提高农村寄递行业服务质量，在实现“快递进村”全覆盖的基础上，实地调研嘉泽、湟里、洛阳、礼嘉等镇部分建制村，打造镇、村级农村寄递服务站示范点。洛阳镇农村寄递服务站作为该镇唯一的寄递综合服务站，推出百分百送货上门的特色服务，从分拣到派送都保障货物的完好性和时效性，成为武进区首家镇级农村寄递服务站示范点。嘉泽镇三星村农村寄递服务站建成武进区首家融合所有快递公司寄递进村的寄递服务站，服务对象覆盖周边4个自然村居民1万余人。7月14日，经武进邮政管理局协调，嘉泽镇周庄村委和徐州康泰通讯设备有限公司签署智能快递箱免费使用协议，投入使用一组1个主柜加6个副柜的智能快递箱，提供居民全天候取件服务，实现“快递进村”数量和质量的双提升。

（何凯琳）

电子商务

【概况】 2022年，武进区加强基础设施和软环境建设，推进电子商务应用普及和发展。区商务部门组织3家电商企业申报常州市商务发展专项资金项目、1个园区申报江苏省级电商示范基地，推进嘉泽镇农村电商产业发展，西太湖电商产业园入选国家电子商务示范基地，横林绿色家居电商产业集聚区入选省县域电商产业集聚区。完善电子商务企业库，在库企业80家，其中纳入常州市重点电商企业库58家。组织电商企业积极参与直播带货、商务部“双品购物节”、京东618“城市热爱购”等活动，江苏小牛电动科技有限公司、顶呱呱科技股份有限公司在京东“常州消费季”活动中实现产品销售额1573万元、300万元。常州华耀装饰科技有限公司、常州安科电子商务有限公司、常州市青之峰网络科技有限公司、江苏嗨购网络科技股份有限公司等电商企业，通过淘宝、天猫、京东、拼多多、抖音、快手、美团、饿了么、携程等（不含微信、跨境电商）公共平台，实现网络零售额127.9亿元。

【西太湖电商产业园入选国家电子商务示范基地】 8月19日，商务部发布《关于2022年增补国家电子商务示范基地的公示》，常州西太湖电子商务产业园榜上有名，成为江苏省获批的3个园区之一、常州市第二个国家电子商务示范基地。该产业园位于常州“两湖”创新区核心区，于2011年成立，总体规划面积33.33公顷，是专业从事电子商务服务产业的专题园区，至2022年年末，累计招引电商平台企业、电商品牌经销企业、电商服务企业、综合型电子商务企业以及创新型电商企业400余家，从业人员近2万人，全年完成电子商务交易额153.82亿元，实现税收8.4亿元。先后获评2017—2018省级电商示范基地、2019—2020省级电商示范基地和2021—2022省级电商示范基地，园区内江苏嗨购网络科技股份有限公司、江苏整搜在线电子商务有限公司等企业获评省、市电子商务示范企业。

（潘　磊）

【横林绿色家居电商产业集聚区获评省县域电商产业集聚区】 2022年年末，省商务厅公布第二批江苏省县域电商产业集聚区名单，横林绿色家居电商产业集聚区入选。该集聚区是常州经开区规划建设的八大特色产业园区之一，配套建设重点电商综合大楼、绿色家居展示馆、物流仓储区、电商双创基地、青年公寓、人才公寓等硬件设施，提供培训孵化、产学研合作、跨境电商、仓储物流、产品测试、金融支持等公共服务，有电商企业（包括网店）800多家，其中电子商务交易额超10亿元企业3家、超亿元企业5家，2022年实现电商交易额46.5亿元，增长21.7%。

（洪绯阳）

房地产业

【概况】 2022年，区住建部门以资源价值提升为导向，统筹推动土地资源经营及管理。片区资源配置优化，长沟河、淹南等重点片区的城市基础设施有序实施，长沟河片区“十里樱花”“儿童友好”策划方案向社会公布，西园路、贺家路等5条市政道路基本竣工，西园路实验学校、湖塘桥实验小学淹城校区启动建设。片区合作开发取得进展，项目实施方案编制完成。经营性土地储备及出让，武进区完成经营性土地储备16宗73.2公顷，其中列入常州市2022年经营性土地出让计划53.3公顷，完成经营性土地出让60.79公顷。新设立房地产企业2家，年末具备有效开发资质企业71家，其中一级房地产企业4家、二级房地产企业67家。受宏观政策影响，全年完成房地产业投资额123.74亿元，其中住宅投资100.29亿元，分别下降30.2%和33.3%；新开工面积83.69万平方米，其中住宅新开工面积61.21万平方米，分别下降29.8%和33.1%；竣工面积78.83万平方米，其中住宅竣工面积44.53万平方米，分别下降54.7%和66.5%。

【房地产市场销售】 2022年，全区商品房销售面积119.01万平方米，其中住宅销售66.69万平方米，分别下降51.81%和59.06%。完成商品房销售额142.63亿元，其中住宅销售额113.72亿元，分别降55.3%和59.18%。商品房销售均价11985元／平方米，其中住宅销售均价17052元／平方米，分别下降7.24%和0.29%。商品房批准预售面积86.73万平方米，其中住宅项目为53.68万平方米，分别下降64.03%和68.06%。

【房地产市场管理】 2022年，区住建部门规范房地产市场秩序，从捂盘惜售、资金监管、销售价格、现场公示等方面着手，通过现场查看、信息核对、情况了解等方式，有针对性地检查项目销售情况。加强对商品房预售面积、销售价格、预售资金的管理，牵头组织人员分6批次，检查楼盘31个，要求企业整改发现问题。加强成品住房管理，落实按照不同的装饰装修标准分别制作交付标准样板房的要求，严格检查标准样板房反映相应户型的真实性、结构尺寸和装饰装修标准，真正做到“所见即所得”。规范中介机构管理，配合市住建局开展中介机构规范整顿活动，重点在中介机构收费和服务方面开展自查和清查整顿。整治房地产养老诈骗行为。严把商品房交付验收关，完成交付备案项目22个，交付面积211万平方米。同时，要求房地产开发企业在项目交付前，必须做好项目应急处置、售后服务等措施，进一步规范房地产市场交付秩序。

【春秋祥云项目】 位于武进区东宝路与横溪路交会处，占地面积3.85公顷，由常州悦府房地产开发有限公司开发，规划552户，按照限量版社区标准，打造为春秋·园中园格局，设计中央景观花园约7000平方米、花园组团6重及流光酷跑环1个；户型建筑面积126平方米、140平方米、168平方米3种，于2021年10月开工建设，2022年推出房源70套，去化率65%。

（徐亚芬）

【房产管理】 2022年，武进区有物业管理小区220个，物业从业人员11896人。区房管中心推进党建引领红色物业工作，将住宅小区物业管理融入城市精细化管理。加强各镇党建引领物业管理的指导，推进党建引领物业服务企业和业主委员会建设，社区选派党员干部担任项目党建指导员、落实双向“交叉任职”制度比率100%。建立多方联动机制，联席会议日常化，引导党员264人（含业主160人、社区员工40人、物企员工64人）组建红色物业党员志愿服务队，融入街道社区治理框架，促进住宅小区共建共治共享。全区创成党建引领物业管理市级示范点33个、省级示范点2个（香溢澜桥和星河国际四期）。开展绿色社区创建行动，新增绿色社区6个，累计创成绿色社区34个。加强物业企业创优指导，促进物业服务行业优质发展，通过省住建厅专家验评项目7个。做好物管小区安全生产和疫情防控，全年检查住宅小区135个，出动检查423人次，落实“双随机”检查项目20个，下拨物业服务企业防疫专项补助34.98万元。全年受理维修资金申报业务1860户，审核拨付维修资金1296.2万元，收缴房屋维修资金19170.94万元，消防电梯专项维修资金927.47万元。

（杨　欣）

对外及港澳台经济合作

Foreign and Hong Kong, Macao and Taiwan Economic Cooperation

栏目编辑　周小红

融入“一带一路”建设

【概况】 2022年，武进区有“一带一路”项目8个，包括百佳年代（越南）薄膜科技有限公司增资、江苏恒立液压股份有限公司印度尼西亚公司筹建等项目，比2021年减少1个，武进方面完成协议投资额5300万美元，比2021年增长58.58%。至年末，武进区有62家企业参与开拓和投资“一带一路”市场项目75个。

（潘　磊）

【中车戚墅堰公司出口泰国20台机车投入运营】 10月15日，中车戚墅堰机车有限公司（简称“中车戚墅堰公司”）研制的5201号机车，牵引列车从泰国曼谷华南蓬火车站驶出，开往泰国铁路南线终点宋卡府合艾火车站，成为在泰国投入运营的首台米轨交流传动内燃机车。之后，出口泰国首批机车中的其余19台机车陆续牵引列车，到达泰国铁路的南线、北线和东北线各站点，实现在泰国全境干线铁路的全覆盖。年底前，该公司生产的第二批15台机车交付泰国。

（方志天）

对外及港澳台贸易

【概况】 2022年，武进区对外贸易稳定发展，完成进出口总额647.85亿元，增长9.7%。其中，出口额505.17亿元，增长14.3%；进口额142.68亿元，下降4.1%。推进跨境电商产业园建设，西太湖跨境电商产业园获评市级跨境电子商务产业园，江苏友奥电器有限公司美国海外仓获评市级海外仓，常州市精品水果（东南亚）进口交易中心获评市级进口商品交易中心。累计建成省、市、区三级跨境电商产业园各1个，省、市级海外仓各1个，市级进口商品交易中心2个。全区15家企业获得2022—2024年度常州市级国际知名品牌认定，其中8家企业为新获评市级国际知名品牌企业，占全市新增市级国际知名品牌企业32家的25%。江苏友奥电器有限公司、江苏恒立液压股份有限公司、江苏亚邦染料股份有限公司、江苏常发农业装备股份有限公司4家企业入选省商务厅内外贸一体化试点。常州名大会展服务有限公司、常州富都溪湖国际大饭店有限公司获评常州市首批会展业重点企业。江苏明月软件技术股份有限公司和江苏嗨购网络科技有限公司的数字贸易案例，分别入选首批江苏省数字贸易创新案例。常州科教城、捷成华视网聚（常州）文化传媒有限公司分别入围第三批江苏省服务贸易基地（数字服务）、重点企业（文化服务）。完善省级跨境电商产业园功能，武进区跨境电商产业园的本地公共物流仓和跨境电商专业物流服务板块于3月上线运营。积极向上争取政策扶持，合计争取外贸（含服贸）扶持资金2712.05万元，受益企业超350家。

【武进区跨境电商产业园助力外贸企业畅通物流】 3月上旬，常州市武进区跨境电商产业园的本地公共物流仓和跨境电商专业物流服务板块上线运营，为外贸企业提供路线规划、装箱指导、防疫消

武进区15家常州市级国际知名品牌企业一览表

表13

企　业　名　称	品牌名
江苏恒立液压股份有限公司	Hengli
江苏龙城精锻集团有限公司*	龙城
江苏友奥电器有限公司	YOAU
江苏唯德康医疗科技有限公司*	Vedkang
江苏亚邦染料股份有限公司	亚邦
普罗斯电器（中国）有限公司	Plusrite
常州市联谊特种不锈钢管有限公司*	联谊 LIANYI
快克智能装备股份有限公司*	QUICK
江苏国茂减速机股份有限公司*	国茂
江苏常美医疗器械有限公司*	CHANGMEI
常州武进长城工具有限公司	CHANGCHENG
常州市久虹医疗器械有限公司	JIUHONG
江苏顺风新能源科技有限公司	SF-PV
常州纳捷机电科技有限公司*	SINAJET
常州高尔登科技有限公司*	GOLDEN MOTOR

注：带“*”为2022年度新增市级国际知名品牌企业

杀、贴标、短驳等全流程一站式服务，并确保仓库物流板块24小时运转，客户可通过互联网实时监控货物动态。至年底，本地公共仓上线运营仓储面积突破1.2万平方米，建成武进绿建区滨湖路公共仓、新北区小河汽车零部件专用公共仓、新北区联丰家居专用仓、无锡公共仓，累计仓储货值超2300万美元，对接和服务外贸企业500多家。

【常州科教城入围江苏省服务贸易基地（数字服务）】 11月28日，省商务厅公布第三批江苏省服务贸易基地（数字服务），常州科教城入围。常州科教城大力引进研发设计、信息技术、知识产权、人才培训等行业领军型企业，形成以爱德克斯（常州）管理有限公司、江苏明月软件技术有限公司、常州市青之峰网络科技有限公司、常州市龙道电子商务有限公司等为代表的服务外包企业群，依托北京邮电大学新一代信息技术产业研究院等高端创新平台，加快发展数字经济，重点发展新一代信息技术产业，推进大数据、云计算、工业互联网等领域的技术研发和推广应用，培育和引进天正工业、数码大方、三艾网络、冰鉴信息等新一代信息技术企业。2022年，完成服务外包金额1.2亿美元。

【武进区入选江苏省数字贸易创新案例2个】 2022年12月30日，省商务厅公布江苏省数字贸易创新案例名单（第一批），江苏明月软件技术股份有限公司的“离岸分布式DevOps平台”、江苏嗨购网络科技有限公司的“针对海外品牌商户的跨境电商多维度平台管理”名列其中。

江苏明月软件技术股份有限公司于2016年11月落户常州科教城，是一家为客户提供咨询、设计、开发、维护等软件服务的高新技术企业，拥有北京新思软件技术有限公司、北京明月软件技术有限公司、日本明月软件技术株式会社、西安明月华炎信息科技有限公司等控股子公司7家，在杭州、无锡、沈阳、北京、南京设分公司5家。此次入选案例“离岸分布式DevOps平台”受到日立集团高度关注，日立集团总部及其15家IT子公司对明月软件全面开放合作窗口，拟将其作为新一代离岸外包的开发基础平台。

江苏嗨购网络科技有限公司成立于2005年，运营中心建在武进区西太湖电商产业园，在上海、香港和澳大利亚设有分（子）公司，是中国领先的跨境电商服务商。此次入选案例“针对海外品牌商户的跨境电商多维度平台管理”，由跨境管家系统、跨国企业SAP系统对接、RPA机器人——企业级流程自动化平台技术应用、阿里店小蜜智能应用介绍四部分构成，能为跨境电商企业减少软硬件投资、降低人员成本和提升市场竞争力。

（潘　磊）

利用外资及港澳台资

【概况】 2022年，武进区秉承高质量发展导向，聚焦重大项目招引，优化引资结构，推进利用外资及港澳台资量稳质提。新增外资及港澳台资项目97个，新增协议注册外资及港澳台资8.08亿美元，减少21%，实际到账外资及港澳台资5.97亿美元，减少18.4%。设立总投资超亿美元项目6个，协议注册外资及港澳台资3000万美元以上项目13个。招引理想创新实验室、垒博汽配、海晨供应链、京武供应链等重大外资及港澳台资项目落户。

推进重大项目招引，成立区级招商公司，实施区、镇、板块联动，以“高端化、高新化、优质化”为引资方向，引进投资强度高、科技含量高、产出质量高、产业关联度强的新兴产业项目和生产性服务业项目。全区重大项目招引信息库共有项目513个，累计总投资2573.99亿元，比2021年增加1545.49亿元。其中，在谈项目354个，拟签约项目87个，拟批办项目72个。理想供应链工程技术中心项目、中科深蓝高性能固态锂电池项目、捷翼汽车高低压线束项目、威弗利医用新材料项目、卓群电子材料总部项目、唯德康消化内镜医疗器械研发及产业化项目、琥崧微纳米材料高端装备制造基地项目等签约落户。创优投资环境，全面落实省、市外资总部扶持政策，积极协调恒立液压、光宝科技、津通集团等4家总部外资企业高管子女就学申请，协调、办理安川电机等重点外资企业和单位外方重要技术人员、高管的签证邀请函，为外资企业正常生产经营创造条件。全区新增省、市级外资总部3家，累计有市级及以上外资地区总部16家（省级10家、市级6家），数量位居全市前列。年底，区委、区政府授予江苏心电互动汽车销售服务有限公司等10家企业“2022年度利用外资及港澳台资十强企业”称号。年内，这10家企业累计到账外资及港澳台资4.12亿美元，占全区的69.01%。

【新增市级及以上外资总部3家】 2022年，武进坚持立足制造业优势和长三角区位特点，培育与引进并举，形成有本地特色的总部经济发展格局。区商务局通过有效落实省、市两级总部经济发展扶持政策和其他相关政策，实施与企业特定运营功能相关的便利化措施，加大引导力度，放大示范效应，培育扶持更多外资企业拓展总部和共享功能，通过强化总部项目招商，推进总部经济发展载体建设和功能完善，吸引更多跨国公司地区总部和功能性机构落户。全年新增市级及以上外资总部3家，分别是兴

2022年武进区利用外资及港澳台资十强企业一览表

表14

企业名称	所在板块	国别、地区
江苏心电互动汽车销售服务有限公司	武进高新区	中国香港
瑞声光电科技（常州）有限公司	武进高新区	中国香港
江苏格林保尔光伏有限公司	武进高新区	中国澳门
常州承芯半导体有限公司	武进高新区	中国台湾
纳恩博（常州）科技有限公司	武进高新区	中国香港
常州京武供应链有限公司	武进高新区	中国香港
兴勤（常州）电子有限公司	武进高新区	中国台湾
江苏艾柯智能装备有限公司	西太湖科技产业园	中国香港
常州海晨供应链管理有限公司	武进高新区	中国香港
常州新亚电机有限公司	洛阳镇	奥地利

勤（常州）电子有限公司和常州新亚电机有限公司被认定为市级外资总部，华衍环境投资（江苏）有限公司被认定为省级地区总部。

【开展项目“云洽谈”】 区投资促进服务中心优化招商方式，于3月16—18日连续召开项目视频会，与碳纤维管材、创新药、技术转移中心、肿瘤早筛、智慧农业平台、电子后视镜等项目方沟通交流，了解企业现状与项目落地需求。全年开展项目“云洽谈”16次，涉及生命健康、智电汽车、新材料、数字经济、科创平台等产业领域，促进项目方与板块精准对接。

（潘　磊）

境外经济合作

【概况】 2022年，武进区备案境外投资项目（含增资）17个，其中新设项目12个。武进方面协议投资额1.06亿美元，下降57.85%。其中，武进方面协议投资额1000万美元以上项目5个，增加1个。首个境外农业产业园项目——肯尼亚龙城农业产业园有限公司通过备案。有23个境外投资项目获得部、省、市专项资金扶持，合计金额754.45万元。1月，五洋纺机股份有限公司董事长王敏其入选常州市企业国际化（对外投资合作）专家库专家，当选常州外经协会常务副会长。

【武进首个境外农业产业园项目通过备案】 11月，肯尼亚龙城农业产业园有限公司通过市级商务和发改部门的双备案。该产业园位于非洲肯尼亚基安布市，由肯尼亚龙城农业产业园有限公司运营，总占地面积不低于5100英亩，拟分三期开发。首期项目位于肯尼亚首都内罗毕东35千米处，用地100英亩；二期项目位于马金杜镇，用地2000英亩；三期项目位于特纳河，用地3000英亩。常州国荣农业股份有限公司为该项目唯一股东，首期投资额1000万美元。

【恒立法国有限公司成立】 9月，恒立法国有限公司通过商务和发改部门的双备案。该公司由江苏恒立液压股份有限公司独资设立，位于法国塞诺德市，主要从事电动缸和丝杠的研发和制造，总投资额1989.80万美元。其中，建设投资额1653.22万美元，厂房总建筑面积1.5万平方米，年内完成投资额100万欧元。至此，江苏恒立液压股份有限公司在欧美、日本投资企业累计8家，基本完成在发达国家和地区的产能布局。

（潘　磊）

口岸管理

【概况】 2022年，常州海关驻武进办事处按照常州海关年度工作要点，加强监管服务，推进改革创新，提升工作效能，保障各项业务平稳有序运行。全年监管进出口货物21.1万吨，货值15亿美元，审结报关单3.8万份，实际征收税收5.3亿元，分别下降57.4%、23.1%、15.2%、2.4%。武进区完成外贸进出口额647.9亿元，增长9.7%，占常州市进出口总值的20%。

【口岸监管效能提升】 2022年，常州海关驻武进办事处发挥监管设施效用，通过视频监控认真执行常规巡查制度，抽查区内物流规范性情况，及时了解和处置发现的问题，有效防范管理漏洞。落实“双随机”、双人作业等制度，确保执法规范，执法公正。加强对现场进出口货物的风险研判，深入挖掘有价值信息，提升查验工作效能。全年查验进出口货物353票，其中报关单查验193票，查获11票，人工布控查获率35.7%，高于关区平均水平。全年办理两简案件及移交案件34起，有效维护进出口贸易秩序。加强重点敏感工业品的风险监测和质量安全检验监管，进口工业品目的地查检初次不合格率15.53%、最终不合格（退运、销毁）率6.63%，出口危险货物包装检验不合格率0.58%。

【海关服务质量优化】 2022年，常州海关驻武进办事处认真落实海关总署《关于促进外贸保稳提质十条措施》，以企业为中心，施行“一企一策”，帮助企业渡过难关。加大政策宣传宣讲力度，优化进出口农食产品监管，指导企业应用“两步申报、提前申报、两段准入”等改革措施，保障进口食品新冠病毒核酸检测监管，缩短急需货物的通关成本。在“三夏”农忙时节，设立农用物资专用通道，加快农机农资产品验放速度。简化货物按状态分类监管申报手续，依托无感卡口、自动到货确认等措施降低物流成本，支持特格威物流设备、贝内克长顺、尚德太阳能、旭丽电子等企业保税与内贸货物入区集拼分拨，分类监管仓1—12月进出仓货值5.2亿元，同比增长86.5%。发挥综保区保税仓储优势，设置出口“缓冲区”，引导赛格威、小牛电动等公司出口产品入区仓储，解决企业仓储并提前入区享受出口退税红利。其中，验放赛格威全地形车1400台，货值6537万元，提前退税800余万元；验放出口小牛电动车6040辆，货值1750万元，提前退税200余万元，有效支持企业开拓国际市场。

（周学文）

6月8日，海关工作人员验放农用物资　（供图/常州海关驻武进办事处）

旅游业

Tourism

栏目编辑　周小红

旅游开发

【概况】 2022年，武进区坚持"一古一今一生态"（淹城、太湖湾、西太湖）全域旅游发展定位，加强文旅产业融合，促进文旅全面复苏。建设文旅重点项目，实施太湖湾国家级旅游度假区提升等重点文旅项目10个，完成投资额21.44亿元，其中落实常州市"532"发展战略重点项目5个、投资额20.54亿元。西太湖万丽酒店于7月15日开业，环球动漫嬉戏谷提升工程、太湖湾露营谷提升工程、春秋淹城旅游区AAAAA复核改造提升工程、西太湖医院4个子项目建成投运。推进旅游品牌创建，春秋淹城旅游区、嬉戏谷景区分别通过国家AAAAA级、AAAA级景区评定性复核，嬉乐湾景区、嘉泽镇状元坊文化旅游区分别创成国家AAA级、AA级旅游景区，武进博物馆、太湖湾露营谷、广电大陆国际旅行社3家单位获评常州市首批文明旅游示范单位。至年末，全区拥有国家级旅游度假区1个、国家AAAAA级旅游景区1个、国家AAAA级旅游景区2个、国家AAA级旅游景区2个、国家AA级旅游景区1个、全国乡村旅游重点村1个、省星级乡村旅游示范区（点）8个、省级工业旅游示范点1个、省级自驾游基地2个、国家五星级自驾运动营地1个。有三星级及以上酒店8家，其中五星级酒店2家（九洲喜来登酒店、明都紫薇花园酒店）、四星级酒店5家。有旅行社30家，其中省四星级旅行社1家（常州广电大陆国际旅行社有限公司）。全年旅游接待1462万人次，实现旅游总收入175亿元、旅游业增加值84亿元。

（胡华静　朱丽春）

2022年武进区主要旅游景区景点一览表

表15

类　别	名　称	地　址
国家级旅游度假区	太湖湾旅游度假区	雪堰镇
国家AAAAA级旅游景区、省级自驾游基地	中国春秋淹城旅游区	武宜中路197号
	淹城野生动物世界	武宜中路197号
	春秋淹城遗址公园	武宜中路
	淹城春秋乐园	武宜中路197号
国家AAAA级旅游景区	环球动漫嬉戏谷	雪堰镇太北路1号
国家AAAA级旅游景区	中华孝道园	雪堰镇环太湖路101号
五星级自驾运动营地	太湖湾露营谷	雪堰镇太北路6号
国家AAA级旅游景区	西太湖影视产业基地	西太湖大道1号
省级自驾游基地	明都紫薇园	嘉泽镇晨山村
四星乡村旅游点、全国乡村旅游重点村	雪堰镇城西回民村	雪堰镇城西回民村
四星乡村旅游点、国家AAA级旅游景区	江苏嬉乐湾休闲旅游区	礼嘉镇南环路66号
三星乡村旅游点	随园盆景园（舍园）	武进经发区禾香路6号（江苏营特集团）
三星乡村旅游点	雪堰镇太滆村	雪堰镇太滆村
三星乡村旅游点	谷神庄园	雪堰镇嬉戏路16号
三星乡村旅游点	雪堰镇南山村	雪堰镇雪堰桥
二星乡村旅游点	雪堰镇雅浦村	雪堰镇雅浦村
江苏省工业旅游区	江苏省绿色建筑博览园	延政西大道19号
国家AA级旅游景区	嘉泽镇状元坊文化旅游区	嘉泽镇状元坊

【区重点文旅项目建设】 武进区积极落实市委、市政府"打造长三角文旅中轴和长三角休闲度假中心"的部署要求，切实增强全区文旅发展后劲，丰富全区文旅产品体系，充分发挥重点项目对文化和旅游业发展的推动作用，促进全区文化和旅游业高质量发展，组织开展2022年度武进区重点文化和旅游项目建设计划编制工作。经各镇人民政府、开发区管委会、街道办事处推荐和调研优选，确定2022年度全区重点文旅项目10个（含市"532"发展战略重点项目

表 16

2022 年武进区重点文旅项目建设一览表

项目名称	建设规模及主要内容	建设时间	计划投资（万元）	年度投资（万元）
太湖湾国家级旅游度假区提升※	开发康养旅游产品、养生精品酒店、亲子野趣项目等，完善“快进慢游”交通体系、智慧旅游体系，打造宜居宜业宜游“微度假”旅游目的地	2022—2025 年	75000	10208
春秋淹城遗址公园改造提升※	占地面积 50 公顷，实施淹城遗址保护修复及文化展示、周边环境整治及美化亮化绿化，建设西入口服务区	2021—2022 年	25000	4300
西太湖国际医疗旅游先行区※	引进国际知名医疗机构，推出特色专科、健康体检、康复医疗等特色医疗旅游服务	2022—2025 年	700000	150000
壹方创意休闲现代农业产业园※	占地面积 16 公顷，建筑面积 1.4 万平方米，打造集科技创意、绿色生态等功能的综合性休闲旅游产业园	2019—2022 年	36600	10000
西太湖万丽酒店※	占地面积 4.67 公顷，总建筑面积 7.42 万平方米，建筑高约 150 米，打造集高端酒店住宿、餐饮接待、商务会议于一体的综合性星级酒店	2013—2022 年	96000	30000
嬉戏谷提升改造项目	嬉戏谷景区设施设备升级改造和场景翻新	2021 年 12 月—2022 年 7 月	2460	2460
常州骐骥国际马术运动中心一期	规划用地面积 2.53 公顷，总建筑面积 7121 平方米，建设马术训练、马术赛事场地及旅游休闲配套设施	2022 年 5—12 月	3000	600
环太湖艺术城文化主题酒店	占地面积 2860 平方米，总建筑面积 4.6 万平方米，主要建设集文化、休闲、度假演艺、宴会中心等为一体的文化主题酒店	2022 年 1 月—2025 年 1 月	40000	5217
湖塘百悦酒店	用地面积 6247 平方米，总建筑面积 8202 平方米，主要建设集旅游、休闲、度假、宴会中心等于一体的高端酒店，是中梁百悦广场主体建设内容的重要组成部分	2020 年 7 月—2022 年 12 月	5570	650
乐涵二期	2 栋民宿，网红泳池，配套绿化，周边配套道路、游乐设施及环境整治	2022 年 1—12 月	1000	1000

说明：※ 为市“532”发展战略重点项目

5 个），全年计划投资额 21.64 亿元。至年底，太湖湾国家级旅游度假区提升等 10 个项目完成投资额 21.44 亿元，其中常州骐骥国际马术运动中心一期项目因土地原因未能启动。

（戴春霞）

【星河万丽酒店开业】 7 月 15 日，常州星河万丽酒店开业。该酒店位于西太湖揽月湾，是常州市“532”发展战略重大文旅项目、“两湖”创新区核心区的地标性建筑，由星河控股集团投资建造，共有 43 层，总建筑面积 7.5 万平方米，总投资 10 亿元，拥有全湖景客房 339 间、中西式精致美馔餐厅 3 个、宴会空间 1 个，配套酒吧、休息酒廊、24 小时恒温泳池、健身中心、儿童乐园、VR 影院等功能设施。

（胡华静）

【新增国家级旅游景区 2 个】 2022 年 12 月，经市文化广电和旅游局公布，武进区嬉乐湾景区、嘉泽镇状元坊文化旅游区分获国家 AAA 级旅游景区、国家 AA 级旅游景区认定。

嬉乐湾景区（江苏嬉乐湾生态农业示范园） 位于礼嘉镇，紧靠 232 省道与青洋快速路，总占地面积 80 公顷，建有健康养生植物园、石斛种植基地、嬉乐湾台湾馆、开心农场、小动物园之家、太空体验中心、农耕文化展示馆、百果园、生态餐厅、嬉乐民宿、研学基地、拓展区等功能区和景点项目 60 多个，形成休闲观光区、科普教育区、蔬果采摘区、农业种植深加工区四大分区的发展格局，于 2016 年 9 月 28 日开园，获评江苏省四星级乡村旅游区、全国休闲农业与乡村旅游五星级企业（园区）、江苏省农业产业化经营龙头企业、江苏省科普教育基地等称号。2022 年，该示范园接待游客 15 万人次。

嘉泽镇状元坊文化旅游区 位于嘉泽镇，隶属于武进现代农业产业园，其中状元坊文化街区以大有街为核心，西起嘉兴路、东至钦风路，总面积 8.13 万平方米，建有状元坊、古戏台、文昌阁、三元池等景点，是全国首个以状元科举文化为主题、以传统建筑为特色的文化街区，于 2013 年 9 月试运营，已形成状元坊科举文化区、新时代文明实践区、特色表演区等板块，配套餐饮、住宿、娱乐休闲等功能设施，成为“传播多元文化的综合旅游区”。全年接待游客 130 万人次，实现营业收入 7865.9 万元。

（吴玲波）

【太湖湾游乐项目升级工程】 2022 年，太湖湾旅游度假区组织实施环球动漫嬉戏谷提升工程、太湖湾露营谷提升工程，推进游乐项目推陈出新，提供游客全新体验。

环球动漫嬉戏谷改造游乐设备、场景及建筑类设施，打造幻境网红馆，并更新中华龙塔亮化工程和海盗王号设备，完成洛克王国亲子项目提升及嬉戏海水上乐园改造，更好地满足游客数量日益增长且多元化游玩需求，实现网评分数和人气显著提升。全年接待游客 62 万人次，实现营业收入 1.3 亿元，综合营收比 2021 年增长 30%。

太湖湾露营谷聚焦“微改造、精提升”，增加蹦蹦云、观光小火车、趣味稻草节等亲子游乐项目 10 余项，打造网红亲子主题房 20 间，引入“星野轻奢露营”新颖休闲产品，提供游客沉浸

露营谷蹦蹦云亲子游乐项目　　（供图/太湖湾旅游度假区　摄于2022年2月）

式游玩体验，大幅度提升游园体验舒适度和满意度。全年接待游客29.1万人次，实现营业收入2367.71万元。

【环球动漫嬉戏谷获评全国级荣誉2项】 11月，环球动漫嬉戏谷分别入选“2022中国体育旅游精品项目”“2021—2025年度第一批补充认定的全国科普教育基地”。环球动漫嬉戏谷占地面积100公顷，体育设施投资12亿元，体育场地服务项目总面积9万平方米，设有体育场馆6个，内含射击、射箭、冰雪、水公园、赛车、电竞等项目，室内外体育场地设施具备5.2万人次开展体育活动能力。先后承办全国电子竞技大赛、王者荣耀城市晋级赛、运动龙城大联赛常州市卡丁车比赛等特色体育赛事，获评国家电子竞技中心、江苏省体育产业示范单位、江苏省第四批体育服务综合体、中国体育旅游十佳精品景区、中国体育旅游精品景区、中国创意产业最佳园区等称号。

（蒋　薇）

乡村旅游

【概况】 2022年，武进区深入贯彻落实乡村振兴战略，按照《常州市乡村旅游重点村基本要求与评价（试行）标准》，发展乡村旅游，建立创建乡村旅游重点村后备资源库，组织雅浦村申报成为省文旅厅乡村旅游驻村辅导员行动试点村，并与江苏理工学院旅游系专家教授结对签约，促进乡村旅游高质量发展。建成启用“太湖湾耕读大学堂”中小学生劳动教育实践基地，举办农民丰收节、“阳湖”果品节、雪堰桃花节、前黄桑葚采摘节等农业特色节庆活动，发布“苏韵乡情”农旅采摘线路和雪堰“春、夏、秋、冬”农旅采摘线路，助力农旅产业融合发展。至年末，全区有乡村旅游重点村4个，其中全国乡村旅游重点村1个（雪堰镇城西回民村）、常州市乡村旅游重点村3个。

（蒋　哲）

【“太湖湾耕读大学堂”中小学生劳动教育实践基地启用】 6月2日，“太湖湾耕读大学堂”中小学生劳动教育实践基地启用仪式暨“新时代好少年”发布活动在雪堰镇新康村举行，“小谷粒至田家”课程体系同时发布。“太湖湾耕读大学堂”一期工程占地面积20余公顷，设有耕读场、早稻田、渔乐湾等项目，是集农耕体验、传统文化、科普教育和素质拓展于一体，以树德、增智、强体、育美为目的的户外耕读大课堂，通过农耕文明史展示、农作物认知、农事实践等形式，为广大中小学生提供回归劳动本真的实践教育平台。年内，该基地接待20多所学校参加农耕实践活动和开展毕业季活动。

（蒋　薇）

旅游营销与服务

【概况】 2022年，武进区持续整合线上、线下资源，推进旅游营销与服务工作。举办“花都水城·浪漫武进”文化旅游节暨“龙城夜未央·武夜尽欢畅”夜生活节，组织各旅游景区和相关单位参加云南、上海、南京、杭州等地旅游交易会和推介会。发布武进全域旅游宣传片、全域旅游地图及全域旅游线路推荐视频，持续扩大武进旅游影响力。区文旅部门加强服务和指导，积极争取各类资金，帮助企业纾困和发展。春秋淹城旅游区获省文旅专项资金100万元，春秋乐园信息化项目、嬉戏谷幻境空间项目分别获市文旅专项资金30万元，露营谷红色旅游党员教育实践基地项目获省文化和旅游发展专项资金（产业发展类）30万元，嬉戏族集团有限公司、武进太湖蓼莪山旅游发展有限公司2家企业共获省旅游产业发展基金项目贴息补助43.4万元，西太湖万丽酒店和本π文化艺术空间2个项目共获市级文化和旅游发展专项资金（产业发展类）70万元。

（胡华静　戴春霞）

2022年武进区三星及以上旅游饭店情况表

表17

名　称	星级	床位数量（张）	地　址
九洲喜来登酒店	五星	383	延政西大道1号
明都紫薇花园酒店	五星	240	嘉泽镇环湖西路98号
常州金陵明都大饭店	四星	336	常州市和平北路258号
常州金鼎明都国际大酒店	四星	219	湟里镇金鼎路28号
西太湖明都国际会议中心	四星	353	武进区经发区禾香路118号
金色南都国际大酒店	四星	110	环府路58号
明都枫泽山庄大酒店	四星	350	嘉泽章庄
新苑宾馆	三星	230	环府路18号

表 18

2022 年"畅游武进"旅游线路推荐情况表

类　别	线　路　安　排
特色线路	情侣甜蜜游（亲子天伦游）：(1) 环球动漫嬉戏谷—中华孝道园—竺山湖小镇—太滆渔村—城西回民村；(2) 淹城春秋乐园—淹城野生动物世界—春秋淹城遗址公园—淹城传统商业街—西太湖影视产业基地—揽月湾 文物古迹游：宝林寺—武进博物馆—春秋淹城遗址公园—杨桥古村—中华孝道园 度假休闲游：太湖湾旅游度假区—春秋淹城旅游区 春光烂漫游：花博园—淹城春秋乐园（樱花）—潘家林果园（桃花、梨花）—雪堰镇谢家村（桃花）—雪堰镇费巷茶场（摘茶、品茶） 个性骑行游：(1) 环球动漫嬉戏谷—环山路—太滆渔村—竺山湖小镇—中华孝道园—环湖路；(2) 淹城—延政西路—绿色建筑博览园—西太湖影视基地—环湖北路—云杉路—揽月湾
自驾乡村游线路	嬉乐湾农业生态园—雪堰镇城西回民村—雪堰镇谢家村—太滆渔村 西太湖影视基地—揽月湾—观光塔—和渼亲子乐园
太湖湾旅游度假区"微度假"路线	动感之旅：龙凤谷—环球动漫嬉戏谷—全国龙舟竞赛基地—城西回民村农家乐—竺山湖小镇 静心之旅：中华孝道园—竺山湖小镇—吴都阖闾城遗址—城西回民村农家乐 微度假体验：竺山湖小镇—环球动漫嬉戏谷—中华孝道园—城西回民村农家乐—全国龙舟竞赛基地—吴都阖闾城遗址 美丽乡村游：太湖湾北广场—城西陡门塘—雅浦村—太滆美食街—太湖湾修心谷
综合线路	武进一日游：(1) 淹城春秋乐园—淹城野生动物世界—淹城传统商业街；(2) 环球动漫嬉戏谷—中华孝道园 武进二日游：(1) 淹城春秋乐园—淹城野生动物世界—淹城传统商业街—西太湖影视基地—揽月湾；(2) 环球动漫嬉戏谷—中华孝道园—竺山湖小镇—太湖湾旅游度假区—雪堰镇城西回民村

【2022 武进文化旅游节】 7 月 15 日晚，"花都水城 · 浪漫武进"文化旅游节暨"龙城夜未央、武夜尽欢畅"夜生活节在西太湖揽月湾星河万丽酒店开幕，区领导乔俊杰、薛红霞、李德森、戴志华、贾东、蒋红英出席开幕式。活动现场，发布武进"十佳旅游食品"评选结果、武进全域旅游线路推荐视频，为国家 AAA 级旅游景区——西太湖影视产业基地授牌。此次武进文化旅游节与夜生活节合办，时间从 7 月持续到 10 月，推出景区夜公园水世界开放、太湖湾音乐节、西太湖半程马拉松、"阳湖"果品节、市民文化艺术节等系列活动 19 项，为广大市民和游客带来旅游休闲、文化体验、体育赛事等精彩内容。

（朱丽春）

【太湖湾品牌营销】 2022 年，太湖湾旅游度假区围绕扩大太湖湾品牌影响力，重点整合湾镇旅游资源和产品，探索旅游＋体育、旅游＋娱乐的产业联动新业态，承办不止骑 · 24H 单车环太湖认证赛、太湖湾音乐节等国家级活动 3 项和省级活动 2 项、市级活动 7 项。创新宣传方式，发挥"两微一抖"（微信、微博、抖音）新媒体矩阵作用，举办太湖湾抖音挑战赛，开展"云营销"直播 12 场，助力环球动漫嬉戏谷和太湖湾露营谷夜公园、电音烟花嘉年华、草垛乐园等活动推广与人气引流；策划拍摄"只此青绿、等你入画""一路向夏、太湖湾清凉启程"等系列短视频，被外宣平台转播和"学习强国""常州日报官微"等平台录用；发行环球动漫嬉戏谷、太湖湾露营谷、中华孝道园、常州龙凤谷 4 个景区联票，并联合 6 家当地餐饮单位推出惠民措施，首期发放优惠券 1000 张，运用景区门票价格杠杆带动旅游消费增长。

太湖湾抖音挑战赛 6 月 25 日至 8 月 31 日举行，受到全国抖音达人关注，累计完赛选手 15862 人，人均发布作品 2.5 个，内容辐射近 100 个大中小城市，视频累计播放量 10.44 亿人次，其中视频点赞量最高 100.6 万人次。

第五届太湖湾音乐节 7 月 8—10 日，在环球动漫嬉戏谷举行，法老、马思唯、告五人、气运联盟、痛仰、新裤子、二手玫瑰等 30 余组音乐人和音乐团队应邀参演，吸引观众 3.88 万人。

第六届"太湖湾杯"卡丁车邀请赛暨运动龙城大联赛 9 月 17—18 日，在环球动漫嬉戏谷举行，参加卡丁车邀请赛专业组比赛 800 人、车友亲子趣味运动会娱乐组比赛 100 多个家庭。

（蒋　薇）

【春秋淹城文旅融合发展】 2022 年，春秋淹城旅游区延续中华传统文化主题，深化文旅深度融合，提升景区品牌影响力。

春秋文化品牌活动 在春秋乐园策划开展"提灯闹古城、祈福看花灯"新春灯会和"穿越春秋、原味端午"、暑期"千年古城夜水狂欢季"、秋季国风"聊斋季"等品牌活动；编创出新"天官赐福 · 五虎闹春""古城夜宴"等演艺节目，推出"趣谈农耕""扁鹊说医""孙武练兵""商鞅变法"等互动游艺和"我爱 · 我的国""国色 · 礼乐""国潮 · 当燃""国韵 · 春秋"等国庆演艺节目，提升园区氛围，彰显文化特色。

春秋文化研学旅游 春秋乐园开发面向学生游的研学新课程，设计推出国学礼仪、创意香囊、考古盲盒、编钟拓印、古代运动会、夜宿淹城、植物印染、非遗手作等研学课程，受到学生团队欢迎。开设党建课程，将淹城文化创意产业与党员干部教育培训有机结合，挖掘和融合历史文化、革命文化、本土文化、非物质遗产文化的精髓和内涵，开展情景式教学。与青少年活动中心合作，定制少儿游戏（滚铁环、大陀螺）、非遗竹编等新课程。研学、党建讲师从现场教学向兼职抖音主播跨越，扩大淹城春秋文化研学受众面和文化宣教的影响力。淹城博物馆组织"忆青绿 · 只此两宋"主题夏令营和研学活动，举办端午游园会、非遗手作等节日艺术课程。全年累计更新课程体系 6 个，接待团队 40 个、

春秋乐园夜公园一景　　（供图/春秋淹城旅游区　摄于2022年7月）

1700余人次；累计直播154次，吸引观众86万人次。

【淹城品牌旅游宣传】 2022年，春秋淹城旅游区丰富宣传渠道，扩大景区“曝光率”。巩固传统媒体阵地，与新华日报社、扬子晚报社等新闻媒体合作发布专版2期、稿件46篇，获“学习强国”学习平台录用3篇。发挥自媒体宣传作用，联合全域旅游新媒体矩阵讲好淹城故事，通过官网、微信公众号、官方微博发布信息315篇。注重主流媒体抖音宣传成果转化，淹城野生动物世界抖音官方号吸引“粉丝”20万人次，猛男养猫抖音号及快手号拥有“粉丝”100万人次。创新启动云旅游，先后开启“云游淹城·共赏春光”云赏樱直播、“十二花神带你游淹城看神兽”淹城春秋乐园、淹城野生动物世界“双园”联播，引领游客远程体验景区实时景色，探寻千年古城的迤逦春光，领略山海异兽的风采，吸引观众月场分别达1.72万人次、4万余人次。注重与跨行业联动推广，春秋乐园与春秋祥云地产有限公司达成水世界战略推广合作，联合蔚来换电站、武进吾悦广场开展穿越春秋品牌联动；淹城野生动物世界举办“小动物跨界助农”直播，以“武进猴支持武进桃”助力当地农产品品牌宣传，带货“阳湖”水蜜桃，吸引“粉丝”超1万人次，累计赞10万余次。

（狄苏湘）

【武进“十佳旅游食品”评选】 5—7月，武进“十佳旅游食品”评选活动由区文体广电和旅游局、区商务局主办，常州市武进食品业商会承办。经发布评选公告、接受企业报名、网络投票测评、专家综合评审等环节，于7月评选出雅浦黄酒、横山桥百叶、东安肉哈、中南花生、阳湖青萝卜干、甘棠桥小麻糕、裕芳斋金牌酱鸭、红星牛肉、阿兴鸭头、蒋凤记醉草鸡为武进“十佳旅游食品”，并在2022武进文化旅游节开幕式上公布。

（胡华静）

景区景点

【太湖湾旅游度假区】 位于武进区雪堰镇境内，东至雪马路，西至232省道，面濒太湖，北至锡宜公路，规划控制范围30平方千米，核心区域18.6平方千米，属太湖低平原地带，湖岸曲折、山脉连续、湖湾相连，有山头19座，山坞11个，大小水库8个，临湖有山湾7个，黄金湖岸线长7.8千米，湖中有大、小椒山岛。区内以低山丘陵为主，植物生长茂盛，植被良好，大气环境达国家一级标准。整体景观特色为“山不高而清秀，水不深而旷远”。该度假区成立于2002年8月，2012年8月升格为省级旅游度假区，2020年12月被文化和旅游部认定为国家级旅游度假区。依托得天独厚的山水资源，以环球动漫嬉戏谷、中华孝道园、太湖湾露营谷三大景区为核心，以“饱览太湖山水、穿越奇幻世界、感悟孝道文化、闲憩田园农家”为特色，持续开展淘春季、嬉水季、赏秋季、感恩季四季活动，形成春赏花、夏摘果、秋品鲜等特色项目，打响“微度假·太湖湾”品牌，先后获评国家旅游名片、亚洲金旅奖、全国电子竞技运动基地、中国创意产业最佳园区奖等称号，建成环球动漫嬉戏谷、中华孝道园2个国家AAAA级旅游景区，太湖湾露营谷1个首批国家5C自驾车旅居车营地，太湖湾教育大营地1个江苏省中小学生劳动教育与综合实践优秀基地。

2022年，太湖湾旅游度假区举办太湖湾音乐节、抖音挑战赛、趣味稻草节等大型活动，策划系列短视频在省、市平台传播，发行嬉戏谷、露营谷、孝道园和龙凤谷4个景区联票带动旅游消费，完成旅游接待273万人次，实现旅游总收入28.6亿元。

（蒋　薇）

【春秋淹城旅游区】 位于武进中心城区，总面积3.22平方千米。景区内古淹城遗址具有2700多年历史，其“三城三河”建筑形制是国内形制最独特的春秋地面城池遗址，1988年被列为全国重点文物保护单位。春秋淹城旅游区依托淹城遗址的核心文化资源，以“文化休闲型旅游目的地”的功能定位，建成淹城遗址公园、淹城春秋乐园、淹城野生动物世界、淹城传统商业街坊四大区域，包含主题景点30余处，于2017年创成国家AAAAA级旅游景区。

2022年，春秋淹城旅游区围绕提升景区品质，以大运河文化带建设规划为指导，推进春秋淹城遗址公园改造提升工程，完善基础设施，深化文旅深度融合，丰富春秋文化研学旅游内容，拓展春秋淹城品牌价值。4月，入选省文化和旅游市场“红名单”。12月，淹城遗址通过省水利风景区线上验收。全年完成旅游接待160万人次，实现总营业收入2亿元，游客满意指数达95.02%。

（狄苏湘）

金融业

Financial Industry

栏目编辑　周小红

金融管理与服务

【概况】 2022年，武进区发挥金融促进经济发展作用，持续激发金融活力，努力夺取疫情防控和经济发展双胜利。区金融监管局以“一园一城一示范”（中以常州创新园、建设“最美湖湾城”、争做“长三角一体化”高质量发展示范）为着力点，按照金融服务实体经济“促发展、严监管、防风险”的工作要求，推进股改上市，履行指导监管主责，促进资本市场武进板块持续壮大、地方经济稳中向好。至年末，全区有银行业金融机构28家，其中商业银行市级分行6家；地方金融组织37家，其中小贷公司10家、融资性担保公司5家、典当行14家、融资租赁公司6家、商业保理公司2家；证券分公司2家、证券营业部12家。龙城金谷（南区）招引投资机构208家、注册资本205.94亿元，累计招引机构666家、注册资本575.51亿元，投资规模267.25亿元。5月，武进区入选全国首批中央财政支持普惠金融发展示范区，成为江苏省3个入选地区之一。

【金融服务实体经济】 9月，武进区出台《2022年武进区普惠金融发展示范区建设实施方案》《武进区推进普惠金融发展政策意见》，积极开发普惠型系列融资产品，用好财政部奖补资金，引导区内金融资源“支小助微”。通过优化全区金融产品服务体系，提高普惠金融服务实体经济的覆盖率、可得性和满意度，实现信贷投放总量稳步增长，结构持续优化。至年末，本外币贷款余额3978.22亿元，比年初增加529.3亿元，增长15.35%。武进区政府与8家银行机构新签订战略合作协议总额1880亿元，有效引导金融资源聚焦重点领域。密切关注助企纾困相关政策，推进各项政策措施落地。人民银行武进支行、区金融监管局联合推出《武进区金融惠企信贷产品汇编》2022版本，方便全区企业和创新创业者用好金融扶持政策，引导金融机构对接“1+5”行业（制造业＋餐饮业、零售业、旅游业、交通业、民航业）困难企业，主动减免暂时遇困的小微企业服务费用。

2月10日，武进区金融工作座谈会召开　　（供图/人民银行武进支行）

【金融生态环境建设】 2022年，全区各镇（开发区）和区打击和处置非法集资工作领导小组成员单位对照自身职责分工，在重要时间节点开展非法集资集中宣传，集中排查涉嫌非法集资风险。区金融监管局、区市场监管局共同落实处置非法集资工作双牵头职责，全年非法集资刑事立案4件，案件数量保持下降态势。6月，武进区被省政府办公厅列为“金融服务实体经济、防范化解金融风险、维护良好金融秩序成效好的地方”，予以督查激励、通报表扬。

【地方金融组织监管】 2022年，区金融监管局依托现场监管与非现场监管双管齐下，定期收集地方金融行业基础信息，确保从业机构合规经营。完成4家融资担保公司资产管理专项检查和年审现场检查、8家典当行年审现场检查、10家小贷公司监管评级现场检查，2家商业保理公司侵害中小企业合法权益专项检查，4家融资租赁和1家商业保理名单制管理现场检查，联合专业会计师事务所完成8家地方金融组织监管现场检查，地方金融组织变更事项审核10余家，苏澳保理（苏澳商业保理（江苏）有限公司）新设，现场督导10余家地方金融组织落实安全生产和疫情防控主体责任。全区有地方金融组织37家。其中，10家小贷公司贷款余额14.01亿元，下降0.38%；14家典当行典当总额10.30亿元，增长3.87%；5家融资担保公司提供797户企业（个人）融资担保贷款57.33亿元，年末在保余额51.76亿元，增长33.71%；6家融资租赁公司融资租赁资产总额22.85亿元，增长50.59%；2家保理公司发放保理融资款本金5亿元，4家融资担保、7家小贷、1家融资租赁获得省、市两级专项奖补总额754万元。

【金融产品创新】 2022年，武进区推出机器人专项定制产品“领航保”，利率最高不超过LPR基准，同时给予企业1个百分点贷款贴息，有效推动金融支持机器人企业发展。深入推进“振兴保”“园区保”金融产品，为中小企业融资降本增效。至年末，创新金融产品“园区保”“振兴保”“领航保”共服务企业280户（次），放款额超14亿元。

（夏菘成）

企业上市

【概况】 2022年，全区（含常州经开区）新增上市企业2家、“新三板”挂牌企业6家，分别是武进区的江苏德速智能机械股份有限公司、常州多维电气股份有限公司2家企业在“新三板”挂牌，常州经开区的常州祥明智能动力股份有限公司、哈焊所华通（常州）焊业股份有限公司2家企业在深交所创业板上市，以及常州三协电机股份有限公司、江苏博大新材料科技股份有限公司、江苏靓时新材料科技股份有限公司、常州市恒邦新材料股份有限公司4家企业在“新三板”挂牌。至年末，全区（含常州经开区）累计有上市企业44家、“新三板”挂牌企业54家。

【深交所创业板上市企业2家】 哈焊华通　2022年3月22日，哈焊所华通（常州）焊业股份有限公司在深圳证券交易所创业板上市，股票简称“哈焊华通”，股票代码“301137”，首次上市公开发行4545.34万股，募集资金6.98亿元，用于高品质焊丝智能生产线建设项目、特种高合金焊丝制备项目、工程技术中心建设项目。该公司成立于1997年，专业从事各类熔焊材料研发、生产和销售的高新技术企业，是国家发展改革委国有企业混合所有制改革第四批试点单位，主要产品包括碳钢焊丝、低合金钢焊丝、不锈钢焊丝、铝合金焊丝、镍基焊丝、药芯煤丝特种焊条、焊剂、煤带等上百个品种，其中抗硫化氢腐蚀用钢焊材、超低硫磷高纯耐热钢焊材、核电用系列焊材、管线工程专用煤材等系列产品实现焊接材料国产化，产品应用领域覆盖轨道交通、石油化工、核电水电、工程机械集装箱、船舶及汽车制造等行业。

祥明智能　2022年3月25日，常州祥明智能动力股份有限公司在深圳证券交易所创业板上市，股票简称“祥明智能”，股票代码“301226”，首次上市公开发行1700万股，募集资金5.04亿元，用于风机、电机改扩建项目和生产基地扩建项目。该公司成立于1995年，2016年更名为常州祥明智能动力股份有限公司，以电机技术为核心，提供各类交流电机、直流无刷电机、直流有刷电机和精密风机以及磁耦合泵、精密减速与传动、控制组件和软件等产品技术解决方案，产品主要应用于暖通空调，空气清净、通信、交通车辆、医疗健康、家用电器、机械设备等领域，客户包括松下、青岛海信、比亚迪等知名企业，产品通过欧盟CE、美国UL认证，并远销欧洲、美洲、日本等30多个国家和地区。

【“新三板”挂牌企业6家】 三协电机　2022年2月28日，常州三协电机股份有限公司（简称“三协电机”）在“新三板”挂牌，股票代码“873669”。该公司位于潞城街道富民路218号加州科技港，成立于2002年，集科研设计、生产销售、安装售后服务于一体，主营有刷直流电机、无刷直流电机、直流齿轮箱电机、混合式步进电机、交流伺服电机以及驱动器、控制器等产品，拥有实用新型及外观专利20余件，获评江苏省民营科技企业、高新技术企业等荣誉。

德速智能　6月13日，江苏德速智能机械股份有限公司（简称“德速智能”）在“新三板”挂牌，股票代码“873334.NQ”。该公司为多家高端品牌机床的关键功能部件供应商，致力于数控机床核心功能部件领域的设计制造能力，对标国外各类先进设备及专用设备的研发制造，产品涵盖数控机床核心功能部件及光机业务，并逐步布局半导体、新能源汽车、消费电子等行业的特种应用设备等产品。

博大股份　9月5日，江苏博大新材料科技股份有限公司（简称“博大股份”）在“新三板”挂牌，股票代码“872894”。该公司位于横林镇崔桥村，成立于2000年11月24日，是专业从事高分子材料、新型纤维胶合材料的研发、制造及销售的省级高新技术企业，参与并起草国家标准、江苏团体标准多项，产品广泛应用在电子基站、数据中心、净化空间以及商业空间等场所，终端用户有海底捞、华莱士、百胜集团、麦当劳、华住集团及万科地产等知名企业。

靓时新材　10月20日，江苏靓时新材料科技股份有限公司（简称“靓时新材”）在“新三板”挂牌，股票代码“873890”。该公司位于横林镇武青路12号，成立于2000年11月9日，是集设计开发、制造、销售高端装饰材料于一体的高新技术企业，生产高档三聚氰胺浸渍纸、三聚氰胺饰面板、高光UV板、哑光无痕UV板、封边条等装饰材料，产品出口北美、中东、东南亚、澳大利亚和中国台湾等国家和地区。

恒邦新材　11月7日，常州市恒邦新材料股份有限公司（简称“恒邦新材”）在“新三板”挂牌，股票代码“873927”。该公司位于横山桥镇东洲村龙塘村3号，成立于1997年3月7日，是致力于聚氨酯黏合剂、异氰酸酯固化剂、工业水防腐剂等相关产品研发、生产和销售的高新技术企业，拥有发明专利1件、实用新型专利12件，产品广泛用于各种不同印刷彩印包装上的油纸、白板纸及其他材料间复合以及相应材料的复合粘接。

多维电气　12月8日，常州多维电气股份有限公司（简称“多维电气”）在“新三板”挂牌，股票代码“873962.NQ”。该公司主要从事微特电机的设计研发、生产和销售，以客户需求为导向提供专业的解决方案，产品包括直线电机、旋转电机、减速电机、其他电机配件及电机控制单元四大系列，下游客户涵盖电气设备、汽车、家用设备等领域。

【上市及“新三板”挂牌企业再融资】 2022年，新城发展和南方通信分别配股融资30.16亿元和0.25亿元，立华股份定增融资12.69亿元，恒丰特导定增融资1亿元，德速机械定增融资0.2亿元，苏文电能定增融资13.9亿元，恒立液压定增融资20亿元。

（夏菘成）

银　行

【概况】 2022年，武进有银行业金融机构28家、网点198个，在册从业人员3030人。至年末，本外币各项存款余额4506.70亿元，增加419.05亿元，增长10.25%。其中，个人存款余额2050.25亿元，增长22.60%。本外币各项贷款余额3978.22亿元，增加529.30亿元，增长15.35%。其中，中长期贷款余额2389.3亿元，增长18.79%。金融机构票据融资余额241.62亿元，增加58.37亿元，增长31.85%；不良贷款率0.33%，下降0.06个百分点。全年银行结益68.36亿元，下降4.34%。

【银行业金融支持实体经济】 4月，区金融生态环境建设领导小组印发《2022年武进区银行业金融机构支持重点领域贷款评价激励办法》，引导金融机构聚焦智能制造、科技创新、普惠小微、乡村振兴等重点领域，强化信贷支持。至年末，全区制造业贷款余额725.39亿元，增长15.36%；高新技术企业贷款余额203.82亿元，增长19.67%。全区（不含常州经开区）专精特新企业贷款余额增加26.54亿元，增长29.74%。农村集体经营性建设用地使用权抵押贷款余额22.25亿元，增长15.4%；涉农贷款余额382.24亿元，增长17.03%。

【人民银行武进支行】 2022年，人民银行武进支行围绕“创新、实干、特色”先进支行建设目标，加强党建，创新履职，完善内管，为地方经济金融高质量发展做出积极贡献。

货币信贷　2月，印发《2022年武进区货币信贷窗口指导意见》，引导全区金融机构提高政治站位，优化信贷结构，加大信贷投入，增强信贷增长稳定性。3月，会同区金融监管局出台武进防疫“金八条”措施，从纾困帮扶小微、支持外贸企业、落实保险保障、提供便利服务等方面着手，引导金融机构调整信贷资金供给结构，开辟金融服务“绿色通道”，携手帮助企业渡过难关。开展政策产品对接，遴选辖区银行特色信贷产品131个，按照信用、普惠小微、科创发展、乡村振兴等分类整理编印成册，通过“阳湖金融”微信公众号、各镇金融生态创建工作站、银企对接会等“线上＋线下”形式，为企业融资提供“菜单式”服务。

金融稳定　深化金融稳定网格化管理，完善区域金融稳定工作联动机制，构建多层次的金融风险防控体系，加强对重点领域风险的预警监测。开展2021年银行业金融机构执行人民银行政策评价，评定A类银行12家。召开2022年金融生态环境建设工作推进会，通报工作成效、存在问题及考评结果，明确考核指标和具体要求，推动各银行、各镇（区）金融生态环境建设工作站完善信息共享机制。召开打击洗钱工作座谈会和打击治理洗钱违法犯罪工作领导小组联席会议，强化部门联动，及时获取数据，推动洗钱定罪。全年向公安部门提供线索9条，协助调查银行账户179户，涉及金额4.43亿元，并推动洗钱罪定罪宣判3例。联合区市场监管局开展“征信修复”乱象治理“百日行动”，摸排机构46户，全部完成清理整顿。

金融服务　经理国库，办理各类政府预算收支业务，办理预算收入入库939.04亿元，拨款支出672.32亿元，退库156.49亿元。开展普惠性税收减免退库业务，办理个税退税16.44万笔，金额1.27亿元；办理增值税留抵退税1.39万笔，金额34.68亿元；制造业中小微企业缓缴退税7.49万笔，金额8.24亿元。支持相关财税改革政策在武进落地实施，在省内率先试点跨境人民币电子退库业务。创新“常农分＋农地三权抵押”模式，建立新型农业经营主体基础数据库，引导金融活水向新型农业经营主体“精准灌溉”。推进电信网络诈骗和跨境赌博“资金链”治理，协助公安机关破获跨境网络赌博案3起，涉案资金1.16亿元。推动农村普惠金融服务点提质增效，拓展服务点非支付结算功能。推进现金服务标准化建设，首批试点网点71个。做好假币收缴和残损币鉴定，全年明察暗访网点68个，收缴假币合计面额13.55万元。深入推进金融知识纳入国民教育体系工作，开展系列教学10课次、专题讲座7场次，涵盖金融消费者权益保护、人民币知识、征信与信用等主题，惠及1200余人。该项工作做法获评江苏省金融教育案例征集大赛二等奖、最佳人气奖，并被《新华日报》专栏刊载。开展

2022年武进区银行业金融机构网点情况表

表19

机构名称	网点（个）	人员（人）	机构名称	网点（个）	人员（人）
人民银行	1	32	兴业银行	2	28
农发银行	1	20	民生银行	3	28
工商银行	15	246	浙商银行	1	18
农业银行	31	441	渤海银行	1	45
中国银行	15	246	江苏银行	3	73
建设银行	28	400	南京银行	2	211
交通银行	4	58	苏州银行	1	79
邮储银行	36	308	上海银行	1	71
中信银行	1	20	江南农商行	39	450
光大银行	2	19	江阴农商行	1	52
华夏银行	1	29	无锡农商行	1	34
广发银行	1	16	首都银行	1	7
平安银行	2	19	武进村镇	1	36
招商银行	2	28	合　计	198	3030
浦发银行	1	16			

说明：表格内数据不含常州经开区

各类金融知识宣教10余次，受众13万余人，营造良好的金融环境。

外汇管理　推动全市首笔跨境融资便利化试点业务落地武进，办结全市首笔高新技术和专精特新企业跨境融资便利化试点业务，融资成本较境内下降11.72%。办理资本项目外汇收入支付便利化业务419笔，金额折合7740.37万美元；办理经常项目便利化业务7167笔，金额折合18.45亿美元。推进汇率避险专项行动，引导银行机构及时响应市场主体汇率避险需求，优化外汇衍生品业务，增加外汇套保普惠性。推出“外贸护航保”产品，落地全市首笔第三方担保项下远期结售汇业务，并为首办户提供专项资金扶持。辖区外汇套保率、套保金额、衍生品业务，均实现同比较大幅度增长。着力缓解中小微外贸企业融资难问题，通过跨境金融服务平台累计放款7.40亿美元。开展助企纾困“百日行动”，主动靠前服务市场主体，持续提升外汇管理质效。

（王雪恺）

【工商银行武进支行】　2022年，工商银行武进支行辖营业部1个、营业网点14个，离行式自助银行4个，员工232人。持续跟进武进辖区重大民营项目，服务实体企业，支持制造业客户，银保监口径普惠贷款新增9.15亿元，普惠客户净增366户。支持地方国有企业重大项目储备及落地，完成重大项目审批10个，审批金额125.9亿元，累计投放62亿元。至年末，本外币各项存款余额307.24亿元，增加42.28亿元。其中，对公存款余额增加18.35亿元，储蓄存款增加15.36亿元。本外币公司类贷款余额222.11亿元，增加43.23亿元。个人按揭贷款发放11.8亿元，本外币个人贷款余额74.83亿元，增加8.33亿元。年末不良额559万元，不良率0.02%，继续保持“双降”。是年，该支行获评中国工商银行第十一届文明单位和工商银行江苏省分行精品县支行，支行营业室获评江苏银行业文明规范服务适老网点。

（蔡　静）

【农业银行武进支行】　2022年，农业银行武进支行辖支行营业部1个、营业网点30个，有员工441人。贯彻落实上级行决策部署，不断增强市场竞争力和价值创造力，形成以零售业务为支撑、资产业务为驱动、各项业务均衡发展的新局面。全年银保监口径普惠贷款余额53.93亿元，增加13.1亿元。其中，法人小微贷款增加7.07亿元、个人经营贷款增加4.18亿元、农户贷款增加1.94亿元。新增掌银客户1.2万户。分期业务完成信用卡分期7.2亿元，信用卡业务净收入6738万元，其中信用卡中间业务收入1839万元。代理保险保费4.97亿元，手续费收入2972万元。至年末，本外币贷款余额306.47亿元，增加31.42亿元。各项存款余额452.56亿元，增加51.09亿元。其中，个人存款日均增加26.04亿元。实现营业收入13.64亿元，中间业务净收入2.27亿元。是年，该支行获评2019—2021年度全国文明单位、江苏省文明单位。

（蒋黎静）

【中国银行武进支行】　2022年，中国银行武进支行设营业部1个、营业网点14个、离行式自助区1个，有员工246人。聚焦重点行业，助力实体经济发展，大公司实体经济新增批复客户24户，总金额36.08亿元。实体经济新增投放客户395户，总金额49.4亿元。做优普惠金融，助力小微企业，核批小微企业新客户265户，其中公司普惠重点领域口径贷款余额19.50亿元，增加6.86亿元。个金普惠余额9.39亿元，增加3.21亿元。全年累计收付汇38.48亿美元，即远期结售汇16.31亿美元，叙做国内信用证二级福费廷16亿元，叙做贸易融资投放3.06亿美元，办理股权激励资金收汇197万美元。打造跨境金融服务品牌，开展跨境宣传活动78场，实现结售汇交易额4296万美元，新增个人贷款3.73亿元，银行卡分期发放7.56亿元，拥军卡代发6876万元。至年末，本外币存款余额213.75亿元，增加17.04亿元；本外币贷款余额202.73亿元，增加39.01亿元。是年，武进支行获评武进区年度执行人民银行政策A类银行、武进区金融工作优胜单位三等奖，个人金融部获评中国银行常州分行优秀集体；洛阳支行获评江苏省分行红旗党支部、先进职工小家。

（邓灵芝）

【建设银行武进支行】　2022年，建设银行武进支行辖营业网点28个，拥有自助设备73台，员工403人。坚持稳中求进总基调，全面贯彻新发展理念，深化新金融行动，守牢风险合规案防底线，实现各项业务高质量发展。支持重大项目建设，区域重点项目贷款97.8亿元，投放园区更新、城市更新等项目贷款24.50亿元。成立投行、制造业专业团队，制造业贷款较年初新增18.56亿元。普惠金融提质增效，普惠贷款余额46.42亿元，新增9.78亿元；普惠客户数4045户，新增846户；落地“创业者港湾”联盟店1家。支持乡村振兴，与区农业农村局共建绿色农药“零差价”配供项目，涉农贷款余额26.88亿元，新增11.70亿元。其中，农户生产经营贷款7.68亿元，位居系统内全省县域支行第一。提升国际业务能力，累计签约单一窗口170多户；支持企业扩大人民币跨境结算，跨境人民币业务量25亿元；跨境联动业务引入境外低成本资金，为11家企业投放跨境贷款2.8亿元。至年末，核心存款日均余额325亿元，增加30.11亿元；各项贷款余额279亿元，增加33.44亿元；实现主营业务收入9.3亿元，增长1.83%；拨备前利润7.17亿元，增长0.85%，税前利润6.64亿元，实现经济增加值2.9亿元。

（向　攀）

【交通银行常州武进支行】　2022年，交通银行常州武进支行辖营业部1个、二级支行3个，配套自助银行4个、ATM机8台，有员工58人。围绕提升经营管理质效，统筹推进疫情防控和经营发展。至年末，各项存款余额72.68亿元，增加2.78亿元；各项贷款余额96.81亿元，增加14.31亿元；国际结算量7.12亿美元，减少1.97亿美元；不良资产率0.18%，经营利润2.51亿元。是年，该支行获评交通银行常州分行先进集体、贷款高质量发展优秀集体。

（周东英）

【农发银行武进支行】　农发银行武进区支行是全区内唯一一家农业政策性银行，营业部设在武宜中路112号，有员工20人。2022年，该支行投放各类粮食贷款1.68亿元，收购入库各类粮食0.63亿千克，有效保障武进地区粮食收购的平稳

8 月 31 日，普惠金融服务点夏溪花木市场旗舰店开业仪式举行

（供图 / 江南农村商业银行）

运行。支持乡村振兴，落实滆湖综合整治一期项目和夏溪农业科技产业园区建设项目等，基础设施基金投放 3.06 亿元。各项贷款余额 71.28 亿元，各项存款余额 16.63 亿元，实现净利润 8124 万元。

（徐　斌）

【江南农村商业银行】 2022 年，江南农村商业银行在武进区域（含武进支行、高新区支行、经开区支行）设有营业网点 51 个，有员工 605 人。围绕常州“532”发展战略，聚焦“两湖”创新区建设，服务实体经济，深耕普惠金融，为建设“强富美高”新武进贡献力量。至年末，本外币存款余额 1071.5 亿元，增加 114.8 亿元，增长 12%，占武进区市场份额的 23.8%，存款总量、增量均居区域排名第一。其中，对公存款余额 460.8 亿元，储蓄存款余额 610.6 亿元。本外币贷款余额 650.8 亿元，增加 63.6 亿元，增长 10.8%，占武进区市场份额的 16.4%，贷款总量、增量均位居区域第二。其中，对公贷款余额 424.2 亿元（不含贴现），制造业贷款余额 247.8 亿元（不含贴现），占对公贷款余额的 58.4%。

（谢　伟）

保　险

【概况】 2022 年，武进区实现保险业务收入 43.00 亿元，增加 3.76 亿元，增长 9.58%。其中，财产类保险收入 14.39 亿元，增长 27.91%；人身类保险收入 28.61 亿元，增长 4.90%。全年保险业务支出（不含平安保险）10.31 亿元，减少 1.42 亿元，下降 12.11%。其中，财产类保险支出 8.10 亿元，增长 24.80%；人身类保险支出（不含平安保险）4.00 亿元，下降 39.31%。

（王雪恺）

【人保财险武进支公司】 位于武进区延政中大道 22 号，内设个人客户事业群、法人客户事业群和政府事业群，所辖网点覆盖武进区域各重点乡镇，有员工 280 人。2022 年，该公司围绕服务乡村振兴、智慧交通、绿色环保、健康养老、科技创新、社会治理六大板块，积极融入武进发展大局，服务地方经济发展，参与社会安全管理，履行保险经济责任，得到地方政府和客户广泛认可。推出创新项目和产品，取得武进区工伤保险社商合作项目、常州市地理标志保险项目、商业性农业保险创新等方面突破，获评省级创新项目奖励 1 项。全年完成保费收入 8.26 亿元，增长 21.87%，保费总额占武进区域市场份额的 47.34%，处理各类赔案 11.09 万件，缴纳各类税费 7308 万元。

（胡兰琳）

【人寿保险武进支公司】 位于武进区广电路 8 号铂安国际 A 座 16 楼，辖湖塘、湟里、前黄、雪堰、夏溪、奔牛、邹区网点 7 个，有正式员工 56 人，持证销

2022 年武进区保险业务情况表

表 20

项目 / 险种	保险业务总收入（万元）				保险业务总支出（万元）			
	本期累计	其中			本期累计	其中		
		人民保险	太平洋保险	平安保险		人民保险	太平洋保险	平安保险
财产保险小计	143934.14	81567.37	32971.00	29395.77	80964.81	47175.99	15943.00	17845.82
企财险	5925.86	4202.45	1586.00	137.41	—	—	—	—
家财险	2328.03	523.54	907.00	897.49	—	—	—	—
车辆险	97529.57	51578.14	22673.00	23278.43	—	—	—	—
责任险	18919.55	13713.13	2622.00	2584.42	—	—	—	—
其　他	19231.13	11550.11	5183.00	2498.02	—	—	—	—
人身保险小计	286072.54	114995.48	127238.22	43838.84	39979.10	20364.55	19614.55	—
续单保费	196012.22	70059.61	89881.12	36071.49	—	—	—	—
新单保费	77186.89	34657.88	35983.51	6545.50	—	—	—	—
短期险	12873.43	10277.99	1373.59	1221.85	—	—	—	—
总　计	430006.68	196562.85	160209.22	73234.61	120943.91	67540.54	35557.55	17845.82

售人员839人。2022年，实现政保业务4218.4万元，增长12.8%，在武进地区承保覆盖率超85%。涉农保险保费收入2184.4万元，增长20.55%。服务中小企业547家，实现法人业务保费932.4万元。实现新单保费3.47亿元，占武进区域市场份额的36.45%。短险保费收入突破1亿元。全年处理赔案2.47万件、金额7784.67万元，保险满期及各类赔付21.37万件、金额7502.72万元。

（张　倩）

【太平洋财产保险武进支公司】 位于武进区湖塘镇广电西路166号铂安国际商务楼A座6楼，辖湖塘、前黄营销服务部2个，有员工28人。2022年，该公司按照“有效益、可持续、精细化、有韧性”的高质量发展要求，将个客经营由传统的车险经营转为客户经营，在公共医疗、安全生产、生态环境等涉及社会责任方面探索团客条线经营。全年完成保费收入2.99亿元，增长15.3%。其中，车险保费收入2.27亿元，增长9.8%；非车险保费收入7217.44万元，增长36.89%。1—12月，车险综合成本率96.69%，非车险综合成本率104.35%，全险种综合成本率97.74%，全险种赔款支出14950.42万元。

（沈怡平）

【太平洋人寿保险武进中心支公司】 下辖湖塘、礼嘉、洛阳、横林、和平中路营销服务部5个，拥有营销持证业务员908人。2022年，该公司通过聚焦价值主线，聚焦绩优队伍建设，年度MDRT（百万圆桌会议，全球寿险精英的最高盛会）达成39个，达成率120%，核心队伍达成265人，保持核心队伍稳定。践行长期主义，13个月继续率达95.7%，保证业务发展长期稳定性。全年实现保费收入12.72亿元，占武进区域市场份额的40.33%。受理理赔案3756件，各类给付52635件；赔款支出金额5164.55万元，各类给付金额10018.71万元。是年，武进中心支公司列太保系统全国三级机构第12位，提升26位。

（刘　丹）

【平安产险武进支公司】 位于武进区延政中路经纬大厦，辖基层网点4个（横山桥、前黄、孟河3个营销服务部和钟楼支公司），有员工22人。2022年，该公司实施数据驱动、经营服务线上化，保持平安产险保费稳健增长。至9月末，“平安好车主”App注册用户突破1.66亿个，累计绑定车辆超3400万辆。在行业内首创车险理赔视频查勘，平均耗时仅5分钟。运用线上化理赔服务，实现前三季度车险1小时内赔付案占比93.2%。全年保费收入3.3亿元，其中车险保费2.68亿元、财产险保费3391万元、意健险保费2757万元。

（章佳英）

证　券

【概况】 2022年，武进区有证券分公司2家、证券营业部12家（不含常州经开区），新开证券交易账户4.73万个，年末累计证券交易账户33.95万个，完成交易量7696.9亿元，增长33.42%。

（夏菘成）

【中信证券常州分公司】 位于武进区外环府路39号，有员工60余人。2022年6月，中信证券常州环府路证券营业部更名为中信证券股份有限公司常州分公司（简称“中信证券常州分公司”）。该公司加力开发新增客户，采取线上＋线下方式增加与客户的互动，推行“基础服务—业务覆盖—奖励分配”的存量客户服务积分换购制度，有效激发员工服务存量客户的积极性。开展“步步为银”“红五月”等专项竞赛，组织“企业行”活动5场，做好中信证券品牌宣传和客户积累。7月，与中信银行常州分行联合举办中期策略会，线上参会客户超500人。加强与地方政府部门合作，借助金融顾问团、“两湖”创新区发展规划论坛等活动，提升中信品牌的市场影响力。全年产品销售规模和保有规模保持前列，权益类产品销售额8.8亿元，财富配置单数和规模保持稳定增长。其中，基金投顾作为财富管理新入口，从签约客户数量到资产规模均保持前列，权益类产品保有量30亿元。协同公司投行综合组推进IPO项目2单，落地政府平台债务融资项目4单、总规模100亿元，新增托管上市公司股份120亿元。

（郑　欢）

【中信建投证券常州广电西路营业部】 2022年9月19日，该营业部从广电西路搬迁至湖塘镇广电西路529号，营业面积331.8平方米。拥有资质从业人员19人，设置个人金融部、机构业务部、客户服务部和公司金融专岗1个。开展证券经纪、证券投资咨询，与证券交易、证券投资活动有关的财务顾问、证券承销与保荐、证券资产管理、融资融券、证券投资基金代销、代销金融产品、销售贵金属制品等业务。重视客户基础积累与服务维护，积极推动创新业务，切实维护投资者权益。开展约定购回、债券承揽等业务，提供高端机构与个人客户多元化融资渠道。2022年，新增客户11759户，年末客户总数41885户，客户资产总额61亿元，实现股票及基金交易量1281亿元，金融产品销售总规模2.6亿元。

（朱　青）

【东北证券常州花园街证券营业部】 东北证券股份有限公司常州花园街证券营业部位于武进区花园街168号H－12，营业面积263.55平方米，拥有员工10人。2022年，该营业部提供经纪业务、投资顾问、融资融券、股权质押、港股通、约定购回、股票期权、IB、PB等金融服务，协助企业和个人开展投融资项目、“新三板”业务和网下投资资格注册等业务，开展基金申购赎回、基金场外转场内及基金定投等理财业务，投资账户1.7万个。

（陆大荣）

【华泰证券常州花园街营业部】 位于武进区花园街137号A－101、201，有员工18人。2022年，该营业部全面实施数字化赋能下的财富管理和机构服务“双轮驱动”发展战略，用全业务链服务体系为个人和机构客户提供专业、多元的证券金融服务。5月18日，与常州市人民政府签署战略合作协议，通过平台化、一体化运营，为本地产业集聚、项目建设、城市发展提供全方位金融服务。至年末，客户超8.2万户，客户资产总额超100亿元，新增上市公司股份托管4家、“新三板”企业3家，实现股票交易量550亿元，金融产品销售总额20.2亿元。

（顾　越）

城乡发展

Urban and Rural Development

栏目编辑　颜　赶

乡村振兴战略实施

【概况】 2022年，武进区认真贯彻中央、省、市关于"三农"的决策部署，出台《关于做好2022年全面推进乡村振兴加快农业农村现代化重点工作的实施意见》、乡村振兴红盟"六联工程"（人才联育、产业联营、致富联促、乡风联铸、改革联动、阵地联建）实施方案，深化农村改革，发展村集体经济，深入开展农村人居环境整治提升行动，促进乡村振兴和农村现代化建设。

推进宅基地制度改革　推动宅基地管理系统与不动产登记发证数字政务链接共享，完成宅基地基础数据补偿调查工作。开展全省首例宅基地择位竞价农村产权交易，27个宅基地区位成功竞价386.5万元，宅基地改革农民自建区建设可行性实施方案评审管理办法被农业农村部收录推广，形成宅基地试点制度机制"武进样本"。开展"银、民、村、政"联动和风险共担的"信用＋抵押＋贴息"农民建房按揭贷款金融服务制度改革试点，累计发放贷款42户、1763万元。有序化解一户多宅和超户面积上限等历史遗留问题，有效控制乱占多占、建新不拆旧等增量问题发生。探索创新"一次认定、相对固定、长期稳定、动态管理""三定一动"宅基地资格权长效管理机制，建立宅基地资格权人与股东资格权成员同口径管理规范与调整周期。建设现代化宜居农房，全区编制农民住房集中居住区规划37个，建成农民自建区项目6个、农房1400户（套），农村房地一体不动产确权登记率达100%，完成不动产颁证8万余本。

推进水稻生态补偿、农产品质量安全监管、"一户三权"数字化集成管理三项改革　从稳、增两方面优化农村生态补偿政策，重点鼓励村集体流转农户耕地实现规模种粮，累计复耕复种规模在1.33公顷以上田块203.27公顷。探索建立"数字化＋网格化"精准监管模式，制定武进区村级服务站运行管理办法，建设武进区农安智慧监管平台，实施农产品"'双证'上市制度"（指食用农产品上市时，需同时随货携带食用农产品承诺达标合格证和农产品检测报告）。依托农村集体资产大数据中心，梳理规范产权交易、承包地管理、股权管理、集体资产管理等系统底层架构，探索农村土地承包经营权、宅基地资格权、集体资产收益分配权信息融合监管建设，初步完成农村集体经济组织"一户三权"数字化集成管理功能模块开发，并在4个试点村开展先试先行。全面构建"入库、培育、认定、扶持"一体化闭环管理的政策扶持体系，"新型职业农民制度改革"试验任务通过省级验收。

建设美丽乡村　完成新孟河沿线美丽乡村片区规划工作招投标、规划设计方案编制；太湖湾片区雅浦板块美丽乡村道南路工程基本完成，探索核心区规划建设运营以EPC模式引入第三方合作；推进省级生态宜居美丽乡村示范镇（村）建设和市级美丽乡村建设，雪堰镇建成省级生态宜居美丽乡村示范镇，洛阳镇岑村村等12个村建成省级生态宜居美丽乡村示范村，洛阳镇圻庄村被确认为市美丽乡村。

开展农村集体"三资"和财务管理检查　区农业农村部门重点检查以"三资"（资金、资产、资源）监管、专项治理问题整改、合同管理、票据管理、支出管理、组级财务管理6个方面内容，梳理汇总问题清单并通报至各镇、村。巩固专项治理成果，对全区农村集体资金资产出借出租专项督查发现问题进行线上督促整改。

2022年武进区创成省级生态宜居美丽乡村示范镇、村情况表

表21

类　别	单　位
省级生态宜居美丽乡村示范镇	雪堰镇
省级生态宜居美丽乡村示范村	洛阳镇岑村村、圻庄村
	雪堰镇雪东村、城湾村
	牛塘镇丫河村
	嘉泽镇满墩村、跃进村
	湟里镇河南村、葛庄村
	礼嘉镇何墅村、毛家村
	前黄镇运村村

【村集体经济发展】 2022年，武进区继续巩固脱贫攻坚成果与乡村振兴的有效衔接，引导各村开辟资产租赁、企业股份、农业开发、生产服务、联合发展等增收途径，全力增强村级集体经济“输血、造血、活血”功能，分类推行宅基地有偿使用，实行有偿使用473宗，实现村集体增收2000余万元。开展闲置农房租赁服务1.31万宗，租金收益超9400万元，有效提高村级集体经济收入水平。落实村级基本运转保障工作，年内获批村级增收项目省级6个、市级8个，累计争取省、市级财政奖补资金850万元，19个经济一般村获得2021年度村级运行保障资金。农村集体经济进一步壮大，11个村（社区）集体经济组织年收入超千万元，43个村（社区）集体经济组织年收入超500万元。

【农村人居环境整治提升行动】 2022年，武进区出台《关于深入开展农村人居环境整治提升行动，扎实推进生态宜居美丽乡村建设的实施意见》等文件，将农村人居环境整治提升纳入全区“532”工程及为民办实事项目、高质量发展评价指标考核体系考核，深入推进以“美丽乡村建设”为引领、“清理农村垃圾、清洁水体环境、清理公共空间”为核心、“整治厕所区域、沿线区域、边缘区域、庭院区域”为重点、“有制度、有队伍、有经费、有示范引领、有督查评价”为保障的“一美、三清、四治、五有”的农村人居环境改善提升行动。区农业农村局加强指导检查，组织开展3次覆盖130个行政村的检查考评，推进农村人居环境由“点上美”向“面上洁”提升。经考核，评选出雪堰镇城湾村、洛阳镇圻庄村、南夏墅街道胜西村等20个村为示范村，前黄镇蒋排村等50个村为优秀村，共发放考核奖励900万元。在常州市组织的四次暗访中，武进区稳居全市前列，南夏墅街道桐庄村等18个村被列入市红榜村。推进省级生态宜居美丽乡村示范镇（村）建设和市级美丽乡村建设，雪堰镇建成省级生态宜居美丽乡村示范镇，洛阳镇岑村村等12个村建成省级生态宜居美丽乡村示范村，洛阳镇圻庄村被确认为市美丽乡村。

【优化农村产权交易】 2022年，武进区拓展农村产权交易信息服务平台功能，实现与江苏省农村产权交易信息服务平台的有效关联，通过线上、线下相结合方式，打通服务群众的“最后一公里”。全年完成农村产权交易项目3327笔，成交金额6.35亿元，其中线上交易项目391笔、1.87亿元。成交量、成交额、线上交易量较2021年分别增长82.8%、115.25%、145.91%。

【高素质农民培育】 2022年，武进区贯彻落实乡村人才振兴的总体部署，着力培育适应现代农业高质量发展需要的实用型、技能型高素质农民，为乡村振兴战略实施提供有力的人才与智力支撑。全年分层分类组织高素质农民培训30个班，累计培训2146人。其中，部级高素质农民培训3个班、220人，专题为水稻、水果和创业创新；省级高素质农民培训10个班、804人，专题为农民讲师、农田建设、政策法规、经营管理、现代农业等内容；区级农业职业技能培训13个班、1010人，专题为各镇农业主导产业，诸如葡萄、水蜜桃、水产、粮油、苗木等；新型职业农民制度改革拓展（水稻、螃蟹产业）专项培训4期、49人，学历提升试验班4期、30人，学历提升拓展班入学33人。“新型职业农民制度改革”试验任务通过省级验收。

（叶　帆）

城乡规划

【概况】 2022年，区自然资源和规划部门深入贯彻常州市“532”发展战略，以“一园一城一示范”建设为着力点，全面打好空间规划引领、资源利用提效、生态修复保护、治理能力提升、基础支撑保障“五大攻坚战”，形成科学高效国土空间规划体系和开发保护格局。做好2021年度国土变更调查工作，根据调查结果，全区总面积883.99平方千米，其中建设用地277.93平方千米、农用地380.89平方千米（耕地96.59平方千米）、未利用地225.17平方千米。构建多元联动的矛盾纠纷解决机制，办理信访事项84件、网上信访236件，实现信访事项办结率和报结率两个100%，被省自然资源厅评为2021年度全省自然资源系统法治建设和普法工作成绩优秀单位、2021年度全省系统信访工作成绩突出集体。承办的行政处罚案卷《常州市环湖锻造有限公司未经批准、非法占地案》被常州市全面推进依法行政领导小组办公室评为2021年度十佳行政处罚和行政许可案卷，《提升乡村建设法治化水平，助力乡村振兴》案例被评为2021年度全市普法与依法治理创新案例和2021年常州市法治惠民实事优秀项目二等奖。年内，武进区获评2021年度江苏省自然资源节约集约利用资金奖励地区；武进林业科技发展中心获批建设全市唯一省级乡土树种种质资源库；武进自然资源和规划分局获评2019—2021年度常州市文明单位、江苏省文明单位、2022年常州市“五一”劳动奖状，连续三年在全区综合考评中位于“第一等次”，“书味自然”读书班被评为2022年常州市优秀读书组织。

【规划引领】 2022年，区自然资源和规划部门强化规划引领，高质量完成全区“三线”（永久基本农田、生态保护红线和城镇开发边界三条控制线）划定，同步优化区级国土空间规划成果。充分对接“两湖”创新区、中以常州创新园等规划，加快推进区、镇国土空间规划成果完善。完成2022年度武进区预支空间规模指标落地上图方案，预支新增建设用地规模指标124.2公顷，争取到重大项目周转指标29.8公顷，高效保障江苏理工学院武进绿建区协同创新园、恒立高性能电动缸、常州泛亚氢燃料电池质子交换膜等省、市、区重大项目空间需求。高要求完成“两湖”创新区核心区综合交通、市政基础设施、地下空间等专项规划，编制完成常州南站周边地区城市设计及总部经济区详细规划。深入推进中以常州创新园规划研究及核心区规划编制，打造“第四代+”中外合作园区典范。高水平开展重点区域规划，围绕“一园一城一示范”及“三个更新”（城镇更新、园区更新、农村更新），全力推进江理工南部片区、长沟河生活片区、鸣凰科创城（沟南片区）、高架沿线等区域城市设计及武进区域交通互联互通规划研究。高标准组织村庄规划编制，完成16个行政村的实用性村庄规划备案入库，共计完成入库面积33.3公顷，保障农房建设用地指标28.3公顷，预计可建设农房700户。全域推广“规划师下乡”活动，在礼嘉镇蒲岸村成立全市首个乡村规划师工作室。

（常文涛）

城镇建设

【概况】 2022年，区住建部门进一步推进城市精致化建设，实施市政建设重点项目，完成城区已建道路人行道及停车设施改造提升城市更新项目（第一批），建成4处口袋公园及3条绿化精品道路。加强市政设施养护，完成对常武路、人民路、武宜路等18条道路人行道的整体改造和采菱港桥、武宜运河桥等8座大桥的桥梁专项维修工程，青洋路快速化（滆湖路—武进大道）照明工程，累计投资1.47亿元。加强重点中心镇和特色小镇建设，开展特色田园乡村创建和传统村落保护，新增省级传统村落1个。持续推进老旧小区改造，总投资10350万元，改造总建筑面积27.16万平方米。

【市政设施养护】 2022年，区住建部门投入市政道路桥梁养护1800万元，累计维修破损路面1.2万平方米，改造维修道板1.9万平方米。区住建部门对有安全隐患且工程量相对较小的问题进行紧急处理，完成武南路、人民路、武宜路、鸣新路、夏城路、淹城路等路段路面坑塘冷补料沥青填筑，对运北路、花园街、马元路、内环府路、定安路、常武路、夏城路路段破损人行道道板进行修复，对武进大桥、湖滨大桥栏杆进行维修养护，联合相关部门在夏城路、广电路、外环府路、玉塘路等道路设置挡车器、警示桩；对无维修价值及零星维修无法改变现状的问题和人民西路（湖滨路—东龙路）部分路段道板进行集中处置或整体改造，将花园街大桥石材贴面改成真石漆涂装，对外环府路（府东路—八一路）路面进行改造。绿化及公园养护投入3500万元，完成绿化补种面积5.76万平方米，并根据时令，组织开展追肥、修剪、治虫、抗旱、补缺、增绿等整治提升工作10余次。照明养护投入1400万元，完成青洋路快速化（滆湖路—武进大道）照明工程，有序推进城区5座箱变改造工作，实施虹西路路灯改造工程，共维修路灯约2800盏次、路灯配电设施541次，恢复被盗或损毁电缆约1500米，路灯设施完好率超95%、亮灯率超98%。

【市政重点项目建设】 *精品景观建设工程* 2022年，区市政处实施常武路疏绿、延政西大道特色路、鸣新中路大学城段的人行道板及树池提升3条绿化精品道路。常武路疏绿项目主要涉及两段：延政路—武南路，全长约3.7千米；虹北路—广电路，全长约900米，绿化总面积为3.4万平方米。移植原有密集的乔灌木，补种提升地被色块，并对沿线广电路常武路交叉口、长安路常武路交叉口、虹北路常武路交叉口进行空间改造，打造永安花苑口袋公园，供市民休息娱乐。鸣新中路绿化精品道路东起凤栖路、西至鸣新巷，改造范围为南侧人行道、场地以及花坛树池，长度约为759米，改造面积9108平方米。将延政西大道特色路与延政路（武宜路—新秀路）晓柳口袋公园工程相结合，打造宽30～45米、长1.8千米、总面积约5.4万平方米的绿化带。提升内容包括景观和绿化两个部分，景观方面设置城市家具，供行人停留、休息，绿化方面突出简洁明快的绿化景观效果。在鸣新路大学新村、常武路阳湖名城、延政西大道小留新村、常武路永安花苑择址建设4处口袋公园，总投资2000万元。

人行道及停车设施改造提升城市更新项目工程（第一批） 对常武路、武宜路、人民路等15条道路部分路段人行道板和凤凰谷停车场整体改造，改造道路总长36.2千米，人行道改造总面积约15万平方米。该工程于9月开工，11月22日竣工，总投资7500万元。

城区公园园容园貌提升工程 完成新天地公园内林带提升工程2处，改造面积2万平方米，将密闭林带疏理，种植麦冬、鸢尾等地被植物，丰富林带景观层次；拆除莱蒙公园废弃玻璃房，消除安全隐患；配合区文体广旅局提升健身公园球场配套，将球场周边光源更换为体育场标准配置光源，并根据时令设置亮灯时钟，满足群众户外活动需求；11月初在新天地公园南广场组织金秋菊展，累计展出150余个品种的3万余盆菊花，菊花面积达1000平方米，花境面积163平方米。

桥梁专项维修工程 完成城区桥梁专项维修、桥梁安全设施提升改造、桥梁定检等工程。其中，对采菱港桥、武宜运河桥等8座桥梁病害问题进行专项维修，对虹西路桥、长虹路桥等8座跨航道桥梁的助航设施和防撞设施进行提升改造，对所有养护桥梁的运行情况进行专项检测。工程总投资600万元。

【推进村镇建设】 2022年，区住建部门加强重点中心镇和特色小镇建设，开展特色田园乡村创建和传统村落保护，雪堰镇南宅村北街头入选第六批省级传统村落名录。编制完成《武进区农村住房建设风貌设计指南》，规范引导农房设计遵循“安全、适用、经济、绿色、美观”原则，科学合理设置功能空间，满足农民现代生产生活需求。持续改善农村住房条件，完成农房改善专项行动市级目标任务，改善农房1612户。

（徐亚芬）

【老旧小区改造】 2022年，区住建部门按照《常州市武进区城镇老旧小区改造工作实施方案》，持续推进老旧小区改造，组织实施包括强化适老改造、改善环境卫生、完善停车设施、打造安全环境、改造基础设施等项目。12月底，老旧小区改造项目年内计划全部完工并通过竣工验收，总投资10350万元，改造总建筑面积27.16万平方米，完成小区电动汽车充电桩试点工作2个，新增电动自行车充电桩22个，惠及聚湖社区、鸣南社区散居楼、湾里社区散居楼等12个社区、129幢住宅、4634户居民。其中，重点打造新城花苑西区及东区，将信息化社区融入其中，并发挥党建引领，成立全区首个（新城花苑）老旧小区改造项目临时党支部，开展“城市唤青计划，青年文化创意大赛——筑梦旧改、吾@安居”活动，高质量推动新城花苑改造，争创省级宜居示范居住区。

【推进既有住宅加装电梯】 2022年，区住建部门按照《常州市武进区既有住宅加装电梯实施方案》《常州市武进区既有住宅加装电梯财政资金使用管理办法》等规范性文件，编制《武进区既有住宅加装电梯服务手册》《武进区既有住宅加装电梯服务指南》，在新天地广场、阳湖世纪苑、新城花苑、西太湖开展加装电梯现场宣传咨询会4场，发放宣传资料2000余份。同时，推出既有住宅如何加装电梯宣传动画，通过微信公众号、社区电子屏等平台进行广泛宣传。在阳湖世纪苑、建工苑、湾里新村等既有住宅完成加装电梯18台。

（杨 欣）

征收与补偿

【概况】 2022年，区房屋征收与补偿管理中心（简称“征补中心”）围绕常州市“532”发展战略，遵循“一园一城一示范”工作要求，重点推进“两湖”创新区、前黄镇、礼嘉镇、雪堰镇等板块征迁工作。新启动项目16个，完成签约项目9个，签约征迁面积共计81.28万平方米。

【征迁遗留问题攻坚】 2022年，区征补中心针对被征迁企业土地补偿、安置房购买结算、房屋拆除等征迁项目中的个性化问题，明确补偿标准和处理办法，打通阻碍项目推进的“中梗阻”，为今后处理类似情况提供依据。持续推进遗留问题“清零”行动，开展对全区遗留问题的专项梳理研究，总结以往工作经验，创新工作办法，探索破解问题的新途径、新手段。全年化解遗留问题4户，盘活遗留地块（游艇俱乐部地块）1个。

（孔瑞鑫）

【过渡户安置】 2022年，区住建部门加快推进各镇（街道）、开发区安置房办证工作，帮助属地政府多次筹备召开安置房办证工作专题会议、遗留问题专家论证会议，为办证队伍解决办证疑难问题，协助安置群众办证。区征补中心深入各板块走访调研，摸清全区安置形势和安置房屋建设进度，合理制定各镇（街道）、开发区安置任务，加快解决在外过渡户安置问题。针对现有在外过渡户多、时间跨度长的情况，积极发挥牵头协调职能，采用多元化安置手段，积极推广指定商品房安置模式，逐步消化时间跨度长的在外过渡户。全年安置在外过渡户1169户，分配安置房源1740套，办理安置房不动产权证6150套，基本完成全区安置房办证工作。

（徐亚芬 孔瑞鑫）

公用事业

【供电】 2022年，武进区围绕优化能源结构、保障发展目标，推进电网、天然气、光伏发电等能源项目建设。全社会用电量222.32亿千瓦时，下降5.8%。其中，工业用电量178.58亿千瓦时，下降9.15%；城乡居民生活用电21.02亿千瓦时，增长19.3%。实施江苏常州220千伏南沿江城际铁路常州东牵引站外部供电工程、武南—延政220千伏线路改造工程、500千伏武南主变增容工程及220千伏送出工程等8个重点输变电项目建设，建成江苏常州河东110千伏输变电工程、江苏常州凤林110千伏变电站3号主变扩建工程、江苏常州小留110千伏变电站2号主变扩建工程3个输变电项目，新增变电容量20万千伏安，新增电力线路长度253.57千米。

光伏发电 有序推进分布式光伏发电项目应用，全年备案光伏项目企业140家，备案容量140.93兆瓦。新增非居民并网用户109户，并网容量109.4兆瓦；新增居民并网用户61户，并网容量0.89兆瓦。

（金 婷）

【供气】 2022年，武进区新建各类天然气管道352千米，全社会天然气消费量7.4亿立方米，与2021年基本持平。其中，工业用天然气5.9亿立方米，商业用天然气0.37亿立方米，城乡居民用天然气1.1亿立方米。推进天然气进村入户，新增配套通气行政村6个，新增天然气居民用户1.3万户，累计46.9万户，增加3%，实现乡镇天然气利用全覆盖。投入216万元，完成24个老小区天然气改造。全区有经营性汽车加气站4座，全年汽车用压缩天然气销量579万立方米，减少23%；销售液化天然气23万立方米，减少80%。

根据《省政府办公厅关于进一步加强城镇燃气安全监管工作的意见》，积极引导瓶装液化气企业通过资产重组等方式加快瓶装液化气市场整合，于8月26日成立武进旭鄂能源有限公司，并发放相关的燃气经营许可证、气瓶充装证。通过整合，进一步规范企业自身安全管理，实现燃气安全运行“一网统管”。

（徐亚芬 金 婷）

【供水】 2022年，区水利部门聚焦供水安全保障和水源地规范化管理，开工建设湖滨水厂项目，全面完成礼河水厂、武进水厂次氯酸钠改造，优化饮用水水源地水质监测体系。全区自来水供水量17177万立方米，售水量15480万立方米。新增自来水用户3.07万户，用户总数达58.76万户。

【排水】 2022年，武进区加快污水收集处理系统建设，建成污水管网10千米，

武南第二污水处理厂一期工程 （摄影/陆新 徐晶玮 摄于2022年8月）

累计污水管网长度1430千米，完成老旧管网排查修复205千米。武南二厂一期（10万吨／日）出水投运，开工建设滨湖污水处理厂二期工程（5万吨／日），启动阳湖生态净水厂（20万吨／日）前期工作。城镇污水处理厂全年处理污水10695.71万立方米，城区生活污水集中处理率达97.2%，集镇区生活污水处理率达90.4%，城镇生活污水处理率达95%。

（石贤锋）

【公交】 2022年，区交通运输部门继续推进公交惠民工程和城乡公交一体化，新辟公交线路3条，优化公交线路4条。完成市交通运输局“为民办实事”项目中新建9个公交候车亭的目标任务和市属公交候车亭改建89个。

新辟公交线路3条 公交325路(礼河公交枢纽—花博园南门东)，进一步优化西太湖园区公交线网结构，加强园区内居民小区、商场、医院、综合市场等的衔接，方便西太湖园区居民到西太湖医院就医，进一步提升沿湖风景区的公共交通出行；公交323路（南夏墅公交站—岑村村委），解决两会建议和重点企业的需求，填补武进大道武澄路以东段的公交空白，满足武进大道沿线与地铁1号线终点站的直线连接，方便周边居民、企业员工的出行；公交560路(中梁百悦府—南夏墅公交站）启用中梁百悦府开发商配建的公交回车场，实现南塘路、龙颜路、龙帆路沿线新建居民区与武进医院高新区院区、南夏墅集镇区、地铁南夏墅站等地的串联。

优化公交线路4条 优化公交73路上行方向线路走向，方便雪堰镇周桥村村民前往城区；优化公交201路，消除礼河社区河头村拆迁后公交空驶现象，提高公交线路利用率，方便鑫康雅居、鑫新家园等小区居民出行；优化公交271路，解决理想汽车生产基地员工出行问题；优化延伸公交326路至花博园南门东，进一步提升沿湖风景区的公共交通出行，解决翡丽蓝湾小区居民的出行问题。另外，公交62路增设人民路杨江路站，方便杨江路附近工业园区职工出行。

【武进区入选全省首批城乡公交一体化达标县】 2022年，武进区深入推进城乡公交一体化。至年底，全区有公交线路118条，其中镇村公交线路52条、大站快线2条、定制客运线路4条，行政村城乡公交覆盖率100%，行政村和集中居住点到县城（区域中心）的公交直达率66.7%，铁路客运站和AAA级及以上景区公交通达率100%；清洁能源公交车增至533辆，有清洁能源出租汽车308辆、纯电动公交车365辆；BRT站台、运营车辆实现“移动支付”全覆盖；城乡道路客运一体化发展水平保持5A级，公众出行服务品质稳步提升。年内，省交通运输厅组织专家组对武进区城乡公交一体化达标县创建工作开展验收评估，对武进区城乡公交一体化达标建设表示肯定；对进一步健全城乡公交一体化发展长效机制，强化公交服务监督，持续提升服务质量提出多条意见建议。12月4日，武进区成功创成江苏省第一批城乡公交一体化达标县（市、区）。

（何秋斌）

【“帮吾停”管理优化升级】 2022年，常州泽武城市公共资源经营管理有限公司作为江苏武进经济发展集团有限公司旗下的全资国有公司和武进区停车序化小组成员，通过挖掘存量停车资源、创新工作思路，健全管理机制、优化运营、打造品牌等方式，不断规范城区停车秩序。所属智慧停车服务品牌“帮吾停”管理的停车场均获得武进停车场备案证，经过自然资源和规划、住建、公安、城管4个部门共同审批，全年新增拓展并营运场库17个、车位3265个，接收道路7条、车位540个，合计新增车位3805个。2018—2022年年底，“帮吾停”累计营运管理场库93个、道路29条、车位15084个。该公司着力提高“帮吾停”客服监控人员服务意识、工作主动性，强化场库应急联动机制，提高运营质量。对在日常管理过程中发生的各类问题进行针对性整改，加强对“三年一招标、一年一签约”的外包服务团队培训激励，组织随机暗访12次，坚决杜绝路侧停车预收费、私收费行为，维护“帮吾停”品牌形象。优化智慧停车系统，完成数据对接，提升系统服务质量，满足各种特殊车主和商户的需求。配合常州市搭建全市统一管理、动态更新、实时共享的智慧停车信息平台。2022年，新增接入常州智慧停车平台车位10613个，包括“帮吾停”停车泊位5187个。

（徐亚芬）

建筑行业管理

【概况】 2022年，武进区有建筑企业866家（含劳务企业95家）。其中，一级资质企业65家（总承包企业27家、专业承包企业38家），二级资质企业370家（总承包企业88家、专业承包企业282家），三级资质企业305家（总承包企业236家、专业承包企业69家），不分等级企业31家。企业资质类别涵盖房屋建筑施工、市政施工、装饰、钢结构、机电安装等领域和专业。全区施工企业完成总产值约370亿元；全员劳动生产率31.14万元／人，期末从业人员12万人。全年累计施工面积2362万平方米，年内新开工面积575万平方米。全年新增办理许可证建筑工程220项，总面积613.4万平方米，造价158.44亿元。持续增强施工安全和工程质量意识，全区获评2022年度上半年省建筑施工标准化星级工地项目20个，建筑工程项目获评江苏省“扬子杯”优质工程奖2项、常州市优质结构工程奖30项、武进区优质结构工程奖34项、武进区优质工程13项。

【建筑行业监管】 2022年，区住建局落实建筑企业信用动态考核制度，核查外来施工企业信用51家次。针对市场行为抽查在建工程项目75个，发出整改通知25份。强化建筑业企业诚信建设，推行建筑市场与施工现场联动管理，净化全区建筑市场环境。开展夏季全区建筑行业保障工资支付落实情况专项抽查1次，抽查项目21个。全年收缴农民工工资保证金330万元，接待拖欠农民工工资投诉240批次，涉及农民工4861人、款额1.63亿元。开展建筑行业安全生产各项专项检查10余批次，配合区安委会重点排查整治大型起重机械、深基坑、高大支模、防高坠等安全隐患，日常巡查工程项目486个次，查出安全隐患2349条，处理安全投诉29起，开出整改通知420份、停工通知8份。开展日常质量分部巡查571次，其中桩基80次、基础164次、隐蔽108

次、主体219次；开出整改通知256份，处理质量投诉122起。参与工程竣工验收188项，预验收37项，办理竣工验收备案工程163项。继续加强对全区混凝土搅拌站的巡查力度和巡查频次，于5月和11月各组织1次混凝土企业质量现场检查。发放《常州造价信息》250份，核定类别和工期项目42个、竣工项目安全文明施工费1个。“双随机”检查咨询企业7家，处理造价投诉1起。全年开出档案验收合格证明159个，接收凭证141个、电子档案项目146个、声像档案项目128个；档案入库项目67个，共4454册。全年接待查档利用842卷、423人次。

【扬尘管控治理】 2022年，区住建局全力以赴做好在建工程扬尘管控治理，加强监督执法力度，大气环境质量有效改善。对工地扬尘防治日常检查1220批次，开出整改通知180份、全面停工通知14份；移交扬尘立案处罚17起，罚金34万元。开展扬尘防治考评42次，督促工地现场安装$PM_{2.5}$、PM_{10}在线监测系统154家。开展扬尘防治月度联合督查5次，检查工地19个。年初开展“首季争优”扬尘管控专项行动，累计督查项目25个，完成环保销号涉及项目1个、混凝土企业1家。处理区生态办回复整改14次，涉及工地28个。

【建设行业安全生产管理】 2022年，区住建局持续压实建设行业安全生产管理职责，充分发挥建筑施工、城镇燃气、城市地下管网3个专委会作用，统筹协调、全力推进建设行业安全管理。坚决打好安全生产“三年大灶”收官之战，深入开展安全生产大检查工作，高效推动“百日攻坚行动”，全面加强建筑施工、城镇燃气、自建房等重点领域安全监管，积极构建公共安全体系建设，有效防范化解各类安全风险隐患，不断提升安全生产治理体系和治理能力现代化水平，全区建设行业安全生产形势稳定有序。

（徐亚芬）

2022年武进区建筑企业施工产值超5亿元企业情况表

表22

单位名称	资质等级	产值（亿元）
江苏成章建设集团有限公司	A1	42.51
江苏武进建工集团有限公司	A1	27.71
常州晋陵电力实业有限公司	A3	19.89
常州市戴溪建筑工程有限公司	A1	13.62
江苏丰润建设有限公司	A1	8.45
江苏佰拓建设有限公司	A1	8.45
江苏添安建设有限公司	A2	7.33
江苏广亚建设集团有限公司	A1	7.18
常州明大建设工程有限公司	A1	6.71
中绿建欣达建设工程有限公司	A1	6.68
常州市神州建设有限公司	A1	5.53
江苏常虹钢结构工程有限公司	B1	5.37
江苏华盛建设工程有限公司	A1	5.34
江苏雪湖建设工程有限公司	A1	5.09

2022年武进区获省级及以上建筑工程质量奖情况表

表23

奖项	项目名称及内容	施工单位
江苏省“扬子杯”优质工程奖	常州市武进区人民路教育培训中心建设项目机电安装及消防分包工程	江苏新有建设集团有限公司
	常州市中以研究院智能制造公共服务平台项目10#生产用房六层、七层装修改造工程	江苏环亚医用科技集团股份有限公司

说明：#为工程标识

城乡管理

【概况】 2022年，区城管局围绕全区高质量发展战略，聚焦“两湖”创新区建设，立足城管职能，全面推进各项工作开展。4月6日，整合原下属事业单位武进区环境卫生管理处、武进区特种垃圾管理站职能，挂牌成立武进区环境卫生管理中心（正科级事业单位），对全区生活垃圾管理、建筑垃圾管理、垃圾综合处置等职能进一步优化。至此，区城管局设置职能科室7个，下辖事业单位2个（区城市管理综合行政执法大队、区环境卫生管理中心）。年内，区城管部门按照“城市精细化管理工作三年专项行动方案”决胜年工作要求，持续深化执法体制改革，优化完善长效管理考评体系，统筹靓化市容环境，推进垃圾治理，改造提升环卫设施，落实“精品街道建设”“菜市场改造提升”等民生实事项目，全年城镇长效综合管理考评成绩取得全市第二的历史突破，城市长效管理水平稳步提升。

【城市执法管理】 2022年，区城管局紧扣“大综合、跨部门”改革方向，深化综合执法体制改革。进一步梳理行政执法权力事项清单，共集中下放城市管理领域行政执法事项193项，涉及市容环境卫生、城乡建设、城乡规划、城市绿化、环境保护、物业管理、无证无照7个种类。坚持执法重心下移，优化整合执法资源，选配60名经验丰富的执法队员下沉至属地板块充实一线执法力量，实现执法派驻全覆盖。各镇（开发区）综合行政执法局全年共立案3259起（城市管理类1430起，其他类1829起），结案2969起，处罚金额285.29万元（城市管理类244.39万元，其他类40.9万元），案件来源主要为上级交办、巡查发现、举报投诉以及其他部门移送。

【城镇长效管理】 2022年，区城管局结合全国文明典范城市创建，聚焦突出问题，不断优化工作机制，引入第三方信息采集服务，以网格为基础，以信息化平台为依托，组织信息采集员每天全覆盖、不间断信息采集，上报案卷 17.95 万件。推进长效管理，牵头开展菜市场改造提升行动，各板块和职能部门建成星级菜市场 18 个，总投入约 2800 万元。对全区 41 个菜市场开展专项考评，每月发布“红黑榜”，推动菜场“颜值”“内涵”双提升。开展绿化专项行动，从绿化养护、绿化保护、设施管理、环境卫生等方面，要求职能部门、属地板块对自身管养、监管的园林绿化实施整治，共整改问题 900 余处。针对工地围挡破损、张贴涂写、出入口污染等问题，对全区工地开展专项巡查，督促责任单位整改落实，共整改问题 300 余处。对纳入市考评的滆湖公园、莱蒙假日公园等 8 个公园样本点开展专项巡查，联系责任单位整改保洁、管理、绿化等问题 92 处。

【市容环境管理】 2022 年，区城管局按照《城市精细化管理工作专项行动方案(2020—2022 年)》，继续推进武宜路（长虹路—人民路）、鸣新中路（武宜路—常武路）2 条区级精品街道创建，牵头各镇（开发区、街道）创建 11 条镇级精品街道。经过三年创建行动，武进中心城区 6 条“三纵三横”、镇级 33 条“一路一特色”精品街道全面建成。市容环卫责任制信息化管理示范路创建方面，完成 3 条区级示范道路：武宜路（长虹路—人民路）、花园街（长虹路—延政路）、鸣新中路（常武路—武宜路）及 14 条镇级示范道创建工作。开展广告安全专项整治，全区累计出动检查督查组 2834 组、工作人员 16518 人次，检查企业（单位）、商铺 52653 家，排查出各类广告安全隐患 340 处，均整改完成。开展停车秩序专项整治，在商业综合体、综合市场等周边新增、优化非机动车区域线 2.89 万米，整理规范非机动车停放 4170 辆，劝离违停机动车 968 辆，发放规范停车温馨告知书 5700 余份，城区非机动车停车秩序得到有效改善。开展绿化带、绿地专项整治，涉及道路 200 条，整治绿化带、绿地及公厕保洁问题 1000 余个，累计捡拾烟头约 50 千克、动物粪便 990 余处，整治道板油污 490 余处。

道路精细化保洁　　（供图 / 区融媒体中心　摄于 2022 年 10 月）

通过专项整治，城区的道路环境明显改善、积尘问题有效解决。

【文明典范城市建设】 2022 年，区城管局认真做好全国文明典范城市创建工作，围绕武进区范围内全国文明城市测评的 9 条主次干道样本点开展管理提升专项行动，做好街面市容环境、户外广告等整治工作，牵头住建、公安、湖塘镇、武进高新区做好市政设施、绿化管护、停车秩序等整治工作。对照问题清单，明确专人负责，落实整改期限。市级平台问题派单共 155 件均按时完成整改。全国文明典范城市迎检期间，牵头部署全区文明典范城市建设暨扫街专项行动，积极配置环卫保洁力量，城区环卫共出动机械化车辆 36 辆次，避高温期间增加洗扫道路 104 条，出动一线道路保洁员 2900 余人次，清理卫生死角 23 处、生活垃圾 42 车。

【违法建设管控】 2022 年，区城管局积极发挥牵头作用，督促各镇（街道、开发区）严格落实巡查监管措施，按照“第一时间发现、第一时间制止、第一时间查处”的要求管控违法建设。组织人员对全区 24 个重点住宅小区进行督查，加强日常巡查频次和力度，及时将每月巡查督查发现的新增违法建设及时函告属地政府，督促属地板块加强管控，早发现、早制止，防止事态扩大，尽量减少违法建设当事人损失和管控难度。对违法建设情况较严重的小区，联合属地中队、社区对物业公司进行约谈，促使对在建违法建设行为加强管控，确保有效遏制住宅小区新增违法建设。全年违法建设案件共立案 32 起，涉及面积 13.47 万平方米，会同属地政府依法拆除各类违法建设 170 处，面积 1.98 万平方米。

【垃圾分类处置】 2022 年，区城管局持续引导居民参与垃圾分类，开展垃圾分类宣传 347 场次、培训 63 场，发放宣传册 3.47 万份。生活垃圾无害化处理、餐厨废弃物处理及城市建筑垃圾资源化利用基本做到日产日清，全区垃圾分类集中处理率达 95%。创建省达标小区 29 个、市级示范达标小区 2 个、市级示范行政村 9 个，“清洁屋”试点 11 个。全区产生生活垃圾 58.09 万吨，其中焚烧发电 42.48 万吨、安全填埋 15.61 万吨，无害化处理率 100%；资源化利用建筑垃圾（包括拆迁垃圾与装修垃圾）总计 170.33 万吨，资源化处置率 100%；餐厨废弃物累计收运 3.78 万吨，餐厨废弃物处理率 100%。全年共接收有害垃圾 1.35 吨，外运处置废灯管 0.99 吨。大件垃圾分拣中心接收床、沙发、桌椅等大件垃圾 92 车次、1865 件，经压缩设备处置后外运 30 车次、102.66 吨。

【环境卫生管理】 2022 年，武进区进一步提档升级环卫基础设施，推进马杭转运站建设项目、城南转运站渗滤液处理项目、武进区生活废弃物处置一体化特许经营项目等重点建设，完成新城南都“便捷驿站”改造项目。“便捷驿站”项目建设面积220平方米，在原城市公厕的基础上，通过改造内部空间和功能，增加管理间、第三卫生间、阅览室、报刊亭等空间，配套网络、充电器、饮水机、自动售卖机等服务设备，拓展便民服务功能，成为群众免费上网、阅览、充电等临时休息和应急服务的小型便民综合体。从1月1日起，武进区全面履行夹山生活垃圾填埋场运营监管职责，生活垃圾填埋库区全年填埋处置生活废弃物24.82万吨，日均680吨；填埋处置飞灰4.22万吨，日均116吨。

【渣土管理】 2022年，区城管局全面加强渣土运输市场行业管理和大气污染防控，要求城区渣土运输企业建立规范的内部管理制度、安全作业制度和应急处置制度。指导属地政府加强对辖区内渣土消纳场地的监管，现场勘查核准通过春秋金茂府、星河国际八期等消纳场16个；核准通过常州科教城初级中学、卢政街南侧凤林北路东侧地块开发项目等新开工地12个并实行“一册一档”管理，对304辆渣土运输车（其中新型智能渣土运输车198辆、篷布式渣土运输车106辆）实行“一车一档”管理，受理审批114件，核发处置证2339张，发出行政许可决定112份，处置渣土150.56万立方米。整改工地出入口保洁不到位、道路污染等不规范行为62起，指导整改运输车辆密闭不到位、道路污染等不规范行为72起。

（崔　畅）

1月13日，南夏墅街道南苑社区对小区屋面修缮工程进行预验收

（摄影/潘曙东　陆新）

房屋安全管理

【概况】 2022年，区房管中心加强房屋安全管理，共排查录入省归集平台自建房156137栋、面积3245万平方米，其中经营性自建房13373栋、面积533万平方米，非经营性自建房142764栋、面积2711万平方米。将所有隐患建筑按照“一案一策”建立台账，科学编制三年整治计划，实行清单管理、动态销号。经过此次排查，初步摸清全区自建房安全现状，有效管控房屋安全隐患。

【既有建筑安全隐患排查整治】 2022年，武进区制定出台全区《既有建筑安全隐患整治三年行动实施方案》《自建房安全隐患排查整治工作方案》，扎实推进既有建筑、自建房安全隐患排查整治。6月7—14日，区既有建筑安全隐患排查整治工作领导小组办公室组织督查组，对全区各镇（街道、开发区）既有建筑安全隐患排查整治进展情况，采取现场调研、查看台账、听取汇报的形式开展集中专项督查。各镇（开发区、街道）、各相关单位按照“属地管理、三管三必须、规范使用、预防为主、防治结合、确保安全”的原则，开展既有建筑、自建房安全隐患排查整治工作。全区共排查既有建筑28711栋、面积0.82亿平方米，排查出安全隐患建筑45栋、面积5.82万平方米，按计划完成安全隐患建筑整治33栋、面积5.68万平方米。

【住宅小区消防安全综合治理】 2022年，区房管中心根据区安委会工作部署，配合武进消防大队实施全区商品房住宅小区电动自行车消防安全综合治理，开展打通“生命通道”集中攻坚行动、高层建筑消防安全专项整治。指导、督促物业服务企业，推动建设电动自行车集中停放场所和充电设施。开展“安全小区”试点示范引领，按计划完成5个小区电动自行车集中停放和充电设施建设的试点工作。至12月，完成既有住宅小区充电设施加装工作75个，新增停车棚204个、充电端口7246个。全区住宅小区内电动自行车私拉电线充电、充电设施不足的现象得到改观。通过与供电等相关部门协商，与农业银行常州武进支行签订电动自行车民生工程建设战略合作协议，降低住宅小区电动自行车充电成本，进一步满足小区居民多种群体的充电需求。逐步形成社区居委会、业委会（物管会）、物业服务企业和居民共同参与、决策共谋、方案共审、建设共管、成果共享的良好局面。

【房屋白蚁预防和灭治】 2022年，区房管中心受理新建房屋白蚁预防项目150个，建筑面积约550万平方米；白蚁危害报治350项，组织现场白蚁危害勘查和灭蚁服务310项，开展已建房屋质量回访复查586项，累计回访建筑面积1454.3万平方米。依托“啄木鸟志愿服务”，对全区25所学校开展白蚁危害复查，保障广大学子学习用房安全。开展全区不可移动革命文物白蚁防治保护工作，对2处不可移动革命文物——王诤故居和中共太滆地委新四军南杨桥地下交通站旧址进行全面蚁害检查和治理，统一维护智能地下型白蚁监测控制装置，保护和传承红色文化。

（杨　欣）

交通·水利

Transportations · Water Conservancy

栏目编辑　颜　赶

交　通

交通建设

【概况】 2022年，武进区以"532"发展战略为引领，围绕打造长三角中轴枢纽、推进"两湖"创新区建设等目标，发挥交通先行引领作用，完成交通基础设施投资15亿元。推进实施南沿江城际铁路及武进站综合交通枢纽、青洋路快速化（滆湖路—武进大道）、花海大道（南沿江城际铁路段）工程、丹金高速涉铁段、腾龙大道一期工程先导段等多个项目。南沿江城际铁路武进段轨道铺设全面完成，高铁站站房完成封顶并进入内部装修阶段，武进站综合交通枢纽基本完成地下主体工程施工。青洋路快速化（滆湖路—武进大道）工程提前6个月建成通车。花海大道（南沿江城际铁路段）工程完工；丹金高速涉铁段基本完成，沪武高速扩建涉铁段完成85%，锡宜高速扩建征迁工作全面完成，泰常高速纳入省高速公路网规划（2017—2035年），腾龙大道智慧快速路先导段开工建设，中吴大道西延项目建议书批复完成。常宜线坊前桥北侧驳岸倒塌抢修工程通过竣（交）工验收，工程质量评定为优良。船舶碰撞桥梁隐患治理行动全面完成，完成跨等级航道桥梁防碰撞隐患治理136座，验收考核合格，隐患整治率100%。深化农村公路管理养护体制改革，全面推行农村公路"路长制"，改造农桥8座，建成美丽农村路3条14千米，完成环太湖"四好农村路"一体化全国示范路常州段建设。武进区入选2022年度"四好农村路"全国示范县创建单位。深入推进城乡公交一体化、城乡物流一体化，新辟公交线路3条，优化调整4条，公交候车亭新（改）建98个，创成江苏省第一批城乡公交一体化达标县（市、区）。武进区交通建设获得省政府办公厅真抓实干督查激励通报表彰，并获省级交通发展专项奖励资金600万元。

全区（不含常州经开区）县道公路技术状况指数（MQI）97.09，优良路率100%，三级（含）以上桥梁占比100%，乡村道公路技术状况指数89.4，优良路率89.8%，三类以上桥梁占比超99%。全区（不含常州经开区）公路里程1836.185千米，其中国道里程50.629千米、省道里程156.587千米、农村公路里程1628.969千米（县道361.67千米、乡道534.301千米、村道732.998千米）。按技术等级分：高速公路里程90.538千米，一级公路里程376.7千米，二级公路里程309.301千米，三级公路里程266.188千米，四级公路里程793.548千米。公路面积密度208千米／百平方千米，公路人口密度24.05千米／万人。

全区（不含常州经开区）航道总里程327.66千米，通机动船里程327.66千米，其中三级航道21.8千米、六级航道70.46千米、七级航道86.99千米、等外级航道148.41千米。全区拥有港口码头企业25家、泊位52个，岸线长度3941米，最大靠泊能力800吨级；2022年总吞吐量995万吨，下降12%。

【"两湖"创新区综合交通规划】 2022年，武进区围绕打造"生态之城、秀美之城、科技之城、创新之城、青年之城、未来之城"，参与"两湖"创新区综合交通规划、核心区市政基础设施专项规划等规划研究。年底，《常州"两湖"创新区综合交通规划》公示，涵盖"两湖"创新区骨干交通系统规划、"两湖"核心区综合交通系统规划两个子系统。规划到2035年，形成"一横三纵"干线铁路网："一横"为南沿江铁路，"三纵"为镇宜铁路、常泰铁路和盐宜铁路。规划都市圈城际铁路4条：苏锡常城际铁路、常金宁都市快线、常溧宁都市快线、常州至太湖湾都市快线。规划形成"六横九纵"的城镇群快速通道："六横"包括G312、S340—金茅大道、中吴大道、茅山旅游大道—金武路—长虹路—江海西路、两湖大道—武进大道、S341；"九纵"包括S241—S360至S202连接线、S240—S340、S239—花海大道—S263、腾龙路、S262—龙江路—S342、青洋路、S232、G233、丹金溧快速路。以"两湖"核心区为中心，规划构建"双环＋放射"的快速路布局。其中，快速内环是以金武路—龙江路—两湖大道—花海大道构成，环线里程约45千米；快速外环是以中吴大道—青洋路—两湖大道—S240构成，环线里程约95千米；快速放射线是由金武路、S240、S239—花海大道、腾龙路、武进大道等11条快速路组成的放射线系统。规划形成"一园三中心"的物流枢纽总体布局和"七纵四横"的货运公路系统。规划小型通用机场3处，形成区域"环湖链景"的绿道网络。在"两湖"核心区，规划形成"三横四纵"的干路体系，构建"一横一纵"全天式公交专用道，规划布局公交枢纽站9个、休闲步行道6条、区域骑行道4条、休闲主题内河游线2条。推进智慧道路、智慧枢纽、智慧公交、智慧停车四大引领性智慧交通试点示范项目落地。

【统筹新冠肺炎疫情防控与物流保通保畅】 2022年，武进交通运输系统坚持“外防输入、内防反弹”总策略，贯彻落实市、区疫情防控部署，先后在辖区高速公路、国省干线设立15个交通查验点，开展24小时防疫查验，累计坚守271个日夜，派出执勤人员11万人次，查验629万余辆次、938万余人次。开展“战疫同行、一路有爱”货车司机关爱行动。在各个交通查验点，针对入常货车司机核酸检测、通行证申领等急难愁盼问题，开展帮扶疏导，化解矛盾困难，累计发放包含食品和口罩、消毒纸巾等防疫用品的“爱心礼包”5000余份；设立24小时免费核酸检测点，打通服务货车司机的“最后一米”；成立临时党支部，协调增开高速道口，减少货运车辆排队积压；推出“龙城畅运”电子运输证，指导货运驾乘人员提前填报，亮码通行，全力保障车辆人员快速通行和交通物流畅通。严格执行疫情常态化交通防控措施，督促交通运输企业落实疫情防控主体责任，守牢疫情防控交通防线。

【“四好农村路”全国示范县创建】 2022年，武进区紧紧围绕“建好、管好、护好、运营好”四个方面，深化农村公路管理养护体制改革，全面推行农村公路县、乡、村三级“路长制”，探索“农村公路＋产业＋生态＋文化”等富民新模式，改造农村公路桥梁8座，建成美丽农村路3条14千米，新辟公交线路3条，优化调整4条，新（改）建公交候车亭98个，完成环太湖“四好农村路”一体化全国示范路常州段整治提升，联合两省四市申报全国“十大最美农路”。推进养护精细化、规范化、数字化，采用积水自动预警系统、桥梁智慧健康检测系统、柔韧型水泥基渗透结晶防水涂料等新技术新工艺新材料，提升管养效能和路面耐久性。至年底，累计建成美丽农村路16条56千米，创成精品示范道路18条126.7千米，改建农村公路桥梁50座，完成农村公路安全生命防护工程771千米，县道公路管养质量多年保持全省前列，实现行政村双车道四级公路覆盖率100%。全区县道优、良、中等路率99%，乡村道优、良、中等路率96%，农村公路三类以上桥梁占比近100%，农村公路基本实现“有路必养、养必到位”。11月17日，武进区入选2022年度“四好农村路”全国示范县创建单位，环太湖公路入围2022年度“十大最美农村路”12月“智慧创新路”名单。

【青洋路快速化（滆湖路—武进大道）工程】 2022年6月28日，青洋路快速化（滆湖路—武进大道）工程建成通车，比计划工期提前6个月，标志着武进区“153060”通达目标完全达成，武进区所有乡镇实现15分钟上高速、30分钟到中心城区、60分钟抵达对角线乡镇。该工程总投资21.8亿元，全长6.74千米，起于滆湖路，采用全高架快速路形式向南与青洋路快速化一期工程跨武进大道大桥相顺接。作为市“长三角交通中轴”建设的“开门红”项目，该工程贯穿常州市东部地区南北向，是覆盖中心城区“两纵三横”快速路网的重要组成部分。

【腾龙大道一期工程】 2022年，“两湖”创新区交通干线之一，支撑“两湖”创新区发展的纵向快速通道—腾龙大道智慧快速路一期工程开工建设。该工程一期起于环湖北路，止于长扬路，路线全长约4.1千米。其中先导段起于环湖北路，沿腾龙大道向东侧拓宽，终于延政西大道，全长约1.137千米，主路为双向六车道，辅道双车道；延政西大道—长扬路采用主道六车道、辅道四车道设计。主线采用城市主干路标准，设计速度60千米／小时，辅路采用城市次干路标准，设计速度40千米／小时，项目估算总投资13.93亿元。腾龙大道智慧快速路工程沿腾龙路进行快速化改造，起自新北区龙城大道高架西端点，向西至叶汤路后折向南，向南快速化至金武路，止于武进区环湖北路，全长约21.3千米。

【花海大道（嘉成路—湟村线）工程】 2022年，武进区交通运输部门立足“五

6月28日，青洋路快速化（滆湖路—武进大道）工程建成通车　（供图／区融媒体中心）

年成势、十年成形、十五年成城”总目标，加大重点交通项目前期工作保障力度，全力推进“两湖”创新区交通路网建设。12月31日，开工建设交通主干线花海大道（嘉成路—湟村线）工程。该工程起于嘉成路，终于湟村线，全长6.8千米，采用一级公路标准建设，为地面快速路，主六辅二断面，主线设计车速100千米／小时，辅道设计车速60千米／小时，总投资约18亿元。

（何秋斌）

交通运输与管理

【概况】 2022年，全区完成社会货运量2493万吨，货物周转量264099万吨千米，分别下降44.4%、59%；旅客运输量562万人，旅客周转量18134万人千米，分别下降27.7%、66.3%；全区港口货物吞吐量995万吨，下降12%。至年底，全区有普货运输车9463辆，集装箱运输车237辆，大件运输车365辆，冷藏保鲜运输车44辆，罐式运输车570辆；5辆车以上的道路货运企业164家，10辆车以上的道路货运企业80家，50辆车以上的道路货运企业5家；危险品运输企业9家，营运车379辆；水运企业2家，营运船舶10艘；货运代理等运输服务企业57家；客运企业7家，客运车145辆；出租汽车公司3家，巡游出租汽车307辆；汽车租赁公司6家，租赁汽车428辆；汽车综合性能检测站5家。圩塘汽渡全年渡送车辆66.7万辆，减少20万辆。春运期间，圩塘汽渡安全渡运3590航次，渡运各类车辆9.1万辆，实现“平安春运”目标。8月18日，区交通运输局举行“大道同行、共创未来”道德讲堂暨“畅行吾径”红盟启动仪式。“畅行吾径”红盟以“快畅美强安、开路当先锋”为目标，与机关部门、乡镇村委、集团企业等24家单位组建联盟，推进“吾有畅行”“至善吾径”“畅运吾径”“畅安武航”“锋领吾运”5个项目，实施清单化管理，全力构建“党建引领、资源集聚、运行高效、互利共赢”的新格局。

【农村道路交通安全专项整治行动】 2022年，武进区突出问题导向，聚焦管理重点，坚持系统治理、依法治理、综合治理和源头治理，在全区范围内组织开展为期两年的农村道路交通安全专项整治行动，全力预防和减少道路交通事故，保护人民群众生命财产安全。区交通运输部门印发《农村道路交通安全专项整治行动实施方案》，推出14条措施，整治化解农村道路（普通国省道和县道、乡道、村道）交通安全风险隐患。针对重点路段深入实施农村道路交通安全设施精细化提升工程，对农村道路临水临崖、急弯陡坡、学校周边及事故易发等路段进行全面排查，完善道路安全设施，提升安全防护能力。协同公安部门及属地政府推进“千灯万带”（“灯”指安全警示爆闪灯，“带”指减速带）、“三个一”（指在对流量较大、事故易发的农村公路平交路口安装一台安全警示爆闪灯、一面道路交通安全提示牌、一条停止线）等公路安全生命防护工程，增设或完善警告标志、标线、减速设施、示警桩、“电子哨兵”等交通安全设施；以雪漕线、湖滨路、常武路等为重点，开展农村道路环境综合治理，清理整治违规非公路标志，集中解决S232、S239中央开口过多问题，及时消除安全隐患；严格涉路施工许可审批，规范农村道路涉路施工管理；持续开展“平安放心路”创建。围绕“两客一危一货”重点车辆监管，全面梳理排查车籍地在武进的客运、危运车辆底数，对超限多、违章多的重型货运车辆，建立专门清单进行重点监管。督促重点运输车辆应用“主动安全智能防控系统”，防止“装而不用”“用而不管”。针对非法营运、超限超载、非法流动加油车等问题，加大与区公安、应急、市监等部门执法联动，在重点路段、景区、客运集散地深入开展联合整治、精准查处，切实维护农村道路交通安全。深化“江苏省道路运输第三方安全监测平台”的应用，利用非现场执法等手段加强对客运班线违法违规行为的打击；强化道路货物装载源头专项治理，辖区内道路重点货运源头称重监控设施省控平台接入率、使用率均达100%。联合区公安等部门开展“两客一危一货”等重点车辆驾驶人“起底”行动，防止驾驶人员带病上岗；落实运输企业“红黑名单”通报制度，实施失信联合惩戒；严格道路运输市场准入管理，严禁挂靠经营。推进农村地区道路交通安全综合治理试点工作，建立道路交通安全风险隐患排查整改常态工作机制，规范排查标准和方法，定期排出问题清单，及时整改清零。依托美丽农村路、红色农路等热门打卡地，开展普法教育、志愿服务、文明劝导等活动，大力宣传农村道路法律法规和安全出行常识等，引导公众增强安全意识，养成安全习惯。

【船舶碰撞桥梁隐患治理专项行动】 2022年，区交通运输部门全面落实安全生产15条硬措施，深入推进安全生产专项整治三年行动，全面完成船舶碰撞桥梁隐患治理专项行动。经过专项整治，98座桥梁导助航标志标识实现规范化，27座桥梁增设附着式防撞设施，9座桥梁增设独立式防撞墩；44座桥梁增加主动预警装置，该装置通过水中雷达实时监测桥下通航净高，提醒过往船舶注意通行安全。船民可以通过微信小程序“桥梁通航限高查询”，实时查询区内干线航道上桥梁的净空高度，判断是否满足自身船舶通航要求，增加安全通航保障。自2021年6月该专项行动开展以来，区交通运输部门共排查辖区跨等级航道桥梁136座，建立隐患清单“一桥一档”，共投入专项整治经费约3000万元。

【道路货运行业党建】 2022年，武进区按照省交通运输厅部署要求，全力推进道路货运行业党建工作，构建“行业党委+网格化党支部＋云上党小组”的道路货运行业党组织体系，强化政治引领、服务保障、凝心聚力、诉求收集办理，引领道路货运行业高质量发展。4月，成立武进区道路货运行业党委，由区交通运输局党委负责业务指导和日常管理。货运行业党委以10个交通执法中队为网格，组建道路货运行业功能型党支部，对全区164名党员货车司机实施属地管理，发挥党组织的战斗堡垒作用，把党的组织、党的工作覆盖到道路货运各方面和全过程；聚力打造“畅运吾径、卡友乐行”货运行业党建品牌，发布品牌标识，设立11个道路货运行业党群服务中心及“龙城红色驿站”，为货运司机提供免费休息停靠、休闲阅读、政策咨询、困难诉求反映等服务。出台关心关爱货车司机八项举措，为货车司机解忧纾困，确保服务司机“不停步”、货物运输“不断线”；组建“阳湖货运保畅先锋队”，招募党员货车司机44名，开展道路货运物资运送等志愿服务工作，助力民生保供和经济发展；成立武进区道路货运行业联合工会，为区内货运从业人员办好事、办实事、解难事，搭建沟通桥梁，发挥纽带作用，当好货运司机“娘家人”。

【交通行业治理能力建设】 2022年，区交通运输部门以“安全生产大检查”和“安全生产百日攻坚行动”为抓手，深入推进安全生产专项整治三年行动，组织“两客一危”、铁路沿线环境安全、港口码头安全等重点领域专项整治，突出多部门协同、跨区域监管、畅数据共享和优流程衔接，打造“一体化＋智慧执法＋信用监管”新模式，全力提升行业监管能力。全年累计检查企业861家次，排查整改隐患254处，查处交通运输违法案件1222起。联合公安、环保、应急等部门开展交通运输领域非法营运专项整治、机动车维修行业安全专项整治、城镇燃气安全生产专项行动、危化品非法储存运输专项整治，全面推进跨部门联合“双随机”检查，开展跨部门联合执法行动13次，查处违章909起。参加苏锡常片区市际联合执法行动，对跨市运行的“百吨王”车辆实施区域联合整治，并进行装载源头、改装源头、运输企业源头的深度溯源，共查处违法超限运输车辆12辆次。在路检路查、视频调取、联合惩戒等方面与区交警大队、高速大队开展深度合作，成立视频监控行动组，充分借助科技手段，对各主要行动点位开展数据研判及调查取证工作，形成多维度合力，精准打击客运违法行为。通过区政务服务一体化平台，有效衔接事前审批与事中、事后监管，共认领审批部门推送的业户经营许可证发证、注销、换证等监管信息646条。

【交通行业助企纾困】 2022年，针对疫情对交通运输行业企业的不利影响，区交通运输部门认真贯彻落实各项惠企纾困政策，对运输企业40项高频轻微违法行为免罚，通过签订免予处罚告知承诺书等方式教育引导当事人遵法守法，办结免罚案件390件；推出关心关爱货车司机八项举措，包括货车道路运输证年审掌上“自助审”，实现办理零成本、不见面、一次办结；在治超站点、各基层中队设立货运司机服务点，提供“四个免费”服务（免费提供货物寄存、免费提供工作简餐、免费提供饮用茶水、免费提供充电复印）；针对新冠肺炎疫情期间交通运输类违章，给予快速处理；缩短大件运输申请周期，推行大件货物上门勘验；不定期向货运司机赠送安全、防疫“大礼包”；推行道路运输证掌上审、网上办，延时服务等措施，指导帮助企业享受留抵退税政策，向90家小微运输企业发放30.08万元助企纾困资金，助力缓解交通运输市场主体经营压力。

【维修驾培行业管理】 2022年，全区有维修业户775家，其中一类81家、二类131家、三类561家，其他2家；货车维修企业35家、客车维修企业5家、危化品维修企业1家、4S店42家；机动车驾驶员培训机构15家，其中一级资质2家、二级资质6家、三级资质7家；教练员875人，教练车853辆，其中A2型1辆、B2型（货车）14辆、C1型580辆、C2型256辆、C6型2辆。实施机动车维修经营备案制，备案87家，对接汽修企业电子档案系统190家，其中一、二类维修企业12家，三类维修企业178家，清除注销停业汽修企业电子档案账号3个。提升尾气治理水平，M站（尾气治理站）治理尾气不合格车辆217辆次。完成驾培行业科目一开班审核23028人次，科目二开班审核18164人次，货运从业资格证开班审核2606人次。深入推进道路货物运输驾驶员从业资格考试制度改革，落实驾校培训和考核，实现学员“一次报名、一次培训、一次考核”。

（何秋斌）

水　利

水利建设

【概况】 2022年，武进区完成水利建设总投资7.1亿元。围绕“两湖”创新区建设，全面启动滆湖综合治理，实施退田还湖二期武进高新区、嘉泽镇片区工程，完成滆湖试点清淤71万方。新孟河延伸拓浚工程（简称“新孟河工程”）实现正式调水，牛塘枢纽等闸站工程全部完工，沿线36座桥梁全部投入使用，新孟河党建公园及“100%”运动公园（该公园以新孟河为中轴，长荡湖、滆湖为两大中心，从地理布局上天然勾勒出“%”的图案）建成开放。生态河湖建设持续推进，全区防洪除涝设施不断完善，武南片区防洪除涝及活水闸站工程正式启动，生态河道覆盖率提升至44%。深入推进水利建设质量和安全监督，坚持打造优质工程、一流工程、精品工程，新孟河工程在建工地牛塘水利枢纽工程、锡溧漕河节制闸及入湖口清淤工程获评省级“文明工地”称号；新沟河延伸拓浚工程（简称“新沟河工程”）、武进区境内工程桥梁二标等5个项目获评常州市水利优质工程；永安河工程获评“2022年度江苏省水利优质工程”；新沟河工程获评2022年度国家水土保持示范工程，全市唯一。

【滆湖（武进）流域综合治理】 2022年，区水利部门聚焦主线工程，全力推进滆湖退田还湖二期工程，武进高新区片区、嘉泽片区的滆湖近岸带工程完成先导段工程建设。聚焦末端治理，实施滆湖生态清淤工程，分单元、分块、分期对滆湖湖区进行生态清淤，年内完成滆湖取水头部周边2平方千米71万立方米试点清淤项目。聚焦生态修复，以“岸上控源—近岸减负—内源削减—水域修复—智慧保障”为构架，积极推动滆湖水生态修复总体方案研究，完成方案编制及专家论证。聚焦智慧赋能，启动数字孪生常州滆湖建设项目，完成项目方案审查及清单编制。武进区“数字孪生江苏太湖地区典型水网工程”入选水利部工作试点，全市唯一。结合退田还湖工作，在滆湖塔下片区（北至沿江高速，南至滆湖公园），打造滆湖“水下森林”，通过水下地形塑造和底质改良，种植沉水、挺水、浮叶植物，投放水生动物等措施，构建以水生植物为核心的水生态系统。年内，滆湖51万平方米“水下森林”清晰呈现，受到中央电视台、新华社、《中国水利报》等国家和省级媒体报道。

【新沟河工程获评国家水土保持示范工程】 2022年，新沟河延伸拓浚工程入选国家水土保持示范工程名单，为常州地区唯一获奖工程。该奖项是全国水土保持领域的最高奖项，也是建设项目生态文明类唯一国家级奖项。新沟河工程全长97.47千米，其中武进段总长47.97千米。武进新沟河工程坚持以减少施工扰动为核心的绿色设计理念，在沿河房屋密集、临河空间受限的复杂环境下，采取分段布置、多种形式的护坡、护岸技术，大大减少土方开挖与施工矛盾，取得了良好的防治效果。新沟河水土保持工程完成投资5651.9万元，87个水土保持单位工程、96个分部工程质量全部合格，“三色评价”结论均为“绿色”，减少扰动土地233.33公顷，新沟河武进段沿河两岸植物茂盛，河畔白鹭翱翔，已成为当地居民休闲活动好去处。

【新孟河工程首次调水】 2022年，新孟河延伸拓浚工程（简称“新孟河工程”）完成投资1.9亿元。新孟河工程武进段总长46.57千米，2018年12月开工建设，2020年6月武进段全线通水，2022年10月20日首次正式调水，实现“引江济太”目标。武进段沿线36座桥梁全部完成投入使用并通过验收，牛塘水利枢纽、龙塘浜节制闸等枢纽闸站全部完工。其中，锡溧漕河节制闸及入湖口清淤工程顺利通过合同工程完工验收，成为新孟河工程全线第一个完工的建筑物工程。实施沿滆湖—新孟河生态廊道工程，新孟河党建生态园及100%运动空间建成开放。新孟河工程在建工地牛塘水利枢纽工程、锡溧漕河节制闸及入湖口清淤工程获评省级文明工地。

【武南片区防洪除涝及畅流活水闸站建筑物工程启动】 2022年，为完善城市水网，武进区启动实施武南片区防洪除涝及畅流活水闸站建筑物工程。该工程建设年限为2022年至2025年，总投资3.4亿元，主要包括长沟河南枢纽、湖塘河南枢纽、大庆河枢纽、武南河立交枢纽4座枢纽工程，建成后，将全面提高武进南部片区（运河以南、滆湖以东、武进港以西和太滆运河—锡溧漕河以北）防洪除涝能力，逐步将中心城区防洪能力提高至100年一遇、排涝能力提高至20年一遇，同时促进片区内河道水体有序流动，改善片区水环境。

【孟津河沿线防洪除涝工程】 位于湟里镇境内，主要包括新建立新河节制闸、沈家北节制闸、镇东排涝站、祠堂湾排涝站4座闸站，总投资约1500万元。该工程于2022年2月14日开工，7月30日完工，12月通过竣工验收。

【中小河流整治工程】 2022年，区水利部门持续强化生态河道建设管理，提升全区生态河道建设覆盖面。全区建成省级农村生态河道25条，完成投资2600余万元；建成市补农村生态河道4条，完成投资2161万元。全区通过省级生态河道考核河道共114条（段）314.76千米，生态河道覆盖率44%，提升8.38%。

（石贤锋）

水利工程与河湖管理

【概况】 2022年，武进区环太湖岸线长8.08千米，环滆湖岸线长69.17千米，区、镇、村三级河道691条共1384.36千米，其中区级河道18条254.54千米、镇级河道255条752.03千米、村级河道418条377.79千米。区直管水利枢纽（闸站）23座。其中，环太湖水利枢纽2座，遥观南、北枢纽各1座，马杭枢纽1座，太湖流域武澄锡引排西控制线口门建筑物9座，中心城区水利枢纽7座、节制闸2座；镇、村管理闸站1015座（灌溉站472座，排涝站381座，水闸162座），圩堤131.84千米，灌区466个，塘坝5座。

水利工程管理。区水利部门强化农村水利工程长效管理，对全区纳入长效管护的河道、圩堤、涵闸、泵站、灌区及塘坝实施动态管理，持续巩固农业水价综合改革长效管理，通过完善田间设施和渠首取水设施推进灌区综合养护、降低农户综合开支，激发农户的种粮积极性，为保障粮食安全生产夯实水利基础。开展季度综合考评并印发考核通报4期，雪堰镇、湖塘镇、礼嘉镇位列考核第一等次。区水利枢纽管理中心马杭枢纽创成省精细化二级管理工程。

河湖管理。推进“智慧河湖”建设，完成武宜运河、夏溪河、湟里河智慧监控点位安装。每月开展区级河道联合巡查，发现疑似违章问题122处，当场发放行政警示告知书11份，督促属地完成问题整改25处；推进湖泊网格化管理，开展湖泊网格化巡查24次，对巡查发现的问题全部实现闭环整改。开展武南河、采菱港水域监测评估工作。实施涉河涉湖工程建设监管，全年审批涉河建设项目37处，对涉河项目建设（含南沿江高铁等重点监管项目）组织定期巡查，对发现的问题以限期整改通知书、召开专项会议等形式推动整改落实，南沿江高铁完成新孟河、采菱港、武南河等区级河道补偿工程。积极推进水土保持区域评估，对开发区扩展区开展水土保持区域评估，简化编报程序、压缩审批时限，为企业节约时间，降低报建成本，有效减轻企业负担，助推全区营商环境再优化。2022年完成武进高新区与武进经发区两个区域的水土保持区域评估，总面积达77平方千米。依法开展生产建设项目水土保持监管，审批生产建设项目水土保持方案199个。全年下达全区镇村河道和农村水利工程长效管护补助资金913.64万元、农业水价综合改革补助资金75.75万元。武进区连续六年获江苏省农田水利工程成效考核优秀等次和农村河道长效管护第一等次。年内，滆湖水利风景区获评国家水利风景区，淹城遗址水利风景区获评省级水利风景区，武进水厂、武进区永安河获评市级首批水情教育基地。

【滆湖水利风景区获评国家水利风景区】 2022年，滆湖水利风景区入选水利部组织评选的第二十批国家水利风景区名单。滆湖水利风景区坐落于“两湖”创新区的核心区、先导区，依托滆湖、孟津河等河湖资源和滆湖北大堤、扁担河枢纽、场北河枢纽等水利工程而建，规划面积18.1平方千米，其中水域面积15.1平方千米，湖岸线14.5千米，属自然河湖型水利风景区。景区生态廊道、城市绿道、郊野公园互联互通、错落有致，除拥有滆湖之星观光塔上的水文化长廊外，还有自然馆、油灯博物馆、刘海粟夏伊乔艺术馆等文化科普馆。景区连续举办西太湖国际半程马拉松赛、环太湖国际公路自行车赛、西太湖音乐节等国际性品牌活动和赛事，成为广受市民和游客青睐的休闲胜地。

【《守护一方碧水——最美民间河长护水纪实》出版发行】 2022年，由武进区河长办策划编辑的《守护一方碧水——最美民间河长护水纪实》，由中国环境出版集团出版发行，是首部全省记述民间河长的书籍。该书作为讲述民间河长故事、展示多方护河力量、引领全民爱河的案例教材，以36位民间河长的事迹为创作原型，分为基层河长篇、企业河长篇、民间志愿者河长篇、“桑榆”河长篇四个篇章，多角度、全方位地展示各类河长与水结缘、与水同行的故事，生动再现了无私奉献、可亲可敬的河湖守护者。全书共12.5万字，收录图片68张。

【水葫芦专项治理】 2022年8—11月，区水利部门针对水葫芦大面积爆发、大规模集聚、大范围漂移的多发态势，在全区范围内开展“清剿水葫芦、美化水环境”联保共治专项行动，利用水葫芦易拦截的特点，在通航河道的出境区域设置水葫芦拦截网，以区级河道管护队伍的两艘机械打捞船为主力，各板块管护力量共同配合，出动保洁船536船次、保洁及巡查车辆98车次、保洁人员989人次，共打捞水葫芦7100吨，建成东西片集中晾晒场推广水葫芦“变废为宝”，有效遏制水葫芦的生长蔓延，改善了全区河流生态环境。

【智慧河湖建设】 2022年，区水利部门实施智慧河湖提升项目，应用遥感影像、无人机长效管护考核等智能技术，建立湖泊“智慧眼”；推进水环境机器人监测系统，安装河道水质在线监测设施，形成水质实时在线监测；通过更新一批“水上垃圾桶”，研发多功能保洁船等管护新设备，推动河道“治理”向“智理”转变。

（石贤锋）

水政·水资源管理

【概况】 2022年，区水利局贯彻最严格水资源管理制度，全面落实取水监管，征收水资源规费3617万元，其中水资源费2858.06万元、水利工程水费759万元。聚焦节水型社会再提升，创新推动高标准节水型乡镇建设，广泛开展节水技改、合同节水及水效领跑者工作。创建省、市、区级节水型企业14家，省级节水型居民小区3个，省、市级节水型学校5所，省、市级节水型单位（机关）4家，市级节水型灌区2个、节水型村庄3个。至年末，全区有节水型企业48家、节水型居民小区46家、节水型学校（含高校）60所、节水型灌区5家、节水型单位（机关）68家、节水型村庄3个。武进区连续第4年在常州市实行最严格水资源管理制度情况考核中获评优秀等次。

【取水工程规范化管理】 2022年，区水利部门对标省、市规范化管理技术导则及工作要求，结合水资源管理保护规范化集成示范区建设，加强对重点用水户、取水许可用水户的监督管理，按照“三规范、二精准、一清晰”（工程建设规范、取水行为规范、档案台账规范；取水计量精准、监控传输精准；标志标识清晰）的要求，制定规范化管理工作方案，年内完成全区取水工程（设施）规范化管理建设40个，率先在全市完成非农取水口计量在线监测全覆盖。同时建立审批管理、日常管理、计量管理“一企一档”标准化电子台账。年末，全区取水工程规范化管理建设项目通过市、区两级验收。

【高标准节水型乡镇】 2022年，为深入践行国家节水行动，武进区湟里镇成为常州市在全国创新出台高标准节水型乡镇建设先行先试样板，探索建立首家市级高标准节水型乡镇。区水利局和湟里镇政府根据部署要求，严格对标《常州市高标准节水型乡镇建设评分标准（试行）》，积极开展试点建设。通过严格落实取水许可、节水“三同时”、计划用水和定额管理等制度，以农业节水增效、工业节水减排、城镇节水降损以及非常规水源利用为重点，全面推进节水减排和载体建设。其中，工业用水重复利用率达到98.6%，再生水利用率59.6%，供水管网综合漏损率5.67%。年末，湟里镇高标准节水型乡镇建设通过考评验收，成为全国首个市级高标准节水型乡镇。

【水政监察队伍标准化建设】 2022年，区水利部门锚定“执法队伍专职化、执法机制常态化、执法办案规范化、执法装备现代化、廉政建设长效化”建设目标，通过组织高质量业务培训、创新执法机制、强化装备运用、推进办案流程信息化等措施全面开展水政执法队伍标准化建设。10月，与区检察院共同建立水行政执法与公益诉讼协作机制，对协作领域、协作机制、协作保障等内容进行明确规定，进一步完善涉水案件办理处置机制。全年共办理涉水案件7件，罚款金额31万元，对比2021年，案件数减少41.67%，罚款金额减少45.61%。年末，水政监察队伍标准化建设通过省级验收。

（石贤锋）

湖塘河水环境机器人监测系统　（供图/区融媒体中心　摄于2022年8月）

生态环境

Ecologic Environment

栏目编辑　颜　赶

环境质量

【空气环境质量】 2022年，武进区空气优良率73.7%，优良天数269天，比2021年减少12天。$PM_{2.5}$平均浓度为33.2微克／立方米，改善6.5%，达到改善5.7%的目标要求。

【水环境质量】 2022年，武进区17个国省考断面中优Ⅲ断面14个，优Ⅲ比例82.4%，与2021年持平，达到考核要求。其中新增Ⅱ类水断面有6个，是自有国省考断面水质监测记录数据以来首次出现。3条入湖河道武进港、太滆运河、漕桥河总磷总氮指标达到2022年工作目标；2个太湖考核点位太湖西部区达到2022年约束目标；滆湖北全年总磷0.135毫克／升，同比下降12%，完成下降5%的年度目标。

（周志鹏）

资源保护

【概况】 2022年，武进区围绕国家粮食安全要求，进一步深化“保护有力、集约高效、监管严格”的特殊保护格局，以“长牙齿”的硬措施落实最严格的耕地保护制度，在全市率先推进耕地保护示范区建设试点，努力为全市的耕地保护示范区建设提供经验借鉴。区自然资源和规划部门编制并落实《武进区耕地“进出平衡”总体方案工作方案》，全区“耕地转出”19.94公顷，“耕地转进”68.07公顷，坚决遏制耕地“非农化”，防止耕地“非粮化”；申请立项耕地占补平衡补充耕地项目31个，总规模5.76公顷；城乡建设用地增减挂钩复垦项目4个，总规模2.234公顷。雪堰镇获评2021年度市级耕地保护激励单位，获奖励资金100万元。狠抓绿色资源培育，完成新增造林面积20.91公顷、退化林修复69.62公顷、封山育林77.33公顷，创建省级绿美村庄8个，全区（含常州经开区）林木覆盖率26.6%。严格湿地征占用管理，严厉开展打击破坏湿地资源专项行动，累计开展巡护管护工作39次；有序推进滆湖重要湿地生态修复，编制《滆湖（东岸片区）湿地保护小区建设方案》，新建滆湖（东岸片区）湿地保护小区1个，面积430.81公顷；完成湿地修复面积77.8公顷，全区湿地保护率达46.4%，自然湿地保护率达62.8%。

【土地资源节约集约利用】 2022年，区自然资源和规划部门深化资源配置改革，有力推进“危污乱散低”用地出清提升工作，编制完成《武进区“危污乱散低”用地出清提升专项规划》，出台《武进区关于深化资源配置改革试点、赋能“危污乱散低”用地出清提升的实施方案》，紧盯14公顷年度目标任务，完成增减挂钩项目2.27公顷，推进实施生态腾退项目1.40公顷。推进自然资源节约集约示范区创建，从严落实高质量发展政策，促进土地资源高效优配，完成批而未供土地处置任务153.87公顷，完成率106%；盘活存量546.73公顷，完成率214%；实现低效利用再开发546.73公顷，完成率256%。武进区获评“2021年度江苏省自然资源节约集约利用资金奖励地区”。

（常文涛）

节能减排

【工业节能降耗】 2022年，武进区大力推进节能降耗工作，通过持续开展节能宣传、推进重点用能企业节能降耗，全区规模以上工业（含常州经开区）综合能源消费量控制在842.9万吨标准煤，单位GDP能耗比2021年下降18.58%。全年完成企业能源审计20家（含常州经开区6家）、自愿性清洁生产审核17家（含常州经开区8家），并全部通过市工信局的评审确认。

【工业绿色制造体系建设】 2022年，武进区加快构建绿色制造体系，强化节能目标管理、节能日常监察，推进清洁生产、循环经济和节能技改。绿色制造体系建设成效突出，武进高新区获评国家级绿色工业园区，中车戚墅堰机车车辆工艺有限公司等4家企业获评国家级绿色工厂，中天钢铁集团有限公司、旷达纤维科技有限公司等5家企业的产品获评国家级绿色设计产品，重庆理想汽车有限公司常州分公司等9家企业获评省级绿色工厂，新誉轨道交通科技有限公司等13家企业获评市级绿色工厂。至年底，全区累计创建国家级绿色园区1家、国家级绿色工厂14家(含常州经开区3家)、省级绿色工厂21家(含常州经开区7家)。绿色设计产品、省级绿色工厂的当年评定数、历年累计评定数均居全市第一。

（薛幸旦）

环境治理

【概况】 2022年，武进区坚决贯彻落实省、市打好污染防治攻坚战决策部署，聚焦重点、突出短板，防治并重、治管结合，高效推进污染防治攻坚战和生态文明建设十大专项行动。区委、区政府印发《2022年武进区深入打好污染防治攻坚战工作方案》，区生态办编制2022年度太湖治理重点工程项目清单，夯实生态环境保护责任，排定七大类工程139项，年度投资18.43亿元。编制完成《常州市武进区生态文明建设规划（2022—2026）》，积极争创国家级生态文明建设示范区。全面推进滆湖综合治理，组织开展玻璃钢、电镀、涂料行业整治，实现省级生态文明示范镇全覆盖。持续推进生态环境治理体系和治理能力现代化，生态环境损害赔偿机制得到有效实践。启动绿色农药“零差价”配供试点工作，开展化肥减量增效示范区建设，积极推广商品有机肥。全区畜禽粪污综合利用率超98.5%，秸秆综合利用率97.29%，“两废”回收高效稳定。实施农田排灌系统生态改造，在前黄镇祝庄村、雪堰镇王允村试点建设“生态拦截渠＋肥水收集塘＋生态调蓄塘”的农田退水模式。在前黄等4镇启动9个点位406.67公顷以上池塘标准化改造，并探索建立长效管护机制。太湖安全度夏并连续15年实现“两个确保”。推进“两湖”生态治理，继续实施滆湖“以渔控藻”工程、太湖蓝藻打捞处置及资源化利用等工作。新（改）建农村公厕30个，已建农村分散式生活污水处理设施运行稳定。全区污染防治综合监管平台有效运行，全年录入线索5319件，办结5246件，办结率98.63%。区生态办获评省打污攻坚先进集体，武进生态环境局获评市高质量发展表彰先进集体，区生态环境部门8人先后获评省攻坚勇士、攻坚标兵。武进区入选2023—2024年水系连通及水美乡村建设县名单、第三批国家农业绿色发展先行区创建名单，成为全省竞争性类型示范区创建唯一入选地区。

（周志鹏　万倩倩　叶　帆）

【武进区入选2023—2024年水系连通及水美乡村建设县名单】 2022年，武进区入选水利部、财政部公布的2023—2024年水系连通及水美乡村建设县名单，成为第四批国家试点县。项目实施范围为湟里镇全域和嘉泽镇部分区域，总投资4.3亿元，总面积115.4平方千米，主要治理措施包括水系连通、河道清障、清淤疏浚、岸坡整治、水土保持与水源涵养等，遵循集中连片、突出重点的原则，在滆湖、新孟河、湟里河等重点河湖水生态环境治理的基础上，突出实施范围内镇、村级河道等“毛细血管”河网水系整治和防污控污工程，打通河道管护“最后一公里”，以实现河道基本功能全面恢复、河道生态空间基本修复、河道水环境有效改善、河道管护提质增效为目标，努力提升“两湖”创新区生态本底条件，构建区域生态绿色水网。

（石贤锋）

【大气污染防控】 2022年，武进区深入推进蓝天保卫战，着力打好重污染天气消除攻坚战，深入推进VOCs治理工程，大气环境持续向好。

重污染天气消除攻坚战　加大重点行业污染治理力度，强化多污染物协同控制，推进$PM_{2.5}$和臭氧浓度“双控双减”，严格落实重污染天气应急管控措施，做好全国两会、国庆等国家重大活动、节庆期间空气质量保障。严格落实大气点位负责人工作需求，重点区域管控措施精细化。制订武进监测站国控站“对标进位”工作方案，完成环境质量考核目标要求；编制完成《国控站点周边重点区域餐饮油烟整治方案》，成立工作专班，全面梳理排查列出整治清单，明确部门职责，强化监管力度和协作，落实油烟净化装置定期清洗制度，并做好相关台账。推进国控站点周边重点区域内100～500平方米餐饮单位油烟安装用电监控、500平方米以上安装油烟在线监测，完成餐饮油烟专项整治350家。5月，组织召开全区秸秆综合利用工作会议，印发《关于做好2022年武进区秸秆综合利用工作的通知》，要求按照“整体推进、农用优先、因地制宜、综合施策”的原则，确保全区稻麦秸秆综合利用率达到97%以上。切实强化秸秆焚烧管控，建设蓝天卫士监控点61个，全方位监控秸秆焚烧情况，区相关部门与各乡镇板块村委、网格员联动，及时处置各类突发情况。加强烟花爆竹燃放管控，取消西太湖烟花爆竹疏导点，持续开展烟花爆竹禁限放工作，严格落实常态化管控举措，压实烟花爆竹禁限放

生态创新区，最美湖湾城　（摄影／谷建平　摄于2022年7月）

责任。加强线上、线下违规购销和燃放烟花爆竹线索巡查排摸和劝阻打击，全年共检查烟花爆竹生产、销售企业、网点和市场摊点2146处，收缴大件烟花爆竹379件，查处非法烟花爆竹案件2起，治安处罚2人，现场劝阻违规燃放行为19起。

VOCs治理　完成钢结构、包装印刷企业的低（无）VOCs含量的原辅材料的源头替代，完成重点企业VOCs清洁原料替代25家，培育源头替代示范性企业3家，完成VOCs综合治理20项、挥发性有机物无组织排放治理35个、有机储罐分类治理或专项治理“回头看”5个、第二批挥发性有机物排放重点监管企业的“一企一策”方案编制及整治18家、涉VOCs企业集群整治和建档105家、绿色动力的氮氧化物深度减排治理1家、武进区汽车集中喷涂中心建设项目，对不可替代的企业组织专家开展不可替代论证，组织推进常州东方特钢有限公司、常州市湖塘热电有限公司、常州华伦热电有限公司等10家重点企业实施“友好减排”。

（周志鹏　万倩倩）

【水环境治理】 2022年，武进区深入推进碧水保卫战，加强重点考核断面达标整治，持续打好城镇污水处理提质增效精准攻坚“333”行动、太湖流域综合整治攻坚战、黑臭水体治理攻坚战等行动，提升全区水环境质量和治理水平。积极向上争取水环境治理资金，其中拟申请中央资金1.27亿元，已下达省级专项资金203.5万元，为全区水环境治理提供有力支撑。

城镇污水处理提质增效精准攻坚“333”行动　持续推进以“三消除、三整治、三提升”（消除全市域城乡黑臭水体、污水直排口和污水管网空白区；整治工业企业排水、“小散乱”排水、阳台和单位庭院排水；提升城镇污水处理综合能力、新建污水管网质量管控水平、污水管网检测修复和养护管理水平）为主要内容的“333”行动。完成“十四五”污水专项规划编制，推动老城区雨污分流改造，提升城镇污水收集效能，制定城镇生活污水厂“一厂一策”整治方案，并开展相关整治提升工作，城镇污水处理厂进水浓度实现有效提升，城市污水处理厂总进水BOD浓度总体较2020年提升约33%，且全部达成100mg/L以上的目标，进水COD浓度总体较2020年提升约20%。开展工业园区专项整治，完成武进高新区、西太湖科技产业园水环境问题排查和整治方案编制。建成武进高新区4平方千米达标区，完成区域工业企业32家、“小散乱”商户7家排水调查及整治。推进武进高新区工业污水处理厂、阳湖生态净水厂等污水处理厂建设。完成区域水污染物平衡核算和乡镇污水处理厂水平衡核算管理工作，提高乡镇污水处理厂运行效能。对城区主要河道排口实行“动态清零”管理，完成湖塘河、龚巷河、里底河等河道排口综合整治任务。完成湟里镇河南村小流域污水治理示范区建设和水污染防治重点工程年度目标任务5项。统筹实施居民小区和单位庭院排水整治，完成机关事业单位排水调查30家和新城花苑等老旧小区片区雨污分流改造工程12个。新建污水管网10千米，排查修复老旧雨污水管网160千米。

重点考核断面达标整治　3月底前，编制并实施国考断面武宜运河钟溪大桥和省考断面孟津河武宜村桥、太滆运河分水3个断面年度达标整治方案，明确控源截污、活水清淤、生态修复和汛期应急保障等方面措施，均达到考核目标要求。同时对降水过程污染强度高的断面，进行溯源排查，落实整治措施，并在汛期前，完成对姚巷、百渎、钟溪断面以及水质不达标的排涝泵站及闸坝上下游河道溯源处置，全力保障断面水质达标。

太湖流域综合整治攻坚战　开展“两湖”创新区生态修举专项行动，滆湖总磷浓度同比下降5%。加强太湖、滆湖蓝藻监测预警，提升蓝藻湖泛防控能力。进一步提升武进港蓝藻打捞能力。开展洮滆片区控源治污及生态修复，围绕新孟河清水入湖目标，强化新孟河及其支浜控源治污，实施滆湖湖滨湿地建设，印发《常州市武进区洮滆片区水环境综合治理与可持续发展试点工作专班方案》，建立试点工作专班，完成年度目标任务清单。在湟里镇河南村开展污水治理示范区建设，编制《湟里镇小流域污水治理示范区建设实施方案》，并按照方案完成工业、生活、农业面源污染综合治理，为保障考核断面水质，开展并完成钟溪武宜运河钟溪大桥段、锡溧漕河东尖桥段、分庄桥段应急清淤工程。

涉酚涉磷企业排查整治　全面排查涉酚企业，完成涉酚企业排查617家。印发《武进区涉磷行业整治专项行动方案》，组织开展涉磷企业污染排查和规范化整治，全区1267家涉磷企业，完成整治848家，完成率66.9%，超额完成50%工作目标。

“绿箭2022”专项行动　出台《武进区支流支浜整治“绿箭2022”专项行动工作方案》，建立主要支流支浜（包括排涝泵闸站）清单，完善常态化监测评价机制。针对水质劣V类、水质不稳定的支流支浜，编制实施“一浜一策”整治方案，通过采取控源截污、清淤活水、水系沟通、生态修复、长效管护等措施，加快推动支流支浜水质提升，完成年度目标任务。51条劣V类支浜实施“一浜一策”整治后，全部完成消劣。

幸福河湖建设　出台《常州市武进区幸福水乡建设资金奖补办法》，完成《武进区“十四五”农村生态河道建设规划》修编，全面推进支流支浜专项整治、污水厂网站建设、示范幸福河湖建设和小微水体整治等工作，持续改善全区水环境面貌。骨干河道获评省级幸福河湖3条，获评市级幸福河湖管护样板河道2条、市示范幸福河湖6条、市幸福小微水体示范片区（村）6个、区幸福河道8条、区小微水体示范村14个，湟里镇上马槽河长制主题公园通过市级评审。完成农村生态河道24条和小微水体1283个整治。全面落实72条劣V类“一浜一策”专项治理，因地制宜恢复水生态、提升水景观，支浜水质达标率稳步提升。跨界河湖率先实现联合河长机制全覆盖，国省考断面实现“三升二”6个，新沟河武进段、新孟河漕桥河武进段入选江苏省幸福河道建设示范样板。武进区在省级生态河道考评中获评第一等次。

排水监管服务优化　进一步规范企业排水许可，实施企业排水许可联合验收，创建“武进排水许可”微信小程序，进一步简化企业接管流程。推进特定污染企业工业废水接管评估，确定全区冶金、电镀、化工、印染、原料药制造及其他排放含重金属、难以生化降解物质和高盐废水的特定企业84家，年内完成评估45家。强化排水户日常监管，开展全面排查、突击夜查，完成1080家排水户“回头看”工作，通报并整改问题96处，有效营造重拳整治违法排水行为的社会氛围。

（周志鹏　万倩倩　石贤锋）

【农业农村污染治理】 2022年，区农业农村部门坚持系统治理理念，深入推进农业农村污染治理，全力保障农业农村可持续、高质量发展。

农村生活污水治理　推进农村分散式生活污水处理工程PPP项目运维及监管，切实保障全区农村分散式生活污水处理设施运行实效。农村分散式生活污水处理工程PPP项目治理村庄664个，覆盖农户约3.7万户，建成分散式污水处理设施484套，主要建设内容包括村庄生活污水收集及尾水排放系统、污水处理设施等，设施运行稳定，社会生态效益良好。

蓝藻打捞处置　打捞太湖蓝藻15.86万吨、水草垃圾34吨，产生藻泥3001.15吨，实现藻泥资源化利用100%；出动人员5553人次、船只720船次、车辆182车次。完善蓝藻打捞处置系统，日打捞处置能力4800吨，配有机械打捞船19艘、运输船7艘、吸藻车2辆、巡查快艇4艘、蓝藻围隔1.1万米、藻水分离设备3套、一体化藻水分离船1艘和资源化利用中心1座。

商品有机肥推广　开展化肥减量增效示范区建设4个，面积62.67公顷。在雪堰、前黄、礼嘉、洛阳、嘉泽、湟里、牛塘、南夏墅8个镇（街道）推进实施商品有机肥推广项目，利用价格补贴机制引导林果、蔬菜、茶叶、苗木等种植户积极施用有机肥料，减少化肥的使用量，提高农作物的品质，改善土壤质量，减少农业面源污染，共推广商品有机肥1.5万吨。

秸秆资源综合利用　积极开展农作物秸秆综合利用工作，有效推进机械化还田利用和其他“五化”（肥料化、饲料化、燃料化、基料化、原料化）利用，在雪堰、前黄、礼嘉、洛阳4个镇有序开展水稻秸秆离田试点工作，6家试点主体共完成水稻秸秆机械化离田面积150公顷。按照政府推动、市场运作、企业牵头、农户参与的原则，各镇（街道）按属地管理的原则落实秸秆综合利用，秸秆资源综合利用率达97.29%。

畜禽粪污资源化利用　坚持绿色生态发展理念，持续推动畜禽粪污资源高效利用，实现畜禽养殖废弃物“变废成宝”，助力畜牧业高质量发展。按照部、省、市工作要求，督促指导全区规模养殖场做好年度畜禽粪污资源化利用计划编制工作，依规建立健全畜禽粪污资源化利用台账，及时准确记录有关信息备查。定期开展粪污资源化利用的巡查，重点排查养殖场粪污收集处理设施设备是否配套完善及正常运行、台账资料是否科学规范填写、场内及周边是否有生态环境隐患等，对于排查出来的问题和隐患，督促养殖场和地方及时整改到位。全区规模养殖场粪污处理设施装备配套率100%，畜禽粪污综合利用率98.5%。

动物卫生处理收集　做好传统畜禽无害化处理收集工作，发挥收集点公共服务职能，杜绝发生病死动物乱丢弃的现象，全年收集各类病死动物90余吨，均送到市动物卫生处理中心统一处理。

“两废”回收　按照“政府引导＋农资牵头＋网点回收＋农户参与”模式，将全区具有农药经营许可证的农药经营部作为基层回收点，建立“1+N”的动态回收网络（1个中心网络，N个农药经营点）实现涉农乡镇全覆盖，建设回收网点155个，回收农药包装废弃物48.38吨，无害化处置率100%。新建前黄镇和礼嘉镇2个省级“五有”废旧农膜回收网点，形成“2+2+N”废旧农膜回收网络，即2个区级中心回收点（万耀再生物资回收、田田圈农业科技），2个省级“五有”网点，发展N个回收网点，实现涉农乡镇全覆盖，回收废旧地膜40.24吨，农膜回收率94.88%。在洛阳镇汤墅产业园开展农膜减量替代技术试验，在雪堰镇、前黄镇、礼嘉镇和洛阳镇选取4个点开展地膜残膜原位监测工作。

（叶　帆）

【危险废物管理】 2022年，武进生态环境局持续推进固废处置能力建设，有序开展危险废物申报，纳入江苏省危险废物全生命周期系统企业3684家，完成省网申报3625家、危险废物跨省转移预审25家。对全区355家危废重点源单位实施规范化管理，组织“环保＋安全”双专家对全区18家危险废物经营单位进行全覆盖排查。开展汽修行业危险废物专项治理行动，累计排查汽修企业238家，排查出106家企业存在问题187个，均已完成整改。疫情常态化防控期间，牵头做好医废专班工作，妥善处置医疗废物。

（周志鹏）

【生态保护修复】 2022年，武进区完成生态绿城建设六大方面12项工程年度建设内容，投资2.45亿元。完成退田还湖年度任务，滆湖退田还湖二期暨滆湖近岸带水生态修复工程武进高新区、嘉泽片区项目开工建设。完成主要支流等重点河流及太湖、滆湖等重点河流湖库水生态状况摸底调查及评估，建成生态安全缓冲区1个。加强生物多样性保护，完成生物多样性调查，包括完善生物多样性本底数据库和滆湖水生植物保护区年度生态工程。加强生态保护监管，全年生态空间管控区域未发现生态类破坏问题，参与“绿盾”自然保护地强化监督专项行动、生态管控空间遥感监测和现场核实。

（万倩倩）

【生态绿色交通建设】 2022年，区交通运输部门围绕打造生态绿色交通，推进行业污染防治攻坚战，制定发布《2022年深入打好交通运输污染防治攻坚战工作方案》，采取五大措施推进交通运输行业污染防治。持续深化内河码头专项整治，开展污染防治“回头看”联合检查，全面完成辖区21家散货码头42套粉尘监控系统的安装任务，督促港口企业做好扬尘防治、水污染防治、岸电使用和船舶污染物回收，辖区24家内河码头全部建成船舶污染物接收设施；辖区港口码头及水上服务区实现岸电全覆盖，累计使用岸电16473千瓦时，同比增长9.7%。开展扬尘污染防治专项整治，加大对交通工程、港口企业、管养道路的检查力度，整改落实扬尘问题，严肃查处货物脱落、车辆扬撒等行为。全面实施汽车排放检测与维护制度和汽车排放召回制度，加强非道路移动机械污染防治，加大管养道路保洁力度，管养县道机械化清扫率达100%。积极调整运输结构，以东方特钢有限公司为例，全年东方特钢铁路、水路运输量为475万吨，占比78%。开展交通运输领域生态环境问题自查自纠，完成2022年中央环保督查迎检工作、2022年中央环保督察信访件的整改销号、2022年度省政府挂牌督办项目的整改销号、2021年省级环保专项督察交办问题。

（何秋斌）

环境监管

【概况】 2022年，武进生态环境局全面落实“532”发展战略，持续优化营商环境，聚焦高质量发展，突出生态环境保护优先，通过强化专项行动、信访调处、隐患排查，落实全联全控和编制应急方案等方式，多措并举推进环境执法监管，减少环境风险隐患，保障全区生态环境安全。对全区涉及危废经营单位、重点产废单位等重点企业进行排查，发现隐患1751个，全部完成整改。全区160家重点排污单位及24家VOCs重点源实现100%联网省平台。开展环境治理设施排查，排查均通过风险评估。开展环境应急预案质量抽查，相关问题均已督促整改。通过优化审批服务、主动上门服务、净化三方市场等形式，持续推进环境服务落地落实，为全区优化营商环境提供生态支持，助力全区高质量发展取得新成效。制定《服务高质量发展优化建设项目审批服务若干举措》，着力打造生态环境政务服务品牌。积极开展生态创建工作，建成省级生态文明建设示范村1个，礼嘉镇陆庄村村民委员会等8个申报单位均成立创建领导小组，有序推进创建申报、制定方案工作。

【环境监管执法】 2022年，武进生态环境局在六年五获“全国环境执法大练兵表现突出集体”的基础上，进一步完善工作机制、规范执法流程、强化司法联动，积极探索提升执法效能。全年作出行政处罚决定373件，罚款3700余万元。深化生态环境损害赔偿制度，积极探索综合认定和替代修复方式，切实降低评估鉴定成本，更好发挥损害赔偿成效。强化专项行动，围绕大气、水、“雷霆”专项执法行动和秸秆禁烧、全省六溴环十二烷淘汰、驻点城市检查等18个专项行动，及时推进问题完成整改，专项行动取得实效。强化信访调处，进一步完善局长信访接待日、领导带案下访等制度，从群众来信来访中，分析工作得失、查摆差距短板，以实际行动回应社会关切，解决突出问题。全区共受理环境信访640件，同比下降30.4%；越级信访49件，同比下降36.4%，环境信访数量压降明显。强化生态环境安全隐患排查整治工作，对全区涉及危废经营单位、重点产废单位、较大及以上等级环境风险企业等213家逐一排查，共发现突发环境事件隐患1469个、污染防治设施安全隐患282个，全部完成整改。排查环境治理设施2259套，评估（辨识）率和环境安全风险评估（辨识）通过率均达100%。根据《2022年常州市突发环境事件应急预案应备案企业名录》，全区共涉及274家单位，均录入江苏环境应急管理平台；92家涉危险化学品、涉重金属企业环境应急预案均录入全国环境应急预案电子备案系统。开展环境应急预案质量抽查，共抽查企业83家，对发现的问题通报督促整改。落实全联全控，区域内160家重点排污单位及24家VOCs重点源实现100%联网省平台。推进两个限值限量园区全联全控进度的同时，强化企业培训，进一步提升自动监控设施管理能力及平台填报能力。根据《常州市突发水污染事件应急防范体系建设实施方案》，完成永安河、夏溪河、北干河3条河道突发水污染事件应急处置方案编制。

【提升环境服务质效】 2022年，武进生态环境局不断优化提升环境服务质效，助力高质量发展，制定《服务高质量发展优化建设项目审批服务若干举措》，从简化项目环评审批、压缩项目审批时间、服务重大项目落地机制等8个方面推动重大项目落地生根，打造生态环境政务服务品牌。全年共审批项目3552个，其中报告表446个、报告书23个、登记表3083个。严格落实排污许可制度，全年完成登记管理1481家、发证管理322家，其中首次申请发证60家、变更发证152家、到期延续发证24家、重新申报发证85家、整改后申请发证1家。并对前期发证情况进行初步梳理，完成涉及管理级别调整降级的许可证注销71家，推进监测信息公开850家。督促乡镇板块持续减排完善总量库，为引入优质项目提供总量资源。主动上门服务，开展“局长宣讲团”“服务拟上市企业工作专班”活动，进一步优化服务企业、服务营商环境工作机制，建立由局领导带队和行业专家组成的服务队，对相关企业包联挂钩，面对面听取企业需求，帮助企业出谋划策，引导企业增强绿色发展动力，全年累计现场服务重点企业28家，解决影响企业环境治理和发展提升问题200余个。净化第三方市场，重点针对环保第三方市场加强管理，完善创新管理举措，不定期开展检查抽查，结合企业反响以及检查情况，建立环保第三方“黑名单”“红名单”，严厉打击一些弄虚作假、扰乱环保市场的劣质第三方，以“黑名单”为企业规避相关劣质第三方，重点以“红名单”为建设项目提供优质参考。全年约谈环评单位和监测单位14家，对1家第三方公司予以扣分。

（周志鹏）

【生态文明宣传】 2022年，区生态环境部门着力打造舆论阵地，深化生态文明宣传。围绕“6·5”世界环境日主题，举办“最美湖湾城，我是践行者”主题活动。成立第二批“武进区生态文明建设宣传教育基地”6个，进一步将小流域综合治理、小微水体、绿美乡村等模式向全区推广。组织开展“春见武进”短视频大赛，鼓励群众参与，让绿色理念深入人心。开展秸秆禁烧集中宣传，营造全区合力攻坚打好蓝天保卫战的良好氛围。充分利用各级媒体平台，做好亮点推介，在人民网、《中国环境报》、《新华日报》、“学习强国”学习平台等省级及以上主流媒体平台累计刊发新闻报道32篇。创新宣传手段，提升“小武说环保”宣教品牌效应，发布武进区生态文明建设代言人“武小净”形象以及武进区生态旅游地图，组织创作优秀宣教作品。其中，原创漫画《漫画以案说法之十大典型案例》受到省生态环境厅领导点名表扬。

（周志鹏　万倩倩）

信息化建设

Information Construction

栏目编辑　颜　赶

信息基础设施建设

【概况】 2022年，武进区依托铁塔及电信、移动、联通、广电公司5家通信公司，稳步推进信息基础设施建设。区工信局围绕"累计开通5G站点3500个，全区5G网络覆盖率达90%，5G个人用户普及率超35%"的年度重点工作目标，协调相关运营商加快建设。至年底，累计开通5G站点3590个，5G网络覆盖率超90%，5G个人用户普及率超35%。累计建成移动通信基站13813个，其中4G基站7728个、5G基站3590个；宽带端口127.34万个，光端口157.16万个，光纤到户（FTTH）用户57.29万户；无线局域网（WLAN）接入点（AP）数8339个。宽带接入能力城镇、农村均达1000兆，超过"宽带中国战略"中的发达城市水平。全区累计固定电话用户13.76万户、移动电话用户163.06万户、移动互联网用户160.15万户、宽带用户61.01万户、数字电视用户27.20万户、高清电视用户14万户、IPTV用户数31.75万户，有线电视入户率城镇79%、农村67%。

（焦　蕊）

【电信通信建设与服务】 2022年，区电信局提升网络建设与运营能力，加快推进网络演进，响应"智改数转"要求，践行"532"发展战略，力推信息化转型，结合5G覆盖形成3000兆能力，满足VR、云专线、智慧家庭业务发展，进一步推进千兆光网部署，打造覆盖、速率、质量三领先的精品全光网，加快10G PON升级。聚焦客户感知和服务提升，强化首问负责制，推动"远程柜台"服务，进一步方便用户。在满足广大用户通信需求之外，在乡镇主厅授牌"爱心翼站"，为环卫工人、快递小哥以及老年用户提供休憩充电、智能辅导等服务。武进电信全年实现总业务收入6.28亿元，传统业务增幅5.5%，投资1.6亿元。新建5G基站及室分812个，累计2283个。实现全区城乡一体全光深度覆盖，新建光端口3.5万个，累计55万个，用户引入端FTTH光覆盖半径小于100米，全区城乡千兆光纤网络覆盖率90%。新建万兆无源光网络（10G PON）端口0.6万个，累计2.8万个，满足千兆用户快速发展。新建光缆4.5万纤芯千米，新建管道里程90孔千米、28千米。至年底，全区有电信实体门店91家，其中直营店23家，有门店在岗一线销售人员183名。

（陈志伟）

【移动通信建设与服务】 2022年，中国移动通信集团江苏有限公司武进分公司（简称"武进移动"）推进区域内5G建设，建成5G基站近2200个，实现全区5G网络2.6G/700M双频立体组网全覆盖，深度覆盖重要场景、居民区；积极开展4G、5G网络优化，全面提升用户感知，平均下载速率达800兆／秒。全面发展千兆宽带，提升用户宽带感知，实现社区千兆宽带能力接入超90%、千兆宽带新装占比超50%、千兆用户超9万户、增幅超10%；电视用户超过16万户，区域内规模第一；树立家庭新业务品牌形象，推出安防、组网、面板等智家新产品，智家新产品用户超10万户，为家庭用户提供更优的产品体验。持续发挥5G赋能作用，参与中凉社区等老旧小区智能化改造，完成东方特钢、瑞声科技等重点企业5G专网升级和"两湖"创新区规划展示馆、沪宁沿江高铁武进站等项目网络建设，推进武进高新区重点企业"智改数转"改造。积极响应政府为中小微企业纾困解难号召，加力帮扶其信息化发展，由专属客户经理对接服务，降低全区数万家中小微企业用户网络费用。积极与属地残联对接，持续做好特殊群体优惠服务，累计发展爱心卡100余户；面向在役军人、退役军人，推出拥军卡服务。依托优质的无线网络，武进移动主动承担政府机关、高校、企事业单位活动的通信网络保障工作，包括西太湖马拉松、中以创新周、龙城机甲大赛、中国创新创业大赛等重大活动。

（钱　洵）

【联通通信建设与服务】 2022年，中国联合网络通信有限公司常州武进区分公司（简称"武进联通"）围绕网络质量提升要求，加大基础设施建设投入，增强综合通信能力，完成投资4000万元。新建4G基站89个、5G基站364个，分别累计1248个、1414个；新建室内无线分布58个场点，累计209个；新增居民小区覆盖38个，累计243个，端口能力达38万户。运用物联网、云计算、大数据、5G、人工智能等技术，推动工业互联网产业发展。投入美丽乡村建设行动，助力礼嘉镇蒲岸村等打造数字乡村名片，累计打造数字乡村12个。依托5G网络建设，与理想汽车、汇川新能源、光宝科技建设 5G 全连接工厂，利用边缘计算，解决设备数据交互中的大带宽、广连接、低时延的需求，累计服务大中型制造企业 100 余家。推动工业场景中多项应用发展，降低人工成本；结合省、市、区工业和信息化部门意见，落实“企业上云”工程，与 BATJ（百度、阿里、腾讯、京东）等拓展合作模式，为企业引入优势互联网企业云应用，拓宽企业产品应用方向，提升云计算应用成效；与常州天正工业发展股份有限公司合作，联合研发和推广智能制造应用服务，实现轻资产及灵活化，开辟企业融资新途径。至年末，有联通营业网点 150 个、从业人员 160 人、手机用户 30 余万户。

（陈江红）

信息化和工业化融合

【概况】 2022 年，武进区加快工业互联网建设与应用，推进“企业上云”工程、企业信息化和工业化（简称“两化”）融合管理体系建设，深化制造业与互联网融合发展，积极引导企业信息化应用，加大软件与信息技术服务行业结构优化和产业发展，推动企业智能化改造和数字化转型、工业电商创新发展、产业高质量发展。全区软件和信息技术服务业纳统企业 57 家，实现软件和信息技术服务业务收入 126.9 亿元。其中，软件产品收入 15.6 亿元、信息技术服务收入 32.6 亿元、嵌入式软件收入 78.7 亿元，分别占 12.3%、25.7%、62%。区工信局组织开展“两化”融合、“企业上云”系列培训和咨询诊断服务，新增国家级“两化”融合管理体系贯标（升级版）达标企业 19 家，其中 AAA 级 3 家，累计贯标（升级版）达标企业 24 家；新增省“两化”融合贯标示范试点企业 20 家。江苏中盈高科智能信息股份有限公司的中盈高科智慧水务一体化工业互联网平台、常州皓鸣信息科技有限公司的工网宝—工业互联网平台、江苏欣华天泰安全系统工程有限公司的企业安全生产全流程管理平台、中国机械总院集团江苏分院有限公司的机械制造热加工生产管控工业互联网平台 4 个平台入选省工业和信息化厅 2022 年度省工业互联网示范工程项目名单，入选数量位列全

表 24　2022 年武进区新增“两化”融合贯标（升级版）企业、重点工业互联网平台、工业互联网发展示范企业情况表

类　别	企业（平台）名称	属　地
工业和信息化部“两化”融合贯标（升级版）AAA 级企业	万帮数字能源股份有限公司	武进高新区
	柳工常州机械有限公司	武进高新区
	江苏国茂减速机股份有限公司	武进高新区
工业和信息化部“两化”融合贯标（升级版）AA 级企业	快克智能装备股份有限公司	武进高新区
	江苏中科朗恩斯车辆科技有限公司	西太湖科技产业园
	安费诺（常州）高端连接器有限公司	武进高新区
	常州腾龙汽车零部件股份有限公司	西太湖科技产业园
	江苏恒立液压股份有限公司	武进高新区
	常州铭赛机器人科技股份有限公司	武进高新区
	常州尚德太阳能电力有限公司	武进高新区
	常州顺风太阳能科技有限公司	武进高新区
	常州安泰诺特种印制板有限公司	武进高新区
	琉明光电（常州）有限公司	武进高新区
	遨博（江苏）机器人有限公司	武进高新区
	普罗斯电器（中国）有限公司	西太湖科技产业园
	江苏创英医疗器械有限公司	西太湖科技产业园
	江苏洛凯机电股份有限公司	洛阳镇
	江苏泷膜环境科技有限公司	武进高新区
	常州回天新材料有限公司	武进高新区
江苏省重点工业互联网平台	江苏中盈高科智能信息股份有限公司：中盈高科智慧水务一体化工业互联网平台	武进高新区
	常州皓鸣信息科技有限公司：工网宝——工业互联网平台	武进高新区
	江苏欣华天泰安全系统工程有限公司：企业安全生产全流程管理平台	武进高新区
	中国机械总院集团江苏分院有限公司：机械制造热加工生产管控工业互联网平台	武进高新区
江苏省工业互联网发展示范企业（企业上云类）五星上云企业	江苏南方精工股份有限公司	武进高新区
	柳工常州机械有限公司	武进高新区
	贝内克长顺生态汽车内饰材料（常州）有限公司	武进高新区
江苏省工业互联网发展示范企业（企业上云类）四星上云企业	常州今创风挡系统有限公司	武进高新区
	常州耐强传动机械有限公司	武进高新区
	中绿建欣达建设工程有限公司	武进高新区
	常州明迪机械有限公司	武进高新区
	常州市合达油泵有限公司	武进高新区
	江苏行运兔科技有限公司	常州科教城
	常州永华医疗器械有限公司	西太湖科技产业园
	江苏龙禾轻型材料有限公司	西太湖科技产业园
	常州克劳诺斯特种轴承制造有限公司	西太湖科技产业园
	江苏巨联减速机有限公司	湖塘镇
	常州市优耐特精密钣金有限公司	湖塘镇
	常州金德纺机科技有限公司	湖塘镇
	常州市峻敏精密机械有限公司	湖塘镇
	常州市华光印刷纸箱有限公司	湖塘镇
	常州德银精密钣金有限公司	湖塘镇
	上药康丽（常州）药业有限公司	洛阳镇
	常州杰锐洋机械有限公司	礼嘉镇
	常州市良久机械制造有限公司	前黄镇
	常州斯沃德机械科技有限公司	前黄镇

续表 24

类　别	企业（平台）名称	属　地
江苏省工业互联网发展示范企业（企业上云类）四星上云企业	常州俊朗体育用品有限公司	前黄镇
	常州依科赛尔机械有限公司	雪堰镇
	江苏德尔瑞环保机械有限公司	雪堰镇
	常州春顺机械有限公司	牛塘镇
	常州市天阳橡塑模具有限公司	牛塘镇
	江苏圣创半导体科技有限公司	武进高新区
	世特科流体动力系统（常州）有限公司	武进高新区
	江苏纳百光伏科技有限公司	武进高新区
	常州洛源智能科技有限公司	武进高新区
	常州都宸机械有限公司	武进高新区
	江苏华丽智能科技股份有限公司	武进高新区
	常州涛晨电子科技有限公司	武进高新区
	常州汉姆智能科技有限公司	武进高新区
	江苏君华特种工程塑料制品有限公司	武进高新区
	常州市家虹包装有限公司	武进高新区
	江苏智邦精工科技有限公司	常州科教城
	常州博成机械制造有限公司	西太湖科技产业园
	普罗斯电器（中国）有限公司	西太湖科技产业园
	常州集硕医疗器械有限公司	西太湖科技产业园
	常州市旭威成强机械有限公司	湖塘镇
	常州市旭泉精密电机有限公司	湖塘镇
	沃沛斯（常州）能源科技有限公司	湖塘镇
	江苏金岭木业有限公司	湖塘镇
	常州百康精密工具有限公司	湖塘镇
	常州固鹏机械有限公司	湖塘镇
	常州福施特印染有限公司	湖塘镇
	常州气弹簧有限公司	湖塘镇
	常州市羊氏模具有限公司	牛塘镇
	江苏盖特钨业科技有限公司	牛塘镇
	江苏常灵科技有限公司	前黄镇
	常州市佳博机械制造有限公司	前黄镇
	常州市鑫程精密机械有限公司	前黄镇
	江苏纵横优仪人造草坪有限公司	前黄镇
	常州久藤电气有限公司	前黄镇
	常州国茂鑫鳌机械有限公司	前黄镇
	常州泽辉机械有限公司	前黄镇
	常州市嘉腾精密锻造有限公司	前黄镇
	常州日智机械有限公司	礼嘉镇
	常州市盛辉药业有限公司	礼嘉镇
	江苏明业搅拌科技有限公司	礼嘉镇
	常州拓顿精密机械有限公司	礼嘉镇
	江苏腾驰科技有限公司	礼嘉镇
	常州市鹤林精密模具有限公司	礼嘉镇
	常州市兴兰盈五金有限公司	礼嘉镇
	江苏凯达重工股份有限公司	湟里镇
	常州森尼尔机械科技发展有限公司	湟里镇
	江苏南方通信科技有限公司	洛阳镇
	常州同泰高导新材料有限公司	洛阳镇
	江苏维克德利冷暖科技有限公司	雪堰镇
	常州柯森家居用品有限公司	雪堰镇

市第一。通过省“企业上云”星级企业认定五星级3家、四星级69家、三星级24家，累计五星级8家、四星级141家、三星级192家。苏文电能科技股份有限公司的“基于工业互联网的智慧用能云管家平台”获得2022年省工业和信息产业转型升级转型扶持。举办2022世界能源与工业互联网博览会武进分活动——2022数字赋能绿色发展国际峰会暨智领行动启动仪式。

（杨　燕　高　艳）

【2022世界能源与工业互联网博览会武进分活动】 11月11日，2022数字赋能绿色发展国际峰会暨智领行动启动仪式在武进举行，工业和信息化部国际经济技术合作中心副主任李毅锴，省工业和信息化厅副厅长徐军，市、区领导白云萍、乔俊杰、恽淇丞、石伟东、王栋、徐宁参加活动，工业和信息化部原党组成员、中国绿色供应链联盟理事长金书波到会并致辞。该峰会以“数智领航、碳路未来”为主题，特邀数字经济领域著名专家学者、中欧绿色低碳领域相关企业与机构代表等参加。俄罗斯工程院外籍院士夏志杰、江苏大学汽车交通学院院长尹必峰、施耐德电气（中国）有限公司政府事务总监罗尧、理想汽车对外事务部高级总监贾刚发表主旨演讲，聚焦数字化转型、江苏新能源汽车产业发展、数字化赋能企业、增程电动技术，探索产业强区、数智融合。活动现场，“智领行动”启动，中欧低碳学堂揭牌。

（杨　燕）

【星星充电智慧能源消费服务平台入选全国新型信息消费示范项目】 7月，万帮星星充电科技有限公司运营的星星充电智慧能源消费服务平台上榜工业和信息化部公布的2022年新型信息消费示范项目，为全市唯一。该平台基于大数据、云计算等新技术，力争突破高并发下大数据传输处理技术，支撑单站、区域、城市、全国的充电运营管理，服务企业B端用户2万家、私人C端用户500万人次。具有能源管理、能源监控预警、互联互通、自动化分账体系、丰富的业务形态、动态能耗分配等功能，推动实现多种充电场景及类型的交易，实现交易系统的高可靠、高稳定性、数据强一

万帮星星充电科技有限公司　（供图/区融媒体中心　摄于2022年1月）

致性，实现需求预测的准确率，支撑存储大于200万充电桩数据、300万新能源车数据、500万用户数据。累计接入各类充电终端111万余个，覆盖全国20多个省份、316个城市，日充电量可达1200万千瓦时。根据中国充电联盟的数据显示，该平台运营的充电桩数量长期位居全国前列。

【入选智慧江苏重点工程和标志性工程拟认定项目2个】 10月19日，省信息化领导小组办公室公布2022年智慧江苏重点工程和标志性工程拟认定项目，武进绿建区“基于BIM的建筑构件全生命周期碳排放计算平台”、久瓴（江苏）数字智能科技有限公司“基于数字孪生的城市地下管网运营平台”入选。

“基于BIM的建筑构件全生命周期碳排放计算平台”通过建筑构件碳排放计算的应用理论、测算方法、计量工具等开展研究，应用BIM（建筑信息模型）、IOT（物联网）、UAV（无人机）、AI（人工智能）等先进技术构建“BIM+IOT+UAV+AI+双碳仿真数据模型”，建立集“空、天、地”于一体的建筑碳排放数据采集模型，并以建筑碳排放决策模型（CGC模式）引擎为依托，打造适用于城市级建筑碳排放计算平台，实现对新建筑碳排放的多维立体呈现，支持数字化监测、管理、运维应用，为建筑碳排放提供科学、高效、合理的模拟仿真推演提供辅助决策支持。

“基于数字孪生的城市地下管网运营平台”是通过GIS（地理信息系统）、IOT（物联网）、VR（ObjectVR 360度全景展示）、AI（人工智能）等先进技术，以“GIS+IOT+360VR+AI+虚拟仿真数据模型”为核心，建立集“天、地、地下”于一体的数据采集、分析模型。以城市电力、燃气、通信、热力、给排水等工程管线及城市综合管廊为服务对象，建立三维可视化场景，立体呈现地下管网全区域、全天候监测，实现“一屏观全景”，赋予城市地下管网“可看、可查、可管、可控、可预测”的“五感”能力。以多源、多维、多层级物联网感知态势，合理、高效地开展地下管网数字资产运营IOC系统，助力解决地下管网运维过程中平台割裂、数据分散、管理复杂等问题。该平台项目以上海和常州的示范场景为基础，按照以点串线、以线成面、以面扩体的思路，以实现长三角地区城市地下空间管理全面数字化转型为战略目标。

（焦　蕊）

【入选省重点领域首版次软件产品应用推广指导目录软件】 11月，省工信厅发布《2022年江苏省重点领域首版次软件产品应用推广指导目录》，常州铭赛机器人科技股份有限公司的“铭赛半导体行业晶圆级柜式机操作系统软件V1.00”入选。该公司是一家技术驱动型高端装备制造企业，主要研发、生产和销售高精度智能点胶设备及其关键零部件。开发的此款软件是为半导体封装工艺的在线生产量身订制，采用机器视觉技术，自动定位工件位置，可根据示教轨迹计算工件涂胶位置自动完成涂胶任务，适用于晶圆级底部填充、晶圆粘贴、CCM（摄像头模组封装）等，可实现高精准、高重复的作业效果，适用于大批量生产加工。

【入选省重点软件企业、省专精特新软件企业】 11月，省工信厅公示2022年新入库培育的江苏省规划布局内重点软件企业和专精特新软件企业名单，征图新视（江苏）科技股份有限公司和常州高凯电子有限公司入选。

征图新视（江苏）科技股份有限公司专注打造机器视觉“同源技术”，自主开发机器视觉软件、人工智能、常规算法、光学成像机制、运动控制、3D视觉等核心技术，构建完整机器视觉同源技术平台，在消费电子、印刷、农产品、交通等行业实现以外观检测为主的多项机器视觉功能。

常州高凯电子有限公司专业从事精密机械设备研发、电路板及嵌入式软件研发、工业自动控制系统装备制造，是国内领先的精密流体技术服务与综合解决方案供应商，产品广泛应用于3C、半导体制造、光纤行业、工业自动化、生命医疗等领域精密流体控制解决方案。

（高　艳）

电子政务

【电子政务项目管理】 2022年，区政务数据发展领导小组办公室加强和规范全区电子政务项目管理，组织项目管理联合会审成员单位及有关专家评审通过电子政务项目21个，验收通过完成建设的电子政务项目11个。组织相关单位申报2023年度全区电子政务项目建设计划，共申报项目建设（包括运维）计划102个，并对8个单位的10个建设项目计划实施答辩。

【区级电子政务平台运维和建设】 2022年1月，武进区出台《常州市武进区政务数据资源共享管理暂行办法》，初步形成政务数据资源采集、汇聚、共享、开放、应用全链条以及安全、监督全覆盖的管理体系。8月1日，区电子政务中心在全区推广使用。全年累计接收市级平台下发政务数据161类约7148万条，并与14个区级部门的25个自建政务信息系

2022年度电子政务项目建设情况表

表25

类别	项目名称	建设单位	计划投资（万元）
电子政务评审通过项目	惠企政策一企通	区政府办（电子政务中心）	30
	平安建设专属网格治理项目	区社治中心	72.1
	武进12345一体化扩展平台项目	区社治中心	46
	智慧检务工程（一期）	区检察院	37
	检察工作网安全体系建设与等保测评	区检察院	120
	工业经济高质量发展平台	区工信局	180
	无线执法记录仪采购项目	武进公安分局	81
	2022年度移动警务终端采购二期项目	武进公安分局	350
	移动警务终端采购	武进公安分局	345
	看守所监控室改造项目	武进公安分局	80
	智慧矫正中心建设项目	区司法局	116
	水利信息化提升项目基础资源部分	区水利局	90
	农村集体经济组织“一户三权”数字化集成管理项目	区农业农村局	110
	农产品质量安全智慧监管平台	区农业农村局	85
	招商管理信息系统	区商务局	49.8
	武进人民医院互联互通四甲项目	区卫健局	800
	武进人民医院电子病历五级项目	区卫健局	695
	数字化审计平台	区审计局	110
	区域药事管理平台	区卫健局	200
	公共资源交易管理系统升级改造（2022）	区行政审批局	90
	湖塘镇三网融合平台	湖塘镇	48.8
电子政务验收通过项目	电子政务外网VPN网关	区政府办（电子政务中心）	51.8
	电子政务外网安全集中管控平台建设项目	区政府办（电子政务中心）	29.6
	区政务数据资源共享交换平台（一期）之数据共享交换平台、数据开放平台	区政府办（电子政务中心）	136.6
	工业经济高质量发展平台	区工信局	171
	区道路监控网“3·20”一、二期及道路提升工程维保和改造项目	武进公安分局	7900
	局情报指挥中心提升改造工程	武进公安分局	1022.28
	武进人社数据中心核心网络和监控系统升级改造项目	区人社局	221.68
	水利综合信息化平台	区水利局	176.41
	政务服务一体化平台升级改造项目（二期）	区行政审批局	293.6
	公共资源交易管理系统升级改造（2022年）项目	区行政审批局	92
	市场监管现场执法系统二期	区市场监管局	170

统实现数据对接，经整理、比对和归类，形成276类超14.6亿条可“即调即用”的政务数据。向审批服务综合执法一体化平台、区域全民健康信息平台、公共资源交易管理系统等重点应用共享79类1251项1054.8万条政务数据。开放31个单位的145类数据，涉及17个领域、13个主题、14个行业，累计6.6万条。

加强区电子政务外网管理，开展日常巡检，做好台账记录，及时整改发现问题，升级DNS解析方案，提升用户访问体验，搭建安全集中管控平台，为承载的各政务信息系统安全稳定运行保驾护航。全年调整网络设置50余次，排除各类网络故障200余次，处理设备故障近10次，下发电子政务外网网络安全事件通报28份，不间断运行8760小时。做好维护保障区行政中心电子政务外网用户和331个区级部门、镇、开发区、街道、村（社区）、公司、银行等电子政务外网接入单位的网络工作。

区政府网站全年累计发布各类信息20324条，其中动态信息17684条、信息公开2584条、概况类信息56条；组织开展在线访谈26期、征集调查29期、新闻发布会9期、网上直播20期、专题15期、热点回应14期。收到留言616条，办结率100%。全年向市政府网站上报信息882条，被录用420条；向省政府网站上报信息71条，被录用31条。惠企政策“一企通”于7月15日启用。年内汇聚各部门、各层级惠企政策2584条，其中镇（开发区、街道）级8条、区级58条、市级847条、省级678条、国家级993条。区协同工作平台按照网络安全等级保护（三级）和风险评估要求，加强日常巡检，全面排查平台安全隐患，同步组织开展业务指导、线上培训，做好技术支撑服务，全年发送电子公文18243份，处理请示件99份、批示件139份，新增电子印章65枚，开展业务指导近1000次。区政府网站获评2021年度常州市政府网站建设管理先进单位第一名。

（刘丽群）

网络安全和信息化

【网络安全防护】 2022年，区委网信办扎实做好网络安全和信息化发展工作，

2022·“天翼杯”武进区网络安全技能竞赛决赛现场

（供图 / 区委网信办　摄于 2022 年 8 月）

未发生较大及以上网络安全事件，全市党委（党组）网络安全工作责任制落实情况检查等次为“优”。信息资产管理不断加强。持续完善信息资产动态备案管理制度，首次将 App（含微信小程序）及新媒体平台账号纳入备案管理范围，至年底共计备案信息 3572 个，较 2021 年增长 10%。积极承担常州市数据安全风险评估试点任务，江河港武水务数据安全风险评估工作达到预期成效，获评 2022 年常州市数字化转型网络安全创新应用案例，并被列入全省 20 个试点案例。万帮星星充电“智慧能源行业个人信息保护实践”被评为江苏省个人信息保护优秀实践案例。网络安全监测不断增效。常态化开展网络安全全量扫描及渗透测试，累计主动发现漏洞 270 个，其中高危漏洞 84 个，均在第一时间落实整改。依托市监测平台开展月度监测通报，累计收到市级通报 38 个次，较 2021 年下降 9.5%，网络安全形势整体良好。“网安 2022”常州行动被通报漏洞 17 个次，较 2021 年下降 63.0%。“网安 2022”武进行动发现含风险隐患信息资产 157 个，占信息资产总数的 4.9%；含高危漏洞的信息资产 65 个，占信息资产总数的 2.03%。信息资产网络安全保障有力，网络安全风险总体可控。率先开启网络安全教育技术产业融合发展的先行探索，积极推动江苏（武进）技能人才服务产业园网络安全教育实训基地及常州科教城现代工业中心网络互联与信息安全实训基地等创新载体建设。9 月，武进区被列入江苏省首批网络安全教育技术产业融合发展试验区建设名单。12 月，作为全省网络安全产业重点项目在江苏省网络安全产业发展大会上签订战略合作协议。持续开展网络安全宣传，以网络安全宣传周为主要载体，充分发挥统筹协调功能，组织乡镇板块及有关部门开展“E 起守护”系列宣传活动，排定各类活动 20 多场次，发放宣传资料及宣传品 8500 余份，该案例被中国网络社会组织联合会评为 2022 年提升全民数字素养与技能优秀案例。打造技能竞赛品牌，举办第三届武进区网络安全技能竞赛，组织发动 59 支工业企业组队伍、26 支党政机关组队伍、29 名个人，共计 284 人参赛，以赛事社会影响的扩大，提升了以赛促宣的效果。数字产业发展成果显著。绿建区数字技术赋能建筑全生命周期低碳发展案例被中央网信办评为 2022 年度数字科技企业双化协同典型案例，“基于 BIM 的建筑构建全生命周期碳排放计算平台”被评为 2022 智慧江苏重点工程；万帮数字能源“基于‘光储充放、绿能算法’的场景级数字能源系”、天正工业“长三角区域工业互联网金融特色服务平台”入选 2022 数字江苏建设优秀实践成果；万帮数字能源“移动能源网数字能源系统”获评 2022 江苏省数字化绿色化协同转型发展典型案例；祝庄园艺智慧农业种植技术案例和嘉泽镇跃进村花漾“触”电助推乡村振兴被评为常州市数字乡村建设典型案例。

（沈　嫣　庄伟锋）

【工业网络信息安全管理】 2022 年，区工信局履行工业领域网络安全管理职责，建立应急响应机制，全力保障重点时期全区工业领域网络安全。积极落实工业信息安全防护星级企业培育和工业互联网企业网络安全分类分级管理制度，组织相关规上企业开展联网监控设备网络安全自查整改。依托全区网络安全宣传周活动，牵头开展工业企业网络安全技能大赛、网络安全宣传周、网络安全检测评估等活动，深入重点企业、重点镇（村）开展广泛宣传，发放网络安全宣传材料 1000 余份；组织网络安全专家深入 10 家重点工业企业，开展工业信息安全防护检查和评估检测，以点带面宣传网络安全工作要求。根据省、市网信办对武进区工业企业网站漏洞扫描结果，向 34 家企业下发 105 份信息安全评估报告，督促整改，并在规定时间内完成上报。

【空中线缆治理】 从 2022 年 6 月起，区工信局按照文明典范城市创建要求，牵头全区的空中线缆治理提升行动，针对空中线缆整治工作范围广、历史遗留问题多、综合协调工作量大的情况，多次召集武进电信、移动、联通、广电等运营商，牵头制定详细的整治方案，明确治理范围、治理重点及责任措施。组织多次推进活动、现场学习交流活动，摸清存在问题，迅速投入行动。在迎接“国检”的攻坚阶段，组织成立攻坚突击队，快速提升问题治理效率，攻坚克难，取得阶段性治理效果，完成全国文明典范城市测评既定目标。到前期活动结束，全区累计确定治理点位 166 个，完成治理点位 68 个，完成率 41%。11 月，在前期治理的基础上，继续开展全区空中线缆深化治理提升行动，牵头起草《武进区空中线缆深化治理提升行动方案》，明确深化治理范围、治理重点、责任分工及“一年重点区域、一年全域推广、一年巩固成果”的三年治理计划。

（焦　蕊）

经济管理

Economic Management

栏目编辑　颜　赶

发展计划管理

【概况】 2022年，区发改局深入贯彻落实常州市“532”发展战略，全面参与“两湖”创新区建设，取得各项工作新成绩。全区十大产业链完成规模以上产值1946.75亿元，增长16.9%。全区战略性新兴产业总产值占全区规模以上工业企业总产值的47.8%，比2021年提高0.9%。向上争取资金1.75亿元。申报获得地方政府专项债券23.84亿元。申报政策性开发性金融工具备选项目11个，申报基金需求19.9亿元，其中2个项目通过国家审核并获得中国农业发展银行基金3.06亿元。4家纺织企业申请并获得2022年度棉花进口关税配额共计7704吨。列入省重大项目8个，新增入库市重点项目37个、区重点项目233个。列入《武进区2022年政府投资项目建设计划》项目137个，总投资255.17亿元。牵头起草《2022年度镇、重点园区高质量发展绩效评价考核实施方案》《2022年武进区重点目标》，编发《常州市武进区洮滆片区水环境综合治理与可持续发展试点工作专班方案》《江苏省洮滆片区水环境综合治理与可持续发展试点项目表》等文件。牵头推进武进区重点民生实事项目工作，如期完成10个大类、30个民生实事项目年度建设目标。武进区重大项目推进工作被市委书记陈金虎批示表扬。武进国家双创示范基地获国务院督查激励表彰。武进区入选首批江苏省创新型示范县（市、区）建设名单，被授予“科创江苏”首批试点县区称号。武进区国家农村一、二、三产业融合发展示范园获国家发展改革委认定，成为常州市唯一上榜县区。湖塘科技产业园入选第一批江苏省现代服务业高质量发展集聚示范区，获批省级工程研究中心2家、市级工程研究中心7家，46家工业企业、30家服务业企业获得常州市星级企业称号。武进区综合信用指数连续七次排名全市第一，被列为江苏省创新信用管理与服务县级试点地区。

（杨姗菁）

【投资管理】 2022年，区发改局围绕全区中心工作，紧盯目标任务，统筹推进疫情防控和经济社会发展，经济趋稳向好。严格落实《武进区政府投资项目管理办法》，完善管理机制，提高政府投资项目决策管理水平，充分发挥政府投资效益。全年列入《武进区2022年政府投资项目建设计划》项目137个，总投资255.17亿元，年度计划投资64.42亿元，实际完成投资60.06亿元，完成年度投资计划的93.23%。全年申报获批专项债券23.84亿元、中央预算内投资1.13亿元。全年固定资产投资（含常州经开区）较2021年增长4.2%。其中，工业投资增长3.1个百分点，服务业投资增长5.8个百分点。

（汤　伟）

2022年武进区获批建设市级及以上工程研究中心情况表

表26

类　别	平　台　名　称	承　担　单　位	建设地
省级工程研究中心	江苏省智能包装成套装备工程研究中心	江苏汤姆智能装备有限公司	武进高新区
	江苏省可生物降解材料工程研究中心	常州大学	常州科教城
市级工程研究中心	常州市移动交通能源技术工程研究中心	国创移动能源创新中心（江苏）有限公司	常州科教城
	常州市智能包装成套设备工程研究中心	江苏汤姆智能装备有限公司	武进高新区
	常州市压电驱动精密流体控制工程研究中心	江苏高凯精密流体技术股份有限公司	常州科教城
	常州市精密离合器涉及及智能制造工程研究中心	江苏南方轴承股份有限公司	武进高新区
	常州市工业互联网平台工程研究中心	常州市天正工业发展股份有限公司	常州科教城
	常州市新型节能型配电电器核心部件工程研究中心	江苏洛凯机电股份有限公司	洛阳镇
	常州市高效智能自驱动永磁滚筒工程研究中心	江苏嘉轩智能工业科技股份有限公司	西太湖科技产业园

（王晓丰）

市重大项目——位于西太湖科技产业园的新科智能显示终端项目

（摄影 / 徐晶玮　摄于 2022 年 11 月）

【重大项目推进】 2022 年，武进区紧扣全市“重大项目攻坚突破年”活动要求，攻坚克难，主动作为，强化“133”工作机制，坚持“周例会、月通报、季督查”和月度评比活动，保持高位推进、高频调度。累计召开重大项目专题推进会 30 次，开展“创智武进当标杆”评比活动 12 次，全力推动重点项目快速落地见效。重大项目入库、投资、开工、竣工均超额完成年度目标，多项指标创历史新高，排名常州辖市区前列。8 个项目列入省重大项目，项目数为历年最多，居常州辖市区首位。全年共入库总投资超 10 亿元重大招引项目 13 个，完成年度目标的 217%，居常州辖市区首位。新增入库市重点项目 37 个，完成年度目标的 161%。半年度时，全区已提前完成全年入库目标，入库项目数量及完成率均排名全市首位。市重点项目累计完成投资 209 亿元，新开工 29 个，竣工 14 个；区重点项目新增入库 233 个，完成投资 353 亿元，新开工 215 个，竣工 160 个。

（潘　茹）

【创投工作及债券管理】 2022 年，武进区新增主营业务中包括“股权投资、创业投资”的创投类企业 156 家，新增注册资本 57.6 亿元。全区风险创业投资机构累计 489 家，总资本规模 530.3 亿元。纳入“全国政府出资产业投资基金信用信息登记系统”基金 1 家，运行情况平稳。对处在债券存续期的 2 家企业开展定期检查，在本息兑付风险排查中风险级别均为正常。

（王晓丰）

【推进现代农业转型升级】 6 月，国家发展改革委等五部委联合印发《关于第三批国家农村产业融合发展示范园认定名单的通知》，武进区农村产业融合发展示范园入选，成为全市唯一的国家农村产业融合发展示范园。该示范园积极探索符合本地区实际的农村产业融合发展道路，凝聚工作合力，持续提升园区建设质量，加强园区建设管理，依托农业农村资源，培育壮大一、二、三产业融合发展的主导产业，健全与农民利益紧密联结机制，联农带农就近就业、增收致富，合力打造“以花木产业为主，绿色工业、休闲旅游为辅”的核心产业体系，总体形成“两心、四带、六区”（“两心”指以夏溪花木市场与江南花都产业园为依托的综合服务中心。“四带”指风情园艺产业带、高端盆景产业带、名贵乔木产业带和精品花卉产业带。“六区”指以党建作为核心要素，统筹生产、生态、生活三大领域的党建红盟培育区；以“两地融合”“产村融合”“两新融合”三个融合为引领的农民住房集中居住区建设试点的改革试点先导区；以全面升级现代化智能化设施，引入传感器及物联网技术，实现无人、科学、高产种植的产业升级创新区；以打造独具一格的集科技、生态、休闲旅游、餐饮住宿等多功能于一体的综合性创意休闲现代乡村旅游的生态文旅休闲区；以因地制宜，加强本地农民培训，培养职业花农、电商人才、物流包装等技能型的新农人才引育区；以花为媒、以节促销，立足全国最大花木交易市场，与海内外花木企业交流互通、合作互助，共筑产业发展新格局的国际合作探索区）的产业布局，构建“以农为核、以工带农、以旅兴农”的发展新格局。

【推进现代服务业转型升级】 2022 年，武进区贯彻落实常州市“532”发展战略，突出重点，强化措施，狠抓落实，推进现代服务业量质齐升，实现服务业增加值 987.56 亿元（不含常州经开区，下同），增长 2.4%，服务业增加值占地区生产总值的比重为 46.8%。加快重点项目建设，智能及新能源汽车检验中心建设项目入选省服务业重点项目清单，高性能智能装联设备产业化项目等 3 个项目获得省级服务业专项资金支持。围绕服务业重点领域，加强服务业龙头企业培育。万帮数字能源股份有限公司等 20 家服务业企业被授予 2022 年度常州市星级企业称号，总数位居全市第二，其中江苏江南农村商业银行股份有限公司获特别重大贡献奖。集聚区建设取得新突破，湖塘科技产业园入选第一批省级现代服务业高质量发展集聚示范区，西太湖健康产业服务业集聚发展示范区入选第二批省级现代服务业高质量发展集聚示范区。推荐常州科教城等 5 家单位开展江苏省现代服务业高质量发展集聚示范区综合评价。至年底，全区有常州科教城等省级服务业集聚示范区 7 个，总数位列全市第一。“两业”（先进制造业和现代服务业）融合发展再上新台阶，武进高新区等 6 家单位被认定为第二批江苏省先进制造业和现代服务业深度融合试点。

（曹丽娜）

【国家双创区域示范基地建设】 内容参见“专记”类目 p2 同名条目。

（陈　露）

【优化营商环境】 内容参见“专记”类目 p2 相关条目。

（杨　波）

【推进特色小镇建设】 2022 年，常州石墨烯小镇持续优化产业环境，加速集聚高端要素，不断完善功能配套，全面增强影响力。新增投资4.8亿元，累计完成投资68.17亿元，其中特色产业投资占总投资比例达85.69%。累计入驻企业210家，新增规模以上企业6家，总数达36家；新增高新技术企业3家，总数达40家；新增省级以上专精特新“小巨人”企业7家，总数达19家；新增市级以上工程技术研究中心4家，总数达42家；新增专利171件，总数达1927件。举办2022西太湖石墨烯产业推进会、江苏省“石墨烯材料标准体系建设”项目研讨会等20余场。打造党建联盟初心课堂、“双创”沙龙两大服务品牌，持续扩大特色小镇品牌影响力。

【社会信用体系建设】 2022年，武进区入选全省县级地区创新信用管理与服务试点名单，成为首批38个县（市、区）试点地区之一。区发改局持续深化信用建设试点“2+N”品牌（“2”指地区试点＋行业试点，“N”指一批试点单位），确定“信用＋志愿服务＋新时代文明实践”试点等20个试点作为全区第二批信用建设试点。组织企业参加常州市2022年度企业信用管理培训和示范创建申报，通过常州市企业信用管理培训24家，获评常州市信用管理示范企业5家。健全企业信用修复机制，将以往每年一场信用修复培训的大班模式调整为分行业、多场次的小班模式，针对重点行业、重点领域举办企业信用修复培训班6场，累计参训企业超300家，有效提高信用修复针对性和成功率。武进区信用监测排名连续七次位居常州辖市区第一。

（沈　杨）

财　政

【概况】 2022年，区财政局综合运用各类政策，聚力开源节流、产业强区、民生改善、乡村振兴、安全发展、能级提升、转型升级七大方面，实现财政收支动态平衡、地区经济健康稳定发展、公共服务供给持续优化、农业农村建设有序推进、风险防范底线兜牢兜实、财政监管水平提档升级、国企改革行稳致远。全区（含常州经开区）完成一般公共预算收入203.93亿元，比2021年减收12.62亿元，下降5.83%。其中，税收收入168.55亿元，下降10.42%，税占比82.65%；非税收入35.38亿元，增长24.62%。全区一般公共预算支出207.46亿元，下降0.92%。全区实现政府性基金收入374.81亿元、国有资本经营预算收入2亿元、社会保险基金收入20.52亿元。完成政府性基金支出393.68亿元、国有资本经营预算支出0.84亿元、社会保险基金支出19.31亿元。全年预算收支平衡。主动接受同级审、省审计厅债务审计、人大督查等各种类型监督，重点配合落实省委巡视响应工作，牵头做好省委巡视财政审计组工作。牵头成立追赃挽损工作专班，建立工作日报制，制定挽损措施，建立部门联动机制，形成挽损合力，至12月底共挽回损失16.05亿元。区财政局获评常州市武进区争先奋进创新创优（营商环境）先进集体、2019—2021年度常州市文明单位标兵、2019—2021年度江苏省文明单位，档案室创成江苏省规范档案室。

【增收节支】 2022年，区财政局抓住全市涉税信息整合的机遇，深化全区财税大数据平台建设，将镇（开发区）纳入涉税数据共享范围。按期组织召开财税库行联席会议及镇、开发区收入分析会议，横向到边、纵向到底，深入分析收入完成情况，科学进行收入预判。拟定区镇新一轮财政体制，建立健全权责清晰、财力协调、区域均衡的基层财权关系。深入挖掘国有资产资源，继续推进闲置低效资产处置，取得国资处置收入3.61亿元。按照《积极应对新冠肺炎疫情影响强化财政支出管理的通知》，腾出更多资源用在疫情防控急用处、民生保障紧要处、稳定增长关键处。全年共压减非民生、非刚性的一般性项目支出1500万元，压减专项资金支出30910万元。严控预算追加，坚持“无预算不开支，有预算不超支”，明确基本支出和项目支出定额标准，建立涵盖财政重点支出领域、主要共性项目和重大延续性项目的支出标准体系。持续强化直达资金监管，加快资金支出进度，督促形成实际支付，确保资金支出进度始终超90%。

2022年武进区财政收入情况表

表27

收入项目	金额（万元）	比2021年（±%）	收入项目	金额（万元）	比2021年（±%）
一、一般公共预算收入	2039309	−5.83	契税	195166	23.84
（一）税收收入	1685499	−10.42	环境保护税	7522	−16.47
增值税	694048	−19.34	其他税收收入	36	48.51
企业所得税	305298	−12.57	（二）非税收入	353810	24.62
个人所得税	132773	26.55	专项收入	86285	−12.59
资源税	—	—	行政事业性收费收入	84792	51.47
城市维护建设税	96984	−13.18	罚没收入	34713	29.08
房产税	90566	2.58	国有资源（资产）有偿使用收入	140476	47.36
印花税	30699	−5.23	其他收入	7544	8.22
城镇土地使用税	58388	−9.81	二、政府性基金收入	3748126	2.56
土地增值税	54001	−36.49	三、国有资本经营预算收入	20000	25.00
车船税	14603	2.93	四、社会保险基金收入	205180	−24.06
耕地占用税	5415	36.88			

2022 年武进区财政分项支出情况表

表 28

支出项目	金额（万元）	比2021年（±%）	支出项目	金额（万元）	比2021年（±%）
一、一般公共预算支出	2074633	−0.92	商业服务业等支出	15432	27.86
一般公共服务支出	168988	2.49	金融支出	1487	−37.47
国防支出	3095	−49.76	援助其他地区支出	12597	—
公共安全支出	126755	16.87	自然资源海洋气象等支出	29032	115.24
教育支出	386127	3.89	住房保障支出	87050	1.17
科学技术支出	128425	−7.31	粮油物资储备支出	1487	72.71
文化旅游体育与传媒支出	15182	−12.87	灾害防治及应急管理支出	9065	20.39
社会保障和就业支出	254082	−7.90	预备费	—	—
卫生健康支出	204682	33.59	其他支出	1036	1655.93
节能环保支出	101329	21.78	债务付息支出	24872	−8.98
城乡社区支出	274503	−30.47	债务发行费用支出	89	−55.94
农林水支出	123912	−2.75	二、政府性基金支出	3936800	0.01
交通运输支出	32722	141.40	三、国有资本经营预算支出	8392	19.89
资源勘探信息等支出	72684	−4.68	四、社会保险基金支出	193099	−25.25

【财政支持地区经济发展】 2022 年，区财政局按照《关于应对疫情影响重点支持服务业相关企业稳定发展的若干举措》文件要求，发放留常过节专项补贴 2548.6 万元，落实疫情防控专项经费 4.5 亿元。严格贯彻落实减税降费政策，巩固拓展减税降费成效，研究制定《武进区落实增值税抵退税政策工作方案》，制定出台《关于减免 2022 年区级国有房屋租金的通知》《关于扩大 2022 年区级国有房屋租金减免范围的补充通知》，减免国有资产租金 1.21 亿元，减税降费、留抵退税 105 亿元，帮助企业扩大再生产，激发市场活力助力稳住经济基本盘。配合制定《关于支持机器人产业发展若干政策》《武进区关于加快推进知识产权高质量发展的若干政策》《关于支持集成电路产业发展若干政策》等一系列产业扶持政策，打造新一轮产业政策体系。科学谋划，积极创建，武进区于 5 月创成全国首批中央财政支持普惠金融发展示范区，成为全省首批入选的三个地区之一，并以此为契机，与银行达成超 300 亿元战略合作，为武进企业引入金融活水。起草《武进区推进普惠金融发展政策意见》，不断提高普惠金融服务的覆盖率和可获得性。在持续做好“武科贷”“武易贷”等传统金融服务的基础上，创设“外贸护航保”“投贷联动”“领航保Ⅱ”等专项产品，通过财政资金补贴担保费率、利息等方式，有效提高普惠金融服务的覆盖率和满意度。加快龙城金谷（南区）建设，推动产业基金高效运作，充分发挥产业基金对产业发展的撬动引领作用。在全省率先推出建设工程招投标“中标贷”服务，累计为 70 个项目发放贷款近 3 亿元。贯彻落实领军型创新人才“倍增工程”，兑付领军型人才及人才开发经费 2847 万元、常州市创新 1 号文件资金 1398 万元，支持高层次引才聚才。

【财政支持社会民生事业发展】 2022 年，区财政局围绕打造“十个吾有”民生品牌，全力加强普惠性民生保障体系建设，一般公共预算支出 75% 以上投向民生领域。围绕教育新一轮三年行动计划，年内筹措 4.3 亿元，保障重点教育项目建设，鼓励社会资本以“民建公办”“项目租赁”等方式参与学校建设。安排 1700 万元，支持关停 7 所新市民学校，统筹安排这 7 所新市民学校 1 ~ 5 年级学生享受公办义务教育资源。筹措 3898 万元，向 5 所民办义务教育学校购买学位，增加公办义务教育学位供给，推进义务教育优质均衡发展。

落实基本公共卫生服务补助资金 11577 万元，基层卫生院基本药物改革区级补助 9338 万元，基层卫生院设备补助 675 万元，大学生村医基层工作补助 141 万元，基层卫生骨干人才补助 116 万元，支持医疗卫生体系各项改革落到实处，提升公共卫生服务水平。兑付职业技能、高技能培训补贴等 2337 万元，社保补贴 3611 万元，稳岗返还补贴 13833 万元，留工培训补贴 22363 万元，多措并举推动重点群体就业，全力打响“创富武进”品牌。安排 2573 万元文体产业发展及其他文体事业发展资金，为全区文体事业发展提供有力保障。稳定安排 1000 万元粮食专项资金，有序完成粮食轮换、应急成品粮油储备库建设和物资保障工作。配合制定新一轮《武进区级政府储备粮轮换管理办法》，支持奔牛粮食物流园二期项目完成年度序时任务。多措并举支持擦亮全区安全底色，支持区应急救援指挥中心建设，安排 500 万元安全生产专项资金、348 万元自然灾害民生险投保资金。

适时调整和制定相关社保政策，不断完善各类社会保障制度，加大各类保险收缴力度。工伤保险新模式“社商合作”全面启动，通过公开招标的方式确定商业保险公司作为项目的委托经办机构，发挥商业保险公司网点及资源优势，统筹推进经办效能提升和风险防范化解，深化工伤保险基金风险源头治理，进一步扎牢工伤保险基金“防护网”，有效增强工伤保险基金抗风险能力和保障能力。自 2022 年 1 月起，被征地农民第四年龄段人员保养金标准从950元／月提高至1020元／月，常住人口基本公共卫生服务补助标准从88元／人·年提高至93元／人·年。自2022年7月1日起，城乡最低生活保障金水平从940元／人·月提高至1000元／人·月，散居孤儿补助标准从2018元／人·月提高至2194元／人·月，城乡居保基础养老金补贴标准提高至405元／人·月。全年上解、兑付各类社保资金20.58亿元（含上解市财政各类社保基金18.09亿元），为各类优抚对象和弱势群体有效提供基本生活保障。贯彻落实新出台的《江苏省被征地农民社会保障办法》，扩大居家养老服务财政补贴范围，有序推进企业职工养老保险基金省级统筹。

【财政支持生态环境提升】 2022年，区财政局召开联席会议，统筹协调区税务、生态环境、住建、行政审批等部门，建立适合本地区的协作机制，推进环境保护税征收工作，充分发挥“绿色税种”在调节税收、保护环境上的独特作用，共征收环境保护税3918.84万元（不含常州经开区）。推进实施《省政府关于实施与减污降碳成效挂钩财政政策的通知》，推行多元化生态保护补偿措施，制定出台《关于优化农村生态补偿政策的实施意见》，进一步完善生态补偿机制，集中财政生态补偿资金5118.9万元，其中直接支付板块补偿资金1645.8万元，剩余资金用于农村生态补偿。区、镇两级共安排减煤减化消减落后产能，水、气、土壤污染防治，城镇环境维护等资金12.24亿元。研究建立环保项目储备库，为环保基金提供项目储备。加大环境自动检测站、污水管网建设等环保基础设施资金支持力度，推动全区环保基础设施提档升级。修改完善武进区生活废弃物收运处置一体化特许经营项目实施方案，采取特许经营方式引入社会资本参与，推动实现生活垃圾从中转到最终处理的全过程一体化委托运营。

【财政支持乡村振兴】 2022年，区财政局持续将农业农村作为财政支出的优先保障领域，确保财政投入与乡村振兴任务相适应。贯彻落实省政府要求，将土地出让收入用于农业农村比例提到5%以上。深入推进涉农资金统筹整合长效机制，积极发挥政策集聚、资源集聚、资金集聚“三集聚”作用。强化项目“以奖代补”“先建后补”等支持方式的运用，规范财政支农项目资金的使用和管理。适度提高“三权”（土地承包经营权、林权、农村居民房屋产权）抵押贷款风险补偿基金规模，制定农民住房财产权（宅基地使用权）抵押贷款风险共担机制，更好满足乡村振兴多样化融资需求。牵头抓总，完成政策性农业保险承保机构公开遴选，进一步提升农业保险服务质量。强化粮食供能区和重要农产品保护区长效管护，提升农业主导产业发展优势。支持特色田园乡村、农民自建区建设，深化农村人居环境改善提升，打造具有地方特色、形态各异的美丽乡村。

【严格政府债务管理】 2022年，区财政部门严格审核区级政府性投资项目，硬化预算约束，从源头杜绝违法违规举借债务风险。全年全区列入投资计划的政府投资项目138个，总投资255.3亿元。加强对江苏理工学院武进绿建区协同创新园等重点区级政府性投资项目估算和概算审核，有效控制项目投资总额。持续加强对镇、开发区的债务风险管控，制定出台阶段性融资工作要求，从严执行融资成本管控政策，加快隐性债务置换，全面压降债务成本。贯彻落实上级要求，健全全口径债务管理机制，划红线、定规矩，抓落实、强监管，全面加强平台公司经营性债务管理。强化监管，地方政府专项债券穿透式监测系统上线运行。加快项目梳理，优化扩大债券项目储备库，积极争取地方政府债券资金，年内新增地方政府债券39.57亿元。

【深化财政管理改革】 2022年，区财政局制定出台《常州市武进区区级财政预算绩效评价业务操作规程（试行）》《常州市武进区区级预算绩效运行监控管理暂行办法》，优化完善预算绩效管理制度框架。扎实开展政府预算项目15个、专项债券项目重点评价4个。在洛阳镇首次试点财政运行综合绩效重点评价。参照上级部门预算绩效指标体系，启动区级运转类其他项目绩效指标模板和特定目标类项目指标案例库建设。完善专项资金监管体系，联合相关职能部门，制定出台《常州市武进区旅游发展专项资金管理办法》《武进区工业和信息化专项资金管理办法》《常州市武进区促进创新发展专项资金管理办法》《武进区地方政府储备粮区级补贴资金管理办法》，切实规范相关领域财政专项资金管理使用，提高资金效益。践行“大监督”理念，制定《武进区财政局2022年监督检查计划》《武进区财政局2022年内部审计计划》，按计划完成区级行政事业单位会计信息质量等制度执行情况财政监督、中秋和国庆期间“四风”问题专项督查、基层财政工作检查及内审工作。将自收自支事业单位纳入政府综合财务报告编制范围，完善财报编制主体。清查入账存量公共基础设施，细化股权投资、保障性住房等资产会计核算，提高政府资产反映完整度。深入推进预算管理一体化系统运用，将往来款纳入系统，全面推开采购模块运用，提前谋划镇、开发区2023年纳入系统的准备工作。印发《关于进一步推进非税收入收缴电子化和财政电子票据改革工作的通知》，将非税收入收缴电子化和财政电子票据改革向镇、开发区推进，上半年在雪堰镇完成试点，年前所有镇、开发区全面完成改革。

【推进国企改革三年行动计划】 2022年，区财政部门紧抓省、市国企改革三年行动收官的关键节点，加快国企改革步伐。

完善现代企业制度　完成全区一级企业及重要子企业党委前置研究讨论重点经营事项清单。推动国企加强内部审计体系建设。首次公开招聘外部董事，建立外部董事专家库，委派11名行业专家担任区级集团外部董事，实现区级集团公司董事会成员“外大于内”。制定印发《关于加强武进区区级集团公司外部董事履职保障工作的通知》《武进区区级集团公司外部董事履职评价办法》等文件，基本形成区级集团公司外部董事管理制度体系。

优化国资布局　推进全民所有企业改制完成率近95%；清退非主业投资和投资收益率较低的投资项目；全面完成江苏恒基路桥股份有限公司混改，持续推进壹山藏传媒（江苏）有限公司、常州新科汽车电子有限公司混改工作；加快企业上市培育进程，江苏绿和环境科技有限公司列入 2022 年常州市第一批上市企业后备名录。

推进市场化管理改革　组织开展国有企业领导人员管理能力提升示范集中培训班，提升其市场化管理水平和经营能力。规范经理层任期制和契约化管理，完善“四书”（岗位聘任协议书、年度经营业绩责任书、任期经营业绩责任书、岗位说明书）签订，明确定性定量考核指标。核定调整集团公司“三定”（定机构、定编制、定职能）方案，建立全口径人工成本预算管理制度，集团本部全面实行工资总额管理。开展国有企业高校毕业生专场招聘，优化完善国有企业人才工作格局。

强化出资人监管　会同区审计局制定《关于深化部门联动强化出资人监管工作的通知》，以江苏先行控股集团有限公司为试点，启动出资人专项监督检查工作。坚持财务预算与业务预算、融资预算、投资预算等全面结合，合理控制财务预决算偏差，强化预算约束，有效防范财务风险。严格执行项目备案制，严把国企投资项目预算控制关。合理控制融资规模和融资成本，全区国有企业到账成本较上年末下降 32 个 BP。用好资金融通平台，与江南农村商业银行达成 30 亿元战略合作，加强资金风险管控，密切关注国有企业经营风险，全面开展贸易业务排查，进一步规范国有企业经营业务。

【加强会计行业管理】 2022 年，区财政局继续开展江苏省会计人员信息采集工作，至年底，累计采集信息 22022 人次。鼓励会计人员提升职业素养、提高职称等次，全区取得会计资格初级 1146 人、中级 422 人、高级 12 人，初、中、高级职称人数分别累计 11727 人、4110 人、262 人。开展代理记账公司备案工作，完成备案 108 家，新办代理记账许可证 49 家。根据《财政部、市场监管总局关于开展代理记账行业违法违规行为专项整治工作的通知》要求，开展代理记账行业“虚假承诺”“无证经营”行为整治等专项工作，进一步推动代理记账行业高质量发展。组织开展全区代理记账公司安全生产管理制度，进一步增强全区代理记账人员安全管理知识和应急处理等方面的能力。完善在职领导干部兼任社团职务手续，严格会员代表、理事资格筛查、修订完善学会章程、大会报告等制度。6 月 22 日，武进区会计学会第五届会员代表大会暨第五届一次理事会召开，完成会计学会换届选举工作，成功选举出第五届理事会和以区财政局局长叶青为会长的第五届常务理事会。

【财政系统党建与干部队伍建设】 2022 年，区财政局围绕迎接、宣传、贯彻中共二十大精神的主线，充分利用“学习强国”学习平台学习、新时代基层干部主题培训、达人挑战赛等活动，推动理论学习走深走实。围绕“深耕理财为民党建品牌，争当现代化建设标杆”书记项目，牵头开展“鑫丰红盟”活动，参与“智造红盟”“智慧高企红盟”等红盟活动，扩大党建“盟友圈”，以“党建＋服务实体经济”的模式，引领财政工作高质量发展。启动实施《财政系统干部队伍建设规划》，加强财政干部选拔任用、职级晋升规划。开展乡镇分局人员现状调查研究，摸清队伍现状。开展“财政讲堂”，选派优秀干部挂职、援疆、参与区委巡察等，全方位提高干部能力素质。新冠肺炎疫情防控期间，组织 34 名志愿者下沉东庄社区，与疫情防控一线的医护、社区人员共同抗疫，相关报道《常州武进：硬核“志愿红”筑牢防疫安全强》被“学习强国”学习平台录用。优化局机关新 OA 系统，进一步提高工作效率，优化管理流程，降低沟通成本。先后完成区财政局妇女联合会换届选举和区财政局第一、第二支部换届选举，以及局离退休干部支部、局党总支换届选举工作。“党建联盟护航、助推乡村振兴”书记项目被区委组织部评定为 2021 年度武进区“优秀书记项目”。

（陈　丹）

税　务

【概况】 2022 年，区税务局紧紧围绕地方新经济新业态，立足税收主责主业，积极发挥税收职能，全面服务地方经济发展大局。全区（含武进高新区，不含常州经开区）组织完成税收收入 237.47 亿元，其中完成一般公共预算收入 123.53 亿元，完成中央级收入 113.94 亿元；完成非税收入 250.80 亿元，办理各类退税 80.02 亿元，税收政策红利显现。全区（含武进高新区、常州经开区）征收社保费 127.32 亿元。聚焦经济税收热点，挖掘税收大数据内涵价值，形成税收经济分析 19 篇，其中 4 篇获得区委领导表扬性批示，《激扬改革发展“新活力”跑出营商环境“加速度”》获时任江苏省委常委、副省长费高云表扬性批示。

【税费征管】 2022 年，区税务局进一步深化税收征管改革，深入贯彻省税务局“50 条”精神，建立征管职责清单运转综合协调等四项机制，积极探索“做实县局”。积极落实新的组合式税费支持政策，成立退税减税政策落实工作领导小组，构建“1+10+N”（1 个领导小组、10 个专项工作组、N 个分局工作小组）工作架构，开展全覆盖宣传辅导、全流程督察督办，建立跨部门联合会商机制，确保优惠政策落实落细。

货劳税方面　按照省、市税务局工作部署要求，稳步实施发票电子化改革，成立增值税专用发票电子化试点工作组。落实“一户式”管理机制，聚焦增值税发票风险，开展发票日常风险分析，加强增值税快速反应。规范增值税发票代开管理，全面检查全区 12 个发票代开点、36 个代开窗口，核实发票代开异常数据，防范税收风险。加强消费税、车购税等税种管理，持续加强成品油生产企业及经销企业归类管理。

财行税方面　加强土地增值税风险防控，与住房和城乡建设、自然资源和规划、行政审批等部门建立房地产开发项目信息共享机制，累计共享新增预售证信息 102 条、新增竣工验收备案信息 948 条。规范开展土地增值税清算审核，全年审结项目 19 个，清算补税 1.14 亿元。依托环保税协作机制，与生态环境部门就 60 户施工扬尘环境保护税纳税人开展复核工作。联合不动产登记部门持续优化“一窗受理、集成服务”工作举措，实现不动产交易资料共享、信息互通。持续做好耕地占用税、城建税、印花税、车船税等税种的征收和管理工作。

所得税方面　采用直播和“政风热线”答疑等形式，向纳税人解读辅导企业所得税汇缴和优惠新政，完成 2021 年度企业所得税汇算清缴工作。发挥“税政智囊团”品牌优势，组建武进智惠高企红盟，做好高企服务工作。落实网格化管理责任制，及时主动引导纳税人分类分批办理年度汇算，对全区13457户有税扣缴单位发送综合所得汇算申报“四分引导”提醒短信，分类引导单位合理有序错峰办理年度汇算，年度汇算申报率92.56%，再创新高。强化独资合伙企业个人所得税征收方式管理，实现辖区个人独资、合伙企业经营所得100%查账征收目标。

国际税收方面　进一步落实好税收协定减免、再投资递延纳税等优惠政策，做好税收协定备案改备查、对外支付备案联合电子化工作。加强“走出去”企业和个人境外投资经营信息的采集和补充，确保数据质量。开展合同审核与协定待遇审核，做好外管数据比对分析和风险核查工作。

社保和非税方面　牢固树立“税费皆重”理念，全面做好社保费和非税收入的征收管理及划转工作。12月，成立全市首家社保费征缴争议处理中心。有序推进社保费征收体制改革，国有土地使用权出让收入和矿产资源专项收入顺利划转，全年征收国有土地使用权出让收入180.73亿元。

【风险管理】　2022年，区税务局强化税收大数据驱动能效，实现风险管理工作质优效高。组建“1+2+10”（1个综合管理小组、2类集体审议小组、10个分析工作小组）深度分析团队，形成风险指向精准、纳税人易理解、好操作、可修正的风险提示提醒函1400户次。组建“出口征税任务”“小汽车专项核查任务”等8个工作专班，高效处置任务253户次。成立风险应对文书复核团队，复审案卷86户，逐户制作《单户审核报告》《核查要点》。制定区税务局《加强税务监管工作意见》及相关配套文件，确定出口退税、房土两税税源登记和城建税税费种认定三个重点监管项目，监管成效6225万元。成立大数据管理团队，22名团队成员均通过省局BIEE达标考核测试，形成“留抵退税后注销户查询”等6项本地化数据产品。全年组织实施五大平台9532户次风险应对和核实任务，增长117.91%；取得入库成效5.11亿元，增长53.44%。在市税务局组织的年度优秀风险应对案例评选活动中，区税务局团队的《税法为剑——刺透关联劳务的避税外衣》获第一名，湟里分局的《芝麻西瓜、颗粒归仓》获第四名。

【税收执法】　2022年，区税务局深入推进税收法治化建设，不断提升依法治税水平。健全依法治税领导体制机制，每季度召开全面依法行政领导小组会议，坚持开展会前学法，并将依法行政工作纳入日常考核。规范税务行政处罚裁量权，严格落实关于长江三角洲区域申报、发票类税收违法行为行政处罚裁量基准，统一执行口径，维护纳税人缴费人合法权益。严格执行税务权责清单，推行证明事项告知承诺制，实行容缺办理，有效提升执法质量。持续推进“三项制度”（行政执法公示制度、执法全过程记录制度、重大执法决定法制审核制度）建设，全年公示行政执法事项29项、执法信息55800余条，记录执法音像信息219条，组织开展首批重大执法决定法制审核工作。联合公安、人行、海关等六部门开展执法合作和数据共享，共同护航留抵退税政策落稳落准。连同区检察院、公安局等探索企业合规评估机制，取得涉案企业、检察院、税务三方共赢的良好局面。积极配合区依法治区办、区委政法委、区司法局等部门做好日常法治工作。

【纳税服务】　2022年，区税务局推进税费服务高质量发展，实施“我为纳税人缴费人办实事暨便民办税春风行动”，推出5个方面、20类、78条服务举措。实现税费服务一体化管理运行，建成“1+10”实体办税网络，打造“15分钟税费服务圈”，落实全市通办税费事项清单，开设“帮吾办”“办不成事”反映窗口。加强办税服务厅规范化建设，加大线上产品推广应用，减少纳税人申报和缴税次数，压缩办税时长。深入落实“春雨润苗”专项行动，联合区工商联、行业商会以“线上＋线下”的形式解读税费优惠政策。建立征纳双方沟通桥梁，组织开展纳税人座谈会40余次、税费服务体验师活动1次，发放调查问卷4次，充分听取市场主体和社会各界的意见和建议。保证线上咨询质量，持续提升特服号接通率、答复准确率和服务规范性。推广运用“12345”“一企来”企业服务热线，组建区税务局政策专员团队，快速响应纳税人缴费人需求。落实政务服务“好差评”制度，严格差评管理，加强差评处理复核，实名差评回访整改率100%。持续推广“江苏税务”App应用，区税务局“江苏税务”App业务办理量居全市第一。开展“一把手走流程”等活动，累计走访调研170余次，回应问题140余个。创新宣传方式，依托“常州税务”“今日武进”等平台和“建哥直播间”系列微视频宣传最新政策。

（毛浩宇）

土地资源管理

【概况】　2022年，区自然资源和规划部门围绕市“重大项目攻坚突破年”活动，聚焦重大项目保障工作，着力构建全流程、多维度的重大项目规划保障体系。全区重大项目361个，其中省重大项目8个、市重大项目81个；完成用地保障项目344个，占重大项目总数的94.7%；新增供地项目59个，完成供地204.77公顷；完成规划许可项目324个，占已供地项目的94.2%。省重大项目汇川新能源汽车关键零部件项目自取得土地到竣工投产总用时仅9个月，创造武进项目建设“新速度”。土地市场经营有序，供应各类用地208宗，面积894.93公顷。其中划拨75宗，面积378.93公顷；协议出让37宗，面积202.93公顷，出让金188.28亿元；挂牌出让53宗，面积202.6公顷，出让金93.15亿元；集体入市43宗，面积110.47公顷，金额6.52亿元，有力促进全区土地资源高效配置。全面实行“双合同”管理，落实履约保函（保单）制度，收取保函（保单）25宗，金额超5000万元。有序推进成片开发，科学编制并严格执行土地征收成片开发方案，全年完成土地征收339.64公顷，新增建设用地233.82公顷，高效保障成片开发类项目用地需求。区住建部门以常州市“532”发展战略及“两湖”创新区建设要求为指导，以资源价值提升为导向，以片区综合开发为抓手，统筹推动全区土地资源经营及管理工作。优化片区资源配置，长沟河片区、淹南片区等重点片区的城市基础设施和公共服务设施建设有序实施，长沟河片区“十里樱花”“儿童友好”策划方案向社会公布，西园路、贺家路等5条市政道路基本竣工，西园路实验学校、湖塘桥实验小学淹城校区启动建设。推进片区合作开发，积极引入社会资本方合作参与长沟河西片区及沟南片区土地一级开发，明晰操作模式及实施路径，编制完成项目实施方案，商务条件谈判深入开展。经营性土地储备及出让工作顺利完成。

（常文涛　徐亚芬）

【执法监察】 2022年，区自然资源和规划部门落实“预防为主、全程监管”要求，保持对违法用地的高压态势，通过卫片执法、日常巡查、清零行动、三年行动等查处一批整改一批震慑一批，违法用地得到有效遏制和打击。全年共日报新增疑似违法用地线索20条，疑似违法用地面积3.54公顷，均已通过完善手续、拆除整改、复垦复种整改到位。立案查处存量违法用地7宗，发出各类告知函55份、处分建议书5份。圆满完成“三年行动”“清零行动”，共摸排问题图斑260个，面积75.42公顷；整改完成2021年年度变更问题图斑92宗，面积5.78公顷；整改完成2021年耕地保护督察问题12宗，面积26.16公顷。强化森林资源监管，主动靠前执法办案，共立案查处林业违法案件4宗，罚款6.44万元。其中林地类违法案件2宗，面积564平方米，罚款金额1.69万元。武进区获评“2021年度土地执法模范县（市、区）”。

【审批改革】 2022年，区自然资源和规划部门持续落实审批改革，推进营商环境迈向新台阶。高效落实重大项目信用承诺审批实施方案，助推重大项目早开工、早建成、早投运。继续推广“标准地＋承诺制”供地改革，武进高新区先后完成亿诺科高铁机车高效节能部件、江苏恩迪汽车零部件两宗工业用地“标准地”出让，工业项目“标准地”通过区有关部门联合评审10个。常态化推动重大项目“拿地即开工”，在推行“交地即发三证”改革的基础上，强化部门协同联动，不断丰富企业“拿地”与“领证”的情景模式，恒立高性能电动缸、昱坤生物陶瓷人工关节在交地当天分别取得“四证四书”和“四证三书”，实现拿地即开工；汇川新能源汽车核心零部件、舒朋士智慧排水系统、诺克威高频高导微细铜导体、移远通信模组智能制造基地等项目实现“交地即发三证”；江苏昊润电子科技有限公司在同一天内取得“建设工程规划许可证”“施工图审图合格书”和“建筑工程施工许可证”。常态化推行工业项目“建设工程设计方案”与“建设工程规划许可证”合并审批模式。根据企业需要，符合条件的无须再单独申报建设工程设计方案，合并后申报材料精简率和审批承诺时间压缩率均达50%，按此模式审批项目92个，占办理工业项目数量的70%以上。继续推行审批权下放、建设工程规划许可告知承诺制、“多测合一”等改革举措，进一步落实建设工程审批豁免清单，推动低风险项目简易审批改革，打造“即时受理、快速办结”的高效审批新版本。深化“互联网＋不动产登记”模式，推行不动产登记“一窗受理”综合窗口服务，积极开展“交房（地）即发证”服务。细化农村不动产登记发证流程，全区办理用地预审与选址意见书55份，用地面积457.92公顷；办理建设用地规划许可证71份，用地面积373.36公顷；办理建设工程规划许可证191份，建筑面积567.17万平方米；规划核实173个，建筑面积542.79万平方米。

7月5日，自然资源和规划局武进分局执法人员现场核查土地违法行为

（摄影／徐麾）

【规划技术保障】 2022年，区自然资源和规划部门稳步开展各类技术保障工作，推进2022年度区自然资源和规划“一张图”建设及综合数据库数据更新，新增和更新卫片图斑、变更调查、管线、控规等图层数据101个。推进2022年度“天地图·武进”数据更新与维护，完成全区范围天地图数据年度更新与融合。响应实景三维中国、实景三维江苏、实景三维常州建设的部署要求，谋划开展2022年度武进区城市实景三维数据制作工作，完成“两湖”创新区城市实景三维数据生产。继续拓展公益性地图产品种类，联合区文体广旅局、武进规划勘测设计院编制完成《武进区全域旅游地图》并于4月18日发布，填补辖区全域旅游标准化地图空白，进一步提升武进城市形象识别度和影响力；绘就红色图谱《历史的丰碑——武进区红色资源地图》，并于10月完成地图宣传与发布。

（常文涛）

市场监督管理

【概况】 2022年，区市场监管局围绕“532”发展战略、建设“两湖”创新区主题，以开展“服务‘532’、市监在行动”主题活动为主线，一手抓疫情防控、一手抓市场监管，经受住疫情考验，在高质量发展攻坚中走在前列。到12月底，全区有药品生产企业14家、药品经营企业587家；医疗器械生产企业202家、医疗器械经营企业（含零售、批发）628家；餐饮服务单位10995个、食品生产企业199家（包含食品添加剂生产企业6家）；在用特种设备49541台（套），全区特种设备超期未检率压降至0.02%以下。引导企业增强知识产权保护意识，获专利授权14959件，万人有效发明专利75.41件；申请商标8913件，新注册商标7284件，累计有效商标注册量56273件，在全省县（区）中位列第五（商标数据含常州经开区，专利数据不含常州经开区）。推进质量品牌建设，新增2022年市长质量奖获评个人1名、区长质量奖企业5家；新增省质量信用AA级企业3家，累计30家；组织企业完成国家标准、行业标准的研制工作37项，获省级战略性新兴产业标准化试点项目立项1项。全区有已建和在建标准化试点示范国家级3个、省级21个、市级2个。深入实施民生工程，完成食品安全抽检8960批次，合格率95.37%（除餐饮具外）。区投诉举报中心及区消费者协会办结各类投诉举报20684件，办结率97.03%。全区新设外资法人企业39户，新增注册资本3.13亿美元。优化营商环境，推进实施以"双随机、一公开"为基本手段、以重点监管为补充、以信用监管为基础的新型监管机制，强化抽查结果在信用联合惩戒工作中的运用，加强严重违法失信名单管理，清理长期未经营企业，将企业征信证明、企业档案查询与市场主体年报一同纳入信用监管之中。全区市场主体2021年度年报率97%，取得近七年最好成绩。武进区获批全国首批"国家知识产权强县建设示范区"，连续两年获省政府督查激励奖励。武进区被省政府列为2021年度知识产权工作督查激励单位。

表29 2022年期末武进区市场监管领域基本情况表

类　别		数　量
市场主体（户、家）	市场主体总数	199330
	个体工商户	133279
	私营企业	60905
	内资企业	3638
	外资企业	1035
	农民专业合作社	473
质量品牌（件）	中国驰名商标	36
	有效注册商标（含常州经开区）	54876
	万人有效发明专利	74.39
	区长质量奖	21
	市长质量奖	11
	省长质量奖	2
餐饮食品（家、个）	餐饮服务单位	10995
	食品生产企业	199
	食品经营单位	6951
药品器械（户、家）	药品经营单位	587
	医疗器械经营单位	628
特种设备台（套）	特种设备	56847

表30 2021—2022年武进区外商投资企业及分支机构分布情况表

镇（开发区、街道）	企业法人新增数（户）		分支机构新增数（户）	
	2022年1月1日至12月23日	2021年1月1日至12月23日	2022年1月1日至12月23日	2021年1月1日至12月23日
武进高新区	15	20	4	7
西太湖科技产业园	12	23	3	0
雪堰镇	0	1	0	3
礼嘉镇	1	3	0	0
前黄镇	1	1	4	0
湖塘镇	6	7	13	5
牛塘镇	3	5	2	2
洛阳镇	1	0	1	0
湟里镇	0	3	0	0
嘉泽镇	0	1	1	0
合　计	39	64	28	17

【外资登记】 2022年，武进区深化"放管服"改革，优化营商环境，对于内资转外资、外资转内资两种类型的登记业务，在窗口实施"邮寄办理、预约办理、容缺受理"等便利化服务。全年办理外资转内资和内资转外资各15户，业务数量持平，变更较为频繁。全区新设外资法人企业39户，新增注册资本3.13亿美元，分别减少39.06%、59.66%，外资企业法人分支机构增加64.71%。外资企业发展趋缓且集聚程度高，基本与往年一致，仍主要集中于武进高新区、武进经济开发区、常州科教城（简称"两区一城"）。经统计，注册在"两区一城"的外资法人企业达27户，占总数的69.23%；外方投资者主要来源于亚洲，共计33户，占总数的84.62%；有20家投入新兴行业领域，主要集中在环保科技、生物科技等新兴行业，累计投资1.58亿美元，注册资本1.57亿美元，分别占总数的37.96%、50.04%。

【质量强区建设】 2022年，区市场监管部门围绕全区高质量发展要求，夯实基础，推动全区质量建设。引导企业导入卓越绩效管理模式，推广先进质量管理方法，获评市长质量奖个人1名和区长质量奖企业5家、提名奖企业3家，累计省长质量奖企业2家，市长质量奖企业10家、个人1名，区长质量奖企业21家。新增省质量信用AA级企业3家，累计省质量信用企业AAA级14家、AA级30家。推进标准化建设，引导并推动企业开展技术标准研制工作，制定和修订国家标准26项、行业标准11项。其中，国家标准制定10项、修订16项；行业标准制定7项、修订4项。获批省级战略性新兴产业标准化试点1家。年末，全区共有已建和在建标准化试点示范国家级3个、省级21个、市级2个。

7月11日，区市场监管局执法人员检查婴幼儿配方奶粉 （供图/区融媒体中心）

【“双随机、一公开”抽查】 2022年，区市场监管局各条线自行组织开展各类“双随机”抽查任务46次，涉及食品、质量、信用、广市网等业务部门，检查主体465户，检查结果在国家企业信用信息公示系统（江苏）公示率100%。收到上级下发的单一部门“双随机”任务14个，涉及广告、信用、商标专利、质量、食品等业务条线，检查市场主体1210户，检查结果在国家企业信用信息公示系统（江苏）公示率100%。收到上级布置的跨部门联合抽查任务7条，联合人社、金融、生态环境、消防、教育等部门检查主体49家，检查结果在国家企业信用信息公示系统（江苏）公示率100%。牵头或配合开展区级部门联合“双随机”抽查任务256条，涉及道路运输、预付卡、禁渔、卫生健康、粮食、征信等，检查市场主体2348户，检查结果均在国家企业信用信息公示系统（江苏）公示率100%。

区部门联合“双随机、一公开”监管联席会议办公室（简称“区联席办”）积极发挥组织协调作用，共发文10次，将联席会议成员单位从30个扩面到33个，召开成员单位联络员工作会议1次。推动各成员单位开展本部门、跨部门联合抽查工作，在汇总各成员单位的“双随机”抽查计划后，制定印发《2022年度武进区事中事后监管计划》，并报省联席办备案。除行政审批局、海关以外，其余31个成员单位全部制定并组织开展“双随机”抽查工作，其中29个成员单位参与部门联合“双随机”抽查工作。

【食品安全监管】 2022年，区市场监管部门贯穿全年开展食品安全“守查保”（守底线、查隐患、保安全）专项行动，按省市场监管局要求使用新版食品生产经营日常监督检查表，完成现场执法系统的版本更新，全覆盖多频次检查的同时，密切关注重点时节、重点品牌、重点品种。常态化开展专项整治，针对节日食品、麦当劳、百果园相关食品、央视“3·15”晚会曝光食品、进口冷链食品、儿童相关特殊食品、婴幼儿配方乳粉等，开展食品安全专项检查10多次，检查生产企业173家、小作坊68家；开展食品安心工程，抽检8960批次，合格率95.37%（除餐饮具外）。全面落实重点人群新冠病毒核酸检测“应检尽检”工作要求，按区疫情防控指挥部要求成立督查组对板块疫情防控情况进行督查并通报。持续做好校园及周边食品安全监管，落实食品安全守护行动工作要求，检查学校食堂211家，优秀等级192家。打造江苏省首条网络餐饮食品安全示范街，培育省级“名特优”食品小作坊7家。继续推进“阳光餐饮”创建工作，至年末，全区累计上线6257家。全区共有25个农贸市场具备“日日检”常态化检测能力，完成食用农产品快速检测8.3万批次，超量完成目标任务（5.25万批次），合格率99.6%，不合格食用农产品均在第一时间下架销毁，有效保障全区食用农产品质量安全。全区共登记民间厨师325名，有效健康证明持有率100%；备案自办宴席4743户次、37944桌次，就餐38万余人次。至年末，全区有持证餐饮服务单位10995户，总量较2021年减少3.65%。

【药品及医疗器械安全监管】 2022年，武进区完成药品抽样151批次，合格率100%。年末，全区有药品经营企业587家，其中药品批发企业5家、药品连锁经营企业总部6家、药品连锁门店324家、药品单体经营企业252家。持有“医疗机构许可证”的药品使用机构405家。疫苗接种使用单位26家。全区共有医疗器械经营企业628家，其中批发企业304家、零售324家。区市场监管部门加大药械相关质量安全检查力度，全年检查药品零售企业992家次、医疗器械经营企业582家次、医疗机构169家次，完成疫苗预防接种单位检查全覆盖、三级监管医疗器械经营企业检查全覆盖。其中，药品零售企业日常监管中，责令改正20家，当场处罚6家；医疗器械经营企业日常监管中，责令改正7家。开展“安全用妆、携手‘童行’”武进区化妆品安全科普宣传周系列活动，开展化妆品科普进社区、进校园、进商场活动，举办知识讲座、科学护肤等公益咨询和免费义诊，向消费者宣传儿童化妆品、化妆品不良反应和安全使用相关知识，现场指导化妆品经营者规范经营。

【特种设备安全监管】 2022年年末，全区有特种设备56847台，其中在用设备49541台（锅炉256台、压力容器9749台、起重机械15863台、电梯15304台、场内机动车辆8297台、大型游乐设施72台）。全区共有工业气体和液化石油气充装、检验单位23家，其中液化石油气充装单位7家、工业气体充装单位13

2022 年武进区各镇（街道）、开发区在用特种设备情况表

表 31

镇（开发区、街道）	锅炉（台套）	压力容器（台套）	电梯（台套）	起重机械（台套）	场（厂）内机动车辆（辆）	大型游乐设施（台套）
武进高新区	53	2710	3873	2869	1917	0
西太湖科技产业园	40	569	1632	951	819	1
雪堰镇	22	312	842	4436	834	39
礼嘉镇	26	401	606	1267	837	0
前黄镇	13	578	325	1208	784	0
湖塘镇	32	3649	5834	1158	958	32
牛塘镇	15	317	1141	605	573	0
洛阳镇	26	486	525	1895	980	0
湟里镇	25	665	226	1170	379	0
嘉泽镇	4	62	300	304	216	0
合　计	256	9749	15304	15863	8297	72

家、工业气瓶检验单位 2 家、液化气瓶检验单位 1 家，特种设备总数位居全市各辖市区第一。年内，区市场监管部门持续开展压力管道、气瓶充装单位等领域的专项整治，完成“三年全覆盖”检查。自 2019 年 12 月至 2022 年，累计出动检查人员 18000 余人次，检查企业 8529 家次，实现全区特种设备使用单位检查全覆盖，检查特种设备 12608 台（套），发现隐患 34395 条，开具监察指令书 1915 份，对发现的 185 起严重隐患进行立案调查，完成处罚金额 657.8 万元，特种设备超期未检率降至 0.02%，基本保障特种设备本体安全。进一步排查治理压力管道，对锅炉使用单位的压力管道、电站锅炉供气单位使用的压力管道进行全面排查梳理，通过摸清管道是否属于特种设备，属于特种设备的管道是否完成检验和注册，新增管道登记单位 40 家，涉及管道 5.37 千米，累计登记压力管道使用单位 311 家、注册管道 186.364 千米。深入实施叉车专项整治，牵头联合城管、公安、交通、应急、住建部门开展叉车上路和使用专项行动，累计出动检查人员 5364 人次，检查企业 3620 家，排查叉车 2412 台（套），发现隐患 1413 条，立案查处 29 起，全区叉车数量由 2017 年的 2000 台（套）增加到 7897 台（套），2022 年新增 1540 台（套）。加强气瓶充装单位整治，加强监督检查，共对气瓶充装单位开展全覆盖检查 3 次，发现问题隐患 76 条，全部整改完毕；对燃气企业开展行政指导，督促企业全面建立燃气管道清单，建立未检验燃气管道的工作计划，有序开展管道检验工作，不断消除燃气安全隐患。涉及武进区新奥燃气公司的公用燃气管道 2351 千米，纳入压力管道管理 1868 千米，全部检验完毕，合格率 100%。

【消费者权益保护】 2022 年 3 月，区市场监管部门通过《武进日报》、武进电视台、武进市场监管微信公众号等平台，举办以“共促消费公平”为主题的“3·15”线上宣传活动，广泛开展消费者权益保护宣传。筛选出 2021 年度全区消费维权十大典型案例，制作主题宣传折页，汇编印发宣传册 1200 份。全年共接收投诉举报 21317 件，增长 7.53%，办结 20684 件，办结率 97.03%。诉求热点主要集中在食品和餐饮住宿、防疫产品价格和质量、家居用品（服装鞋帽）、交通工具等行业。

【网络及广告市场监管】 2022 年，区市场监管部门加强网络市场监管力度，依托江苏省网络交易监测管理系统，密切关注辖区网络主体情况。全区市场主体共开办网站 6213 个，设立网店 10608 家，运营微博 1216 个、微信公众号 1110 个、移动 App341 个。牵头完成联席会议扩面和《武进区整治虚假违法广告工作联席会议制度》修订工作，成员单位从 8 家扩充到 13 家。深入开展借重大活动从事违法违规商业广告宣传专项整治，组织导向问题广告监测 929 条次，北京冬奥会、冬残奥会广告专项监测 1156 条次，查处案件 9 件，罚款 29.63 万元。加强教育培训和危害青少年身心健康广告监测监管，转办线索 26 条，监测、检查各类广告 100452 条次，清理违法违规广告 74 条，查处案件 1 件，罚款 300 元。有序开展文娱领域市场经营活动综合治理，开展广告监测 906 条、网络交易监测 295 家，检查单位 42 家，查处案件 1 件，罚款 300 元。持续强化金融广告监管力度，监测、排查非法金融广告线索 7801 条次，组织宣传活动 38 次。持续开展禁售长江流域非法捕捞渔获物广告和网络交易专项整治，累计监测、排查广告线索 1715 条、网络经营主体 1478 家。

【稽查执法】 2022 年，区市场监管部门进一步提升执法效能，全年共查处一般程序案件 2037 件、简易程序案件 2850 件，案值金额 863 万元，罚没合计 1343 万元。开发的“现场执法系统”推进到二期，案件查办效能进一步提升，“现场执法系统”办理一般程序案件 1457 件，占案件总数 72%，有效缓解基层执法压力。案件模块进一步完善，根据执法需求新增四大类案件模块（食用农产品和预包装食品抽检不合格、超范围经营食品、无照经营、未按时年报查处）。其中，食品抽检模块开发及时，有效解决此类案件数量多、办理时限要求高的难题，全年共立案 534 件食品抽检不合格案件，“现场执法系统”办理 423 件，占 79%，市场监管执法面进一步扩大。重点实施三大领域（食品安全领域、特种设备安全领域、消费者权益保护领域）两年攻坚（2021—2022 年）行动，成效显著。其中食品安全领域两年共办结案件 2405 件，罚没合计 482 万元，分别占两年案件总数和罚没款的 70% 和 20%；特种设备安全领域两年共办结案件 161 件，罚没合计 580 万元，分别占两年案件总数和罚没款的 5% 和 25%；消费者权益保护领域两年共办结案件 2062 件，罚没合计 1161 万元，分别占两年案件总数和罚没款的 60% 和 49%。坚持合理行政，综合考虑违法行为的事实、情节、危害程度等，遵循处罚和教育相结合的原则，合理使用自由裁量权，作出减轻处罚案件 428 件，不予处罚案件 236 件。

【知识产权管理】 2022年，武进区积极打造区域知识产权政策高地，出台《关于加快推进知识产权高质量发展的若干政策》，为全区知识产权发展装上“新引擎”。区市场监管部门优化知识产权服务，创新开展首届知识产权IP创新大赛、专精特新企业知识产权加速计划、知识产权质押融资银企对接会、知识产权进校园等活动。“阳湖”水蜜桃入选全省首批商标品牌培育与保护项目（地理标志）立项，全市唯一；江苏恒立液压科技有限公司和五洋纺机有限公司入选全省首批商标品牌培育与保护项目（工业品牌）立项，新誉集团有限公司入选全省高价值专利培育项目立项。全区获批市知识产权战略推进项目5个（全市17个）、市专利奖金奖2项、优秀发明人1个、第二十二届中国专利奖5项（全市10项）。全区获专利授权14959件，其中发明专利授权2231件；累计有效发明专利9634件，万人有效发明专利75.41件。申请商标8913件，注册商标7284件，累计有效商标注册量56273件，有效商标注册量在全省县（区）中位列第五。武进区获批全国首批“国家知识产权强县建设示范区”，连续两年获省政府督查激励奖励。

【价格监管】 2022年，区市场监管部门围绕服务保障民生，持续加强重点领域、重点时段价格监管。开展资源性价格监管，收到电价相关投诉举报37件、水价相关投诉举报3件，全区资源性价格投诉举报数量较2021年有所减少。5—7月，开展教育收费专项检查，共检查各类幼儿园54家、非学科类校外培训机构18家、学科类校外培训机构8家和小学初中高中各2家，累计退费1000余万元，有效规范教育收费秩序，维护广大家长合法权益。开展医疗乱象专项治理行动，在梳理医疗机构底数的基础上，共检查各类医疗机构198家次，清理违法广告5条，责令改正违反明码标价规定行为3起；查处使用过期医疗器械案件1起，罚款2万元。开展物业服务企业侵犯业主权益专项整治行动，检查物业企业服务内容公示、物业服务合同、转供电电费收取、物业公共收益收支台账票据、额外收费等情况，共检查物业企业18家次，其中住宅物业15家、商业物业3家，出动执法人员40人次，发现问题4个，立案3件（均为转供电环节不执行政府定价案），全部结案，罚没合计155万余元。

（高文君）

价格管理

【概况】 2022年，区价格管理部门聚焦关键领域改革，聚力民生价格监管服务。严格执行商品房宏观政策，确保商品房价格相对稳定，审议商品房价格29个批次、面积约67万平方米，普通住宅前期物业收费标准备案5个批次、面积约55万平方米。完善平价商店管理，落实平价、惠民政策，全区累计有平价商店7家。全年办理各类价格咨询、求助、投诉285件，全部按时办结。全年CPI（居民消费价格指数）涨幅1.9%，完成涨幅不超过3%的市级调控目标。

价格临时补贴 区价格管理部门在全市各类主副食品价格出现上涨时，适时启动价格异动补贴，减轻物价上涨对低收入群体生活产生的影响。根据上级要求，在新冠肺炎疫情期间对低收入群体增发价格临时补贴1次，标准为每人（户）200元，共对低保、特困职工、困难家庭等10类人员15826人（户）次发放价格临时补贴316.52万元。

平价商店管理 每日使用“常州平价商店价格监管服务平台”系统，按要求审核“菜篮子”惠民平价店各项平价公示数据及前一日平价执行数据，确保价格、品种、数量、质量达到标准，运行正常。每月开展“菜篮子”惠民平价店专项巡查，对发现问题及时提出整改意见，保证平价店起到保价稳供作用。开展新冠肺炎疫情期间“菜篮子”惠民平价店再优惠活动，在原有优惠基础上扩大优惠品种和优惠幅度。

天然气价格调整 武进区与常州市同步出台非居民用天然气冬季调价政策：中准价格由每立方米3.58元上调到4.08元，上浮不超过10%，下浮不限，

2022年武进区成品油价格情况表

表32 单位：元／升

时间＼零售最高价格＼规格	89号国Ⅴ汽油	92号国Ⅴ汽油	95号国Ⅴ汽油	0号国Ⅴ（Ⅵ）柴油
1月17日	6.93	7.39	7.86	7.03
1月29日	7.16	7.64	8.12	7.29
2月17日	7.32	7.81	8.30	7.46
3月3日	7.51	8.01	8.52	7.68
3月17日	8.07	8.61	9.16	8.29
3月31日	8.15	8.70	9.25	8.39
4月15日	7.75	8.27	8.79	7.93
4月28日	7.90	8.43	8.97	8.11
5月16日	8.11	8.66	9.21	8.34
5月30日	8.41	8.98	9.55	8.67
6月14日	8.70	9.29	9.88	8.99
6月28日	8.46	9.03	9.61	8.73
7月12日	8.19	8.74	9.30	8.43
7月26日	7.97	8.50	9.05	8.18
8月9日	7.87	8.40	8.94	8.08
8月23日	7.72	8.24	8.76	7.90
9月6日	7.86	8.39	8.92	8.06
9月21日	7.64	8.16	8.68	7.82
10月24日	7.78	8.31	8.83	7.97
11月7日	7.90	8.43	8.97	8.10
11月21日	7.77	8.29	8.82	7.96
12月5日	7.44	7.94	8.44	7.60
12月19日	7.08	7.55	8.04	7.20

执行时间为2022年11月1日到2023年3月31日。对合同购气量以外的非居民用管道天然气实行代购代销价格政策。对受疫情防控影响较大的住宿餐饮、文体娱乐、交通运输、旅游等行业，2022年11月1日至2023年3月31日，天然气综合结算价格优惠0.1元／立方米。

成品油及热力价格管理　落实国家成品油调价政策，及时关注市场动态并做好预警预报。全年调整成品油价格总体呈现“十三涨十跌一搁浅”态势，油价总体上涨7.86%。疏导煤热价格矛盾，按照煤热价格联动办法及时调整蒸汽到户中准价格，调价4次，价格由每吨255元上调为275元。

【价格监测】 2022年，区价格管理部门加强价格监测，及时做好预警预报工作。认真做好综合消费品市场居民食品零售价格等常规监测上报工作，对全区20个价格监测点、170余种商品，特别是与广大群众生活密切相关的肉、禽、蛋、蔬菜等近90个品种实行监测日报制，全年上报各类监测数据3万余条。及时督促、指导国家监测直报点众恒肉联按时、保质做好直报工作。

【收费管理】 2022年，武进区根据省、市关于2021年度收费情况报告的具体要求，组织辖区内实施行政事业性及政府制定价格的经营服务性的130家收费单位开展收费情况报告工作，上报率为100%。同时根据统计口径，形成统计分析报告，全区2021年度行政事业性收费总额为66177.83万元，比2021年同期增加7928.01万元，增幅为13.61%；收费总额占一般公共预算收入的4%。区价格管理部门在综合考虑办园成本、政府财政补助、家庭承受能力、其他同类幼儿园收费水平等因素，组织召开座谈会，听取各方代表意见，核定南河幼儿园保育教育费试行标准为每生每月不超过1800元、诺贝尔幼儿园保育教育费试行标准每生每月不超过800元。

（杭　燕　唐君韬）

审　计

【概况】 2022年，区审计局依法全面履行审计监督职责，在抓好政策落实、守护财政资金、维护经济安全、助力反腐治乱等工作中发挥独特作用。全年开展项目审计18个，发现问题468个，提出审计建议48条，督促被审计单位出台整改措施500余条，推动建立健全规章制度25项，累计出具审计移送处理书19份、立案留置7人。创新内审督导，牵头出台《武进区区级国有集团公司总审计师制度（试行）》，配备首批总审计师3名；成立西太湖党工委审计委员会、嘉泽镇党委审计委员会等4个开发区、乡镇党委审计委员会，强化乡镇内审。全年抽调40余人次，配合上级审计机关审计、省委巡视和市委、区委巡察，累计3000多个工作量。充分利用“审情直报”等信息载体，发挥审计建设性作用，报送审情参阅1篇、审情专报1篇、审情直报19篇。“‘吾审金盾’推进国资审计全覆盖工程”获评全区“十佳书记项目”。

【财政预算执行和决算草案审计】 2022年，区审计局开展2021年度区本级财政预算执行和决算草案审计，拓宽审计领域，开展对项目绩效编制、政府综合财务报告等事项的审计。开展部门预算执行审计，首次运用“数据先行、搭建平台＋资源整合、分组核查”的模式，实现对全区62家一级预算单位以及87家下属事业单位的预算执行情况审计全覆盖，并现场审计核查一级预算单位20家、下属事业单位22家。

【国有资本和国有企业监督审计】 2022年，区审计局围绕区委审计委员会提出的“对国有企业和国有资本监督全覆盖”要求，抽调业务骨干，借力“巡审联动”，与区委巡察同步进点，对区级国企伟驰控股集团有限公司及实际控制企业2019—2021年经营管理情况开展专项审计调查；结合领导干部经济责任审计，对武进经济发展集团有限公司开展审计监督。结合审计发现问题，向区委、区政府报送审情直报18篇、审情参阅1篇。

【民生审计】 2022年，区审计局围绕老有颐养，抽调8名审计人员到金坛开展养老服务体系建设政策措施落实情况专项审计调查，累计280多个工作量，审计发现问题6项、20条，通过抓实整改，推动建立健全养老服务体系。围绕幼有善育、学有优教，开展武进区2019—2021年度全市学前教育投入管理运行情况专项审计调查和常州市高级职业技术学校主要领导干部经济责任审计，分别发现问题11条、5项22条，通过审计建议推动教育政策落实到位。围绕病有良医，开展武进区前黄人民医院2021年度财务收支情况审计，审计发现问题3项、21条，推动建立《合同付款管理制度》《财务报销管理制度》等，提升医院管理运营水平。

【党政领导干部经济责任审计】 2022年，区审计局对7个部门（单位）的9名区管干部开展经济责任审计。在审计过程中不断深化审计内容，主动开展研究型审计，形成审情专报等，呈送的审情直报《关于2021年经济责任审计的情况汇报》，获得市委常委、区委书记乔俊杰批示肯定。

【审计查出问题整改】 2022年，区审计局推进审计查出问题整改，印发《常州市武进区审计查出问题整改销号暂行办法》《武进区审计局审计整改销号操作办法》，召开全区审计查出问题整改工作推进会，联合区纪委监委和区委组织部、区委编办等部门共同开展审计查出问题整改销号推进工作专项行动。借助省委巡视，对2018年以来的审计项目整改情况开展全面“回头看”，持续督促整改。经过多方努力，武进区将14家有整改任务的单位的审计整改情况纳入2022年全区高质量发展绩效评价考核，促进审计查出问题整改落实。

（朱　怡）

统　计

【概况】 2022年，区统计局按照国家、省、市统计工作会议要求，聚焦常州市“532”发展战略，聚力“一园一城一示范”建设，以党建引领为抓手，围绕推进统计现代化改革、服务高质量发展的主线，推进各项统计调查，提升统计数据质量，优化统计服务水平，推动全区统计事业平稳健康发展。创建党建品牌“智数红盟”，探索党建与业务的深度融合；组织实施第五次经济普查专项试点工作（简称“五经普”专项试点），试点成绩获得上级充分肯定；开展各项统计调查，加强统计监测，推动统计法治建设，完成各项目标任务。发布《2021年武进区国民经济和社会发展统计公报》，编印《武进统计年鉴2022》，印发《统计专报》31期、《统计内参》10期、《统计快讯》15期、《统计分析资料》45期，为各级党政领导和相关部门提供参考。武进区获评常州市2021年统计工作先进地区。2022年武进区第五次全国经济普查国家级专项试点工作获省统计局通报表扬。在市统计局对各辖市（区）的15项工作考核中，区统计局获综合得分和9项考核第一。

【首次承担国家“经普”试点】 2022年，武进区作为首次承担国家第五次经济普查专项试点工作地区，高度重视，成立以区委常委、常务副区长刘志峰为组长的“五经普”专项试点领导小组，组织召开动员会议，部署试点工作任务。区统计局组织开展试点机构组建、部门走访、普查宣传、普查小区划分、电子地图绘制、建筑物标绘、普查设备程序安装、两员培训、单位清查、集中编码、查遗补漏、数据处理等工作，围绕“五经普”6项试点任务、18个问题开展专题研究，形成专题总结报告，上报国家统计局。《首次承担国家“经普”试点！武进被确定为全国“五经普”专项试点区》被《新华日报》交汇点新闻录用，《武进区“盲填”机制为五经普投入产出试点研究提质增效》《着力“四个途径”提升五经普数字经济核心产业专项试点工作实效》《武进区聚焦“四个维度”圆满完成限下网上零售调查试点工作》3篇论文被国家、省、市统计局录用并推广，《武进区建立“三机制”护航五经普投入产出试点研究》《武进区紧扣“四导向”强化“四驱动”推动五经普专项试点工作》2篇论文被省、市统计局录用并推广。武进区“五经普”专项试点工作获省统计局通报表扬。

【统计业务建设】 2022年，区统计局精心组织能源、投资、服务业、消费、科技等领域的常规统计调查。做好2021年统计联网直报年报工作和2022年统计联网直报月报工作，加强企业经济效益统计，全面反映企业运营情况。研究制订部门数据比对的常态化机制，做到数据真实全面，应统尽统。扎实开展统计核算工作，按照省、市统计局的统一部署，开展季度收入法试算，加快推进投入产出、资产负债、自然资源资产核算工作。修订《武进区2022年度高质量发展绩效评价考核推进情况考核细则》，配合区委考核办做好高质量发展评价指标监测预警，及时分析全区经济社会发展中的薄弱环节和短板。区政府办公室印发《2022年全区统计工作要点》，并发至区级机关各部门和各镇人民政府、开发区管委会，明确工作任务，压实工作责任。加强统计工作流程规范化管理，重点做好联网直报事前预判、事中监测、事后评估，加强跨行业、跨部门数据联合联审评估，压紧压实区、镇、企业的数据质量审核责任，有效提升统计数据质量。加大网络安全监测，杜绝各类网络安全事件发生、扩散，确保统计网络安全平稳运行；做好“统计新干线”综合平台的维护，确保数据整体迁移的安全；加大正版杀毒软件、防火墙和即时通的升级推广使用，督促各专业和乡镇及时、有效加载各类数据，提高全区统计数据存储、资料开发、数据发布等信息化水平。建立完善“两湖”创新区监测体系、“95X”监测体系、新能源产业监测体系等监测体系、月度经济指标预测制度，加强对经济运行情况的跟踪和社会经济发展的重点、热点、难点问题的调查研究，以统计内参、统计专报的形式呈报党委政府，其中统计分析资料获国家统计局录用1篇、省统计局录用7篇、市统计局录用22篇。撰写工作信息449篇，获国家统计局内网录用10篇、省统计局录用56篇、市统计局录用189篇。

【推进统计现代化改革】 2022年，武进区认真学习领会统计深改精神，组织区委、区政府领导班子专题学习习近平总书记关于统计工作重要讲话指示批示精神和《关于深化统计管理体制改革提高统计数据真实性意见》《统计违纪违法责任人处分处理建议办法》《防范和惩治统计造假、弄虚作假督查工作规定》以及《关于更加有效发挥统计监督职能作用的意见》。推动统计法律法规进党校，连续两年对全区新任副科职干部进行统计法律法规培训。区统计局开展数字经济统计监测试点工作，深入贯彻落实省、市关于“数字经济”的总体要求、任务分工、操作规程等，准确把握“数字经济”监测评价考核的具体要求，协调监测评价过程中的问题，研究落实工作推进措施。对照省、市《数字经济及其核心产业统计分类目录（2021）》标准，梳理核实“数字经济”名录，着力开展重点监测，形成数字经济分析报告《培育数字经济新优势，打造高质量发展新动能》。推进GDP统一核算改革，针对《常州市季度地区生产总值统一核算方案》，深入研究统一核算改革给全区经济发展带来的变化和影响，结合新老方案，通报新版核算方案、增加值核算方法和核算支撑指标变化情况，确保资料及时共享，切实增强地区生产总值基础数据的支撑性、匹配性和协调性。推进投资“一套表”统计改革，按照上级统计部门的统一部署，结合武进实际，联合发改、工信等职能部门，对全区省、市、区级重点项目进展情况进行现场走访、排查摸底，及时梳理5000万元新增项目，确保符合条件的项目应报尽报、应统尽统；做好项目入库工作，对新开工项目继续实行分级管理原则，确保新开工项目入库管理的规范性。

【统计基层基础工作】 2022年，区统计局对照省、市统计局规范化建设工作的有关要求，结合区情，印发《2022年武进区统计基层基础建设工作意见》，进一步完善村级、企业统计规范化建设标准，加强对村级、企业统计规范化工作的指导与督促。推进规范化示范点建设工作，明确各镇必须树立村级示范单位并加以指导和建设。推进统计法治工作，印发《2022年武进区统计法治工作要点》《2022年全区统计执法监督检查计划》，召开全区统计法治工作会议，与370家“四上”企业及企业统计人员签署统计信用承诺书。开展常规统计调查，先后于5月、9月分2批次完成对48家工业、服务业、贸易、投资及建筑业企业的统计执法检查；对雪堰镇20家企业统计数据进行核查，对前黄镇、嘉泽镇30家企业开展统计督查，与区市场监管局联动对12家工业企业开展部门联合“双随机”检查。加强数据质量管理，强化对数据采集、审核、处理等环节的监控，确保数据质量可核查、可追溯、可问责。加强统计工作流程规范化管理，重点做好联网直报事前预判、事中监测、事后评估，加强跨行业、跨部门数据联合联审评估，压紧压实区、镇、企业的数据质量审核责任，有效提升统计数据质量。

【统计党建品牌“智数红盟”活动】 8月，武进统计党建品牌“智数红盟”发布。该红盟以“党建引领、资源共享、优势互补、互相促进、共同提高”为工作理念，以品牌的核心引领力、凝聚力、辐射力推动党建、业务互促互进，打破沟通壁垒，推动统计改革发展，提升精准服务，将红盟优势转化为发展动能。组织开展“智数红盟”发布系列活动，《武进：“智数红盟”探索党建与业务深融》获《新华日报》交汇点新闻报道，党建短视频《数说》获“学习强国”江苏学习平台录用。以党建红盟为依托，开展统计干部“唯实”讲坛8期。通过构建党建交流平台、统计“唯实”讲坛、智慧数据共享三大平台，布局“数调、数享、数说”三大行动，开展日常监测、重点监测和专项监测三项监测，形成数据、信息、资源、政策、人才汇聚以及部门、区镇、政企合力，发挥了统计数据作为经济社会发展“晴雨表”“指挥棒”的最佳效能。组建统计“红色服务队”，擦亮“统心向党，计往开来”党建品牌，在疫情防控、工业企业大走访、“五经普”专项试点等工作中，深入乡镇、园区、企业，结合“统计服务零距离”“我为群众办实事”系列活动，倾听基层心声，打通统计服务的“最后一公里”。

（王　炜）

行政审批服务

【概况】 2022年，区行政审批局深入贯彻“532”发展战略，以“A武进”营商环境品牌为引领，深化“放管服”改革，优化政务服务，协调推动营商环境迈上新台阶。全年办理市场主体登记事项5.58万件、投资建设项目1746件、综合事务项目6843件，现场踏勘1953趟。政务服务中心窗口累计办理8.46万件。公共资源交易中心共完成4592个项目，其中工程建设项目524项，成交金额154.70亿元（招标发包项目221个标段，成交金额74.32亿元，节约资金14.73亿元，节约率16.54%；直接发包项目共303个，交易额80.38亿元）；政府采购类275项，成交金额3.29亿元，节约资金3600万元，节约率9.79%；完成国有产权和农村产权交易项目3697项，成交金额6.69亿元，增值金额1249.12万元，增值率1.9%；完成土地交易项目96宗，成交金额100.28亿元，溢价6339万元，溢价率0.64%。区行政审批局牵头优化全区营商环境，在省、市率先探索试行各项便民利企举措，惠企政策“一企通”入选全国营商环境十佳案例，“信用＋公共资源交易”入选全国“新华信用杯”优秀案例，《江苏武进优化营商环境激发企业活力》《江苏常州武进区优化营商环境，激发市场主体活力，以优质服务促企业发展》等特色亮点做法获央视新闻《朝闻天下》栏目、《人民日报》等媒体广泛宣传报道。

【统筹优化营商环境】 2022年，区行政审批局将推动优化营商环境作为全局的头等大事，坚持各领域、各部门统筹协调，推动全区营商环境工作迈向深入。印发《武进区2022年优化营商环境重点任务清单》，围绕五大环境，制定目标任务60条。以5批、49项优化营商环境滚动清单为抓手，压实各部门工作责任，49项举措全部得到有效落实。在全市率先打造武进惠企政策“一企通”，汇集惠企政策2600余条，推动惠企政策由“大水漫灌”转向“精准滴灌”。召开优化营商环境企业家座谈会8期和问题交办会，梳理企业个性、共性发展问题、困难诉求90条，召开部门推进会4次，分解任务，确保“事事有回应，件件有落实”。通过问卷调查，形成《武进区营商环境调查问卷分析报告》《武进营商环境调查与思考》，其中《武进营商环境调查与思考》作为专项调研课题成果入选全区调研汇编。

【工程建设项目审批制度改革】 2022年，区行政审批局推进“拿地即开工”常态化，实现15个省、市、区重点项目一天内全部办齐开工审批手续。优化《重点建设项目信用承诺审批实施方案》，与武进高新区、西太湖科技产业园联合推动招商项目优先采用“标准地＋承诺制”方式供地，全年共有8宗工业地块采用“标准地”方式出让，35个区级以上重大建设项目通过信用承诺审批模式先行进入项目技术审查环节，预计为项目单位缩短建设周期2个月以上。

【商事登记制度改革】 2022年，区行政审批局推广应用新版企业全链通综合服务平台，再造“开办专区”服务企业流程，实现8小时内办结企业开办环节。优化“一站式”企业开办专区服务，为开办企业提供营业执照发放、公章刻制、涉税事项办理、银行网点预约等服务。落实《市场主体登记管理条例》，实施歇业登记改革，落实《促进个体工商户发展条例》，发出全市首张“个体户经营者变更”

区行政审批局设立的项目建设专区，可为企业提供全流程“一站式”审批服务
（供图／区融媒体中心　摄于2022年7月）

营业执照。出台《武进区企业分支机构“全区通办”工作方案》，在全市率先推行分支机构全区通办，探索企业变更全程电子化、“1+N”注销网上套餐办，构建市场主体全生命周期便捷高效登记服务体系。

【“一件事”套餐办改革】 2022年，区行政审批局深入推进军人退役等“一件事”省、市级改革试点工作，出台《常州市武进区推进军人退役“一件事”改革实施方案》等4个区级一件事改革方案。9月，军人退役“一件事”在政务大厅集中办理，“一站式”服务将办理时间由法定的7.5工作日压缩至0.5工作日。结合基层审批服务改革工作，积极探索高频事项、关联业务的套餐办，不断丰富服务场景。推出“一件事”套餐办79个，全年累计办理8000余件，“一件事”套餐办将办理材料和办理时间压缩至少50%以上，实现减环节、减时间、减材料、减跑动次数的“一站式”办理。

【基层政务体系建设】 2022年，区行政审批局以常州政务服务品牌“畅通办”和营商环境品牌“A武进”为引领，依托“政务＋网格”，培养“畅通办”专员180名，打造“15分钟政务服务圈”。西太湖国际人才社区政务服务便利站授牌启用，成为全市首个面向外国人群体的政务服务便利站。西湖街道便民服务中心大厅搬迁完成，礼嘉坂上集管办便民服务点建成投用。新增常州科教城、嘉泽花木市场、江南农商行雪堰支行、江南农商行漕桥支行、农行洛阳支行和洛阳职工服务中心6个政务服务便利站。10个镇（街道）、212个村（社区）服务大厅更名工作基本完成，镇级大厅门头按照统一VI设计更换，武进区率先在全市完成基层政务服务大厅品牌形象统一。

【打造“帮吾办”服务队伍】 2022年，区行政审批局对政务服务帮办代办机制实施迭代升级，在原有重点项目帮代办服务的工作基础上，将服务范围拓展至项目建设、市场准入、公共服务三大领域，全力打造“帮吾办”服务品牌。在全区设立23个“帮吾办”服务点，各服务点按照“四有”标准（有标识、有人员、有清单、有网络）统一进行建设。打造“1+3+X”模式的政务帮办代办队伍，即各政务（便民）服务场所有1名以上帮办代办促办专职人员，牵头做好本场所涉及的帮办代办促办工作，以及涉及其他部门事项的对接工作；各镇（街道）成立项目建设、市场准入、公共服务领域3支帮办代办小分队，其他部门、村（社区）力量配合做好帮代办服务。同时，开展各类政策法规、政务服务规范、业务知识等培训，推进政务服务跨领域、跨部门协同合作，努力提升“烦事‘帮吾办’”无忧服务。

【提升公共资源交易效能】 2022年，区行政审批局扩大“一网交易”覆盖范围，在建设、交通、水利电子化招标投标的基础上，将“不见面交易”拓展至农业农村项目，实现全区工程建设招投标项目电子化覆盖率与不见面交易覆盖率的双100%。出台《关于深入开展“信用＋公共资源交易”助企减负降本的实施方案》，率先在工程建设招投标领域运行，为投标企业合计减免保证金1.43亿元。在全市率先实现与全国11个省区数字CA证书跨区域互认互通，会同62家公共资源交易机构线上签署《公共资源交易跨区域合作战略协议》。印发《武进区公共资源交易监管权力和责任清单》，建章立制加强交易管理。

（张玮玮）

不动产登记交易管理

【概况】 2022年，常州市不动产登记交易中心武进分中心（简称“武进不动产登记交易中心”）深入实施“提质增效年”行动，提升不动产登记服务水平。落实执行全市统一办事标准，推进不动产登记服务市、区、镇三级同构的“同市同标”工作。积极拓展“苏小登”品牌服务，实现不动产查询、抵押权登记和预告登记“跨省通办”，实现新购商品房转移登记全程“网上办”，推出“一证一码、扫码见图”服务。全年受理各类不动产登记11.79万件，发放不动产证书4.3万本、证明9704件，生成电子证照5万份，办理水电气网等过户7132件，不动产权证书EMS免费送达13119件。妥善处理不动产遗留问题，解决纳入省自然资源厅不动产历史遗留问题数据管理平台问题27个，办理安置房产权证9513户,完成“交房（地）即发证”业务项目25个。

【优化不动产登记营商环境】 2022年，武进不动产登记交易中心不断完善不动产登记、缴税缴费一窗受理，实现税费、登记费发票票据电子化，对考核指标的存量房转移和抵押合并业务平均办理时限均确保1个工作日内办结。依托“互联网＋不动产登记一体化平台”及“我的常州”App，实现不动产查询、抵押权登记和预告登记“跨省通办”，并推出“一证一码、扫码见图”服务，实现新购商品房转移登记全程“网上办”，线上抵押权注销登记即时办结，抵押权登记在4小时内办结，抵押登记线上受理率达99%，线上办理并推送电子证明2万余件。常态化开展“交房（地）发证”，全年完成“交房即发证”业务5个项目、356套房，“交地即发证”业务20个项目、面积80.17万平方米。加速化解历史遗留问题，尤其是涉及历史遗留问题重点任务的安置房办证，年内共计完成安置房办证9513户、建筑面积127.63万平方米。

【提升登记为民服务能力】 2022年，武进不动产登记交易中心设立“办不成事”反映窗口，积极回应群众需求，为办事群众提供最优便利度服务。农房发证收尾阶段确保证书“应发尽发”“发证到手”，并开展常态化衔接推进农房日常登记工作。梳理并完善更新“苏政40条”助企纾困服务事项办事指南和流程，开设工业企业高标准厂房分幢办理不动产登记专窗，为企业提供不动产登记政策宣传、业务咨询、引导帮办等服务，累计为群众、企业提供咨询解答3000余次、上门服务4次、延时服务40余次、容缺受理服务30余次，共计为小微企业减免登记费约68万元。设立不动产继承公证联动服务点，持续开展不动产继承、受遗赠登记公证政府买单服务，年内受理继承公证业务881件，减免公证费用176万元。开展登记服务延伸进法院，实现司法查询和查（解）封登记“不见面办”，完成线上查（解）封3734次；全年EMS免费寄送证书证明13119件，为群众节约费用15.7万元。

（姜　钰）

科技创新

Scientific and Technological Innovation

栏目编辑　陈　蓉

苏南国家自主创新示范区建设

【概况】 2022年，武进区持续健全区域创新体系，实施“科技创新燎原计划”，加快苏南国家自主创新示范区（简称“自创区”）建设，增强科技创新对经济社会发展的支撑引领作用。坚持创新推动高质量发展，召开全区科技创新工作会议，出台《常州市武进区促进创新发展的若干政策（试行）》及系列实施细则，推动与常州科教城产学研深度融合，突出企业主体和产业链创新，强化“两湖”创新区平台招引和建设，提升科技金融支撑，构建优化链式集聚、协作共赢创新创业生态，增强科技创新对经济社会发展的支撑引领作用。规模以上企业完成研发投入79.74亿元，武进高新区获省财政厅、科技厅自创区建设专项资金高新区奖励资金2770万元。企业主动融入全球创新网络，加强区域联动创新合作，借智借力开展协同创新和自主创新，入选苏南国家自主创新示范区独角兽企业1家、潜在独角兽企业6家和省瞪羚企业37家、市瞪羚企业90家。在自创区建设示范带动下，武进区有效高新技术企业增至1060家，获市级及以上科技项目立项189个，其中国家级2个、省级65个，14个项目获省科学技术奖；获专利授权15017件，其中发明专利2235件，万人有效发明专利拥有量75.47件；与省产业技术研究院共建企业联合创新中心4个，新增工程技术研究中心省级12个、市级51个，新增科技企业孵化器国家级1个、省级1个，众创空间国家级1个、省级2个；实现科技成果技术转让1625项，成交额84.34亿元；组织产学研活动70余场，签订产学研合作协议367个，总金额1.79亿元，获常州市创新创业大赛一等奖5个、二等奖6个、三等奖16个。武进区入选首批江苏省创新型示范县（市、区）、“科创江苏”试点区县、国家知识产权强县建设示范县；被省政府认定为2021年度知识产权创造、运用、保护、管理和服务成效明显的地方，科技企业孵化器运行成效明显且地方财政给予资金安排的地方，获相应督查激励；在中国中小城市高质量发展指数研究课题组、国信中小城市指数研究院联合发布的《2022年中国中小城市高质量发展指数研究成果》中，获2022年度全国综合实力百强区第3名。武进高新区连续六年位居全国县区级国家级高新区前列，被省政府认定为2021年度实施创新驱动发展战略、推进自主创新和发展高新技术产业成效明显的地方，获相应督查激励，获批建设国家级知识产权强国建设试点园区。

表33　2022年武进区新增省级独角兽企业、瞪羚企业情况表

类　型	企　业　名　称	所在区域
独角兽企业	万帮数字能源股份有限公司	武进高新区
潜在独角兽企业	常州纵慧芯光半导体科技有限公司	武进高新区
	江苏高凯精密流体技术股份有限公司	武进高新区
	常州承芯半导体有限公司	武进高新区
	常州富烯科技股份有限公司	西太湖科技产业园
	常州桐树生物科技有限公司	西太湖科技产业园
	常州朗合医疗器械有限公司	西太湖科技产业园
瞪羚企业	机械科学研究总院江苏分院有限公司	常州科教城
	常州千帆环保科技有限公司	常州科教城
	江苏高凯精密流体技术股份有限公司	常州科教城
	常州天正工业发展股份有限公司	常州科教城
	江苏道金智能装备有限公司	常州科教城
	常州英诺激光科技有限公司	常州科教城
	常州路航轨道交通科技有限公司	常州科教城
	常州铭赛机器人科技股份有限公司	常州科教城
	遨博（江苏）机器人有限公司	常州科教城
	江苏恒立液压科技有限公司	武进高新区
	常州汉姆电机有限公司	武进高新区
	万帮数字能源股份有限公司	武进高新区

续表 33

类　型	企　业　名　称	所在区域
瞪羚企业	常州节卡智能装备有限公司	武进高新区
	常州龙翔气弹簧股份有限公司	武进高新区
	常州回天新材料有限公司	武进高新区
	江苏持华轴承有限公司	武进高新区
	常州华数锦明智能装备技术研究院有限公司	武进高新区
	江苏唯德康医疗科技有限公司	西太湖科技产业园
	常州科伶洁清洁设备有限公司	西太湖科技产业园
	常州瞻驰光电科技股份有限公司	西太湖科技产业园
	江苏福隆数齿科技有限公司	西太湖科技产业园
	常州市碳索新材料科技有限公司	西太湖科技产业园
	常州易藤电气有限公司	西太湖科技产业园
	江苏创英医疗器械有限公司	西太湖科技产业园
	常州华阳检验检测技术有限公司	西太湖科技产业园
	江苏绿沺农业科技股份有限公司	西太湖科技产业园
	普惠瑞欣（常州）营养科技有限公司	西太湖科技产业园
	江苏东瑞磁材科技有限公司	西太湖科技产业园
	江苏振邦智慧城市信息系统有限公司	西太湖科技产业园
	常州第六元素材料科技股份有限公司	西太湖科技产业园
	江苏德源材料科技有限公司	西太湖科技产业园
	常州久煜自动化设备有限公司	西太湖科技产业园
	江苏中科朗恩斯车辆科技有限公司	西太湖科技产业园
	常州富丽康精密机械有限公司	西太湖科技产业园
	常州鼎健医疗器械有限公司	西太湖科技产业园
	征图新视（江苏）科技股份有限公司	西太湖科技产业园
	常州海洛轴承制造有限公司	西太湖科技产业园

【武进区兑付长三角双创示范基地联盟双创券】 2022年，武进区进一步发挥区域、高校科研院所、企业三类双创示范基地资源优势，推进长三角双创示范基地联盟双创券通用通兑，支持企业跨区域采购知识产权、技术研发、检验检测、技术转移、科技金融、人才培训、创新创业七大类专业服务，共享大型科学仪器、创新服务等资源，提高创新资源利用率和共享水平。全年新增入库科技服务机构9个，累计61个；发起双创券兑付订单51个，其中跨区域订单18个，跨区域占比35%，订单金额834.29万元；全年兑付订单4批、46个，兑付金额421.17万元。武进区使用双创券合同金额、订单数量和兑付金额位列长三角双创示范基地联盟第一。

（张建忠）

高新技术产业

【概况】 2022年，武进区贯彻落实省、市两级有关加快推进产业科技创新中心和创新型省份（城市）建设的政策，将培育高新技术产业发展作为促进新旧动能转换、实施创新驱动发展战略的重要举措来抓，高新技术产业呈现较好发展态势。区科技部门聚焦先进装备及制造、先进碳材料、新能源、电子信息等产业，跟踪了解载体平台、龙头企业、领军人才情况，提升企业内生发展动力，推进企业产品结构转型，高新技术产业份额和水平不断提高，传统优势产业质量和效益同步提升。高新技术企业新增435家，净增229家，有效高新技术企业增至1060家；新增江苏省创新型领军企业培育入库企业4家、江苏省民营科技企业177家，备案科技型中小企业1190家；完成高新技术产业产值1848.77亿元，占规模以上工业总产值的54.57%，比2021年增长9%。持续发挥高新技术产品引导经济结构调整和产业结构优化作用，引导企业开发具有自主知识产权和自有品牌高新技术产品，新增市级高新技术产品424个，涵盖电子信息、航空航天、新材料、生物与新医药、新能源与节能、资源与环境、高技术服务和先进制造与自动化八大技术领域。以科技项目为抓手，引导企业加大研发投入，从税收优惠、研发奖励、贷款争取等方面鼓励高新技术企业研发创新，推进科技创新政策落实，向2021年纳入高新技术企业培育库的295家企业发放奖励资金1475万元，向2021年认定的238家高新技术企业发放奖励资金4080万元。

【有效高新技术企业】 2022年，武进区坚持贯彻创新驱动发展战略，继续实施高新技术企业“三年倍增”工程，构建高新技术企业申报和后备企业“蓄水池”，培育壮大科技型中小企业群体，提升企业创新主体地位，激发科技型企业技术创新活力，强化高新技术企业“培育—股改—上市”裂变发展链条。全年组织高新技术企业培育入库335家，江苏恒立液压股份有限公司、江苏常发农业装备股份有限公司、快克智能装备股份有限公司、新誉轨道交通科技有限公司入选江苏省新一轮创新型领军企业培育入库企业。组织申报高新技术企业611家，获认定435家，其中新认定259家、重新认定156家、再次申报获认定20家，通过率71.19%。有效高新技术企业累计1060家，占全市高新技术企业的28.8%，比2021年增长26.79%，涵盖电子信息、新材料、新能源、高端装备智造、高技术服务等领域。全区高新技术企业聚焦研发投入和成果产出，全年投入研发经费84.5亿元，完成工业产值1478.11亿元，实现销售收入1566.10亿元、净利润84.50亿元。其中，武进高新区、西太湖科技产业园分别有高新技术企业380家、176家，分别完成规模以上高新技术产业产值795.18亿元、258.81亿元，分别占武进区规模以上高新技术产业产值的

43.01%、13.99%。至2022年年底，高新技术企业“三年倍增”工程实施完成，有效高新技术企业数从2019年年底的497家增至1060家，增长113.28%，全区基本形成以高新技术企业为主体的创新型企业集群。

表34

2022年武进区获认定高新技术企业情况表

企业名称	所在地	企业名称	所在地
常州制邦信息科技有限公司	常州科教城	常州武进中瑞电子科技股份有限公司	武进高新区
博睿康科技（常州）股份有限公司	常州科教城	常州固高智能装备技术研究院有限公司	武进高新区
常州高尔登科技有限公司	常州科教城	琉明光电（常州）有限公司	武进高新区
常州高晟传感技术有限公司	常州科教城	泓准达电子科技（常州）有限公司	武进高新区
常州罗盘星检测科技有限公司	常州科教城	江苏鑫华禹测控技术有限公司	武进高新区
江苏行运兔科技有限公司	常州科教城	常州鑫邦板业有限公司	武进高新区
常州迈纳光电科技有限公司	常州科教城	常州银科自动化设备有限公司	武进高新区
江苏春风雨教育科技有限公司	常州科教城	常州奥智高分子新材料有限公司	武进高新区
常州天策电子科技有限公司	常州科教城	新誉庞巴迪牵引系统有限公司	武进高新区
常州奥视科技有限公司	常州科教城	江苏武运传动机械有限公司	武进高新区
鲸天下智能科技（常州）有限公司	常州科教城	江苏德速智能机械股份有限公司	武进高新区
常州铭赛机器人科技股份有限公司	常州科教城	常州市都威电子有限公司	武进高新区
常州视感科技有限公司	常州科教城	创辉医疗器械江苏有限公司	武进高新区
江苏峰工电气科技有限公司	常州科教城	常州大恒环保科技有限公司	武进高新区
江苏高凯精密流体技术股份有限公司	常州科教城	江苏今创环境集团有限公司	武进高新区
常州威图流体科技有限公司	常州科教城	常州快乐科技有限公司	武进高新区
常州锦瑟医疗信息科技有限公司	常州科教城	江苏博力电气科技有限公司	武进高新区
江苏迈诺智能科技有限公司	常州科教城	常州市美纤膜技术有限公司	武进高新区
常州速稳智能机械有限公司	常州科教城	常州顺风太阳能科技有限公司	武进高新区
柯泰光芯（常州）测试技术有限公司	常州科教城	常州尚德太阳能电力有限公司	武进高新区
江苏立教信息科技有限公司	常州科教城	江苏顺风新能源科技有限公司	武进高新区
常州信凯峰精密仪器有限公司	常州科教城	江苏百惠电子新材料有限公司	武进高新区
江苏思远集成电路与智能技术研究院有限公司	常州科教城	常州常珏精密机械科技有限公司	武进高新区
		珂耐特（常州）智能科技有限公司	武进高新区
中科高易冷链系统（江苏）有限公司	常州科教城	常州天之盛汽车部件有限公司	武进高新区
常州中寰科控机电工程有限公司	常州科教城	江苏格林保尔新能源有限公司	武进高新区
常州亘源数控设备有限公司	常州科教城	常州纳捷机电科技有限公司	武进高新区
常州博显汽车电子有限公司	常州科教城	松科快换（常州）智能装备有限公司	武进高新区
常州小开智能电子科技有限公司	常州科教城	常州常矿起重机械有限公司	武进高新区
常州市易哲软件有限公司	常州科教城	常州涛晨电子科技有限公司	武进高新区
常州市贝诺电力科技有限公司	常州科教城	常州爱唯康精密机械科技有限公司	武进高新区
常州必可安工业科技有限公司	常州科教城	常州艾卡新材料科技有限公司	武进高新区
库迈思智能科技（常州）有限公司	常州科教城	常州华数锦明智能装备技术研究院有限公司	武进高新区
江苏佰腾科技有限公司	常州科教城		
江苏凌渤冷链科技有限公司	常州科教城	江苏宏力称重设备有限公司	武进高新区
江苏常诺能源环保科技有限公司	常州科教城	常州市丰乐精锻有限公司	武进高新区
江苏时光信息科技有限公司	常州科教城	博世力士乐（常州）有限公司	武进高新区
江苏韫道信息安全技术有限公司	常州科教城	常州超普机械科技有限公司	武进高新区
安费诺（常州）高端连接器有限公司	武进高新区	常州苏橡橡塑制品有限公司	武进高新区
江苏国茂减速机股份有限公司	武进高新区	江苏博人文化科技有限公司	武进高新区
戴卡智能科技（常州）有限公司	武进高新区	常州爱维电子控制技术有限公司	武进高新区
常州瑞尔特测控系统有限公司	武进高新区	利恩传动设备（常州）有限公司	武进高新区
常州市科拓锻压有限公司	武进高新区	常州市兴维邦精密机械制造有限公司	武进高新区

续表 34

企业名称	所在地	企业名称	所在地
江苏恒立液压股份有限公司	武进高新区	常州市本发电子科技有限公司	武进高新区
常州回天新材料有限公司	武进高新区	常州市武进华菱电工机械有限公司	武进高新区
常州灵达特种纤维有限公司	武进高新区	常州市隽天汽车配件有限公司	武进高新区
常州市新翼空间信息科技有限公司	武进高新区	常州怀玉电子有限公司	武进高新区
常州常发重工科技有限公司	武进高新区	常州拓美威焊割设备有限公司	武进高新区
思特博恩（常州）新材料科技有限公司	武进高新区	常州旭奥机械有限公司	武进高新区
常州市武进长江滚针轴承有限公司	武进高新区	常州海马科技有限公司	武进高新区
江苏楷文电信技术有限公司	武进高新区	常州润恩电子科技有限公司	武进高新区
新誉轨道交通科技有限公司	武进高新区	常州珍云信息科技有限公司	武进高新区
恩格尔注塑机械（常州）有限公司	武进高新区	常州益辉金属科技有限公司	武进高新区
常州三匠智能科技有限公司	武进高新区	常州翊翔炭材科技有限公司	武进高新区
费波斯测量技术（常州）有限公司	武进高新区	常州聚驰机电科技有限公司	武进高新区
常州群高机电科技有限公司	武进高新区	常州裕东制辊有限公司	武进高新区
捷诺传动系统（常州）有限公司	武进高新区	常州釜新汽车配件有限公司	武进高新区
常州汉索电子材料科技有限公司	武进高新区	常州铭鑫电子科技有限公司	武进高新区
常州德洛菲特过滤系统有限公司	武进高新区	常州长浪齿轮箱有限公司	武进高新区
江苏氿川能源科技有限公司	武进高新区	常州隆耐智能装备有限公司	武进高新区
常州市清潭特种轴承有限公司	武进高新区	常州驭麟信息科技有限公司	武进高新区
江苏贝叶斯机器人有限公司	武进高新区	常州龙腾光热科技股份有限公司	武进高新区
常州市武进区南夏墅宏昊机械设备有限公司	武进高新区	江苏中盈高科智能信息股份有限公司	武进高新区
常州龙翔气弹簧股份有限公司	武进高新区	江苏兴广包装科技有限公司	武进高新区
江苏钱璟医疗器械有限公司	武进高新区	江苏宇邦工业自动化系统有限公司	武进高新区
常州安泰诺特种印制板有限公司	武进高新区	江苏海鋆自动化技术有限公司	武进高新区
常州华岳微创医疗器械有限公司	武进高新区	江苏纳百光伏科技有限公司	武进高新区
常州市安贞建设工程检测有限公司	武进高新区	江苏芯盛智能科技有限公司	武进高新区
常州凌迪电子科技有限公司	武进高新区	益盟电子元器件（常州）有限公司	武进高新区
常州佑佳新材料科技有限公司	武进高新区	誉德锐数控科技（常州）有限公司	武进高新区
常州俊昌金属制品有限公司	武进高新区	常州市克瑞迪特传动机械有限公司	武进高新区
江苏曦日新能源科技有限公司	武进高新区	常州市小域智能科技有限公司	中以常州创新园
江苏中科云控智能工业装备有限公司	武进高新区	安普未来（常州）生物科技有限公司	中以常州创新园
常州施勤线束有限公司	武进高新区	常州企跃智能科技有限公司	中以常州创新园
赛格威科技有限公司	武进高新区	优尔爱（常州）医疗科技有限公司	西太湖科技产业园
万帮数字能源股份有限公司	武进高新区	江苏科利恩净水科技有限公司	西太湖科技产业园
三迪（常州）智能装备有限公司	武进高新区	江苏绿浥农业科技股份有限公司	西太湖科技产业园
伊蒙妮莎（常州）发电设备有限公司	武进高新区	永旭晟机电科技（常州）有限公司	西太湖科技产业园
峻邦特种线缆科技（常州）有限公司	武进高新区	常州大章医疗器械有限公司	西太湖科技产业园
常州冈一机电科技有限公司	武进高新区	江苏晶雪节能科技股份有限公司	西太湖科技产业园
常州博赢精密模具科技股份有限公司	武进高新区	朔崛（江苏）医疗科技有限公司	西太湖科技产业园
常州台盈塑业科技有限公司	武进高新区	常州市讯宜自动化成套设备有限公司	西太湖科技产业园
常州吉尔精密机械制造有限公司	武进高新区	常州博成机械制造有限公司	西太湖科技产业园
常州名吉轨道交通科技有限公司	武进高新区	常州第六元素材料科技股份有限公司	西太湖科技产业园
常州君华医疗科技有限公司	武进高新区	常州威材新材料科技有限公司	西太湖科技产业园
常州坤维传感科技有限公司	武进高新区	常州金拓长顺标牌有限公司	西太湖科技产业园
常州市南方电机有限公司	武进高新区	常州阿拉丁照明科技股份有限公司	西太湖科技产业园

续表 34

企业名称	所在地	企业名称	所在地
常州三点零智能制造有限公司	西太湖科技产业园	常州综研加热炉有限公司	西太湖科技产业园
常州市松洋林晟冲压件有限公司	西太湖科技产业园	常州迪瑞尔医用新材料有限公司	西太湖科技产业园
常州市福兴电器有限公司	西太湖科技产业园	江苏东瑞磁材科技有限公司	西太湖科技产业园
常州德匠数控科技有限公司	西太湖科技产业园	江苏信腾汽车饰件有限公司	西太湖科技产业园
江苏祎唯诺新材料科技有限公司	西太湖科技产业园	辛格顿（常州）新材料科技有限公司	西太湖科技产业园
江苏振邦智慧城市信息系统有限公司	西太湖科技产业园	新恒东薄膜材料（常州）有限公司	西太湖科技产业园
江苏海鸥冷却塔股份有限公司	西太湖科技产业园	江苏维宏智能科技有限公司	西太湖科技产业园
常州金麦格生物技术有限公司	西太湖科技产业园	常州琦罡新材料有限公司	西太湖科技产业园
常州康鼎医疗器械有限公司	西太湖科技产业园	常州广盟五金工具有限公司	西太湖科技产业园
金豆豆（常州）影视文化科技有限公司	西太湖科技产业园	常州酷冷制冷设备有限公司	西太湖科技产业园
济凡生物科技（常州）有限公司	西太湖科技产业园	常州富烯科技股份有限公司	西太湖科技产业园
常州集硕医疗器械有限公司	西太湖科技产业园	常州鼎韦环保科技有限公司	西太湖科技产业园
常州合欣达旭新能源科技发展有限公司	西太湖科技产业园	江苏长三角环境科学技术研究院有限公司	西太湖科技产业园
常州孟腾智能装备有限公司	西太湖科技产业园		
江苏特普优微创医疗科技有限公司	西太湖科技产业园	普罗斯电器（中国）有限公司	西太湖科技产业园
常州欧瑞电气股份有限公司	西太湖科技产业园	江苏南方卫材医药股份有限公司	西太湖科技产业园
常州桐树生物科技有限公司	西太湖科技产业园	常州瑞捷生物科技有限公司	西太湖科技产业园
常州众联新能源科技有限公司	西太湖科技产业园	常州瞻驰光电科技股份有限公司	西太湖科技产业园
常州高鼎新材料科技有限公司	西太湖科技产业园	常州阿木奇声学科技有限公司	西太湖科技产业园
常州天地人和生物科技有限公司	西太湖科技产业园	常州锦澄医疗设备有限公司	西太湖科技产业园
常州新聚信机械科技有限公司	西太湖科技产业园	常州绿威电器有限公司	武进绿建区
江苏中科朗恩斯车辆科技有限公司	西太湖科技产业园	江苏营特泰克智能环保设备有限公司	武进绿建区
常州中运电器有限公司	西太湖科技产业园	常州建高自动化设备有限公司	武进绿建区
江苏金思特智能科技有限公司	西太湖科技产业园	常州麦艾教育科技有限公司	武进绿建区
常州市法迪尔克粘土砂铸造机械有限公司	西太湖科技产业园	江苏乾喜精密模具有限公司	武进绿建区
常州麦思恩电子科技有限公司	西太湖科技产业园	江苏佳蓝检验检测有限公司	武进绿建区
常州二维暖烯科技有限公司	西太湖科技产业园	常州市武进建筑设计院有限公司	武进绿建区
常州瑞海英诺医疗科技有限公司	西太湖科技产业园	常州市金阳设备安装有限公司	武进绿建区
普惠瑞欣（常州）营养科技有限公司	西太湖科技产业园	迅硕电子科技（常州）有限公司	武进绿建区
盈帜科技（常州）有限公司	西太湖科技产业园	江苏飞迈工程技术有限公司	武进绿建区
常州美硕音响有限公司	西太湖科技产业园	常州奥瑞克精密测量系统有限公司	武进绿建区
江苏君子母线有限公司	西太湖科技产业园	江苏绿和环境科技有限公司	武进绿建区
常州易藤电气有限公司	西太湖科技产业园	江苏军宏机械有限公司	雪堰镇
常州米柔科技发展有限公司	西太湖科技产业园	常州爱克普换热器有限公司	雪堰镇
常州市锋杰机械有限公司	西太湖科技产业园	常州市超顺高压油缸有限公司	雪堰镇
江苏筑立建筑科技有限公司	西太湖科技产业园	常州酷泰机械有限公司	雪堰镇
常州市金甲虫精密机械科技有限公司	西太湖科技产业园	常州市常武欣摄石化配件有限公司	雪堰镇
常州长光智能科技发展有限公司	西太湖科技产业园	常州泰尔格重工机械有限公司	雪堰镇
常州巨石新能源科技有限公司	西太湖科技产业园	常州市华瑞焊割机械有限公司	雪堰镇
江苏百鸿智能电气有限公司	西太湖科技产业园	常州回回机械科技有限公司	雪堰镇
常州市松洋泓泽源无刷电机有限公司	西太湖科技产业园	江苏恩菲环保装备有限公司	雪堰镇
常州磐诺仪器有限公司	西太湖科技产业园	江苏苏宏医疗器械有限公司	雪堰镇
江苏佳鹿环卫装备有限公司	西太湖科技产业园	常州英索兰换热器有限公司	雪堰镇
常州钧洋软件有限公司	西太湖科技产业园	常州市武进第一水利机械有限公司	雪堰镇

续表 34

企业名称	所在地	企业名称	所在地
常州金海防静电地板有限公司	雪堰镇	常州圣雅塑母粒有限公司	前黄镇
江苏鼎仁重工机械有限公司	雪堰镇	常州市莱欧铸造有限公司	前黄镇
常州市友利桐自动化设备有限公司	雪堰镇	常州市武进亚太机电配件有限公司	前黄镇
江苏武东机械有限公司	雪堰镇	常州龙泰铸造有限公司	前黄镇
常州三至换热器有限公司	雪堰镇	江苏晶昱宝环境科技有限公司	前黄镇
常州设华科技有限公司	雪堰镇	常州市佳博机械制造有限公司	前黄镇
常州市科健电力设备有限公司	雪堰镇	常州惠能电气有限公司	前黄镇
江苏恒鑫润翔机电制造有限公司	雪堰镇	常州德亿旋压科技有限公司	前黄镇
常州市爱伦机械有限公司	雪堰镇	常州市南泰气弹簧有限公司	前黄镇
常州市武进精达轴承座有限公司	雪堰镇	常州北川机械制造有限公司	前黄镇
常州市宇冠机械有限公司	礼嘉镇	常州华伦热电有限公司	前黄镇
常州市国伟钢结构有限公司	礼嘉镇	常州乔德机械有限公司	前黄镇
江苏冰玛制冷设备有限公司	礼嘉镇	常州欧肯机械科技有限公司	前黄镇
常州市赛克林五金制品有限公司	礼嘉镇	常州卡凡机械有限公司	前黄镇
常州洛克曼医疗器械有限公司	礼嘉镇	常州弘敢电器科技有限公司	前黄镇
常州市何晟金属材料有限公司	礼嘉镇	常州市润跃机械有限公司	前黄镇
常州市飞腾摩托车配件制造有限公司	礼嘉镇	常州久弘志远机械有限公司	前黄镇
常州市奥克莱斯自动化设备有限公司	礼嘉镇	江苏强茂减速机有限公司	前黄镇
常州市天达铝业有限公司	礼嘉镇	常州市灵冉精密五金有限公司	前黄镇
江苏汇合管路系统科技有限公司	礼嘉镇	常州市常和机械有限公司	前黄镇
常州昇凯东机械有限公司	礼嘉镇	常州九天新能源科技有限公司	前黄镇
常州市武进润丰塑料制品有限公司	礼嘉镇	常州市春晖纺织染整有限公司	湖塘镇
常州广利管路系统科技有限公司	礼嘉镇	赢车网络科技（常州）有限公司	湖塘镇
常州市江南波纹管有限公司	礼嘉镇	常州新达力塑料机械有限公司	湖塘镇
常州世卓精密锻造有限公司	礼嘉镇	常州靓宇焊割有限公司	湖塘镇
江苏常力电器有限公司	礼嘉镇	江苏瓯堡纺织染整有限公司	湖塘镇
常州南鹏机械有限公司	礼嘉镇	常州市前峰汽车附件有限公司	湖塘镇
常州市永邦塑业有限公司	礼嘉镇	江苏智马科技有限公司	湖塘镇
江苏恒源园艺用品有限公司	礼嘉镇	常州硕冠机床有限公司	湖塘镇
常州泉灵机械制造有限公司	礼嘉镇	常州科旭纺织有限公司	湖塘镇
常州铭哲机电有限公司	礼嘉镇	江苏科信燃气设备有限公司	湖塘镇
常州汉限数控技术有限公司	礼嘉镇	江苏万海医疗器械有限公司	湖塘镇
常州融和电子有限公司	礼嘉镇	常州市武进广宇花辊机械有限公司	湖塘镇
常州海亮自动化设备科技有限公司	礼嘉镇	常州倍安特动力机械有限公司	湖塘镇
常州市峰月机械有限公司	礼嘉镇	常州朗奇威电器有限公司	湖塘镇
常州市苏南盛氏制辊机械有限公司	礼嘉镇	常州奥杜沐模具有限公司	湖塘镇
常州威马焊切器材有限公司	礼嘉镇	常州百菱线束有限公司	湖塘镇
常州百朋纺织有限公司	礼嘉镇	常州道恩电子有限公司	湖塘镇
常州市盛辉药业有限公司	礼嘉镇	常州市吉士电器有限公司	湖塘镇
常州市钛宇新材料科技有限公司	礼嘉镇	江苏恒诺农业科技发展有限公司	湖塘镇
常州西莱特电力科技有限公司	礼嘉镇	常州市巨人机器人科技有限公司	湖塘镇
常州泽辉机械有限公司	前黄镇	常州恩耐捷自动化科技有限公司	湖塘镇
常州日月机械有限公司	前黄镇	常州鼎恩生物降解材料有限公司	湖塘镇
常州市耕耘电器有限公司	前黄镇	常州道骐新材料科技有限公司	湖塘镇

续表 34

企 业 名 称	所在地	企 业 名 称	所在地
常州耐玛特精密机械有限公司	湖塘镇	江苏博大冰洲制冷科技有限公司	洛阳镇
常州市优耐特精密钣金有限公司	湖塘镇	江苏南方通信科技有限公司	洛阳镇
常州柯勒华电子科技有限公司	湖塘镇	常州市胜彪标准件模具有限公司	洛阳镇
欣瑞德（江苏）医疗科技有限公司	湖塘镇	常州新骏电机有限公司	洛阳镇
常州市克劳得布业有限公司	湖塘镇	常州市多维电器有限公司	洛阳镇
江苏依特诺电力科技有限公司	湖塘镇	常州市赢创智能机械有限公司	洛阳镇
常州科力尔环保科技有限公司	湖塘镇	常州迈腾机械有限公司	洛阳镇
沃沛斯（常州）能源科技有限公司	湖塘镇	常州市惠宇电器有限公司	洛阳镇
常州斯威德金属复合材料有限公司	湖塘镇	常州市振恒电器有限公司	洛阳镇
江苏莱宝电力股份有限公司	湖塘镇	常州市永安电机厂有限公司	洛阳镇
常州佳恒新能源科技有限公司	湖塘镇	常州发创环保设备科技有限公司	洛阳镇
常州宝仪机电设备有限公司	湖塘镇	常州育松电气有限公司	洛阳镇
常州诺点科技有限公司	湖塘镇	常州洛信源实业有限公司	洛阳镇
常州莫家精密机械有限公司	湖塘镇	江苏俊云机械科技有限公司	洛阳镇
江苏恒莱纺机有限公司	湖塘镇	常州市协立电器有限公司	洛阳镇
常州玛斯特精密工具有限公司	牛塘镇	常州市浩天办公设备有限公司	洛阳镇
常州市巨佳机器人科技有限公司	牛塘镇	常州伟琪弹簧科技有限公司	洛阳镇
江苏新华陵汽车电器有限公司	牛塘镇	常州川弘电子科技有限公司	洛阳镇
常州品之道电子科技有限公司	牛塘镇	常州市斯莱诺汽车科技有限公司	洛阳镇
江苏康普瑞森新能源科技有限公司	牛塘镇	常州盛博自动机械有限公司	洛阳镇
常州高丰户外用品有限公司	牛塘镇	常州市金三士机电有限公司	洛阳镇
江苏创立康医疗器械有限公司	牛塘镇	常州鑫力航金属新材料有限公司	洛阳镇
常州科斯亚自动化科技有限公司	牛塘镇	常州华社塑料制品有限公司	洛阳镇
常州市超艺标牌有限公司	牛塘镇	常州晨航环保科技有限公司	洛阳镇
常州市泰博精创机械有限公司	牛塘镇	常州市科杰塑料套管有限公司	洛阳镇
常州凯瑞莱精密工具有限公司	牛塘镇	常州森派智能装备有限公司	洛阳镇
常州汇尔铭五金制品有限公司	牛塘镇	常州万兴纸塑有限公司	洛阳镇
常州安尔信智能设备有限公司	牛塘镇	江苏骏宇汽配有限公司	湟里镇
江苏苏迅精密电子有限公司	牛塘镇	常州市新武机械有限公司	湟里镇
江苏长扬新能源科技有限公司	牛塘镇	江苏永阳新材料科技有限公司	湟里镇
常州苏润机械有限公司	牛塘镇	常州坚鹏建材有限公司	湟里镇
常州市辉廷机械有限公司	牛塘镇	常州瑞璐塑业有限公司	湟里镇
连工智能科技（江苏）有限公司	牛塘镇	常州市武进长城柴油机部件有限公司	湟里镇
常州春顺机械有限公司	牛塘镇	江苏东方龙机车集团有限公司	湟里镇
常州视美智能标识科技有限公司	牛塘镇	常州盈德气体有限公司	湟里镇
江苏智方达电子科技有限公司	牛塘镇	江苏隆辉电力设备有限公司	湟里镇
常州市鹏泽塑料有限公司	牛塘镇	常州市丰迪制漆有限公司	湟里镇
常州市钧达轴承有限公司	牛塘镇	常州市佳加成包装有限公司	嘉泽镇
常州市建筑材料研究所有限公司	牛塘镇	常州玫尔机械有限公司	嘉泽镇
江苏振邦医用智能装备有限公司	牛塘镇	江苏天盾重工机械科技有限公司	嘉泽镇
常州武进三晶自动化设备有限公司	牛塘镇	常州市天安锁业有限公司	嘉泽镇
常州非凡展览展示器材有限公司	洛阳镇	常州阿科牧机械有限公司	嘉泽镇
常州飞杭电子科技有限公司	洛阳镇	常州长荣电子有限公司	嘉泽镇
常州市鼎龙环保设备有限公司	洛阳镇	江苏龙英管道新材料有限公司	嘉泽镇

8月18日，惠科企服务直通车启动仪式举行　　（供图/区科技局）

【科技金融扶持中小企业】 2022年，武进区贯彻落实《江苏省推进高新技术企业高质量发展若干政策》要求，加大科技金融服务，累计投放“武科贷”71户、1.31亿元。其中，工商银行发放贷款33户、6373万元，农业银行发放贷款38户、6776万元。加大疫情后对科技型中小企业的信贷支持力度，拓宽企业融资渠道，区科技局联合江南农村商业银行定制专属优惠金融产品，启动“惠科企服务直通车”专项活动，发放贷款42户、2.19亿元，新增授信30户、授信金额3.23亿元。

（张建忠）

科技项目

【概况】 2022年，武进区坚持创新驱动发展战略，争取各级政策资源，鼓励企业自主创新，推介优质创新项目立项。申报市级及以上科技计划项目389个，获立项180个，获项目经费3.15亿元。其中，国家级科技项目2个、省级科技项目65个，共获项目经费1.24亿元。区科技局编制区级科技计划项目指南，受理区级各类科技计划项目申报，组织专家评审，实施社会发展、软科学等合同类科技计划项目46个，下达项目经费3030.74万元。至年底，验收社会发展科技项目45个。

【农业科技项目立项】 2022年，武进区围绕乡村振兴战略实施，重点支持农业科研机构、农业科技园区、农业科技型企业、星创天地、农业科技服务超市等，在新品种选育、智慧农业、生态和生物农业、农产品深加工等技术领域开展关键技术攻关、农业科技人才引进培养，鼓励产学研交流与合作，加强新品种、新技术、新模式集成创新与示范引领，引育农业农村发展新动能，为加快实现全区农业农村现代化提供科技支撑。年内，获江苏现代农业项目立项2个，获项目经费530万元；获常州市农业科技支撑项目立项8个，获项目经费140万元；立项区科技创新发展专项资金（农业）项目5个，下达奖励资金70万元。其中，常州常发农业装备工程技术研究有限公司承担的“重型拖拉机双离合结构新型高效传动系统与智能挂接系统研发及整机集成”项目获省现代农业重点研发计划立项，获项目经费500万元。

【社会民生领域项目获立项30个】 2022年，武进区紧扣“强富美高”总目标，围绕高质量发展和人民生活高质量要求，推进科技惠民行动计划，重点支持人口健康、生态环境、公共安全和公共服务等重点领域技术研究及示范，培育民生科技相关产业，提升科技惠民能力和水平，为社会发展及生态文明建设提供科技支撑。常州锦瑟医疗信息科技有限公司承担的“基于混合现实的创伤骨科智能导航系统关键技术研发及临床示范”项目获省级社会发展项目立项，获项目经费200万元；获市级社会发展项目立项17个，获项目经费390万元；立项区科技创新发展专项资金（社会发展）项目12个，下达奖励资金136万元。

【武进获省级及以上科技项目立项】 2022年，武进区获省级及以上科技项目立项67个。2个项目获国家高端外专项目立项，获项目经费65万元，65个项目获省级科技项目立项，获项目经费1.24亿元，其中省科技成果转化专项资金项目3个、省重点研发计划与关键核心技术项目2个、省碳达峰碳中和科技创新专项资金项目1个，分别获项目经费4500万元、360万元、1500万元。

2022年武进区新增省级及以上科技项目情况表

表35

项目类型	项目名称	承担单位
国家高端外专项目	新型功能型外加剂设计合成及其在混凝土地材中的应用研究	联泓（江苏）新材料研究院有限公司
	14纳米集成电路生产装备所需关键零部件自主可控研发	常州玉宇电光器件有限公司
苏南国家自主创新示范区专项	苏南国家自主创新示范区建设专项资金	武进国家高新技术产业开发区
省科技成果转化专项资金项目	高速光通信VCSEL芯片的研发及产业化	常州纵慧芯光半导体科技有限公司
	功率半导体芯片固晶系列设备的研发及产业化	快克智能装备股份有限公司
	高强高模聚酰亚胺纤维研发及产业化	江苏先诺新材料科技有限公司

续表 35

项目类型	项目名称	承担单位
省碳达峰碳中和科技创新专项资金（重点研发）	源网荷储协同的可再生能源消纳关键技术研发	万帮数字能源股份有限公司
省科技计划专项资金（重点研发计划产业前瞻与关键核心技术）	应用于高功率芯片散热的石墨烯导热界面材料关键技术研发	常州富烯科技股份有限公司
	高功率宽频域多维超声复合铣削加工工艺及装备研发	机械科学研究总院江苏分院有限公司
省社会发展项目	基于混合现实的创伤骨科智能导航系统关键技术研发及临床示范	常州锦瑟医疗信息科技有限公司
省自然科学基金项目	仿长竹蛏掘穴特性的深海养殖网箱锚泊定位机制研究	常州工业职业技术学院
	空间交错偏置共轭车齿理论及成形机理研究	常州江苏大学工程技术研究院
省现代农业项目	重型拖拉机双离合结构新型高效传动系统与智能挂接系统研发及整机集成	常州常发农业装备工程技术研究有限公司
省乡村振兴项目	武进经济林果产业分店	常州市常洛果品专业合作社
省技术转移奖补资金项目	2022 年对技术转移输出方奖补	机械科学研究总院江苏分院有限公司
		常州山由帝杉防护材料制造有限公司
		常州墨之萃科技有限公司
		江苏明月软件技术有限公司
		大连理工江苏研究院有限公司
	2022 年对技术转移吸纳方奖补	常州润来科技有限公司
		江苏南方卫材医药股份有限公司
		江苏华阳智能装备股份有限公司
		常州铭赛机器人科技股份有限公司
		快克智能装备股份有限公司
		江苏智芯今创科技有限公司
		常州市军锐机械有限公司
		常州中进医疗器材股份有限公司
		常州市维尔纳机电有限公司
	2022 年对技术合同登记机构奖补	武进国家高新技术产业开发区众创服务中心
省科学技术奖专项奖励资金项目	国产大飞机高性能涂覆材料关键技术研发及应用	常州南京大学高新技术研究院
	高比表面碳基材料结构设计、调控及环保应用	常州碳星科技有限公司
	大规模电动汽车智能高效充电系统关键技术及应用	万帮数字能源股份有限公司
	碳纤维多轴向织造及复合材料高效精确成型关键技术及应用	中国机械总院集团江苏分院有限公司
	高精度智能控制真空镀膜成套系统关键技术及应用	中国机械总院集团江苏分院有限公司、常州湖南大学机械装备研究院
	基于两性离子表面构建的材料生物相容、生物功能关键技术及应用	常州南京大学高新技术研究院
	3D 传感 VCSEL 芯片的研发及产业化	常州纵慧芯光半导体科技有限公司
	有机热载体加热炉节能低碳环保安全成套装备关键技术及产业化	江苏常诺能源环保科技有限公司
	高效智能自驱动永磁滚筒关键技术研发及应用	江苏嘉轩智能工业科技股份有限公司
	大尺寸高强韧铝轮毂半固态流变成型关键技术研发及产业化	常州机电职业技术学院、中国机械总院集团江苏分院有限公司
	基于薄层石墨烯的重防腐涂料体系产业化关键技术与工程应用	常州第六元素材料科技股份有限公司

续表 35

项目类型	项目名称	承担单位
省科学技术奖专项奖励资金项目	高压大流量整体式液压多路阀关键技术与产业化	江苏恒立液压科技有限公司、江苏恒立液压股份有限公司
	植入性金属材料表面生物功能涂层多级结构的构建技术创新及应用	常州安康医疗器械有限公司
	面向精密模具的高性能热流道系统关键技术研发及产业化	常州机电职业技术学院
省科技计划专项资金（创新支撑计划科技型创业企业孵育）	常州科教城人工智能制造众创社区	长江龙城科技有限公司
	常州西太湖石墨烯众创社区	常州西太湖科技产业园管理委员会
省创新基地建设（区域创新）项目	江苏中科智能科学技术应用研究院新型研发机构奖补	江苏中科智能科学技术应用研究院
	机械科学研究总院江苏分院有限公司新型研发机构奖补	机械科学研究总院江苏分院有限公司
	常州湖南大学机械装备研究院新型研发机构奖补	常州湖南大学机械装备研究院
	常州数控技术研究所新型研发机构奖补	常州数控技术研究所
	常州光电技术研究所新型研发机构奖补	常州光电技术研究所
	国家技术转移人才培养基地	常州常大技术转移中心有限公司
省科技计划专项资金（创业江苏科技创业大赛奖金）	成长企业组二等奖	常州节卡智能装备有限公司
	成长企业组三等奖	江苏泷膜环境科技有限公司
	壁载化光催化微反应废水处理的连续工艺研发（团队组三等奖）	常州尼乌斯环境科技有限公司
省双创博士	李博士	常州联影智融医疗科技有限公司
	宋博士	柳工常州机械有限公司
	牛博士	常州纵慧芯光半导体科技有限公司
	纪博士	常州第六元素材料科技股份有限公司
	赵博士	常州桐树生物科技有限公司
	孙博士	江苏联泓科技有限公司
	时博士	联泓（江苏）新材料研究院有限公司
	邹博士	大连理工江苏研究院有限公司
	蒋博士	中科领目（常州）智能科技有限公司
省国际科技合作	常州德国弗劳恩霍夫 IOSB 国际技术转移服务机构建设与国际技术转移服务	常州旭泰克系统科技有限公司
省软科学研究	科技创新支撑江苏乡村产业振兴战略的实践研究	常州工业职业技术学院
	全球价值链视角下江苏氢能源产业布局与培育实证研究	
	江苏战略性新兴产业关键核心技术突破的制度创新研究——基于技术解构视角	

【“高速光通信 VCSEL 芯片的研发及产业化”项目】 9月，被省科技厅认定为省科技成果转化资金项目，获省资助经费 1500 万元。该项目由常州纵慧芯光半导体科技有限公司承担，产学研合作方为南京大学，新增投入 5000 万元，攻克大尺寸高性能外延片制备困难关键共性问题，优化 VCSEL（垂直腔面射出激光器）外延设计，降低不利影响，提高带宽和可靠性；进一步研究量子阱失配、DBR（分布式布拉格反射）掺杂、谐振腔长度、氧化层数量等外延结构参数对器件性能和可靠性的综合影响，优化设计；优化外延生长工艺，研究外延生长条件控制因素及影响，进一步降低 VCSEL 外延片表面缺陷，提升均匀性，提升器件性能和可靠性；优化芯片结构设计与制程工艺，提高良率，降低成本，提炼失效模式，提升产品质量及可靠性；在芯片量产上完全达到 25 吉比特／秒和 50 吉比特／秒芯片性能要求，完善可靠性测试验证。项目实施期内，累计销售芯片 1750 万颗，新增销售收入 7000 万元。

【“功率半导体芯片固晶系列设备的研发及产业化”项目】 9月，被省科技厅认定为省科技成果转化资金项目，获省资助经费 1500 万元。该项目由快克智能装备股份有限公司承担，产学研合作方为南京航空航天大学，新增投资7000万元，研发高温环境下直接共晶视觉定位系统。采用视觉、激光辅助方案获得深度信息，通过优化算法提高定位精度；实现高温环境下微米级高精准度图像识别定位，满足直接共晶需要；面向间接共晶的具备振动抑制功能的超高速高精度无损取晶系统研发；对本体结构实施参数优化分析及可靠性优化设计，设计全新顶针运动系统；设计振动抑制算法对低惯性焊头进行自适应调节，实现超高速高精度无损取晶作业；基于气氛浓度传感网络的无助焊剂甲酸间接共晶设备的研发；基于多传感器技术实现精密气体浓度在线反馈，实现甲酸浓度精准闭环控制，研发高效、安全无助焊剂共晶设备；面向银烧结工艺的基于多流道孔隙网络的工艺气氛精准控制技术；综合优化设计工艺气氛流道孔隙网络，保证腔体内多通道气体均匀分布，提高纳米银金属烧结质量，扩大多材料烧结的封装工艺参数范围，提高设备通用性。项目实施期内，累计销售目标产品500台（套），实现销售收入2亿元。

【“高强高模聚酰亚胺纤维研发及产业化”项目】 9月，被省科技厅认定为省科技成果转化资金项目，获项目经费1500万元、省资助经费1500万元。该项目由江苏先诺新材料科技有限公司承担，新增投资6000万元，优化高强高模PI纤维（聚酰亚胺纤维）化学结构，开发高强、高模、高耐热三款产品；优化高强高模PI纤维一体化连续反应纺丝工艺，研发合成、凝固、水洗、热处理条件等全套工艺参数，提升聚合时单体和溶剂计量精度、热反应温度和牵伸应力控制等，优化纺丝工艺；提升高强高模PI纤维一体化连续生产线控制精度，优化关键装备设计，解决产能放大过程中的纺丝液合成、丝条凝固和热处理等环节传质传热问题，突破纺丝工艺与装备相互协调、纤维结构与性能可控等关键技术；搭建PI纤维测试、织造、预浸料三大研发平台，开发织物、面料、绳带、预浸料等产品，完善产品应用基础数据。项目实施期内，新建及改建生产线3条，建成年产能400吨高强高模PI纤维生产线，实现目标产品销售收入1.5亿元。

（张建忠）

科技奖励

【概况】 2022年，武进区按照省科技厅《关于2022年度江苏省科学技术奖提名工作的通知》要求，组织推荐企业与科研院所申报省科学技术奖。全区获省科学技术奖项目14个，其中一等奖2个、二等奖4个、三等奖8个。

【“高比表面碳基材料结构设计、调控及环保应用”项目获省科学技术奖一等奖】 该项目被省科技厅授予2022年度江苏省科学技术奖一等奖，由东南大学、常州碳星科技有限公司联合承担。突破结构设计、材料制备、工艺控制、绿色铸造等关键难点，完成由发现特异性能，到调控结构，最终形成多元复合技术及相关装备的整条技术路线。项目产品广泛用于自来水预处理、污水处理、蓝藻处理、黑臭河治理、河流湖泊水体修复和湿地水质净化提升等，在江苏、山东、湖北、广东等地使用。经鉴定，项目成果总体达国际先进水平。项目实施期间，发表高水平论文68篇，他引7000余次；出版专著2部，编制标准1项，获授权发明专利62件、许可4项。

【“国产大飞机高性能涂覆材料关键技术研发及应用”项目获省科学技术奖一等奖】 该项目被省科技厅授予2022年度江苏省科学技术奖一等奖，由中海油常州涂料化工研究院有限公司、中国商用飞机有限责任公司、上海飞机设计研究院、常州南京大学高新技术研究院等单位联合承担。围绕大飞机重大专项，设计开发国产大飞机用高性能涂覆材料体系、制备新技术，实现规模化工程应用，制定国家军用标准1项、行业材料规范4项，经鉴定，填补国内大飞机蒙皮涂层标准空白，建立与美国军用标准（MIL）、波音航空材料标准（BMS）以及空客航空材料标准（AIMS）同等地位的航空材料规范体系，解决该技术领域“卡脖子”难题。项目产品应用于多种机型，在中国商用飞机有限责任公司、中航工业西安飞机工业（集团）有限责任公司、中航工业陕西飞机工业（集团）有限公司等航空主机厂以及中国航空工业济南特种结构研究所等40余家航空配套企业应用推广。

【“基于两性离子表面构建的材料生物相容、生物功能关键技术及应用”项目获省科学技术奖二等奖】 该项目被省科技厅授予2022年度江苏省科学技术奖二等奖，由南京师范大学、常州南京大学高新技术研究院等单位联合承担。针对生物材料研制和应用中的关键问题，提出“维持自然状态”说；系统研发两性离子化生物相容性表面精准改性技术，高效催化、活性可控聚合表面改性技术，多功能化生物相容表界面改性技术，介入性非血管覆膜支架关键技术，血液接触类器械生物相容技术，生物医学功能材料设计制备技术；研发覆膜支架、镜下扩张球囊及导丝、一次性白细胞过滤输血和血浆病毒灭活输血器材等系列产品，大幅降低医治成本。项目实施期间，出版专著1部，发表代表性论文36篇，被引1990次，获中国发明专利16件、其他知识产权17件，获医疗器械证书21件、标准1项。

【“碳纤维多轴向织造及复合材料高效精确成型关键技术及应用”项目获省科学技术奖二等奖】 该项目被省科技厅授予2022年度江苏省科学技术奖二等奖，由常州市宏发纵横新材料科技股份有限公司、中国机械总院集团江苏分院有限公司、南京大学、常州市新创智能科技有限公司、江苏华复轨道交通科技有限公司、中材科技（阜宁）风电叶片有限公司联合承担。突破碳纤维多轴向编织、高效拉挤成型、快速模压成型等关键技术，打破国外技术垄断；研发多种国内首台套核心装备，解决关键材料和技术受制于人的问题。项目产品应用于380BL动车组、C919大飞机等国家重大战略工程，实现大型、复杂异型构件开发制造技术的自主可控，获中国商用飞机有限责任公司认可，产品在中国中车股份有限公司、中材科技股份有限公司及美国通用电气公司、丹麦维斯塔斯风力技术集团等135家企业批量应用，出口美国、德国等国家。经鉴定，项目成果总体达国际先进水平。项目实施期间，获授权发明专利102件，获国家专利优秀奖5项，主导制定国家标准、行业标准3项。

【"高精度智能控制真空镀膜成套系统关键技术及应用"项目获省科学技术奖二等奖】 该项目被省科技厅授予2022年度江苏省科学技术奖二等奖，由常州市乐萌压力容器有限公司、常州工学院、中国机械总院集团江苏分院有限公司、浙江大学常州工业技术研究院、常州湖南大学机械装备研究院联合承担。突破磁控溅射真空镀膜均匀化、镀膜机工艺参数优化、薄膜检测及智能控制等关键难点，完成镀膜过程中磁场强度、镀层气体成分、腔体温度场分布优化、快速双面往复连续卷绕镀膜技术以及智能决策系统的整条技术路线。项目产品广泛用于光学精密加工、医疗器械、信息显示和新能源汽车等高科技产品。经鉴定，项目成果总体达国际先进水平。项目实施期间，编制标准3项，获授权发明专利12件、实用新型专利35件、软件著作权4项、许可1项，发表论文5篇。

【"大规模电动汽车智能高效充电系统关键技术研发及产业化"项目获省科学技术奖二等奖】 该项目被省科技厅授予2022年度江苏省科学技术奖二等奖，由万帮数字能源股份有限公司和江苏大学联合承担。突破大容量充电过程中存在的开关器件损耗大、系统效率低的问题，优化充电桩中能量转换电路的拓扑结构，采用新型碳化硅功率器件，提高系统充电效率，减少充电时间；突破充电过程中充电桩电池安全及电池使用寿命的问题，在充电桩智能监控模块中加入柔性充电策略和主动防护策略，提高电池充电安全性，延长电池使用寿命；突破大规模电动汽车集中充电中随机性对电网谐波干扰问题，分析一定规模集聚的电动汽车集中充电时的谐波特性，优化谐波抑制算法；突破大规模电动汽车有序充电调度问题，建立分层分区有序充电调度框架，实现城市级电动汽车有序充电调度。项目实施期间，获授权发明专利5件、实用新型专利24件、外观专利31件。

【"大尺寸高强韧铝轮毂半固态流变成型关键技术研发及产业化"项目获省科学技术奖三等奖】 该项目被省科技厅授予2022年度江苏省科学技术奖三等奖，由江苏凯特汽车部件有限公司、有研金属复材技术有限公司、大亚车轮制造有限公司、河海大学、常州机电职业技术学院、南京林业大学、中国机械总院集团江苏分院有限公司、江苏今创控股集团有限公司联合承担。突破大尺寸（18～34英寸）半固态流变汽车铝轮毂系列关键技术，打破国外技术垄断，提升国内汽车铝轮毂产业技术水平，研制高端大型客车和货车、房车和越野车铝轮毂，性能达锻造水平，实现以铸代锻、以铝代钢。项目产品推广应用于主机厂和中国铁路高速列车等领域，经鉴定，总体技术国际领先。项目实施期间，获授权发明专利33件，编写国家标准和行业标准5项，获新技术产品10余个。

【"3D传感VCSEL芯片的研发及产业化"项目获省科学技术奖三等奖】 该项目被省科技厅授予2022年度江苏省科学技术奖三等奖，由常州纵慧芯光半导体科技有限公司承担。根据国务院发布的《新时期促进集成电路产业和软件产业高质量发展的若干政策》《中国光电子器件技术发展路线图（2018—2022年）》要求，聚焦光通信高端芯片，基于现有产品940纳米VCSEL芯片光电转换效率45%，突破"卡脖子"技术，实现高性能VCSEL国产化，打造中国"芯"。经鉴定，产品性能达到国内第一、世界领先水平。项目实施期间，获授权发明专利3件，制定企业技术标准1项，2019—2020年在国内累计销售芯片超3000万颗，增加经济效益1.2亿元。

【"高效智能自驱动永磁滚筒关键技术研发及应用"项目获省科学技术奖三等奖】 该项目被省科技厅授予2022年度江苏省科学技术奖三等奖，由江苏嘉轩智能工业科技股份有限公司、常州工学院联合承担。突破带式输送机机械传动环节多、损耗大、能效低和占地空间大等关键难点，首创永磁电机与滚筒融为一体的高效智能永磁变频自驱电动滚筒装置，具有高效率（94.9%）、低噪音（70分贝）、占地少（占地面积减少80%）、节能（节省电能20%以上）等优点。项目产品应用于开滦（集团）有限责任公司、中国宝武钢铁集团有限公司、贵州盘江精煤股份有限公司、国家能源投资集团有限责任公司、中国中煤能源集团有限公司等行业龙头企业节能改造，国内市场占有率在53.9%以上。经中国机械工业联合会鉴定，项目成果达国际领先水平。项目实施期间，获授权发明专利11件，参与起草国家标准4项。

【"基于薄层石墨烯的重防腐涂料体系产业化关键技术与工程应用"项目获省科学技术奖三等奖】 该项目被省科技厅授予2022年度江苏省科学技术奖三等奖，由常州第六元素材料科技股份有限公司、中国电子科技集团公司第十四研究所、中海油常州涂料化工研究院有限公司、江苏道蓬科技有限公司联合承担。创新突破薄层石墨烯的百吨级高效、可控制备技术，攻克石墨烯基重防腐涂料应用技术，牵头建立第一批薄层石墨烯和石墨烯基重防腐涂料的产品和应用标准体系。项目产品应用于海上风电工程、钢结构、海上物流工程、石化设施及其他户外装备，提供多种配套体系方案设计与涂装示范应用。经工业和信息化部科学技术成果鉴定，总体技术达国际先进水平，运行良好。项目实施期间，获授权专利77件，其中"一种富锌环氧防腐涂料及其制备方法"获中国专利优秀奖，主编专著1部，发表论文19篇，形成标准7项。

【"高压大流量整体式液压多路阀关键技术与产业化"项目获省科学技术奖三等奖】 该项目被省科技厅授予2022年度江苏省科学技术奖三等奖，由江苏恒立液压科技有限公司、常州大学、华东交通大学、南京航空航天大学、江苏恒立液压股份有限公司联合承担。在电液系统多通道大流量高效精确分配与调控、整体式阀体内高压复杂流道型腔铸造成型、重载微米级配合偶件大批量高一致性制造方面取得重大突破，全面实现工程机械核心液压元件进口替代。经夏长亮、丁荣军等院士鉴定，关键技术为国际领先水平。项目实施期间，获授权专利30件，其中发明专利10件、实用新型专利20件，参与制定国际标准1项。

【"有机热载体加热炉节能低碳环保安全成套装备关键技术及产业化"项目获省科学技术奖三等奖】 该项目被省科技

厅授予2022年度江苏省科学技术奖三等奖，由常州大学、常州能源设备总厂有限公司、江苏常诺能源环保科技有限公司联合承担。从工艺、装备、制造和运维四个维度创新，突破技术瓶颈，解决国产装备大型化面临的设计、制造、运输、运维难题。首创额定出力3000万大卡以上的超大型有机热载体加热炉新装备，热效率提高5%以上，燃气炉热效率高达97.2%（国家标准92%），燃煤炉热效率88.6%（国家标准80%）、生物质炉热效率92.8%（国家标准86%），氮氧化合物、颗粒物排放远低于国家标准，入选《国家工业节能技术装备推荐目录》和《"能效之星"产品目录》，推广应用于石油、化工、医药、电力等领域100余家企业，应用企业总节支80余亿元，产品投放市场结焦爆管事故率为0。经中国机械工业联合会鉴定，成果达国际先进水平，其中大炉膛大串联炉管新技术达国际领先水平。项目实施期间，获授权发明专利12件、实用新型专利25件，主持制定国家标准1项，参与制定行业标准1项。

【"植入性金属材料表面生物功能涂层多级结构的构建技术创新及应用"项目获省科学技术奖三等奖】 该项目被省科技厅授予2022年度江苏省科学技术奖三等奖，由淮阴工学院、宿迁学院、江苏百纳医疗科技有限公司、常州安康医疗器械有限公司、成都迈德克科技有限公司联合承担。攻克金属植入材料在适配人体组织多级结构、调控"器械—宿主"界面响应、提高临床安全性和有效性方面的重大难题，关键技术应用于血管支架、骨植入体、气道支架等高端医疗器械产品，在江苏省、上海市、四川省的6家企业推广应用，获三类医疗器械注册证2个、二类医疗器械注册证1个。第三方评价意见表明，项目打破国外高端医疗器械技术垄断，突破"卡脖子"关键技术难题，创新性显著。项目实施期间，获授权发明专利36件、实用新型专利20件，发表SCI收录学术论文100余篇。

（张建忠）

国际科技合作

【概况】 2022年，武进区坚持开放创新与协同创新相融合，加快科技创新国际化步伐，瞄准重点合作国家和地区广开合作渠道，创新对外交流方式，引进和集聚国际科技创新资源，推进中以常州创新园、中德创新园、中欧（常州）绿色创新园等国际科技合作园区建设。全区获各级政策引导类计划（国际科技合作）项目立项11个，其中省级1个、市级10个，分别获项目经费120万元、220万元。中以常州创新园承担的数字医疗合作项目、中以创新合作与产业投资大会等工作纳入《中以创新合作行动计划（2022—2024)》，举办中国—以色列创新合作周、中以科技合作与技术对接会、国际精准医学创新应用高端研讨会、J-TOP创新挑战季智能制造专场、数字赋能绿色发展国际峰会暨智领行动启动仪式、江苏—欧盟绿色建材对接会、第二届长三角两岸青年创新创业大赛、科创中国海智面对面武进专场等国际科技交流活动10余场次。

【中以常州创新园】 成立于2015年1月。2022年，中以常州创新园围绕打造长三角产业科技创新中心、"两湖"创新区等市、区重点发展战略，按照《中以常州创新园"十四五"发展战略规划》，发挥中国（江苏）自由贸易试验区联动创新发展区功能，借鉴以色列政府引导投资基金的运作模式，设立中以启航基金（3亿元）、中以常州创新园天使投资专项资金（1亿元），支持江苏曦日新能源科技有限公司等3家初创企业创新发

2022年武进区新增政策引导类计划（国际科技合作）项目情况表

表36

级别	项目名称	承担单位	所在区域
省级	常州德国弗劳恩霍夫IOSB国际技术转移服务机构建设与国际技术转移服务	常州旭泰克系统科技有限公司	常州科教城
市级	中德高层次科技创新人才招引服务平台建设	常州中德产业创新与合作中心有限公司	常州科教城
	中德PUSH众创空间国际引才平台建设	常州普适信息科技有限公司	常州科教城
	电场强化液态生物燃料高效制备关键技术及装备研发	常州江苏大学工程技术研究院	常州科教城
	超薄TV石墨烯纳米级抗阻燃后盖材质和微纳级薄片生产工艺的技术研发	常州奥智高分子新材料有限公司	武进高新区
	Prodrobot儿童智能下肢康复机器人技术的联合研发	常州市钱璟康复股份有限公司	武进高新区
	江苏龙城精锻有限公司高精密塑性成形日本研发中心建设	江苏龙城精锻集团有限公司	武进高新区
	中以（常州）国际技术转移中心建设与国际技术转移服务	常州生恩豪鼎企业管理咨询有限公司	武进高新区（中以常州创新园）
	零排放高密度南美对虾循环水产养殖系统的研发	常州沙漠农夫水产科技有限公司	武进高新区（中以常州创新园）
	基于灰色预测理论的智能车辆环境感知系统及云网关联合研发	顺为智能科技（常州）有限公司	武进高新区
	多层笼养鸡智能巡检机器人系统的联合研发及应用	江苏华丽智能科技股份有限公司	武进高新区

展。举办2022中国—以色列创新合作周系列活动、2022中以科技合作与技术对接会等省级及以上重点活动6次，其中2022中国—以色列创新合作周开创中国国际科技合作“1+2+N”新模式：“1”即探索创立中国—以色列创新合作周（CIICW）活动品牌，“2”即建立中以两地同步开展线下活动机制和“中以创新园区6+6合作联盟”机制，“N”即会、展、节、演、营等多种形式，科教文卫等全面覆盖。重点引进Opsys（奥普塞斯）自动驾驶雷达、Foresight（福飒特）汽车视觉技术等以色列项目9个；通过“共建计划”申请以色列项目2个，落户企业3家；促成医疗器械、人工智能、现代农业等领域中以技术合作8项；招引科技型项目30个，其中入选“龙城英才计划”7个，张明高（中国工程院院士）、唐佩福（解放军总医院外科临床部骨科主任）、杨弋（生物反应器工程国家重点实验室副主任）等国家级人才团队相继落户；新增高新技术企业2家。学习借鉴以色列创新人才培养模式，联合常州大学和以色列本·古里安大学等高校，开展“新工科”创新创业人才的联合培养，累计培养本科生及研究生130余人，其中8人在以色列本·古里安大学就读研究生。部分内容参见“产业园区”类目p86～87相关条目。

【中德创新园】 位于常州科教城，是常州市与友好城市德国埃森市重点合作项目，于2013年启动建设，2016年被国家发展改革委和欧盟驻华使团联合授予“中欧城镇化伙伴关系示范区”称号，拥有中德产业创新与合作中心（常州）、常州科技经济发展中心（埃森）、常州科教城创研港等平台。2022年，中德创新园坚持“对标德国创新体系，打造中德合作平台，引进国际先进技术，孵化创新创业项目，培育常州未来产业，提升苏南智造水平”目标定位，按照“高起点规划、高标准建设、高质量招商”要求，聚焦产业创新和合作交流两大功能，突出科技与教育融合发展，建设高教园区、研发园区和孵化园区，引进德国研发机构、高端人才和创新项目落户，推动科技成果转化和产业化，打造国际合作先行区。与国际产业创新服务平台Plug&Play（简称“PNP”）联合创立的离岸孵化创新中心在美国硅谷挂牌，人工智能、机器人、新一代信息技术领域企业落户常州，促成国外先进技术在常州创业孵化或产业化；与PNP共同举办常州智能制造产业技术对接会，6家需求企业与相关创业公司初步达成技术合作意向8个、投资合作意向9个；调研常州智能制造和汽车产业大型企业、园区科创企业，推荐常州科教城10家科创项目至PNP独角兽加速营，其中2家企业入选PNP智慧城市加速营和移动出行加速营重点项目对接名单；在汽车产业领域达成合作成果3个。推动中德亚琛创新中心完成工商注册及协议签署，投入运营；推动威乐技术转移中心完成展厅建设，与江苏维尔利环保科技股份有限公司、江苏环亚医用科技集团股份有限公司、中创新航科技集团有限公司、蜂巢能源科技股份有限公司等企业深入合作，在环保、医疗、新能源等领域提供高效稳定的技术解决方案。推进弗劳恩霍夫创新平台、卡尔斯鲁厄理工学院（KIT）技术转移中心建设，常州弗朗霍夫IOSB（研究院光电、系统技术及图像处理研究所）基地展厅完成科普互动区域建设、预测性维护及节拍跟踪分析系统展示、RTLS（基于超宽带技术的实时定位系统）全覆盖；为常州大学大数据重点实验室提供数字孪生技术相关软件，联合常州大学申请省国际技术转移平台，并完成项目签约。KIT技术转移中心基本完成团队建设，持续完善服务体系；与德意志航空航天中心、巴伐利亚中国中心建立密切联系，与柏林工业大学等就专利技术导入达成初步合作意向；依托德国工业4.0培训体系、德国双元制职业技术培训体系及汽车领域制造业培训体系，开辟就业需求通道；在新能源汽车、医疗、智能制造、人工智能等方向，整理最新技术，与有意向企业开展需求对接，推进国际技术转移。

【中欧（常州）绿色创新园】 位于武进绿建区，2020年10月成立，依托武进良好产业基础和武进绿建区，建立政府引导、市场主导、企业参与的中欧双边工作机制，打造联合国工业发展组织绿色创新发展国际示范区、中欧绿色伙伴关系常州样板，被列入市、区两级政府“十四五”发展规划。2022年，中欧（常州）绿色创新园围绕绿色低碳节能领域，加强中欧低碳产业合作，促进绿色低碳产业创新发展，重点在资源再生利用、零碳技术、清洁能源、智慧城市、建筑与建材数字化等产业领域，促成中欧技术合作，集聚中欧合作项目，形成涵盖绿色低碳全产业链的差异化特色产业形态。开展中欧项目合作，全年获取中欧国际项目信息100余个，落地项目68个，外资到账119万美元。其中，总投资5000万元的新加坡屹融环境项目被列入区重点项目，总投资3500万元的中德合作建筑材料项目完成立项。开展中欧技术合作，与德国柏林工业大学、维也纳应用技术大学、英国建筑研究院、瑞

11月11日，中欧低碳学堂揭牌成立 （供图/武进绿建区）

典环境科学研究院、中德可持续建筑协会、国家技术转移东部中心等10余所海内外高校及创新机构建立合作，形成技术合作10项，联合住房和城乡建设部科技发展中心、维也纳应用科技大学、欧本德弗装配式建筑技术有限公司等单位，申报中奥政府间产学研合作项目，促进行业创新发展。搭建中欧创新平台，与联合国工业发展组织共同推进绿色国际示范区创建，完成绿建产业链中试点产品的全生命周期评价报告，与工业和信息化部国际经济技术合作中心、德国柏林工业大学等共建的中欧低碳学堂揭牌成立，对接奥地利相关机构设立武进首个奥地利离岸孵化器，对接奥地利"小精尖"项目16个。

【"常州德国弗劳恩霍夫IOSB国际技术转移服务机构建设与国际技术转移服务"项目】 6月，被省科技厅认定为省政策引导类计划（国际科技合作）项目。由常州旭泰克系统科技有限公司承担，合作方为德国弗劳恩霍夫IOSB、常州大学，总投资600万元，获省资助经费120万元。围绕智慧工厂、智能制造，开展先进制造解决方案展示与应用，建设面向智能制造行业的企业赋能技术对接平台。搜集整理德国创新成果和专家资源，促进省内企业与德国专家"一对一"精准对接，聚焦引进德国高端创新资源。在常州市政府、常州科教城管委会管理指导下，联合地方企业加入共建计划，国外知名研究机构围绕技术研发、项目引进、技术转移等方面开展业务合作，构建重点产业创新体系。把握中德合作发展热点，打造以人工智能、机器人、新一代信息技术为主导的面向未来新经济产业体系。构建符合江苏政、产、学、研、金、用的联合创新体系中德数字孪生联合实验室。依托常州大学，采用国外专家授课、联合培养技术转移转化研究生、联合开发等方式，培养技术复合型人才，打造基于数字孪生、工业大数据为主要技术方向的联合实验室。加强专业化国际技术转移人才培养，采用国外专家授课、派遣技术转移研究生境外实习等方式，引入德国弗劳恩霍夫在技术转移方面的先进理念，培养技术转移专业化、复合型人才。

（张建忠）

科技创新创业服务平台

【概况】 2022年，武进区加大创新投入力度，打造高能级双创平台，紧抓重要平台提档升级，突出特色平台引领示范。推进国家级科技企业孵化等载体建设及长三角一体化工作，加快大学科技园、产业研究院、创新中心等平台创新创业要素集聚，优化创新创业生态系统，引领各平台瞄准自身产业定位打造专业产业孵化载体，新增双创载体面积35.8万平方米。围绕重点区域、重点产业，引导和支持企业特别是大中型工业企业和规模以上高新技术企业建设科技创新服务平台，改善研发条件，培养和引进科技人才，持续产出创新成果，提升企业自主创新能力，推动常州德国弗劳恩霍夫IOSB国际技术转移服务机构建设与国际技术转移服务项目落地。江苏唯德康医疗科技有限公司、常州铭赛机器人科技股份有限公司、江苏绿和环境科技有限公司、常州联德电子有限公司与江苏省产业技术研究院签约建设联合创新中心。通过政策引导，强化市级及以上企业工程技术研究中心建设培育力度。加强企业研发平台承担单位建设管理，鼓励参与企业研发体系贯标。全年新建工程技术研究中心省级12个、市级51个，累计有工程技术研究中心省级133个、市级226个。武进区大中型工业企业、规模以上高新技术企业研发机构建有率分别达100%、97%。扶持高新技术中小企业培育科技创业服务平台（科技企业孵化器、加速器、众创空间），集成共享科技资源，提供物理空间、基础设施和配套化服务，降低创业风险，提高创业成功率，促进科技成果转化，不断形成引领产业创新的科技创业平台体系。全年新增国家级科技企业孵化器1个、众创空间1个；新增省级科技企业孵化器1个、众创空间2个；新增市级科创综合体3个、市级孵化器5个，市级加速器2个；2家众创社区获省级创新支撑计划科技型创业企业孵育项目立项。累计拥有市级及以上科技企业孵化器35个（国家级11个、省级4个、市级20个），市级及以上加速器12个（省级3个、市级9个），市级及以上众创空间30个（国家级7个、省级16个、市级7个），获市级及以上认证的载体面积累计约230万平方米。

【常州医疗器械创业服务中心获评国家级科技企业孵化器】 4月，常州医疗器械创业服务中心被科技部认定为国家级科技企业孵化器。该中心位于西太湖国家医疗器械国际创新园内，由常州医疗器械产业研究院运营和打造，建筑面积1.3万平方米，致力打造集投融资、技术创新、成果转化、产业孵化、教育培训、人才培养、国际合作、产业服务于一体的医疗器械全产业链创新服务载体，推出的"医械产业顾问"平台，为医械企业在生产经营中提供核心要素咨询和一站式系统解决方案，包括投资融资、技术转移、贸易经销、注册咨询、教育培训、人力资源六大专业服务，以及医学检验检测、洁净室管理与服务、环境影响评价、灭菌辐照设计、知识产权咨询、医疗器械设计、法律顾问服务、企业管理咨询等N+增值服务。至2022年年底，该中心累计孵化入驻企业60多家，投资或间接投资项目、企业15家，累计培育高新技术企业14家，培育拟上市企业1家，带动就业400余人。

【纺织云众创空间获评国家级众创空间】 2022年6月，纺织云众创空间被科技部认定为2021年度国家备案众创空间。该众创空间位于武进高新区，成立于2016年5月，由常州金运投资有限公司运营，聚焦纺织、大数据、电子商务及直播等新兴服务业态，提供良好工作空间、网络空间、社交空间和资源共享空间，打造低成本、便利化、全要素、开放式创新创业服务平台，培育、孵化具有成长潜力的优质创业项目。依靠东华纺织集团有限公司优势，采取"创业服务＋市场开拓＋创业辅导＋创业投资＋科技服务＋产学研"一体化培育模式，为创业企业（项目）提供面料开发、测试打样、产业化及销售推广等产业链公共服务，帮助周边企业攻克彩棉行业技术屏障。提供企业管理、专业培训、物流资源、仓储等基础服务和营销渠道支撑、广告宣传等技术服务，实施租金减免、资源及设备费减免、实操培训费减免、仓储物流费减免等优惠服务。至

纺织云众创空间连排工位　（供图/区融媒体中心　摄于2022年6月）

2022年年底，累计入驻初创企业76家，孵化培育企业60余家，当年带动就业近160人。

（张建忠）

产学研合作

【概况】 2022年，武进区加强科技创新和示范引领，引导企业与高校针对特色优势产业链，以校企合作、企业联合等产学研对接合作形式，实施关键核心技术攻关，加速科技成果转化。6月，举办武进区—在常高校产学研合作交流会，推动形成产学研合力、产业链联合、多元创新局面。创新推出“科创下午茶”“你好，博士”等主题活动，为产学研合作搭建有效平台。9月，组织常州市生物医药领域产学研专题线上对接会。10月，牵头制定武进区人民政府—江苏理工学院校城融合工作要点及联席会议制度。组织14家企业申报市“揭榜挂帅”项目，上榜11家，争取资金4240万元。组织申报江苏省科技副总项目30人，入选18人。至年底，全区组织产学研对接70余场，其中较大规模活动10场。

【科技招商】 2022年，武进区强化科技招商政策支持，于4月制定出台《2022年全区科技招商工作突破年实施方案》，明确科技招商工作任务、引育科技项目和企业等举措。区科技部门按照市科技局《关于加强2022年科技型中小微企业项目招引工作的通知》和《关于组织科技型中小微企业项目招引备案的通知》要求，强化“双招双引”，组织各镇、开发区有序开展科技型中小微企业引育暨网上备案工作，落地“小而优”“小而美”“小而强”科技项目，累计引育“三高一资”（高成本、高污染、高能耗，资源型）科技项目321个，招引科技型中小微企业76家。围绕推动地方核心技术自主化、产业基础高端化和产业链现代化，打造“创智武进”品牌，武进科创中心与上海云孵信息科技有限公司（又称“科创帮”）合作共建长三角（常州）创新中心，统筹地方产业与科技发展，运用“政府搭台、市场运作”模式推动企业创新升级和外部创新项目落地，以专业化、市场化服务提高科技人才和项目招引质效。至年底，科创帮推荐人才项目49个、产业化项目16个，引进科技型小企业项目10个、重点实验室项目1个。其中，常州英政时医疗科技有限公司落地西太湖科技产业园，常州智澜交通科技有限公司、常州归墟智能信息科技有限公司、常州森数科技有限公司落地湖塘镇，绘途（常州）科技有限公司落地武进绿建区。

【武进区—在常高校产学研合作交流会】 6月9日在武进区行政中心召开，常州大学、江苏理工学院、常州信息职业技术学院、常州工业职业技术学院、常州工程职业技术学院、常州纺织服装职业技术学院、常州机电职业技术学院7所在常（武进）高校科技处长（产学研处长）与全区各板块科技工作负责人共30人参加。会上，武进高新区、西太湖科技产业园、中以常州创新园等介绍特色产业情况及合作意向，在常（武进）高校介绍学校优势学科及科研情况，双方就科技工作解难题、谈思路、谋发展展开深入交流；武进区政府与7所高校签署战略合作协议，签约校企合作项目12个；武进区面向全球张榜企业关键核心技术项目需求11个。

【省科技镇长团武进团第十四批团员产学研活动】 2022年8月，江苏省科技镇长团武进团第十四批团员12人完成任职，第十五批团员14人入驻武进。第十四批团员（任职时间2021年8月至2022年8月）与区科技部门坚持“全力做强科创引擎，打造武进科创标杆”主题，加速赋能创新主体，精准集聚创新资源，引导助力载体升级，提优服务助企纾困。聚焦机器人产业发展，承办武进区机器人产业联盟成立大会，从高端人才、金融配套和产学研等方面入手，建强覆盖关键零部件、整机生产、系统集成的完整产业链。加强校地企联动，推动武进区与江苏大学合作办学，共商设立江苏大学研究生院，推进江苏大学与中以常州创新园、滆湖科学城、江苏常发农业装备股份有限公司就人才培养、国家级平台建设、校企协作等方面深度合作，协助江苏常发实业集团有限公司申报重点实验室；对接常州大学等4所高校与武进区签署战略合作协议，开展“百名专家进百企”活动；促成同济大学、南京工业大学、江苏理工大学等29所省内外知名高校与园区、乡镇结对共建，在花木经济、智能制造、新材料、医疗器械等方面输送专家人才和技术服务。创新长效工作机制，形成武进团工作细则和管理办法，定期召开团务会议，邀请省工业和信息化厅等省级单位到访交流，建立定期交流机制；调研湖塘科技产业园、西太湖医药科技国际创新中心、常州骨科与运动康复产业创新中心、中以常州创新园、武进绿建区拨云孵化器、轨道交通产业园、常州科教城科技成果转移转化中心等重点园区和平台载体，走访企业399家、591次，对接科技成果转化需求100余项，帮助企业申报省级及以上项目19个，获立项11个；各团员协助各板块完成高新技术企业认定数、科技型中小企业入库评价数等科技指标13项，协助申报民营科技企业27家、科技型中小企业备案139家，完成技术合同成交额6亿元。聚焦创新平台建设，促成国家级农村产业融合发展示范园区落成；对接常州易家环境科技有限公司共建中欧暖通人才创新港，引进中欧知名暖通品牌商超30家；与常州科教城多渠道梳理智能制造领域国内外高层次人才，物色管理和科研团队，推动龙城实验室建设；推动规模6亿元的常州高投毅达创业投资基金落地“龙城金谷”，完成道金智能、杉元科技9700万元股权融资需求。加速产学研合作，联合区科技局举办在常高校产学研合作交流会，参与和组织产学研对接活动39场、项目路演7场；依托人才与创新资源对接平台发布创新需求97条，帮助企业申报技术、人才、资金等方面需求80余项；签订《多层堆叠式智能储物箱的研发》《康复医疗器械助行车研发》等技术开发及平台合作合同56个，合同金额6500万元。加快项目落地，引进成章花木城、锢杰半导体等优质创新项目24个，服务江苏嘉轩智能工业科技股份有限公司、江苏杉元科技有限公司等挂钩目标企业56家；推进高新技术企业培育，梳理排查科技型企业，组织“一对一”专家辅导会4场，“问诊把脉”企业61家；协助申报省成果转化项目3个、省科学技术奖7个，组织17个项目参加常州市创新创业大赛等；签约落户“高科技、国际化、犹太+”科技型项目5个。加强人才招揽，参与龙城英才全国推介会、粤港澳大湾区邀请赛、中欧绿色低碳产业创新创业大赛等招引活动，邀请来访专家335人，辅导企业申报江苏省“双创计划”项目20个，引进省双创团队2个、市县人才计划资助10人、“龙城英才计划”项目15个，申报海外人才计划13个。

（张建忠）

科技人才

【概况】 2022年，武进区围绕国家创新驱动战略，以引进高层次创新人才为工作目标，深化“武进英才计划”，出台《加强海外人才引进工作的实施办法（试行）》《常州市武进区领军型创新人才“倍增工程”项目实施办法（试行）》《关于贯彻落实“五个统筹五个聚焦”加快建设六大产业高端人才队伍的若干意见》，实施领军型创新人才“倍增工程”，构建高层次、创新型人才队伍体系。全区入选国家外国专家项目2个，获项目经费65万元；入选省双创博士（企业创新类）9人，获项目经费135万元；立项市领军型创新人才引进培育项目29个，获项目经费1110万元；立项区领军型创新人才“倍增工程”项目25个，下达项目经费1010万元。获市外国专家项目立项11个，外国专家工作室获省级认定2个、市级认定5个。举办武进人才周系列活动，邀请南京大学化学化工学院教授、俄罗斯自然科学院院士燕红出席开幕式，万帮星星充电科技有限公司、常州承芯半导体有限公司发布“揭榜挂帅”技术需求，“深海勇士”固态电池、BYD大灯补光用VCSEL芯片、植保和消防用重载特种无人机、协作机器人、全自动基因检测分析仪、军警夜视仪等10多个人才企业“黑科技”产品亮相；11月，长三角（常州）创新中心成立，上海市研发公共服务平台武进科创促进中心签约入驻。

【长三角（常州）创新中心成立暨上海市研发公共服务平台武进科创促进中心签约入驻】 11月16日，“智融科创 才赢天下”长三角（常州）创新中心成立暨上海市研发公共服务平台武进科创促进中心入驻签约仪式在区科创服务中心举行，由武进区政府主办、上海云孵信息科技有限公司协办，上海市科技人才发展中心副主任赵燕、国家技术转移东部中心副总裁李莉，市、区领导及武进区人才办、发改局、工信局、商务局、科协等部门相关人员，武进区机器人、智电汽车、高端装备、新一代电子信息、数字经济等特色产业企业家、技术副总等150余人参加活动。该活动是2022武进人才周系列活动之一，签约仪式上，揭牌上海市研发公共服务平台武进科创促进中心，首批签约“基于央行数字人民币下的数字孪生元宇宙”“新一代半导体电控产品”等高科技项目10个；大连理工江苏研究所有限公司、机械科学研究总院江苏分院有限公司等十大科研机构获颁优秀双创券服务机构奖项；长三角（常州）创新中心“线上会客厅”开通，上海云孵信息科技有限公司与武进科创中心签订合作协议，首批引入高科技项目集中签约，长三角（常州）创新中心首批引才合伙人获颁聘书。此次活动，有利于进一步完善产学研合作机制，支持科技型企业深化与中国科学院等国内知名高校院所的“1+N”产学研合作，布局建设重点实验室、研发中心、企业联合创新中心，进一步提升企业研发实力。

（张建忠）

11月16日，长三角（常州）创新中心暨上海市研发公共服务平台武进科创促进中心启动

（供图/区科技局）

教 育

Education

责任编辑 杨汉平

综 述

【概况】 2022 年，武进区认真学习贯彻习近平新时代中国特色社会主义思想和中共二十大精神，发布《武进区教育“十四五”发展规划》，出台《武进区教育高质量发展三年行动方案（2022—2024年）》，组织实施教育攻坚、“五育”融合等八大行动，全力推进教育高质量发展。

优化教育规划与建设 完成《常州市武进区教育设施布局专项规划（2021—2035）》，谋划城区施教区调整。结合高中资源分布现状，设立前黄实验高级中学。实施民生实事项目，完成牛塘实验学校的新建以及鸣凰中心小学、马杭中心小学、星河实验小学分校、淹城初中、卢家巷实验学校的改扩建工作。开工建设东龙路中小学、淹城小学、科教城中小学、南田路中小学等项目。全区学校安装校园技防系统通过验收，接入公安监控网络，建成全省首批、全市首个“江苏省高质量平安校园建设区”。实施智慧健康照明，完成中小学教室灯光改造 2686 间。推进智慧校园建设，完成区域在线互动式云课堂项目，新增省智慧校园合格校 9 所、省智慧校园示范校 2 所，全区智慧校园占比达 92%。开展新市民学校整治，4 所新市民学校学生分流至马杭中心小学、鸣凰中心小学、牛塘实验学校，3 所新市民学校改为公办学校办学点，于 8 月底实现原新市民学校学生就读公办学校。

表 37

2022 年武进区各类中小学校、幼儿园基本情况表

学校类别	学校数（所）	毕业生数（人）	招生数（人）	在校学生（在园幼儿）数	
				2022 年（人）	占 2021 年(%)
普通高中（含完全中学）	7	4026	5279	14518	108.90
职业学校（不含常州幼儿师范高等专科学校）	1	2080	2067	8359	74.79
初中（含一贯制及少体校）	28	10825	12453	35865	103.10
小学	38	13206	14887	90899	101.60
幼儿园（注册）	98	14278	12944	42134	99.30
特殊教育学校	1	27	33	179	102.90

表 38

2022 年武进区各类中小学校、幼儿园教职工情况表

学校类别	教职工总数（人）	其中：专任教师数（人）	达到规定学历的专任教师比例(%)
普通高中（含完全中学）	1225	1156	100.00
职业学校（不含常州幼儿师范高等专科学校）	745	705	99.57
初中（含一贯制及少体校）	3273	3071	99.30
小学	4632	4481	100.00
幼儿园（注册）	5144	2850	98.80
特殊教育学校	50	48	100.00

深化教育改革创新 深入落实“双减”（减轻义务教育阶段学生过重作业负担和校外培训负担）工作，推进“5+2”（在中小学义务教育阶段，要求学校每周 5 天都要开展课后服务至少 2 个小时，课后服务时间要与当地正常下班时间相衔接）课后服务，满足学生多样化需求，实现义务教育阶段全覆盖。出台中小学作业管理指导意见，实现作业改革提质提效，2 所学校“双减”案例获国家级推广，入选市重点实验项目 4 个。开启集团化办学 3.0 版，实施品牌名校孵化、乡村教育振兴和优质学校成长三大行动。组建江苏省前黄高级中学等 7 个重点集团，学前教育、义务教育集团化覆盖率达 100%。深耕“吾有优学”品牌，上线全市首个以心理健康教育和家庭教育为主的“吾有优学 · 心家园”公益平台，开展“吾有优学 · 彩虹桥”公益服务平台、乡村教育武进样本等全系列宣传报道，营造全区教育改革发展良好舆论氛围。年内，3 所学校被评为省优秀家长学校。

深化教育优质均衡发展 推进义务教育优质均衡发展，新增市新优质学校 4 所、市主动发展示范校 6 所。全区获评

2021—2022学年度义务教育阶段素质教育质量评估一等奖中小学25所和二、三等奖中小学28所。推进现代职业教育体系建设，新增五年制高职专业1个、中职专业2个、高级技工专业2个。推进产教融合，建成产业学院4个、企业学院1个、校企协同创新中心2个、校企一体化教学工作站8个。教学大赛、技能比赛成绩优异，获省职业院校“教学能力大赛”一等奖7个、“技能大赛”一等奖13个，获奖数量名列江苏省第一。全区省教育现代化建设水平监测继续保持在90分以上，义务教育优质均衡比例84.38%，比2021年提高18.75%，提升幅度位列常州市第一。学前教育普及普惠监测达标比例为69.2%，在全市位列第四。

提升教育内涵发展质量 2所学校成为省基础教育高质量发展实验校（全市共2所）。全区中考、高考成绩保持全市前列。新增省市优质幼儿园13所，省基础教育内涵建设项目4个，教育部重点课题1项、省精品课题1项、省一等奖课题3项，市教学成果奖特等奖3项、一等奖7项。队伍建设有新成效，1人被确定为教育部新时代中小学名校长培养计划培养对象，新增正高级教师4人、“苏教名家”培养对象1人、省级“教学名师”2人、省名校长工作室主持人1人、省网络名师工作室领衔教师2人、省级“四有”好教师重点培育团队1个；1人入选省级乡村优秀青年教师培养奖励计划；新增市特级、高级、骨干校长8人，市学科带头人59人、骨干教师73人，市“四有”好教师重点培育团队5个。11人获省教学基本功大赛及优秀课评比一等奖。1人被评为“2022江苏教师年度人物”。素质教育有新提升，向省级及以上专业队伍输送高水平运动员33名，新增省文明校园7所，省、市科学教育综合示范学校3所，省、市级品格提升项目11个，10所学校被评为省健康促进学校，获艺体比赛全国冠军2个，获全省县（市、区）人才输送奖第一名。江苏省前黄高级中学等6所学校被评为2020—2021年度省教科研先进集体；江苏省武进高级中学韦叶平等7位老师被评为2020—2021年度省教科研先进个人。16个教研组获评常州市第七届中小学优秀教研组，其中前黄实验学校物理教研组被评为常州市第四届示范教研组，54个教研组被评为武进区第七届中小学优秀教研组。深入实施农村劳动力转移培训、农技培训、新市民教育等，拓展老年教育，促进全民终身学习。

【地方教育经费投入】 2022年，武进区（不含常州经开区）国家财政性教育投入32.56亿元，其中一般公共预算安排的教育经费31.79亿元、政府性基金预算安排教育经费7727万元，一般公共预算安排的教育经费比2021年增加1.2亿元，增长3.92%。公用经费和专项补助经费8.6亿元，学校基本建设经费4.19亿元。全区普通学校小学生、初中生、高中生生均一般公共预算教育经费分别为1.74万元、2.47万元、3.52万元。持续加大公办学校建设投入，重点实施教育专项规划和三年行动方案中的项目。到年底，62个项目中，完工项目34个，新增幼儿园学位2880个、义务教育阶段学位11185个、高中学位350个；在建项目11个；前期推进项目17个。逐一明确民生实事项目建设时序和节点，落实责任，挂图作战，新建投用牛塘实验学校，完成鸣凰中心小学、马杭中心小学、星河实验小学分校、淹城初中、卢家巷实验学校改扩建项目，新增义务教育阶段学位6325个，开工建设东龙路中小学、淹城小学、科教城中小学、南田路中小学。继续实施全学段教育资助，共计资助11714人，资助总金额1253.45万元，比2021年合计增加25.8万元。其中，1747人获得学前教育阶段资助，资助金额366.87万元；8510人获得义务教育阶段资助，资助金额706.03万元；1457人获得高中（含职中）及以上阶段资助，资助金额180.55万元。7所学校学生121名受到来自社会的资助共计7.08万元。

【校长队伍建设】 2022年，区委教育工委紧抓有利于激发学校办学活力、深化教育改革关键的校长队伍建设，全面提升校长队伍整体素质和管理能力。严格执行干部选拔任用工作规定，坚持正确的选人用人导向，组织开展民主评议学校领导干部工作，问卷调研校长队伍情况。提拔正职校领导17人、副职校领导23人，交流任用校级干部16人，了解、评估全区各校班子运行情况。进一步优化全区校长队伍配备，着力培养造就一支“政治坚定、德才兼备、治校有方、素质优良”，具备现代教育思想，掌握现代教育理论，具有较强的创新能力和管理能力的校长队伍。创新培训方式，组织开展暑期教育干部培训班、中青年干部培养对象培训班等，提升干部整体素质。创新开展“校长聚焦课堂”活动，举办校长信息化教学展评、幼儿园园长听评课、初中校长听评课，进一步提升校级领导课堂引领能力。实施卓越校长创新培育计划，开展第三届名校长工作室中期评估，新增常州市特级、高级、骨干校长8名，江苏省名校长工作室领衔人1名。完善学校领导干部考核指标体系，在校长专项绩效考核中，充分结合办学实绩、管理教学、专业发展、勤政廉政等要素，建立优绩优酬激励机制。

3月，武进区淹城初级中学扩建工程完工 （摄影/谷建平）

9月10日，2022年武进区首届"感动武进十佳教师"故事分享会 （供图/区教育局）

【教师队伍建设】 2022年，武进区以推进教师队伍高质量发展为主线，完善教师补充和合理流动机制，多措并举促进教师素质提升和教学效能提高，努力造就一支"高素质、专业化、创新型"教师队伍，促进全区教育优质均衡发展。加强师德师风建设，弘扬师德师风正能量。全区新增常州市级"四有"好教师重点培育团队5个，江苏省前黄高级中学"攀登者"好教师团队、星河实验小学入选第二批江苏省重点培育名单。表彰武进区"师德建设先进学校"20所、"双十佳三好教师"20人、"感动武进十佳教师"10人。4人被评为常州市师德标兵，9人被评为常州市师德模范。78人被评为常州市优秀教育工作者，435人被评为武进区优秀教育工作者。完善事业编制、备案聘用与编外聘用人员相结合的用人机制。继续实施"优才计划"，招聘事业编制教师61人。面向社会公开招聘中小学事业编制教师265人、幼儿园备案聘用教师318人。与33名报考"双一流建设"高校师范专业的武进籍优秀高中毕业生签订培养协议。组织教育集团、城乡结对学校之间教师交流轮岗477人。继续以培养骨干教师队伍为龙头项目，引导教师向"专精尖"方向发展。韦叶平被评为2022年"苏教名家"培养工程培养对象。张伟俊、汪健被评为江苏省教学名师。尹庆丰、范刘锋被评选为江苏省网络名师工作室领衔人。李磊入选2022年江苏省乡村优秀青年教师培养奖励计划。朱亚燕被推荐为江苏省名师工作室成员。苏建立、尹庆丰、孟亦萍、蒋欣被评为江苏省正高级教师。新增江苏省中小学、中职校高级职称教师59人、中级职称教师73人。59人被评为第十五批常州市学科带头人，73人被评为第十五批常州市骨干教师，231人被评为第九批武进区学科带头人，378人被评为第九批武进区骨干教师。落实《武进区优秀教育人才奖励办法(试行)》，发放优秀教育人才奖励508.24万元、专项奖励225.74万元。加强班主任队伍建设，促进全区班主任队伍整体素质提高。全区获市班主任基本功竞赛一等奖4个、二等奖10个，获省班主任基本功竞赛二等奖1个；新增市特级班主任4人、市高级班主任9人、市骨干班主任18人；1人获评常州市"龙城十佳班主任"称号。

【教育科研】 2022年，武进区组织教育科研课题结题鉴定18项，其中省规划课题2项、省教研课题3项、市教育科学规划课题10项、区教科研课题3项；立项全国"十四五"规划教育部重点课题1项、江苏省"十四五"规划2022年度重点课题5项、常州市"十四五"规划课题55项。开展新课程培训、专题性研讨、课例研究、教研观摩研讨、同课异构联校教研活动、优质课评比、青年教师基本功比赛、学科带头人高级研修、名师工作室开讲研究课、常州市优质教师城乡牵手行动等教科研活动300余场次。获江苏省中小学教学研究第十二期课题评奖一等奖3项，在常州市教学成果奖评选中获奖26项。江苏省武进高级中学韦叶平主持的"基于物理实验创新设计的课堂重构策略研究"被评为省第六届精品课题。评选出武进区优秀教科研成果一等奖50项、二等奖73项，武进清英外国语学校的"清听：我们与世界对话——国际理解教育的实践研究"、江苏省前黄高级中学的"全球胜任力培养本土实践项目"、江苏省前黄高级中学国际分校的"依托外语课程基地实施国际理解教育项目"入选。

【核心价值观培育与核心素养培养提升】 2022年，全区教育系统重点围绕贯彻落实《中小学德育工作指南》精神，持续开展社会主义核心价值观教育、中华优秀传统文化教育、中小学生习惯养成教育、心理健康教育和劳动教育等内容的德育教育活动，推进德育课程建设和德育项目建设。组织"科创强国、筑梦未来"主题读书教育活动，开展关工委主题教育活动，深化未成年人思想道德建设。组建新时代大中小学一体化"星未来"思政课联盟，推进大中小学思政课一体化建设。淹城初级中学、湖塘实验中学和湖塘桥实验小学获评常州市中小学思政育人特色学校。创新中小学德育课教学，开发校本课程，推动社会主义核心价值观进教材、进课堂、进学生头脑。运村实验学校将杨桥捻纸引进课堂，成立杨桥捻纸社团，传承和弘扬捻纸非遗文化，于12月入选"学习强国"学习平台。中小学生品格提升工程项目10个获市级立项、11个获区级立项，湖塘桥第二实验小学"'汇爱'家校社创意社群的育人行动"获省级立项；江苏省前黄高级中学的省级项目"前黄学子'至诚'品格体悟式行动"结项，获评省级精品项目。全区获评江苏省心理健康教育特色学校1所，入选常州市劳动教育优秀校本课程10门、劳动实践优秀学生500人，新增常州市劳动教育实践基地4个；入选常州市食育优秀校本课程10门、优秀食育工作者62人、食育优秀学生680人。获评"常州市新时代好少年"6名、

“武进区新时代好少年”11名；获评省、市、区级三好学生和优秀学生干部507名，市、区先进学生集体140个。

【2所学校入选省级基础教育高质量发展实验校】 2022年8月，江苏省教育科学研究院牵头实施的江苏省基础教育前瞻性教改重大实验项目——“江苏基础教育高质量发展体系的内涵、重点及实现路径研究”启动，星河实验小学、江苏省前黄高级中学入选该项目实验学校。星河实验小学实施“基础教育家校社协同与人案例研究”项目，以时光轴设计高质量的家庭生活，通过家庭育人场景的营造、平衡和谐的家庭关系的建立、家长和孩子共成长的家庭文化的塑造，培植家庭教育土壤，编织和谐的家庭关系，传递家校社共育、共同经历、彼此滋养的教育共识，从而提升家长的育人观念，形成美好的家庭育人场域，从“日日新”“周周行”“月月美”三个维度打开家庭美好时光，形成“双减”之后家校社协同育人的新样态。江苏省前黄高级中学实施“数字化时代的学校课程建设”项目，以“一个经验”为指导思想，优化学校课程图谱；以网络课程建设为重点，构建新型组织方式；以教—学—评一体化为抓手，促进学生深度学习；探索开展多元主体综合评价，形成评价连续统一。通过项目推进，促进数字化时代课程理念更新、课程内容统整、教学改革研究和多元评价研究。

【6个团队入选省、市重点培育“四有”好教师团队】 2022年，武进区深入贯彻对照习近平总书记勉励广大教师要当“四有”（有理想信念、有道德情操、有扎实学识、有仁爱之心）好教师的四条标准，抓师德师风立根本，落实师德专题教育各项行动措施。全区入选省、市重点培育“四有”好教师团队分别为1个和5个。

2022年武进区入省、市重点培育“四有”好教师团队情况表

表39

团 队 名 称	建 设 单 位	级别
“攀登者”好教师团队	江苏省前黄高级中学	省级
“初心”好教师团队	常州市武进区星河实验小学分校	市级
“共创”好教师团队	常州市武进区湖塘桥第三实验小学	市级
“臻善至美”好教师团队	常州市武进区实验小学分校	市级
“阳光”好教师团队	常州市武进区洛阳初级中学	市级
“行·知”好教师团队	常州市高级职业技术学校	市级

【党建引领教育发展】 2022年，区委教育工委积极融入区“红盟矩阵”，发布“树人红盟”党建品牌，促进党建工作与业务工作深度融合。

开发“吾有优学·彩虹桥”公益平台，建立起面向全区中小学校、获取机会均等、涵盖领域广泛的课后服务资源信息库，为中小学校拓宽课后服务资源渠道，助力“双减”政策落地落实。到年底，该平台汇聚135个单位和组织无偿提供的15个大类、230余门课程约3000节（次）活动。6—12月，开展200余场活动，惠及全区170余所学校、师生20多万人次，并为创造性开展志愿服务项目提供了可参考的范式。获得江苏省《每日要情》、武进区《调查与研究》等决策内参和《新华日报》、《江苏教育》、中国江苏网等媒体专题报道。

全面深化“一校一品”党建文化品牌项目建设，推进“书记项目”，发挥党支部战斗堡垒作用，增强基层党支部创造力、凝聚力和战斗力，为“吾有优学”教育品牌建设提供坚强组织保证。在常州市教育系统“秋白党支部”建设行动中，武进区实验小学、湖塘桥实验小学、星河实验小学、武进区实验小学分校、机关幼儿园5个学校党组织入选常州市教育系统首批“秋白党支部”。

稳慎推进中小学校党组织领导的校长负责制，与区委组织部联合印发《关于贯彻落实中小学校党组织领导的校长负责制的实施方案》，会同区委编办完成第一批中小学校党务干部职数核定。召开建立中小学校党组织领导的校长负责制工作部署会，研究制定中小学校议事决策制度，探索集团化办学类型学校贯彻落实相关措施。完成全区公办中小学党组织隶属关系调整，原隶属于各镇、开发区、街道的公办中小学校党组织划转至区委教育工委。

（李　向）

学前教育

【概况】 2022年，武进区坚持把发展学前教育作为基础教育的基础和教育改革发展的根基来抓，加大财政投入，扩大学前教育资源，推进幼儿园内涵建设，实现普惠均衡发展，满足人民群众对优质学前教育的需求。新建成投入使用幼儿园2所。全区新增省、市优质幼儿园12所，通过省优质幼儿园现场复审4所，省、市优质幼儿园累计有74所，优质覆盖率达87.9%。全区98所幼儿园全部纳入集团化管理，实现集团化办学全覆盖；在园幼儿42242人，其中在公办及普惠性民办幼儿园幼儿39220人，普惠覆盖率为92.85%，全区学前三年毛入园率达100%。全区有学前专任教师2850人，其中市、区级教学能手（骨干）及学科带头人183人，省特级教师3人。与2021年相比，全区幼儿园减少2所，幼儿减少1074人，普惠率、优质率继续攀升，学前教育师资不断增强，专任教师增加281人。武进区于10月被列为常州市幼小衔接实验区，积极落实幼小科学衔接，组建1对省级、2对市级、11对区级试点校（园），推动幼儿园和小学深度合作，探索建立健全幼小科学衔接的长效机制。全区学前教育教学获批市、区级前瞻性教学改革实验项目立项42个，省、市、区级课程游戏化项目园24个，“‘永远的儿童号’课程游戏化武进行动”被列为省级课程游戏化项目，幼儿园课程游戏化项目建设由点及面向区域化推进。成立武进区学前教育研学中心，组建5个研学中心，引领、助推各幼儿园齐头并进，加快内涵发展。12月，武进区机关幼儿园获评常州市主动发展示范园。

【马杭幼儿园南田分园获评省优质幼儿园】 2022年11月，常州市武进区马杭幼儿园南田分园被省教育厅评为江苏省优质幼儿园。该园是马杭幼儿园的分园，

11 月，马杭幼儿园南田分园获评省优质幼儿园 (供图 / 区教育局)

2016 年 9 月开园，2022 年开设 14 个班，在园幼儿 472 名，教职工 51 人，其中 28 名专任教师大专达标率 100%。该园以“爱 · 慧”文化引领，以“师生共同成长的乐园”为目标，秉承“爱心哺育品性，智慧开启未来”的办园理念，营造以儿童为中心的优美环境，构建适切儿童发展的园本课程，园内环境优雅，富有内涵，教师团队善思笃学。幼儿主动、生动、灵动。

【2 所幼儿园开园】 2022 年 9 月，全区有 2 所民办幼儿园投入使用。

常州市武进区南河幼儿园　位于武进区飞龙路 12 号，由常州南茂人力资源有限公司举办，武进高新区投资 9500 万元建造，占地面积 17927 平方米，总建筑面积 16467.8 平方米，规划设置 24 个班级，可容纳幼儿 700 名。该幼儿园由武进区机关幼儿园教育集团一体化管理，9 月开设 4 个小班、3 个中班和 1 个大班，有在园幼儿 155 人、教职员工 37 人。

常州市武进区诺贝尔幼儿园　位于武进区湖塘镇小留新村 12 号，由戚振维投资 850 万元建设，占地面积 14628.4 平方米，建筑面积 6800 平方米，规划设置 12 个班级。该幼儿园由鸣凰实验幼儿园教育集团一体化管理，9 月开设班级 12 个，有在园幼儿 320 人、教职员工 36 人。

【幼儿教育成果展评】 2022 年，全区幼儿园发挥各自优势，走主动发展和以特色为核心的内涵发展之路。机关幼儿园被评为江苏省文明单位、常州市学校主动发展示范校、常州市基础教育综合改革实验学校、常州市幼小科学衔接优质园、常州市教育系统首批“秋白党支部”，教师盛柯香荣获 2022 年常州市幼儿园级部组长（教研组长）“课程游戏化背景下集体活动优化”展评活动一等奖。阳光幼教集团获常州市幼小科学衔接优质校、常州市五星级工会。礼嘉中心幼儿园荣获“常州市幼儿园园长专业领导力评比”二等奖。李公朴幼儿园 1 人获评常州市优秀班主任、1 人获评常州市教育系统优秀共青团员。前黄中心幼儿园教师卞小飞被评为常州市集团化办学突出贡献者，教师王洁获常州市幼儿园教师基本功大赛二等奖。在江苏省、常州市幼儿园自制教具大赛中，全区幼儿园共获省二等奖 2 个和市一等奖 4 个、二等奖 5 个。

(李　向)

义务教育

【概况】 2022 年，武进区义务教育阶段学校明确义务教育阶段培养有理想、有本领、有担当时代新人培养目标和具体要求，切实减轻学生作业负担和校外培训负担，深度推进“5+2”，切实提升学校育人水平，促进学生全面健康成长。积极回应社会关切与期盼，有效缓解家长经济负担和减轻学生作业压力。秋学期，全区 67 所中小学坚持应教尽教，提高教学质量和作业管理水平，课后服务实现义务教育阶段学校全覆盖。开设课后服务班级 2796 个，参与服务教师 7563 人，占比 97.46%。全区各中小学校通过强化课后服务管理、丰富课程内容、积极引入校外资源等方式，提高课后服务水平。进一步扩大城乡优质教育资源受益面，教育优质均衡发展取得阶段性成效。全区 17 个义务教育阶段教育集团通过加强班子建设、统筹师资管理、深化课程建设、推进教改科研等举措，推进义务教育城乡一体化发展，基本实现“一集团一特色、一校一品牌”的发展格局。潘家小学、刘海粟小学等 14 所集团核心校和成员校获评常州市集团化办学工作表现突出集体，潘家小学胥志东等 39 人获评常州市集团化办学工作突出贡献者。武进区实验小学、星河实验小学、湖塘实验中学被评为常州市基础教育综合改革实验学校。全面实行公民办招生“四同步”（公办、民办学校招生同步、公告同步、报名同步、学籍注册同步），推动公办学校与新市民学校建立教育共同体。全区纳入积分入学的学校有 58 所，提供积分入学学位总计 6650 个（新增 160 个），其中公办小学 5575 个、初中 1075 个，积分入学总录取率 89.54%。全区小学适龄儿童、残疾儿童入学率 100%，在校学生巩固率 99.9%，毕业生升学率 100%，初中入学率 100%，在校学生巩固率 99.8%。

【义务教育课程改革与科研】 2022 年，武进区深化义务教育课程改革，优化课程设置，整合小学和初中“道德与法治”，开展九年一体化设计；改革艺术课程设置，以音乐、美术为主线，融入舞蹈、戏剧、影视等内容，科学、综合实践活动课程开设起始年级提前至一年级，将劳动、信息科技及其所占课时从综合实践课程中独立出来。重视学科知识、社会知识和学生经验整合，灵活、多样选择适应地方和社会发展的现实需要，开设校本课程。星辰实验学校被评为江苏省心理健康教育特色学校；湖塘桥实验小学、淹城初级中学、湖塘实验中学被评为常州市思政育人特色学校；武进区实验小学分校、湖塘桥第二实验小学、礼嘉中心小学、洛阳初级中学被评为常州市学校主动发展示范校；在 2022 年江苏省中小学生品格提升工程、中小学课程基地与学校文化建设项目申报中，湖塘桥第二实验小学"'汇爱'家校社创意社群的育人行动"、星河实验小学"指向'儿童创想家'培养的学校课程基地建设"、人民路初级中学"'以美育人，以美培元'——五育融合视域下的初中美育课程基地建设"3个项目获立项；星河实验小学"儿童创想教育育人体系的实践建构"获2022年江苏省基础教育前瞻性教学改革实验项目"优秀"级；湖塘实验中学"尝试教学法的实验研究与推广应用"获江苏省基础教育前瞻性教学改革实验立项项目中期评估"优秀"级。区教育局举办"金钥匙""机器人""聪明算独"等科技竞赛，全区7000余名学生参与，2000余名学生获奖。星辰实验学校被评为常州市科学教育综合示范学校，湖塘实验中学被评为江苏省科学教育综合示范学校。

开展课程与教学改革，促进教育科研成果形成。全区义务教育学校新立项全国"十四五"规划教育部重点课题1项、江苏省"十四五"规划2022年度课题5项；立项常州市"十四五"规划第一批重点课题10项、立项课题45项、专项课题21项；立项武进区教科研课题323项、专项课题34项。在江苏省中小学教学研究第十二期课题评奖中，前黄中心小学丁文敏和潘家小学鲁利玲主持的"基于英语分级阅读标准的小学生英语阅读素养培养的策略研究"、清英外国语学校殷郡伟和壮亚芬主持的"基于儿童诗意表达的语文课堂建构研究"均获一等奖。在学科教师基本功比赛和优质课评比中，获江苏省一等奖11个。在江苏省、常州市中学理化生、小学科学实验教学技能大赛中，获省三等奖2个和市一等奖7个、二等奖9个。

【中小学校体育艺术卫生教育】 2022年，武进区巩固中小学校体育艺术教育阵地，特色创优成效显著，全区有全国青少年校园足球特色学校19所、全国青少年校园篮球特色学校9所（新增2所）、新创全国青少年校园排球特色学校3所、江苏省体育传统项目学校11所、常州市校园足球示范学校11所、常州市校园足球试点校12所、常州市体育特色学校17所、常州市深化学校体育改革实验学校10所。在2022市级体育评比中，获常州市足球示范及试点校一等奖5个、二等奖7个、三等奖10个；4所学校被评为市体育传统特色学校；在市深化学校体育改革实验学校年度督查评比中获一等奖4所、二等奖5所。另有中华优秀传统文化艺术传承学校3所、江苏省艺术教育特色学校7所、江苏省书法特色学校4所、市艺术特色学校23所（年内新增4所）、市"墨香校园"20所（新增9所）、市书法示范学校8所、市书法特色学校32所、市戏曲进校园实验学校9所、区锡剧教育培训基地5所。全年举办全区中小学生田径、篮球、排球、足球等比赛20项，各级体育、艺术特色学校等积极参加各级各类比赛，成绩突出。

体育竞赛　在全国青少年手球锦标赛中，湖塘桥初中男子手球队夺得冠军；在江苏省第二十届运动会青少年部比赛中，武进区获全省县（市、区）人才输送奖第一名。教育系统360名运动员参加28个大项、近250个小项的比赛，输送运动员夺得金牌62枚、奖牌150枚和1481分的优异成绩，三项成绩均位列常州市第一。其中，赛艇队7金5银3铜奖牌总数位列赛艇项目全省第一，金牌数全省第二；女子曲棍球队新增10～13岁组别（丙组）1金；男子手球队夺得5金，实现金牌零的突破；星河实验学校分校获体适能比赛3个团体冠军；鸣凰中心小学获全省曲棍球女子U10～13岁组冠军。在2022年江苏省第二十二届中学田径运动会（苏南片）比赛中，共获4项团体总分第一。其中，省武进高级中学夺得高中组传统校男女团体总分双冠军；礼嘉中学夺得高中女子组团体总分冠军，男子组团体总分第四名；淹城初中夺得初中男子组团体总分第一名，初中女子组团体总分第二名；湖塘桥实验中学夺得初中男子组团体总分第二名，初中女子组团体总分第五名。3人获评"十佳常州校园体育之星"，3人获评"优秀常州校园体育之星"。

艺术比赛　在2022年常州市中小学生艺术节比赛中，武进区获特等奖10个（艺术展演类1个、艺术作品类9个）、一等奖79个（艺术展演类52个、艺术作品类27个）、二等奖95个（艺术展演类74个、艺术作品类21个）、三等奖20个（艺术展演类）。

卫生教育　加强卫生工作金、银牌学校结对指导工作，为学校搭建卫生工作成长平台。发挥优势学校引领作用，有5所学校接受省健康促进学校现场验收，获评金牌校4所、银牌校1所。

【6所优质学校升级市"新优质学校"】 2022年，马杭中心小学、政平小学、坂上小学、南夏墅中心小学、东安实验学校、卢家巷实验学校6所学校通过常州市"新优质学校"评审。

马杭中心小学　有教学班49个，学生2378人；专任教师127名，其中高级职称22人，五级梯队教师38人。学校依托地方资源，深入挖掘南田文化中蕴含的教育元素，积极培养有理想、有担当、爱学习、爱创造的"南田小先生"，获得全国平安学校、全国信息技术道德

11月30日，星河实验小学儿童创想教育十年实践学术峰会　（供图/区教育局）

8月，政平小学彰显书法特色，墨香校园　　（供图/区教育局）

教育实验学校、全国青少年人工智能活动特色单位、江苏省心理教育实验学校、江苏省科技教育先进学校等称号。近10年中8次荣获武进区素质教育质量评估一等奖，赢得良好的社会声誉。

政平小学　星河实验小学教育集团成员校，有教学班32个，学生1461人；专任教师83人，其中高级职称9人，市区五级梯队教师（含名班主任）26人。学校秉持“人人有暖，个个发光”的办学理念，打造“阳光教育”的校园文化，以“真 雅 新”为校训，把“培育健康活泼的阳光少年”作为育人目标，注重学校内涵发展，全面促进教育高质量发展。获评中国教育学会授予艺术教育特色单位，江苏省书法特色学校、智慧校园等称号。

坂上小学　有教学班31个，学生1432人；专任教师81人，其中高级职称17人，五级梯队教师23人，市、区名班主任4人。学校以“办一所百花竞放的田园学校”为愿景，秉承“向上”的校训，践行“个个是角，人人有戏”的办学理念，建构实施向阳课程，致力于培养“奔跑的向上少年”。荣获中国书法特色学校（江苏省），江苏省健康促进学校（金牌）、篮球特色项目学校等称号。连续多年获评武进区义务教育阶段学校办学水平考核优秀级、素质教育质量评估二等奖。

南夏墅中心小学　有教学班48个，学生2247人；专任教师124名，其中高级职称16人，市、区五级梯队教师及名班主任38人。学校秉承“泽化生命与时竞进”的办学理念，坚持“五育并举，一育不松”的教育思想，着重构建“竞渡”课程体系，推进基于“脸上有笑、脑中有法、眼里有光”的“活力课堂”教学变革，努力办一所“人人竞好，个个有光的活力学校”。获评全国读书育人特色学校、全国曲棍球后备人才传统校、江苏省绿色学校、江苏省平安学校、江苏省教科研工作先进集体、江苏省智慧校园、江苏省科技教育先进学校等称号。连续多年获评武进区义务教育阶段学校办学水平考核优秀级和素质教育质量评估一、二等奖。

东安实验学校　有教学班40个，学生1696人；专任教师120名，其中高级职称50人，五级梯队教师47人。学校秉承“尚志笃行”的校训，确立“共同成长，相互成就”的教育哲学，以“正己化人”为办学理念，以培养全面发展的人为核心，秉持文化引领明办学方向、“少年军校”扬办学特色、“尚学”课堂教学改革、“立正德育”求育人实效，努力实现“人人担当的先锋学校”的办学愿景。获评全国国防教育特色校、全国少年军校示范校、江苏省全民国防教育先进单位、江苏省少年军校工作先进单位、江苏省青少年校园足球工作先进集体等称号。连续多年获评武进区义务教育阶段学校办学水平考核优秀级。

卢家巷实验学校　有61个教学班，学生3147人；专任教师194名，其中高级职称37人，五级梯队教师43人，市骨干班主任2名，区名班主任4名。学校着重构建“儒实”课程体系，推进以学为中心的“儒实课堂”教学改革，着眼核心素养育成的德育探索，全面促进教育高质量发展。获评全国读书育人特色学校、江苏省文明校园、江苏省平安校园、江苏省优秀家长学校、江苏省红十字示范学校、江苏省体育传统项目学校、江苏省健康促进（金牌）学校等称号。连续多年获评武进区义务教育阶段学校办学水平考核优秀级、素质教育质量评估一等奖。

【特殊教育融合发展】　2022年，按照“全覆盖、零拒绝”的要求，结合残疾儿童少年的实际和家长意愿，区教育部门制定完善安置方案，确保建档立卡适龄残疾儿童少年安置到位，形成以特殊教育学校为骨干，以普通学校随班就读为主体，以送教上门为补充的特殊教育格局。至年底，区特殊教育学校有在校学生149人，涵盖学前、小学和初中学段。按照省定标准，推进融合教育资源中心建设，认定普通学校融合教育资源中心33个，实现学前、小学、初中、职高段全覆盖。教育与康复相结合，让残疾学生在学习的同时，保障每天康复训练至少半小时。全区有467名残疾儿童享受康复救助，救助总额780万余元。康复效果好的残疾儿童，经过评估进入普通学校随班就读的合计有317人。全区9个融合教育资源中心携手区内9家康复机构、1家心理咨询机构与特殊教育学校8名教师结对8名送教（康）上门对象，共同组建送教团队，进学校、入家庭，形成“送教上门”工作的武进模式，实现了“一个也不能少，个个都重要”的目标。

【清英外国语学校一项目入选省基础教育职业教育对外合作交流重点建设项目】　4月，清英外国语学校“清听：我们与世界对话——国际理解教育的实践研究”项目被确定为江苏省基础教育职业教育对外合作交流重点建设项目。该学校围绕项目建设总目标“视野国际化”“课程体系化”“活动项目化”“方式多样化”“资源多元化”，立足本土化国际教育特色，以对外交流项目为抓手，进一步完善体系、凝练特色、提升质量、打响品牌，不断培育学生的家国情怀和全球化视野，加快高品质双语学校建设进程。创新形式，转型升级，通过国际交流引入先进的理念和做法，培养一批具有民族情怀、社会责任、能参与全球竞争的国际化人才。通过比较发现自身的优势，增强文化自信，在传播世界声音的同时，努力讲好中国的故事。年内，清英外国语学校成为国际文凭组织（IBO）IB-PYP项目候选学校，国际理解研究项目获评江苏基础教育教学成果二等奖，《构建“无围墙”的世界教室》出版。至2022年，与芬兰、美国、西班牙等12个国家的16所学校结为合作校，开展国际交流活动20余次，学生覆盖面达1700多人次。

【鸣凰中学在省运会上获金、银、铜牌25枚】 2022年，鸣凰中学组织赛艇队、女子曲棍球队、女子排球队参加江苏省第二十届运动会，获得金牌17枚、银牌5枚、铜牌3枚，其中赛艇队获金牌7枚、银牌5枚、铜牌3枚，创造该项目常州市历届省运会的最好成绩。鸣凰中学高度重视体育工作和学生体质健康，在做好体育课程的同时，组织各运动队常年开展集训，并选拔资质良好的学生加入校队。

（李　向）

普通高中教育

【概况】 2022年，武进区有普通高中6所，即江苏省前黄高级中学（简称“省前中”）、江苏省前黄高级中学国际分校（简称“省前中国际分校”）、江苏省武进高级中学（简称“省武高”）、常州市武进区湟里高级中学（简称“湟里高中”）、常州市武进区洛阳高级中学（简称“洛阳高中”），常州市武进区前黄实验高级中学（简称“前黄实验高中”），完全中学有常州市武进区礼嘉中学（简称“礼嘉中学”），普通高中学生14431人。全区普通高中根据国务院《关于新时代推进普通高中育人方式改革的指导意见》，重点研究、把握新高考方向和任务，全面落实课改要求，优化新课程实施；规范开齐开足新课程新教材，构建德智体美劳全面发展育人体系。在2022年江苏省中小学课程基地与学校文化建设项目申报中，礼嘉中学“健朗致远：普通高中体育与健康课程基地建设”项目获立项。省前中“前黄学子‘至诚’品格体悟式行动”项目结项，并被评为第四批江苏省中小学生品格提升工程精品项目，“高中物理实验教学探索”获江苏省基础教育前瞻性教学改革实验立项项目中期评估“优秀”级，学校被评为首批江苏省师德师风建设宣传基地校，在全国蹼泳锦标赛中获团体总分第一名。省武高被评为常州市主动发展示范校、常州市科学教育综合示范学校。

【新高考研究与指导】 2022年是江苏省普通高中全面实施新课程、使用新教材的第三年，区学校和教师发展中心组织高中部教研员参加省、市线上线下新课程培训，组织全体学科教师研究课程标准和新教材，提高统编教材专业化解读能力和课堂教学实施能力。重视对“考试说明”的研究学习，做到师生均知高考考什么；重视对“高考命题”的研究学习，做到师生均知怎样考，着力培养学生发现问题、分析问题和解决问题的能力。举办全区培训35场，培训教师2600多人次。推进学科教研组建设，指导学校围绕新课程实施过程中出现的重点难点问题开展深入研讨。在省武高举行“构建高效智慧课堂，促进学生深度学习”为主题的公开教学研训活动，开设公开课31节；在礼嘉中学举行以“在‘问题解决’中培养农村高中学生‘知识获取能力’的策略研究”为主题的公开教学研训活动，开设公开课33节。通过学校同题异构、城乡结对教研活动、学科名师工作室活动等多方联动，传递先进教育理念和教育管理信息，实现资源共享和优势互补，推进区域学校均衡协调发展。在全区《习近平新时代中国特色社会主义思想学生读本》研训活动中，区学校和教师发展中心主任秦春华做“‘读本’教学须读‘本’”专题讲座；在省前中国际分校举行的江苏省尹庆丰网络名师工作室活动中，正高级教师、高中物理教研员尹庆丰做“从优秀走向卓越——谈青年教师的专业素养提升”专题讲座；在高中语文、英语、历史教学专题研讨活动中，学科教研员杨建芬、王寒艳、朱春红分别做“让学习真正发生的课堂教学策略研究”“读写结合，夯实英语素养”“三新背景下我区高中历史学科发展思考”专题讲座。在湟里高中开展武进区秦亚平名师工作室暨常州市优秀教师城乡牵手活动，省前中胡静作“基于深度学习的高中生物学主题式情境教学的研究”专题讲座，加强对新高考研究，提高教学实效。2022年武进区高考，文科2位学生进入全省前100名。

【省前中省级中小学生品格提升工程获评省精品项目】 “前黄学子‘至诚’品格体悟式行动”项目于2020年11月被列为江苏省中小学生品格提升工程项目。经过两年的规划、论证和实践，学校构建了“至诚”品格体悟式行动的实践体系，完善了自律自治行动、学习者社区行动、梦想家行、研学实践行动、微公益行动五大行动体系，逐步形成富

1月1日，“智慧乐跑、活力校园”——江苏省前黄高级中学2022迎新嘉年华

（供图 / 区教育局）

有特色的“至诚”品格培育体系，打造真诚友爱、奋勇争先、和谐共赢的生命共同体。2022年9月20日，省教研室教授赵华领衔的专家组到省前中开展第四批江苏省中小学生品格提升工程项目结项考核，实地观摩“政治——模拟政协社团提案展演”“历史——文物会说话”“心理——生涯唤醒”等教学活动，察看“书画社写生、创作”“新柿采摘与柿饼制作”等实践活动，参观校动物博物馆和“通用技术”劳动成果展，并与学生互动交流，感受到省前中攀登向上的精神底色，看到了开放和包容的高品质高中样态，真实发现“至诚”品格已经深入到每一个学生的心中。认为该项目主题丰富、操作性强，选题具有时代意义，抓住了学生成长的底色；五四大体悟式行动的开展，将德育落实在活动中，让立德树人真正得以落地生根；项目建设既培养了学生，也发展和成就了教师。10月，该项目获评省中小学生品格提升精品项目。

【省前中校长黄惠涛入选省名校长工作室主持人】 5月，2022年江苏省名校（园）长工作室主持人评选结果公布，省前中校长黄惠涛入选。黄惠涛围绕名校长工作室建设，以“县域普通高中校长领导力建设”为主题，直面县域高中发展问题，创新提出“凝聚价值共识，提升校长文化培育力；蓝图引领发展，提升校长战略规划力；兼具多样特色，提升校长课程改革力；激活教师发展，提升校长专业引领力；调适内外生态，提升校长资源整合力”五大具体措施，开展校长队伍培育，努力完成层级式培育目标，构建培育范式，进而促进普通高中教育特色多样发展。

【省前中“全球胜任力培养本土实践”项目入选省重点建设项目】 4月，省前中“全球胜任力培养本土实践”项目被确定为江苏省基础教育职业教育对外合作交流重点建设项目。省前中积极开展全球胜任力培养的校本实践，致力于树立人类命运共同体意识，深度理解本土与全球文化，展现可爱可信可为的青年形象。立足于中国现行课程体系，从主题分类和领域融合两个方面，全球维度、国家维度、社会维度、自然维度4个维度开展课程渗透，利用中新、中芬、中加等友好学校和AFS、苏教国际等国际交流平台，邀请中外教师共同开发通识性国际理解课程、英美文化课程、“一带一路”课程、博物馆双语课程等校本课程。建设文化场域，举办英语节、国际竞赛、AFS中学生全球胜任力项目、华文教育交流展示等活动，融入人类命运共同体、国际理解教育和全球胜任力培养等思想。提升修学旅行品质，与国外合作学校开展交换培养，与加拿大多伦多威廉学院结为友好学校。开展国际课程与评价研究，培养教师的全球素养。利用本地国际化资源，开展在地国际化交流。

【省前中国际分校一项目入选省重点建设项目】 2022年4月，省前中国际分校“依托外语课程基地实施国际理解教育”项目被确定为江苏省基础教育职业教育对外合作交流重点建设项目。省前中国际分校通过开设国际高中课程班、发展外语教育和艺体教育、加强国际理解教育和国际教育交流等，逐步形成了社会认可的多样化、国际化办学特色。2007—2022年，累计有1400多名学生进入美国、英国、澳大利亚、新加坡、法国等国家知名高校留学深造。学校具备比较完善的国际教育设施设备和管理体系，形成一支外教与本校教师相结合的国际高中课程师资队伍。大力发展面向全体学生的国际教育，与美国大学理事会、美国中美校联盟、加拿大多伦多威廉中学等建立交流合作关系，不断扩大师生对外学习交流的渠道；依托外语课程基地建设，营造浓厚的实施国际理解教育的硬、软件环境，实施面向全体学生的国际理解教育、世界文化教育，着力培养学生的国际视野、全球意识和外语学习能力。着力打造国际教育、外语教育特色品牌，着力培育艺术教育特色和责任教育特色，以此进一步发展和彰显多样化、国际化办学特色，促进学生多样发展、提高学生综合素质、提升学校办学品质，潜心打造高品质民办高中样本。

（李　向）

职业教育

【概况】 武进区有常州市高级职业技术学校（简称“常州高职校”）1所，是涵盖五年制高职教育、中职教育、技工教育和社会教育的综合性公办职业学校。2022年，常州高职校实施“一所学校、一套班子、多块牌子”管理模式，依托江苏联合职业技术学院武进分院、江苏省武进中等专业学校、武进技师学院、武进开放大学办学，有专任教师774人，具备高级及以上执业（职业）资格教师313人，其中正高级教师5人、省教学名师1人、省（市）级职教领军人才5人，年末在校学生8024人。落实苏锡常都市圈职业教育改革创新发展方案，常州高职校与常州机电职业技术学院签约结对融合发展，推进现代职业教育体系试点，“3+4”和“3+3”分段培养项目持续推进。年内，完成省联院五年制高水平专业群中期评估2项，获江苏省教学成果奖二等奖1项。持续推进产教深度融合，建有省级技能大师校园工作站2个，新增遨博机器人产业学院和校企协同创新中心4个。技能比赛、教学大赛和创新创业大赛成绩优异，获全国技能大赛金牌1枚、省教学大赛奖牌12枚、省创新创业大赛奖牌7枚、市技能大赛奖牌40枚。9名学生获国家励志奖学金。

【开展中加文化线上交流活动】 6月2日，常州高职校与加拿大TAC三佳国际教育集团联合开展线上文化交流活动，武进区侨办主任、侨联主席杨美英，武进区侨办副主任徐晓燕，加拿大多伦多常州联谊会副会长祝小清，武进区教育局副局长、常州高职校校长李昇学，常州高职校副校长孙煜出席现场活动，加拿大TAC三佳国际教育集团校长安平、加拿大牛顿国际学校董事长Angel及部分在加留学生代表参加线上交流活动。通过线上互动的形式，中加师生贺端午佳节，品华夏文明，享交友之乐，助文化传承。

【常州高职校获省职业院校创新创业大赛奖项7个】 7月24—26日，常州高职校组队参加在江苏农牧科技职业学院举行的2022年江苏省职业院校创新创业大赛决赛，获得奖项7个，其中实践启蒙组“仓储搬运精灵”项目、“源创涂鸦”项目、创新启蒙组“无接触电梯操作面板”项目均获一等奖，创意组“将工业标准化揉入手工青团中”项目获二等奖，一等奖数位列全市第一，占比33.3%。

表 40　常州高职校参加 2022 年江苏省职业院校创新创业大赛获奖情况一览表

组　别	作　品　名　称	作　者	指导教师	奖项等第
实践启蒙组	仓储搬运精灵——AGV 定向自稳定系统	李紫杰　叶一凡　李羽鹏	韩　海　谢明波　陆　慎	一等奖
实践启蒙组	源创涂鸦——创造美好世界	王朝婷　李香兰　杨明宝	刘爱华　包媛媛　陆　慎	一等奖
创新启蒙组	安然于心——无接触电梯操作面板	杨　振　宋佳希　高　翔	邹海英　杨丽琴　李小燕	一等奖
创意组	团团圆圆——将工业标准化揉入手工青团中	蒋　垚　张子涵　胡翱翔	庄　敏　周　妍　王　飞	二等奖
创新启蒙组	每刻精准——永恒精心高精度轴承滚动体尺寸测量装置	张钰华　曹　阳　刘梦祥	张文叶　周丽萍	三等奖
实践启蒙组	绿色种植托起七彩梦——七彩小番茄采摘园	李　慧　徐明涛　梅益帆	石小闻　祝春花　郭燕芬	三等奖
实践启蒙组	真心“针”意——钩织自我，“零”跑美好生活	卢程程　陈璐寒　张　杰	唐　英　叶　雯　陆　慎	三等奖

7 月，常州高职校在省职业院校创新创业大赛中获 7 个奖项，获奖数名列全市第一

（供图 / 区教育局）

【施佳铭、高岩获 2022 年全国职业院校技能大赛中职组“建筑 CAD”项目第一名】 8 月 8 日，2022 年全国职业院校技能大赛中职组“建筑 CAD”赛项在广西建设职业技术学院闭幕。常州高职校建筑学院 19121 班施佳铭、20121 班高岩，与来自全国 31 个省、自治区、直辖市和新疆生产建设兵团的 64 支参赛队同台竞技，在参加全国总决赛的 132 名选手中脱颖而出，夺得“建筑 CAD”项目第一名。这是常州高职校继 2021 年赵鑫佳、彭磊获此奖项后又一次夺冠。

【常州高职校获省职业院校教学能力大赛奖项 12 个】 常州高职校十分重视教学大赛对提升教师教学视野和教学水平的促进作用，积极组织教师参加职业院校教学大赛，力求以赛促教、以赛促学、以赛促提高，全面推动教学模式改革。在 2022 年 7 月江苏省职业院校教学能力比赛中，有 7 个项目获得一等奖，2 个项目获得二等奖，3 个项目获得三等奖。一等奖项目数再次位列全省第一。

（李　向）

驻武进高（职）校

【概况】 2022 年，驻武进高（职）校有 8 所。其中，有常州大学、江苏理工学院 2 所全日制普通本科院校，常州幼儿师范高等专科学校 1 所，常州信息职业技术学院、常州纺织服装职业技术学院、常州工程职业技术学院、常州工业职业技术学院、常州机电职业技术学院 5 所高等职业技术学校。有在籍全日制本科生 41918 人，其中博士、硕士研究生 5646 人，专科生 3003 人；有专任教师 3042 人。2022 届本、专科毕业生去向落实率在 95% 以上。有全日制在校高职学生 93477 人，专任教师 2893 人。毕业生去向落实率 98%。

【常州大学】 2022 年年底，有全日制本科生 21918 人，其中博士、硕士研究生 4746 人，学历外国留学生 648 人。有教职工 2458 人，其中专任教师 1651 人；硕士及以上学位教师占比 97.6%，其中博士学位占比 72.9%。招收本科生 6554 人、硕士研究生 1615 人，博士研究生 30 人。2022 届毕业生去向落实率 95.76%。引进高层次人才 338 人，获批省级人才、团队项目 100 个，其中“国家杰出青年科学基金”1 人、“千人计划”1 人。获批江苏省教学名师 1 人、江苏特聘教授 4 人、“双创博士”60 人、“青蓝工程”中青年学术带头人 3 人、“青蓝工程”优秀青年骨干教师 4 人、“青蓝工程”优秀教学团队 1 个。

人才培养　有一级学科博士学位授权点 2 个、一级学科硕士学位授权点 15 个、专业硕士学位授权点 17 个。有省优势学科 2 个、省“十四五”重点学科 8 个。有国家级现代产业学院 1 个、省级现代产业学院 4 个，新增江苏省产业教授（本科）6 人和江苏省产教融合型品牌专业建设点 3 个、培育点 1 个，入选江苏省产教融合型一流课程 5 门，获中国高等教育学会“校企合作，双百计划”典型案例 6 项，牵头成立长三角现代产业学院协同育人联盟。新增国家级一流专业建设点 7 个、省级品牌专业 23 个。获批江苏省教学成果奖特等奖 1 项、二等奖 6 项，中国石油和化工教育教学优秀成果 3 项。获“十四五”首批职业教育规划教材 1 部。获江苏省优秀硕士学位论文 3 篇、江苏省研究生教育教学改革课题 5 项、中国石油化工教育教学成果一等奖 1 项、“江苏省研究生科研与实践创新计划”318 项，新增江苏省研究生工作站 16 个、产业教授（研究生）7 人。

科学研究　获批国家基金80项，其中自然科学基金项目65项、社科基金项目15项。首次获区域联合基金重点项目1项，新增国家重点研发计划项目2项，全年纵向科研经费到款1.27亿元。新增省、市级“揭榜挂帅”项目50项，新增石油石化行业重点项目29项、其他省部级及以上科技项目22项，全年横向经费到款2.3亿元。新增省部级研究平台5个。依托中石油—常州大学创新联合体，牵头承担中石油4个项目、17个子课题。获评中国产学研合作创新单位，1人获中国产学研合作突出贡献奖，4人获中国产学研合作创新奖。获省部级科技成果奖项40项，其中一等奖9项。获江苏省第十七届哲学社会科学成果奖一等奖3项、二等奖4项、三等奖2项。发表三大索引收录科技论文1100余篇。获国内发明专利授权589件，有效发明专利总量3522件。全年完成科技成果鉴定22项、成果转化188项，转化金额约500万元。

国际交流合作　获批江苏省高校海外高层次人才引进平台1个、江苏省高校国际化人才培养品牌专业建设项目1个、江苏省高校国际合作联合实验室建设项目2个。新增英国坎特布里亚大学、中国澳门中西创新学院、俄罗斯楚瓦什乌里扬诺夫国立大学、日本千叶大学、新加坡新跃社科大学5所合作院校。承办江苏高校外国留学生教学观摩大赛，获一等奖1项、三等奖1项。

（秦　能）

【江苏理工学院】　2022年年底，有全日制在校本科生2万余人（含留学生）、硕士研究生900余人。有教职工1500余人，其中专任教师1200人。其中，高级职称教师700余人、博士学位教师500余人，博士、硕士研究生导师200余人。本科招生5683人，毕业生就业率94.53%。硕士研究生招生404人。学历继续教育录取新生4915人，毕业学生4239人。引进各类人才150余人。获批省、市级及以上各类人才工程45项。获批江苏省高校海外高层次人才引进重点平台建设项目1项。

学科建设　设有机械工程学院、电气信息工程学院等20多个教学科研单位，建有工业互联网、数智化等产业学院，开设本科专业62个，招收教育、机械、资源与环境硕士研究生。新增国家级一流本科专业建设点3个、省级一流本科专业建设点9个、省级产教融合型品牌专业建设点3个，新能源汽车动力电池产业学院获2022年省级重点产业学院建设点。新增江苏省智能网联新能源汽车安全与控制工程研究中心、常州市高安全动力与储能电池重点实验室、常州市5G+工业互联网融合应用重点实验室。申报高等教育类、职业教育类、基础教育类国家级教学成果奖各1项。获省级产教融合型一流课程5门，获批省优秀基层教学组织2个，1门课程入选教育部“宏志助航”计划。获批2022年教育部产学合作协同育人项目9项、江苏省高校“高质量公共课教学改革研究”专项课题4项。获中国职业技术师范院校教学能力比赛奖项5项、江苏省高等学校微课教学比赛奖项10项，获2021年江苏省教学成果奖特等奖2项。入选首批国家级职业教育“双师型”教师培训基地。

教学科研　新增国家和省部级科研项目76项、市厅级项目194项、横向项目443项，科研到账经费1.46亿元，获批江苏省专利转化专项资金200万元。出版学术专著19部，发表论文275篇。申请发明专利292件，获授权195件，实施专利转化65件，合同经费297.9万元。组织科技成果评价（鉴定）4项，获江苏省科学技术奖、中国有色金属工业科学技术奖等科技类奖项11项。全年组织产学研对接活动120场次，签订产学研合作协议12份，新增到账100万元以上项目31项，获批市厅级及以上科技创新平台3个。

国际交流与合作　新增境外合作高校4所、合作项目5个，签署合作协议9份。获批省教育厅“十四五”高校国际化人才培养品牌专业建设项目1个、省高校国际合作联合实验室1个。首次获批教育部中教国际全球胜任力人才培养项目。2022年11月16日成立常州碳纤维复合材料成形与装备研究院。

（史华梅）

【常州幼儿师范高等专科学校】　2022年年底，有在校学生3003人，其中师范专业学生2592人、非师范专业学生411人。有教职工205人，其中专任教师191人。专任教师中有正高职称教师6人、副高职称教师71人、双师素质教师64人，具有硕士研究生及以上学历（位）121人。引进新教师18人。有学前教育、数字媒体艺术设计、旅游管理3个五年制专业；学前教育、艺术设计2个三年制专业。其中，五年制学前教育为江苏省品牌专业，数字媒体艺术设计专业为江苏省特色专业。首次面向高中起点招收学前教育、艺术设计2个专业120人。在第十一届江苏省师范生教学基本功大赛（学前教育组）中获3枚金牌、3枚银牌。

（张庆华）

【常州工程职业技术学院】　2022年年底，有全日制在校生13872人，其中全日制新生5319人；2022届毕业学生3943人。录取非全日制专科学生4432人。有教职工710人，其中专任教师562人。专任教师中有正高职称64人、副高职称228人、博士研究生学历75人。新增“333高层次人才”培养对象6人、江苏省名师1人、江苏省技术能手5人、技能型教师14人、省级产业教授5人。有国家级教师教学创新团队2个、省级优秀教学团队9个、省级科技创新团队3个，省级教学名师、省级有突出贡献中青年专家等85人。有国家级高水平专业群1个、省级高水平专业群4个。智能焊接技术专业教学资源库和应用化工技术专业教学资源库通过教育部验收，26门在线课程接入国家高等教育智慧教育平台向社会免费开放。

科技研究　新增实用新型专利26件、发明专利36件。首次以主持人单位获批国家自然科学基金立项，全年立项市厅级及以上纵向课题167项，签订横向科研项目214项，实现技术合同成交额7633.87万元，“驱动一体电机的研发与应用”获评江苏省技术转移联盟“十大技术转移优秀案例”。应用化工技术专业获江苏省高校国际化人才培养品牌专业建设立项。向巴基斯坦“郑和中心”输出《国际汉语》（初级）教学标准，主持开发非洲国家职业标准6项。学生参加技能、学科竞赛获国家级奖项2项、省级及以上奖项34项。

社会服务　新建智能焊接与检测技术虚拟仿真实训基地等“智改数转”项目11个，入选江苏省示范性虚拟仿真实训基地培育项目2个。注册江苏省全民终身教育学分银行5566人次，建成省级社区教育特色品牌项目2个、省级老年教育学习资源库2个、省中小学生职业体验中心2个，获第六届中国石油和化工教育教学成果特等奖1项。获批全国职业院校服务全民终身学习第一批实验校、江苏省首批银龄学习中心。推进检验检测省级产教融合集成平台建设，新建产业学院7个。新增技术经理人24名，服务企业260家，促成技术交易100余项，技术合同认定额达2216万元，成果转化应用新增经济效益7.2亿元，获企业捐赠1350余万元。

（李旭海）

【常州信息职业技术学院】 2022年年底，有全日制在校生12599人，其中全日制新生4710人，毕业学生4287人，毕业生年终就业率97.69%。有教职工815人，其中专任教师620人。专任教师中正高职称61人、副高职称275人。电气自动化技术专业获江苏省高校国际化人才培养品牌专业；软件技术专业入围中德先进职业教育合作项目首批试点院校新一代信息技术领域项目；信息安全技术应用专业入选工信部产教融合型专业建设试点。新增校级名师工作室11个。推进1+X证书制度试点，全年开展1+X证书制度试点32个，覆盖专业38个，专业覆盖率82.6%。获评全国技术能手1名；入选教育部首批国家级职教创新团队建设典型案例1个、省“双师型”名师工作室1个、省“青蓝工程”团队1个；入选省教学名师1名、省“青蓝工程”学术带头人2名、骨干教师3名、省技术能手10名、省青年岗位能手1名、省“双创”博士2名。

科学研究　获教育部人文社会科学研究项目立项1项、省高等学校自然科学研究面上项目立项1项和省科技厅产学研合作项目立项2个、科技计划立项3个。全年获专利授权22件，其中发明专利授权12件；获市厅级及以上纵向课题立项101项；发表EI、SCI检索论文18篇。罗克韦尔智能制造协同创新中心等重点实训基地建成投用。联合申报的工业数据关键技术研发与应用平台获批江苏省工业互联网技术研发推广平台、面向“一带一路”的国际化办学共同体获批江苏省职业教育校企合作示范组合培育项目。

社会服务　新增大企名企合作单位8家和校外实训基地214家。新成立产业学院3个，新增现代学徒制项目2个，联合培养学生57人；开设订单班23个，联合培养学生1088人。学生获国际性或国家级技能竞赛奖项15项，获省级技能竞赛奖项162项，省级及以上双创竞赛获奖31项。全年实现科技服务到账经费2594.8万元，其中横向经费到账2070.13万元、纵向到账经费524.67万元。全年完成技术交易合同78件，技术交易额1737.05万元。

对外合作　与境外12所院校、机构签署合作协议。招收留学生135名。与泰国3所高职院校合作建设“郑和学院”，成立“非遗”海外推广中心，获评“中国—东盟高职院校特色合作项目”。

（唐　凯）

【常州机电职业技术学院】 2022年年底，有全日制在校学生13000余人，全日制新生4605人、留学生88人，毕业学生3737人，年终毕业去向落实率98.8%。有教职工780余人，其中专任教师576人。专任教师中具有高级职称249人、博士学位85人、硕士及以上学位448人，具有双师素质的专任教师543人，占专任教师的94.2%。引进博士17人，聘请省级产业教授4人，柔性引进教授、江苏大工匠2人，高级工程师、博士8人。获批省“双师型”名师工作室1个、省“青蓝工程”教学团队1个。

教研成果　获省教学成果特等奖1项、一等奖1项、二等奖2项。获批教育部人文社科课题2项、省教育科学“十四五”规划课题7项；获批省产学合作研项目等项目18项。省高职院校工程技术研究开发中心“工业机器人系统集成”通过验收。获省科学技术奖4项、授权知识产权162件。获批工业互联网实施与运维等教育部“1+X”职业技能等级证书项目32个。

社会服务　学生获“互联网+”大学生创新创业大赛总决赛国赛金奖、银奖各1项；获首届世界职业院校技能竞赛第二名1项；获全国职业院校技能大赛一等奖1项；“金砖国家”职业技能大赛国赛一等奖1项、二等奖2项。模具设计与制造专业获批省国际化品牌专业立项资助项目。建设“郑和学院”等海外学院4个。获“十四五”职业教育省规划教材（英文）立项1部，获首届省外国留学生教学观摩比赛一等奖、三等奖各1项。获全国“校企合作、双百计划”典型案例2项、机械行业职业教育产教融合校企合作典型案例4项，入选现代产业学院优秀案例2项。培育省级产教融合型企业15家，入选省职业教育校企合作示范组合培育项目2个、工信部产教融合专业合作建设试点专业2个，获工信部首批产教融合专业合作建设试点单位。建设高水平“立体化”校企合作基地60家，完成订单、现代学徒制人才培养1242人，实现继续教育到账2774.45万元。

（甘迎春）

【常州工业职业技术学院】 2022年年底，有在校学生14999人，全日制新生5592人，毕业生年终就业率98.6%。有专兼职教师1233人，其中校内专任教师595人。新增江苏省“333工程”培养对象3人、江苏省教学名师1人、江苏省高校“青蓝工程”培养对象5人、江苏技能状元1人、江苏工匠1人、江苏省技术能手4人、在读博士30人。有材料工程学院（环境工程学院）、现代装备制造学院、智能控制学院等二级学院8个，海外教育学院等教学单位4个，设有专业56个。

教学研成果　机电一体化技术、酒店餐饮管理服务技术2项专业标准入选中非职业教育联盟公布“坦桑尼亚国家职业标准开发项目”第二批立项建设单位名单。获国家在线精品课程立项2门，获批“十四五”江苏省职业教育首批在线精品课程13门、“十四五”江苏省规划教材10部。教师获全国职业院校技能大赛教学能力比赛二等奖，省职业院校教学大赛一等奖1项、二等奖3项。学生获全国职业院校技能大赛一等奖3项、二等奖1项，省职业院校技能大赛一等奖8项、二等奖12项。

社会服务　建成“数智双创”特色省级双创实践基地。成立常州工业职业技术学院印度尼西亚泗水分院和马来西亚分院。获批江苏省示范性虚拟仿真实训基地培育项目1项、江苏省职业教育技艺技能传承创新平台1项。被批准注册为国家自然科学基金依托单位，获教育部人文社科项目立项1项、江苏省自然科学基金青年基金项目1项、江苏省社科基金项目1项、江苏省创新支撑计划软科学研究3项、江苏省科技厅产学研项目2项。

（王淑芳）

【常州纺织服装职业技术学院】 2022年年底，有在校生12576人。年内招收全日制新生4656人，毕业学生3315人，毕业生就业去向落实率95.93%。有教职工686人，其中专任教师540人，具有硕士及以上学位教师占比82.4%。引培博士14人、正高职称3人、副高职称6人，评审高级职称教师20人。新增省级教学名师1人，省“青蓝工程”教学创新团队1个、学术带头人1名、优秀骨干教师3名，省“333”高层次人才第三层次培养对象2人，选聘江苏省产业教授3人。获评国家在线精品课程1门。新增1+X试点申报证书35个，覆盖全校39个专业，覆盖率95.6%。

教学科研成果　获自然科学纵向市级及以上项目立项15项、人文社科纵向立项112项，其中国家级项目1项、省级项目10项；申请专利197件，获授权专利172件，专利转化29件。首次承办江苏省职业院校技能大赛2项（服装设计与工艺、智能电梯装调与维护赛项）。教师获教学能力国赛二等奖1项和省赛一等奖2项、二等奖1项、三等奖1项；获江苏省职业教育教学成果奖4项，其中一等奖1项、二等奖3项。获中纺联纺织职业教育教学成果奖8项，其中特等奖2项、一等奖2项、二等奖4项。学生参加江苏省技能大赛常规赛及选拔赛35项，获全国职业院校技能大赛一、二、三等奖各1项，“金砖国家”职业技能大赛二等奖1项。获省级奖项25项，其中一等奖4项、二等奖9项、三等奖12项。女子篮球队、女子足球队在江苏省第二十届运动会上分别获得冠、亚军。

社会服务　新增校企合作48项。获江苏省示范性虚拟仿真实训基地培育项目立项1项。新建产业学院8个。获横向立项90项，合同金额达1260万元。获批省产学研合作项目1项；常州市生态纺织技术重点实验室和江苏省三维人体数据与数字艺术产品工程技术研究开发中心通过验收。成立常纺丝路学院。

（陈　思）

社会教育

【概况】 2022年，武进区坚持以提升培训服务能力为目标，加强内涵建设，促进社区教育均衡发展，“区、乡镇（街道）、村（社区）”三级社区教育办学网络进一步健全完善。积极探索社区教育项目化运作，深入实施农村劳动力转移培训、职工岗位培训和继续教育、农民实用技术培训、新市民教育，并以老年智能手机培训为抓手拓展老年教育，积极服务地方经济社会发展。全区有社区教育志愿者1.57万人，非学历教育机构28个。通过整合各类资源，携手同频共振，常年协助开展各级各类教育培训，城乡居民社区教育活动参与率达58.8%。“‘江苏3D+’区域终身学习发展共同体”获评全国示范性学习共同体，武进社区培训学院“‘老来笑’共学养老吧”被评为2022年江苏省社区教育特色品牌项目，武进开放大学“阳光阳刚——责任担当培育行动”获2022年省社区教育、老年教育特色品牌培育项目。前黄镇社区教育中心“‘红石榴家园’共建多民族一家亲”项目被评为常州市“社区教育助力社区治理”实验优秀项目。雪堰镇社区教育中心微课“稻鸭共生 生态农耕”、牛塘镇社区教育中心“象牙浅刻”获得常州市社区教育微课程评比一等奖。许正宏被评为江苏省百姓学习之星，卞晓忠被评为江苏省社区教育先进工作者，贾明亚被评为江苏省社区教育优秀志愿者，张一之被评为江苏省“十四五”社区教育领军人才及江苏省最美社区教育教师。

【实施高质量技能培训提升工程】 2022年，全区社区教育机构积极贯彻落实省、市、区关于促进就业的各项政策，开展家政、茶艺师、中式烹饪师、西式面点师、收纳师、保育员、育婴员、焊工、车工、电工、楼宇智能化管理员、医药商品购销员等公益职业技能培训，培训5500人次。完成农村新增劳动力和剩余劳动力转移教育培训2.77万人次、农村致富骨干培训1.1万人次、下岗（失业）转岗职工培训3.38万人次。高质量培训促进高质量就业，共有1.2万人实现就业和再就业。

【推进社区教育服务“项目化”“精准化”】 2022年，武进区在全区首次实施社区教育项目化运作，服务领域包含教育惠老、惠少、惠社、惠特，涵盖书法绘画、歌舞乐器、体育健身、智能手机、党史学习、家庭教育等内容。评定15个项目为立项项目，其中6个被评为一等奖项目。通过项目引领，提供从“摇篮”到“拐杖”的精准服务，推动教育惠民政策落到实处，提高社区教育专项经费使用绩效。继续实施“智慧助老、赋能银年龄”专项主题培训活动，切实解决老年人使用智能技术困难。全年开展学习培训近200场，覆盖社区90多个，服务老年人5000余人，有效助力老年人群体跨越“数字鸿沟”，乐享品质生活。

（李　向）

11月，社区学院为老年人培训使用智能手机　　（供图／区教育局）

文 化

Culture

责任编辑　张怡菁

文学艺术

【概况】 2022 年，区文联围绕学习宣传中共二十大精神的主线，团结和带领全区文艺工作者开展文艺创作，推动全区文艺事业发展。举办“新时代颂”2022 江苏美术摄影主题联展武进区展、学习宣传贯彻中共二十大精神文艺汇演、“寻美·常州”——常州市武进区新的社会阶层人士“献礼二十大、奋进新征程”艺术精品展等主题性文艺活动 20 场次，吸引观众 2 万人次。戏剧曲艺家协会开展文化惠民、送戏下乡演出 200 余场，覆盖全区 13 个镇（街道）、30 多个村（社区），吸引观众 5 万人次。全年刊发《武进文艺》3 期，70 件文艺作品获省级及以上奖项。区作家协会会员陆涛声小说《古玉》、张羊羊散文集《锅碗瓢盆》出版发行，区工艺美术家协会会员徐文博获评江苏省工美“十大工匠”。

【著作出版】《古玉》是由武进作家陆涛声创作的小说，于 4 月由中译出版社出版。全书收录《古玉》《古砚》《古盘》等小小说 64 篇，共 15.2 万字。作品贴近现实，注重反思和觉悟，人物形象丰满鲜活，故事情节传奇，文风稳健。

《锅碗瓢盆》是由武进作家张羊羊创作的散文集，于 9 月由长江文艺出版社出版。全书收录《米酒》《花露烧》《蜂蜜·蔗浆》《锅》等散文 70 篇，共 17 万字。作品以米酒、花露烧、花生米、猪头肉等 70 余种食物为书写对象，体现生活姿态，富有世俗气息和诗意色彩，文风随意洒脱。

【“聚力‘两湖’创新区、文艺装点新农村”主题活动】 内容参见“群众团体”类目 p65 同名条目。

【文艺惠民系列活动】 内容参见“群众团体”类目 p66 同名条目。

表 41　2022 年武进区文艺创作主要成果情况表

所属协会	艺术门类	作品名称	作者	展出、获奖情况
作家协会	剧本	《芳茂忠魂双飞鸿》	陈东平	“戏剧中国”2021 年度优秀剧本奖
	散文集	《锅碗瓢盆》	张羊羊	中译出版社出版
	小说集	《古玉》	陆涛声	长江文艺出版社出版
音乐舞蹈家协会	课例	“中国古典舞——上下舞千年”	严　婷	入选人民音乐出版社普通高中新课标、新教材培训课例 江苏省音乐学科单元教学设计一等奖
	论文	《区域艺术学科教研迭代转型的实践与思考》	陆荣兵	入选《中小学教育》
		《让音乐学习弥漫生活的气息》		入选《基础教育论坛》
		《守正创新展风采，笃行致远谱新篇》	严　婷	2022 年中国教育学会音乐教育分会优秀论文
书法家协会	书法	无名	唐东进	入选首届杨沂孙奖全国书法篆刻展 入选“墨韵新时代”——喜迎党的二十大江苏书法大展 2021 全国楷书年展前 40 名
			费福顺	入选“赞颂新时代、喜迎二十大”书画摄影展
			陈　捷	入选“雨山问道”——江苏省书法院中青年书法家学术提名展 入选“墨韵新时代”——喜迎党的二十大江苏书法大展

续表 41

所属协会	艺术门类	作品名称	作者	展出、获奖情况
书法家协会	书法	无名	高文新 林海军 刘红玉 徐　勇 张克强 秦艺真	入选“中吴书风”学术双年展
摄影家协会	照片	《邂逅美丽西太湖》	周其利	首届江苏省“聚焦新城市中心·邂逅美丽西太湖”摄影展三等奖
		《大地不可或缺的图案》 《弧光通道》	方南祺	首届江苏国际科普影像创作大赛三等奖
		《其乐融融》		入选第 24 届江苏省摄影艺术展览
		《绿色远古城池——淹城遗址》		江苏省“身边的自然，乐享的园林”摄影大赛佳作奖
		《新能源使者》		江苏省“强国复兴有我”摄影展一等奖
		《大地不可或缺的图案》		江苏省“强国复兴有我”摄影展二等奖
		《让水更清澈》		第二届江苏省科普摄影大赛二等奖
		《井下探测——排水人的新科技》 《新能源使者》		第二届江苏省科普摄影大赛优秀奖
		《弧光通道》		2022 年中国科普摄影优秀作品展优秀奖
		《五星红旗飘扬在我心中》 《在五星红旗下成长》		“清风廉韵”摄影展暨微电影展优秀奖
		《眺望》 《拈花如画里山晓望晴空》	张国治	入选无锡太湖国家旅游度假区成立 30 周年摄影展
		《渔人》	薛　达	入选第 31 届奥地利特伦伯摄影展
		《较劲》 《妈妈的演示》 《敬业在流水线上》	姚国才	入选第 24 届江苏省摄影艺术展览
		《敬业在流水线上》		入选“网络正能量”摄影作品征集活动
		《我们的旗帜》	丁　婷	入选第 24 届江苏省摄影艺术展览
		《奋战》	黄孝亚	入选“我们这十年——喜迎二十大，奋进新征程”主题摄影邀请展
		《高速建设者》	岳　勇	“新时代颂”全省摄影采风创作走进重大交通工程暨 2022“交建杯”江苏交通视觉巡展活动社会组三等奖
美术家协会	国画	《梦·家园梦》 《庭前晨曲》	陆献新	入选第九届中国北京国际美术双年展 入选 2021“雨花满天”——全国花鸟画作品展
		《天合光能：国家重点实验室》	徐尉刚	入选“新时代颂”2022 江苏美术摄影主题联展
		《翠拥遥岭家焕然》		入选“青春百年心向党”2022 江苏省青年美术书法优秀作品展
		《智造新时代》	李文君	入选“新时代颂”2022 江苏美术摄影主题联展
		《朝圣》	徐晓晶	入选“青春百年心向党”2022 江苏省青年美术书法优秀作品展
		《露华浓 1》	谷　婷	入选“青春百年心向党”2022 江苏省青年美术书法优秀作品展
		《露华浓 2》		入选“华彩程及”江苏美术作品展
朗诵艺术协会	朗诵	《我的心》	赵树建	2022 年“筑梦向未来”中华经典诵读大赛特等奖
		《青春中国》 《月光下的中国》	赵树建　马美婷 庄晓芬	2021 年“我心向党”中华经典诵读大赛特等奖
		《蜀道难》	赵树建	“盛世中华，声悦神州”第二届全国诗歌朗诵大赛第一名

续表 41

所属协会	艺术门类	作 品 名 称	作 者	展 出、获 奖 情 况
工艺美术家协会	烙画	《一大会址》	谭文如	江苏省新的社会阶层人士献礼党的二十大“苏新，非遗，传承”作品展
	留青竹刻	《归隐》 《云山观瀑》	徐一鹏 赵君如 张 琪	中国工艺美术协会“百花杯”评审铜奖
		《中华魂》 《秋山高士图》	徐文博	中国工艺美术协会“百花杯”评审铜奖 入选“庆祝二十大胜利召开，美在新时代”——中国美术馆典藏精品特展（第三期）
		《星座畅想》 《绿水池塘》	徐一鹏 赵君如 沈华强	入选“锦绣华章”2022 长三角民间艺术文创大展 江苏省文艺大奖优秀奖
	猛犸浅刻	《红装素裹》	高杜平	入选“牢记初心使命，赓继匠心传承”——迎接党的二十大江苏非遗主题展
		《荣登朱华》 《松寿延年》	潘卫民 张 宽	入选第六届东方工艺美术之都博览会展览

（葛 岩）

公共文化

【概况】 2022 年，武进区有镇（街道）文化站 10 个、村（社区）文化室或图书室 216 个，有专职文化工作者 94 人、业余文化工作者 6775 人。有农家书屋 208 个，其中全国示范农家书屋 1 个、省级农家书屋 4 个、市级农家书屋 28 个。

全区文化部门以人人参与文化、人人享受文化、人人创造文化为目标，强化公共文化建设，提升公共文化服务能力。举办“一起向未来”阅读接力活动、武进区第一届“春风有约”悦读节、“吴风雅集烟火里”文化夜市、“花都水城·浪漫武进”文化旅游节暨“龙城夜未央·武夜尽欢畅”夜生活节等群众性文艺活动。武进区锡剧团、凤凰艺术团送戏、送综艺节目下乡 403 场。区图书馆组织流动图书车下乡服务 127 次，开展“阳湖大讲堂”6 场。全区实施农村电影“2131”工程（21 世纪，在农村实现一村一月放映一场电影），全年放映电影 2520 场。

（朱丽春 贾韵泓）

【阅读惠民活动】 *“一起向未来”阅读接力活动* 2022 年北京冬季奥运会期间，由武进图书馆联合镇（街道）图书馆分馆举办，宣传奥运精神，弘扬冰雪文化。该活动推出《冬奥梦冰雪情：冬季运动知识读本》《体育大国的崛起》《老北京的冰上时光》等阅读书单 10 本，依次在武进图书馆、湖塘镇图书馆、南夏墅街道图书馆等 11 个图书馆开展短视频线上阅读接力活动，包括朗诵、领读、交流分享、现场问答等，展现奥运历史文化，弘扬体育竞技精神。

武进区第一届“春风有约”悦读节 4 月 18 日至 5 月 18 日，由区、镇两级公共文化场馆联合举办。该悦读节分春之华章、春之吟诵、春之悦享三大类，开展“百馆荐书，春日共读”电子图书推荐、“你选书，我买单”、青春领读·好书推荐——“你是人间四月天”诗歌主题诵读作品征集、“童声演绎、古韵流香”少儿演唱会、“春风十里，阅读有你”21 天打卡读书活动，以及“春风化语，音你不凡”经典影视配音秀比赛、诗歌交流、亲子阅读、读书征文活动等 39 项（含线上），合计参与约 1 万人次。

【武进区第十届市民艺术节】 8 月 26 日，“日出阳湖·风雅江南”武进区第十届市民艺术节在区文化馆百相阁开幕。至 10 月 7 日，推出全民艺术普及周、残疾人文化周、“艺美武进，民星大舞台”才艺大赛、锡剧大家唱文化走亲活动、“喜迎二十大，奋进新征程”业余群众文化团队展演等群众文化活动 52 项、300 余个，选拔、培养、推介优秀文艺人才，展示群众文化建设成果、武进地方特色。

【“吴风雅集烟火里”文化夜市】 8 月 14 日至 10 月 6 日，在武进淹城古街举

“吴风雅集烟火里”文化夜市 （供图 / 区融媒体中心 摄于 2022 年 9 月）

行。该活动由区文体广旅局主办、区文化馆承办，吸纳网红美食、复古文创、国风小物、传统非物质文化遗产（简称“非遗”）等商家摆摊，组织开展杂要、古风歌曲演唱会、汉服秀、茶道表演等活动。区文化馆配合设置传统文化体验区，推出汉服体验、古典妆造、花灯制作、点茶、扎染、“齐梁夜宴”非遗文化沉浸式演出等项目。其间，共举办夜市20场次，开展汉文化体验活动22场次，参与群众4.6万人次。

（杨东溟）

【区文化馆公益性培训】 2022年，区文化馆实施“艺起来”全民艺术普及工程，通过线上、线下相结合和馆内、馆外相补充等形式，提供公益性培训服务。发布在线课程1期，推出原创作品鉴赏75期。公益性培训联盟夏季和秋季班开设书法、创意美术、电子琴、拉丁舞、演讲口才等专业230余个，招收学员2600多人，受益群众2.2万人次。公益性培训班三季开设太极拳、二胡、书法、国画、堆花糕团、花艺等专业37个，培训学员4400人次。第10期特色公益性培训班开设留青竹刻、虎头鞋制作、防身术、瑜伽等特色课程8门，培训学员1000人次。社区公益培训推出书法、古筝、堆花糕团等课程，受益群众超1000人次。

（钱　峰）

文化场馆建设

【概况】 2022年，武进区加强公共文化服务阵地建设，构建设施完善、服务到位的城乡公共文化服务体系，建成开放武进第三图书馆。武进图书馆、区文化馆、区博物馆、区书画院公益性文化场馆全年免费开放，累计接待群众131万人次。滆湖民俗博物馆、湖塘博物馆等6个民间博物馆累计接待群众8.35万人次。

武进图书馆　2022年，武进图书馆形成一总馆两分馆格局。总馆位于延政中大道65号，服务面积6500平方米，馆藏图书68万册；武进第二图书馆位于火炬北路1号，服务面积8600平方米，馆藏图书20万册；武进第三图书馆位于牛塘镇东龙北路3-1号，服务面积5800平方米，馆藏图书15万册。全年服务读者83.71万人次，借还图书73.9万册次。开展阅读推广活动343次，线上、线下累计参与39643人次。流动图书车下乡服务127次，借还图书29874册，服务群众2万余人次。

武进区文化馆　位于淹城丰乐坊1号，建筑面积6675平方米。全年服务群众20.79万人次。开展公益性培训，受益群众2.84万人次。举办2022年小书法家写春联送春联、第二届恽南田题画诗全国篆刻名家邀请展、“春风化语、音你不凡”经典影视配音秀、“浪漫七夕梨园情”戏曲演唱会、“我们是祖国的花朵”中秋童声演唱会、武进区基层文化管理员技能大赛、“梨园春色戏韵武进”戏曲展演、百相阁周末小剧场、“吴风雅集烟火里”文化夜市等活动70余场次。馆办团队武进区凤凰艺术团开展送综艺下乡演出200场次，受益群众超10万人次。组织创作曲艺故事《捕风》获第十五届江苏省五星工程奖；摄影作品《奋战》入选江苏省“我们这十年——喜迎二十大、奋进新征程”主题摄影邀请展，摄影作品《铿锵玫瑰》和《颂歌献给党》、中国画《望穿流霞》、书法作品《美好江苏赋》入选“信仰之基·2022常州市群众美术书法摄影作品展”，区文化馆获优秀组织奖。

武进区博物馆　位于春秋淹城旅游区内，建筑面积8728平方米，馆藏文物3703件。结合“5·18”国际博物馆日、中国文化和自然遗产日等节日，开展教育活动61个、137场次，线下、线上参与超5万人次。举办“享·动”——武进体育文化展等线下展览15场次，推出线上展览1场次。完成博物馆春秋淹城展厅、晓园艺术馆二楼展厅提升改造，完成馆藏文物淹城独木舟修复保护，修复珍贵文物42件套、一般书画文物42件套。注册志愿者118人，参与展览、社教活动等服务1315.5个小时，受惠群众近2万人次。推出“武博印象”系列等文创产品38款。年内，接待群众25.88万人次。区博物馆获常州市文明旅游示范单位。“武博教育推广人”志愿服务获2022年江苏省博物馆志愿服务优秀案例，“你好，二十四节气”武博自然美育课程开发运用获2021年度常州市未成年人思想道德建设工作优秀项目。

武进书画院　位于凤凰谷C座，建筑面积3000平方米。馆藏书画作品225件，陈列版画作品及藏书票400多件。举办公益性美术培训10期，主办、承办第二届恽南田题画诗全国名家邀请展、“一版两眼”——中外精品版画图文展、“礼赞新时代·奋进新征程”——第十五届江苏省“五星工程奖”美术书法作品巡展（常州）、“迎新春”武进书画院年度作品展等公益性展览10期，参与3000多人次。年内，武进书画院近30件作品入展省级及以上展览。

（朱丽春　王晓刚　钱　峰
金霆蔚　张　锐）

【武进第三图书馆建成开放】 12月22日，武进第三图书馆建成开放。该图书馆位于牛塘镇东龙北路3-1号，馆内设低幼儿借阅区、少儿借阅区、成人借阅区、阳湖书房和元宇宙体验区，配备RFID（射频识别技术）智能借还系统，服务面积5800平方米，藏书15万册，全年可服务读者50万人次。该图书馆按照国家一级图书馆服务标准免费开放，与武进牛塘实验学校合作实现“馆校共建”。

（王晓刚）

【西太湖雅集园举办文化艺术活动19场次】 西太湖雅集园位于西太湖畔，建筑面积约1.2万平方米，于2013年9月开园，由刘海粟夏伊乔艺术馆、陈履生美术馆、油灯博物馆、中国画学会常州西太湖创作基地（馆）和西太湖美术馆组成。2022年，举办文化艺术活动19场次，接待参观游客7万余人次。推出“行远自迩”——陈金柳、夏浚、杨辰、章柳燕书画展首展、人类指纹科学展、“巾帼心向党，喜庆二十大，格物嘤鸣”——2022中国女画家国画和油画优秀作品展等展览9场，其中人类指纹科学展获2022年度常州市社科普及活动项目资助。推出文化惠民活动2场，其中“美术馆惠民夜”为常州首个夜间美术馆项目。开发品牌文创产品61种，征集收藏名家艺术作品87件，推出《“行远自迩”——四人书画作品展》画册、《桑梓情深忆沧海——纪念刘海粟诞辰125周年专题论述集》等学术出版物。

（祁海云）

【环太湖艺术城承办文化艺术展览7次】 环太湖艺术城位于春秋淹城遗址公园西侧，占地面积20余公顷，由江苏环太湖文化艺术城集团有限公司投资建设，总投资36亿元，于2016年对外运营。2022年，承办“2022·南田秀逸”——中国画作品展、“璀璨新时代”常州盟员美术作品展、“隙草雅集”——王日曦书画作品展、“瑶珍集”——葛昊翔宝石釉紫砂作品展等文化艺术展览7次，参观展览1万余人次。其中，“2022·南田秀逸”——中国画作品展览展出全国美术爱好者作品204件，在盐城、苏州、南通、合肥4个城市开展巡展。

（邵　勤）

文化遗产保护

【概况】 2022年，武进区推进文化遗产保护利用，增强优秀传统文化生命力和影响力。有不可移动文物218处、非物质文化遗产（简称“非遗”）项目97项。其中，文物保护（简称“文保”）单位国家级2处、省级6处、市级42处，未公布为文保单位的不可移动文物168处；非遗项目国家级1项、省级5项、市级18项、区级73项。区文保部门加强文保管理，做好日常巡查，网上录入信息和上报、现场复核不可移动文物218处，修缮市级文保单位2处，省级文保单位1处。

【文物遗迹保护】 2022年，区文保部门实施文物平安工程，落实《武进区文物消防安全专项整治三年行动实施方案》，坚持文物日常巡查，开展全区不可移动文物和文化、博物馆类机构或单位安全检查，实施汛期和节假日文物安全专项检查。完成碑刻和石刻文物调查、《春秋淹城遗址公园西北片区环境整治工程深化设计方案》核准审批、恽南田陵园布展和环境整治、礼嘉戏楼和恽南田纪念馆修缮、振声高等小学堂旧址抢修工作。完成武进人民医院南院二期扩建项目、淹南5号等地块9处考古勘探，完成淹城路东聚湖路南2个地块和淹南6号地块考古挖掘，完成武进经发区创新创业区地块（一期）、高新产业区地块（一期）、生态居住区地块（一期）、苏南运河东龙路片区城市更新项目文物区域评估。

（黄建峰）

【非遗传承和保护】 2022年，武进区坚持传播普及非遗传统文化，提升非遗保护传承工作水平。古琴制作技艺入选常州市第六批非物质文化遗产代表性项目。区文体广旅局组织非遗进校园活动，与武进机关幼儿园府北实验园、吉的堡武进翰林莱蒙幼儿园、刘海粟艺术幼儿园等学校合作，开展堆花糕团、虎头鞋、华生竹编等非遗项目展示活动。6月3—11日，举行“乡村振兴，非遗同行”非遗主题活动，在武进万达广场举办“我们的节日·端午”——武进区第三届非遗购物节活动，设置非遗展演、非遗美食展销、非遗工艺品展销、传统手工艺体验等板块，展示非遗项目30余个，参与者近4万人次；分别在武进区文化馆、武进图书馆、武进区博物馆设置“指尖非遗 妙手生花”——堆花糕团制作体验、“妙趣脸谱 戏韵丹青”专题体验、“匠心传承，与非遗零距离”体验活动，参与268人次。

（钱　峰　杨东溟）

6月3日，“我们的节日·端午”——武进区第三届非遗购物节活动在武进万达广场举行

（供图/区文体广旅局）

文化产业与管理

【概况】 2022年，武进区创新文化产业内容形式、载体渠道、业态模式等，优化文化产品供给质量。有规模以上文化企业182家，完成文化产业增加值130.60亿元，占地区生产总值比重6.19%。捷成华视网聚（常州）文化传媒有限公司、江苏时光信息科技有限公司分别获中央文化产业发展（推动对外文化贸易发展）专项资金68万元、28万元。4个单位获2022年度常州市市级文化产业发展引导专项资金，其中常州市武进区融媒体中心获50万元；江苏西太湖影视拍摄基地有限公司、江苏时光信息科技有限公司各获30万元；金川文化发展（江苏）有限公司获9.5万元。影院12个及实体书店10个获2022年度常州市疫情专项补助19万元。武进区放映电影17.90万场次，观众137.43万人次，实现票房收入5732.36万元。有网吧 120个、歌舞娱乐场所56个、电子游艺场所 9个。区委宣传部加强印刷出版行业管理，全年年检印刷企业314家、出版物零售单位210个。

（贾韵泓　朱丽春）

【西太湖影视产业基地税收收入102.17万元】 西太湖影视产业基地位于西太湖畔，一期占地面积19.6公顷，由捷成世纪文化产业集团、江苏西太湖文化旅游产业有限公司、江苏武进经济发展集团等联合投资建设，总投资8亿元，于2016年开园。基地由近代和现当代风格的内外影视场景区和摄影棚、影视公寓等构成，是影视文旅科技创新综合体和产业聚集地。2022年11月，全国第二台ULight智能光场在基地投用，灯光效果实现智能还原。2022年，该基地接待游客1.86万人次，实现开票金额1363.02万元、税收收入102.17万元。累计接待服务剧组近400个，与旅游景点及企业单位300余个签约组建场景联盟，为影视从业人员10万人次和群演30万人次提供工作生活服务保障。

（周　健）

融媒体

【概况】 2022年，武进区加强主流媒体意识形态主阵地建设，推进媒体深度融合，为武进全力争当现代化建设标杆营造浓厚舆论氛围。区融媒体中心有电视综合频道、综合广播、《武进日报》、武进新闻网，以及“两微一端”（微博、微信、新闻客户端）5个平台。发挥新闻宣传作用，做好中共二十大宣传报道，围绕“两湖创新区”建设营造浓厚宣传氛围。探索“融媒＋产业”新路径，举办“喜迎二十大，奋进新征程”第三届阳湖学习达人挑战赛、2022西太湖国际音乐节等活动30多个。电视台新闻频道播出时长6935小时；武进人民广播电台播出时长6388小时；《武进日报》日发行量

2022年武进区融媒体中心作品获省级奖项情况表

表42

类别	作品名称	作者	奖项	授奖部门
广播电视类	探索宅基地数字化管理 武进发出全国首张农村宅基地和建房（规划许可）电子批准书	鞠燎原 徐梦超 钱垒	2021年度江苏广播新闻奖三等奖	江苏省广播电影电视协会
	跨越时空的半部电台	刘露 尤幸来 丁正伟 张成林	2021年度江苏电视社教节目奖三等奖	
	甩掉“穷帽子”换上大房子，吕渊琴家有本生意经	裴政	2021年度江苏广播电视播音与主持作品（电视播音社教类）三等奖	
报纸类	“穿堂风”没了，“邻里会客厅”暖了	诸丽琴	2021年度江苏省县市好新闻一等奖	江苏省县市报（融媒）研究会
	武进发出全国首张农村宅基地和建房（规划许可）电子批准	鞠燎原 吕丹丹 徐梦超	2021年度江苏省县市好新闻二等奖	
	武进—宜兴跨区域协作，打造省内首例镇级区域综合行政执法“共同体”	王宁 赵铠烨		
	630户村民喜领“图书券”共同“富脑袋”	诸丽琴	2021年度江苏省县市好新闻三等奖	
	一把钥匙的信任，一份便当的分享	诸丽琴		
	“小小菜市场，事关大民生”系列报道	陆新 何晓丹		
	《武进日报》11月18日3版	赵文英 吕丹丹 刘文燕	2021年度江苏省县市好新闻好版面	
	孤灯不孤，万家灯火，等你归来	诸丽琴 徐梦超	2021年度江苏省县市融媒优秀作品一等奖	
	@最美坚守人，我想对你说	江雪宜 施涛 王恩亮	2021年度江苏省县市融媒优秀作品二等奖	
	“此心安处，亦是吾乡”系列视频	周婷 王恩亮 施涛 李颖 江雪宜		
	记者节，献给武进新闻工作者的情书——双向热爱，奔赴星河	诸丽琴 徐梦超	2021年度江苏省县市融媒优秀作品三等奖	
	武进区互联网行业党建云展馆	陈枫 石洵 周婷 施涛		
	武进黑科技，抗疫新势力	集体		
	探索宅基地数字化管理 武进发出全国首张农村宅基地和建房（规划许可）电子批准书	鞠燎原 徐梦超 吕丹丹	2021年度江苏省报纸好新闻三等奖	江苏省新闻工作者协会
技术质量类	我本是浣纱女	张煜 蒋静 商静雅	2021年度江苏省广播节目录制技术质量奖（戏曲类）一等奖	江苏省广播电影电视协会
	台宣片头	周剑光 顾琳 周伟德	2021年度江苏省广播节目录制技术质量奖（片花类）二等奖	
	海峡两岸思念篇	秦琳 蒋静 陈键	2021年度江苏省广播节目录制技术质量奖（广告类）三等奖	

3.5万份，招募小记者2130人；武进新闻网访客量300万人次；“今日武进”官方微信公众号、“微武进”官方微博发布文章1680篇，新媒体矩阵用户数110余万人次；有线电视双向覆盖用户数58万户。区融媒体中心搭建大数据平台，聚合“爱武进”App政务服务功能，开通便民服务功能140项；首次为第三方开发综合小程序“武进区云上人大代表之家”，实现全流程打包服务；承接代理“武进党建云平台”“今日湖塘”等微信公众号52个和网站9个。播发电视新闻4056篇，被中央电视台录用15篇、省级媒体录用近200篇；“武进在全国首发农村宅基地和建房电子书”“跨越时空的半部电台”等20件作品获省级奖项。连续第16年开展“圆梦行动”，累计发放慈善助学金1148.4万元，帮助贫困学生524人。年内，区融媒体中心团委获评江苏省五四红旗团委。区融媒体中心在“我们的新时代‘苏’说美好生活”江苏县级融媒体中心大联动活动中获融合传播奖，获评武进区争先奋进创新创优（社会治理）先进集体。采访部获评武进区对外宣传突破行动特别贡献奖。区融媒体中心作品“高速交通指南”被江苏省报业协会评为2021—2022年度抗疫融合传播优秀案例。采访部主编诸丽琴在“巾帼心向党，奋进新征程”第四届江苏女性融媒体创意大赛决赛暨女性创意力量分享会上获一等奖。

【中共二十大专题宣传报道】 2022年3—12月，区融媒体中心围绕中共二十大，推出《奋进新征程，建功新时代》《夸夸我们村》《非凡十年》等专题报道栏目，从产业、科技、住房、交通、教育、医疗、社会治理等方面，展现武进发展变化，展示老百姓的获得感、幸福感。9—12月，推出理论宣讲专题电视新闻节目《“新思想 听吾说”理论直播间——让党的创新理论飞入寻常百姓家》共8期，营造良好舆论氛围，取得良好宣传效果。10月，中共二十大召开期间，实况转播开幕会、闭幕会和新一届中央政治局常委同中外记者见面会。11月4日起，开展“新征程，再出发”——学习宣传贯彻中共二十大精神融媒体新闻行动，开设《新时代、新征程、新伟业》《学习中共二十大，拥抱“两湖”建新功》《美丽武进，生生不息》《带你看武进》等专题专栏，推出全媒体新闻报道。

【“两湖”创新区专题宣传报道】 2022年，区融媒体中心围绕武进区积极融入“两湖”创新区建设，高标准打造“一园一城一示范”发展主题，做好议题设置和新闻策划。6—10月，开展“两湖”创新向未来——“武融记者环湖行”大型新闻采访活动，通过实地采访调研，从创新、产业、生态等层面，展现环滆湖区域历史、现状和未来发展，其中“武融环湖行书记VLOG”总阅读量50余万人次。6月24日，推出特别广播节目《畅想“两湖”创新区，憧憬“最美湖湾城”》，邀请城市规划专家详细解读“两湖”创新区，描绘美好蓝图。7—12月，推出系列报道《武进优化营商环境三十七计》，记录武进围绕推动“两湖创新区”建设，吸引创业创新人才、吸引优质项目落地、吸引优质资本投资全过程，为打造市场化、法治化、国际化一流营商环境营造良好舆论氛围。

【文创活动】 *“喜迎二十大，奋进新征程”第三届阳湖学习达人挑战赛* 6—8月，由区融媒体中心承办，以“学习强国”学习平台题库、党史学习教育指定学习资料等为试题主要内容，在全区开展知识竞答比赛，营造喜迎二十大的浓厚氛围。通过在各镇（街道）、开发区和机关单位举办分站赛，角逐出乡镇、专场冠军战队和网络战队共14支队伍，于8月10日在湟里镇河南村参加总决赛。最终，住建吾安居战队夺得冠军。其间，区融媒体中心全平台直播和全媒体宣传该项赛事，线上、线下观众150万人次，其中现场观众累计7500余人。

2022西太湖国际音乐节 8月27—28日，在中国花卉博览园举行。该音乐节由常州西太湖科技产业园与区融媒体中心联合举办，音乐人及乐队组合18人（个）亮相，吸引乐迷2万人次。西太湖获微博热搜、抖音热榜，以及媒体矩阵推送，西太湖国际音乐节传播点击率超2亿次，显著带动西太湖周边餐饮、住宿、交通、娱乐、购物等行业消费，拉动地方消费3500万元左右。

【广电网络宽带建设与服务】 2022年，武进广电网络公司围绕“融创转型年”要求，聚焦“数智赋能、转型强能”，开展“春雷行动”和“网格营销大赛”活动，推动营业收入和发展指标稳中有进、持续向好。发展智慧广电乡村148个；新签约智慧社区21个。至年末，武进区数字电视用户达26.72万户、互动用户17.17万户、宽带用户9.48万户，有线电视双向覆盖用户数59.2万户，双向覆盖率99.25%。

（杨晓新）

编史修志

【概况】 2022年，区委党史工委、区地方志办围绕推动党史学习教育常态化长效化，加强地方党史、志书和地情资料研究宣传，推进地方史志成果转化。加强党史和年鉴征编工作，《历史的丰碑——武进红色资源概览》《武进年鉴（2022）》于10月分别由团结出版社、方志出版社出版，《武进印记（2022）》于12月发行。创新党史和地情文化宣传，组建史志红盟、武进区史志馆联盟，开设武进史志大讲堂，凝聚地方史志研究宣传合力。推进名镇名村志工程，《江苏名镇志·湖塘镇志》于2月出版发行，中国名镇志《雪堰镇志》初稿完成。至年末，全区累计出版部门（行业）志25部、村志17部。年内，区委党史工委获评全省党史部门先进集体，区地方志办获评2022年度全省方志文化宣传工作优秀单位。《武进年鉴（2020）》分别获2021年度全国、全省地方综合年鉴一等年鉴奖项。江苏名镇志《湖塘镇志》获评2022年度江苏省史志作品质量评定优秀成果。

【武进史志大讲堂开办】 2022年，区委党史工委、区地方志办挖掘武进历史文化、红色文化、民俗文化，开办武进史志大讲堂。9月16日，江苏方志大讲堂（武进站）暨武进史志红盟、史志馆联盟、史志大讲堂启动仪式在区行政中心举行，常州大学周有光文学院院长葛金华作题为《流淌千年的水上中轴——常州西太湖区域的前世今生》首场武进史志大讲堂讲座。年内，举办“喜迎二十大、我是见证人”系列课堂、《武进四易——历史上武进的变迁与发展》等史志大讲堂7期，线上、线下观众近5000人次。

【《历史的丰碑——武进红色资源概览》出版】 10月，《历史的丰碑——武进红色资源概览》由团结出版社出版。该书由区老促会、区委党史工委、区政协文史委、区档案馆联合编纂，收录全区名人故居、重要历史事件和机构旧址、烈士陵园（墓）、革命历史纪念教育设施四类红色资源共29处，图文并茂展示新民主主义革命时期武进地区重大党史事件，真实记录和反映武进籍以及在武进战斗、工作和牺牲的非武进籍革命人物，收录图片188张，共计近10万字。年内，区委党史工委配合制作电子书二维码，方便读者掌上阅读；联合武进自然资源和规划分局等单位绘制《历史的丰碑——武进红色资源地图》，服务人们追寻红色足迹。

【《武进年鉴（2022）》出版】 2022年10月，《武进年鉴（2022）》由方志出版社出版。该书由区委、区政府主管，区委党史工委、区地方志办主办，围绕突出武进地方及年度特色，优选专题图片，丰富记述内容，注重编校质量，翔实记载2021年度武进区经济社会发展情况，记述抗击新冠肺炎疫情工作成效及“两湖”创新区建设阶段性成果。全书有栏目34个、分目（子分目）209个、条目1055个，收录照片359幅（随文照片230幅）、表格102个，共计86.4万字。

【《武进印记（2022）》发行】 12月，《武进印记（2022）》发行。该书由区委党史工委、区地方志办编纂，设置专题聚焦、年度热词、时事概览、新政速递、数说发展、第一唯一、地道风物7个栏目，通过文字、图片、声音、视频等形式立体化反映2022年度武进经济社会高质量发展成效，积极服务区人大、政协两会召开和人大代表、政协委员，取得良好社会效果。全书收录图表69张、声音88条、视频41个，共计18万字。

（张新辉）

档案管理

【概况】 区档案馆为县区级国家综合性档案馆，至2022年年末，有馆藏全宗224个，馆藏档案469335卷、699718件，资料15801册，代保管档案30350卷、3280件，向社会开放全宗128个7952卷。2022年，坚持贯彻落实省、市档案事业发展“十四五”规划总体要求，体现档案担当，为经济社会发展和服务民生提供基础性保障，结合“6·9”国际档案日、法制宣传日等契机，围绕“喜迎二十大·档案颂辉煌”主题开展系列宣传活动。调整完善区级档案工作协作组机制，设立区级档案工作协作组12个，定期召开协作小组工作交流活动。总结村级档案工作经验，完善《武进区档案工作服务农村基层社会治理工作手册》，明确村级档案门类、归档重点清单和整理方法，全方位指导各村（社区）档案工作。举办、协办档案业务培训班8期，参训246人次。

【档案资源建设】 2022年，武进档案征集接收工作成效明显，征集宗谱、志书、图书、摄影集、数码照片等档案资料97册、67件，照片档案477张，其中宗谱4部、图书资料95册、数码照片471张。征集洛阳镇岑村村原党总支书记蒋晓初个人收藏红色档案47件，丰富抗日战争至解放战争时期红色档案资源。联合团区委征集武进共青团团史、青年运动史档案资料，征集到1955—2015年会议、活动等数码照片212张。开展武进历史活动老照片征集工作，征集到1993—2003年度武进人民代表大会、行政中心搬迁等专题数码照片627张。联合武进地方文献研究会开展档案资料征集工作，接收档案8849卷、33139件，实物109件。接收补充的土地确权档案、征集档案、出生医学证明、2021年度婚姻等档案数据，完成挂接处理和上传服务器，总计机读目录4.5万条，数字化副本8.9万幅、存储大小72.4吉字节。

【档案开放工作】 2022年，区档案馆梳理馆藏满25年未开放审核档案163个全宗88155卷，制定档案开放审核工作方案，完成1994—1996年武进县（市）委办、政府办、教育局等7个全宗1082卷文书档案开放审核，向社会开放档案6个全宗80卷（740件），开放率7.4%。编制纸质开放档案案卷目录、卷内文件目录。通过武进档案信息网、“今日武进”公众号向社会发布第12批档案开放公告，扩大开放档案社会知晓率。

【档案规范建设】 2022年，区档案馆明确年度归档要求及重点归档材料，指导立档单位归档。全区立档单位89个全部完成归档工作，总计文书档案72733件，其中永久保管限期32426件、30年保管限期21319件、10年保管限期18988件，照片档案3421张，实物档案381件。开展2021年度档案事业统计调查，召开全区档案事业统计年报现场培训会，完成87个单位档案年报填写和数据汇总上报。按照《中华人民共和国档案法》《江苏省档案管理条例》《江苏省机关团体企业事业单位档案工作检查评价办法》，指导创建江苏省示范档案室单位1个(区人社局)、江苏省规范档案室单位44个。服务重大建设项目，完成常州纵慧芯光半导体科技有限公司国家强基项目档案归档，完成新孟河延伸拓浚工程征地补偿和移民安置、江苏省环太湖大堤剩余工程常州市境风工程征地补偿和移民安置工作档案归档，参加区水利局档案专项验收，保障重大项目档案规范性、完整性。完成2021年度疫情防控档案文件材料收集整理归档，整理文书档案871件、音视频95分钟、光盘档案15.6吉字节。完成武进区党史学习教育档案归档，整理文书档案2461件、音视频254分钟、光盘档案0.2吉字节。

【档案利用服务】 2022年，区档案馆提升服务社会、服务民生能力，提供电话查档、网络查档、异地远程查档等服务，接待查档8812人次，其中现场接待4561人次、电话接待2917人次、远程利用服务接待1334人次，提供档案4258卷、1388件，资料124册，复印15080页。接待民生档案“一网通查、即时出证”远程利用服务1270例，比2021年增加6倍。根据国家档案局工作要求，区档案馆于10月接入全国档案查询利用服务平台，扩大利用服务覆盖面，拓宽群众查档渠道。做好政府公开信息接收登记、整理装盒和汇总上报，接收纸质政府公开信息1970件。组织《百年岑村》《乡村记忆》审稿，《乡村记忆》39篇文稿入选《江苏乡村记忆》系列丛书。配合做好《历史的丰碑——武进红色资源概览》编写工作，提供大量红色资源图片。

（吴　杰）

体 育

Sports

责任编辑　张怡菁

群众体育

【概况】 2022年，武进区实施全民健身战略，开展新时代体育强区建设，推进全民健身“6个身边”（完善群众身边的体育健身组织，建设群众身边的体育健身设施，丰富群众身边的体育健身活动，支持群众身边的体育健身赛事，加强群众身边的体育健身指导，弘扬群众身边的体育健身文化）工程，拓展公共体育设施网络。新增社会体育指导员414人，累计5848人（国家级64人、一级235人、二级759人、三级4790人），每万人拥有社会体育指导员34.39人。有区级体育协会34个（AAAAA级1个、AAAA级4个、AAA级2个、AA级2个）、民办非企业组织体育俱乐部14个；镇级体育协会121个。全年组织全国农村大联动门球甲乙级联赛、“谁是球王”羽毛球争霸赛、“雪湖杯”乒乓球民间高手排位赛、江苏省老年人体育节武进分会场系列活动、武进区第七届象棋个人争霸赛、江苏省石锁邀请赛等赛事95场次。完成国民体质监测3500人。

【公共体育设施建设】 2022年，武进区投入公共体育设施建设补助资金880万元，建设体育公园14个、健身步道133.28千米，新建、更新全民健身路径171套，验收新建楼盘公共体育场地16个，共增加体育场地面积41万平方米。至年末，体育场地总面积502.64万平方米，人均拥有体育场地面积3.89平方米。其中，武进体育馆1个、全民健身中心7个、乡镇全民健身中心6个、室外运动场地4812个。

（叶　波）

竞技体育

【概况】 2022年，武进区立足于竞技体育“出人才、争荣誉”目标，积极搭建体教融合发展平台，依托特色学校，发挥资源优势培育竞技体育人才，丰富体育竞赛活动，激发业余训练活力。在江苏省第二十届运动会上，武进区自主训练运动员（不含输送出去的运动员）参赛250人，共计获得金牌62枚。全年承办全国摩托艇锦标赛、全国女子曲棍球锦标赛等全国性赛事3项次和区域性赛事1项次、省级赛事1项次。举办区级中小学生比赛21项次，70所中小学校7349人参赛，首次举办区中小学生选材运动会，储备体育后备人才。在武进区鸣凰中学创办常州体育运动学校武进办学点（中专班），在籍上课学生运动员42人。

【武进运动员在江苏省第二十届运动会中获奖牌150枚】 2022年，在江苏省第二十届运动会中，武进区共有运动员360人参加竞技体育项目大项28个、小项近250个，获奖牌150枚（金牌62枚）、总分1481分，奖牌数、金牌数、总分均位列常州市第一名。其中，女子曲棍球队包揽10～13岁、14～15岁和16～17岁3个组别冠军，共获金牌15枚。赛艇队获金牌7枚、银牌5枚、铜牌3枚，奖牌数、金牌数分别位列赛艇项目全省第一名和第二名。男子手球队获金牌5枚，少儿体适能队获金牌3.5枚，田径队获金牌2枚、橄榄球队获金牌1枚。武进区获全省县（市、区）人才输送奖第一名、全省县（市、区）优秀组织奖苏南片第五名。

【承办全国性赛事3项次】 2022年全国摩托艇锦标赛　8月18—21日，在武进西太湖揽月湾水域举行。该比赛由国家体育总局水上运动管理中心、中国滑水潜水摩托艇运动联合会、武进区政府主办，江苏省体育局水上运动管理中心、武进区文体广电和旅游局、常州工业职业技术学院承办，是国内最高等级的水上运动摩托艇赛事，包含竞速赛、障碍赛、花样赛、团体赛四大比赛项目，按男子、女子和坐式、立式分项角逐，16个省（市）以及部分高校队伍26支、运动员100多人参赛，角逐出项目冠军17个。其中，男子团体赛由立式2人、坐式1人共3名运动员组队，每人在完成水上竞速绕标3圈后，回到出发区与下一名队员击掌接力，按圈数和到达先后顺序排名，武汉体育学院代表队获男子团体赛冠军。现场和线上直播观众数超160万人次。

2022年全国女子曲棍球锦标赛　11月1—10日，2022年全国女子曲棍球锦标赛在武进曲棍球训练基地举行。该比赛由国家体育总局手曲棒垒球运动管理中心、中国曲棍球协会主办，江苏省体育局竞赛管理中心、常州市体育局、武进区文体广电和旅游局承办，辽宁、吉林、北京等省（市）代表队9支、运动员182人参赛。经过角逐，四川队、辽宁队、江苏队分获冠军、亚军和季军。

11 月 3 日，2022 年全国女子曲棍球锦标赛在武进举行　（供图 / 区文体广旅局）

2022 年全国青年曲棍球锦标赛　11 月 11—20 日，2022 年全国青年曲棍球锦标赛在武进曲棍球训练基地举行。该比赛由国家体育总局手曲棒垒球运动管理中心、中国曲棍球协会主办，江苏省体育局竞赛管理中心、常州市体育局、武进区文体广电和旅游局承办，男子比赛采用双循环赛制，女子比赛采用传统的分组单循环加交叉淘汰赛赛制，北京、天津、内蒙古等省（市、区）代表队 17 支、运动员 321 人参赛。经过角逐，北京队、辽宁队、天津队分获男子组冠军、亚军和季军，江苏队、四川队、吉林队分获女子组冠军、亚军和季军。

【承办江苏省第二十届运动会青少年部曲棍球比赛】 7 月 1—9 日，江苏省第二十届运动会青少年部曲棍球比赛在武进曲棍球训练基地举行。该比赛由江苏省第二十届运动会组织委员会主办，江苏省武进曲棍球训练基地承办，分为 10 ~ 13 岁、14 ~ 15 岁和 16 ~ 17 岁 3 个组别，采用分组单循环加交叉淘汰赛制，常州、苏州、淮安、盐城、镇江、泰州、宿迁等城市代表队 11 支、运动员 197 名参赛。经过角逐，常州市代表队包揽 3 个年龄组别冠军，其中武进区鸣凰中心小学代表队获 10 ~ 13 岁组冠军和武进区鸣凰中学代表队获 14 ~ 15 岁组、16 ~ 17 岁组两项冠军。

【承办第二届长三角体育节三人篮球总决赛】 11 月 23—26 日，第二届长三角体育节三人篮球总决赛在武进举行。该比赛由江苏省体育局、上海市体育局、浙江省体育局、安徽省体育局及其体育总会主办，江苏省国际体育交流中心、江苏省体育场馆协会、江苏省篮球运动协会、武进区文体广电和旅游局承办，以“绿色、健康、融合、共享”为主题，江苏、上海、浙江、安徽长三角三省一市 9 支队伍参赛。经过角逐，江苏无锡惠汕队、上海崇明誉民队、浙江普徕小牛队分获冠军、亚军和季军。

（钟文平）

体育产业

【概况】 2022 年，武进区持续夯实国家体育产业基地基础，建设体育产业发展平台，培育示范单位和示范项目，扶持具有积极作用的体育产业项目。“运动损伤动态反馈训练系统的研发及产业化”和“水上体育运动摩托艇的综合培训”2 个项目共获省体育产业发展专项资金 150 万元。体育培训类项目“水上体育运动摩托艇的综合培训”和产业品牌类项目“常州市钱璟康复股份有限公司”“常州市环球动漫嬉戏谷”3 个项目共获区体育产业发展专项资金 45 万元。开展体育产业调研统计，实施服务体育企业行动，宣传推送助企纾困政策。武进区、常州市钱璟康复股份有限公司、江苏恒泰泳池设备有限公司、嬉戏族集团有限公司 4 个单位通过省体育产业基地复核。常州太湖湾露营谷和常州龙凤谷体育旅游景区入选 2022 年长三角地区体育旅游精品目的地，环球动漫嬉戏谷入选 2022 中国体育旅游精品项目。年内，新增体育彩票网点 55 个，累计 249 个，实现销售总额 85972 万元（含常州经开区）。

【武进区入选长三角地区体育旅游精品目的地 2 个】 2022 年 10 月 14 日，常州太湖湾露营谷和常州龙凤谷体育旅游景区入选长三角地区体育旅游精品目的地。

常州太湖湾露营谷　位于武进区太湖湾旅游度假区内，总投资 3.5 亿元，占地面积 46.67 公顷，于 2018 年 9 月 25 日试运营，2019 年 3 月 23 日开园，集房车宿营、生态游乐、农趣体验、拓展基地等设施于一体，多方位满足游客游玩、娱乐、住宿、美食、拓展需求。2022 年，举办新春潮玩“N 次元”、仲夏狂欢夜、七夕烟花秀、电音嘉年华、趣味稻草节等活动 10 余场次，接待游客 29.1 万人次，实现营业收入 2482 万元。

常州龙凤谷体育旅游景区　位于雪堰镇，紧邻太湖湾旅游度假区，总投资 2.2 亿元，占地面积 49.93 公顷，于 2016 年 7 月开园，是以体育运动休闲为主线，集观光、农事体验、亲子教育、拓展训练、“农家乐”、民宿于一体的综合性乡村旅游景点。2022 年，接待游客 8.3 万人次，实现营业收入 630 万元。

【环球动漫嬉戏谷入选 2022 中国体育旅游精品项目】 11 月 22 日，环球动漫嬉戏谷入选国家体育总局体育文化发展中心 2022 中国体育旅游精品项目名单。环球动漫嬉戏谷位于太湖湾旅游度假区内，占地面积 100 公顷，总投资约 30 亿元，其中体育设施投资 12 亿元，体育场地服务项目总面积 9 万平方米，建有体育场馆 6 个，涵盖射击、射箭、冰雪、水公园、赛车、电竞等体育项目，室内外体育场地设施能够同时容纳 5.2 万人次。2022 年，环球动漫嬉戏谷举办第五届太湖湾音乐节、第六届“太湖湾杯”卡丁车比赛等活动 8 场次，接待游客 61.59 万人次，实现营业收入 8817 万元。

（周　勇）

卫生健康

Hygiene and Health

责任编辑　张怡菁

综　述

【概况】 2022年，武进区统筹新冠肺炎疫情防控和卫生健康事业发展，优化资源配置，创新体制机制，打造优质高效卫生健康服务体系，筑牢公共卫生安全防护网。至年末，有医疗卫生机构438个，其中市级公立医院1个、区级公立医院3个、区级卫生机构3个、乡镇卫生院11个、社区卫生服务中心4个、村卫生室98个、社区卫生服务站52个、民营医院10个、护理院6个、医学检验实验室1个、医学检验所1个、个体诊所（门诊部）222个、企事业单位医务室（卫生所）26个。有医疗床位7399张，其中市级公立医院床位2216张、区级医疗卫生单位床位2540张、镇级卫生院（社区卫生服务中心）床位1116张、民营医院床位873张、护理院床位654张。有医疗卫技人员10866人，其中执业（助理）医师4076人、注册护士5096人。武进人民医院创成三级甲等综合医院，武进第三人民医院创成二级精神专科医院，武进第四人民医院、第五人民医院、第六人民医院和雪堰镇中心卫生院4个基层医疗机构达到“优质服务基层行”国家推荐标准。嘉泽镇卫生院中医骨伤科、西湖街道社区卫生服务中心妇科、雪堰镇漕桥卫生院肾内科、武进第六人民医院骨科、武进第五人民医院消化内科创成常州市基层特色科室。武进区卫生经费支出15.81亿元，占预算内财政支出的9.92%；基本药物采购3亿元。

区卫健局所属各级医疗机构总诊疗量759.80万人次。其中，区级医院271.21万人次、镇级卫生院（社区卫生服务中心）274.09万人次、村卫生室（社区卫生服务站）80.74万人次、一级及以下社会办医疗机构133.76万人次，镇、村医疗机构总诊疗量占比46.70%。区域内就诊率93.08%。住院10.53万人次，其中区级医院8.40万人次、镇级卫生院（社区卫生服务中心）1.82万人次、区级民营医院（护理院）3113人次。住院病人手术5.42万例，其中区级医院4.90万例、镇级卫生院（社区卫生服务中心）5244例、区级民营医院（护理院）0例。武进区医疗机构病床使用率72.2%，出院者平均住院日8.7天。全年门诊转诊1014人次，急诊转诊443人，住院上转260人次、住院下转184人次。区域集中消毒供应中心为各基层医疗机构提供灭菌包裹合计15.9万个；区域心电会诊中心会诊8228人次；2个区三级医院集中临床检验中心共检测上送标本1.91万人次；区域PACS影像诊断中心远程影像会诊5.23万次；病理诊断中心累计诊断上送标本1.33万份。

【医疗卫生机构基础设施建设】 2022年，武进区加快推进医疗卫生机构基础设施建设。武进第三人民医院病房楼通过竣工预验收，武进中医医院新康复病房楼、武进第五人民医院病房楼、嘉泽镇卫生院新院区、西湖街道社区卫生服务中心新院区建成投用，武进人民医院南院二期建设感染楼、垃圾房主体结构封顶。嘉泽镇朝东村卫生室、洛阳镇友谊村卫生室等3个村级医疗卫生机构完成提档升级建设。

【卫技人才队伍建设】 2022年，区卫健局共招聘各类卫技人才214人，其中高层次紧缺人才45人（含博士2人、硕士35人）、一般工作人员28人、农村订单

嘉泽镇卫生院新院区　（供图/区卫健局　摄于2022年10月）

定向招聘8人、备案制工作人员117人、备案制村医9人、驻村护士7人。入选江苏省第六期“333高层次人才培养工程”第三层次培养对象1人。列入常州市“十四五”高层次卫生人才培养工程领军人才1人、拔尖人才11人。高层次卫生人才柔性引进2人和在职培养6人获资助(奖励)。选派武进人民医院徐强、姜维和武进中医医院伍泽民在青海省海南藏族自治州共和县开展帮扶工作。选派武进人民医院朱建国等4人在新疆维吾尔自治区伊犁哈萨克自治州尼勒克县人民医院开展柔性援疆，在尼勒克县人民医院成立朱建国名医工作室。建设村级医疗卫生队伍，出台《关于深入推进武进区村级医疗卫生人才管理机制改革工作的实施意见》等政策，建立多层次村级医疗机构人员“区管镇聘村用”形式，改革创新村级医疗卫生人才招引、培养、使用等管理机制。开展乡村医生订单定向委培工作，委托高等院校培养本科中医医学生和大专及以上临床医学生。在全省率先探索实施乡村医生、驻村护士备案制管理机制，招录事业编制人员充实村医岗位。制定科学合理薪酬、绩效管理办法，纳入备案制管理人员工资收入、职称评定、评优评先等方面均达到与同类事业编制人员同等水平。年内，武进区基层卫生服务能力和队伍建设入选省政府表彰激励名单，获省政府办公厅通报表扬。

【县域医共体改革】 2022年，区卫健局围绕深化医药卫生体制改革目标，推进紧密型县域医疗卫生共同体（简称“医共体”）建设，统筹城乡医疗资源。制定出台《武进区深入推进县域医共体建设实施方案》，强化医共体建设组织、人员、经费保障。设立医共体管理办公室，定期召开工作推进会，压实工作责任，加强精细管理，系统谋划推进。建立医疗专家定期基层坐诊制度，医共体牵头单位下派医疗专家在所属医共体成员单位坐诊，上级专家至基层坐诊共计1611人次，为群众29587人次提供诊疗服务。选派上级医院业务骨干10人至基层卫生院挂职副院长，促进基层医疗机构管理科学规范。开展专科共建，15个卫生院与区级医院开展专科合作，与常州市第一人民医院、常州市妇幼保健院等加强合作，打造优势特色专科，建成省、市级特色科室24个。礼嘉镇坂上卫生院、武进高新区人民医院分别加入上海第九人民医院、江苏省人民医院专科联盟，拓展合作形式，深化合作内涵，形成良好社会品牌效应。8月27日，武进区举行医共体建设集中签约仪式，武进第四人民医院等4个医共体单位签约。至年末，全区有以武进人民医院、武进中医医院为龙头的两大医共体，成员单位14个。

【武进人民医院创成三级甲等综合医院】 2022年11月22日，武进人民医院被省卫健委确定为三级甲等综合医院。医院建于1949年，集医疗、教学、科研、预防于一体，是国家级爱婴医院、江苏省首批基本现代化医院、江苏大学附属武进医院、江苏省博士后创新实践基地，获得全国巾帼文明示范岗、江苏省卫生系统先进集体、江苏省患者安全目标合格单位、全国改善医疗服务示范医院等荣誉。设有本部、南院2个院区，实行一体化管理，开放床位1500张，职工2270余人，有磁共振、双源CT、数字减影血管造影等国际先进大型仪器设备超1500台。科室设置齐全，共有临床医技科室45个，肿瘤科为江苏省重点专科，心血管内科、心胸外科、影像科等16个科室为常州市临床重点专科，中医科为第一批常州市综合医院示范中医科，心血管内科为常州市临床重点学科共建单位，卒中中心被国家卫健委脑卒中防治工程委员会评为高级卒中中心，胸痛中心通过国家级标准版胸痛中心认证，房颤中心通过中国房颤中心认证。武进人民医院注重评建并举，针对应急演练、质量管理工具使用、追踪方法学、根因分析、患者安全目标、不良事件报告等开展全面培训与指导，提升医院管理、学科建设、质量安全、服务流程、管理绩效等方面发展水平。2022年，门急诊104.92万人次，出院病人5.85万人次，完成手术4.06万台次，分别比2021年增长27.95%、11.11%、10.86%。

表43

2022年年末武进区医疗机构医共体建设情况表

牵头单位	省级重点专科	市级重点专科	成员单位	省级基层特色科室	市级基层特色科室
武进人民医院	肿瘤科	心内科、心胸外科、影像科、泌尿外科、急诊医学科、神经内科、呼吸内科、神经外科、骨科、普外科、消化内科、介入放射科、内分泌科、重症医学科、免疫风湿科、肾内科	武进第四人民医院	示范中医科	妇产科、消化科、骨科
			武进第五人民医院	—	妇产科、呼吸内科、消化内科
			前黄镇寨桥卫生院	—	示范中医科、中医科
			礼嘉镇卫生院	妇产科	妇产科
			礼嘉镇坂上卫生院	眼科	眼科
			雪堰镇中心卫生院	妇产科	妇产科、消化内科
武进中医医院	—	儿科、肾病科、心血管病科、骨伤科、肛肠科、脑病科、肺病科、康复医学科	西湖街道社区卫生服务中心	—	妇科
			武进第六人民医院	—	示范中医科、儿科、骨科
			雪堰镇漕桥卫生院	示范中医科	消化科、肾内科
			嘉泽镇卫生院	—	中医骨伤科
			嘉泽镇成章卫生院	—	甲状腺专科
			牛塘镇卫生院	—	呼吸内科
			湖塘镇鸣凰社区卫生服务中心	—	口腔科
			湖塘镇马杭社区卫生服务中心	—	口腔科

（郑冰研）

疾病防控

【概况】 2022年，武进区加强突发公共卫生事件应急处置，优化调整新冠肺炎疫情防控措施，建立覆盖全生命周期健康管理和疾病预防控制体系。规范开展12个大类、47项国家基本公共卫生服务，基本公共卫生服务项目人均补助经费由88元提高至93元。武进区居民期望寿命82.03周岁，其中男性为79.78周岁、女性为84.36周岁。全年无甲类传染病发生，乙类传染病947例，发病率74.13/10万，比2021年下降10.23%。全区一级及以上公办医疗机构成立健康管理中心，累计建立居民电子化健康档案104.26万份，电子化建档率81.59%。规范开展老年人健康体检，65周岁及以上参加健康体检老年人共14.90万人，体检率92.27%。规范管理高血压患者103467例、糖尿病患者29389例，规范管理率分别达84.5%、84.9%。完成65周岁及以上老年人H型高血压筛查11.31万人，发现H型高血压5.05万人，占65周岁及以上老年人高血压患者总数的44.64%。强化儿童免疫规划，全年免费接种一类疫苗20.45万针次，接种率95%以上，全区适龄儿童免费水痘疫苗接种率为95.09%，15.16万名中小学生参加健康体检及视力筛查。完成2021—2022年儿童口腔局部用氟和早期龋齿充填儿童口腔综合干预项目，局部用氟共筛查儿童1527人，涂氟1453人；早期龋齿充填共筛查儿童883人，充填牙齿200颗。开展严重精神障碍患者服务管理排查整治专项行动，落实以奖代补政策，全区在册严重精神障碍患者4632人，规范管理率为95.79%。推进医防医养融合，建设武进“5+3+2”家庭医生签约服务创新模式（家庭医生团队配备核心成员5个、服务工作载体3个、就诊服务小组2个，提供合理用药、科学辅助检查及预约住院等指导和帮助），完成全人群签约32.07万人，重点人群签约21.92万人、特殊人群签约1.04万人，个性化有偿签约服务包11.51万个，结合长期护理险政策和智慧养老服务平台，家庭医生开展预约上门5126次，开设家庭病床520张。加强重大传染病防控，经结核病定点医院排查，确诊肺结核病人225例，其中阳性病人141例。报告手足口病发病1192例，比2021年上升12.88%。开展全员核酸检测11轮，累计检测1595万人次，累计接种新冠疫苗328.99万剂次。完成血防查螺调查面积503.79万平方米，发现有螺条块1个、面积0.3万平方米，药物巩固灭螺面积3.6万平方米。发现艾滋感染者和病人70人，美沙酮药物维持治疗门诊服药人员54人，服药1.35万人次。无麻风现症病例。11月，武进区疾病预防控制中心入选全国科普教育基地。

【新冠肺炎疫情防控】 2022年，武进区全面落实党中央“疫情要防住、经济要稳住、发展要安全”重大要求，坚持“外防输入、内防反弹”总策略和“动态清零”总方针不动摇。迅速果断处置“3·13”和“4·25”突发疫情，守护人民群众生命安全和身体健康。推动新冠病毒疫苗接种，累计接种新冠疫苗328.99万剂次，其中60周岁及以上常住人口首针接种率为87.9%，全程接种率为83.29%。11月至年末，不断优化调整防控措施，及时从“防传染”转向“保健康、防重症”，较短时间实现疫情防控平稳转段，为高效统筹疫情防控与经济社会发展创造有利条件。二级及以上医疗机构、镇卫生院（社区卫生服务中心）均开设发热门诊，常规接诊发热患者。建立非急危重症就医转运机制，将全区分为片区4个，组成转运专班提供24小时转运救治服务。将核酸采样小屋和社区卫生服务站改造为便民发热诊室，便于发热患者就近快速诊疗。武进人民医院、武进中医医院、武进第四人民医院、武进第五人民医院储备重症医疗资源。村（社区）组建爱心工作专班，逐户摸排、登记造册重点人群，分级分类健康管理患基础疾病老年人。15个基层医疗卫生机构及其下辖村卫生室（社区卫生服务站）增设氧疗区，降低呼吸系统重症发生率。从12月30日起，全区各公立医疗机构向发热患者免费发放布洛芬片，保障市民基本药物需求。至年末，全区核酸检测能力达6.5万管／日。建设投用便民核酸采样点62个。年内，武进区开展全员核酸检测11轮，累计检测1595万人次，累计报告新冠肺炎阳性病例66例，其中确诊病例5例（临床分型均为轻型）、无症状感染者61例。

【突发公共卫生事件应急管理】 2022年，区卫健系统提高卫生应急规范化建设水平，完善卫生应急预案，做好突发公共事件卫生应急处置。年内，武进区发生突发公共卫生事件10件。区卫健部门规范高效处置学校和幼托机构等人群聚集场所流感、诺如病毒感染、手足口病等重点急性传染病疫情253件，完成两会、中高考、常州国际工业装备博览会等重大活动和体育比赛医疗卫生保障任务12项，出动医务人员326人次。开展卫生应急预案培训演练4次，参训1523人。武进人民医院、武进中医医院承担武进区4个院前急救分站任务，全年急救转运病人13899人次。

【区疾病预防控制中心入选全国科普教育基地】 2022年11月，武进区疾病

常武麻风科普陈列馆提供公共科普服务 （供图／区卫健局 摄于2022年12月）

预防控制中心入选2021—2025年度全国科普教育基地。该中心依托常武麻风科普陈列馆（麻风村）开展科普教育活动，提供公共科普服务。常武麻风科普陈列馆于2020年1月3日揭牌，经扩建，于2022年1月25日开馆，占地面积200平方米，分为江苏省麻风病防治概况、常武太湖医院发展史、武进区麻风病防治成果等5个展示区域，是江苏省首个麻风科普陈列馆，翔实记载江苏省麻风病防治概况、常武太湖医院麻风病防治发展历程，全方位展现武进麻风防治人与麻风病抗争的峥嵘岁月。2020—2022年，承接青少年科普研学、社会实践等青少年科普活动，开展中小学教师科普研修实践活动，共接待人员参观及开展科普活动60余次，受益近千人次。

（郑冰研）

公共卫生监督

【概况】 2022年，武进区规范行政执法，加强公共卫生监督管理。累计出动卫生监督员3738人次，监督检查单位2340个次，实施行政处罚60件。“双随机”监督抽查单位405个，合格率94.6%。推行移动执法系统应用，通过移动执法终端完成监督检查983户次。推进卫生监督协管信息平台使用，协管员通过平台巡查3658户次，发现违法线索33条。开展医疗卫生监管专项行动16项。开展“蓝盾1号”行动，监督检查辖区内集中供水单位、星级和连锁酒店及相当规模住宿住所23个。开展春秋季学校卫生专项监督检查，累计检查269户次。开展生活饮用水监督，每季度监督检查江河港武水务（常州）有限公司礼河水厂、武进水厂2个集中供水单位，建立动态档案，确保“两证”（卫生许可证和健康证）齐全、台账规范、水质符合标准要求。日常监督江河港武水务（常州）有限公司所辖二次供水点39个，实施量化分级评分、随机采样抽检，抽检合格率100%。开展2022年“放心游”夏季游泳场所卫生监督专项行动，检查游泳场所37个。

【职业健康监管】 2022年，区卫健系统开展职业健康检查15.01万人次。监督检查企业职业卫生情况192家，开具卫生监督意见书131份，集中培训用人单位135个，立案查处违反职业病防治相关法律法规的企业6家，罚款30.5万元。开展辖区内69个放射诊疗机构放射防护管理专项整治行动，立案处理存在问题单位3个。开展尘肺病随访调查161例，重点职业病主动监测累计免费体检565人，其中接触苯劳动者411人、接触粉尘劳动者154人。工作场所职业病危害因素主动监测企业36家。设立雪堰镇中心卫生院尘肺病康复站，为尘肺病患者80人提供康复训练。

【非法行医打击】 2022年，区卫生监督部门开展深化医疗秩序整顿、打击非法行医专项行动。实行每季度分片包干巡查，联合公安、城管等武进区打击非法行医长效监管工作领导小组成员单位，形成“两法衔接”（行政执法与刑事司法衔接）、执法联动工作机制，加大非法行医者打击和移送力度，加强重点地区、重点领域、重点案件查处，形成“政府牵头、部门联动、各司其职、各负其责、综合治理”监管格局。查处取缔非法行医单位（个人）408户（人）次，罚没款107万元，移送公安机关6人。

（郑冰研）

妇幼保健

【概况】 2022年，区卫健部门围绕保障母婴安全服务宗旨，切实提高妇幼健康服务能力，保障各项妇幼工作规范开展。复核爱婴医院4个，合格率100%。完成医疗机构“母婴保健执业许可证”变更3个，按行业规范管理母婴保健执业机构17个及助产技术人员、计划生育技术服务人员，依法规范执业行为，持证上岗率100%。发放出生医学证明8080份。新增妇幼健康规范化门诊省级示范1个、市级3个、区级2个，分别累计1个、16个、16个。新增省普惠托育机构2个、省级示范托育机构1个，累计备案托育机构9个（省普惠托育机构4个）。7月6日，苏州大学研究生工作站在武进区妇幼保健计划生育服务中心成立。

【妇幼卫生服务】 2022年，区妇幼保健部门加强妇幼基本公共卫生服务，完成孕产妇早孕建册7227份，早孕建册率94.13%；产前健康管理7665人，健康管理率98.57%；孕产妇系统管理人数7240，孕产妇系统管理率93.11%；产后访视7531人，产后访视率96.85%；新生儿访视7461人，新生儿访视率95.95%。0～6周岁儿童健康管理人数70981人，管理率98.23%。新生儿遗传代谢病筛查率99.49%。孕产妇死亡率为0，婴儿死亡率1.79‰，5周岁及以下儿童死亡率3.28‰，严重多发致残出生缺陷发生率0.39‰。完成妇女“两癌”（宫颈癌、乳腺癌）筛查2.8万人、孕妇产前唐氏筛查7561人、新生儿先天性心脏病筛查7744人、新生儿听力筛查7748人。孕前、孕早期妇女补服叶酸8756人。推进艾滋病、梅毒、乙肝母婴传播阻断项目，检查孕妇9527人，检测率100%，筛出孕妇艾滋阳性1例、梅毒阳性14例、乙肝表面抗原阳性295例；筛查产妇7173例，检测率100%，检出梅毒阳性18例、乙肝表面抗原阳性234例，全部实施母婴阻断。接受免费婚检1841人，婚检率90.37%。孕前优生健康检查1144人。

【武进儿童眼保健中心和儿童早期发展中心投用】 5月，武进儿童眼保健中心和儿童早期发展中心投用。2个中心均位于武进区妇幼保健计划生育服务中心内，占地面积分别为800平方米、1000平方米。儿童眼保健中心是常州市科普教育基地，配备医生6人，为儿童提供眼视力检查、异常转诊、眼疾病筛查、科普和宣教、康复及个性化治疗，建立眼视力健康档案。全年完成0～6周岁儿童眼视力筛查70828人，筛查率98.02%。儿童早期发展中心配备医生9人，是区内唯一公办儿童感觉统合失调专业评估训练机构，提供儿童保健门诊、高危儿门诊和儿童营养、生长发育评估等专科保健服务，完成门诊6901人次（高危儿门诊573人次），听力筛查258人次，入园体检5035人次，髋关节B超检查283人次。儿童感觉统合失调训练门诊全天开放提供感统训练和语言认知课程，每周在武进区特殊学校教授感统康复课程，为120个家庭提供训练指导。

【武进第四人民医院创成省级示范妇幼健康规范化门诊】 5月，武进第四人民医院通过省级示范妇幼健康规范化门诊验收。该医院位于湟里镇，为二级医疗机构，妇幼健康门诊设有妇女保健区、计划生育技术服务区、儿童保健区、独立哺乳室等功能区域。有卫技人员173人，服务人口7万余人，其中育龄妇女约2万人、0～6周岁儿童3000余人。按照省级示范妇幼健康规范化门诊创建要求，投入30余万元，改造升级妇女保健门诊业务用房9间，设立妇幼公共卫生独立服务区域，规范儿童保健业务用房，制定科学规范体检流程，为妇女及儿童提供人性化服务。2022年，门急诊39.63万人次，其中妇幼健康规范化门诊诊疗量14956人次。

【新增省级普惠托育机构2个】 11月，莱德托育中心和金雅托育中心被确认为省级普惠托育机构。

莱德托育中心　位于雪堰镇曹家村，占地面积1323平方米，户外场地面积880平方米，设有乐高室、烘焙坊、音体室、舞蹈室等专用活动室，是省级示范性托育机构。有教职工15人，其中专职教师5人、保健老师1人，开设托班4个，可提供托位80个，为婴幼儿提供安全、温馨生活环境和细致生活照护，帮助父母科学带娃、育娃。

金雅托育中心　位于湖塘镇聚湖社区，占地面积1万平方米，户外场地面积3600平方米，设有绘本馆、木工坊、美食坊、宝贝电视台、美育室等活动室。有教职工13人，其中专职教师6人、保健老师1人，均为本科学历，开设托班3个，可提供托位60个。该中心秉承游戏化托育模式，倡导全环境支持的托育理念，科学认知每位婴幼儿成长基础，采用个性化服务方式，为2～3周岁学龄前儿童提供专业、系统、普惠和安全托育服务。

（郑冰研）

爱国卫生

【概况】 2022年，区爱国卫生运动委员会推动健康教育和健康促进深入社区、农村、机关、企业、学校、家庭，提高群众健康素养水平。举办健康知识普及行动区级巡讲12场，受众738人次。围绕爱国卫生月、健康教育宣传月、世界无烟日等开展主题宣传活动，通过线上、线下齐参与模式，扩大宣传效应。编发健康知识资料190余万份，推广使用“居民健康素养评估学习系统”，参与学习单位141个、近7万人次。开展健康村（社区）、单位建设，雪堰镇城湾村等21个村（社区）建成江苏省健康村（社区）。加强禁烟控烟宣传和监督，推进无烟党政机关、无烟学校等无烟支持性环境建设。结合文明典范城市建设，开展全区公共场所禁烟治理提升行动。加强医疗卫生机构控烟监督管理，在各级医疗机构推行首诊询问吸烟史。结合环境卫生综合治理，推进病媒生物防制，新建灭鼠毒饵站5000余个，投放鼠药1.6万千克、粘鼠板5万余张，喷洒消杀药近10吨。开展“纪念爱国卫生运动70周年”系列活动，区疾病预防控制中心、湟里镇赵新年分别获评江苏省爱国卫生运动70周年表现突出集体、突出个人。

莱德托育中心老师给孩子们上课　　（供图/区卫健局　摄于2022年6月）

【健康武进行动】 2022年，区爱国卫生运动委员会开展健康武进行动，组织实施提升全民健康素养、提高全民身体素质、防控重大疾病、保护重点人群健康、发挥中医药优势、健康全民医疗保障、保障食品药品安全、促进健康环境、促进健康产业发展、促进“智慧健康”建设10个方面、27个专项行动。印发《实施健康武进行动推进健康武进建设2022年重点任务清单》，明确各部门目标任务，完善考核机制，深化健康武进行动。开展一月一主题健康教育主题宣传活动，共开展现场活动309场，惠及近3万人次。推进学生健康促进行动，义务教育学校100%达到教室照明卫生标准，有效改善学生视力健康水平。开展全民医疗保障行动，常州市惠民保、职工互助医疗保险、老年意外伤害险等险种参保人数34.39万人次，参保比例35.45%。开展“关爱生命救在身边”活动，建立武进区红十字阳湖救援队，开展应急救护进机关、进企业、进学校、进社区等活动，累计受益11754人次。

【新增省级健康促进医院3个】 7月27日，雪堰镇中心卫生院、雪堰镇漕桥卫生院、湖塘镇马杭社区卫生服务中心被省卫健委确认为江苏省健康促进医院。3个医院均将健康促进与医院日常工作紧密结合，从组织建设、制度建设、环境建设、健康促进与健康干预活动、健康教育技能与职工保健、无烟医院建设等方面开展工作，改善诊疗服务，提高医院职工、患者、家属、社区居民健康素养水平。

雪堰镇中心卫生院　下设潘家、雪堰2个院区和南宅分院及村卫生室14个，服务人口25万人。开放床位110张，有卫技人员160人，其中中级及以上职称92人。是国家级群众满意的乡镇卫生院、江苏省示范乡镇卫生院、江苏省健康促进医院，妇产科为江苏省基层特色科室。2022年，门急诊32.79万人次，实现业务收入5830万元，服务对象综合满意率98.82%。

漕桥卫生院　下设村卫生室3个，服务人口4.8万人。开放床位65张，有卫技人员74人，其中副高级及以上职称27人、中级职称30人。是全国群众满意的乡镇卫生院，消化科、中医科为常州市基层特色专科。2022年，门急诊

14.09 万人次，实现业务收入 4632 万元，服务对象综合满意率 97.62%。

马杭社区卫生服务中心　下设社区卫生服务站 17 个，服务人口 11 万余人。开放床位 15 张，有卫技人员 67 人，其中高级职称 2 人、副高级职称 10 人、中级职称 25 人。2022 年，门急诊 13.39 万人次，实现业务收入 3249 万元，服务对象综合满意率 99.52%。

（郑冰研）

中医中药

【概况】 2022 年，武进区培育中医特色优势，推进中医药创新发展，提升中医服务能力，发挥中医医疗救治优势作用。有三级乙等中医医院 1 个，设有中医科三级综合医院 1 个、乡镇卫生院 11 个、社区卫生服务中心 4 个、社会办中西医结合医院 1 个、中医门诊部 19 个、中西医结合门诊部 2 个、中医诊所 53 个（含中医备案诊所 44 个）。举办第十二届“中医药就在你身边”中医文化科普巡讲 15 场次，开展“岐黄校园行”“武进中医膏方节”等活动。举办中医药适宜技术推广培训 7 次，培训 458 人次。武进第四人民医院、武进第六人民医院中医馆获评江苏省基层医疗卫生机构五级中医馆。

【邹燕勤国医大师传承工作站落户】 11 月，邹燕勤国医大师传承工作站落户武进中医医院，成为全区首个国医大师工作站。邹燕勤是第三届国医大师，首届中国中医科学院学部委员，中国中医科学院中医传承博士后导师，南京中医药大学教授、博士生导师，江苏省中医院主任中医师、肾科学术带头人，科研成果获江苏省新科技奖 6 项，出版专著 10 余部，培养学生近 100 人。武进中医医院中医文化底蕴深厚，影响力深远，肾病科是常州市中医临床重点专科，在中西医结合治疗肾病方面具有独特优势，疗效显著。

【2 个医院中医馆入选五级中医馆】 11 月，武进第四人民医院和武进第六人民医院中医馆被省中医药管理局评为江苏省基层医疗卫生机构五级中医馆。

武进第四人民医院中医馆　设中医内科、中西医结合消化内科、中医康复科等科室 4 个，针灸科为江苏省乡镇医院特色科室。开展颈肩腰腿痛、中风后遗症、周围性面神经炎、失眠、偏头痛、顽固性呃逆等疾病治疗，门诊处方 132018 张，占医院总门诊处方 42.79%。

武进第六人民医院中医馆　设中医内科、针灸推拿科、中医妇科 3 个，中医妇科为江苏省基层医疗机构中医特色专科建设单位，擅长中药饮片治疗月经不调、痛经、崩漏、盆腔炎、附件囊肿、妊娠恶阻、胎动不安、乳腺增生、面部黄褐斑，中医馆门诊处方数 72558 张，占医院总门诊处方 40.48%。

（郑冰研）

武进人民医院检验中心实验室主任严永敏在中心实验室做科研

（供图 / 区卫健局　摄于 2022 年 5 月）

医学教育与科研

【概况】 2022 年，区卫健系统以科研创新和人才队伍为支撑，提升医疗卫生服务能力。获科研立项 36 项，其中国家级 1 项、省级 2 项、市级 23 项、区级 4 项。获江苏省医学新技术引进奖 2 项、常州市医学新技术引进奖 1 项，获批国内外专利 99 件。区级医疗卫技人员全年在核心期刊及以上发表论文 54 篇，其中 SCI 42 篇、中华级 1 篇、核心期刊 11 篇。基层医疗卫生单位发表省级及以上论文 23 篇。武进人民医院成立江苏大学武进分子诊断及肿瘤精准医学研究院。

【武进人民医院一课题获国家自然科学基金项目立项】 9 月，武进人民医院医院检验中心实验室主任严永敏《外泌体 LIMA1 在肝纤维化诊疗中的应用及机制研究》课题获国家自然科学基金项目立项。该项目探讨肝细胞外泌体 LIMA1 在肝纤维化进展和诊断中的作用，为肝纤维化早期诊断提供新的液体活检标志物，为肝纤维化治疗提供新靶点。前期研究成果被 SCI 收录论文 3 篇，其中 1 区和 2 区论文各 1 篇；获授权国际 PCT 专利 1 件，申请国家发明专利 2 件。严永敏获评 2022 年常州市突出贡献人才和常州市“十四五”医学领军人才。

【江苏大学武进分子诊断及肿瘤精准医学研究院成立】 10 月 17 日，江苏大学武进分子诊断与肿瘤精准医学研究院在武进人民医院揭牌。该研究院是常州市分子诊断与肿瘤精准医学重点实验室，实验平台分别位于武进人民医院本部院区和南院院区，依托江苏大学医学院医学检验技术学科方面优势，针对常州武进地区特色疾病谱，开展分子诊断和个体化治疗研究，应用现代技术探究肿瘤发生的分子机制，提高肿瘤精准预防、诊断和治疗能力，为医院医务人员开展科研提供学术交流机会和技术支持。至年末，研究成果被 SCI 收录论文 2 篇，其中中国科学院 2 区 1 篇。2022 年，武进人民医院获评常州市博士后科研工作站（创新实践基地）考核评估优秀单位，肿瘤科获批常州市医学重点学科培育点。

（郑冰研）

社会生活

Social Life

责任编辑　张怡菁

计划生育

【概况】 2022年，武进区促进人口长期均衡发展，实施“三孩”生育政策，出生4207人，其中“二孩”1540人、“三孩”及以上142人，分别占出生人口的36.6%、3.38%。自然增长率−1.9‰（含部分流动人口）。区卫健部门办理生育服务联系单6522例，为572对夫妇提供免费孕前优生健康检查服务。落实计划生育奖励扶助政策，发放农村部分计划生育家庭奖励扶助金、计划生育家庭特别扶助金、持独生子女父母光荣证退休企业职工一次性奖励金和城镇非从业居民一次性奖励金，共计6.3万人次。计划生育政策兑现率达100%。严格执行凭证定点引产制度，促进社会性别比自然平衡。宣传普及出生缺陷预防知识，配合做好病残儿鉴定工作，提高出生人口素质。

【生育关怀行动】 2022年，武进区维护计划生育家庭权益，推进生育关怀行动，洛阳镇生育关怀帮扶基地通过市级验收。关爱计划生育特殊家庭，为1967个失独、独生子女伤残家庭父母赠送住院护理服务保险。西湖街道国家级“暖心家园”完成项目结项，开展集体庆生、知识讲座、户外踏青等关怀活动12场，受益约600人次。8—11月，区卫健局开展“健康知识大讲堂”活动9场，邀请专家名医传播健康知识，普及健康生活方式，受益约400人次。8月，开展科学育儿及世界避孕日宣传活动，发放宣传手册3000余份。

（郑冰研）

就业创业

【概况】 2022年，区人社部门坚持就业优先政策，推进援企稳岗政策落实，确保就业形势稳中向好。新增就业岗位11万个（含常州经开区），城镇新增就业4.7万人（含常州经开区），城镇失业人员再就业2.5万人。发放稳岗返还、一次性留工培训补助和扩岗补助补贴3.56亿元，惠及企业6万余家。开展“六个一”（成立一支“百名”用工服务专员队伍、开展一期企业用工调查监测、组织一系列主题招聘活动、对接一批市外劳务基地、实施“一揽子”就业创业服务举措、举办一连串政策信息宣传活动）助企用工留人专项行动、“百名用工专员进百企”服务活动等，设立用工专班17个，与重点企业170余家建立结对关系。全国首家技能人才服务产业园提档升级，建成绿建分园、常州科教城分园，引进服务机构41个，服务技能人才超10万人次。成功培育“武进轨道交通技术员”省级首批劳务品牌，作为全省唯一项目亮相全国劳务品牌云展示。推进全市首家就业驿站建设，升级改造电工、制图员、茶艺等实训室，惠及外来务工人员1万余人次。擦亮“创富武进”品牌，扶持创业6814人，创业带动就业2.1万人。区人力资源市场组织现场招聘会71场次，进场单位1348个，提供岗位6.5万个，达成意向2.1万人；组织企业565家参加“名校优才引进计划”毕业生专场招聘会，求职登记7156人次，职业介绍5217人次。武进人力资源网注册企业会员1.3万家，个人会员11.1万人，网站微信公众号关注人数4.9万人。

11月1日，江苏理工学院校园招聘会举办　（供图／区人社局）

【就业帮扶】 2022年，区人社局开展元旦和春节慰问、就业援助月等活动，做好困难群体就业帮扶工作，实地走访慰问特殊困难群体1100余人，安置公益性岗位57人，助力有就业能力且有就业意愿低收入人口270人成功就业。新增农村劳动力转移就业445人；新增吸纳苏北劳动力1.51万人（含常州经开区），其中吸纳对口地区农村劳动力2415人（含常州经开区）。新增认定就业困难人员3126人，发放灵活就业人员社保补贴3594.56万元。审批灵活就业人员社保补贴7076人次，发放社保补贴3594.56万元；失业保险参保人数（含常州经开区）46.43万人，办理失业保险金、失业补助金申领业务11120件（网上办理7488件），发放失业保险金（失业代缴医疗）、失业补助金、丧葬抚恤金等6.89万人次，合计1.37亿元。推进离校未就业高校毕业生服务攻坚行动，完成高校毕业生1165人登记、服务等工作，离校未就业高校毕业生年末就业率在95%以上。

【创业扶持】 2022年，区人社局支持成功自主创业6814人，创业带动就业2.1万人，其中引领大学生创业794人，扶持农民自主创业963人。发放创业扶持资金159.33万元，发放富民创业担保贷款9567万元。征集区级优秀大学生创业项目35个，认定区级大学生优秀创业项目评选20个，获评省市级优秀项目24个，报送第五届“中国创翼”创业创新大赛江苏省选拔赛暨“创响江苏”创业创新大赛项目31个，市级初赛获奖项目9个。加强创新创业基地运营管理，建成省级创业示范基地1个、市级创业基地2个、区级创业基地1个。

【职业技能培训和鉴定】 2022年，区人社局开展线上免费职业技能培训，为1万余人次提供家政服务员、电工、西式面点师等职业（工种）20余个线上职业技能培训。拓宽培训面，新增收纳师、公共营养师等培训课程，联合区教育局、区妇联、武进技师学院等单位开展专项技能培训，累计举办保安员、家政服务、创业意识等培训18期。调动企业培养、评价技能人才主体作用，推进企业技能人才自主评价，累计确定自主评价试点企业57家，组织评价技能人才3394人，试点企业数量和试点人数均稳居全市前列。举办砌筑工、建筑制图员、网络信息安全员、互联网营销师等“技行武进”系列职业技能竞赛22场，举办首届武进区就业创业基层业务工作人员技能大赛。组织日常职业技能等级认定294场次，职业技能鉴定申报9090人，取证0.82万人；新增数字技能人才2804人、高技能人才2550人。

（张连惠）

劳动监察与仲裁

【概况】 2022年，武进区深化和谐劳动关系示范区建设，开展武进高新区省级深化和谐劳动关系综合配套改革试点工作，培育省级和谐劳动关系企业3家、市级劳动关系和谐企业5家、区级劳动关系和谐企业14家。强化根治欠薪，坚持“零容忍”治理欠薪，落实工程建设领域农民工工资保证金制度，区人社局为158家企业申办农民工工资保证金存储，存储金额6170万元。创新开发根治欠薪线索登记平台“武安薪”，接收人社部转办根治欠薪线索3020条，案件办结率100%。强化矛盾化解，成立全市首个劳动人事争议四方联合调处中心，建成雪堰镇、牛塘镇2个市级调解直通车站点。劳资纠纷处理成效明显，劳动仲裁受理劳动纠纷2333件，结案率92.38%；劳动监察接受投诉举报1755件，立案724件，退还拖欠、克扣职工工资等待遇3014万元。

【和谐劳动关系构建】 2022年，武进区推进武进高新区省级深化和谐劳动关系综合配套改革试点工作，特殊工时审批清单式改革、企业技能人才薪酬分配试点等重点项目取得明显成效，区域劳动关系综合治理能力切实增强。区人社局主动服务企业，指导用工，参加企业座谈会3次，走访企业21家，发放相关材料100余份。加强企业工资收入分配宏观指导，组织薪酬调查和人工成本监测企业123家，健全企业职工工资正常增长机制。推进集体合同网上审查，扩大集体合同覆盖面，审查集体合同2963份。区预防劳动争议协会组织劳动法律法规培训10余场次，发放《武进人社政策通》宣传手册2000册。加大和谐劳动关系企业创建力度，2人获评江苏省金牌劳动关系协调员，贝亲母婴用品（常州）有限公司、常州市久虹医疗器械有限公司、苏文电能科技股份有限公司3家企业获评江苏省优秀劳动关系和谐企业，常州旷达威德机械有限公司、常州旭泉精密电机有限公司、江苏唯德康医疗科技有限公司等5家企业获评常州市创建和谐劳动关系先进企业，博世汽车部件（苏州）有限公司常州分公司、常州安康医疗器械有限公司、常州市武进环宇轴承有限公司等14家企业获评武进区创建和谐劳动关系先进企业。

【劳动者合法权益保障】 2022年，武进区劳动监察机构接受职工投诉举报1755件，收到上级根治欠薪平台欠薪线索3216件；立案724件，结案724件，作出限期改正指令156件，退还拖欠、克扣职工工资等待遇3013.89万元；补办社会保险登记68人；作出行政处罚7次；以涉嫌“拒不支付劳动报酬罪”移送公安机关追逃案件4件，涉及职工318人，欠薪金额156.12万元；通过报纸、网站等方式向社会公布重大劳动保障违法行为1件。受理江苏人社一体化经办平台“12333”投诉举报案件1443件、“12345”政府公共服务平台工单124件。认定工伤4242件，组织劳动能力鉴定12次，受理工伤等级和护理程度鉴定等3668人次。实行劳动仲裁案件案前调解，监管案件处理流程，加强网上案件调处力度，处理网上调解案件1093件，占线下案件量的46.85%。南夏墅街道、洛阳镇劳动人事争议调解中心获评市级金牌劳动争议调解组织，区法院、司法局、总工会和人社局联合成立劳动人事争议四方联合调处中心，成功调处纠纷85件。武进区受理劳动争议案件2333件（集体案件12件），涉及劳动者2348人，受案金额10215.9万元，审结案件2316件（含2021年度未结案件174件），结案率92.38%。

（张连惠）

居民收支

【全体居民人均可支配收入增长4.5%】 2022年，全区全体居民人均可支配收入60894元（含常州经开区），比2021年增长4.5%。城镇居民人均可支配收

2022年武进区城镇、农村居民家庭每百户年末耐用消费品拥有量情况表

表44

指　标	单　位	数　值	
		城　镇	农　村
人均年末住房面积	平方米	58	86
家用汽车	辆	66	57
其中：新能源汽车	辆	1	2
摩托车	辆	5	10
助力车	台	131	157
洗衣机	台	104	127
电冰箱（柜）	台	110	123
微波炉	台	96	93
彩色电视机	台	184	200
空调	台	264	260
热水器	台	104	110
烤箱	台	11	2
洗碗机	台	2	0
排油烟机	台	91	72
固定电话	线	17	20
移动电话	部	246	253
计算机	台	68	53
照相机	台	11	3
乐器	架	3	2
健身器材	台	6	7
空气净化器（含新风系统）	台	9	2
地面清洁电器	台	21	10

注：表中数据含常州经开区

入71505元，增长4.0%。其中，工资性收入47029元、经营性净收入8331元、财产性净收入6920元、转移性净收入9225元，分别增长3.3%、2.9%、9.7%、4.3%。农村居民人均可支配收入39952元，增长5.4%。其中，工资性收入20557元、经营性净收入12934元、财产性净收入1532元、转移性净收入4929元，分别增长2.5%、8.1%、7.2%、10.7%。工资性收入是推动全体居民人均可支配收入增长的主体。

【全体居民人均生活消费支出增长3.2%】 2022年，全区全体居民人均生活消费支出35624元（含常州经开区），比2021年增长3.2%。城镇居民人均生活消费支出39670元，增长2.5%；农村居民人均生活消费支出27706元，增长4.8%。八大类消费支出呈正增长。其中，全区全体居民人均食品烟酒消费支出10139元，衣着消费支出2291元，居住消费支出7105元，生活用品及服务支出1954元，交通通信消费支出5924元，教育文化娱乐支出4510元，医疗保健消费支出2734元，其他商品和服务消费支出967元，增幅分别为0.3%、1.5%、3.6%、5.3%、6.6%、3.8%、2.5%、8.9%。全区全体居民恩格尔系数为28.5%，比2021年下降0.8个百分点。

（管　玲）

社会保险

【概况】 2022年，武进区以深化社保制度改革为突破，健全覆盖全民、统筹城乡、公平统一、安全规范、可持续的多层次社会保障体系，企业职工养老保险、失业保险、工伤保险、医疗保险、生育保险参保人数分别为54.61万人、46.43万人、59.96万人、73.80万人、49.98万人（含常州经开区），城乡居民基本养老保险、医疗保险参保人数分别为18.27万人、47.45万人。社保卡首次申领3.11万张、补卡1.65万张、换卡1.21万张，累计制卡162.55万张、发卡157.49万张。

【社保征缴扩面】 2022年，武进区开展全民参保提质增效专项行动，扩大社会保障范围。职工基本养老保险基金净增2.38万人，参保总人数54.61万人，当期征缴收入71.87亿元，支出46.74亿元，累计结余38.35亿元；企业职工失业保险基金净增1.62万人，参保总人数46.43万人，当期征缴收入2.93亿元，支出4.95亿元，累计结余2.24亿元；企业职工工伤保险基金净增1.55万人，参保总人数59.96万人，当期征缴收入2.34亿元，支出2.66亿元，累计结余0.16亿元；城乡居民基本养老保险参保总人数18.27万人，个人缴费收入1.1亿元，支出8.67亿元，累计结余22亿元。被征地农民保障资金收入1581万元，支出532万元。职工基本医疗保险净增3.33万人，参保总人数73.80万人，当期征缴收入38.40亿元，支出22.57亿元，累计结余63.30亿元；城乡居民基本医疗保险净减2040人，参保总人数47.45万人，当期征缴收入7.67亿元，支出8.14亿元，累计结余1.27亿元；生育保险净增1.67万人，参保总人数49.98万人，当期征缴收入2.37亿元，支出1.51亿元，累计结余1.85亿元。医疗保险参保率达121.84%（按户籍人口计算），长期护理保险参保人数与医疗保险参保人数相同。

【社保待遇提升】 2022年，武进区企业退休人员月均养老金2147元／人·月（含常州经开区）。城乡居民基础养老保险基金政府补贴标准由350元／月提高至405元／月；原城镇老年居民养老补贴标准由490元／月提高至545元／月；被征地农民第四年龄段人员保养金标准由970元／月提高至1025元／月。失业保险金发放最低标准由1410元／人·月提高到1500元／人·月，最高标准无变化。城乡居民基本医疗保险财政补助标准达1065元，老年居民、非从业居民、未成年居民政府补助标准分别比2021年提高70元／人、50元／人、100元／人。职工基本医疗保险、城乡居民基本医疗保险政策范围内住院医疗费用报销比例分别为88.25%、77.89%。

职工基本医疗保险慢性病新增5492人次，城乡居民基本医疗保险慢性病新增4307人次。新增申请通过特定病药品、双通道单独支付待遇职工基本医疗保险2670人次和城乡居民基本医疗保险1417人次；新增门诊特定病职工基本医疗保险955人次、城乡居民基本医疗保险678人次。

（张连惠　卢　草）

【社保制度完善】 2022年，武进区开展全省首批城乡居民基本养老保险集体补助试点，补助金额200万元，惠及参保人员2.1万人，试点工作方案获人社部、省人社厅领导充分肯定。区人社局探索工伤保险“武进模式”，联合卫健部门组建工伤医疗医联体，开展现场体验式和持续改善式工伤预防培训60场次，培训企业工伤发生率降低15%。推进机关养老保险改革，完成参保编外人员养老保险向企业职工养老保险划转1102人。完成2021年“退休中人”（2014年10月之前参加工作并退休的机关事业单位人员）养老保险待遇申领、核定工作，核定271人，补发503.8万元；完成职业年金纪实工作，向省归集职业年金财政贴息1.03亿元。

【社保基金监管】 2022年，区人社局开展“社保基金管理提升年”活动，核实处理人社部平台疑点数据，共接收疑点数据3批、5607条，均按上级要求及时组织核查并上报。成立社保基金内部控制工作领导小组，修订《武进区社保经办机构岗位权限管理办法》《常州市武进区社会保障服务中心经办风险处置预案》《内部控制暂行办法》《“三重一大”决策制度》等制度7项，加强岗位权限管理，防范和化解经办风险。加强养老保险待遇冒领追缴，落实第一责任制。完成全省企业职工基本养老保险和工伤保险经办风险管理专项行动检查，开展自查自纠，高标准完成专项行动检查工作。

（张连惠）

住房保障

【概况】 2022年，武进区围绕“住有所居”，完善以公共租赁住房、经济适用住房、棚户区改造、保障性租赁住房为主要内容的住房保障体系，解决城镇中低收入住房困难家庭、新市民、青年等群体住房困难。成立武进区保障性租赁住房工作领导小组，出台《常州市武进区保障性租赁住房项目认定实施细则》，建立保障性租赁住房项目联合审定机制，认定首批保障性租赁住房项目8个，落实土地、金融、税务和民用水电气等优惠政策。成立武进区人才公寓建设和运营管理工作领导小组，出台《武进区人才公寓建设和运营管理暂行办法》和《武进区人才公寓认定标准和流程》，建设筹集人才公寓7006套（间），认定人才公寓7个，其中3个获评常州市星级人才公寓项目，获人才公寓认定奖励资金210万元。继续开展新就业大学生住房保障，新增新就业大学生住房补贴44人，累计173人，累计发放新就业大学生租金补贴168.85万元。继续实施“青年人才生活居住双资助”政策，累计向781人发放租房补贴263.7万元。

【保障性安居工程建设和资金筹集】 2022年，武进区新开工棚户区改造项目758套，完成目标任务的126.33%；基本建成966套，完成目标任务的120.75%。新开工保障性租赁住房3149套（间），完成目标任务的104.97%；基本建成3132套（间），完成目标任务的208.8%。筹集保障性安居工程资金，获中央和省级财政城镇保障性安居工程补助资金共计4201.7万元（中央补助资金3974.61万元、省级补助资金227.09万元），其中棚户区改造补贴402.06万元、公共租赁住房补贴57.79万元、保障性租赁住房租赁补贴17.61万元、保障性租赁住房筹集补贴3724.24万元。争取保障性安居工程中央预算内投资计划补助1255万元。其中，南淳家苑四期保障性经济适用房项目获得用于支持棚户区改造配套基础设施建设投资895万元，立华股份总部基地项目（人才公寓）获得用于支持保障性租赁住房配套基础设施投资360万元。继续开展异地移建款清算工作，收缴异地移建款1595.16万元，为保障性安居工程建设提供资金支持。

【公共租赁住房和经济适用住房保障】 2022年，武进区调整住房保障收入线标准，降低准入门槛，扩大住房保障覆盖面。公共租赁住房低收入家庭、公共租赁住房中低收入家庭及经济适用住房货币补贴家庭人均月可支配收入分别由2643元调整为2745元（含）以下、4229元调整为4388元（含）以下。加强公共租赁住房房源管理，巡查房屋1000套，发现问题85项。至年末，武进区有公共租赁住房在保家庭98户（租金补贴78户、实物配租20户），累计保障中低收入住房困难家庭270户（其中租金补贴218户、实物配租52户）。全年发放租金补贴56.26万元，收取实物配租租金165万元。

（杨　欣）

【住房公积金管理】 2022年，住房公积金管理中心武进分中心加快推进住房公积金数字化转型，持续开展住建部灵活就业人员参加住房公积金制度试点，扩大住房公积金制度覆盖和政策受益面。新增灵活就业人员缴存住房公积金6496人（含常州经开区），累计1.7万人。实施“青春留常”安居计划，武进高校应届毕业生7668人享受首次开户补贴。实行向中低收入家庭公转商贷款贴息政策，减轻职工还贷压力，2022年公转商贴息2004.88万元，期末累计2亿元。贯彻落实省、市关于住房公积金阶段性支持政策要求，13家企业缓缴住房公积金总金额400余万元，5家企业申请降低缴存比例，每月减少成本支出22.82万元。加大刚需购房群体支持力度，提高最高贷款额度，降低二次使用住房公积金贷款最低首付比例，优化商转公贷款政策，投放住房政策性贷款11.64亿元，解决家庭购房资金需求2339户，其中首套房贷款申请达83.29%；加大青年人才购房支持力度，博士和35周岁及以下硕士等高端人才申请贷款24笔，申请资金2082万元。住房公积金武进分中心打造“惠民公积金、服务暖人心”品牌，推动区级政务服务中心住房公积金服务专窗设立和乡镇住房公积金工作站优化，服务大厅接待7万人次，办理业务11万笔。住房公积金新增缴存单位2148个、职工5.06万人，归集47.19亿元，发放住房公积金贷款10.5亿元，提取住房公积金30.73亿元，上缴地方政府廉租住房建设补充资金0.52亿元，累计 7.74 亿元。至年末，全区有应缴单位 1.79 万个、缴存人数 29.52 万人，归集余额 124.78 亿元，贷款余额 98.29 亿元。

（骆海荣）

医疗保障

【概况】 2022 年，武进区聚焦人民健康，深化医保制度重点改革，加强医保基金智慧监管，构建多层次医疗保障体系。参保征缴扩面，基本医疗保险、生育保险参保人数分别达 121.25 万人（含常州经开区）、49.98 万人。保险待遇提升，职工基本医疗保险、城乡居民基本医疗保险政策范围内住院医疗费用报销比例分别为 88.25%、77.89%，大病保险政策范围内报销比例达 68%。推进医保制度体系完善，深化基本医疗保险市级统筹，18.36 万人成功投保江苏省医惠保和 2023 版常州市惠民保。强化医保基金监管，武进医保分局实地稽查年度应检定点医药机构 761 个。提升医保经办管理水平，开展“15 分钟医保服务圈”省级示范区建设。足额上解疫苗采购资金累计 1.18 亿元，拨付接种疫苗服务费累计 3270 万元，向新冠肺炎定点救治医院及设置发热门诊医疗机构预拨医保资金累计 890 万元。为 3.9 万家企业实行医保费缓缴政策，缓缴金额 4.7 亿元。

【医保改革】 2022 年，武进区推进基本医疗保险市级统筹，职工基本医疗保险和城乡居民基本医疗保险基本政策、待遇标准、基金管理、信息系统、定点管理实现常州武进一体。落实医疗救助政策，医疗救助对象类别由 10 类增加至 11 类，门诊救助最高限额由 500 元／年提高至 1000 元／年，救助对象总数达 9330 人，医疗救助政策范围内救助比例在 80% 以上。协助构建、完善总额控制下的多元医保支付方式体系，二级及以上医院 13 个实现住院机构按疾病诊断相关分组付费（DGRs）全覆盖。落实药品阳光采购，规范医用耗材招标采购，公立医院 19 个完成药品网上采购 3429 万盒（剂），采购金额 9.5 亿元；公立医疗机构耗材网上采购 2479.18 万个，采购金额 4.89 亿元。推进长期护理保险提标扩面，受理长期护理保险申请 4845 人，完成失能评定 4566 人，发放待遇金额 6840.37 万元。

【医保基金监管】 2022 年，武进医保分局健全医保基金监管机制，打击欺诈骗保行为。实地稽查年度应检定点医药机构 761 个（医疗机构 251 个、药店 510 个），覆盖率 100%，暂停 2 个药店医保定点资格，依据协议约定拒付定点单位费用 1094.15 万元（违约金 98.67 万元），其中职工基本医疗保险拒付 579.51 万元、城乡居民基本医疗保险拒付 514.64 万元。受理投诉举报 26 件，发放举报奖励待遇 2 人次、共计 2295 元。检查武进区二级医疗机构 10 个，追回基金本金 590.71 万元，责令缴纳违约金 24.46 万元，合计处罚 615.17 万元。做好医疗保障系统“双随机、一公开”监管工作，与区卫健局联合检查定点医药机构 4 个，与区市场监管局联合“双随机”检查药店 200 多个。开展区域监管创新项目——“数据挖掘＋线下稽核”智慧监管，成立“两创新一促进”（在辖市区医保局或分局中开展区域创新试点，在定点医疗机构中开展医院创新试点，促进定点零售药店规范健康发展）区域监管创新试点工作领导小组，利用互联网、大数据、视频影像等信息技术，建成“数据挖掘＋线下稽核”智慧监管模式，推进医疗保障治理体系和治理能力现代化。

【医保经办优化】 2022 年，武进区完善医保经办服务，推进“15 分钟医保服务圈”建设。区医保部门联合区财政局、行政审批局出台全域建设实施方案，省、区级下达财政补助 90 万元，建成省级示范点 1 个、市级示范点 13 个。下放医保经办业务 24 项至 14 个“15 分钟医保服务圈”示范点、16 个“非建制镇”公共服务平台及 218 个村（社区）医保经办点，打造推广医保公共经办类服务（村便民服务站）、医疗专业类服务（村卫生室）、居家护理类服务（长期护理服务机构）“三位一体”医疗保障服务体系。医保经办服务全面发展，三级医疗机构医保定点服务站建设率达 100%，医保部门与商业保险公司合作建设第三方医保服务网点 3 个。推进“互联网＋”服务，32 项医保公共业务全部实现在线办理。深化医保电子凭证应用，激活医保电子凭证 74 万个，激活率达 62.5%。健全异地就医政策，异地就医申请 4734 人、转院申请 2699 人。

（卢　草）

民政事务

【概况】 2022 年，武进区聚焦脱贫攻坚、聚焦特殊群体、聚焦群众关切，践行“民政为民，民政爱民”工作理念，推动现代民政事业高质量发展。精准规范社会救助，按照“兜底线、织密网、建机制”要求，完善分层分类社会救助体系，织密共同富裕保障网。提升养老改革成效，养老机构床位数增至 6285 张，发放尊老金 1955 万元，惠及老年人 2.88 万人。多元推进基层治理，改造提升礼嘉镇毛家村、牛塘镇竹园社区等 5 个城乡社区综合服务中心。规范社会组织发展，开展非法社会组织专项整治和“僵尸”社会组织检查，排查社会组织运营情况。社会事务服务持续发展，批准地名 36 条，办理婚姻登记 9540 件，销售福利彩票 1.78 亿元，免除基本丧葬服务费 567 万元。

【城乡社区治理】 2022 年，武进区出台《关于加强基层治理体系和治理能力现代化建设的实施意见》《武进区深化社区建设和管理的实施意见》《武进区加强社区工作者队伍建设的实施意见》，提升基层政权治理能力，优化基层服务供给。完成礼嘉镇毛家村和成章村、湟里镇后坊村、武进高新区北区马杭社区 4 个省级，牛塘镇竹园社区 1 个市级城乡社区综合服务中心改造提升或新建项目。湖塘镇北街社区、西湖街道滆湖社区、南夏墅街道南苑社区等 5 个社区通过市级“全科社工”示范窗口督查验收。洛阳镇圻庄村入选 2022 年度常州市城乡社区工作者实训基地。全区新增持证社区工作者 80 人，累计 430 人，每万人有持证社工 13.2 人，发放持证社区工作者职业资格补贴 94.99 万元。湟里镇河南村、雪堰镇城西回民村、湖塘镇丰乐社区等 7 个村（社区）获评常州市平安法治和谐示范村（社区）。

【社会组织规范管理】 2022 年，武进区有社会组织 2381 个，每万人拥有社会组织 13.5 个。新增镇级社会组织培育发展服务中心 1 个，累计 10 个。开展“僵尸”社会组织排查整治，共排查“僵尸”社会组织 33 个，推行“僵尸”型社会组织简化注销流程，“僵尸”社会组织注销 5 个、整改 10 个，完成率 100%。试行社会组织登记约谈机制，宣传社会组织规范化运行及法律、法规相关要求。提升社会组织参与公益慈善项目能力，公益慈善项目 29 个获区财政扶持资金 50 万元。搭建购买社会组织服务项目平台，购买社会组织等级评估、婚姻辅导、精神残疾人帮扶等社会组织服务项目 9 个。

武进区未成年人保护中心　　（供图 / 区融媒体中心　摄于 2022 年 7 月）

【最低生活保障与救助】 从 2022 年 7 月 1 日起，武进区城乡居民最低生活保障标准由每人每月 940 元提高至 1000 元。全年发放最低生活保障金 1415 万元，惠及低保家庭 1175 户、1470 人（城镇居民 252 人、农村居民 1218 人）。同步提高特困人员、孤儿等困难人员保障标准。新增慈善资金 1.06 亿元，发放慈善救助金 8587 万元，惠及困难群众 57.39 万人次。发放孤儿和困境儿童生活保障金 338 万元、农村“五保”（保吃、保穿、保医、保住、保葬）供养经费 469.75 万元、城市“三无”（无劳动能力、无收入来源、无法定赡养人）老人保障金 35.01 万元，发放困难残疾人生活补贴和重度残疾人护理补贴 7721 万元，惠及残疾人 1.2 万人。相对困难家庭成员重病患者单独施保 3251 人，发放保障金 1428.76 万元。

【武进区未成年人保护中心成立】 7 月 13 日，武进区未成年人保护中心成立。该中心位于湖塘镇大坝路 78 号，原为武进区儿童福利院，占地面积 1500 平方米，设置生活技能室、艺术天地、亲职教育室等教室 8 个，引进武进区湖塘镇和合四世同堂社会工作服务中心运营，满足未成年人学习、活动需求。年内，通过建设家庭教育指导服务站、社区家长学校等打造家庭保护阵地；举办道德讲堂、父母课堂、法制宣讲等活动丰富家庭教育内容；开展校园欺凌防治、心理健康辅导、困境学生关爱等专题活动，全面促进未成年人健康发展。

【婚姻登记与收养登记】 2022 年，区民政部门办理结婚登记 6004 件、离婚登记 1685 件，补办结婚登记 1692 件、离婚登记 159 件，婚姻登记合格率 100%。

【地名管理】 2022 年，区民政局批准地名 36 处。其中，新命名居民区 25 处、建筑物 1 处、道路 10 处。开展地名许可事中、事前监管工作，与镇级审批部门现场勘察 35 次；规范化处理使用不规范地名 2 处；开展红色地名排查，排查红色地名 20 余处。

2022 年武进区新命名地名情况表

表 45

类别	新命名地名	所属镇（街道）	地　址
居民区	映山庐花园	雪堰镇	位于常州太湖湾旅游度假区，东至雪马路，西至共建村滩地，南至常州市雅浦酿酒有限公司以北，北至环太湖路以南
	盛湖佳苑	前黄镇	位于前黄镇人民政府西南 4.5 千米，东至龙江南路，西至寨桥村委凤凰村民小组，南至园区三号路（暂定）以北，北至前灵路以南新建的宅改试点用房
	星昀花苑	前黄镇	位于前黄镇红星村地域中，东至红星村冯家塘村民小组，西至武进区坊前小学，南至红星村旗杆塘村民小组，北至红星村马家塘、汤家塘村民小组
	铂秀雅苑	湖塘镇	位于湖塘镇聚湖社区地域中，东至武宜北路，西至玉塘路，南至聚湖东路，北至北梅路
	品樾花园	湖塘镇	位于湖塘镇三勤社区地域中，东至三勤路（规划），西至永安河，南至南田路，北至滆湖东路
	港茂华庭	湖塘镇	位于湖塘镇晓柳社区地域中，东至凤林北路，西至新秀路，南至永胜中路，北至延政中大道
	凤宁花苑	湖塘镇	位于湖塘镇北庙桥社区地域中，东至鸣凰路，西至凤林北路，南至春秋路，北至卢政街（延伸）
	珑悦中棠花园	湖塘镇	位于湖塘镇晓柳社区地域中，东至新秀路，西至新腾路，南至永胜路，北至延政中大道
	宸运天赋	湖塘镇	位于湖塘镇烈帝社区地域中，东至长沟河路，西至徐湖瀹公园，南至聚湖东路，北至金鸡东路

续表 45

类别	新命名地名	所属镇（街道）	地　址
居民区	汝悦春秋苑	牛塘镇	位于牛塘镇地域中，东至淹城中路，西至待规划地，南至大寨河，北至永胜路
	春秋祥云如院	牛塘镇	位于牛塘卢家巷社区地域中，东至东宝南路，西至东龙路，南至卢湾路，北至横溪路
	文澜台花园	牛塘镇	位于牛塘镇沈家弄村地域中，东于湖滨北路，西至南运河，南至沈家村委刘家村民小组，北至沈家弄浜
	姬山嘉园	嘉泽镇	位于嘉泽镇中心，东至嘉村路（嘉兴路），西至嘉泽村朱巷村民小组，南至龙港河，北至嘉成路以南 300 米
	誉湖花园	嘉泽镇	位于嘉泽镇中心，东至西港头（河），西至庙桥河，南至茶泽街，北至夏溪河
	闵墅新苑	嘉泽镇	位于嘉泽镇闵市村，东至闵市村沟村民小组，西至成湟河，南至闵市村南头小组，北至成章村桥发明家村民小组
	何墅嘉苑	嘉泽镇	位于礼嘉镇何墅村地域中，东至埝头村民小组以西，西至大房、东二房村民小组，南至大房村民小组农田，北至安头桥村民小组
	上悦花园	南夏墅街道	位于武进区南夏墅街道南淳家园社区，东至光宝科技（常州）有限公司宿舍楼，西至淹城南路，南至龙颜路，北至南淳完园（四期）
	科教城人才公寓	南夏墅街道	位于武进区南夏墅街道学府家苑社区，东至 510 大道（暂定），西至湖塘河，南至纬一路（暂定），北至滆湖中路
	蓝爵华庭	南夏墅街道	位于南夏墅街道南夏墅村，东至新奥路，西至心筑雅园，南至南湾河，北至龙帆路
	湖光映月花园	南夏墅街道	位于南夏墅街道河东村，东至新环路（暂定），西至龙江南路，南至龙泽路，北至阳湖西路
	峯范澜庭	南夏墅街道	位于南夏墅街道南夏墅村，东至石坝浜，西至白鱼庙浜，南至镜湖西路，北至顺龙河
	瑞园	西湖街道	位于西湖街道滆湖社区内，东至霞飞路，西至荷塘路，南至环湖北路以北，北至云帆路
	西江月花苑	西湖街道	位于西湖街道滆湖社区内，东至林鸥路，西至北十字河，南至环北路，北至孟津路
	锦绣贺北新村	武进高新区北区	位于武进高新区北区贺北社区地域中，东至菱港北路，南至常州贺工景观工程有限公司，西至常州市武进佳鹿纺织有限公司、常州市丽友针织有限公司，北至常州市武进区福星康复医院
	一江风华	武进高新区北区	位于武进高新区北区喜盈门社区地域中，东至火炬北路，南至古方路，西至星火北路，北至人民南巷
建筑物	百悦商业广场	湖塘镇	位于湖塘镇烈帝社区地域中，东至长坝河，西至长沟路，南至悦荣华庭，北至聚湖东路
道路	前南路	雪堰镇	位于雪堰镇地域中，南端由原南宅小学向南延伸，经常州市华瑞焊割器材有限公司、夏墅村孟家头村民小组至锡宜高速公路，北至华渡桥，全长 4150 米
	茂富路	湖塘镇	位于湖塘镇湾里社区，东至花园区街，西至府北路，南至茂业豪富园，全长 150 米
	茂泰路	湖塘镇	位于湖塘镇湾里社区花园街西侧，南至茂富路，北至广电路西路，全长 100 米
	启蒙路	湖塘镇	位于湖塘镇采菱社区马杭幼儿园西侧，南起采菱社区健身广场，北至广电东路，全长 160 米
	采慧路	湖塘镇	位于湖塘镇采菱社区马杭幼儿园南侧，东起凤凰路，西至启蒙路，全长 130 米
	科北街、科顺街	湖塘镇	科北街位于湖塘镇府南社区滆湖中路北侧，东至花园街，西至科顺路，全长 110 米；科顺街位于武进区湖塘镇府南社区范围内，花园街西侧，南至滆湖中路，北至科北街，全长 120 米
	香成街	嘉泽镇	位于嘉泽镇嘉成路南侧，东至 239 省道，西至成章人民路，全长 700 米
	绿杨路	西湖街道	位于西湖街道湖滨社区，南至延政西大道，北至菊香路，全长 2268 米
	菊香路	西湖街道	位于西湖街道湖滨社区，东至绿杨路，西至富杉路，全长 1771 米
	兰香路	西湖街道	位于西湖街道湖滨社区，东至凤苑南路，西至富杉路，全长 1770 米

【福利彩票管理】 2022 年，武进区新增福利彩票投注站 6 个，累计 147 个。全年销售福利彩票 1.78 亿元，其中电脑票销售 1.27 亿元、即开票销售 3593 万元、智能机销售 1542 万元。福利彩票公益金支出 1901.81 万元，其中居家养老、机构养老等社会福利类项目 1662.91 万元、困境儿童救助等社会救助类项目 91.85 万元、社会组织类项目 147.05 万元。

【殡葬管理】 武进区有殡仪馆 2 个、骨灰寄存室 110 个。2022 年，火化遗体 12190 具，其中横林殡仪馆火化 8303 具、武南殡仪馆火化 3887 具，火化率 100%。区民政部门按照《常州市殡葬基本服务项目费用免除办法》，对城乡低保对象等 4946 位死者免除基本丧葬服务费 567 万元。

（缪　苗）

退役军人事务

【概况】 2022年，区退役军人事务部门以服务经济社会发展和国防军队建设为目标，以保障退役军人合法权益为宗旨，做好退役军人服务体系建设、移交安置、就业创业、优抚褒扬、权益维护、双拥共建、志愿服务等工作。推进区、镇（街道）、村（社区）三级退役军人服务保障体系建设，镇级退役军人服务站全国示范型创建100%达标，全区建成村级退役军人服务站213个，并实质化有效运行。拓展退役军人就业创业渠道，深化“戎创武进”就业创业品牌，继续推进“戎装兴村”工程，“就业创业工作法”获上级推荐。做好优抚对象服务保障，办理退役军人优待证。开展“清明代祭扫”，开设烈士陵园网上展厅，线上祭扫6000余人次。深化双拥共建，实现双拥模范区创建“九连冠”。加强退役军人志愿服务，发挥“武进老兵”志愿服务支队主体作用，参加疫情防控、文明城市创建、综合治理和扶贫救助等志愿服务5000余人次。牛塘镇退役军人服务站获评全省优秀退役军人服务站，雪堰镇退役军人服务站站长陈伟获评全省优秀退役军人服务站站长。

【退役军人就业创业】 2022年，区退役军人事务部门围绕“戎创武进”就业创业品牌，推进“戎装兴村”工程，定向招录退役士兵任职村（社区）专业化管理干部。举办大型退役军人招聘会2场。推动退役军人参与乡村振兴，鼓励退役军人创办特色家庭农场、农业示范合作社，分别给予达到区级示范标准的7个项目各2万元奖励。举办武进区第三届退役军人创业创新大赛，推荐的“消化道微创”项目获常州市第三届“戎耀龙城”退役军人创业创新大赛二等奖。组织开展退役士兵适应性培训，涵盖“智慧家庭”工程师、健身教练、汽车驾驶员和网络工程师等个性化培训。引导退役士兵参加学历教育，发放学历教育补助经费。

【退役军人优抚褒扬】 2022年，区退役军人事务部门做好优抚对象服务保障，为优抚对象发放定期抚恤补助，减免水、电、煤气、有线电视费，办理退役军人优待证。为生活困难优抚对象发放临时救助经费和医疗补助。退役军人事务工作平台投入运行，实现殡葬数据联网，提高优抚资金管理精准性。开展武进区第三届“最美退役军人”评选，营造关心国防、尊崇军人的浓厚氛围。

【武进区获评江苏省第十二届双拥模范区】 2022年7月，武进区被省委、省政府、省军区命名为“江苏省第十二届双拥模范区”，实现全省双拥模范区“九连冠”。2019—2022年，武进区构建“协会＋联盟＋中心”为主体的服务模式，成立镇（街道）双拥工作领导小组17个、拥军优属服务站298个，建立“区、镇、村”三级双拥组织体系，形成党政军三位一体、群团组织广泛参与、全方位覆盖双拥工作组织领导体系和工作网络。建立三级退役军人服务保障体系，投入拥军优属资金，走访常州和武进地区部队，发放慰问金，协调解决军人子女优先优惠入学，接收安置退役军人，优抚安置政策100%执行到位。涌现出全国模范退役军人、江苏省首届“最美退役军人”梅鹤康，《中国双拥》年度人物、全省双拥工作先进个人赵兴国，江苏省首届“最美拥军人物”华再清等双拥先进典型。

（杨永强）

民族与宗教事务

【概况】 2022年，武进区坚决执行党的民族宗教方针政策，提升民族宗教工作法治化、制度化、规范化水平，维护民族宗教领域平安稳定。有少数民族群众近2万人，常住人口少数民族族别36个，户籍登记少数民族人口3400余人，其中回族800余人、壮族600余人、满族500余人。流动少数民族人口1.6万人。有回民聚居村1个(雪堰镇城西回民村)、回民聚居组1个（雪堰镇夏墅村后承村民小组）、清真拉面馆200多个和清真饭店1个、清真食品基本供应点1个（回民村伊清阁清真餐馆）。有武进区佛教协会、道教协会、天主教爱国会、基督教“三自”爱国运动委员会4个爱国宗教团体；有依法登记的宗教活动场所41个，其中佛教25个、道教5个、基督教11个；有经过资格认定的宗教教职人员80人，其中佛教44人、道教19人、基督教17人。有省五星宗教场所1个、四星宗教场所5个、三星宗教场所7个；有省三星档案宗教场所16个。区民宗局被市委、市政府评为平安常州建设先进集体。

【民族团结进步创建】 2022年，区民宗局以铸牢中华民族共同体意识为主线，开展民族团结进步创建。举办“喜迎二十大，民族一家亲”民族团结进步宣传月活动，武进区坂上小学举办庆“六一”暨首届民族文化艺术节，组织表演民族舞蹈和锡剧，展示民族风俗及民族特色书画；潘家小学开展民族团结互助活动，获江苏新疆西藏青海少年儿童“手拉手”互助活动贡献奖。区民宗

6月1日，武进区坂上小学举办庆“六一”暨首届民族文化艺术节（供图 / 区教育局）

局开展第三批全省“红石榴家园”创建，常州市凯宏铝业有限公司创成省级“红石榴家园”。贯彻落实省民宗委“红石榴就业行动”，积极吸纳内蒙古自治区、广西壮族自治区、贵州等8个省(自治区)少数民族就业300多人。组织城西回民村成功申报2022年省财政衔接推进乡村振兴补助资金项目，获衔接资金353万元支持新建标准厂房。雪堰镇城西回民村与金坛区指前镇丰产村达成“红石榴村村结对”共建，向丰产村捐赠帮扶资金40万元。

【宗教领域平安创建】 2022年，武进区组织召开宗教界学习全省宗教工作会议精神暨“重俭戒奢”教育活动动员部署会议，举办迎接中共二十大图片展、宗教界代表人士学习中共二十大精神宣讲报告会，引导宗教与社会主义社会相适应。区民宗局常态化管理公共场所非法传教活动，开展公共场所非法传教活动专项治理，联动宣传、公安、教育、卫健等部门，防范处置公共场所非法传教活动。落实宗教活动场所安全专项整治三年行动，重点管控建筑安全、消防安全、活动安全，编发《深化提升武进区宗教领域安全生产专项整治三年行动重点工作任务分解表》，提升宗教活动场所本质安全水平。召开宗教领域安全大检查工作推进会，开展宗教领域“安全生产月”主题活动，推进宗教活动场所建筑安全鉴定和消防安全评估，组织开展燃气安全排查整治，检查林区宗教活动场所森林防火工作。排查宗教活动场所安全隐患并整改127个。

（王友天）

老龄事务

【概况】 2022年，武进区实施积极应对人口老龄化战略，以构建养老、孝老、敬老政策体系和社会环境为目标，开展精神关爱，推进老年友好社会建设，老年人获得感、幸福感、安全感不断增强。60周岁及以上户籍老年人口20.02万人，占武进区户籍总人口的25.99%，其中70～79周岁户籍老年人口7.8万人、80周岁及以上老年人口2.8万人（百岁老人102人）。整合医疗和养老服务资源，提升医养结合服务质量，有医养结合机构10个。维护老年人合法权益，为老年人解决经济纠纷、赡养矛盾等权益保障问题30余件次，争取经济权益13万元。南夏墅街道南河社区、礼嘉镇毛家村获评省级示范性老年友好社区。武进第五人民医院挂牌常州市武进区老年医院。陈春兴、储建军获评常州市第四届“十佳老年道德模范”，陈荣昌、蒋腊娣夫妇和杨金达、谢桂英夫妇获评常州市第六届“幸福金婚夫妻”。

【老年人健康服务】 2022年，武进区推进老年人健康服务体系建设。武进人民医院、武进中医医院、乡镇卫生服务中心（卫生院）及护理院合计医疗机构23个，落实老年人医疗服务便利政策，优化老年人就医服务环境，均获评省级老年友善医疗机构。开展老年人慢病综合防治，推进医防、医养融合，全区65周岁及以上老年人健康体检11.5万人，家庭医生签约14.24万人，开设家庭病床426张。开展H型高血压防控，结合基本公共卫生服务老年人健康管理，开展血样生化检测和同型半胱氨酸（Hcy）检测，筛查出老年人H型高血压49944人，占老年人高血压患者55.66%，为831人提供惠民药物。开展老年人心理关爱项目，发放心理健康手册，宣传心理健康知识，完成心理调查问卷，为老年人3400人提供心理关爱服务。

【老年人优待福利】 2022年10月全国敬老月期间，武进区以“反诈防骗，敬老助老”为主题，组织开展老年文艺会演、健康义诊等公益献爱心活动50余次，举办健康知识讲座、反诈防骗宣传等主题活动20余场次。组织慰问老年人6.08万人次，发放慰问品、慰问金合计866万元。年内，区老龄办实施“安康关爱行动”，推进老年人意外伤害保险，通过政府引领、慈善救助，发挥商业保险补充作用，提升老年人及其家庭抵御风险能力，投保保额1623.35万元，赔付990.24万元。开展“智慧助老、赋能银龄”老年人使用智能手机专项培训，帮助老年人学习使用微信聊天、预约挂号、健康扫码、手机支付、网约出行等手机功能，受益5383人次。区老龄办代表队获全市“老年达人”运用智能技术大赛二等奖。

2022年武进区医养结合机构情况表

表46

机构名称	机构人员总数（人）	医疗服务人员数（人）	养老服务人员数（人）	机构床位总数（张）	医疗床位总数（张）	养老床位总数（张）	医养结合方式
常州九洲金东方护理院	188	60	103	424	150	274	开办护理院
武进区夕阳红护理院	81	14	40	425	128	297	开办护理院
康惠护理院	35	12	23	300	99	201	开办护理院
武进区净慧护理院	43	25	18	176	85	91	开办护理院
武进区牛塘净慧颐养中心	33	15	18	256	200	56	开办护理院
康民护理院	13	7	6	98	70	28	开办护理院
大慈安养院	20	4	6	300	240	60	内设医务室
武进区玖玖江南护养中心	53	6	25	230	184	46	内设医务室
鼎武中西医结合医院	72	51	21	160	100	60	由医疗机构开办养老机构
武进区福星老年护养中心	131	113	6	246	160	86	由医疗机构开办养老机构

（白　洋）

老人在武进高新区北区东庄社区居家养老服务站下棋

（摄影 / 陆新　徐芊卉　摄于 2022 年 9 月）

【养老服务】 2022 年，武进区有居家养老服务中心和站点，以及各类老年活动室 233 个，实现镇级、城镇和农村社区全覆盖。有养老机构 17 个，机构养老床位 6175 张（由社会力量举办或经营 5453 张），其中护理型床位 5579 张，占比 90%。推进居家养老服务，提升改造西湖街道综合性居家养老服务中心、武进高新区北区邱墅及马杭居家养老服务站点 3 个居家养老服务中心，为 2.3 万名老年人提供生活照料、家务料理、精神慰藉等居家养老上门服务，累计上门服务近 30 万人次。完成困难老年人家庭 400 户居家适老化改造。发放居家养老服务补贴 1500 万元、居家养老运行补贴 210 万元、养老机构运行补贴 445 万元、疫情防控纾困补贴及物资等 293 万元。发放 80 周岁高龄老年人尊老金 1955 万元，惠及老年人 28856 人。

（缪　苗）

慈善事业

【概况】 2022 年，武进区坚持“慈善为本，善举为民”理念，夯实慈善工作基础。有效组织认捐收缴，集聚各类慈善资源，慈善资金总收入 10641.34 万元（含常州经开区），总量达 15.72 亿元。推进项目实施，提升精准帮扶效率，区慈善总会直接下拨救助资金、社会公益事业补助资金 8859.53 万元，直接救助困难群众 57.38 万人次。汇聚慈善力量，助力乡村振兴，实施“幸福家园”村社互助工程，募集慈善互助金 839.72 万元。扩大宣传效应，组织观摩现代公益锡剧《太平洲上》，打造慈善文化精品，营造慈善事业良好氛围。

【慈善资金募集】 2022 年，区慈善总会创新慈善动员机制，坚持集中性与经常性、有组织和自发性、常规性和应急性、线下和线上捐赠相结合，以自觉自愿为原则，引导企业、爱心人士参与慈善。9 月，将“慈善一日捐”与腾讯“99 公益日”活动相结合，发布助困项目“爱心传播、情暖武进”和助医项目“大病险扶危困”，获 2.18 万人次捐赠，共获募捐 1031.37 万元，另获腾讯平台配捐 103.07 万元。其中，全区企事业单位 200 多个（含常州经开区）参加“慈善一日捐”活动，募集善款 668.23 万元，比 2021 年增加 2.19%。

【慈善救助与帮扶】 2022 年，武进区打造慈善救助品牌，聚合慈善资源，开展重点项目救助，发挥慈善项目品牌效应。开展慈善助困，春节前向低收入困难家庭 7371 户发放救助金 1105.65 万元（含常州经开区）。开展慈善助医，向因病致贫困难人群 8.95 万人次发放救助金 2330.57 万元，其中武进区慈善大病保险救助项目救助 3251 人，支出保费 1428.76 万元。开展慈善助学，向学生 210 人支出慈善资金 87.25 万元。其中，向贫困高中生 132 人发放慈善救助金 19.8 万元，向“圆梦行动”大学新生 22 人和往届生 56 人共发放救助金 53.35 万元。开展慈善助老，向老地下工作者等 30 余人发放 5.25 万元；重阳节慰问“五保户”（保吃、保穿、保医、保住、保葬）老人 261 人，发放救助金 26.1 万元；武进区“桑榆”爱心基金向特殊困难离退休干部家庭 57 户提供帮扶资金 15.9 万元。开展慈善助残，向一户多残、依老养老困难家庭拨款 35 万元。开展慈善助孤，向散居孤儿 11 人发放救助金 5.5 万元。开展专项救助，向抗癌协会癌症患者拨款 19 万元，向尿毒症患者 8.53 万人次发放救助金 349.43 万元，向困难家庭 200 户发放巨凝集团春节慰问金 200 万元。加强对口协作，向陕西省安康市汉滨区武进希望小学拨付定向款 30.4 万元，武进区爱心助学协会定向捐赠陕西省安康市平利县慈善协会 6 万元、陕西省安康市汉滨区教育体育局 12.24 万元。

【慈善项目实施】 2022 年，区慈善总会实施“幸福家园”村社互助工程项目，在镇、街道（开发区）建立一个慈善工作站，募设一支村社互助基金，办好一个“关爱中心”，建立一个慈善公约，成立一支志愿服务队，形成总会、分会和村社慈善工作站三级慈善网络，建立村社慈善“幸福家园”18 个，创建村级慈善工作站 18 个，募集慈善互助金 839.72 万元。实施关爱老年人公益慈善项目，补贴 601.24 万元，为 26.29 万人（含常州经开区）办理武进区老年人意外伤害保险及小额人身保险；补贴 424.37 万元，为 21.22 万人次提供居家养老服务；拨付慈善资金 192.75 万元，支持开展推进医防融合全面实施 H 型高血压防控惠民工程。实施残疾人家庭无障碍改造及康复辅具适配项目，为残疾人家庭 56 户安装马桶扶手、沐浴扶手、电热水器，配置沐浴椅等无障碍辅具。实施未成年人关爱保护慈善项目，通过“武有吾善 · 童乐同享”慈善项目为困境儿童提供上门探访服务累计 1100 余次，发放困境儿童救助资金 52.08 万元；拨付慈善资金 46.08 万元，支持创建武进区国家级未成年人保护示范区。

（赵　晶）

应急管理

Emergency Management

栏目编辑　张怡菁

防灾减灾

【概况】 2022年，武进区坚持以防为主、防抗救相结合，加强防灾减灾救灾能力建设，提升应急管理水平。开展区级应急预案修编，授旗运行区级专业救援队26支、镇级综合应急队13支，灾害信息员由277人增至473人。提高非通航水域突发事故应急救援能力，开展自然灾害救助和滆湖水上救援综合演练，完成区级演练37项、镇级演练49项、重点企业“双盲”（事前不通知参演单位演练时间、地点和演练内容）实战应急救援演练25场。制定落实《2022年武进区区级应急物资储备需求计划》，新增应急救灾储备物资18项。完成第一次全国自然灾害综合风险普查调查工作，收集灾害风险要素数据39.3万条。

（杨　键）

【防汛抗洪】 2022年，武进区汛情总体平稳，汛期（5—9月）平均雨量339.0毫米，降水量较常年偏少近5成。6月23日入梅，7月11日出梅，梅长19天，较常年偏短6天。汛前，区防汛防旱指挥部、全区15个防汛领导小组分别更名为区防汛抗旱指挥部、全区防汛抗旱领导小组，区防汛抗旱指挥部总指挥由区政府主要领导担任。按照分级负责、分包负责、岗位负责原则，落实属地范围内骨干河道、湖泊和圩区堤防责任人。提升防洪工程基础设施能力，完成孟津河沿线防洪除涝工程，消除新渎圩、沈家村、集镇圩及渎西圩4个片区洪涝隐患。优化防汛信息化系统，提升水雨情预测预报能力，强化预警信息瞬时发布，完成防汛组织体系调整及防汛应急预案完善。各防汛责任单位成立防汛抢险队伍222支4877人。全区存储袋类106.42万个、桩木65立方米、毛竹4150支、铁丝3315千克、圆钉740千克等。

6月16日，综合应急演练现场　（供图/区融媒体中心）

【抗击旱情】 6—7月，武进区遭遇严重气象干旱，出现汛期反枯现象，高温日数异常偏多、高温强度异常偏强，平均高温日数达45天，平均气温30.2℃，较常年偏高2.9℃（属异常偏高），居历史第一。平均降水量201.4毫米，较常年偏少6成（属显著偏少）。受持续高温影响，出现明显旱情。种植业受灾面积3.33公顷，其中水稻2.33公顷、玉米1公顷；水产养殖业受灾面积1440公顷，其中鱼池7.6公顷、螃蟹池1436公顷，因高温导致水产品损失77.5吨，直接经济损失约800万元。

武进区科学调度水利工程，维持区域河网适宜水位。区水利部门实施武宜运河西控制线和遥观南、北枢纽以及城区防洪闸站等调度工程，确保农业生产用水需求。前黄镇应急清淤太滆运河和锡溧漕河支浜浜口，清淤土方1.5万立方米，保障引水畅通；雪堰、前黄、礼嘉等镇（街道）通过购置抗旱设备、加大抽引水量等，保障城镇居民生活和农业用水。各镇、街道累计架设临时机泵212台，投入运行翻（抽）站323座。武进区共投入抗旱资金271万元。区水利部门申请落实中央农业生产和水利救灾资金200万元。

【防御台风“梅花”】 9月13—15日，受台风“梅花”影响，武进区累计降水量15～65毫米，最大雨量为洛阳镇124.4毫米；有偏北大风7～8级，最大风力为前黄镇18.9米/秒（8级）。根据《武

6 月 5 日，区排水管理服务中心清淘道路雨水口树叶　　（供图 / 区水利局）

进区防御台风应急预案》，区防汛抗旱指挥部分别于 9 月 13 日 17 时 30 分和 9 月 14 日 18 时 30 分启动防台风四级、三级响应，部署落实防御措施。防御台风期间，科学调度水利工程，从 12 日起预降内河水位，将水位控制在 3.5 米。预热中心城区排涝机泵，布置大型移动式泵车 2 辆在大通河东枢纽待命。9 月 14 日 8 时至 9 月 15 日 8 时，区水利部门累计出动 55 人次、应急保障车辆 20 辆，检查道路 70 余处，清理管网 4000 米，安装雨水箅 110 个，处理人民路、武宜路、鸣新路、广电路等路段短暂积水情况。

【城市内涝防御】 2022 年，区水利局强化城镇防涝体系建设，维修养护水工建筑物、闸门、机电设备、配电设施、水位雨量测站等设施。针对性应对汛期城区强降雨道路积水，提前部署完成城区积水点改造 21 处。设置地下通道积水警示线和警示标牌，完成城区侧石改造 176 处，确保积水排泄通畅。区排水管理服务中心与区城管局环卫处建立联动机制，依托“管网巡查人员＋环卫工人”优势，清淘道路两侧雨水口，累计疏通雨水管道 490 千米，清理收水井 1.88 万个，更换雨水井盖 980 套（块）。

（石贤锋）

【地质灾害防治】 2022 年，区自然资源和规划部门推进地质灾害风险普查，完成野外地质灾害调查 885 平方千米，建立地质灾害风险调查空间数据库；组织森林火灾风险普查，完成森林可燃物 6 个预选标准地现地核实、森林可燃物 6 个标准地和 1 个大样地外业调查，以及全区森林野外火源点、历史灾害、减灾能力等综合普查数据采集。推进森林防火视频监控中心安全设备建设，新增语音及视频监控设备 10 套，火情瞭望覆盖率超 95%；建设 100 立方米消防水池 1 座，配套铺设消防管道 800 米，延长城湾山和四顶山消防管网 1100 米。排查出地质灾害隐患点 13 个，比 2021 年减少 1 个，在所有隐患点均设立警示牌，发放“两卡一案”（地质灾害防灾工作明白卡、避险明白卡和地质灾害隐患点预案），配备群测群防员。武进自然资源和规划分局“地质灾害自动化监测系统”获评常州市社会治理试点工作典型案例。

【林业灾害防治】 2022 年，区自然资源和规划部门落实林业有害生物防控目标责任制，常态化做好防治工作。布设林业有害生物监测点 220 个(湟里镇 23 个、嘉泽镇 104 个、其他镇 93 个)，布设太阳能杀虫灯 90 个（湟里镇 20 个、嘉泽镇 59 个、其他镇 11 个），实现全域监测、预警、布防。组织开展幼虫踏查 6 次 36 天，发放宣传册 3500 张，发现林业有害生物成虫 331 只。化学防治诱捕到林业有害生物区域，防治面积 2533.33 公顷；投放周氏啮小蜂寄生蛹 1 万个至诱捕到有害生物成虫区域，孵化周氏啮小蜂近 5000 万只，增加害虫发生区内有益昆虫数量，降低鳞翅目害虫虫口密度。按照植物检疫条例要求开展产地检疫、病虫测报和调运检疫检查，严防森林病虫扩散蔓延和其他危险性病虫传入，发放检疫证 3938 张。5 月中旬，举办全区林业有害生物防控技术培训班，提升林业技术人员有害生物防控技术能力。

（常文涛）

【防震管理】 2022 年，区住建（地震）部门加强防震管理，提升地震灾害风险防治能力和防震减灾公共服务能力，保障地震管理系统和设备正常运行。配合区应急管理局做好震情会商工作，围绕省、市重大任务开展防震减灾科普活动，应用“12322”地震灾情速报系统 5 次，举办灾情速报员业务培训，定期开展灾情短信测试。

（徐亚芬）

安全生产管理

【概况】 2022 年，武进区围绕统筹发展和安全示范区建设，完善安全生产责任体系，防范各类生产安全事故，保持安全生产形势持续稳定向好。安全生产专项整治三年行动收官，制定整治任务 39 项，提升安全生产治理水平。开展安全生产大检查，对照检查标准 55 条，开展强化学习宣传、强化安全责任等六大攻坚行动。夯实安全生产监管根基，实施工业企业网格化监管，推进企业安全生产标准化创建与“双控”（安全风险分级管控、隐患排查治理）机制运行。创新实施基层应急管理体系和能力改革，制定出台《关于加强基层应急管理体系和能力建设的实施意见》，在牛塘镇等 3 个镇（街道）试点，构建完善大安全大应急框架。

2022 年，武进区发生生产安全事故 27 起，死亡 10 人，事故起数、死亡人数分别比 2021 年下降 22.9%、28.6%。其中，道路运输事故 25 起，死亡 8 人，分别下降 16.7%、11.1%；工矿商贸事故 2 起，死亡 2 人，均下降 50%。未发生达到统计标准的生产安全火灾事故，安全生产形势总体平稳。武进区被省安全生产委员会办公室表彰为 2020—2022 年度省级安全发展城市创建工作先进地区，安全生产水平考核指标在全市高质量发展绩效评价考核中排名第一。

【安全生产专项整治三年行动收官】 2020 年 7 月至 2022 年年末，武进区开展安全生产专项整治三年行动，形成专题2个、专项实施方案8个，累计排查整治风险隐患12.2万条，固化形成安全生产制度成果215个，事故起数和死亡人数连续三年双下降。压实安全生产责任，区安全生产委员会召开全区安全生产工作会议，调度、推进专项整治46次。完善监管体系，成立重点行业领域安全生产专业委员会18个，设置区安全生产委员会办公室专职副主任，在安全生产监管责任区级部门22个统一设置安全生产监督管理科。强化风险防控能力，全覆盖检查化工生产企业3轮，逐一上门检查冶金等工贸企业1.2万家，督促燃气企业入户安检98.9万户，排查自建房15.6万栋，查处超限车辆1481辆，开展沿街商铺、高层建筑、大型商业综合体、住宅小区等消防安全大检查。精准执法服务，建立由242名专家组成的安全生产专家库，成立由应急、公安、市场监管、消防等20个部门组成的安全执法领导小组，实行共同服务对象和职能交叉领域联合执法。健全长效机制，区应急管理部门实施"厂中厂"安全管理办法、外来作业人员管理办法、全天候安全监管机制等，区工信部门出台工业园区产业项目准入指导意见，区交通运输部门编制机动车维修行业危化品使用安全指南，区教育部门制定学校安全教育课程实施意见，出版安全教育系列教材，将安全教育纳入中小学校本课程。

4月12日，区应急管理局开展危化品安全风险集中治理监管（供图/区应急管理局）

【安全生产大检查】 2022年，区安委会印发《常州市武进区安全生产大检查工作实施方案》，将国务院安全生产委员会关于加强安全生产工作措施15条细化为检查标准55项，开展强化学习宣讲、强化安全责任、强化基层应急能力等六大攻坚行动。城镇燃气方面，组织燃气企业、第三方机构定期开展滚动排查整治，入户安检48.67万户，整改隐患6457条。危险化学品（简称"危化品"）方面，督促涉及危化品生产、使用和经营等企业41家全面自查整改，消除隐患130条。冶金工贸领域，检查钢铁企业1家、铝加工（深井铸造）企业2家、危险系数高的粉尘涉爆企业21家，消除隐患160条。自建房方面，摸底排查经营性自建房安全，排查自建房15.6万栋，其中经营性自建房1.3万栋，初判存在风险房屋60户，实施清单管理、动态销号。消防方面，消防检查高层建筑、大型商业综合体、工业园区及自建房、住宅小区，查处火灾隐患1.1万条。

【安全生产基层基础建设】 2022年，武进区加强基层安全生产监管能力建设，夯实安全生产基层基础。实施工业企业网格化监管，各镇（街道）科学划分安全生产网格，共设置网格331个、网格员468人，巡查企业3.1万家次，巡查问题1.2万条，并全部整改。深化安全生产风险分级管控和隐患排查治理双重预防机制建设，推进企业1.1万家在省平台完成工业企业风险报告，实现"常安码"扫码自查常态、运行有效。创新开展"一章一牌一马甲"行动，企业主要负责人和安全管理人员统一佩戴"红袖章"，亮明身份、履行责任；规模以上企业和重点监管企业1624家挂牌运行安全生产管理科，统一管理企业生产安全、消防安全、特种设备安全等安全工作；企业6000余家配置样式统一、编号唯一"红马甲"近1万件，强化外来作业目视化管理，全流程规范外来作业，实施统一安全交底、统一安全防护、统一过程监控，压降外来作业安全事故。

【基层应急管理体系和能力建设试点改革】 2022年，武进区在全市率先制定出台《关于加强基层应急管理体系和能力建设的实施意见》，在牛塘镇、洛阳镇、南夏墅街道开展试点。整合镇（街道）安全生产委员会、消防安全委员会、减灾委员会、森林防灭火指挥部等议事协调机构职能，组建镇（街道）应急管理委员会。优化设置镇（街道）应急管理工作机构，镇（街道）经济发展局统一增挂应急管理局牌子，强化应急救援、安全生产、综合减灾、消防安全等职能。制定出台《武进区应急管理综合行政执法改革实施方案》，组建区应急管理综合行政执法大队，落实"局队合一"体制，采用"联合组队、合署办公"模式组建派驻中队11支、专业中队3支，实施全域派驻执法。武进区应急管理综合行政执法队伍规范化建设通过省应急管理厅验收。

【安全生产与应急管理宣传教育】 2022年，区应急管理局拓展宣传渠道，创新宣传手段，提升宣传质效。通过"武进应急"微信公众号发布政策法规解读、安全生产防灾减灾常识等文章651篇（原创文章287篇），被省级及以上媒体录用15篇，《安全为家》微视频获省安全应急科普公益微视频和融媒体作品大赛二等奖、常州市安全警示微视频竞赛二等奖。新增大禹水务安全教育培训基地、东方特钢安全生产仿真实训基地等公共安全体验场馆5个，湟里镇西墅村入选市级安全宣传示范村。开展"百团进百万企业千万员工"主题宣讲，累计宣讲95场次，覆盖企业9000余家。结合防灾减灾日、国际减灾日等重要节点，联合学校、社区等开展红盟集市、电影漂流、知识竞赛等活动，拍摄方言版《小主播话安全》音视频，营造浓郁宣传氛围。

区应急管理局被省安全生产委员会办公室表彰为安全生产月活动先进单位。

（杨　键）

消防救援

【概况】 2022年，武进区按照上级消防安全决策部署，提升综合应急处置能力，推动公共消防设施建设，排查整治火灾隐患，确保消防安全形势持续平稳向好。推进消防安全责任落实，通过政府常务会议、消防工作会议，分析研判消防安全形势，研究部署消防重点工作。区消防救援部门强化消防安全隐患整治，开展消防安全大检查、“除患治违”专项行动等。加强消防基础建设，明确专职消防员职业荣誉和社会保障机制，推进消防站点建设。开展消防宣传教育，引导群众参与消防志愿服务，营造人人关注消防、人人参与消防的良好氛围。接警出动2792起，其中火灾扑救1405起、抢险救援477起，出动车辆5237辆次，出动人员25639人次，抢救被困人员122人，疏散被困人员372人，抢救财产价值3316万余元，成功处置“5·24”居民燃气爆炸事故，实现火灾数和亡人数双下降。

【消防安全责任落实】 2022年，武进区党政主要领导、分管领导带队开展消防安全督导检查20余次。发布《2022年武进区各镇、街道和开发区管委会及区消防安全委员会成员单位消防工作任务清单》，明确各级各部门消防工作任务。发挥消防安全委员会办公室统筹协调作用，以贯彻全国基层消防力量建设会议为契机，推动10个镇（街道）完成消防安全委员会和基层消防服务所实体化运行。区消防安全委员会各成员单位专项检查建筑工地、医疗场所、托育机构、电动自行车充电场所等重点领域70余次。区消防安全委员会办公室加强各行业主管部门业务指导培训，发送工作建议函30余份。区消防救援大队结合“双随机、一公开”消防监督检查，检查单位2696个次，督促整改火灾隐患3225条（处），行政处罚违规单位和个人316个人次，发出临时查封决定书70份，责令“三停”（停止施工、停止使用、停产停业）单位31个，移送拘留1人。

【消防安全隐患整治】 2022年，区消防安全委员会坚持系统治理、精准防范，提升消防安全本质水平。部署开展“除患治违”专项行动，督促镇（街道）累计整改占用防火间距、消防车通道和可燃材料违章搭建隐患72处，整改面积4.3万平方米。区消防救援大队推进施工工地、自建房、住宅小区、电动自行车等专项排查治理，联合区安全生产委员会办公室出台经营性自建房重大火灾风险整治方案，遏制自建房事故多发态势。协调属地政府投入2000余万元完成聚新家园沿街商铺重大火灾隐患整改销案，牵头开展湖塘纺织工业园、湖塘纺织城隐患摸排，解决重大消防安全问题。服务保障重点建设项目，制定优化营商环境加强消防安全服务保障措施5项，帮扶复工复产企业300余家开展消防安全自查。

【消防基础建设】 2022年，武进区明确专职消防队伍保障机制，提升人员经费保障标准。加大消防装备经费投入力度，采购特种专勤类装备1482件、消耗类装备1453件、其他类装备359件、消防车5辆。按照5年规划3年建设要求，推进消防站点建设，洛阳专职消防队使用投勤，前黄专职消防队提前入驻，鸣凰专职消防站装修完毕。至年末，全区有消防队站10个，有供水泵组车、101米登高车等车辆31辆。区消防救援大队开展政府专职消防队伍达标创建，完成队伍事业单位法人登记8支，新征队员50人，实现“配备标准化、管理精细化、训战一体化”的建队治队模式。开展“三个一百”（集中100天时间，选定100个作战目标，全力攻关、破题研究形成100套灭火救援战术战法）“六个最课题”（最不放心单位、最大商业综合体、最复杂地下建筑、最高建筑、最大型储罐、最危险工艺）研学研训，实战拉动演练1013次。

【消防宣传教育】 2022年，区消防救援大队以消防宣传“五进”（进社区、进学校、进企业、进农村、进家庭）工作为抓手，推进消防宣传入家入户。联合区教育局、区司法局、区应急管理局、团区委举办第三届“蓝精灵”消防小卫士演讲大赛，得到中央级和省级媒体报道宣传。组织消防队（站）在剧本杀、私人影院、密室逃脱等“九小”场所开展消防宣传3600余家次。启动安全生产月、消防宣传月活动，开展“百团进百万企业”“百名指挥长讲安全”，组织培训宣讲230余场次，受众3万余人次。依托移动营业厅132个建立微型消防宣传站，全天候发放宣传资料3万余份。通过新奥燃气安全员200余人推广“消防安全码”扫码学消防知识，覆盖燃气用户近10万人次。“蓝精灵”学雷锋志愿服务站获评省、市两级优秀志愿服务站。武进区消防救援宣传教育稿件被国家级媒体录用19篇、“学习强国”学习平台录用8篇、省级媒体录用20余篇。

（田　蔚）

11月5日，第三届“蓝精灵”消防小卫士演讲大赛举行　（供图／区消防救援大队）

镇·街道

Towns & Sub-district Offices

栏目编辑　万向阳

雪堰镇

【概况】 雪堰镇位于武进区东南部，东接无锡马山，西临宜兴，南濒太湖，总面积104.75平方千米，辖行政村25个、社区4个，2022年年末常住人口11.28万人。境内有太湖岛屿大、小椒山，春秋阖闾城、宋代龟山书院、南山寺、吴稚晖故居等人文景观，以及国家级太湖湾旅游度假区、环球动漫嬉戏谷、中华孝道园等景区景点。农特产品有稻米、水蜜桃、葡萄、柑橘、杨梅和绿茶等。获得国家级生态镇、国家卫生镇、国家园林城镇和江苏省文明乡镇、江苏省健康镇、江苏省生态文明示范镇等称号。

产业发展 推进现代农业建设，成立农业休闲观光产业联合体，承办2022“苏韵乡情”农旅采摘线路发布会暨寻找“醉美”阳湖果园视频号挑战赛颁奖仪式。有工业企业2500多家，新增规模以上企业29家，累计196家，全年完成规模以上工业产值167亿元，占全镇工业总产值的69%。推进重点项目建设，全年招引重点项目18个，新增入库市重点项目1个、区重点项目17个；项目开工21个、竣工19个。发展智能制造，中铁建电气化局集团轨道交通器材有限公司入选第四批国家级专精特新“小巨人”企业，常州恒立气动科技有限公司等6家企业入选省级专精特新中小企业，常州依科赛尔机械有限公司等3家企业获省四星级上云企业认定。推进科技创新，净增高新技术企业10家，完成技术开发合同成交额5.92亿元，科技型中小企业入库84家，招引科技型中小微企业9家，备案“三高一资”（高科技、高成长性、高层次人才、社会资本参与）科技项目13项，获市级瞪羚企业认定16家、市级及以上企业研发机构认定5家，新建市级工程技术中心6家、市级企业技术中心1家。推进“湾镇”（太湖湾旅游度假区、雪堰镇）协同，打造湾镇旅游目的地，发行嬉戏谷、露营谷、孝道园和龙凤谷四大景区联票；精心设计“中国美丽乡村休闲旅游行”精品景点线路，全面启动太湖湾耕读大学堂，开创“文旅＋研学”模式。黄坡岭入选观赏日出的网红打卡点。

镇村建设 坚持湾镇统一布局、统一规划，以国土空间规划为依据，以优化布局为目标，推进国土空间规划修编、省级生态管控区调整和开发边界划定工作。保护生态环境，推进雅浦港片区生态安全缓冲区示范工程一期项目，开展太湖一级保护区连片集中整治，建设大型河道生态缓冲区；深化河道整治，腰沿河河长制主题公园建成，黄墅河河长制工作站落成，建成生态河道2.86千米，完成雅浦港支浜消劣8条，创成小微水体示范村3个、“幸福河湖”6条；加强污染防治，推进VOCs专项治理、污水治理示范区建设，臭氧污染得到初步遏制，支浜自净和生态修复能力有效提升。全镇$PM_{2.5}$浓度累计均值为25.4微克／立方米，降尘浓度稳定控制在

春到雪堰　　（供图／区融媒体中心　摄于2020年3月）

2022 年雪堰镇主要经济社会指标完成情况表

表 47

指　　标	单　位	数　值	比 2021 年（±%）
地区生产总值	亿　元	124.3	3.76
公共预算收入	亿　元	6.2	2.99
农业总产值	亿　元	6.3	2.99
多种经营产值	亿　元	5.9	3.90
粮食总产量	万千克	903.0	4.10
工业销售收入	亿　元	232.1	-11.10
实际利用外资及港澳台资	万美元	1003.0	3.40
自营出口额	万　元	—	—
第三产业增加值	亿　元	56.4	—
居民人均可支配收入	万　元	5.6	4.50

2022 年雪堰镇各村（社区）基本情况表

表 48

村（社区）名	户　数（户）	户籍人口（人）	党组织书记兼村委（社区居委会）主任	集体经济收入（万元）
共建村	1422	4365	杨晓丰	383.78
雪东村	953	3144	管立新	458.02
南山村	945	2957	吕　峰	206.26
绣衣村	981	3291	胡亚伟	393.78
雪西村 雪堰社区	1538	4025	高中琴 吴雪良	415.37
雅浦村	806	2685	陆育峰	274.95
阖闾城村	933	2738	蒋荣刚	496.26
谢家村	887	2986	秦伟新	122.22
太滆村	812	2775	单小兵	459.24
圣烈村	1064	3074	蒋　钧	233.70
曹家村	1351	3570	汪云飞	515.73
城东村	744	2061	许高峰	121.76
周桥村	1328	3473	钮建明	125.63
潘家村 潘家社区	981	2707	李惠全 唐晓峰	320.30
城西回民村	968	2879	吴卫丰	563.39
城湾村	712	1992	钱小群	322.80
凤凰村	623	1799	王曙东	202.48
南宅村 南宅社区	1544	4229	杨国仪 杨学军	119.11
夏墅村	689	2089	丁卫东	119.81
王允村	1372	3957	周文良	337.01
夏庄村	1170	3533	赵蕴炜	475.84
楼村村	1119	3342	边伟光	404.65
新康村	1243	3571	金建新	538.66
漕桥村 漕桥社区	1327	3194	顾立军 许盛伟	390.75
浒庄村	778	2267	缪林香	128.15

1.73吨／月·平方千米以内，全年优良天数307天，空气优良率84.8%，空气质量位居全区第一；国考、省考、市考断面水质均达到优Ⅲ等级，支浜水质稳定达标，全面消除黑臭水体。建设美丽乡村，完成雅浦板块美丽乡村建设一期招标，开启产旅融合建设新版本；建成农业科普展示中心，打造全省首个浸润式生态农业科普展厅；夏墅村前庙生态公园、周桥村松坟头自然村景观公园基本完工，城湾李家旦、城西田螺沟通过市级绿美村庄验收。完善公共设施，实施部分农贸市场、道路、桥梁改造更新，雪堰镇人居环境考评成绩稳居全区第一。

社会事业　优化教育资源配置，建立各学校基建及设备计划项目库，雪堰中心小学、漕桥小学、潘家初级中学通过武进区素质教育督导评估。提升雪堰中心卫生院二级综合医院内涵质量，创成雪堰医疗急救站。做好新冠肺炎疫情防控，发放爱心健康包超2.5万份。提升政务服务效能，建成政务服务便利站，打响“like办”服务品牌，一体化平台全年办理业务3.4万件，办理“一件事”套餐126件，代办民生事项超3000件。加强社会保障，社会保险参保单位累计近2500家；全年发放低保补助金226万元，惠及低保户190户、240人；发放临时物价补贴20余万元，惠及低保、重残对象近1000人。实施点亮微心愿工程，惠及低收入家庭173户。开展慈善助困活动，救助金额220万元。全年发放“一老一幼”补贴超290万元、残疾人“两项”补贴（贫困残疾人生活补贴和重度残疾人护理补贴）超1000万元。潘家村创成省级“儿童关爱之家”，曹家村创成区级“幸福家园”示范点，常武欣摄残疾人之家通过市级验收。

【雪堰7家企业入选省级及以上专精特新企业】 2022年，中铁建电气化局集团轨道交通器材有限公司入选第四批国家级专精特新“小巨人”企业，常州恒立气动科技有限公司等6家企业入选省级专精特新中小企业。

中铁建电气化局集团轨道交通器材有限公司　位于雪堰镇潘家工业集中区，成立于2008年9月，占地5.67公顷，建筑面积5.6万平方米，专业从事轨道交通器材研发、生产、销售，是国家高新技术企业，建有国家级实验室（CNAS）和江苏省企业技术中心、研究生工作站、工程技术研究中心等科研资质及平台，通过CRCC认证、欧盟铁路互联互通TSI认证，年度研发投入达到年度营业收入的3%以上，在业内带头开展科研项目技术攻关和产品研发改进升级，获授权发明专利5件、授权实用新型专利75件，近2年参与制订行业标准1项、地方标准3项，在简统化接触网产品和高寒高盐、大风区接触网产品研究推广应用方面领先国内外市场。2022年，完成产值84952万元。

常州恒立气动科技有限公司　位于雪堰镇工业集中区，成立于1990年，占地3.4公顷，建筑面积2万平方米，主要从事气动元件、自动化元件、汽车配件等研发、生产、销售，拥有中村留、DMG等加工中心、数控车床50多台和完备的精密测量室、实验室，通过IATF 16949汽车行业质量管理体系认证，产品广泛应用于轨道交通、汽车、轻工纺织、医疗器械、食品包装等自动化工业领域。2022年，完成产值21409万元。

常州市武进第二法兰锻造有限公司　位于雪堰镇新康村，成立于1993年，占地1.55公顷，建筑面积1万平方米，专业从事锻件、法兰、金属密封件、塔内件制造、加工、销售，拥有法兰制造设备100多台，具备化学分析、力学性能测试、金相分析、无损检测等检验试验能力，获得特种设备A级和B级制造许可证，通过ISO 9001质量管理体系、GB/T 14001环境管理体系、GB/T 28001安全和职业健康管理体系认证和CE认证、采标认证等。2022年，完成产值33891.7万元。

江苏特一机械股份有限公司　位于雪堰镇漕桥工业集中区，成立于2007年7月，占地7.3公顷，建筑面积4万多平方米，专业从事阀门、非标设备、智能型执行机构的研发、生产、销售，拥有美国DYNA加工中心、数控车床、数控铣床、数控钻床、等离子喷焊设备，建有光学实验室、力学性能实验室、压力实验中心。2022年，完成产值26598万元。

常州华瑞焊割设备有限公司　位于雪堰镇夏庄村黄堰桥99号，成立于2005年6月，占地3.3公顷，建筑面积2万平方米，从事焊割器材、塑料制品、焊机制造和五金加工等，拥有中引弧非高频等离子割枪等发明专利和实用新型专利和外观专利50余件。2022年，完成产值15880万元。

常州旷达威德机械有限公司　位于雪堰镇漕桥工业集中区（前塘路2号），成立于2008年5月，占地3公顷，建筑面积2.3万平方米，主要从事压力容器封头研发、制造和销售，拥有中国化工装备协会封头制造单位认证证书（甲级）、美国ASMEU2/PRT证书、美国压力容器NB注册资格证书、欧盟PED相关资格证书，先后取得中国船级社（CCS）、法国船级社（BV）、挪威船级社（DNV-GL）、劳氏船级社（LR）、美国船级社（ABS）、日本船级社（NK）以及TUV-SUD工厂认证，通过ISO 9001质量管理体系、ISO 14001环境管理体系、ISO 45001职业健康安全管理体系等认证。2022年，完成产值54340万元。

常州回回机械科技有限公司　位于雪堰镇潘家工业集中区建设路15号，建于2006年8月，占地2.2公顷，建筑面积1.3万平方米，拥有龙门、镗铣床、磨床、数控车床等精加工设备以及数控龙门切割机、液压剪板机、工业电炉、喷丸机等焊接设备，专业为工程机械、冶金机械、港口机械、煤矿机械厂家配套以及液压件生产。2022年，完成产值14932万元。

【风电设备关键零部件项目等重点工业项目建设】　风电设备关键零部件项目　由常州市柯海华煜机械有限公司实施，租用厂房3125平方米，购置数控落地镗、数控龙门、数控立车等设备21台（套），于2020年12月开工，2022年6月竣工，总投资3000万元，建成后可形成年产风电设备600套、齿轮箱机械零部件200套、汽车引擎盖模具40套的生产能力。

机械零部件加工项目　由江苏圣贤锻造有限责任公司实施，用地656.67平方米，新建厂房7569平方米，购置数控龙门铣床、立式车床、数控加工中心等设备25台（套），于2020年5月开工，2022年8月竣工，总投资6000万元，达产后可形成年产机械零部件2万件的生产能力。

【雪堰新增高新技术企业16家】　2022年12月，雪堰镇新增16家高新技术企业，累计高新技术企业64家。

2022年雪堰镇新增高新技术企业基本情况表

表49

企业名称	占地面积（平方米）	建筑面积（平方米）	产值（万元）
常州市常武欣摄石化配件有限公司	19528	11716	17531
江苏武东机械有限公司	33108	19864	17526
江苏苏宏医疗器械有限公司	9020	5412	822
江苏鼎仁重工机械有限公司	1456	873	1500
常州泰尔格重工机械有限公司	3000	1800	825
常州设华科技有限公司	600	360	278
常州市科健电力设备有限公司	7897	4738	3002
江苏恒鑫润翔机电制造有限公司	3162	1897	12808
常州市友利桐自动化设备有限公司	800	480	559
常州市武进精达轴承座有限公司	13186	7911	1619
常州三至换热器有限公司	4295	2577	3882
常州市武进第一水利机械有限公司	19711	11826	16703
常州酷泰机械有限公司	4662	2797	4258
常州英索兰换热器有限公司	3000	1800	3418
江苏军宏机械有限公司	202	121	4164
常州市超顺高压油缸有限公司	13338	8002	4723

【湾镇文旅组团促全域旅游】 2022年，按照武进区“十四五”规划提出的“向南打造太湖文旅组团、实施湾镇一体化发展”战略目标，围绕构建“处处皆是景、四季可畅游、白天加夜晚、景区加乡村”的全域旅游新格局，雪堰镇、太湖湾旅游度假区组建太湖湾美丽乡村示范片区建设工作专班，推进太湖湾片区雅浦板块美丽乡村建设民宿项目，举办太湖湾音乐节，启动太湖湾耕读大学堂“至田家丰收季”系列活动，形成淘春季、采摘季、丰收季、乡愁季等旅游子品牌。创新营销模式，发行嬉戏谷、露营谷、孝道园和龙凤谷四大景区联票，带动全域旅游消费增长。全年完成旅游接待273万人次，实现旅游总收入28.6亿元。

【太湖湾耕读大学堂“至田家丰收季”系列活动】 10月14日，太湖湾耕读大学堂“至田家丰收季”系列活动全面启动。具体内容参见“旅游业”类目p127相关条目。

（龚　泳）

礼嘉镇

【概况】 礼嘉镇位于武进区东南部，东临洛阳镇，西接武进高新区，南靠锡溧漕河，北依武进中心城区，总面积57.84平方米千米，辖行政村14个、社区3个。有葡萄、水蜜桃等名特农产品。获得“国家卫生镇”“国家级生态镇”“全国环境优美镇”等称号。

产业发展　发展精品农业，建设区级高标准农田32公顷，接续建成国家级高标准农田266.67公顷；培育种植、养殖示范户93户，争创示范合作社、家庭农场18家，“蒲岸66号”“蜂鸟农场”赋能“一村一品”等“礼”字品牌打响，毛家综合服务社入选全市首批“十百千万”工程示范点，镇农产品质量安全监管站获评省五星级监管机构。有工业企业2240家，其中规模以上企业151家，全年完成规模以上工业产值227.9亿元，占全镇工业总产值的77.15%。推进项目招优引强，新增重点项目16个，累计在库26个，其中入库省重点项目1个（源氢新能源项目）、市重点项目3个、区重点项目13个。加快项目建设，开工建设结转项目10个、新项目11个，完成年度计划的183%，玉玲珑高端工艺品研发制造等6个项目全面竣工。推进科技创新，实施园区更新，与江苏振新园区建设发展有限公司达成战略合作，新增“三高一资”（高科技、高成长性、高层次人才、社会资本参与）项目15个，入库科技型中小企业73家，净增高新技术企业24家，累计77家；常发农装省科技成果转化项目、宁辉医疗省级国际合作项目通过评定，江苏友奥电器有限公司等6家企业获评省级“专精特新”中小企业，常州市武进顺达精密钢管有限公司等3家企业建成市级智能车间，常州百佳年代薄膜科技股份有限公司申报IPO成功；落户“龙城英才”项目2个，促成产学研合作项目15项，建成人才公寓357套。全年完成高新技术产业产值197.87亿元，占规模以上工业产值的84.3%。

镇村建设　实施集镇更新，与常州市晋陵投资集团有限公司签约新集镇城乡融合示范区项目，引领“产、城、人融合”发展新模式。完善基础设施，建中路、政前路提档全面完成，政兴路、马坂线升级有序推进，累计优化道路43条；坂东桥、中兴桥改造工程通过验收，寺桥、建镇桥、西贝庄桥改造工程竣工通车；“礼嘉口袋公园”扮靓城镇“微空间”。开展拆迁安置，建设坂上安置房，完成嘉熙园二期分房398套和礼盛花园、坂上雅苑分割办证220套及失地农民即征即保项目10个。开展农村宅基地改革试点，何墅村宅改自建区建成交付，全省首张农村宅基地和建房（规划许可）电子批准书颁发。保护生态环境，深化“危污乱散低”综合治理和印刷、铸造、玻璃钢行业专项治理，加强在建工地扬尘管控；推进农村水环境综合整治，政平大河和蒲岸东、西浜等综合整治工程通过验收，大三房浜综合治理消劣基本实现，大路村、建东村、何墅村创成区级小微水体示范村，华渡村西官头浜获评区级幸福河道。深化人居环境整治和美丽乡村提标，蒲岸村、建东村精美小菜园扮靓房前屋后，庞家街村创成省级绿美村庄。开展城镇管理十大专项行动，集中整改店招、绿化、设施类问题，复耕用地3752平方米，增设停车场2个共计泊位297个，礼坂路市级精品街道创建通过验收，礼嘉中心幼儿园创成区级“垃圾分类教育示范学校”。

社会事业　推进教育事业均衡发展，政平幼儿园新园项目启动，坂上中学提升改造工程完成，礼嘉中学宿舍楼一期项目主体建成；坂上幼儿园加入集团化办学，政平小学、坂上小学争创市级“新优质学校”，礼嘉中学初高中分设平稳实现，礼嘉镇入围常州市基础教育综合改革实验乡镇。文体事业持续发展，新增大刘寺体育公园，嬉乐湾生态农业示范园获国家AAA级旅游景区认定，礼嘉镇第三届葡萄文化节暨第一届“礼嘉葡萄王”评比大赛成功举办，全年开展各类文艺活动70余场。发展光彩事业，成立政平小学“阳光”、坂上小学“向上”教育基金，全年共募集光彩基金706万元，发放各类慈善救助金逾1180万元。加强民生保障，新增就业1625人，公积

“阳光玫瑰”葡萄　（供图／礼嘉镇　摄于2020年7月）

表 50　2022 年礼嘉镇主要经济社会指标完成情况表

指　　标	单　位	数　值	比 2021 年（±%）
地区生产总值	亿　元	123.78	4.90
公共财政预算收入	万　元	26338	−26.35
农业总产值	亿　元	6.53	6.19
粮食总产量	万千克	1187.5	3.57
工业销售收入	亿　元	270.53	−1.01
实际利用外资及港澳台资	万美元	1078.64	4.01
自营出口额	万　元	—	—
第三产业增加值	亿　元	38.97	4.20
居民人均可支配收入	元	57976	4.60

表 51　2022 年礼嘉镇各村（社区）基本情况表

村（社区）名	户　数（户）	户籍人口（人）	党组织书记兼村委（社区居委会）主任	集体经济收入（万元）
新辰村	1023	3440	黄文杰	275
秦巷村	898	2740	杨　勇	354
礼嘉村	841	2699	李　强	181
建东村	1174	3735	沈锡忠	268
陆庄村	807	2714	史仕兴	203
毛家村	1080	3415	陈文波	132
何墅村	823	2661	何文超	81
蒲岸村	1020	3344	殷静波	228
武阳村	1205	3724	吴振宇	195
坂上村（社区）	657	1823	李建一	201
大路村	1306	3956	李晓峰	193
庞家街村	777	3012	庞新良	116
华渡村	1188	3757	谢永良（—7 月） 徐　斌（7 月任）	82
政平村（社区）	1183	3849	范平益（—4 月） 赵　磊（5 月任）	281
礼嘉社区	408	923	周伟良	—

金、社会保险、医疗保险扩面达 1200 余人，发放退役军人优待证 1500 张，完成适老化改造家庭 38 户。

【嬉乐湾生态农业示范园获国家 AAA 级旅游景区认定】 内容参见“旅游业”类目 p126 相关条目。

【明业减速机等 6 个重点项目竣工】 明业减速机项目　由江苏明业搅拌科技有限公司实施，用地 1.33 公顷，新建厂房 1.5 万平方米，购置车床、检测仪、滚齿机等设备 21 台（套），于 3 月竣工，达产后可形成年产减速机（搅拌机）2000 台的生产能力。

昊诺电子元器件项目　由常州昊诺装饰工程有限公司实施，利用自有土地，新建厂房 1.85 万平方米，购置高速吸塑成型机、空压机、干燥机等生产设备 41 台（套），于 8 月竣工，达产后可形成年产电子元件、通信产品 18 亿套的生产能力。

玉玲珑高端工艺品研发制造项目　由江苏玉玲珑珠宝科技有限公司实施，用地 0.93 公顷，新建厂房 2.1 万平方米，购置数字雕刻设备、数字切割设备、抛光设备、装备流水线、电烤箱、磨削机、筛选色选机、全自动打孔机等设备 160 台（套），于 8 月竣工，达产后可形成年产 5 万件高端工艺品的生产能力。

常发农装拖拉机用精密齿轮项目　由江苏常发农业装备股份有限公司实施，利用现有厂房 1 万平方米，购置数控车床、滚齿机、插齿机、剃齿机、立式加工中心、花键铣床等设备 172 台（套），于 5 月竣工，达产后可形成年产 2 万套齿轮的生产能力。

泛亚微透 SiO_2 气凝胶及膜复合材料项目　由江苏泛亚微透科技股份有限公司实施，利用自有土地，新建车间 3500 平方米，新增 SiO_2 气凝胶制造产线设备、精密涂布机等 32 台（套），于 4 月竣工，达产后可形成年产 SiO_2 气凝胶 1604 立方米、气凝胶与膜复合材料 24 万平方米的生产能力。

恒创热交换器组件项目　由常州恒创热管理有限公司实施，利用自有厂房，购置油压机、清洗线、铆接机、钎焊线等生产设备 88 台（套），于 8 月竣工，达产后可增加年产 150 万套冲压钎焊液冷板和 200 万套翅片式蒸发器的生产能力。

【礼嘉新增入库投资上亿元重点产业项目 5 个】 冠日新材料精密机械部件及研磨工具项目　由江苏冠日新材料科技有限公司实施，用地 1.33 公顷，新建厂房和辅助用房约 3 万平方米，购置 SMT、回流焊、自动叶片成型机、自动复合机及全自动标贴机等 81 台（套），达产后可形成年产智能化照明系统精密机械部件 20 万套及 5000 万套研磨工具的生产能力。

溢澜新能源汽车机械零部件制造项目　由常州溢澜新材料科技有限公司实施，利用自有土地 1.27 公顷，建设厂房 2.6 万平方米，新增加工中心、数控车床、检测仪器等设备 36 台（套），形成年产新能源汽车自动变速箱机械零部件 15 万套的生产能力。

源氢氢燃料电池质子交换膜项目　由江苏源氢新能源科技股份有限公司实施，分两期实施：一期项目用地 9.33 公顷，规划建设氢能材料研发大楼和实验大楼等研发中心 3 万平方米，燃料电池用氢质子交换膜洁净车间、ePTFE 功能膜制造车间等一期厂房 18 万平方米，自制研发、测试设备 43 套，新购置氢质子交换膜（PEM）、功能膜电极组件（MEA）、氢质子交换膜燃料电池（PEMFC）和其他功能膜等生产设备 90 套。二期项目用地 10.07 公顷，规划建设燃料电池用氢质子交换膜洁净车间、ePTFE 功能膜制造车间等二期厂房39.2万平方米，购置氢能质子交换功能膜（PEM）制造所需仪器设备的386套。该项目达产后可形成年产氢质子交换膜（PEM）650万平方米的生产能力。

恒创新能源车用热管理系统项目　由常州恒创热管理有限公司实施，用地4.67公顷，建设厂房8.2万平方米，购置翅片机、装配机、焊接炉、检漏仪、震动试验台、焓差实验室、性能实验室、环境模拟实验室、装配流水线等研发、测试、加工和生产设备及各类管理系统、工控软件共计304台（套），建成后可形成年产50万套新能源汽车用热泵空调及电池包热管理系统的生产能力。

奥凌高档电烤炉、燃气取暖器项目　由江苏奥凌机电科技有限公司实施，用地2公顷，建设厂房及科研中心3万平方米，新增1250吨超大吨位液压机、激光切割机、全自动涂装流水线等设备，形成年产高档电烤箱30万台、燃气取暖器10万台的生产能力。

【礼嘉6家企业获批省专精特新“小巨人”企业】 2022年，礼嘉镇6家企业获批省专精特新“小巨人”企业。

江苏泛亚微透科技股份有限公司　位于礼嘉镇前漕路8号，成立于1995年11月，2020年10月16日在上海证券交易所科创板挂牌上市，股票简称“泛亚微透”，股票代码“688386”。该公司主要从事膨体聚四氟乙烯膜（ePTFE）、柔性气凝胶等微观多孔材料的应用研发，拥有授权专利204件和PCT专利4件，建有江苏省膨体聚四氟乙烯膜与气凝胶复合材料工程技术研究中心，掌握膨体聚四氟乙烯（ePTFE）透气防水膜和柔性气凝胶制备的核心技术和装备能力，形成ePTFE微透产品、吸隔声产品、气体管理产品、CMD、挡水膜、密封件以及机械设备7个大类产品，广泛运用于汽车、航天航空、消费电子、新能源、军工设备等行业。2022年完成产值38151万元。

常州市艾迈斯电子有限公司　位于礼嘉镇秦巷村委漕桥211号，成立于2002年7月，是致力于锂电智能设备动力连接器产、销、研一体的厂家，拥有自主知识产权245件，其中发明专利3件（实审阶段）、实用新型专利65件、外观专利177件，研制的第四代锂电动力连接器于2022年上市，产品广泛用于锂电储能设备、电动二轮车、园林工具、航模无人机、智能机器人、智能家电等领域。

常州市武进红光电能科技股份有限公司　位于礼嘉镇桂阳路1号，成立于1981年03月，2007年获高新技术企业认定，拥有专利51件，其中发明专利3件，建立GB/T19001、IATF16949、GJB9001C质量管理体系，定制电源在技术上先后攻克氮化镓、碳化硅器件的实际运用、铝基板散热及平面变压器运用等难关，达到国内领先、国际先进水平。

常州市武进顺达精密钢管有限公司　位于礼嘉镇礼洛路3号，成立于1995年，专业生产冰箱制冷用钢管、蒸发器、冷凝器，是国内冰箱制冷用配件生产的标杆企业，为美的、海尔、海信、格力、三星、LG等国内外知名家电品牌提供各种规格的制冷用钢管、蒸发器、冷凝器。

江苏腾驰科技有限公司　位于礼嘉镇桂阳路3号，前身为常州市腾驰机械附件有限公司，成立于2005年1月，主要生产汽车发动机低、中、高压管路和涡轮增压系统核心零件及精密机加零件、冲压件拥有专利50余件，车间生产设备60%采用机器人或自动化生产线。

英特曼电工（常州）有限公司　位于礼嘉镇武阳村庙坂路6号，创立于1990年，是挪威英特曼国际在中国境内的投资企业，主要生产插头、插座、开关、暗盒、电源线等电工产品和调光器、定时器、USB、智能插座等电子产品，取得ISO 9001质量管理体系认证、ISO 14001环境管理体系认证及中国CCC、欧盟CE等安全认证，“英特曼”成为北欧电工行业的知名品牌。

【礼嘉新增高新技术企业24家】 2022年，礼嘉镇有24家企业被全国高新技术企业认定管理工作领导小组办公室认定为高新技术企业。

表52　**2022年礼嘉镇新增高新技术企业基本情况表**

企业名称	占地面积（平方米）	建筑面积（平方米）	产值（万元）
常州威马焊切器材有限公司	4000	9000	780
常州汉限数控技术有限公司	3300	3500	2100
常州西莱特电力科技有限公司	6000	3000	4500
常州市天达铝业有限公司	12000	8000	1500
常州市奥克莱斯自动化设备有限公司	1000	1000	930
江苏冰玛制冷设备有限公司	3000	1700	470
常州融和电子有限公司	6000	8000	4900
江苏恒源园艺用品有限公司	185741	26314	10000
常州宇冠机械有限公司	7000	7000	3900
常州泉灵机械制造有限公司	4077	4500	1523
常州海亮自动化设备科技有限公司	2000	700	134
常州市飞腾摩托车配件制造有限公司	6000	10000	101466
江苏汇合管路系统科技有限公司	6000	6000	3283
常州市何晟金属材料有限公司	5000	3000	1400
常州市国伟钢结构有限公司	20000	15000	400
常州市苏南盛氏制辊机械有限公司	1000	1000	400
常州市赛克林五金制品有限公司	2000	5000	3200
常州市钛宇新材料有限公司	2000	1000	500
常州昇凯东机械有限公司	3345	3345	2670
常州百朋纺织有限公司	1500	2000	500
常州广利管路系统科技有限公司	12841	10000	5622
常州市盛辉药业有限公司	8700	6000	5200
常州世卓精密锻造有限公司	9900	7000	3239
常州铭哲机电有限公司	20000	10000	5000

何墅自建区俯瞰

（供图/礼嘉镇　摄于2023年7月）

【何墅村宅改自建区建成交付】 11月25日，何墅村宅改自建区建成交付。该项目位于礼嘉镇何墅村安头桥，用地2.58公顷，规划建设住宅房76套，其中宅基地占地面积90平方米4套、140平方米72套，配套居民活动场地350平方米。通过农村住房自建区建设，改善农民居住条件，提升农村人居环境，不断满足群众对美好生活向往的追求。

【礼嘉新增省级荣誉村庄2个】 2022年12月，礼嘉镇庞家街村后小桥村、建东村分别入选省级绿美村庄和省级民主法治示范村。

庞家街村后小桥村位于礼嘉镇庞家街村东北角，距离镇区4.1千米，占地总面积5公顷，有村民52户、常住人口240人。2022年，该自然村积极创建省级绿美村庄，组织村庄整体绿化环境提升改造，实施绿化景观带设计和河道、村组道路绿化带补植等工程，种植广玉兰、香樟、红叶石楠等10多个花木品种，完成村庄绿化总面积2公顷、公共绿地面积1公顷，绿化覆盖率达40%，实现村庄应绿尽绿。

建东村位于礼嘉镇东北角，与洛阳镇相邻，232省道南北贯穿全村，占地总面积447公顷，有村民1191户、常住人口7850人。该村结合党建共建园，在人口密集的刘家村打造红蜂法治园。联合法律顾问组建红蜂普法队，发展红蜂网格员5名，做好矛盾协调工作，开展普法讲座、发放普法知识手册等活动，实现全域普法。深入开展民法典宣传，包括老年人权益保障、妇女权益保障、婚姻家庭、金融知识、环境保护、土地租赁承包等法规内容，提高群众知法、懂法、用法能力，弘扬尊老爱幼、遵纪守法的社会风尚。

【礼嘉新增公益基金3个】 政平小学阳光同心惠民教育百万光彩基金　1月设立，支持政平小学教育事业发展，年内累计收到捐款208万元。

政平小学丰顺同心惠民教育百万光彩基金　3月设立，支持政平小学教育事业发展，年内累计收到捐款100万元。

坂上小学向上同心惠民教育百万光彩基金　11月设立，支持坂上小学教育事业发展，年内累计收到捐款134万元。

（谈海燕）

前黄镇

【概况】 前黄镇位于武进区南部，东临太湖，西濒滆湖，南与宜兴市和桥镇接壤，北依武进高新区，总面积103.59平方千米，辖行政村20个、社区4个，2022年年末总人口68076人。境内有新长铁路货运站点，沪宁高速苏锡常南部通道、常宜高速，常武路、南环线、湖滨公路等区域交通干道，以及太滆运河、武宜运河、锡溧漕运河等水运等级河道。素有“鱼米之乡”之称，“前黄”优质大米、“绿天使”食用菌、“红高”螃蟹、“碧水”青虾、寨桥“老鹅”等品牌农产品远近闻名。获得国家级生态镇、江苏省外向型农业生产基地、无公害蔬菜生产基地和江苏省教育名镇、江苏省文明乡镇等称号。

产业发展　全面建设武进区滨湖现代农业产业园（一期）项目，运村村、祝庄村建成国家高标准农田266.67公顷，16个村累计实施耕地轮作470.7公顷，全镇增加耕地面积41.33公顷，收获小麦3650吨、水稻1.4万吨。推进“三品”（绿色、有机、地理标志农产品）培育和品牌建设，开展水产品质量安全“夏雷”行动，举办第五届桑葚采摘节，启动前黄大米国家地理标志证明商标申报，打响桑葚、樱桃、圣女果、水蜜桃等农产品前黄品牌。有规模以上工业企业124家，全年完成规模以上工业产值159.15亿元，增长8.9%。建设重大项目，引进落户九天封装模块、越行智能电竞装备、卡凡农机制造等项目，新增入库区重点项目16个，武智工研荟、开普顿新能源汽车零部件等17个项目开工建设，佳博电动自行车电控系统、泽辉医用直流电机等11个项目竣工投产，累计完成投资额7亿元，实现年度投资计划的135%。推进科技创新，获高新技术企业认定24家，有效期内高新技术企业57家，全年完成高新技术产业产值71.24亿元，占全镇规模以上工业产值的44.76%。壮大现代服务业，完成投资7.73亿元，实现增加值49.72亿元，限额以上批零住餐销售额增长20.9%。

镇村建设　完善基础设施，启动凤栖路、前黄西路、景德西路3条道路建设，完成武进桥、迎春桥等3座农危桥改造和集镇道板、运村集镇消防栓、前黄专职消防救援站、前黄派出所综合大楼、寨桥农贸市场星级提升等等市政工程。推进住房建设，实现金科玖璋府主体封顶，挂牌出让“136”定向商品房地块，持续建设文雅苑续建三期、祥运家园二期和运村、丁舍、红星3个自建区及宅改房，完成安置分房206套。保护生态环境，推进铸造、玻璃钢产业集

表 53　2022 年前黄镇主要经济社会指标完成情况表

指　　标	单　位	数　值	比 2021 年 （±%）
地区生产总值	亿　元	116.3	1.70
公共预算收入	万　元	26677	−22.30
农业总产值	亿　元	13.64	3.25
粮食总产量	万千克	1715.2	0.33
工业销售收入	亿　元	186.85	9.20
实际利用外资和港澳台资	万美元	1004	−0.40
自营出口额	万美元	—	—
第三产业增加值	亿　元	49.7	4.70
居民人均可支配收入	元	56778	4.60

表 54　2022 年前黄镇各村（社区）基本情况表

村（社区）名	户数（户）	户籍人口（人）	党组织书记	村委（社区居委会）主任	集体经济收入（万元）
运村村 运村社区	785	2433	史春杰 王有玉	史春杰 王有玉	333.85
农场村	878	2732	胥建定	胥建定	205.80
祝庄村	846	2887	叶建兴（1—2 月） 蒋晓飞（2—11 月副书记）	叶建兴（1—2 月） 蒋晓飞（2—12 月临时召集人）	215.28
谭庄村	932	2852	胥国华	胥国华	217.64
杨桥村	1649	5036	朱志刚	朱志刚	279.53
大成村	997	3637	蒋　旭	蒋　旭	220.86
丁舍村	1475	4316	王洪法（1—2 月） 吴绍成（2—11 月副书记）	王洪法（1—2 月） 吴绍成（2—12 月临时召集人）	249.38
前黄村 前黄社区	823	2837	王　强 杨春凤	王　强 杨春凤	365.98
红旗村	916	2774	陈新元	陈新元	210.84
前进村	821	2473	徐志成	徐志成	286.60
漳湟村	868	3137	鲍建中	鲍建中	208.79
坊东村	1188	3389	柏丽明 （1—7 月副书记）	柏丽明	333.55
联庆村	1173	4165	张立成	张立成	256.04
灵台村	1752	5194	张建兴（1—3 月） 李国栋（镇班子成员，3—12 月主持工作）	张建兴（1—3 月） 李国栋（镇班子成员，3—12 月主持工作）	313.84
寨桥村 寨桥社区	912	2763	吴明亚	吴明亚 史雪莲	481.58
观咀村	965	3237	陈　刚	陈　刚	271.76
高梅村	912	2745	杨国兴	杨国兴	257.33
坊前村	986	2976	许林波 （1—7 月副书记）	许林波 （临时召集人）	245.96
红星村 红星社区	746	2420	堵小南	堵小南 吴　波	269.33
蒋排村	722	3031	赵　杰（1—6 月） 沈南洋 （7 月任副书记）	赵　杰（1—6 月） 沈南洋（7—12 月临时召集人）	379.64

群整治、“危污乱散低”出清、秸秆综合利用和禁烧管控等工作，深化太湖流域入河（湖）排污口整治，实现大气、水环境质量稳中有进。开展“绿箭 2022”专项行动，累计疏通雨水管网 4.8 千米、污水管网 12.7 千米，完成自然村农村生活污水接管 17 个和蒋山浜等 4 条支浜、95 个小微水体整治，启动 80 公顷池塘生态化改造工程，国考断面武宜运河钟溪大桥断面、省考断面锡溧漕河分庄断面现状水质均达到Ⅲ类。开展土壤污染状况调查和治理，完成农药废弃物包装 3.6 吨和农膜 100 吨回收。推进镇村长效管理，对照典范性文明城市创建要求，深入开展交通秩序、户外广告、废品收购站、空中线缆等专项整治行动，市容市貌有效提升。

社会事业　发展教育事业，创办前黄实验高级中学，启动前黄中心幼儿园新建工程，投入 500 余万元完善前黄初级中学、运村实验学校等学校教育设施、校园环境，全镇中高考成绩保持全区前列。提高医疗卫生水平，投入 500 余万元购置螺旋 CT、超高清腹腔镜系统等设备，武进第五人民医院新综合大楼投入运行，寨桥卫生院与区疾控中心联合成立医防联合体。深化精神文明建设，围绕新时代文明实践活动及“喜迎二十大”主题，组织开展“阳湖达人学习挑战赛”、全民阅读、学雷锋志愿服务等活动，打造“耕读传家”阅读示范站 20 个。前黄镇获评 2019—2021 年度江苏省文明乡镇，杨桥村、谭庄村获评 2019—2021 年度江苏省文明村，大成村、高梅村、丁舍村、联庆村获评 2019—2021 年度常州市文明村。加强社会保障，实施扩大就业政策，通过线上与线下、培训与激励相结合的方式，服务创业 628 人，带动就业 1162 人，净增社保人员 227 人，培训新型职业农民和农业技术人员 1600 余人次。精准落实各项帮扶纾困惠民政策，发放低保金、残疾人“两项”补贴、尊老金等民政资金 1980 余万元。

【前黄大米地理标志产品及区域公共品牌创建】　前黄镇作为武进区农业大镇，水稻种植面积保持在 1333.33 公顷，占全区的 1/3。2022 年，该镇进一步发挥境内水资源丰富、土质肥沃、日照充足的优势，积极创建前黄大米地理标志产品及区域公共品牌，选用由江苏（武进）水稻研究所多年精心培育的优质食味粳稻品种，按照统一标准进行生产和管理，推行轮作休耕、稻鸭共作、绿色防控等技术措施，所产稻米达到绿色食品和有机食品标准；严格按照农产品质量安全追溯监管平台要求，做到产前抓农业投入品监管、产中抓农业标准化生产、产后抓农产品抽检和追溯，实现大米从“产”到“销”全过程质量控制，确保生产的每一粒前黄大米都保持上佳品质。每年10月下旬是前黄大米收割期，脱壳之后的前黄大米颗粒饱满、晶莹剔透，散发出淡淡清香，煮熟之后饭粒油亮、香味浓郁，口感软糯、粒粒弹牙，还具有凉饭不硬的特点，媲美东北大米。2022年，全镇完成前黄大米产量1.35万吨，实现产值7000万元。

【佳博电动自行车电控系统等项目开（竣）工】 佳博电动自行车电控系统项目 由常州市佳博机械制造有限公司实施，用地8033.33平方米，建设厂房1.6万平方米，新增绝缘纸插入机、双工位电动车绕线机等生产设备180台（套），于2021年7月开工，2022年6月竣工，总投资7000万元，投产后可形成年产电动自行车电控系统100万套的生产能力。

音迪汽车发动机配件项目 由常州市音迪服饰有限公司实施，用地1公顷，新建厂房8500平方米，购置螺旋压力机、数控冲床等设备40余台（套），于2021年10月开工，2022年9月竣工，总投资1亿元，投产后可形成年产汽车发动机配件2万吨的生产规模。

烨拓工程机械车身覆盖件及锂电箱项目 由常州烨拓机械有限公司实施，购置土地1.14公顷、厂房3700平方米，新建车间1.45万平方米，购置激光切割机、液压机等生产设备41台（套），于2022年5月开工，12月竣工，总投资1亿元，投产后可形成年产工程机械车身覆盖件及锂电箱20万套的生产能力。

宏远新材料桥梁防撞设施项目 由江苏宏远科技工程有限公司实施，利用现有厂房，购置空气等离子弧切割机、激光切割机等设备223台（套），于2021年11月开工，2022年3月竣工，总投资3200万元，达产后可形成年产新材料防撞设施500套的生产能力。

东合PVC彩膜项目 由常州东合装饰材料有限公司实施，租用车间及配套设施5000平方米，购置组合式凹版印刷机、复检机等设备11台（套），于2022年2月开工，8月竣工，总投资6000万元，达产后可形成年产PVC彩膜4000万米的生产规模。

泽辉医用直流电机项目 由常州泽辉机械有限公司实施，利用现有土地，新建厂房4400平方米，购置注塑机、半自动转子线、电机装配流水线等设备34台（套），于2022年6月开工，12月竣工，总投资5000万元，达产后可形成年产医用直流电机30万个的生产能力。

武智工研荟项目 由常州武智前研荟建设发展有限公司实施，用地面积3.35公顷，新建车间及配套辅助用房6.45万平方米，于2022年9月开工，总投资约2.4亿元。

渔光互补　　　（供图／前黄镇　摄于2022年8月）

越行智能电竞装备项目 由江苏越行机械科技有限公司实施，利用自有土地，新建车间1.1万平方米，购置压力机、工业机械手、自动装配线、冲压自动化设备等40台（套），于2022年8月开工，总投资5000万元，建成后可形成年产智能电竞装备300万套的生产能力。

龙泰汽车零部件项目 由常州龙泰铸造有限公司实施，利用企业原有厂房，购置车床、钻床等设备190台（套），于2022年4月开工，7月竣工，总投资3000万元，投产后可形成年产新能源汽车配件1600万件的生产能力。

九天封装模块项目 由常州九天新能源科技有限公司实施，利用自有厂房3000平方米，并将厂房改造成超净车间，购置装片机、键合机、铜跳线机等设备71台（套），与原有设备配套，于2022年6月开工，总投资1亿元，建成后可形成年产封装模块3亿颗的生产能力。

科润油水管项目 由常州市科润新能源有限公司实施，购买盘活低效用地8666.67平方米，并翻建改造厂房，购置塑料挤吹中空成型机、注塑机、冲床等设备52台（套），于2022年7月开工，9月竣工，总投资5000万元，投产后可形成年产油水管系列、乐器、工业脚轮1亿个的生产能力。

胜鸿韵铜包钢双金属复合线项目 由江苏胜鸿韵金属材料有限公司实施，利用原有厂房，购置包覆机等设备74台（套），于2022年7月开工，11月竣工，总投资3000万元，投产后可形成年产铜包钢双金属复合线3000吨的生产能力。

亮晶智能医疗床项目 由常州市亮晶钢化玻璃有限公司实施，利用现有土地，新建车间1.1万平方米，购置智能全自动激光切管机、激光割板机、数控自动折弯机等设备30台（套），于2022年12月开工，总投资6000万元，建成后可形成年产智能医疗床10万台的生产能力。

品优装饰PVC彩膜项目 由常州东合品优装饰材料有限公司实施，租用厂房及辅助设施6000平方米，购置组合式凹版印刷机、复检机等设备14台（套），于2022年8月开工，总投资8000万元，建成后可形成年产PVC彩膜6000万平方米的生产能力。

开普顿新能源汽车零部件项目　由常州市开普顿精密机械有限公司实施，利用自有厂房，购置注塑机、烘干搅拌机等生产设备80台（套），于2022年9月开工，总投资6500万元，建成后可形成年产汽车塑料零部件60万件及新能源电池托盘40万套的生产能力。

卡凡农机制造项目　由常州卡凡机械有限公司实施，租用车间7000平方米及堆场等生产设施，并对现有生产设施装修改造，购置激光切割机、折弯机等设备34台（套），于2022年10月开工，12月竣工，总投资3200万元，投产后可形成年产挖机500台、割草机4000台、碎木机800台等农机装备的生产能力。

荣昌盛汽车零部件项目　由江苏荣昌盛金属有限公司实施，对现有厂房等生产设施升级改造，购置数控车床加工中心等设备39台（套），于2022年10月开工，12月竣工，总投资3000万元，项目建成投产后可形成年加工汽车零部件300万件的生产能力。

鹏宇水处理多功能控制阀项目　由江苏鹏宇玻璃钢压力容器有限公司实施，利用自有厂房并加以装修改造，购置注塑机、数控中心等设备82台（套），于2022年11月开工，总投资6500万元，建成后可形成年产水处理多功能控制阀5万套的生产能力。

10月31日，2022武进区“中国农民丰收节”启动仪式在前黄镇举行

（供图/前黄镇）

【前黄新增高新技术企业15家】 2022年，前黄镇有24家企业被全国高新技术企业认定管理工作领导小组办公室认定为高新技术企业，其中新增高新技术企业15家。

【前黄镇专职消防救援站落成揭牌】 12月8日，前黄镇专职消防救援站落成揭牌。该消防救援站位于寨坊路与武风路交叉口西南角，利用原寨桥水利站的三层房屋改造建成，改造面积2399平方米，按照二级城市消防站标准，配备消防员24名和灭火救援消防车2辆，配齐自然灾害救援、特殊火灾扑救、消防勤务等特种攻坚装备，具备应对处置各类灾害事故能力，对于提升处突响应速度、保障人民群众生命财产安全发挥积极作用。

2022年前黄镇新增高新技术企业基本情况表

表55

企业名称	占地面积（平方米）	建筑面积（平方米）	产值（万元）
常州华伦热电有限公司	28308	13498	12223
常州乔德机械有限公司	—	3000（租用）	3553
常州市莱欧铸造有限公司	6666	7393	5000
常州弘敢电器科技有限公司	9400	9400	8079
常州泽辉机械有限公司	21406	21838	5739
常州市润跃机械有限公司	10000	8000	2600
常州惠能电气有限公司	28000	35000	5000
常州卡凡机械有限公司	7000	6500	5179
江苏晶昱宝环境科技有限公司	350	350	800
常州欧肯机械科技有限公司	700	700	758
常州市灵冉精密五金有限公司	6000	6000	5000
江苏强茂减速机有限公司	4618	3930	3768
常州德亿旋压科技有限公司	2000	1500	728
常州市常和机械有限公司	14188	10094	3666
常州久弘志远机械有限公司	4500	3000	1200

【特色农业节庆活动】 5月8日，“品读前黄、醉美桑葚”前黄镇全民阅读活动暨第五届桑葚采摘节启动仪式举行。在启动仪式上，前黄镇“耕读传家”阅读示范站获授牌，前黄镇政府与江苏杰记农业科技有限公司、常州原疆电子商务有限公司、常州市农产品经纪人协会、常州市武进区前旺供销有限公司4家涉农商家签约。前黄镇在丁舍村等地推进桑葚种植规模化、集中化，桑葚种植面积8余公顷，形成集桑果采摘、熬制桑葚膏、酿造桑葚酒、晒成桑葚干于一体的桑葚品牌，于2018年举办首届桑葚节，带动全镇桑葚产业发展，为农业增效、农民增收搭建良好平台。第五届桑葚采摘节持续至5月底，累计吸引采摘、观光7500余人次。

12月7日，“水乡寻味、食饮荟萃”前黄镇特色美食节暨厨艺技能大赛在前黄镇寨桥文体广场举行。此次比赛由刀工比拼和厨艺展示两部分组成，由8家餐饮单位选派厨师参赛，以“一条鱼”为主题制作精良菜品，展示各自对“江南鱼米之乡”前黄特色美食的理解。经评委对参赛菜品装盘、创意、形状、色泽、口味方面打分，评选出一等奖1名、二等奖2名、三等奖5名。

【前黄新增光彩基金5个】 2022年，前黄镇新增宏远同心惠民教育光彩基金、耕读同心惠民教育光彩基金、景德同心惠民教育百万光彩基金、衡迈同心惠民百万光彩基金、中建华城同心惠民百万光彩基金5个，全年到账捐赠资金489.24万元，其中常州市凯宏铝业有限公司、江苏鑫和泰机械集团有限公司、常州九洲裕光新能源有限公司累计捐赠90万元，用于资助寨桥卫生院采购X射线计算机断层扫描仪（CT）。

（邱红娟）

湖塘镇

表56 2022年湖塘镇主要经济社会指标完成情况表

指　　标	单　位	数　值	比2021年（±%）
地区生产总值	亿　元	351.73	2.1
公共预算收入	万　元	163420	-12.59
农业总产值	亿　元	0.08	持平
粮食总产量	万千克	3.5	-10.26
工业销售收入	亿　元	350.12	2.52
实际利用外资及港澳台资	万美元	—	—
自营出口额	万美元	—	—
第三产业增加值	亿　元	243.65	0.5
居民人均可支配收入	元	61563	4.58

【概况】 湖塘镇为武进区城关镇，总面积59.04平方千米，辖社区45个、股份经济合作社37个，2022年年末常住人口43.23万人。境内有全国重点文物保护单位——春秋淹城遗址和恽南田纪念馆。有中国百强乡镇、中国乡镇之星、中国织造名镇之称，获得全国文明镇、全国环境优美镇、国家级生态镇、中国纺织面料之都、中国针织面料基地、中国纺织品贸易基地、棉纺织产业集群创新发展示范地区和江苏省文明乡镇、江苏省健康乡镇、江苏省生态文明建设示范乡镇等称号。2022年，综合实力位居全国千强镇第15位。

产业发展　以湖塘科技产业园和武进科创园为平台，加快发展现代产业体系。有工业企业2850余家，其中规模以上工业企业179家，全年完成规模以上工业产值180.85亿元，占全镇工业总产值的51.1%。湖塘科技产业园D区建成投用，累计标准厂房55.6万平方米，签约入驻企业163家，厂房出租率86%，基本形成以智能装备制造、医疗器械、电机电器、新能源产业为主导的产业特色，并积极探索“基金＋基地＋城市”的发展模式，入选第一批省级现代服务业高质量发展集聚示范区。武进科创园推进“腾笼换鸟”，腾出面积5000余平方米，新签约入驻企业2家，在园企业33家。全镇加快项目招引，完成重点项目招引18个，在库区重点项目26个，其中区重点工业项目22个、区重点服务业项目4个，全年完成全社会固定资产投资65.8亿元。推进科技创新，新增高新技术企业18家、科创苗圃企业6家，入库科技型中小企业109家，有效发明专利464件，开展产学研合作重点项目5项，全年完成高新技术产业产值51.72亿元，江苏智马科技有限公司荣获第七届“创客中国”暨江苏省中小企业创新创业大赛一等奖，沃沛斯（常州）能源科技有限公司和江苏欧密格光电科技股份有限公司获评常州市智能车间。

城市建设　推进城市更新，完成长沟河片区、沟南片区整体规划，实现常州苏南运河东龙路片区城市更新项目、东升阳湖净水厂地块项目、杨区标准厂房项目、马杭垃圾中转站和正广通物流园区的征迁腾空；实施老旧小区改造工程，总投资超亿元，改造面积27.16万平方米，惠及居民4634户。完善基础设施，全面启动三勤路（滆湖东路—南田路）道路工程，完成星级菜市场提升改造6家、零星工程维修138处。保护生态环境，推进“333”和“绿箭2022”专项行动，完成“危污乱散低”企业整治39家、涉气涉尘企业整治203家、入河排污口问题整治20个、涉磷涉酚企业整治102家和整治小微水体27个，建立秸秆收运体系，强化国控站点1000米范围内餐饮单位餐饮油烟和大气污染监管，江村社区入选区小微水体示范社区，圻舍河获评省级生态河道。深化文明典范城市创建，落实“文明城市建设、城镇长效综合管理、农村人居环境整治”三项融合考评机制，推进镇级季度测评，完成全国文明典范城市创建及“全国文明镇”复评迎检工作。推进城市长效管

湖塘镇风貌　　（供图／湖塘镇　摄于2018年9月）

2022 年湖塘镇各社区基本情况表

表 57

社区名	户数（户）	户籍人口（人）	党组织书记	社区居委会主任	社区名	户数（户）	户籍人口（人）	党组织书记	社区居委会主任
湾里社区	2864	7504	张建军（—6 月）	张建军（—6 月）	长虹社区	1116	3197	宋建国	宋建国
			马联伟（6 月任）	马联伟（6 月任）	采菱社区	1209	3427	管建新	沈伟刚
东方社区	2585	7116	朱　晖	鞠　波	龙潭社区	449	1250	徐春元	徐春元
降子社区	2873	7196	徐　春	徐　春	江村社区	140	392	王丽娟	王丽娟
南街社区	7129	18823	陈产文	王　华	东升社区	544	1732	沈小利	杨雪锋
中凉社区	3471	8575	蒋　克	蒋　克	东新社区	870	2405	李忠新	李忠新
聚湖社区	3580	9285	王建方	王　承	三勤社区	1039	3048	刘　宇	刘　宇
新天地社区	1671	4204	叶坚峰	叶坚峰	永定社区	2788	7205	庄亚娟	庄亚娟
夏雷社区	1638	4334	袁刚平	袁刚平	南都社区	2036	5222	吴洁莲	蒋焕青
北街社区	1737	4341	周太娣	周太娣	淹城社区	1414	3616	窦小峰	窦小峰
花东社区	2200	5428	严惠忠	严惠忠	何留社区	1140	3043	何庆丰	何庆丰
花园社区	2828	7157	李曙霞（—6 月）	李曙霞（—6 月）	张家坝社区	607	1635	许浩明	许　宁（—1 月）
			潘　栋（6 月任）	潘　栋（6 月任）					许浩明（5 月任）
马家巷社区	730	2056	马敏波	马敏波	鸣南社区	1493	3221	朱伟其	朱伟其
沙塘岸社区	447	1362	吴东伟	吴东伟	鸣北社区	1153	2879	丁志超	张伟兴
华家社区	482	1483	卞黎霞	卞黎霞	大学新村一社区	786	1996	夏　英（—9 月）	史析清
周家巷社区	907	2345	吴　振	邹　健				吴永兴	
湖塘社区	1266	3375	张立荣	张立荣				（9 月主持工作）	
烈帝社区	2953	7181	盛超英	盛超英	大学新村二社区	969	2701	陆宁宇	陈　渝
蒋公岸社区	1149	3128	张亦婷	周冬兴	永安社区	2099	5498	张　炜	张　炜
星河社区	2935	7181	夏　伟	夏　伟	晓柳社区	1407	3751	周孝波	张春燕
长安蒋湾	2340	6061	周国明（—12 月）	周国明（—12 月）	丰乐社区	1624	5139	马　涵	马　涵
			周　俊（12 月任）	周　俊（12 月任）	北庙桥社区	1101	2677	孙正新	孙正新
长安大巷	1377	3425	诸素琴	诸素琴	府东社区	709	1753	沈　虹	沈　虹
南田社区	705	1931	吴　松	吴　松	府南社区	2272	5458	邹　松	邹　松
东华社区	1053	2854	张华新	张华新					

理，强化“两违”管控，实施生活垃圾“四分类”改造工程，建成智能清洁屋 1 座，完成垃圾分类亭误时投放点改造 20 套，新增垃圾集中收集点 37 套，实现在全市城市长效管理考核成绩的显著提升。

社会事业　提升公共服务能力，完成新时代文明实践所展厅改造提升、鸣凰实验幼儿园食堂改扩建及镇管学校暑期维修工程，新（改、扩）建公共体育场地设施 39 处，新增口袋体育公园 2 个，新增湖塘秋白书苑 · 熹平阅读点，新（改）建体育场地 13 个，打造星级业余文化团队 16 个，开展各类文明实践活动 300 余场，举办文体惠民活动 1100 余场，湖塘镇“湖小美”文明实践巾帼志愿阳光站入选江苏省“在你身边”文明实践巾帼志愿阳光站。加强民生保障，全年发放慰问救助资金、困难补助、残疾人“两项”补贴等资金 1500 余万元，受惠群众 2000 余人；发放被征地农民保障金 8184 万元、尊老金 336 万元。保障退役军人权益，累计办理优待证 5172 张。深化夕阳红康乐中心与鸣凰社区卫生服务中心的医联体合作，实现“互联网 +”智慧居家养老服务社会化运作全覆盖，全年累计提供服务 4.1 万人次。开展新冠肺炎疫情精准防控，投放便民核酸采样点 10 个，完成 60 岁及以上老年人首针接种 4.4 万人，全程接种率达 91.2%。

【弘昌新能源汽车电控及连接系统等 22 个重点工业项目建设】　弘昌新能源汽车电控及连接系统项目　由常州弘昌环境科技有限公司实施，用地 2.6 公顷，新建厂房、办公楼、研发中心等建筑面积 4.85 万平方米，购置精密车床、CNC 加工中心、自动装配线、振动试验台、高低温冲击试验箱、空压机、环保设备等 950 台（套），于 2021 年 6 月开工，2022 年 12 月竣工，总投资 22675 万元，达产后可形成年产高压配电箱 5 万套、集成控制器 5 万套、电控连接系统 30 万套的生产能力。

瑞莱伯陶瓷砂磨分散机项目　由江苏瑞莱伯进出口有限公司实施，用地 8020 平方米，新建厂房 1.5 万平方米，购置车床、铣床、剪板机、卷圆机等主要设备 22 台（套），于 2021 年 6 月开工，2022 年 3 月竣工，总投资 1 亿元，达产后可形成年产陶瓷砂磨分散机 1000 套的生产能力。

沃沛斯光伏组件项目　由沃沛斯（常州）能源科技有限公司实施，租用厂房5790平方米，购置串焊机、层压机、电检机、组件生产线等主辅设备30台（套），于2020年3月开工，2022年5月竣工，总投资7766万元，达产后可形成年产太阳能光伏组件500万套的生产能力。

孜航医用吻合器及关键组件项目　由江苏孜航精密五金有限公司实施，用地1.94公顷，新建生产车间和辅助用房3.4万平方米，购置卧式注塑机、纵切机、加工中心等设备1318台（套），于2021年4月开工，2022年12月竣工，总投资3.02亿元，达产后可形成年产医用吻合器200万套及关键组件的生产能力。

再创纺织机械及高档服装材料项目　由江苏恒盈动力科技有限公司实施，利用现有土地6247平方米，新建厂房1.36万平方米，购置卧式数控机床、立式数控机床、高速经编机等设备55台（套），于2021年9月开工，2022年12月竣工，总投资5000万元，达产后可形成年产经编机200套、圆织机100套、高档经编服装材料300吨的生产能力。

恒盈动力多功能水下探测设备项目　由常州市再创科技有限公司实施，租用厂房1.26万平方米，购置卧式加工中心、立式加工中心等生产设备48台（套），于2021年10月开工，2022年7月竣工，总投资3000万元，达产后可形成年产多功能水下探测设备200件的生产能力。

嘉宝新能源汽车刹车组件项目　由常州嘉宝服饰有限公司实施，利用自有土地，新建车间1.8万平方米，购置激光切割机、加工中心等生产设备88台（套），于2022年5月开工，总投资5100万元，达产后可形成年产汽车机械零部件10万件的生产能力。

华旋旋变传感器项目　由常州华旋传感技术有限公司实施，租用生产车间及辅助用房约3000平方米，购置绕线机、tig焊机、超声波焊接机、自动打胶机等设备78台（套），于2022年2月开工，11月竣工，总投资5000万元，达产后可形成年产旋变传感器260万件的生产能力。

秋泓环境检测数字智能化监测监控智慧服务平台　由江苏秋泓环境检测有限公司实施，租赁湖塘科技产业园D4栋3楼厂房6172平方米，购置气相质谱仪、发散质谱仪、气相色谱仪、流动注射仪、大气预浓缩苏玛罐热脱附一体机等设备427台（套），依托LIMS智能管理系统实施“智改数转”，于2022年7月开工，12月竣工，总投资5500万元。

思成凯业精密制针项目　由常州思成凯业精密制针有限公司实施，租用厂房13834平方米，购置冲床、五联机、十联机、压力机、抛光机、井式回火炉、超声波清洗机、真空超声波清洗机、真空涂层机等设备683台（套），于2022年7月开工，总投资5500万元，达产后可形成年产22600万枚电脑横机配件、4000万枚经编机配件、1000万枚割刀机配件的生产能力。

纯净医药包装新材料项目　由常州纯净医药包装材料有限公司实施，租用生产车间及辅助用房约2500平方米，购置吹膜机、裁切机、搅拌机、空压机等设备26台（套），于2022年5月开工，7月竣工，总投资3200万元，达产后可形成年产塑料包装袋2000吨的生产能力。

金模德轨道交通和汽车零部件项目　由常州金模德智能制造有限公司实施，租用厂房3082平方米，购置加工中心、机床、超声波清洗等设备65台（套），于2022年7月开工，12月竣工，总投资3000万元，达产后可形成年产轨道交通零部件200万件、汽车结构件100万件、机械零部件200万件、模具200套的生产能力。

时进汽车零部件项目　由常州时进精密机械有限公司实施，租赁标准厂房6172平方米，购置CNC加工中心、走心机、车床、空压机等设备71台（套），于2022年7月开工，达产后可形成年产汽车零部件100万件的生产能力。

新之江花汽车节气门精密模具、传感器连接器项目　由常州新之江花金属制品有限公司实施，租赁标准厂房6917平方米，并加以装修，购置切割机、车床、冲床、焊接机、自动包装设备等73台（套），于2022年7月开工，总投资1亿元，达产后可形成年产汽车节气门精密模具50万套、汽车传感器连接器200万套、高铁专用倒锥螺杆300万套、轨道交通预埋槽50万套、轨道交通抗震连接件500万套的生产能力。

龙泰运动用品、缓冲制品项目　由常州龙泰运动科技有限公司实施，租用厂房6880平方米，购置自动上料机、自动成型生产线、修边机、打印机、空压机等设备31台（套），于2022年8月开工，10月竣工，总投资3200万元，达产后可形成年产运动用品1000万件、缓冲制品500万件的生产能力。

科瑞电气新型电缆保护管项目　由常州科瑞电气有限公司实施，利用现有生产车间5000平方米，购置增强玻璃纤维编织拉挤柔性生产线、行车等设备10台（套），于2022年8月开工，10月竣工，总投资3100万元，达产后可形成年产新型电缆保护管120万米的生产能力。

苏适智能电动床软体家具项目　由苏适智能科技（常州）有限公司实施，租赁厂房3300平方米，购置流水线、全自动绕线机、充磁机等设备29台（套），于2022年9月开工，11月竣工，总投资3000万元，达产后可形成年产智能电动床软体家具10000件的生产能力。

东韩医疗紫外线消毒器项目　由东韩医疗科技（常州）有限公司实施，租赁厂房6172平方米，购置自动化组装设备、检验检测设备、智能化仓储设备22台（套），于2022年9月开工，12月竣工，总投资5500万元，建成后可形成年产家用消毒器20000台和紫外线物表消毒器、空气净化消毒器4000台的生产能力。

广宇花辊非织造布纺熔复合智能装备项目　由常州市武进广宇花辊机械有限公司实施，利用企业现有厂房，购置全自动数控轧辊磨床、数控重型落地车床、定梁龙门数控加工中心、数控外圆磨床等研发及生产化设备37台（套），开发生产非织造布压辊类机械，于2022年9月开工，总投资5700万元，建成后可形成年产非织造布纺熔复合智能装备100台（套）的生产能力。

博感科技精密模切激光RFID天线、电子标签项目　由博感科技（江苏）有限公司实施，租赁厂房3000平方米，购置复合机、模切激光机、分切机、电子标签复合机等主辅设备30台（套），于2022年11月开工，总投资3600万元，建成后可形成年产精密模切激光RFID

天线80亿张、电子标签20亿张的生产规模。

博图科技声学自动化生产设备项目　由常州博图自动化科技有限公司实施，租赁湖塘科技产业园标准厂房3086平方米，并加以装修改造，购置加工中心、空压机等设备37台（套），于2022年12月开工，总投资3200万元，建成后可形成年产声学自动化生产设备100套的生产规模。

湖塘科技产业园三期项目　由湖塘科技产业园投资管理有限公司实施，用地8.43公顷，新建厂房18.3万平方米，于2020年11月开工，2022年6月竣工，总投资4.3亿元，用于招引50家以上新兴产业类项目入驻。

【中梁百悦商业广场等4个商业项目建设】　中梁百悦商业广场项目　位于湖塘镇聚湖路与长沟路交会处，由常州市瑞威置业有限公司实施，用地3.67公顷，新建集运动、健身、教育培训、休闲等于一体的中高端运动教育中心，并配套酒店、影院、步行街等商业，总建筑面积10万平方米，于2021年8月开工，2022年11月主体竣工，总投资6亿元。

环太湖文化主题酒店项目　位于湖塘镇淹城中路85号，由江苏环太湖文化艺术城置业投资有限公司实施，用地6247平方米，新建集旅游、休闲、度假、文化中心、宴会中心等于一体的高端文化主题酒店，于2022年3月开工，建筑面积4.7万平方米，总投资4.15亿元。

全季酒店装修改造项目　位于湖塘镇花园街西侧滆湖中路北侧，由常州致和酒店有限公司实施，建设高端商务酒店，于2022年6月开工，12月竣工，总建筑面积6300平方米，总投资5100万元。

武进人民商场改造项目　位于湖塘镇人民中路20号，由常州市易天商业管理有限公司实施，租赁武进人民商场商铺面积8500平方米，并加以装修改造，打造以珠宝、数码、百货、餐饮等为主的小型商业综合体，于2022年8月开工，总投资3000万元。

【湖塘镇新增高新技术企业21家】　2022年，湖塘镇21家企业被全国高新技术认定管理工作领导小组办公室认定为高新技术企业，累计有高新技术企业100家。

表58

2022年湖塘镇新增高新技术企业基本情况表

企业名称	占地面积（平方米）	建筑面积（平方米）	产值（万元）
赢车网络科技（常州）有限公司	700	4500	1566
常州新达力塑料机械有限公司	9212	7715	1523
江苏瓯堡纺织染整有限公司	57732	90070	44289
常州硕冠机床有限公司	1123	1316	710
江苏万海医疗器械有限公司	3100	3500	145
常州奥杜沐模具有限公司	800	1000	900
常州百菱线束有限公司	916	1000	331
常州道恩电子有限公司	3000	3000	3200
常州恩耐捷自动化科技有限公司	1150	7000	1434
常州鼎恩生物降解材料有限公司	3000	6000	2500
常州道骐新材料科技有限公司	1000	2500	1823
常州耐玛特精密机械有限公司	3000	6000	1200
常州柯勒华电子科技有限公司	300	300	335
江苏依特诺电力科技有限公司	15000	26500	23350
常州科力尔环保科技有限公司	960	1233	1022
常州斯威德金属复合材料有限公司	3500	3500	2100
常州佳恒新能源科技有限公司	4000	12300	7000
常州宝仪机电设备有限公司	800	2160	1532
常州诺点科技有限公司	160	160	138
常州莫家精密机械有限公司	1600	1700	320
江苏恒莱纺机有限公司	4000	5000	5500

【开展产学研（政产学研）合作重点项目5项】　3月25日，淮阴工学院与江苏莱宝电力股份有限公司签署战略合作和“电能质量在线监测单元的研究与开发”项目协议。该项目基于智能电网中用户、分布式电源等对电能质量优化的需求，以电能质量在线监测单元为研究对象，通过软件与硬件电路的设计，提出电能质量在线监测单元的产品化应用解决方案，为工矿企业用户和分布式电源的电能质量在线监测提供一种技术手段。

4月26日，常州纺织服装职业技术学院与江苏瓯堡纺织染整有限公司签署校企合作协议，在纵横向课题、专业和课程建设、人才培养、毕业生实习等方面开展全面合作。此前，江苏省科技厅、常州纺织服装职业技术学院、江苏瓯堡纺织染整有限公司三方联合开发完成智能仓储物流系统，使企业仓库空间利用率提高40%以上，获授权实用新型专利1件，提高了企业同类产品出货率，为企业新增销售额360.3万元、利润45.6万元。

5月6日，江苏理工学院与江苏智马科技有限公司（简称“智马科技”）签署战略合作和项目协议，揭牌成立江苏理工学院——智马科技高速高精高效主轴伺服系统研发中心，在高层次人才培养、产业技术创新、科技成果转移转化等方面开展合作，实现校企双方资源共享、优势互补。按照协议，智马科技为江苏理工学院提供校外实习基地，江苏理工学院为智马科技高速高精高效主轴伺服系统研发提供技术支持。

2022年，常州工学院与常州安康医疗器械有限公司开展的“皮肤吻合器钉仓设计与研发——皮缝系列”技术开发合作项目取得成果，设计开发一种新型皮肤吻合器和吻合器的全套组成结构件，其中皮肤吻合器的核心部件钉仓内钉子达到良好的刚性强度，完美吻合成钉形，使得皮肤吻合器击发时更加流畅。常州安康医疗器械有限公司引进运用该项技术成果，实现了产品部分生产过程智能化，提升了产品生产效率。

2022年，常州工业职业技术学院与常州市巨人机器人科技有限公司开展的“面向高温工作环境的大型五轴龙门桁架式高速重型运载机器人关键技术”项目取得成果，针对高温超重工件的桁架运载机器人和解决异形工件由于重心偏离、摆放不正造成的桁架、夹具寿命降低等问题，从等强度线源均匀叠加技术、高速开关数字阀先导控制技术、五轴进给速度线性插补策略、三维视觉定标技术、基于线激光的桁架空间网格划分技术、高效运载策略抉择系统以及机器视觉等方面开展研究，研发过程中申请实用新型专利11件，均获授权。年内，该项目完成销售收入约2000万元，利税合计约280万元。

【江苏名镇志《湖塘镇志》获评省史志作品优秀成果】 2022年9月，《江苏名镇志·湖塘镇志》被省地方志办公室评为江苏省史志作品优秀成果。该志编纂工作始于2017年5月，在省、市、区地方志部门以及其他城市兄弟单位指导下，编写组以高度的责任与担当，按照编纂时序进度，明确编纂定位和重心，对照“写出名镇、写成名志”的要求，对资料梳理归纳，反复提炼，披沙拣金，精选精编，历时5年，九易其稿，打造成为小而精、薄而美的全媒体新型精品志书，于2022年2月由江苏人民出版社出版。全书结合湖塘深厚的历史人文底蕴和当代经济社会发展特点，设置前言和镇情概览、城镇建设、春秋淹城、纺织名镇、商贸重镇、名胜旅游、物产美食、湖塘文化、风土民情、名镇名人10个类目及大事记，收录图片128幅、音视频33个，总计10万字。

【湖塘镇“湖小美”文明实践巾帼志愿阳光站入选江苏省“在你身边”文明实践巾帼志愿阳光站】 2022年10月，省妇联、省文明办公布江苏省“在你身边”文明实践巾帼志愿阳光站名单，湖塘镇“湖小美”文明实践巾帼志愿阳光站入选。“湖小美”巾帼志愿阳光站是湖塘镇妇联着力打造的为民服务阵地，通过聚焦“一老一小”，组建“1+45+N”支巾帼志愿服务队，主动在思想引领、疫情防控、妇儿维权、社区治理、家庭建设等领域中发挥力量，有效助推巾帼志愿服务在助力新时代文明实践中积极作为，在践行社会主义核心价值观中引领风尚，在强化妇儿权益保障中发挥作用，在加强基层社会治理中主动参与，在服务大局、服务妇女中彰显独特作用，形成“1+45+N”新时代文明实践“妇联模式”，实现“老有所依、幼有所托”，推动巾帼志愿阳光行动提质增效，让志愿之光浸润湖塘广大家庭。

（唐　飞）

牛塘镇

【概况】 牛塘镇东临武进中心城区，西连西太湖科技产业园，南接武进高新区，北依常州主城区，总面积34.64平方千米，下辖行政村9个、社区5个，2022年年末常住人口98670人。

产业发展　全镇有工业企业1300余家，其中规模以上企业91家，全年完成规模以上工业产值77.4亿元，占全镇工业总产值的86%。推进项目建设，21个市、区重点在库项目年内累计总投资15.3亿元，立华牧业总部基地等14个项目竣工投运，巳腾高端智能联轴器等7个项目稳步推进。培育专精特新企业，常州康普瑞汽车空调有限公司被认定为国家级专精特新“小巨人”企业，常州市五洲环保科技有限公司、江苏亚邦染料股份有限公司等4家企业被认定为省级专精特新中小企业。推进科技创新，与江苏理工学院合作共建技术转移中心，成立“智改数转”创新联合体；新增高新技术企业14家，累计58家，全年完成高新技术产业产值29.1亿元，占全镇规模以上工业产值的37.6%；通过科技型中小企业认定108家、市级高新技术产品认定60个，入选常州市龙城英才计划创业类项目5个、创新型领军人才项目1个，新建人才公寓483套。推进虹溪孵化器、青云科创园建设，创客家双创基地新入驻企业10余家。

城镇建设　优化空间布局，完成“三区三线”划定和江理工南部片区城市设计，开展漕溪片区更新研究和白家工业园区地块等控规调整，初步形成相关规划设计成果。完善城镇功能，完成东新桥改建和卢雅桥等6座桥梁隐患维修改造，竹园片区龙舫路西侧地块项目搬迁基本完成。推进征迁安置，完成长虹花苑等小区629套安置房不动产证集中登记，发放长虹花苑、卢家新园、卢家花苑安置房不动产证1096本。保护生态环境，深入开展“危污乱散低”出清提升行动，问题企业整改完成率达100%，完成涉磷企业103家、涉酚企业72家分类评级及整治，以及92家企业挥发性有机物的排查整治；开展支流支浜“绿箭行动”，完成省级督办的劣Ⅴ类水体消劣，漕溪浜创成省级生态河道，兴隆河创成区级幸福河道，塘口狄家村建成区级小微水体示范村；推进亚邦东厂区河东地块及22家关闭搬迁化工企业遗留地块土壤调查，巩固治污减

漕溪浜生态河道综合治理项目于7月通过验收

（摄影/陆新　徐芊卉　摄于2022年10月）

污成效，中央和省环保督察反馈问题整改基本完成，丫河、塘口建设精品美丽乡村，漕溪大丁村创成省级绿美村庄。启用“牛塘智理”等数字化平台，推行城镇长效管理、文明城市、农村人居环境、物业管理和绿化融合考核，完成人民西路（亚邦桥—湖滨北路）专项整治提升，横溪路创成全区首个市容环卫责任区示范点。

社会事业　推进新时代文明实践，举办牛塘镇第六届读书节，开展“红网格”理论宣讲接力赛、知识问答PK赛等活动，扩大“书香牛塘”品牌影响力。开展“颂歌党的二十大，齐心奋进新征程”广场舞风采展演，参加“学习宣传贯彻党的二十大精神”武进区文艺名师结对工程成果汇报演出。实施民生实事项目，牛塘实验学校建成投用，文汇小学吸纳为卢家巷实验学校湖滨路办学点；卢家巷消费品市场二星级改造提升、青云园党建主题公园、职工服务中心等项目建成；牛塘卫生院电梯和病房改造工程完成，家庭医生签约服务全面推开，卢家巷社区、青云村创成省健康村（社区），镇为民服务中心、卢家巷村委、丫河村委创成“15分钟医保服务圈”市级示范点。发展光彩事业，成立全区首个网格治理百万光彩基金和2个同心惠民百万教育光彩基金，共募集资金300余万元。保障和改善民生，新增灵活就业人员参保579人，公积金扩面809人。建设牛塘一社区退役军人主题公园，镇退役军人服务站被推荐为省优秀退役军人服务站。巩固完善多层次、多元化社会救助体系，全年发放各类民政保障救助款共计733.89万元，镇级居家养老服务覆盖率超90%。

2022年牛塘镇主要经济社会指标完成情况表

表59

指　标	单　位	数　值	比2021年（±%）
地区生产总值	亿　元	119	1.9
公共预算收入	亿　元	4.4	−16.5
农业总产值	亿　元	1.4	−0.4
粮食总产量	万千克	6.7	−0.8
工业销售收入	亿　元	87.2	−5.7
实际利用外资及港澳台资	万美元	799.9	−22.3
第三产业增加值	亿　元	67.8	3.3
居民人均可支配收入	元	59562	4.6

2022年牛塘镇各村（社区）基本情况表

表60

村（社区）名	户数（户）	户籍人口（人）	党组织书记	村委（社区居委会）主任	集体经济收入（万元）
牛塘一社区	1385	4518	贺永康	邵　强	1020
牛塘二社区	1601	3966	贺永康	蒋丽娜	—
竹园社区	899	2622	许　峰	贾东峰	591
沈家弄村	831	2010	郭玉峰	郭玉峰	302.4
漕溪村	1070	3303	薛玉明	薛玉明	283.3
白家社区	838	2554	王　健	王　健	572.1
青云村	1041	3392	蒋文清	蒋文清	602
丫河村	1039	3181	张伟东	张伟东	548.1
厚恕村	927	3036	张亚平	张亚平	283.2
塘口村	908	3101	王建强	王建强	388.7
卢家巷村	2575	6925	杨国丰	杨国丰	457.8
卢家巷社区	—	—	杨国丰	王九峰	—
高家村	2204	5795	万如生	万如生	381.9
卢西村	1242	4050	徐　伟	徐　伟	715.9

【朗轩斯微创手术器械精密组件等重点项目建设】　朗轩斯微创手术器械精密组件项目　由常州市朗轩斯精密机械有限公司实施，用地1.92公顷，新建厂房、办公楼、研发中心等3.21万平方米，购置连续冲压、走心机、加工中心等设备308台（套），于2022年7月开工，预计2024年4月竣工投运，总投资约3亿元，达产后可形成年产微创手术器械精密组件1500万件的生产能力。

路劲金东方·玖园高端养老项目　由常州宏曜房地产开发有限公司实施，用地5.99公顷，总建筑面积16.43万平方米，其中养老住宅面积11.16万平方米、养老设施服务中心8000平方米，配置老年餐饮、文化娱乐、健康养身、生活照护、医疗护理等功能，于2022年2月开工，预计2024年6月竣工投运，总投资20.25亿元。

巳腾高端智能联轴器项目　由常州巳腾冶金机械有限公司实施，用地934平方米，新建工程技术研发中心、智能车间、智慧仓库等2.3万平方米，新增十字包智能柔性生产线、数控加工车间、鼓形齿联轴器生产流水线等主要设备共计88台（套），于2022年1月开工，8月竣工投运，总投资1.2亿元，达产后可形成年产十字轴式万向联轴器5000套、鼓形齿式联轴器8000套的生产能力。

勒捷特快递物流设备组装智能车间项目　由江苏勒捷特自控科技有限公司实施，利用原有土地，建设厂房、办公楼、研发中心等1.7万平方米，购置摇臂钻床、台钻、锯床等设备共计10台（套），主要用于物流自动分拣输送设备的组装，于2022年10开工，预计2023年11月竣工投运，投资约5000万元。

白泽免疫细胞冻存库项目　由江苏白泽细胞生物技术有限公司实施，租用常州九洲福星房地产开发有限公司厂房3886.22平方米，实施厂房改造，购买尘埃粒子计数器、浮游菌采样器等设备108台（套），于2022年4月开工，12月竣工投运，投资1.08亿元，达产后可形成每年3万例的细胞检测存储。

林克韦尔新能源电柜配套零部件项目　由林克韦尔电气（常州）有限公司实施，利用自购厂房3500平方米，并加以改造，购置塑料成型机、机械手成型机、加工中心等生产及检验设备共计119台（套），于2022年4月开工，12月竣工投运，投资5000万元，达产后可形成年产新能源电柜配套零部件1000万件的生产能力。

轨道交通及新能源汽车内饰新型环保绿色织物项目　由常州市武进南方合成材料有限公司实施，利用现有土地，对旧厂房拆除、翻建，购置进口经编机、加弹机等主要设备共计30台（套），与原有设备配套，于2022年5月开工，12月竣工投运，投资3500万元，达产后可形成年产轨道交通及新能源汽车内饰新型环保绿色织物6800吨的生产能力。

新华陵汽车零部件研发中心及智能生产车间项目　由江苏新华陵汽车电器有限公司实施，利用自有土地，新建车间及研发中心建筑面积2.31万平方米，新增程控装配流水线、钻床、冲床等设备156台（套），于2022年7月开工，12月竣工投运，投资5200万元，达产后可形成年产高性能高寿命组合开关和点火开关等汽车电器50万个的生产能力。

森迈新型节能园艺户外军用屏蔽伪装网项目　由常州市森迈网业有限公司实施，利用现有厂房约1万平方米，购置编织机、定型机、挤出成丝机，缝纫机及研发测试设备等共计80余台（套），于2022年7月开工，12月竣工投运，投资5800万元，达产后可形成各类新型节能园艺户外军用屏蔽伪装网类产品50万余件。

昇聚达超柔弹张塑持牛仔面料项目　由常州市昇聚达纺织有限公司实施，租用杰和机械有限公司厂房5000平方米，并加以改造，购买RFRL50-240高速剑杆织机、验布机、打卷机等设备59台（套），于2022年7月开工，11月竣工投运，投资3100万元，达产后可形成年产超柔弹张塑持牛仔面料500万米的生产能力。

全棉新型超净擦拭材料及医用纺纱项目　由全棉乐家科技（江苏）有限公司实施，利用原有厂房、办公楼、研发中心等4000平方米，新增1条进口奥特发水刺无纺布生产线及专利超净水洗机处理设备、12条全自动转杯纺纱机流水线主要设备等共计164台（套），于2022年8月开工，计划2023年3月竣工投运，投资1.08亿元，达产后可形成年产医用纺纱10000吨的生产能力。

精铭温控计、温度表项目　由常州精铭电器有限公司实施，购买生产厂房2388.19平方米，新增自动冲床、电火花数控线切割机床、切管机、立式塑料注塑成型机等设备200台（套），于2022年9月开工，11月竣工投运，投资3000万元，达产后可形成年产插杆式温控计180万个、温度表300万个的生产能力。

明磁卓控磁悬浮高速电机、磁悬浮轴承控制器项目　由常州明磁卓控智能科技有限公司实施，购买厂房3033.98平方米，购置动平衡机、加热炉、真空机、震荡机等设备26台（套）和三坐标测量仪2台，于2022年9月开工，11月竣工投运，投资3100万元，达产后可形成年产磁悬浮高速电机600台、磁悬浮轴承控制器1000台的生产能力。

旭特吉丰合金刀具项目　由常州旭特吉丰工具有限公司实施，购买标准厂房1600.45平方米，并加以改造，新添五轴数控刀具磨床、过滤设备、磨床等生产及辅助设备50台，于2022年9月开工，12月竣工投运，投资3000万元，达产后可形成年产硬质合金刀具150万件的生产能力。

辉宏AI智能识别秤、条码秤项目　由常州辉宏电子科技有限公司实施，购买现有厂房2600余平方米，购置恒温恒湿检测箱、空压机、液压车、计算机、示波器、M1级砝码等设备60台（套），新开智能AI识别秤全套模具，另外自行设计构建电子秤自动检测设备4台、生产线10条，新建商用衡器工程技术研究中心，于2022年10月开工，12月竣工投运，投资3000万元，达产后可形成年产AI智能识别秤5000台、按键式条码秤8000台的生产能力。

特丽特高分子防腐装饰铝带、智能化霓虹灯项目　由常州特丽特光电科技有限公司实施，购买现有厂房、办公楼、研发中心2150平方米，新增冲压机、雕刻机紫外线检测机、活性炭吸附设备等25台（套），于2022年10月开工，12月竣工投运，投资3000万元，达产后可形成年产高分子新型铝带2000吨、出口型智能化霓虹灯2万块的生产能力。

【牛塘新增高新技术企业14家】 2022年，牛塘镇14家企业被全国高新技术认定管理工作领导小组办公室认定为高新技术企业，累计高新技术企业58家。

2022年牛塘镇新增高新技术企业基本情况表

表61

企业名称	占地面积（平方米）	建筑面积（平方米）	产值（万元）
常州玛斯特精密工具有限公司	1280	1890	1700
常州市巨佳机器人科技有限公司	1500	2000	1000
常州品之道电子科技有限公司	1000	1000	100
江苏康普瑞森新能源科技有限公司	3000	2603	3827
常州高丰户外用品有限公司	12000	9100	1500
常州科斯亚自动化科技有限公司	600	600	651
常州市超艺标牌有限公司	9000	12000	3000
常州汇尔铭五金制品有限公司	2000	2000	650
常州安尔信智能设备有限公司	1000	1000	1069
江苏长扬新能源科技有限公司	4000	8000	2000
连工智能科技（江苏）有限公司	1000	1100	344
常州春顺机械有限公司	2000	2000	800
常州视美智能标识科技有限公司	1500	3000	1164
江苏智方达电子科技有限公司	500	500	260

【康普瑞获国家级专精特新“小巨人”企业认定】 2022年8月，省工信厅公示第四批国家级专精特新“小巨人”企业和第一批专精特新“小巨人”复核通过企业名单，常州康普瑞汽车空调有限公司（简称“康普瑞”）名列其中，并获得旋叶式车用空调压缩机智能工厂称号。该公司位于牛塘镇工业园区东宝路6号，成立于2006年，主要从事旋叶式汽车空调压缩机研发、制造、销售和服务，是采用丰田精益生产方式管理的行业标杆企业，通过国际汽车行业质量管理体系、环境管理体系、职业健康安全管理体系、知识产权体系认证，已获得国家高新技术企业、江苏省示范智能车间、江苏省五星级“上云”企业、江苏省高成长中小企业、江苏省工程技术研究中心等称号，与东风小康、华晨鑫源、长安跨越、云内动力、中国重汽、福田汽车、徐工汽车、四川南骏等驰名汽车厂家配套合作，产品适用于奔驰、宝马、奥迪、大众、丰田、别克、雷诺、标致、现代、菲亚特等国外20余种汽车品牌。2022年，完成总产值2亿元。

【牛塘新增光彩基金3个】 *“党群同心、网格同行”百万光彩基金* 7月设立，是全区首个网格治理百万光彩基金，旨在支持民生项目建设，增进民生幸福，年内累计募集捐款10万元。

“倾力青为”同心惠民百万教育光彩基金 9月设立，旨在支持牛塘教育事业发展，年内累计募集捐款45万元。

“苏润”同心惠民百万教育光彩基金 9月设立，旨在支持牛塘教育事业发展，年内累计募集捐款40万元。

（叶红媛）

洛阳镇

【概况】 洛阳镇位于武进区东南部，东临无锡市，西接礼嘉镇，南靠雪堰镇，北依横林、遥观镇，总面积55.75平方千米，辖行政村18个、社区3个，2022年年末常住人口88049人。有淡水珍珠、水蜜桃、葡萄、戴溪青鱼等名特农产品。先后获全国千强镇、全国小城镇建设示范镇、全国群众体育先进单位、国家卫生镇、国家园林城镇、中国冷链保温装备生产基地等称号。

产业发展 建设现代农业，新建高标准农田8公顷，累计1338公顷。创建省级示范合作社2家、市级家庭农场2家，聚丰果品专业合作社、洛阳芸秀源家庭农场获评2022年武进区“阳湖”水蜜桃十大示范基地。有工业企业1948家，其中规模以上企业134家，全年完成规模以上工业产值365.1亿元，占全镇工业总产值的80%。推进项目建设，引进投资3亿元以上项目2个、1亿元以上项目2个、5000万元以上项目7个，新入库市重点项目2个、区重点项目16个，智能电网核心零部件等4个项目智能装备项目建成投产。推进科创驱动，新增高新技术企业22家，通过高新技术企业复审8家，累计64家，全年完成高新技术产业产值311亿元，占全镇规模以上工业产值的85.2%；获授权专利825件，其中发明专利43件；入选国家级专精特新“小巨人”企业1家（江苏常美医疗器械有限公司）、省级专精特新企业8家、市级专精特新企业7家，江苏南方通信科技有限公司入选第一批“江苏精品”认证获证企业。

镇村建设 启动镇区更新规划编制，以武进港沿线为重点，高标准推动“城镇更新、园区更新”，促进城镇系统化、内涵式发展。提升城乡面貌，结合典范性文明城市创建，开展空中线缆整治，累计整治东都东路、洛阳农贸市场、戴溪农贸市场等区域线缆架设里程18千米，其中线缆入地里程10千米，完成镇区商业主干道东都东路1.3千米提档升级工程；新（改）建体育场地设施项目50个，实施健康步道工程，谈家头、友谊体育公园通过区级验收，全镇人均体育场地面积达4.17平方米。洛阳镇获评省文明镇，岑村村、圻庄村获评省文明村。保护生态环境，深化“蓝天、碧水、净土”三大保卫战。开展大气污染综合整治、VOCs治理和渣土车运输、露天烧烤等专项整治，加强秸秆禁烧、扬尘管控，实现降尘量月均低于3.8吨/平方千米；推进水环境整治和河道综合整治工程，戴溪镇区水环境治理工程、洛东片区水环境提升工程通过竣工验收，武进港西小流域获评省生态清洁小流域，圻庄村创成市级小微水体示范村，民丰村、洛东村、瞿家村创成区级小微水体示范村；实施农业废弃物、绿化废弃物等有机废弃物资源化利用的“洛阳中心扩建项目”，健全土壤污染防治机制，开展关闭化工企业土壤污染状况调查，强化对重点地块的动态监测、

洛阳镇区面貌 （供图/洛阳镇 摄于2023年6月）

分类施策，切实守住土壤防治底线。洛阳镇获得“江苏省打好污染防治攻坚战先进集体”称号。加强城乡精细化管理，推进垃圾分类和“厕所革命”，洛阳村创成市级垃圾分类示范村，全镇通过农村公厕完工验收20座。

社会事业　推进教育优质均衡发展，洛阳高中校舍改扩建工程启动，谈家头丽华幼儿园创成市优质幼儿园。深入实施文化惠民工程，开展“喜迎二十大·幸福连万家”“传统文化进校园”等活动，举办篮球联赛、健身舞展演、国民体质测试等文体活动。提升卫生服务水平，武进第六人民医院中医馆通过江苏省基层医疗卫生机构五级中医馆评审，骨科创成常州市基层医疗机构特色科室。实施民生兜底保障，向97名低保人员发放保障金105万元，向495户特困家庭发放救助金74万元。镇残联完成换届，创成“德康驿站”。推进镇级居家养老服务中心建设，全年提供服务1.17万人次。发展慈善事业，发放慈善救助金80万元。

2022年洛阳镇主要经济社会指标完成情况表

表62

指　标	单　位	数　值	比2021年（±%）
地区生产总值	亿　元	156.51	5.8
公共预算收入	万　元	35337	−20.9
农业总产值	亿　元	5.01	−0.1
粮食总产量	万千克	375.80	−3.6
工业销售收入	亿　元	445.55	15.0
实际利用外资及港澳台资	万美元	1015.7	1.6
自营出口额	万美元	—	—
第三产业增加值	亿　元	57.08	3.9
农村居民人均可支配收入	元	44288	5.5

2022年洛阳镇各村（社区）基本情况表

表63

村（社区）名	户数（户）	户籍人口（人）	党组织书记	村委（社区居委会）主任	集体经济收入（万元）
洛阳村（社区）	844	2916	支俊杰	支俊杰	450
洛东社区	—	—	於志杰	朱永平	—
洛东村	1198	3691	—	於志杰	334
戴溪社区	—	—	张东卫	张东卫	—
戴溪村	687	2096	窦沛城	窦沛城	196
天井村	1011	3304	高　阳	高　阳	342
管城村	1306	3766	邵益斌	邵益斌	390
岑村村	992	3096	蒋　健	蒋　健	1332
东尖村	365	1093	沈建忠	沈建忠	249
汤墅村	778	2509	王建平	王建平	365
阳湖村	607	2256	费益方	费益方	186
朝安村	1042	2752	沈国忠	沈国忠	203
谈家头村	1211	3555	马晓峰	马晓峰	473
小留桥村	586	2251	朱金良	朱金良	233
圻庄村	978	3365	杨红亮	杨红亮	453
瞿家村	656	2386	沈朝阳	沈朝阳	413
民丰村	649	2113	杨迪宇	杨迪宇	358
马鞍村	1006	2640	郁　军	郁　军	237
虞桥村	944	2578	蒋建洪	蒋建洪	341
友谊村	1170	3809	上官立	上官立	471

【智能电网核心零部件等4个重点项目投产】 智能电网核心零部件项目　由江苏洛凯机电股份有限公司实施，利用原有厂房和原有设备，购置高精密立加工中心、激光切割机、自动化生产线等设备125台（套），于2021年1月开工，预计2023年4月竣工，总投资10726万元，投产后形成年产开关操作机构16万台、抽架8万台以及新一代低功耗柔性面接触智能空气断路器1万台的生产能力。2022年，公司完成产值85255万元。

智能冷库配件项目　由江苏月仙冷藏设备集团有限公司实施，占地面积1.67公顷，建设厂房1.3万平方米，配备剪板机、自动发泡线、环保设备等设备19台（套），于2022年6月开工，主体工程于2022年12月完工，总投资1.1亿元，投产后形成年产冷库门5000～6000扇生产能力。

环保装饰材料项目　由常州涛润装饰材料有限公司实施，占地面积15725平方米，建设厂房8403平方米，更新整合原有生产设备，引进热压机、反应釜、全自动一体化浸胶生产线、模温机等设备66台（套），于2021年2月开工，主体工程于2022年8月完工，总投资5156万元，投产后形成年产饰面板400万张的生产能力。2022年，公司完成产值200万元。

电机端盖项目　由焜月电器科技（常州）有限公司实施，占地面积1.26公顷，建设厂房1.6万平方米，利用原有设备并购置加工中心、锌合金热式机、喷塑生产线等主辅设备106台（套），于2021年7月开工，主体工程于2022年12月完工，总投资7655万元，投产后形成年产电机端盖1200万个的生产能力。2022年，公司完成产值3000万元。

【洛阳新增高新技术企业22家】 2022年12月，洛阳镇22家企业被全国高新技术认定管理工作领导小组办公室认定为高新技术企业。

表 64　2022 年洛阳镇新增高新技术企业基本情况表

企业名称	占地面积（平方米）	建筑面积（平方米）	产值（万元）
江苏博大冰洲制冷科技有限公司	20000	10000	4600
常州晨航环保科技有限公司	4857	12000	540
江苏俊云机械科技有限公司	10200	9500	13000
常州森派智能装备有限公司	1000	800	686
常州川弘电子科技有限公司	—	1500	878
常州鑫力航金属新材料有限公司	—	500	730
常州华社塑料制品有限公司	4000	5000	1123
常州盛博自动机械有限公司	—	2700	4712
常州育松电气有限公司	—	1000	1200
常州市浩天办公设备有限公司	10510	25157	7000
常州市金三士机电有限公司	—	2780	1836
常州市科杰塑料套管有限公司	4604	3000	666
常州发创环保设备科技有限公司	2886	2520	1530
常州飞杭电子科技有限公司	1300	2600	760
常州市惠宇电器有限公司	13000	23000	30000
常州市赢创智能机械有限公司	6000	6000	2076
常州非凡展览展示器材有限公司	37160	16324	5875
常州市斯莱诺汽车科技有限公司	4300	3000	1430
常州伟琪弹簧科技有限公司	3416	3850	4154
常州市振恒电器有限公司	8338	6138	3458
常州洛佶源实业有限公司	2500	2000	1020
常州市协立电器有限公司	3000	1800	780

【常美医疗器械公司入选国家级专精特新“小巨人”企业】 2022 年 8 月 8 日，省工业和信息化厅发布《关于江苏省第四批专精特新“小巨人”企业和第一批专精特新“小巨人”复核通过企业名单的公示》，江苏常美医疗器械有限公司（简称“常美医疗器械公司”）入选 2022 年国家级专精特新“小巨人”企业。该公司位于洛阳镇新科西路 27 号，成立于 2013 年，专业从事医疗器械产品及相关生产设备的开发设计与制造，拥有现代化标准厂房 6800 平方米、GMP 标准十万级洁净车间 2000 平方米，通过南德 TUV 13485 质量管理体系认证，具有国家二类、三类医疗器械生产许可证，在创新型球囊技术、生产设备和全面集成制造领域紧跟世界潮流，致力于医用球囊导管解决方案国产化，为医疗器械公司和患者提供优质服务。2022 年，公司完成产值 7500 万元。

【南方通信科技公司入选“江苏精品”认证获证企业】 2022 年 11 月 25 日，省市场监管局公布 2022 年第一批“江苏精品”认证获证企业名单，江苏南方通信科技有限公司（简称“南方通信科技公司”）入选。该公司位于洛阳镇岑村路 1 号，成立于 1992 年 7 月，是南方通信控股有限公司子公司，主要从事通信光缆、光纤光缆、电缆光缆、光电配件、电子元器件和通信设备的生产制造和研发，通过 ISO 9001 质量管理体系、ISO 14001 环境管理体系、OHSAS 18001 职业安全健康管理体系、两化融合管理体系、能源管理体系、测量管理体系等认证，打造以 ERP 及 MES 系统为核心的运营管理精细化、一体化管控平台。2022 年，公司完成产值 65000 万元。

【洛阳镇获评省打好污染防治攻坚战先进集体】 2022 年 12 月 27 日，洛阳镇被省生态环境厅、省人力资源社会保障厅授予“江苏省打好污染防治攻坚战先进集体”称号。洛阳镇坚持以习近平生态文明思想为引领，落实生态环境保护“党政同责、一岗双责”，坚守生态底线，勇当绿色低碳先行军，蹚出了生态文明建设的“洛阳路径”。实施蓝天保卫战，聚焦重点行业点源治理，推进各类节能减排降耗工程，多措并举持续改善环境空气质量，实现辖区内 $PM_{2.5}$ 浓度、优良天数比率达标，臭氧污染得到遏制。实施碧水保卫战，深化太湖流域综合整治攻坚，通过两期小流域水环境综合治理工程，创新开拓以圩区为载体的精细化小流域治理模式，全镇河道河塘得到有效疏浚。实现污水管网全覆盖，有 1115 家企业完成雨污分流及接管工作。开展入湖骨干河道劣 V 类一、二级支浜整治。完成镇际河流交界断面水环境质量目标控制。实施净土保卫战，开展农业农村污染治理攻坚，推进“无废城市”建设，加强关闭地块污染调查和在产重点地块的土壤污染隐患排查，重点建设用地安全利用率达 100%。开展国土绿化行动，建成湿地面积 50 公顷和造林面积 73.33 公顷、成片造林 38.2 公顷。

【武进港西小流域获评省生态清洁小流域】 2022 年 9 月 30 日，省水利厅、省财政厅发布“2021 年度农村河道长效管护、农村供水保障工程、农田水利工程管护和生态清洁小流域项目绩效评估结果”，武进港西小流域获评江苏省生态清洁小流域。洛阳镇域内武进港作为太湖上游重要的入湖河流之一，自北向南穿插其中。从 2016 年起，洛阳镇以武进港西小流域治理为契机，按照“河安湖晏、水清岸绿、鱼翔浅底、文昌人和”的目标，对区域内河道及周边乡村人居环境开展综合整治。以武进港为“生命主动脉”、平原圩区为“生命单元”、支流两岸及支浜为“生命细胞”的治理思路，将“截污”与“治污”相结合，封堵渝河沿线直排口，新建农村污水收集设施和改造提升垃圾处理站，实施雨污分流工程；清淤疏浚河道 20 万立方米，建设生态护岸，打造人工湿地。秉承以水促发展治理理念，在圻庄村规划小菜园民生工程，在西黄圻实施生态节水灌溉 13.33 公顷，建设氮磷拦截工程示范区 29 万平方米和水生蔬菜种植沟 6 条、水生蔬菜浮床塘 8 处，种植水芹、白芹、空心菜等特色农作物，解决农业面源污染，促进农业产业兴旺。全面贯彻落实“河长制”管理措施，强化镇、村、企业三级保护机制，以党建引领为抓手，全力守护小流域治理成果，使其呈现出“人水和谐”的美丽乡村画卷。

【洛阳镇省文明镇、村创建成果丰硕】 2022年1月11日，洛阳镇和岑村村、圻庄村被省精神文明建设指导委员会分别授予2019—2021年度江苏省文明镇、村称号。

洛阳镇将文明镇创建工作作为“一把手”工程，组建文明镇创建工作领导小组，编制《洛阳镇创建江苏省文明镇三年规划》，每季度召开文明镇创建工作联席会议，将各单位、村（社区）创建工作纳入年度综合考核。组织人员深入村间地头、工厂车间召开文明创建会、理论宣讲会，编发《文明镇创建应知应会手册》，利用“龙城洛阳”微信公众号推送文明创建知识。开展道德讲堂、群众文艺活动，广泛宣传身边好人、道德模范和创新理论。同时，将文明创建与新时代文明实践志愿服务相结合，不断提升文明创建成效。

岑村村　位于洛阳镇东南，总面积3.5平方千米，辖自然村18个、村民小组26个，户籍人口3096人。全村有企业67家，其中规模企业10家，产值超亿元企业4家。该村从2019年起开展省文明村创建，加强“三资”管理，盘活集体资产，增加村级资产性收入和资源性收入；推进农业产业化经营和农民专业合作组织建设，以“民生茶社”为主要形式发挥村民在民主自治中的主体作用；开展“文明家庭”“最美家庭”评选活动，共评选“文明家庭”258户；完善基础设施，建成综合健身广场，实行环境长效管理机制，全村无害化卫生户厕普及率、自来水普及率和村组、村巷道路硬化率均达100%，污水处理率达92%，村庄绿化覆盖率达43.3%。

圻庄村　位于洛阳镇中部，总面积4.14平方千米，辖自然村17个、村民小组35个，户籍人口3365人。全村有企业150家，其中规模企业8家，产值超亿元企业2家。该村从2019年起开展省文明村创建，成立常州首个农村枢纽型社会组织——圻心社会组织服务中心，组织党员志愿者带头提供组团式公益服务；先后投入1000余万元，建设高标准农田，完善河堤、燃气、桥梁、路灯等基础设施；投入2000余万元，开展河道清淤、污水处理和康居村创建，建成圻心路、圻心广场、初心园、谢家头湿地公园、芹音亭等，提升村民居住环境。

【洛阳镇“珠光红盟”获《半月谈》点赞】 2022年，《半月谈》第22期刊发文章《“党建红盟”新能量》，点赞洛阳镇“珠光红盟”。洛阳镇有“珍珠之乡”之称，围绕强化党建引领，该镇综合行政执法局及镇办公室牵头，以珠光街101家商户为纽带，联合7个单位于2021年11月共建成立“珠光红盟”，之后进一步放大“珠光红盟”效应，吸收东都东路、东陈路、新科东路、阳光路、农贸市场周边、东都西路及洛阳路商户661家，聚集党员88名、“党员中心户”65家和“小个专”参与主体918家、从业人员3900多人，并与武进区市场监督管理局机关党支部、武进区融媒体中心采编党支部等15家党组织共建，设立党建驿站、消费者维权服务站，成立志愿服务队8支、便民服务点6个，在“共建共治共享”和“德治法治自治”领域探索出了党建引领、红盟聚力、精心呵护城镇经济“微细胞”的“洛阳模式”。

（刘懿婧）

横林镇

【概况】 横林镇位于常州经开区东部，东邻无锡市，西接遥观镇，南靠洛阳镇，北依横山桥镇，总面积46.67平方千米，辖行政村15个、社区6个，2022年年末常住人口102163人。获得中国百强乡镇、全国小城镇综合改革试点镇、中国强化木地板名镇、中国强化木地板之都、中国强化木地板出口基地、国家外贸转型升级专业型示范基地、全国优质强化木地板生产示范区、国家级出口地板质量安全示范区、全国环境优美镇、国家卫生镇等称号。

产业发展　推进现代农业建设，高标准农田一期145.07公顷建成投用，二期173.33公顷全面启动，完成提质增效农田86.67公顷。全镇有工业企业1981家，其中规模以上企业192家，全年完成规模以上工业产值263.3058亿元，占全镇工业总产值的72.89%。推进项目攻坚，开工市、区重点项目30个，竣工16个，完成总投资80.5亿元。实施千亩园区更新计划，跨境电商产业园一期、绿色家居产业园一期、科创中心科创港电子科技产业园一期项目进场施工，绿色家居产业园二期、电子科技产业园二期、夹墅里安置房地块拆迁全面启动。推进创新驱动，新增高新技术企业25家、科技型中小企业19家，获评省、市级专精特新企业10家和省级服务型制造示范企业1家，获市级瞪羚企业认定18家；新增有效发明专利138件，获评省、市级“三站三中心”11个和省级工业设计中心2个、省级众创空间1个。推进企业股改上市，新增上市辅导企业3家、“新三板”挂牌企业2家、股改企业4家，江苏靓时新材料科技股份有限公司挂牌“新三板”创新层。推进绿色家居产业发展，横林镇通过中国强化木地板之都、国家外贸转型升级示范基地（地坪地材）复评复审，

2022年横林镇主要经济社会指标完成情况表

表65

指　标	单　位	数　值	比2021年（±%）
地区生产总值	亿　元	203.57	5.7
公共预算收入	亿　元	5.11	−29.8
农业总产值	万　元	8848	4.1
粮食总产量	万千克	242.7	3.2
工业销售收入	亿　元	340.64	0.7
实际利用外资及港澳台资	万美元	620.7	−77.5
自营进出口额	亿美元	16.86	−10.5
第三产业增加值	亿　元	96.44	3.0
居民人均可支配收入	元	58271	4.6

表 66

2022 年横林镇各村（社区）基本情况表

村（社区）名	户数（户）	户籍人口（人）	党组织书记	村委（社区居委会）主任（召集人）	集体经济收入（万元）
余巷村	385	1402	胡卫春	胡卫春	354
狄坂村	417	1450	吴寿波	吴寿波	855
顺庄村	428	1528	单　飚	单　飚	280
江村村	885	2830	周正虎	周正虎	489
红联村	909	2369	李　明	李　明	493
牛塘社区	978	2410	朱洪亮	朱洪亮	313
横林社区	1024	3012	戚晓峰	戚晓峰	268
林南村	825	2751	周秉诚	吴　芳	602
南方村	861	2691	王　超	王　超	301
新东方村	1250	3628	周立新	周立新	770
青司塘村	747	2561	赵耀祖	赵耀祖	690
镇西村	998	2413	钱孝明	钱孝明	607
崔桥村	1014	2831	吴海峰	吴海峰	692
崔桥社区	—	—	—	—	—
庆丰村	1140	3675	丁卫忠	丁卫忠	408
卫星村	769	2505	沈国武	沈国武	675
双蓉村	1205	3755	谢　杨	谢　杨	675
崔北村	1004	3503	周　平	周　平	1264
昌盛社区	926	2432	徐　俊	徐　俊	—
下塘社区	1116	2665	王银丹	王银丹	—
瑞丰社区	2291	1846	钱文红	钱文红	—

横林绿色家居电商产业集聚区获评第二批江苏省县域电商产业集聚区，横林钢木家具产业集群获评常州市外贸转型升级基地。

城乡建设　深化城乡规划，完成新一轮控制性详细规划修编及国土空间规划“三区三线”划定工作，修编实用型村庄规划7个。完善城镇基础设施，实施道路工程10条，昌盛西路、学苑路、文化路等4条道路竣工通车，横洛西路、朝阳路、江南路3条道路基本完工。实施绿化扩面提升，红联公园二期、南方公园落成，横林公园水杉步廊焕新升级，横林大桥、东桥沿线绿化持续提档。推进项目征迁，全年完成签约民房138户、企业16家，拆迁面积超13万平方米。加快地块开发，黄桥港西侧安置地块挂牌出让，瑞祯家园顺利交房，龙城铭著、潮悦荟综合体项目竣工交付，文璞君悦、喜来登酒店主体完工。建设美丽乡村示范片区，狄坂村基本完成集聚点一期房建工程，创成省级特色田园乡村，双蓉村实现梦启苑二期洋房主体封顶。保护生态环境，推进化工、电镀、印染等行业专项整治，关停重污染企业7家，规范化整治涉磷企业193家，闭环处理污染防治监管平台信访件387件；深化水环境治理，完成河道生态治理8条、自然村生活污水治理41处，延伸污水管网10千米，创成市级生态河道3条和市、区级幸福河湖5条；加强秸秆禁烧、扬尘管控、餐饮油烟整治等，VOCs污染治理项目完成率100%。年内，中央环保督察反馈问题全部整改。推进城镇精细管理，开展“集镇净化行动”，横林大道创成市级精品街道，中吴大道、公园路、三观路等4条道路创成市级信息化示范路。

社会事业　实施教育“强基扩容提质”工程，横林实验初中、江村幼儿园如期开学，田舍幼儿园主体完工，崔北幼儿园项目进度过半，实现市级新优质学校全覆盖，横林镇获评全市基础教育综合改革实验乡镇。建设健康横林，新增村级卫生室2家、中医阁3家，横林医院创成江苏省农村区域性医疗卫生中心，其手足外科创成省级特色科室。完善民生保障，推行失地农民“即征即保”，全年新增就业3320人，发放低保金129万元、困境儿童补贴32万元、残疾人“两项”补贴272万元、尊老金155万元和退役军人补贴。

【盛翔智能环境在线监测集成系统等重点项目建设】　**盛翔智能环境在线监测集成系统**　由常州市盛翔智能科技有限公司实施，整合低效地块5.43公顷，新建厂房4.1万平方米，购置数控冲床2台、数控折弯机16台、数控激光切割机8台、焊接设备10台、六轴焊接机器人20台、电泳线2条、喷涂线3条等设备，于2020年开工建设，2022年12月竣工，总投资3.5亿元，建成投产后可形成年产精密结构件10万吨、智能设备1万台（套）的生产能力。

靓时纯哑肤感UV板产业化项目　由江苏靓时新材料科技股份有限公司实

靓时新厂房　（供图/横林镇　摄于2022年10月）

施，新增用地2.27公顷，新建厂房5万平方米，购置德国先进新型涂层装饰板生产线、冷却系统、远程控制系统以及编程控制等设备，于2021年开工建设，2022年9月竣工，总投资3亿元，建成投产后可形成年新增纯哑肤感UV板700万平方米的生产能力。

中鑫新型环保装饰材料项目 由江苏中鑫家居新材料股份有限公司实施，新增用地9086.67平方米，新建厂房2.3万平方米，购置石塑地板线、混料系统、冷压机、锯板、开槽、UV等设备371台（套），于2022年开工建设，总投资3亿元，建成投产后可形成年新增新型环保PVC地板3000万平方米的生产能力。

英特普莱特装饰纸、薄膜印刷项目 由英特普莱特（中国）装饰材料有限公司实施，利用现有厂房5000平方米，购置四色凹版印刷机、环保处理装置等设备8台，于2020年开工建设，2022年12月建成投产，总投资7000万元，形成年产装饰纸、薄膜印刷1.2万吨的生产能力。

从江金属材料技改提升工程项目 由常州市从江再生资源利用有限公司实施，利用存量厂房，引进国内先进的自动化控制流水线及配套设备，对原有生产线进行智能化提升改造，于2021年12月开工建设，2022年6月建成投产，总投资5000万元。

维意乐生新型印刷膜项目 由常州市维意乐生装饰材料有限公司实施，租赁厂房6550平方米，购置凹版印刷机、复卷机、废气处理设备等98台（套），2022年7月开工建设，12月建成投产，总投资5500万元，形成年产聚氯乙烯印刷膜1亿平方米的生产能力。

凯尔德多用途高端卫生材料项目 由常州市凯尔德卫生材料有限公司实施，利用存量厂房5100平方米，购置全伺服护理垫生产线、高速流延膜线、高速床垫机、覆膜机、全自动折叠机、全自动压包机等设备设施97台（套），于2022年7月开工建设，12月建成投产，总投资5200万元，形成新增年产多用途护理垫3.5亿片的生产能力。

峥铮新型环保装饰地板项目 由江苏峥铮家居装饰材料有限公司实施，租赁厂房5200平方米，购置地板生产线及模具、蒸汽回火线、压机生产线、4000千伏变压器等设备51台（套），于2022年7月开工建设，12月建成投产，总投资5500万元，形成年产新型环保装饰地板（塑胶地板）500万平方米的生产能力。

博大纳米微晶装饰板项目 由江苏博大新材料科技股份有限公司实施，利用存量厂房2万平方米，购置单层压机、自动锯板线、理化膜生产线、不燃板涂胶机、UV涂胶机等设备166台（套），2022年7月开工建设，12月建成投产，总投资7000万元，形成年产抗耐特板106万张、高压装饰板1200万张、连续层压板800万张、纳米微晶板300万张，饰面板300万张、饰面胶膜纸650万张和EBC纸500万张的生产能力。

红杰新型环保装饰材料项目 由常州市红杰智能家居有限公司实施，利用自有厂房4950平方米，购置压机、开槽线、锯板机、转漆线、封蜡线等设备29台（套），于2022年8月开工建设，12月建成投产，总投资5200万元，形成年产新型环保装饰材料200万平方米的生产能力。

【横林新增高新技术企业25家】 2022年，横林镇有25家企业被全国高新技术认定管理工作领导小组办公室认定为高新技术企业，累计高新技术企业76家。

【横林绿色家居电商产业集聚区获评省县域电商产业集聚区】 内容参见“商贸流通业”类目p121同名条目。

2022年横林镇新增高新技术企业基本情况表

表67

企业名称	占地面积（平方米）	建筑面积（平方米）	产值（万元）
常州市圣奇灵轴承有限公司	4539	2723	3120
江苏朗生整装材料科技有限公司	24306	14583	30334
常州富格斯粉末冶金有限公司	15753	9451	3889
江苏协和电子股份有限公司	38179	22907	59088
常州汇丰粉末冶金有限公司	9599	5759	9215
常州市华实新材料科技有限公司	4479	2687	6491
江苏丰树新材料科技股份有限公司	9999	5999	5458
常州市维意乐生装饰材料有限公司	25913	15547	16448
常州市华一防静电活动地板有限公司	24246	14547	25081
常州健凯木业有限公司	499	299	2809
常州市威雅装饰材料有限公司	2993	1795	4620
常州市聚智新材料科技有限公司	2066	1239	3310
常州市沃凯轴承制造有限公司	2799	1679	2107
常州市中天印务有限公司	2666	1599	3024
常州市贝美家居科技有限公司	108399	65039	131402
江苏名天木业有限公司	14666	8799	13183
常州市展硕机械有限公司	5819	3491	2230
江苏森迈地板科技有限公司	14573	8743	3556
江苏正康新材料科技股份有限公司	67933	40759	30060
常州三恒电器有限公司	1819	1091	5564
江苏昇昌家居新材料股份有限公司	3466	2079	14337
常州大道机械有限公司	7766	4659	30736
常州市远川机房设备有限公司	3159	1895	12016
常州市鑫亿莱精密机械有限公司	3186	1911	495
常州市筑友展示科技股份有限公司	4933	2959	5951

【狄坂村入选省级特色田园乡村】 2022年11月，省住建厅公布第十批江苏省特色田园乡村名单公布，横林镇狄坂村入选。该村作为横林镇重点农业项目所在地，在种植水稻的同时，大力发展樱桃、玉米、翠冠梨等精品农业，拥有水稻种植面积28公顷、小麦种植面积13.33公顷、樱桃种植面积3.2公顷、玉米种植面积1.8公顷、翠冠梨种植面积0.67公顷，并以特色农业为抓手、以“乡村旅游”为引擎走好创建农旅融合之路，建成童趣乐园、欢乐集市、农产品展示馆、停车场等配套设施，形成一条以村口节点为起始点、生态樱桃园为终点的参观线路。

（洪绯阳）

遥观镇

【概况】 遥观镇位于武进区东南部，东临横林镇，西接湖塘镇，南靠洛阳镇，北依横山桥镇，总面积44.7平方千米，下辖行政村13个、社区9个。2022年年末常住人口94912人。获得“国家新型工业化产业示范基地”“国家卫生镇”“国家生态镇”“全国环境优美镇”“中国轨道交通产业集群名镇”和“全国先进基层党组织”等称号。2022年，在全国千强镇排名中跃升至51位、全国镇域高质量发展排名跃升至第50位。

产业发展　建设高效农业，渔庄村完成高标准农田改造42.4公顷，年华牧业生猪现代化养殖场入选“国家级生猪产能调控基地”，并创成省级畜禽养殖标准化示范场，常州市蒋记食品有限公司、常州骆马湖食品有限公司、常州市缘乐净菜有限公司分别创建省、级、区级农业产业化龙头企业，全镇拥有“蒋凤记”“清道夫”“品益味”等品牌农产品，累计绿色食品8个、名特优农产品4个。有工业企业2200余家，其中规模以上工业企业138家，全年完成规模以上工业产值462亿元，占全镇工业总产值的78%。推进项目建设，御马精密、运控电子等19个项目开工，雷利微型电机、龙东光刻胶等14个项目投产，新增入库区级及以上重大项目15个，长海项目获市重大项目投入奖。企业发展成效明显，江苏宏达数控科技股份有限公司等2家入选国家级专精特新“小巨人”企业，常州市昊升电机股份有限公司等12家企业入选省级专精特新“小巨人”企业；光大环保技术装备（常州）有限公司获评国家级服务型制造示范企业、省级现代服务业高质量发展领军企业，常州灵通展览系统股份有限公司承担国家级服务业标准化试点项目——江苏常州灵通绿色展览服务标准化试点，江苏雷利电机股份有限公司获评省先进制造业和现代服务业深度融合试点单位，江苏长海复合材料股份有限公司获评省“先锋企业”，常州市武进华联电控设备有限公司等2家企业创成省企业技术中心。常州新华昌集团有限公司入选“中国民营企业500强”“中国民营企业制造业500强”，今创控股集团有限公司入选“江苏制造业百强企业”。实施园区更新，宋剑湖创新智慧港项目一期14栋厂房主体封顶，东方环保科技产业园工业废水“绿岛”项目竣工试运行，新华昌总部开工建设，光电科技港一期启动，运河智创湾项目备案，《以园区更新开拓高质量发展新空间》调研文章被《群众》杂志采用刊发。新增高新技术企业31家，累计106家；光电科技港人才服务中心、创客空间建成投运，“新观点”众创空间创成国家级众创空间。围绕争创全市首批、全区首个智能制造示范区，组织企业实施“智改数转”项目41个。推进企业上市，哈焊所华通（常州）焊业股份有限公司深交所创业板挂牌上市，江苏宏亿精工股份有限公司等7家企业股改完成，新增企业股改数、工业绩效评价A类企业数居全区第一。

镇村建设　实施城镇规划提档升级，由中国规划设计院编制的《宋剑湖生态新城规划方案》通过专家评审；现代化宜居农房、特色田园乡村设计方案持续深化。完善基础设施，轻纺路、东庄路等4条新建市政道路竣工验收，宋剑湖环湖跑道二期改造提升工程、剑湖（口袋）公园、光大北侧和广电路南侧停车场竣工，全区首个镇级人防教育馆建成投用。开展征迁安置，推进东方二路和232省道环境综合整治提升等征迁项目，东方环保产业园、宋剑湖高中、文体中心南侧地块、宋剑湖水环境治理四期征迁攻坚实现清零，半岛家园C地块成为全市首宗协议出让的安置房地块。保护生态环境，共护“一片蓝天”，深入实施大气污染防治行动，开展VOCs、活性炭入户核查、餐饮油烟、秸秆焚烧、工地扬尘等专项整治，光大环保“邻利工厂城市客厅”项目入选首批省级生态文明建设典型；共治“一城清水”，实施宋剑湖、谈家圩片区、钱家浜等重点河道综合治理，开展涉磷企业分级分类整治，推进污水治理，实现农村生活污水

宋剑湖湿地公园　　（摄影/徐晶玮　摄于2022年6月）

处理设施行政村全覆盖；共养“一方净土”，深入开展企业危废固废专项整治和农村地膜污染治理，有效减少面源污染风险。成立全市首家镇级百万新时代文明实践基金，统筹推进文明城市建设、城市长效管理、农村人居环境整治“三标融合”，政和路、建设南路“精品街道”建成，城市公厕二类、农村公厕三类在全区率先达标，遥观镇城市长效综合管理考评位列全市第一方阵，蝉联“江苏省文明乡镇”。

社会事业　推进教育事业发展，云禾幼儿园、中天实验幼儿园竣工，临津小学主体封顶。开展新时代文明实践活动，承办常州市社区邻里节·网络邻里节、“星空读书节”，秋白书苑遥观光大环境馆获评“全国工会职工书屋示范点”，与临津书院均获市“宝藏读书点”称号，蒋明峰家庭获评“全国最美家庭”，薛巧真获评“中国好人”。东吴书画院入选省“优秀群众文化团队”，镇全民健身中心主体通过验收，入围市十大民生实事项目。成立百万医疗卫生基金，卫生院改（扩）建一期主体竣工，与常州市儿童医院建立医联体，获评全国“优质服务基层行”突出单位，东方、通济卫生室和健康小屋建成投运。加强民生保障，完善就业促进机制，全年举办线上、线下招聘会17场，提供就业岗位4350个，扶持自主创业550人，带动就业1494人；推进社保提质扩面，新增参保人员1169人。开展慈善救助活动，发放慈善救助及保障金473万元。

2022年遥观镇主要经济社会指标完成情况表

表68

指　标	单　位	数　值	比2021年（±%）
地区生产总值	亿　元	235	3.5
公共预算收入	亿　元	9.37	−11.6
农业总产值	亿　元	0.54	−2.0
粮食总产量	万千克	208	−4.6
工业销售收入	亿　元	444.92	4.1
实际利用外资及港澳台资	万美元	172	—
第三产业增加值	亿　元	79.5	8.5
居民人均可支配收入	元	57595	4.6

2022年遥观镇各村（社区）基本情况表

表69

村（社区）名	户数（户）	户籍人口（人）	党组织书记兼村委（社区居委会）主任	集体经济收入（万元）
渔庄村	338	1538	周　斌（1—8月） 吴群峰（9—12月）	166
桥南村	723	2121	吴政国	278
塘桥村	713	2511	黄建国	284
东方村	895	3021	居学良（1—8月） 梅　佳（9—12月）	228
洪庄社区	480	1628	董国华	436
建农村	595	2016	周海良	495
东村村	638	2348	居震民（1—4月） 郑　勇（5—12月）	572
遥观村	1330	3665	刘华伟	294
薛墅巷村	560	1937	吴景伟	227
通济村	480	1766	吴南武	340
宋剑湖社区	1000	3235	邹　文	245
前杨村	616	2177	杨　军	427
新南村	1225	3923	王　赟	623
勤新村	860	2731	周建明	640
郑村村	558	1885	杜骏华	333
印墅社区	580	1851	戴　勤	200
芳庄社区	539	1477	张中海	143
留道社区	480	1766	戚建平	312
钱家塘社区	545	1583	奚赛明	417
遥观社区	967	2198	刘建春（1—3月） 刘惠玉（4—12月）	—
剑苑社区	61	146	戚建峰（1—8月） 沈澎澎（8—12月）	—
剑湖社区	3327	9896	洑兆伟	—

【年华牧业生猪现代化养殖场入选国家级生猪产能调控基地】 2022年3月，年华牧业生猪现代化养殖场入选国家级生猪产能调控基地。该生猪现代化养殖场位于遥观镇渔庄村，由江苏立华牧业股份公司（简称“立华股份”）全资子公司常州市年华牧业有限公司经营，于2020年5月实施，采用全新的楼房养猪模式，新建楼房5层1栋及配套附属设施，总建筑面积约3万平方米，于年月建成投运，总投资8000万元，实现年出栏优质生猪3万头，并在安全生产、食品安全保障、智能化、节能减排、粪污治理、防非洲猪瘟疫情等方面占有优势，对于提高当地猪肉自给率、保障“菜篮子”稳定供应发挥了积极作用。

【御马精密等重大项目开工】 御马高精密电机零部件项目　内容参见“产业园区”类目p73相关条目。

运控高精密电机项目　为市重点项目，由常州市运控电子有限公司实施，新增用地3.45公顷，新建生产车间7.1万平方米，于2022年1月开工，总投资5亿元，建成后可形成年生产高精密电机850万套、齿轮箱50万套的生产能力。

联东U谷·常州宋剑湖创新智慧港项目　为常州经开区重点项目，也是联东集团战略布局的重要一环，用地10公顷，于2022年5月开工，总投资20亿元，主要围绕5G及新一代信息技术、智能制造、新材料产业招引优质企业。

【宏亿汽车安全系统精密零部件等4个项目竣工投产】 宏亿汽车安全系统精密零部件项目 为市重点项目，由江苏宏亿精工股份有限公司实施，新增用地6.67公顷，新建智能化工厂、研发办公楼等建筑6万平方米，购置汽车安全系统管件生产线、精密无缝管生产线、精密焊管及焊拔管生产线及其他生产设备264台（套），于2021年6月开工建设，2022年11月建成投运，形成年产汽车安全系统精密零部件1000万套、精密钢管10万吨的生产能力。

剑湖金城轨道交通配套装备项目 为市重点项目，由常州剑湖金城车辆设备有限公司实施，利用存量土地，建设实验室及生产车间1.9万平方米，升级改造现有厂房1万平方米，购置激光切割机、折弯机、数控冲床、螺杆空气压缩机、油压机、工业设备软硬件等设备405台（套），于2021年9月开工建设，2022年11月建成投运，形成年生产智能厨房设备2000台（套）、自动售货设备2万台（套）的生产能力。

成丰流量仪表项目 由常州市成丰流量仪表有限公司实施，新增用地1.33公顷，新建厂房、仓库及配套设施约2万平方米，购置切割机、数控车床、玻璃成型机、焊机、抛丸机等生产主辅设备共126台（套）于2021年6月开工，2022年12月建成投运，形成年产流量仪表7万个、物位仪表2000个的生产能力。

闳晖半固态成型合金新材料项目 由常州市闳晖科技发展有限公司实施，租赁厂房约2万平方米，购置数控机床、喷涂、清洗、金属压力成型等设备424台（套），建设万级洁净喷涂车间，于2021年于8月开工，2022年6月建成投运，形成年产消费电子机构件3000万套及交通领域机构件5000万套的生产能力。

【遥观新增高新技术企业11家】 2022年，遥观镇有11家企业被全国高新技术认定管理工作领导小组办公室认定为高新技术企业。

表70

2022年遥观镇新增高新技术企业基本情况表

企业名称	占地面积（平方米）	建筑面积（平方米）	产值（万元）
常州市泰润塑业有限公司	12800	15000	8800
常州戴雅托普机械有限公司	680	4500	1794
常州市湖东机电设备有限公司	4130	2600	1324
美氟新材料科技（常州）有限公司	4000	4681	15000
常州市腾创机械科技有限公司	1620	1320	592
常州卓睿管业有限公司	11664	12636	15378
常州市新拓工具有限公司	3220	5800	6400
常州市新墅机床数控设备有限公司	19438	15900	8724
常州市信合久复合材料科技有限公司	26000	41000	4600
常州益广自动化设备有限公司	350	380	120
锐卡常州科技有限公司	3000	650	480

【哈焊华通在深交所创业板挂牌上市】 内容参见“金融业”类目p131相关条目。

【“新观点”众创空间入选国家备案众创空间】 内容参见“产业园区”类目p81相关条目。

【宋剑湖文旅节】 宋剑湖作为常州市四大湖泊之一，拥有珍贵的湿地资源，“宋剑湖湿地公园文旅提升”项目于2021年10月被纳入常州市“532”发展战略文旅产品融合创新工程。2022年5月18日，在“与湖相颂·睦邻风华”常州市第十五届社区邻里节·网络邻里节暨2022宋剑湖文旅节启动仪式上，遥观镇发布宋剑湖文旅节IP形象“窑窑”和“遥遥”，推出“书香城市、悦读遥观”常州市第二届星空读书节、“我为蓝天跑”遥观宋剑湖马拉松赛、“湖畔有约、渔乐无限”宋剑湖垂钓比赛等十大系列活动，以此贯穿全年，做到每季度有主题、每月有活动，营造大家共享文化成果的氛围。年内，以点带线做好“智造遥观之美”工业旅游线路打造推广，举办“我为蓝天跑”马拉松、“与湖相颂”宋剑湖风筝精英赛等特色赛事，开展“王（王兰英）派”锡剧等传统特色文化进校本课程等活动，形成季度有主题、月度有活动，线下有人气、线上有点击，全力提升“乐享宋剑湖”品质。

【秋白书苑遥观光大环境馆入选“全国工会职工书屋示范点”】 12月，全国总工会发出《关于命名2022年全国工会职工书屋示范点的通知》，秋白书苑遥观光大环境馆入选。该馆由常州市图书馆、遥观镇人民政府、光大环保能源（常州）有限公司、昕光文化有限公司四方共建，总面积约1000平方米，藏书量3万余册。馆内分上、下两层，一层设有成人阅读区、少儿阅读区、低幼阅读区、文创展示区和休闲区，二层设有休闲阅读区和咖啡厅，其中“环保科普馆”为特色馆中馆，以高科技电子屏展示及视频互动形式科普环保知识。于2020年7月8日开放，至2022年累计接待人员超5万人次，完成图书借阅量2.4万人次、还书量2万人次，办理图书借阅卡1000多张。

（周　银）

横山桥镇

【概况】 横山桥镇位于武进区东北部，东临无锡市，西接潞城街道，南靠横林镇，北依天宁区郑陆镇，总面积58.23平方千米，辖行政村19个、社区5个，2022年年末常住人口95361人。境内横山风景区形成大林寺、白龙观等景点15处，有“横山”百页、“横山”肉松、“横山”芹菜、“常润”栝楼籽、“芙蓉”鲜螺、“芙蓉”珍珠等名特农产品。先后获评全国重点镇、全国环境优美镇、国家卫生镇和江苏省生态文明建设示范镇、江苏省健康镇，是全国小城镇综合改革试点镇、全国农业旅游示范点。

产业发展 壮大农业规模，高标准农田一期建设按期完工，二期224.1公顷建设全面启动。有工业企业2176家，其中规模以上企业195家，全年完成规模以上工业产值362.82亿元，占全镇工业总产值的93.55%。推进重大项目建设，新增市重大项目3个、区重点项目6个，总投资超46亿元；八方工业园一期开工，绿色涂料集聚区项目启动，顺丰智慧物流园等16个项目提速，完成投资51亿元。推进科技创新，新增省级企业技术中心1家、省级工程研究中心1家和江苏省星级上云企业18家；常州市龙鑫智能装备有限公司获评国家级专精特新"小巨人"企业，江苏兰陵高分子材料有限公司被工业和信息化部认定为建议支持的国家重点"小巨人"企业，江苏恒耐炉料集团有限公司等13家企业获评省级专精特新中小企业，江苏富冠金属科技有限公司获省级智能车间认定，江苏日盈电子股份有限公司获评省智能制造示范工厂、省服务型制造示范企业，江苏安澜万锦电子股份有限公司入选省两化融合管理体系贯标示范企业，常州永葆绿能环境有限公司、常州亚太热电有限公司获中央预算内资金支持，江苏江南实业集团有限公司入选2022中国民营企业制造业500强、江苏民营企业制造业100强。推进企业股改上市，常州市恒邦新材料股份有限公司获批"新三板"挂牌，累计"新三板"挂牌企业4家。发展现代服务业，完成限额以上贸易销售总额27.8亿元、规模以上服务业营业收入16.6亿元。

镇村建设 高标准编制国土空间规划、全域乡村空间布局规划，推进"三区三线"（城镇空间、农业空间、生态空间及其城镇开发边界、永久基本农田、生态保护红线）划定，保障重点项目建设土地和规划落实。完善基础设施，文明东路、新安片区支路开工建设，常芙路、横芙路、柳三路生态道路改造完成，江南路改建工程如期竣工，园东路、山水路、柳八路建成通车。推进征迁安置，完成6个征迁项目民房193户、企业44家拆除，累计面积21万平方米；启动医院南侧地块施工，挂牌出让横麓雅居南侧安置地块，雍锦园项目竣工交付，新庄花苑、紫霞三期、悦蓉雅苑安置房主体封顶，芙蓉新天地商业楼主体竣工。推进农村宅基地制度改革（简称"宅改"），芙蓉湖畔雅苑一期261套新农居交付，周刘家村"水美村落"164套新农居基本完工，芙蓉宅改南集聚区71套新农居主体进入收尾，双庙宅改自建区68套新农居主体封顶。保护生态环境，推进芳茂山片区生态整治项目一期建设和蓝天、碧水、净土三大领域治污攻坚，新增绿化面积3.4万平方米，完成有机化工行业VOCs整治及活性炭入户核查45家、包装印刷行业企业源头替代15家，梁家河、芳茂河等5条河道清淤13万立方米，以及关闭化工企业土壤污染状况调查近9成，三山港沿线18条重点支流支浜水

2022年横山桥镇主要经济社会指标完成情况表

表71

指　标	单　位	数　值	比2021年（±%）
地区生产总值	亿　元	206.2	6.32
公共预算收入	万　元	53198	−25.10
粮食总产量	吨	2980.5	1.90
工业销售收入	亿　元	348.6	2.10
利用外资及港澳台资	万美元	220	−91.77
第三产业增加值	亿　元	90.04	2.79
居民人均可支配收入	元	58351	4.60

2022年横山桥镇各村（社区）基本情况表

表72

村（社区）名	户　数（户）	户籍人口（人）	党组织书记兼村委（社区居委会）主任	集体经济收入（万元）
东洲村	770	2341	张中华	371
横山桥村	786	2291	吴庆峰	423
芳茂村	925	2849	李网度	911
西崦社区	1065	3697	殷金兴（—4月） 周耀光（4月任）	392
星辰村	681	2114	王银瑞	679
省庄村	1012	3315	方晓军	1112
金丰村	844	2835	金文华	544
奚巷村	645	2178	章晓伟	1241
五一村	1483	4268	徐　洁	2154
新安村	1309	3786	刘志叶	1799
东城湾村	530	1599	吕　俊	232
东风村	842	2529	丁耀强	1307
双庙村	902	3060	岳阳波	234
东周村	1316	3915	王　蓓	523
东柳塘村	599	1915	单立波	222
西柳塘村	749	2278	刘建群	283
梁家桥村	740	2300	梁晓东	232
芙蓉村	916	2871	汤建斌	613
蓉湖村	936	2900	殷文杰	385
朝阳村	890	2758	王　年	542
横山桥社区	548	1289	刘常羽	—
山水社区	731	1532	包英华	—
新安社区	1746	4462	范本东	—
芙蓉社区	595	1034	陆海峰（—4月） 刘　东（4月任）	—

芙蓉宅改北集聚区　　（摄影 / 丁婷　摄于 2022 年 5 月）

质基本达到Ⅳ类以上，横山桥、芙蓉集镇基本实现雨污分流。优化城乡管理，精心打造美士隆精品街区、华喜路精品街道，完成立面出新 3.2 万平方米、市政提升 1 万平方米、停车绿化优化 2500 平方米，新增停车泊位 278 个，建成金丰、东洲“精美小菜园”2 个和农产品质量安全村级服务站 3 个，芳茂村获评省级“互联网 + 全民义务植树”基地。

社会事业　实施教育事业扩容提质，推进山水实验小学、芙蓉湖畔幼儿园新建及横山初中改（扩）建项目，星安幼儿园创成省优质幼儿园，横山桥中心小学研究性学习成果获常州市特等奖，新安小学创成市新优质学校，横山桥镇获评 2022 年度全市履行教育职责成效明显镇。提升卫生健康服务能力，推进芙蓉卫生院改扩建项目，横山桥人民医院创成妇产科省级特色科室。深化文化惠民工程，承办全市首届乡风文明论坛，新时代创佳戏曲艺术团、五一村初心驿站分别入选省优秀群文团队、省最美公共文化空间，奚巷村村民幸福生活图景连续两次获得央视报道。优化公共服务，横山桥镇劳动人事争议调解中心获“江苏省金牌调解组织”称号，为民服务中心创成“家门口办实事”市级示范点，医疗保障服务站创成全市首批“15 分钟医保服务圈”省级示范点；推进基层政务服务标准化、规范化建设，完成村级便民服务大厅提升改造 6 个。夯实社会治理，建设法治乡村，完成镇公共法律服务中心提档升级、山水社区“智慧小区”试点建设，五一村获评全国民主法治示范村。加强民生保障，新增就业岗位 4230 个，引领大学生创业 66 家，帮扶支持各类人员再就业超 1000 人，累计发放社会救助和补贴 1700 余万元。

【万洋科技众创城等 5 个重点项目开工】

万洋科技众创城项目　由万洋集团有限公司实施，新增用地约 10 公顷，结合区域主导产业特点，以轨道交通、智能制造、电子信息、智能家电、健康食品、新材料应用及以上相关配套产业为主导打造聚合都市型产业集聚地，于 2022 年 10 月开工，总投资 10 亿元，投产后容积率由不足 1.0 提高至 1.8 以上。

凯润自动化精密零部件项目　由常州凯润科技有限公司实施，新增用地 0.94 公顷，新建研发大楼、厂房等建筑 2.1 万平方米，引进高精度自动化设备 50 台（套），于 2022 年 12 月开工，总投资 3.1 亿元，投产后可形成年产工业机器人零部件 10 万套、新能源汽车热管理系统 20 万套、高精密气动元件 300 万套的生产能力。

蓝天腾飞管道加油系统项目　由常州市蓝天腾飞航空设备有限公司实施，新增用地 1.33 公顷，新建厂房 2.5 万平方米，购置日本龙泽斜轨数控机床、韩国大宇加工中心、德国西门子激光切割、日本安川焊接机器臂等国内外先进智能设备 100 多台（套），于 2022 年 12 月开工，总投资 1.3 亿元，投产后可形成年产飞机管道加油系统 5000 套的生产能力。

巧创智能抗菌净化门窗项目　由常州巧创门窗科技有限公司实施，整合低效用地 0.67 公顷，新建厂房 1.3 万平方米，购置川崎机器人、西门子激光等设备 91 台（套），于 2022 年 5 月开工，总投资 6500 万元，投产后可形成年产智能抗菌净化门窗 60 万平方米的生产能力。

薛巷电讯高速线缆组件项目　由常州市薛巷电讯元件有限公司实施，利用原有厂房 5000 平方米，并加以改造，打造无尘电子车间约 3000 平方米，用于高速线缆组件的生产制造，引进国外先进的信号自动测试系统、高速冲床，购置业内先进生产设备全自动产线、高速冲床等设备共计 89 台（套），规划建设智能化工厂，于 2022 年 10 月开工，总投资 5000 万元，投产后可形成年产 SlimSAS 高速线缆组件 100 万套的生产能力。

【横山桥入选国家级专精特新“小巨人”企业 2 家】　2022 年 5 月，江苏兰陵高分子材料有限公司入选第三批第一年建议支持的国家级专精特新“小巨人”企业。该公司隶属江苏兰陵化工集团有限公司，成立于 1991 年，坚持以产品绿色化、生产数字化、管理信息化、运营平台化为发展方向，拥有江苏省级企业技术中心、江苏省钢结构重防腐防火涂料工程技术研究中心、国家博士后科研工作站三大技术研发平台，获授权专利 55 件（其中发明专利 23 件），主持起草或参与制订、修订国家、行业标准 20 多项，在新型防火防腐功能涂层材料市场占有率达 15%。2022 年，实现产值 79985.68 万元。

8 月，常州市龙鑫智能装备有限公司入选第四批国家级专精特新“小巨人”企业。2022 年，实现产值 24307.82 万元。具体内容参见“产业园区”类目 p74 相关条目。

【江南集团入选中国民营企业制造业 500 强】　9 月 23 日，江苏江南实业集团有限公司（简称“江南集团”）以超 165 亿元的营业收入，分别入选 2022 中国民营企业制造业 500 强、2022 江苏民营企业制造业 100 强。该集团是首批全国乡镇集团之一，主要有江南铁合金有限公司、江南创佳型材有限公司、江南精密金属有限公司及旗下各子公司组成，涵盖家电板材、合金添加剂、铝型材、房地产等板块，是集产品研发、生产、销售、服务于一体的大型综合民营企业，拥有发明专利17件、实用新型专利73件。

【日盈电子获评省级荣誉2项】 2022年6月、10月，江苏日盈电子股份有限公司（简称“日盈电子”）先后获评江苏省智能制造示范工厂、第七批江苏省服务型制造示范企业。该公司推进信息化与智能化建设，建有汽车高清全景影像系统智能工厂，加速从单纯的产品供应商向“产品＋服务”的全产业链配套服务商转变，通过搭建基于国家二级节点的日盈工业互联网平台，充分运用上、下游“互联网＋大数据＋智能化”技术，再造流程，创新车用电子电器产品智能化、一体化生产线模式，在降低生产成本的同时，大幅度提升产品性能和品质。2022年，实现产值55670.31万元。

【横山桥新增高新技术企业16家】 2022年12月，横山桥镇有27家企业被全国高新技术认定管理工作领导小组办公室认定为高新技术企业，累计高新技术企业102家。

【恒邦新材挂牌“新三板”】 内容参见“金融业”类目p131相关条目。

【芙蓉湖畔雅苑一期新农居全面交付】 2022年，横山桥镇深入实施农村宅基地制度改革（简称“宅改”），推进宅改试点项目——芙蓉宅改北集聚区建设，总用地面积19.16公顷，建设中式风格房屋491套，建筑面积200～350平方米。经过2年多建设，芙蓉湖畔雅苑一期新农居261套全面交付，其中首批新农居166套于6月13日交付，分获《新华日报》6月14日、19日头版刊登。芙蓉湖畔雅苑小区西侧配套区设有乡村振兴展示中心、芙蓉湖畔党群服务中心、非遗展示馆等公共设施，实现了从一片藕塘到美丽乡村典范的嬗变。

表73　2022年横山桥镇新增高新技术企业基本情况表

企业名称	占地面积（平方米）	建筑面积（平方米）	产值（万元）
江苏轩盛塑业科技有限公司	26640	25000	17900
常州市勤源新材料有限公司	5760	2719	5500
常州市臬翔汽车零部件有限公司	3150	3000	2664
常州豪僜机械有限公司	2000	1000	1292
常州市凯飞照明科技有限公司	1800	1600	948
常州市万佳智能装备有限公司	5000	3000	1000
常州市建伟电器有限公司	5914	5000	8000
常州阿贝特机房设备有限公司	3500	2800	4400
常州市华星防腐材料有限公司	13320	3000	15404
常州市道铖传动科技有限公司	4650	4600	6173
常州纬锐照明科技有限公司	8000	5000	1600
常州常秀机房装饰材料有限公司	10666	9010	4500
常州市新未来化工有限公司	14726	8500	3065
常州市三明景辉环保科技有限公司	6545	3000	4692
常州市润邦干燥设备科技有限公司	1800	1726	5370
常州市凯盛机械配件有限公司	3921	2700	5390
常州市沃拓机电有限公司	2500	1500	4000
公牛电池科技（常州）有限公司	2000	1560	810
常州奇盛新材料有限公司	14231	7469	16094
常州顶点温室工程有限公司	6025	3200	13831
江苏迈瑞柯特钢有限公司	2500	2000	709
常州市恒成新材料有限公司	7000	6000	2500
常州市越禾电子有限公司	1980	1900	1600
江苏绿能电动车科技有限公司	41125	2260	35392
常州世纪鸟电动车制造有限公司	35000	28000	5800
常州市旭永铜业有限公司	10500	7000	24500
常州市诚开包装材料有限公司	5500	4500	3146

【五一村入选“全国民主法治示范村”】 2022年12月28日，司法部、民政部印发《关于命名第九批“全国民主法治示范村（社区）”的决定》，横山桥镇五一村入选。该村位于横山桥镇芳茂山北麓，总面积5.1平方千米，辖村民小组34个。围绕“民主法治示范村”创建，与常州经开区人民检察院未成年人检察团队、横山桥法庭等合作，开展精细化公共法律服务。至2022年年底，“和风煦语”工作室成功调解矛盾纠纷60余起，调解率100%。打造全市首个“秋白书院＋法治书屋”，改造升级村综治中心，设置公共法律服务工作室、人民调解室，配备村法律顾问团队，具备法律知识检索指引、法律咨询、矛盾纠纷调处等公共法律服务功能，提高法治服务常态化供给能力。建设占地面积9000平方米的法治文化宣传阵地“和园”，通过“守护成长之路”“和谐之家”“法治中国”3个篇章，宣传土地承包、婚姻家庭、赡养继承、生态保护、道路交通安全、劳动保障、农产品质量安全、民间纠纷调解、扫黑除恶相关法律法规。

【《永不褪色》首发式举行】 10月26日，《永不褪色》首发式和赠书仪式在横山桥镇五一大剧院举行，常州市委常委、宣传部部长陈志良，常州经开区党工委书记顾伟国等领导出席。《永不褪色》一书是以五一村原党委书记、江苏江南实业集团有限公司原董事长梅鹤康为典型创作的一部长篇报告文学，生动讲述了其永不褪色的军人本色、永葆激情的奋斗精神、不忘初心的为民情怀和责任担当，由江苏人民出版社出版，共计23.2万字。

（杨可心）

嘉泽镇
（武进现代农业产业园）

【概况】 嘉泽镇（武进现代农业产业园）位于武进区西南部，东临西太湖（滆湖），西接金坛区尧塘街道，南接湟里镇，北靠钟楼区邹区镇，总面积101.48平方千米，辖行政村19个、社区5个，2022年年末常住人口92089人。239省道、金武路、长虹西路、延政西路、宁常高速贯穿境域，扁担河、夏溪河、成章河和孟津河等水道在境内形成天然良港，拥有西太湖湖岸线12千米，多为自然保护湿地。获得中国花木之乡、全国环境优美镇、全国美丽宜居小镇、全国花卉生产示范基地、全国科普示范基地、全国农业旅游示范点、国家卫生镇和中国花博镇、“绿色生命的摇篮”、省级生态文明建设示范镇等称号。2022年11月，嘉泽镇（苗木）入选全国乡村特色产业超十亿元镇名单。

产业发展 按照“两湖”（滆湖、长荡湖）创新区、中以常州创新园拓展等上位规划以及嘉泽发展定位，深入推动一、二、三产业融合发展，构建“以农为核、以工带农、以旅兴农”的发展新格局，开启全面建设“江南花都、缤纷湖湾”美丽新嘉泽。以推进中以常州创新园、云越花卉科技产业园（一期）等重点农业项目落地为抓手，抓住建设新孟河沿线特色田园乡村、三鑫美树馆产业园区的契机，加快关键技术规模化运用，建成开放三鑫美树馆项目一期，武进区农村产业融合示范园区获“第三批国家农村产业融合示范园区”认定。发展绿色有机生态农业，完成区级养殖池塘生态化改造项目，推进南庄村和西城村区级高标准农田建设项目。研发推广一站式花木交易平台“苗易宝”，集聚经营主体2500余户。优化项目招引工作机制，加快重点项目攻坚突破，全镇12个重点项目被列入区重点项目库。三鑫重工机械有限公司等4家企业被列入区重点特色企业，安达科（江苏）陶瓷有限公司等5家企业被列入八大高成长性产业链企业。全年完成规模以上工业总产值33.44亿元，增长10%。发展休闲旅游，嘉泽镇状元坊文化旅游区获评国家AA级旅游景区。

镇村建设 坚持以“两湖”创新区规划、环滆湖发展规划、中以常州创新园规划为指导，高标准编制嘉泽镇国土空间规划（2020—2035），构建拥湖发展的空间布局。实施嘉泽镇—西太湖联动发展区一期启动区拆迁工作，完成拆迁签约土地面积100余公顷。提升集镇品质，从管线入地、道路拓宽、沿街景观、基础设施、党建文化建设等方面扮靓“嘉乡红仓”——新时代文明实践所—清廉

2022年嘉泽镇主要经济社会指标完成情况表

表74

指　标	单　位	数　值	比2021年（±%）
地区生产总值	亿　元	115.31	5.24
公共预算收入	万　元	22507	−25.00
农业总产值	亿　元	11.61	5.00
粮食总产量	万千克	8.1	150.00
工业销售收入	亿　元	33.44	14.56
第三产业增加值	亿　元	73.54	4.35
居民人均可支配收入	元	58409	30.19

2022年嘉泽镇各村（社区）基本情况表

表75

村（社区）名	户数（户）	户籍人口（人）	党组织书记	村委（社区居委会）主任	集体经济收入（万元）
嘉泽村	1700	3974	索卫中	索卫中	1173.9
观庄村	802	3089	王　凯	王　凯	110.4
丰杨村	1012	2980	吴建林	吴建林	301.4
士桥村	931	2305	李向阳	李向阳	189.8
夏庄桥村	1765	5030	吴文龙	吴文龙	270.2
闵市村	1666	5051	田卫忠	田卫忠	335.9
西城村	1670	5352	周林峰	周林峰	219.9
成章村	2338	6437	庄旭东	庄旭东	298.9
晨山村	1952	5696	张　斌（—5月） 邵正平（5月任）	余　伟（3月任）	1512.7
捕捞村	188	588	沈祥根	沈祥根	101.3
甘荡村	941	3316	王　栋	王　栋	181.7
夏溪村	2896	7556	薛哪昌	薛哪昌	712.1
跃进村	794	1906	毛建玉	毛建玉	536.3
南庄村	890	3012	高　华	高　华	115.1
周庄村	734	2050	江建昌	江建昌	242.2
三星村	660	2745	王　华	王　华	395.4
厚余村	1354	4532	强小军	强小军	199.3
朝东村	2052	5620	朱洪全（—7月） 王　乾（7月任）	朱洪全（—7月）	528.7
满墩村	1170	4450	汤政伟	汤政伟	184.9
嘉泽社区	—	—	索卫中	樊　贤	—
夏溪社区	—	—	薛哪昌	徐　标	—
厚余社区	—	—	强小军	秦春霞	—
成章社区	—	—	庄旭东	金　美	—
嘉新社区	—	—	顾　晔	顾　晔	—

说明：嘉泽、夏溪、厚余、成章社区的户数、户籍人口数以及集体经济收入与相应村合算在一起

公园一带，嘉泽镇红色街区入选武进区党群阵地“五亮五优工程”首批重点扶持地标项目。完善基础设施，推进“四好农村路”示范创建,完成嘉泽大桥（三类）、龙港桥（三类）修复，建设农村灌溉渠道。坚持生态优先、绿色发展，守护蓝天净土、湖湾生态，完成VOCs涉气企业清洁能源替代4家、铸造企业改造整治提升12家和餐饮单位绿色规范发展8家，建成士桥浜市级幸福河湖和南庄村、士桥村区级小微水体示范点，环境信访件办结率达100%。探索建立文明城市建设、城市长效管理和农村人居环境整治“三融合”工作机制，开展“行走嘉泽”专项行动、渣土运输专项巡查整治行动，人居环境排名稳居全区前列。

社会事业　常态化开展新时代文明实践活动，镇新时代文明实践所“嘉·文化空间”入选2022年江苏省“最美公共文化空间”。深入实施文化惠民工程，积极弘扬“状元文化”，嘉泽镇被市书法协会评为“常州书法街道（镇）”。完善教育教学资源，推进夏溪幼儿园原地重建、夏溪初中改（扩）建、嘉泽中心幼儿园扩建项目，全镇5所中小学入选2019—2021年度武进区文明校园。建设“健康嘉泽”，完善公共卫生应急管理体系，全区首个EPC医院项目——嘉泽卫生院建成启用。深化农村宅基地制度改革，开创“网格＋宅改监管”工作新模式，推行宅基地公开投标选位，成章村宅基地择位竞价项目被纳入省级农村产权交易平台,镇、村、组三级联动完成“房地一体”确权登记工作。推进大名新苑保障性经济适用住房项目，完成农民自建区姬山嘉园和闵墅新苑分房。推进农村集体经济组织股份合作制改革，完成2022年农村集体资产清产核资，规范农村集体资产交易运行。开展社保扩面，社会保障体系覆盖率达99%以上。做好困难群众走访慰问和特殊困难群体排查入档工作，全年发放救助金1196万元和慈善救助金194.45万元，惠及困难群众1000余人。

【嘉泽镇获评全国乡村特色产业超十亿元镇】　11月，农业农村部公布2022年全国乡村特色产业超十亿元镇名单，嘉泽镇（苗木）入选。花木产业是嘉泽镇主导产业、特色产业，始于20世纪70年代，到2022年花木种植面积达5330余公顷，占全镇耕地面积的95%以上；有花卉苗木企业500多家（含上规模的园林绿化企业100余家），其中农业高新科技企业有万臻生态科技有限公司、常州花香缘园艺有限公司、常州世华花卉科技有限公司、常州市扶苏农业科技有限公司、常州家绿林果园艺有限公司、常州市万川园林绿化工程有限公司等，专业花木销售经纪人2万多人；有花木专业股份合作社18个和大型苗圃、盆景园、大树基地200多个；形成以夏溪花木市场、江南花都产业园为核心的花木服务体系、以嘉满线名贵苗木产业带、239省道草盆花及盆景产业带、花海大道休闲观光旅游产业带、新孟河沿线容器苗产业带为基础的花木生态体系和产品多元化配套的产业化经营格局。此外，积极培育健康绿色新产业、新业态、新模式，发展特色民宿、风味餐饮、互动体验的“园艺村2.0版”，为乡村发展注入新动能。2022年，夏溪花木市场完成交易额186.50亿元。

【成章建设创智园等重点项目建设】　成章建设创智园项目　为江苏成章建设集团企业总部基地建设项目，位于嘉泽镇延政西大道南侧姬山路西侧，总用地4.13公顷，总建筑面积8.1万平方米，包括办公楼、研发车间、厂房等，配套建设停车场、环境绿化、道路完善等工程，于2022年5月开工，一期已竣工，总投资2.5亿元。

龙英预制架空保温管低碳智能化生产线项目　位于嘉泽镇成章村，由江苏龙英管道新材料有限公司实施，利用现有土地1公顷，新建车间及生产辅助楼8856平方米，搭建生产线遮雨棚1344平方米，购置断料设备、坡口机、卷管机、物流转运等设备24台（套），于2022年3月开工，总投资0.5亿元，达产后可形成年产预制架空保温管3万根的生产能力。

平晖智能化成套装备项目　位于嘉泽镇朝东村，由常州市平晖机械制造有限公司实施，用地2公顷，新建厂房1.6万平方米，主要从事定制化、个性化、智能化的高端装备制造，于2022年1月开工，总投资1.1亿元，达产后可形成年产大型高端装备生产线90台（套）的生产能力。

【嘉泽镇状元坊文化旅游区获评国家AA级旅游景区】　内容参见“旅游业”类目p126相关条目。

【“嘉·文化空间”入选省“最美公共文化空间”】　3月，省文化和旅游厅公布2022年度江苏省“最美公共文化空间”打造对象名单，嘉泽镇新时代文明实践所“嘉·文化空间”入选。嘉泽镇新时代文明实践所位于状元坊街区文昌阁西侧，总建筑面积2000多平方米，是嘉泽镇文化惠民工程的主阵地，于2021年4月建成开放，成为传播新思想、展示新形象、弘扬新风尚的亮丽名片。

【嘉泽卫生院建成启用】　2022年10月20日，全区首个EPC医院项目——嘉

10月，嘉泽镇卫生院启用　　（摄影／陆新　徐晶玮）

泽镇卫生院建成并启用。该卫生院为易地新建项目，位于嘉泽镇夏溪村曹家村30号，占地面积1.69公顷，建筑面积1.27万平方米，于2018年11月新建，设有内科、外科、妇科、儿科、预防保健科、CT检查放射科、功能检查室、消化内科（胃肠镜）、检验科、口腔科、体检中心、中医康复科等，总投资约7200万元。

（王亚莉）

湟里镇

【概况】 湟里镇位于武进区西南部，东濒滆湖，西接金坛区，南与宜兴市隔涨河港相望，北邻嘉泽镇，总面积86.1平方千米，辖行政村16个、社区4个，2022年年末常住人口68403人。湟里又名杨柳埠，俗称埠头，是全国闻名的水产养殖和花卉苗木生产基地，获得第五届全国文明村镇、全国环境优美镇、国家级卫生镇、国家级生态示范镇、全国科学发展千强镇等称号。

产业发展 建设现代农业，建成投运新孟河、孟津河沿线灌溉站15座，完成葛庄村26.67公顷高标准农田项目建设、西鲁村省级特色田园乡村项目规划。有工业企业582家，年内新增规模以上企业17家，累计规模以上企业115家，全年完成规模以上工业产值366.9亿元，占全镇工业生产总值的93.8%。推进重大项目建设，新招引项目19个，新增区重点项目16个，全年完成区重点项目投资10.7亿元，华微ITO柔性光学膜、富桐特种色母粒、联同高端定制纸箱扩能等10个项目竣工投运。强化创新驱动，东方润安集团有限公司与中国科学院金属所组建“高质量精密铜材智能制造协同创新中心”，常州市武进长虹结晶器有限公司入选第四批国家级专精特新“小巨人”企业，江苏凯达重工股份有限公司特种型钢轧辊智能化热处理车间获江苏省智能制造示范车间认定，新增高新技术企业4家，科技型中小企业评价入库50家，江苏凯达重工股份有限公司、江苏圣乐机械有限公司、江苏晨光涂料有限公司3个工程中心获得省级工程技术研究中心认定。发展现代服务业，完成列入核算规模以上服务业营业收入10.5亿元，实现限额以上批零住餐销售额247.6亿元（其中批发业销售额246.5亿元），分别增长45%、15.2%。

镇村建设 围绕打造新时代生态宜居乡村，完善镇村配套设施，完成西市线、陆南线、西里墅线、新瑞线、骏安路、兴旺路修复改造和人民桥，新渎口桥、后木桥、友谊中心桥改建，维修加固安欢渎桥、渡水桥等桥梁6座，湟东路改造提升路面主体工程建成投运，新孟河沿线节点步道景观工程、村前小流域综合整治工程完工。建设美丽乡村，建成村前、河南、香泉等区级美丽乡村5个，完成天然气改造918户，西墅村、河南村成为全市美丽乡村“网红打卡点”。保护生态环境，全面启动洮滆片区水环境综合治理工程，深入开展农业面源污染治理、“危污乱散低”企业出

2022年湟里镇主要社会经济指标完成情况表

表76

指　标	单　位	数　值	比2021年（±%）
地区生产总值	亿　元	208.0	2.1
公共预算收入	亿　元	5.4	−8.6
农业总产值	亿　元	10.1	5.2
粮食总产量	万千克	24.4	44.4
工业销售收入	亿　元	352.6	−12.2
第三产业增加值	亿　元	93.8	7.2
居民人均可支配收入	元	57905.0	4.6

2022年湟里镇各村（社区）基本情况表

表77

村（社区）名	户数（户）	户籍人口（人）	党组织书记	村委（社区居委会）主任	集体经济收入（万元）
东安村	1997	5764	陈建良	陈建良	439.36
武宜村	685	2060	曾志丰	曾志丰	192.74
西安村	840	2436	万新东	万新东	140.39
五巷村	900	2782	张树华	张树华	181.41
蒋堰村	1307	4099	许国军	许国军	327.39
香泉村	1117	3532	王永泉	王永泉	341.51
村前村	2265	5954	王金泉	王金泉	535.46
岗角村	1904	5058	沈勤军	沈勤军	272.71
西墅村	1412	4573	季文斌	季文斌	870.97
河南村	958	2735	蒋中君	蒋中君	319.57
北隍村	830	2538	吴卫忠	吴卫忠	164.75
后坊村	1006	3018	徐田明	徐田明	154.89
西鲁村	930	2571	薛云杰	薛云杰	255.06
葛庄村	775	2187	蒋红明	蒋红明	580.62
村西村	951	2742	鞠　峰	鞠　峰	155.36
湟里村	2570	6707	周　锋	周　锋	347.20
湟里社区	—	—	储留保	储留保	—
东安社区	—	—	陈建良	许逸枫	—
村前社区	—	—	王金泉	钱维力	—
湟新社区	3355	6479	—	—	—

清行动，整治小微水体366个，完成燕桥浜、生产河、中心河、粮管所浜、祁兰桥浜5条河道消劣整治和涉磷企业整治35家，东方润安集团有限公司完成全流程排放改造，葛庄村建成生态湿地20公顷，武宜村获评省级生态文明建设示范村，三塘河、庙渎浜、新隍河入选省级生态河道，河南村、村前村获评市级幸福小微水体示范片区，上马槽、西鲁浜入选市级示范幸福河湖。推进镇村长效管理，完成全镇永久基本农田和城镇开发边界划定，出台违法用地和违法建设处置办法，实施重点区域违建整治，在埠新路建成全市第一批市容环卫责任区智慧化管理示范路，金水路创成市级精品示范道路，湟里农贸市场创成区级二星级菜场。

社会事业　深化新一轮教育名镇建设，启动“辉湟优学”工程，并设立常州东方润安教育基金会，助力教育事业发展。湟里镇入选常州市基础教育综合改革实验乡镇。湟里高级中学开展80周年校庆活动，东安实验学校通过市级新优质学校验收，村前幼儿园异地新建。开展文明城市常态化创建工作，打造“湟里、田里、心里”新时代文明实践品牌，承办“喜迎二十大、奋进新征程”武进区第三届阳湖学习达人挑战赛，举办“强国复兴有我”群众性主题宣传教育活动。提升卫生服务能力，武进第四人民医院增设核磁共振医疗检查服务，西安村标准化卫生室提升改造完成，全镇实现省级农村卫生室示范站全覆盖。加强民生保障，新增就业岗位1200个，实现失业人员再就业370人、就业困难人员再就业460人，发放“4050”“4555”人员社保补贴320万元；发放慈善救助金、临时帮困补助、残疾人“两项”补贴等帮扶资金1273万元，帮助218户困难家庭实现“微心愿”。修缮吴海军烈士墓，发放各类优抚经费1978万元。打造“15分钟社区养老服务圈”，完成老年人适老化改造63户，全年居家养老服务25134人次，服务率87.4%。

【华微ITO柔性光学膜等10个重点项目竣工投运】　华微ITO柔性光学膜项目　由江苏华微薄膜科技有限公司实施，租用车间9000平方米，购置磁控溅射真空镀膜设备、普发超高真空角阀、深冷机组、真空检漏仪、涡轮分子泵等设备101台（套），于2021年9月开工，2022年4月竣工，总投资6000万元，达产后可形成年产ITO（氧化铟锡）柔性透明导电光学膜180万平方米的生产能力。

肽晟堂小分子多肽粉及复配产品研发生产项目　由肽晟堂生物科技（常州）有限公司实施，租用江苏方舟电器有限公司厂房建设5套10万级无尘车间，购置多肽粉流水线、口服液流水线、压片机等设备58台(套),于2021年6月开工，2022年6月竣工，总投资6000万元，达产后可形成年产多肽粉500吨、复合固体多肽营养素12万盒、压片糖果300万盒、复合夹心软糖3万盒、次抛型口服液3万盒、多肽酒伴侣60万盒的生产能力。

盛杰合力合成纤维项目　由常州市盛杰合力化纤有限公司实施，常州市亿之源医疗科技有限公司标准车间，购置化纤丝生产线、环保设备等设备19台（套），于2021年9月开工，2022年6月竣工，总投资6000万元，达产后可形成新增年产丙纶丝2万吨的生产能力。

雄森机械零部件智能车间项目　由常州市雄森压铸件有限公司实施，租用常州通邦车辆部件厂标准厂房6667.8平方米，购置加工中心、超声波清洗线、喷塑流水线等设备359台（套），于2021年10月开工，2022年3月竣工，总投资1.2亿元，达产后可形成年加工铝合金电动工具配件、汽配件5000吨和注塑件3000吨的生产能力。

富桐特种色母粒项目　由常州富桐纤维新材料有限公司实施，利用自有车间，购置切粒机、双螺杆混炼挤出机组、磨粉机等设备186台（套），组成自动化生产线7条，于2021年11月开工，2022年10月竣工，总投资3.2亿元，达产后可形成年产特种色母粒8万吨的生产能力。

东山地毯基布自动化生产扩建项目　由常州市东山地毯材料有限公司实施，利用自有车间，购置织机、空变机、倍捻机等设备39台（套），于2022年2月开工，6月竣工，总投资5500万元，达产后可形成年产地毯基布、2000吨胶线4000万平方米的生产能力。

赛美汽车装配线传动链条扩产项目　由常州赛美传动机械有限公司实施，利用原有厂房并新建车间5200平方米，购置压力机、钻床等主要生产设备20台（套），于2022年5月开工，10月竣工，总投资3000万元，达产后可形成年产汽车装配线传动链条1万吨的生产能力。

双菱食品机械输送链条智能化提升项目　由江苏双菱链传动有限公司实施，利用现有车间，购置加工中心、机器人等主要设备50台（套），于2022年5月开工，9月竣工，总投资5000万元，达产后可形成年产高耐磨链条2万吨的生产能力。

威浚达高分子材料项目　由江苏威浚达高分子材料有限公司实施，租用宇征电器车间，购置双螺杆挤出机、磨粉机等主要设备42台（套），于2022年8月开工，12月竣工，总投资3000万元，达产后可形成年产色母粒2000吨的生产能力。

联同高端定制纸箱扩能　由江苏联同纸业科技有限公司实施，租赁车间2000平方米，购置单面瓦楞机、双面黏合机等设备17台（套），于2022年9月开工，11月竣工，总投资5000万元，达产后可形成年产高端定制纸箱3000万个的生产能力。

【长虹结晶器公司入选国家级专精特新“小巨人”企业】　2022年9月7日，第四批国家级专精特新“小巨人”企业名单公布，常州市武进长虹结晶器有限公司（简称“长虹结晶器公司”）入选。该公司创立于1996年，不断推进技术改进，组建研发团队，开展“磁质振荡结晶器的研发和产业化”“提高结晶器铸坯过钢量的研究”“管式一次成型板坯结晶器”等项目前沿技术研究，获得江苏省首台（套）及关键部件认定，研制的220mm×1250mm断面管式一次成型板坯结晶器铜管应用于福建鼎信镍业有限公司，获得发明专利6件、实用新型专利40余件，获评高新技术企业、省民营科技企业、省服务型制造示范企业等称号。2022年，实现产值31052.2万元。

【湟里镇新增高新技术企业4家】　2022年12月，湟里镇4家企业被全国高新

表 78　2022 年湟里镇新增高新技术企业基本情况表

企业名称	占地面积（平方米）	建筑面积（平方米）	产值（万元）
常州市武进长城柴油机部件有限公司	8000	6500	3000
常州市丰迪制漆有限公司	8812	3000	3134
常州盈德气体有限公司	2603	1291	15876
江苏隆辉电力设备有限公司	6444	3664	4700

技术认定管理工作领导小组办公室认定为高新技术企业，累计有高新技术企业 42 家。

【东方润安集团全流程排放改造完成】 贯彻落实 2019 年 4 月生态环境部等五部委发布的《关于推进实施钢铁行业超低排放的意见》精神，东方润安集团有限公司（简称“东方润安集团”）积极推进全流程超低排放改造，到 2022 年累计投入资金超 30 亿元，先后完成原料大棚封闭和烧结机脱硫、脱硝及烟气净化处理、无组织深度治理等重大改造项目 100 余项。有组织深度治理方面：完成 2 台烧结机电除尘高频电源、脱硫系统、湿电除尘和 SCR 脱硝系统与 DCS 系统改造；原料、烧结、高炉、转炉等工序新增除尘能力 562 万立方米／小时；17 套在线监测设施涵盖烧结机头、高炉出铁场等主要排放口，每季度比对检测，均稳定满足超低排放限值。无组织深度治理方面：原料大棚、C 形料库、煤库、杂料及污泥库总封闭面积达 10 万平方米，内部采用自动连锁干雾＋鹰眼联动雾炮有效降尘，车辆全自动清洗并与计量、门禁连锁；246 条输送皮带全部封闭，766 处落料口均设有吸尘罩；原料转运、烧结机尾等 29 套除尘实现气力输灰，其余采用吸排罐车密闭运输；高炉出铁场配套全封闭收尘、转炉连铸除尘设施，除尘降温改善作业环境；铁水罐实现自动加盖，铁水运输温降减少近 30℃，节能环保效果明显。设置视频监控 45 处、TPS 检测 150 套、空气微站 22 套，全方位严密监控。此外，超低排放自动化管控系统，实现 1400 多处无组织排放源、60 余套环保治理设备以及监测设施全部连锁报警；配备专职环保调度指挥，确保长效管理。清洁运输方面：采购国六车 36 辆并替换加盟车 120 余辆，推进公转水，投资超 4 亿元建设投运内河码头项目，船运比例由 5% 提升至 60% 左右；门禁系统与国家平台联网，实现全部国六及以上车辆运输。2022 年，吨钢颗粒物、二氧化硫、氮氧化物较超低排放改造前分别下降 83%、39% 和 75%，碳排放总量在基本持平的基础上，吨钢碳排放强度下降 16%，减污降碳实现协同进步。

【武宜村获评省级生态文明建设示范村】 2022 年 1 月，省生态环境厅关于命名第四批省级生态文明建设示范县（市、区）、乡镇（街道）、村（社区），湟里镇武宜村名列其中。该村按照省级生态文明示范村创建要求，投入约 100 万元，用于村庄卫生保洁、垃圾清运、绿化养护和河道清理；对中干河边 7.53 公顷鱼塘实施复耕，改建中心桥，优化绿化带，建设绿化带沟渠、环村北路灌排渠道，新建武宜村河南新村，改造路灯及线路，对 1 队、10 队、17 队机耕道铺设碎石路面，累计投入 252 万元；投资 20 万元，实施农村生活污水资源化利用，有效减少总氮排放 2.05 吨／年、总磷 3.21 吨／年。通过创建，实现人居环境有效改善、乡村品质全面提升。

【湟新社区成立】 2022 年 7 月 11 日，湟新社区成立。该社区区域为东至北隍河，西至嘉新线，南至南环路，北至桃园路，按照武进区新成立社区的底数（户数）要求，外加湟廷花苑、金水岸花园、金鼎花园 3 个小区，有总户数 3355 户、总人口 6479 人，配备工作人员 5 人，划分网格 6 个。年内，该社区充分发挥党组织的领导核心作用，以服务居民为宗旨，推进社区规范化建设，建设完善体系，打造深受群众拥护的“学习型、关爱型、平安型、服务型”社区。

（崔丽君）

东方润安集团　　（供图／湟里镇　摄于 2022 年 9 月）

南夏墅街道

【概况】 南夏墅街道位于武进区湖塘镇南，总面积70平方千米，辖行政村12个、社区10个，2022年年末常住人口12万余人。

产城融合 围绕保障园区发展，推进拆迁安置，完成河东地块民房207户、企业10家和南塘路民房3户、企业4家签约，武进沿江城际铁路项目企业2家签约腾空，拆除西侧片区企业2家，提前安置有特殊困难的拆迁户12户及危房户3户。完善基础设施，完成西环路、震农线升级改造，加固四类桥梁1座、三类桥梁4座；实施新联村18个村民组350户居民和华阳村1个村民组18户居民天然气改造，建成社区电动车集中充电桩1470个，在安置小区安装电动车梯控阻拦装置416台。保护生态环境，开展省级金属行业产业集群整治"回头看"、涉酚涉磷企业排查整治、"危污乱散低"企业出清行动，推进城镇污水处理提质增效精准攻坚"333"行动，完成工业涂装企业专项整治8家、重点涉气企业臭氧管控13家和土壤污染重点监管单位隐患排查4家、关闭（搬迁）遗留地块和详查超标地块土壤污染状况调查2个及2017—2020年关闭化工、电镀企业土壤状况调查2家，11家铸造行业企业通过专家现场验收。推进农村人居环境整治，完成小微水体整治62个，开展戴家浜等5条支流支浜整治。发展现代农业，实施三河村60多公顷高标准生态农田、美丽农田建设。加强城市长效管理，开展"两违"整治、闲置（拆迁）地块偷倒乱倒垃圾专项整治、精品道路创建和市容环境综合整治，常态化整顿停车设施挪用、侵占绿化带等问题，街道城市长效管理考评成绩位居全区第一方阵。

社会事业 开展"文化引领幸福生活"系列文化活动，放映电影264场，举办"打造书香街道，共建魅力南夏墅"读书活动15次、"南工和风、好书共读"阅读活动8期。优化"十分钟体育健身圈"，建成庙桥村、胜西村、学府家苑社区体育公园，开展全民健步走、"南夏墅杯"老年人乒乓球比赛、第五届钓鱼

表79　2022年南夏墅街道各村（社区）基本情况表

村（社区）名	户数（户）	户籍人口（人）	党组织书记	村委（社区居委会）主任	集体经济收入（万元）
戴家村	585	2038	朱玉明	朱玉明	155
河东村	712	2465	朱玉峰	朱玉峰	134
华阳村	745	2964	潘建卫	潘建卫	244
九华村	1132	3972	周　新	周　新	484
庙桥村	1123	3582	庄伟兴	庄伟兴	250
南夏墅村	700	2125	钱　辉	钱　辉	108
三河村	1015	3420	岳建波	岳建波	237
胜西村	869	2734	卞小中	卞小中	184
塘洋村	1110	3380	蒋雪峰	蒋雪峰	137
桐庄村	1018	3638	田秋兴	田秋兴	502
万塔村	662	2123	陈永俭	陈永俭	233
新联村	628	2156	杨同庆	杨同庆	155
庙桥社区	223	595	恽　湘	莫小国	—
南苑社区	3544	6051	时进峰	邹　强	—
南河社区	1868	6643	潘　林	潘　林	—
学府东苑社区	935	2708	周曙光	贺　龙	—
南湖家苑社区	386	1160	恽钰虎	恽钰虎	—
大学新村三社区	612	2233	岳效忠	岳效忠	—
南夏墅社区	591	2186	朱效平	王晓波	—
南淳社区	624	2351	刘　刚	吴　强	—
学府家苑社区	520	1524	李　健	周萍娟	—
南塘社区	631	2185	朱玉峰	胡春峰	—

南夏墅街道俯瞰　（供图/南夏墅街道　摄于2022年8月）

比赛等活动。提升教育环境，完成新市民学校“民转公”2所，做好校外培训机构消防安全和疫情防控督查工作，筑牢安全屏障。武进高新区医院加强与省人民医院消化科合作，与常州市第二人民医院签订医联体战略合作协议，向辖区群众提供优质医疗服务。创新社会治理，推进“网格＋警格”双网融合，编制《南夏墅网格员巡查工作操作手册》，开展“示范网格”创建，提升网格管理水平；加强出（群）租房管理，开展存在安全隐患房屋整改，在庙桥村试点成立公寓式群租房行业管理协会，常州电视台和《武进日报》、武进电视台先后7次报道南夏墅街道出租房安全管理工作经验；打造武进区首个“南风法治夜市”，落实“一社区一法律顾问”制度，在农民工集聚区南湖家苑设置法律援助工作站，提升法律服务水平。南夏墅派出所获评全国优秀公安基层单位。加强社会保障，将特殊困难群体766人纳入保障服务对象，全年发放残疾人“两项”补贴（贫困残疾人生活补贴和重度残疾人护理补贴）693.2万元，发放慈善救助金、尊老金、临时救助等补贴329万余元。

【南夏墅派出所获评“全国优秀公安基层单位”】 2022年5月25日，在全国公安系统英雄模范立功集体表彰大会上，武进公安分局南夏墅派出所获评“全国优秀公安基层单位”。该派出所结合辖区地处武进高新区核心区域的实际，积极跟进区域经济社会发展，探索基层基础工作新模式，厚植深耕新时代“枫桥经验”，创新落实“大网铁”工作机制，推动警格与网格深度融合，将网格打造成感知风险的第一触角、化解矛盾的第一阵地、守护平安的第一防线。牵头成立“党群警联合业委会”3个、组建群防群治队伍22支、400多人，成立物业管理等平安创建联盟5个，发动更多社会力量参与公安工作和平安建设。健全完善多元化矛盾纠纷化解体系，最大限度地将矛盾纠纷导入和谐化解和依法调解的轨道，2022年成功调处各类矛盾纠纷1250余起，矛盾纠纷化解率近100%。在全国首创“警务室＋租赁中心”、出租房屋管理服务中心、外来人员第三方管理等管理模式，解决企业入职员工的审核、安置等后顾之忧，最大程度地避免干扰企业的正常经营。先后荣立集体二等功2次、集体三等功1次，获评“江苏省基层先进党组织”、江苏省首批“枫桥式公安派出所”等称号。

【南河社区团支部获评“全国五四红旗团支部”】 2022年4月，南夏墅街道南河社区团支部被共青团中央授予“全国五四红旗团支部”称号。南河社区团支部针对安置社区“地域广、人员多、工作时间青年空置率高”特点，传统线下工作模式难以覆盖的现状，采取组织建设规范化、平台运作项目化、管理建设信息化的办法，搭建与社区建设相适应的社区团工作格局；积极盘活团建资源，与所辖单位密切联动，上好“一堂团课”，开展“青年大讲堂”活动，营造比学氛围；邀请老党员、老教师，老劳模等举办“人民领袖”“人民英雄”系列宣讲等活动，促进新青年对话老党员，不断坚定理想信念；深化“共创共建”，与常州大学、恒立液压、柳工机械团委等团属青年社会组织建立长期合作关系，探索开展“快乐成长桥”青少年儿童成长关爱项目，涵盖“1+1”结对助学辅导和“1+N”阳光课堂，涉及红色教育、文明礼仪、道德法治、科普阅读、心理健康、文体艺术、素质拓展等方面，累计总时长达800余课时，为青少年儿童提供关爱和帮助1800余人次。

（徐松华）

西湖街道

【概况】 西湖街道位于武进区西太湖畔，东临牛塘镇、武进高新区，西接中国花木之乡嘉泽镇，南靠西太湖，北依钟楼区邹区镇，管辖面积70.5平方千米，辖行政村2个、社区5个，2022年年末常住人口76882人。

产城融合　围绕保障西太湖科技产业园区发展，推进拆迁安置，实现塔下片区遗留户全面清零，盘活土地109万平方米；启动北部片区民房搬迁，实现17个村组661户民房一周内签约清零；与园区一体推进企业拆迁，完成腾龙大道、重点产业项目地块企业签约14家，开展富维、百仁等43个市、区重大项目地块前期保障工作；全年办理安置房不动产权证2985套（蠡康雅居1499套、聚新家园1486套）。优化区域环境，完成迁移、补植绿化面积6.5万平方米，更换、维修人行道板和景区地面6400平方米及侧平石2621米，做好道路、桥梁等基础设施巡查维护工作，西湖街道农村公路办公室获评全区农路管护先进集体。保护生态环境，实行支流支浜全线管理，整体水环境位列全区首位，永嘉河获评市级幸福河湖，西中沟河、锦程河、场北河北段创成省级农村生态河道，滆湖（西太湖）水利风景区通过国家级水利风景区考评。加强城市精细管理，优化“社区＋网格＋警格＋综合执法”联动联勤框架，形成“信息互通、优势互补、紧密协作、常态治理”的协同治理格局。推进城市长效管理，开展多部门联合专项执法行动，完成礼河集镇、腾龙路周边环境卫生专项整治，在全区首创应用“蓝脸盆”智能装备整治绿地违规停车行为，在全市、全区城市长效管理考评中均获第一。

社会事业　完善城市功能配套，西太湖外国语学校主体工程基本竣工，街道社区卫生服务中心、综合市场先后建成投用。提升安置小区居住品质，完成聚新家园、湖滨花苑、蠡河新苑共267幢房屋雨污分流，新建电动车充电桩2890

2022年西湖街道各社区（村）基本情况表

表80

村（社区）名	户数（户）	户籍人口（人）	党组织书记	村委（社区居委会）主任	集体经济收入（万元）
聚新家园社区	3650	8408	曹志健	曹志健	718
蠡河社区	2401	7547	钱伟明	蒋志凯	613
湖滨社区	1568	4250	邓　达	邓　达	—
塔下社区	695	2189	黄小平	王佳可	215
滆湖社区	120	362	黄　昕	—	—
长汀村	646	2218	吴　辉	吴　辉	767
仕尚村	616	2634	展　毅	展　毅	238

11月，西湖街道社区卫生服务中心建成投用　（供图/区融媒体中心）

套，实施智能清洁屋7座以及技防提升、道路升级等小区其他改造项目21个。丰富群众文体生活，举办市民艺术节、蠡河杯篮球邀请赛等活动120余场。加强社会保障，净增社保人员3073人，社保扩面指标完成率位居全区首位。落实救助帮扶政策，发放救助金、补助金共计750余万元，惠及弱势困难人群1.8万人次。探索新型居家养老服务标准化体系建设，完成家庭适老化改造7户，80周岁及以上老人签约居家养老服务对象740人。落实疫情防控，累计完成全员核酸采样近60万人次，在全区率先实现60周岁及以上老年人疫苗接种率超92%的目标。

【滆湖（西太湖）水利风景区通过国家级水利风景区考评】 2022年9月，滆湖（西太湖）水利风景区通过国家级水利风景区考评。该景区位于西太湖科技产业园核心区域，规划面积18.1平方千米，水域面积15.1平方千米，湖岸线14.5千米。自2016年创成省级水利风景区之后，坚持以水利为主阵地，认真践行“既要绿水青山，也要金山银山”的两山理论，加大规划、建设与管理力度，最大限度保留恢复原生湿地生态特征和自然风貌，保护和恢复湿地生物多样性，同时挖掘历史文化资源打造科普教育基地，建有“滆湖之星”观光塔、自然科普馆、水文化广场、雅集园等景点，并配套星级酒店、休闲俱乐部、餐馆等服务设施，形成集水利科普、生态示范、文化体验、湿地观光、休闲度假等功能于一体的休闲旅游目的地。

【西湖街道投用城市功能配套项目2个】

西湖街道社区卫生服务中心　前身为礼河卫生院，位于长顺路16号，于2020年10月开工建设，2022年11月建成投用，占地面积约2公顷，建筑面积1.5万平方米，由门诊楼、住院楼、综合楼、发热门诊组成，设置床位78张，总投资1.1亿元。12月15日，该中心与常州市第二人民医院合作的医联体揭牌，以“基本医疗＋基本公卫＋特色科室建设”为定位，打造成为百姓家门口的优质公立医疗卫生机构。

西湖街道综合市场　西湖街道落实《常州市武进区菜市场改造提升及规范管理三年行动方案（2021—2023年）》要求，将综合市场改造工程列入2022年重点民生项目之一，按照“三星级”菜市场标准，于6月启动建设，12月27日全新亮相，共计投入600万元。升级后的综合市场按照商品种700余类划分干货类、水产类、蔬菜类等摊位131个，设置自产自销交易区临时摊位12个，配套临时检测中心、公共秤、监控系统等设施，切实保障老百姓“菜篮子”安全。

（是刘佳）

戚墅堰街道

【概况】 戚墅堰街道位于常州经开区中心地带，总面积4.73平方千米，下辖社区7个，2022年年末常住人口48900人。

产业发展　发展现代服务业，引进服务业项目3个，其中戚墅堰康养体验中心入选区重点项目，于2022年12月建成投运。盘活楼宇经济，实施金贸大厦及周边商业建筑亮化，打造牌楼巷“名特优”美食街区，“瑞和泰”常州东部旗舰店、“鸿禧”火锅入驻运营。出台《戚墅堰街道“双招双引”管理办法》，申报海外人才引进计划5个，招引“龙城英才计划”创业人才项目1个。全年完成地区生产总值36.13亿元，实现限额以上贸易销售额5.02亿元、限额以上消费品零售额3.40亿元、规模以上服务业营业收入3.68亿元。

城市建设　实施城市更新，推进工房南区、东街牌楼巷、火车站三大片区更新和电信工房老旧小区改造，其中工房南区整治提升项目入选江苏省第一批城市更新试点项目，累计更新面积50.15万平方米，总投入2.34亿元。完善基础设施，启动观湖路新建道路施工，新建东方小学南侧、站北社区东侧等公共停车场3个及宅间停车泊位共计980个，新增老旧小区加装电梯5台；完成电信工房、戚大街东片燃气改造，惠及居民584户，全域天然气管网覆盖面达90%。深化大气污染防治、扬尘治理，

表81　2022年戚墅堰街道各社区基本情况表

社区名	户　数（户）	户籍人口（人）	党组织书记兼社区居委会主任
花苑社区	2222	5068	朱　琴
花溪社区	3027	4791	肖慧玲
站北社区	1351	3864	曹　玉
东方社区	2630	6266	黄　慧
戚大街社区	2305	1936	陈苞芳
河苑社区	3306	5726	方　雷
圩墩社区	1609	4107	恽建美

改造后的站北新村片区　（供图／戚墅堰街道　摄于2022年9月）

开展餐饮单位油烟污染专项整治，提升7路回车场、飞天齿轮厂"危污乱散低"整治成效，中央生态环保督察交办问题整改完成。实施芳渚河水系连通工程，推进宛沿河治理，在中吴大道、荷花苑片区提升改造截污泵站3座，引入水环境机器人监测系统，实现曝气及生态浮岛装置全覆盖，戚墅堰街道入选省级生态文明建设示范街道推荐公示名单。加强城市管理，开展"品质宜居幸福城、精管善治再启航"城市容貌重难点销号行动，建设大数据智慧监管平台，完成河苑、五益等农贸市场标准化改造4个和垃圾分类亭改造提升88个，创成省级垃圾分类达标小区3个。

社会事业　深入实施党建"点亮工程"，改造提升东方、圩墩社区党群服务中心2个，优化党建活动、文明实践、康养服务、休闲娱乐等功能布局。建立并运行"线上党群服务中心"，建设"龙城红色驿站"5个、"龙城红色服务吧"15个。成立街道"741志愿兵团"，入选省优秀志愿服务组织。探索志愿服务积分兑换"新模式"，首创"同心联盟"，推出"同心卡"，吸纳爱心单位12家、志愿者2800余名。戚墅堰街道获评"2019—2021年度江苏省文明单位"，戚大街社区获评"2019—2021年度江苏省文明社区"。以东方社区为试点，探索智慧社区建设，实现"智慧养老"到"智慧安居"能级提升，"老小区智慧防疫""邻里共享客厅"等特色亮点工作获国家级媒体报道。深化"社会治理合伙人"项目，启动第一届"金点子"征选活动，筹得良策35件。"'微智慧'打造'民呼我应'新场景"以第1名的成绩入选常州市域社会治理现代化试点工作优秀案例，"'融治理'激发基层社会治理新活力"项目获评全省基层社会治理十佳创新成果奖。加强社区建设，建成常州经开区首个社区全域智慧化管理平台，推广"戚事一网通"微信小程序，提高智能化为民服务水平，实现对189名70岁及以上独居老人智能化适老设备的全覆盖。创建市级"15分钟医保服务圈示范点"，建成河苑社区卫生服务站。率先在花苑、花溪、东方社区推行"全科社工"工作模式。塑造"颐养经开"服务品牌，成立街道康养协会；以工房南区为试点，建设康养综合服务中心，构建"智能康养、社区安养、机构医养"的康养新模式。东方社区"锋领楼道、涵养邻里情"被评为市终身学习品牌项目，其"社区教育助力社区治理"获评市优秀实验项目，并被认证为常州经开区唯一康复辅具租赁工作站点。

（孙　江）

【工房南区典型社区更新示范项目完工】　该项目于8月开工，12月底竣工，入选江苏省第一批城市更新试点项目。戚墅堰街道工房南区位于沪宁城际铁路以南，延陵东路以北，总占地面积31.35万平方米，有住宅楼66栋、住户2555户，涉及人口6000余人。项目范围东至五一路，西至先行路，南至延陵路，北至城际铁路，围绕既有建筑安全隐患消除、市政基础设施补短板、老旧住区宜居改善、历史文化保护传承、城市数字化智慧化提升五大工程，以工房南区为试点，制定并实施一体化综合解决方案，完成建筑立面出新11.8万平方米，建设地下雨污水处理、通信、供电管道与小区公共照明设施，新增小区内部通道、机动车停车位、非机动车充电桩，打造全市首个以文明、智慧、康养为主题的新型社区，总投资约7000万元。

（朱铭铭）

【戚墅堰康养体验中心建成运营】　2022年12月，戚墅堰康养体验中心建成运营。该中心位于金贸大厦3楼，建筑面积1500平方米，于8月动工建设，总投资5000万元，配备修养体验区、书吧休闲区、书画活动室、休闲打卡区、儿童游乐区等功能区，用于培育不同阶层、不同年龄段群体的康养业态，为辖区老年居民提供智慧助老产品体验、个性化营养调配、休闲养生娱乐等服务。

【社区全域智慧化管理平台建成】　2022年11月，戚墅堰街道在东方社区党群服务中心建成常州经开区首个社区全域智慧化管理平台。该平台整合智慧党建、智慧安防、智慧康养、文明建设、区域共治、社区管理、物联感知等模块，有效实现对社区全域的精准管理、多元共治。

智慧党建　集中展示社区党员639人、党组织8个、党建联盟12个、党建阵地4个以及党建相关活动情况。

智慧安防　推广"智慧单元"建设，安装智能门禁、门锁等112套，将设备数据接入管理平台，实现基础信息自动采集、特殊人群重点监管、可疑线索自发预警。

智慧康养　通过智能水表、门磁和烟感等守护智能设备，动态掌握老年人居家情况，根据老人用水异常、24小时不出门等情况，启动预警装置，由管理平台第一时间派单给网格员上门核实，实现应急处置全闭环。

文明建设　通过安装消防通道占用监控、垃圾满溢监控、停车秩序管理监控和市容监控，将社区监控视频全部接入平台，对社区内主要干道和菜场周边实施监控和告警分析。

（孙　江）

潞城街道

【概况】 潞城街道东临横山桥镇，西接天宁区青龙街道，南靠丁堰街道、戚墅堰街道，北依天宁区郑陆镇，总面积16.77平方千米，辖社区6个，2022年年末常住人口7万余人。

产业发展　坚持“科创智造谷、活力新城区”的发展定位，推进项目建设，省、市、区39个重点项目共完成投资108亿元，和柔线缆亚太区域研发制造中心、华旋高精密旋变传感器等16个项目开工建设，南瑞继保博瑞电力智能电网研发总装基地二期建设项目、坤泰车辆系统（常州）有限公司汽车专用混合动力变速器项目等15个项目竣工投产。江苏戚墅堰轨道交通产业化基地2022年新增签约入驻企业14家，一期、二期厂房入驻率达100%，三期厂房入驻率达95%。推进创新驱动，通过高新技术企业认定19家，街道范围内累计高新技术企业75家。常州市鼎智科技有限公司获国家级专精特新“小巨人”企业认定，常州星源新能源材料有限公司等8家企业获省级专精特新“小巨人”企业认定；江苏现代轨道交通产业孵化基地获评国家级科技企业孵化器、江苏省科技企业孵化器绩效评价优秀（A类）、2022年江苏省现代服务业高质量发展集聚示范区。提升产业能级，常州三协电机股份有限公司挂牌“新三板”。全年完成规模以上工业总产值223.23亿元，全社会固定资产投资127.34亿元，规模以上服务业营业收入10.1亿元，限额以上贸易销售总额15.71亿元，分别增长14.59%、8.3%、14%、16%；实际到账外资5200万美元。

表82　　2022年潞城街道各社区基本情况表

社区名	户　数（户）	户籍人口（人）	党组织书记兼社区居委会主任
兴东社区	870	2755	王国飞
公园壹号	4519	4532	潘国联
潞城社区	4183	4350	曹青娣
曙兴社区	4932	5153	张春芙
华丰社区	4840	4027	赵伟刚
青洋社区	2403	5187	陈维格

城市建设　推进产业园区建设，出让东方云谷等工业地块36.33公顷、华润北等商业地块21.73公顷，实现核心片区拆迁项目全部签约。提档基础设施，完成尚安路、枫尚路、山水路3条道路改（扩）建，实施众鑫线等3条10千伏高压线迁改工程，常州经开区实验中学配套道路及辅道工程和南侧口袋公园基本建成。开展生态环境提优补差，推进涉VOCs企业监管，治理工地扬尘，实施水环境三期整治工程，丁横河等3条河道疏浚清淤面积超6万立方米，镇北河创成“常州市示范幸福河湖”。推进城市长效管理，结合典范文明城市创建，开展中心城区环境综合提升专项行动，实施华丰路沿线空中线缆整治，建成潞城街等市容示范道路3条和潞横北路区级精品街道，创成省、市级垃圾分类达标小区4个、省级垃圾分类示范小区1个，潞城中心菜场“三心菜场”改造完成，潞城街道两次入选常州市文明城市评比红榜。

社会事业　优化教育布局，常州经开区东方实验幼儿园、实验初中新建项目基本竣工，均入选常州市基础教育综合改革实验学校，常州经开区初中获评常州市新优质学校。打造“遇见潞城”文旅IP，建成投运青洋社区体育公园一期，承办常州经开区首届七人制足球赛、常州市社区运动会潞城分站赛，举办亲子阅读嘉年华等特色文化活动，秋白书苑青年人才社区馆获评2022年全省“最美公共文化空间”，潘宅入选第二批“江苏省革命文物名录”。提升社区环境，完成东方公寓北门进出干道提升改造、青洋社区街区景观改造等“社区书记为民办实事”项目6个。加强民生保障，全年累计发放补助金、救助款共计1200余万元，为8000余人次缴纳失地农民养老保险约718万元。潞城、青洋社区试点老年人助餐服务，累计服务4000余人次。

【潞城重点项目建设】 南瑞继保博瑞电力智能电网研发总装基地二期建设项目　位于常州经开区五一路东侧、富民路南侧，由常州博瑞电力自动化设备有限公司实施，新建生产厂房4座、辅助用房2座、员工活动中心1座及生产调度楼1座共14.7万平方米，购进智能配网产品装配流水线、储能变流器试验平台、水冷散热器热性能测试平台等共

潞城街道俯瞰　　　　（供图/潞城街道　摄于2022年11月）

计100台（套）设备，2021年6月开工建设，总投资7.4亿元。

汽车专用混合动力变速器项目　位于常州市龙锦路368号，由坤泰车辆系统（常州）股份有限公司实施，利用原有的一期厂房内车间1.6万平方米，购置装配线、输送线、卧式加工中心等主要生产设备和空调通风、空压机等公用辅助设备共121台（套），于2018年6月开工扩建，2022年12月建成，总投资3.5亿元，达产后可形成年产混合动力专用变速器20万套的生产能力。

和柔高端线缆亚太区域生产总部项目　由和柔电缆（常州）有限公司实施，总用地4.08公顷，新建办公楼、生产车间、仓库、门卫房及工艺生产辅助用房总建筑面积约2.62万平方米，引进绝缘挤出线、绞线机、护套挤出线、编织机等国外设备9台（套），购置高速挤出生产线、高速成缆生产线、编织机、成圈机等国产设备34台（套），于2022年9月开工，总投资6.5亿元，达产后可形成年产各类电缆50万千米的生产能力。

高端复杂制剂及生物反应器成套制药工艺设备项目　由江苏洁维生物设备股份有限公司实施，新建办公楼、车间、仓库、实验室及配套设施建筑面积3.37万平方米，购置高数控等离子切割机、水刀切割机、纵缝环缝横颖焊接机、卷圆机、抛光机、纯水机、数控加工中心、高清度内窥镜、合同金分析仪等压力容器生产制造加工设备等主辅助设备共计71台（套），于2022年3月开工，2023年3月投产，总投资3.2亿元，达产后可形成高端复杂制剂及生物反应器成套制药工艺整线成套设备20套的生产能力。

华旋高精密旋变传感器项目　由常州华旋传感技术有限公司实施，规划总用地约2公顷，新建车间2幢及门卫2个总建筑面积4.26万平方米，引进国外绕线机90台、注塑机2台，购置剥线机、超声波焊机、恒温箱等国产设备共计194台，于2022年11月开工，总投资额3.1亿元，建成后可形成年产旋转变压器1000万件的生产能力。

【常州三协电机股份有限公司挂牌“新三板”】 内容参见“金融业”类目p132相关条目。

【青洋社区体育公园建成】 2022年10月，青洋社区体育公园建成。该公园位于青洋花苑小区西区南侧，面积约6000余平方米，配有少儿活动区、青壮年健身区、中老年健身场地等公共体育健身空间，同时配置足球、篮球、门球、健身步道等场地设施，满足各年龄段人群多元化的休闲健身需求。

【潘宅入选“江苏省革命文物名录”】 7月1日，省文旅厅、省文物局联合公布“江苏省革命文物名录”（第二批），潞城街道后潘村潘宅入选。后潘村潘宅（中共澄西县委地下交通站旧址）始建于清末，坐北朝南，硬山式砖木结构，现存房屋一进、二楼层、三开间。抗日战争时期，潘宅作为中共澄西县委地下交通站，南下串联中共戚机厂、武南县委武装斗争，北上联络横山桥、郑陆和江阴抗敌情报，位置关键，作用独特。该交通站主要依托潘桂英、潘桂凤、潘荣仁三家建立，是时任中共澄西县委书记、县长俞廼章发展的堡垒户、支点户，其中潘荣仁兄弟五人先后参加革命，时称“潘家五虎”，声名远播长江南北。新中国成立后，据时任中共澄西县委领导俞廼章、康迪、张志强回忆，新四军主要将领谭震林、叶飞、王必成、管文蔚都曾到过后潘宅，是抗日战争时期澄西地区抗日斗争的重要情报据点。潘宅于2012年2月被公布为常州市一般不可移动文物。

（蒋盼盼　房　玥）

丁堰街道

【概况】 丁堰街道地处常州东部新老城区交接段、经开区主城区，总面积10.18平方千米，辖社区6个，2022年年末常住人口27648人。

产业发展　推进产业项目提质增效，16个重点项目完成投资29.65亿元。祥明生产基地扩建、久联锂电池隔板改扩建等项目竣工投产，常宝、天虹等技改项目目标完成；联东U谷·常州智能智造产业园招引企业66家，瑞昱通讯、盛奥华等项目入驻。加快制造业转型升级，完成智能化改造项目15个和数字化转型项目35个，常州天虹纺织有限公司入选省四星级上云企业、省两化融合贯标企业，中车戚墅堰机车有限公司入围省工业互联网标杆工厂，常州合力电器有限公司获评省级工业设计中心，江苏常宝钢管股份有限公司创成省级绿色工厂，常州祥明智能动力股份有限公司、常州天虹纺织有限公司入选省级专精特新中小企业。推进科技创新，获高新技术企业认定7家，累计高新技术企业31家；获发明专利授权30件，高维持年限发明专利续费达172件；中国轨道交通双创园区（常州）创成省级科技企业孵化器，中车戚墅堰机车有限公司入选省级新型领军企业培育名单。推进企业上市，常州祥明智能动力股份有限公司在深圳证券交易所创业板挂牌上市，常州宝龙电机有限公司股改完成。建设运河文化街区，常青·里巷特色街区入选省重点文化和旅游产业项目。全年实现地区生产总值94.8亿元、规模以上工业总产值152.8亿元、限额以上贸易销售额181.17亿元，分别增长7%、12.13%、17%。

城市建设　开展片区谋划，形成大运河丁堰段城市设计方案方向性初步成果，深化丁剑路南侧、华丰路东侧片区（樟村片区）方案，庄基片区规划获批。推进征迁腾空攻坚，完成中心城区51家企业腾空、庄基片区一期项目63户民房拆迁和场地清理。完善基础设施和人居环境，吴家路（东城路—华丰路）、

表83　2022年丁堰街道各社区基本情况表

社区名	户　数（户）	户籍人口（人）	党组织书记兼社区居委会主任
常丰社区	1583	3887	刘小芳
丁堰社区	1071	2767	唐　峰
梅港社区	1122	2743	吴文进
芳渚社区	1139	2930	吴志亮
蓝山湖社区	1053	2107	张　丹
港龙社区	1560	3901	蒋一波

承办第五届运河文化节暨“经秋夜游季”活动(供图/丁堰街道　摄于2021年11月)

华丰路南段(漕上路—丁剑路)完工,丁剑路(大明幼儿园—常州经开区第二实验小学)建成,220千伏戚芳线迁改工程完成;实施河东泵站水泵更换等水利设施提升工程5个,消除丁剑路南侧排水沟堵塞等险工隐患8处;丁庄村人居环境整治工程完工,燃气入户工程除樟村、庄基村和老旧小区外实现全覆盖,鑫福苑及青洋花苑丁堰范围不动产清册(大产权证)工作完成。保护生态环境,完成“危污乱散低”企业出清提升26家,戚墅堰发电有限公司1号、2号炉燃机深度脱硝项竣工,水环境综合治理三期工程完工,出境断面圩墩大桥断面实现“稳定达三”。加强市容环境长效管理,山水路精品街道项目立面出新和市容整理完工,鑫福苑和福成上城率先在常州经开区实现住宅小区垃圾分类全覆盖。

社会事业　推进运河文化街区建设,常青·里巷文化旅游街区建设启动。承办第五届运河文化节暨“经秋夜游季”活动、“行万里健康路·品千年运河韵”2022年全国“行走大运河”全民健身步走活动等。上线“云游丁堰”抖音号,视频浏览量超万人次。推进民生实事质效并行,宛沿河幼儿园如期开学,丁堰小学加入常州市局前街小学教育集团,丁堰社区卫生服务站、东方君开社区卫生服务站年内基本建成,丁香残疾人之家创成全市三星级残疾人之家。

【祥明生产基地扩建等3个项目竣工投产】　祥明生产基地扩建项目　由常州祥明智能动力股份有限公司实施,利用现有土地扩建生产用房,总建筑面积3.35万平方米,于2022年5月竣工,达产后可新增年产交流电机70万台、直流无刷电机60万台、风机60万台的生产能力。

锂电池隔板改建项目　由常州市久联蓄电池材料有限公司实施,利用现有厂房,购置玻纤电池隔板生产线1条、天然气设施等,于2022年6月竣工,达产后可形成年产玻纤电池薄隔板7200平方米的生产能力。

戚电厂燃机技改提升工程项目　由江苏华电戚墅堰发电有限公司实施,采用SCR脱硝工艺,降低NOx的排放量,减少烟气对环境的污染,于2022年12月竣工。

【运河文化街区建设】　2022年,丁堰街道围绕常州“532战略”文旅中轴建设,以打造“运河文旅新标杆”为目标,充分挖掘铁路文化、古村文化、江南文化、红色文化、工商文化等特色资源,拓展大运河工业文旅内涵,提升运河文化街区建设成效。实施文旅项目促提升,延陵东路景观提升工程上榜“江苏省首批公众喜爱的高品质绿色空间实践项目”,大运河工业文旅健身步道上榜“魅力江苏·最美体育”2022全省最美跑步线路,戚机厂旧址入选“江苏省红色地名”,秋白书苑丁堰·运河公园馆入选常州经开区十大“宝藏读书点”。开展特色活动聚人气,承办第五届运河文化节暨“经秋夜游季”活动、“行万里健康路·品千年运河韵”2022年全国“行走大运河”全民健身健步走活动、“蒸汽狂潮”常州运河摇滚节、2022年经开区文旅节开幕式、“喜迎二十大”锡剧票友大赛等活动。组织品牌宣传提能级,专题宣传“最美网红梧桐路”,央视新闻频道《江河奔腾看中国》栏目专题报道运河公园项目;上线“云游丁堰”抖音号,视频浏览量超万人次。

(李佳蔚)

武进高新区北区

【概况】　武进高新技术产业开发区北区(简称“高新区北区”)位于武进中心城区东北部,总面积10平方千米,辖社区10个(含涉农社区7个),2022年年末常住人口超10万人。

城市建设　推进26号地块拆迁,累计拆除面积9.72万平方米。完善基础设施,完成大通东路(常武路—降子路段)改造提升工程、聚湖东路(星火路—夏城路段)道板改造工程,实施菱港路改造工程。改造升级老旧小区,实施丽华南村改造工程、空中线缆整治,完成中苑公寓、阳湖小区共计372个车库“飞线”改造,完成新城域等6个社区和大通东路、聚湖东路、阳湖菜场周边背街小巷空中线缆整治,完成既有住宅电梯加装3台、住宅小区智能电梯阻车系统安装515台。保护生态环境,推进水环境治理,完成沈家浜消劣、蒋塘浜生态治理及龚巷南河清淤和涉磷企业、涉酚企业排查,对辖区支流支浜及小微水体落实常态化检测,新建城东工业园、菱港路、龚巷南河北侧二次截流井3个,完成城东工业园、邱墅路管网疏通、检测和修复;加强大气污染管控,实施大成、法田港口码头整治提升,落实重污染天气管控;开展土壤污染整治,完成企业污染源超标地块调查、重点行业环保设施安全风险评估;整改突出问题,完成第二轮中央生态环保督察交办信访件整改1起。加强城市长效管理,打造省级生活垃圾分类达标小区7个、市级示范达标小区1个,创成定安路市级精品街道、古方路区级信息化示范道路,城市长效管理考评成绩、物业管理考核成绩均位于全区前列。

社会事业　加强社区建设,7个涉农社区集体经济收入持续增长,完成东

2022 年武进高新区北区各社区基本情况表

表 84

社区名	户 数（户）	户籍人口（人）	党组织书记	社区居委会主任	集体经济收入（万元）
贺北社区	2116	5828	蒋瑞坤	蒋瑞坤	1226
十里社区	1423	2612	周小平	周小平	816
邱墅社区	2060	5400	华玉萍	马　益	1600
古方社区	1865	5043	周萍华	张未荣	634
龚家社区	688	2223	龚文忠	龚文忠	800
东庄社区	3016	8445	崔济安	华建钢	350
马杭社区	1624	2932	蒋元兴	蒋元兴	472
新城域社区	3125	8106	孙春玲	孙春玲	—
香溢澜桥社区	3348	8161	贾　建	孙　燕	—
喜盈门社区	2766	8296	吴寅峰	吴寅峰	—

庄社区龚巷河西侧环境整治、龚家社区安置小区电梯改造升级、马杭社区北吴村人居环境整治、贺北社区志愿者河长驿站、古方社区新时代文明实践站全面升级等民生实事项目。深入实施党建引领推进业主委员会和物业服务企业建设，建成省级“红色物业”示范点 1 个、市级“红色物业”示范点 5 个，形成“社情民意气象站”“解忧茶屋”等红色物业特色品牌，红色物业点亮万家灯火项目于 12 月入选武进区党建引领城市治理“十佳为民实事”。推进新时代文明实践，实现新时代文明实践所（站）全覆盖，承办常州市“文明实践常有爱、志愿同行常有我”学雷锋志愿服务行动启动仪式及北区新时代文明实践所启用仪式，全年开展理论宣讲、志愿服务 1000 余场，举办文体活动 132 场，马杭社区杨维芳、邱墅社区赵玉泉分获“江苏好人”“常州好人”称号。推进社会治理现代化建设，打造形成“1+5+X”网格社会治理模式，即聚力“党建引领”这一根本核心，聚焦“社会综合治理、城市长效管理、公共安全、生态文明、为民服务”五重维度，聚合“加减乘除”等 X 种方式，实现治理资源整合、力量融合、功能聚合、手段综合，获得 2022 年度武进区域社会治理创新重点项目三等奖。发展教育事业，完成李公朴幼儿园古方园区、贺北园区基础设施改造，发放流动人口子女积分入学准入卡 734 份。推进“15 分钟医保服务圈”建设和社区卫生服务站建设，建成社区卫生服务站中医阁 7 家。加强社会保障，新增城镇再就业 760 人、社保人员 550 人，发放低保金、残疾人两项补贴和慈善光彩救助金等 314 万元，为重点优抚对象发放补助补贴 126 万元。

【十里社区入选“全国综合减灾示范社区”】 2022 年 11 月，十里社区被国家减灾委员会、应急管理部、中国气象局、中国地震局联合命名为 2021 年度全国综合减灾示范社区。该社区总户数 1965 户，居住人口近 6000 人，其中老人与孩童较多。围绕保障辖区人口安全，从 2021 年年初起，以创建综合减灾示范社区为契机，全面梳理排查风险隐患，强化安全治理，建立“一长一警多员”共同参与、协同防治的减灾管理机制，即网格长全面管理，片警协助治理，党员、志愿队员、城管队员联动自治，通过专人巡视整治现场、互通信息、相互协作、整体联动等方式，形成“三协同”快速反应机制。投入 30 万元，科学规划小区花园、地下车位、空地等场所，设置临时避难场地和固定避难场所，并在每个楼道张贴社区灾害风险地图，重新改造防灾减灾体验馆，引入安全互动体验智能设备，还配备应急物资库，至 2022 年形成居民避难救助场所 3 个，可容纳 5000 人。注重将防灾减灾宣传内容贯穿于青少年法制、安全、禁毒教育等一系列活动中，通过防灾减灾知识科普和场景式避险演练体验，不断提高居民防灾减灾常识，激发居民参与意识，形成良性互动的氛围。

【龚家社区“时间银行”项目入选“全国基层老年协会建设典型案例”】 2022 年 10 月，由龚家社区实施的“一心五感，暖心 110”党建服务品牌“时间银行”项目入选“全国基层老年协会建设典型案例”。龚家社区面对老龄化社区的现状，于 2019 年 1 月成立武进高新区北区首个居家养老服务站，2021 年 5 月推出“时间银行”互助养老项目，即把志愿者参与公益服务活动的时间折算成积分储存在“时间存折”里，志愿者可以从“时间银行”中支取积分，兑换上门义诊、保洁整理、心理咨询等服务，或者兑换防疫礼包、电影票、生活用品等福利。至 2022 年年末，该社区有开设个人账户的志愿者 103 名，参加 5 次以上志愿服务的活跃志愿者 45 名，累计服务时长 990 小时，服务居民 1432 人次。

（周　蓉）

开展“时间银行”项目活动　（供图 / 武进高新区北区　摄于 2022 年 7 月）

人物·荣誉栏

Figures & Honors List

栏目编辑　周小红　颜　赳

新任区级领导

吴震宇

2022年6月，任中共常州市武进区委副书记。

江苏常州人，1985年1月出生。南京审计学院财政学专业本科毕业。2006年1月加入中国共产党。2007年8月，在武进高新区工作。2008年2月，任常州市武进团区委科员。2008年12月至2019年5月，历任常州市政府办公室信息处科员、副主任科员、副处长和秘书一处处长。2019年5月，任常州市医疗保障局党组成员、副局长。2020年8月，兼任常州市医疗保障管理服务中心主任。2021年7月，任常州团市委书记。

李旌巍

2022年6月，任中共常州市武进区委常委，常州市武进区纪委书记、监委主任候选人。7月，任常州市武进区监委副主任、代理主任。2023年1月，任常州市武进区监委主任。

江苏常州人，1971年10月出生。江苏省委党校科学社会主义与国际共产主义运动专业研究生毕业。1992年8月，在常州电视机厂工作。2000年1月加入中国共产党。1993年10月至2013年12月，历任常州市委政法委科员、副主任科员，执法监督处副处长、处长，办公室主任、政治部主任。2014年7月，任常州市经信委党组成员、纪检组组长。2017年3月，任常州市纪委第十三派驻纪检组组长。2018年2月，任常州市纪委监委第十三派驻纪检监察组组长。2019年1月，任常州市天宁区委常委，常州市天宁区纪委书记、监委副主任和代理主任，常州市公安局党委委员、常州市纪委监委派驻市公安局纪检监察组组长。2020年1月，任天宁区监委主任。2021年7月，晋升三级调研员。

李　皓

2023年4月，任中共常州市武进区委常委，武进国家高新区党工委副书记、管委会主任。

陕西安康人，1976年2月出生。西北政法学院法学专业本科毕业。1996年6月加入中国共产党。1998年8月，在金坛市职业教育中心工作，2000年8月任该中心副主任（副校长）。2002年8月，任金坛市教育局法监科副科长。2003年10月，任金坛市政府法制办公室副主任，2005年8月，任金坛市政府研究室副主任。2008年7月，任金坛市委政法委副书记、金坛市社会治安综合治理委员会办公室主任。2009年10月，任金坛市政府党组成员，12月，任金坛市直溪镇党委副书记、镇长。2011年9月，任金坛市商务局局长、党组书记，江苏省金坛经济开发区管委会副主任。2012年3月，任金坛市政府副市长，2014年7月、10月，先后任江苏省金坛经济开发区管委会主任、党工委副书记。2016年6月，任常州市金坛区委常委、江苏省金坛经济开发区党工委书记。2017年9月，任常州市政府副秘书长。2019年12月，任常州高新区管委会副主任，新北区政府副区长、党组成员。2021年7月，任常州高新区党工委委员，新北区委常委、区政府党组副书记。

（王　艳）

先进个人

全国先进个人

王　虎

常州市公安局常州经开区分局刑警大队大队长，中共党员。2022年5月，被公安部授予全国公安机关爱民模范称号。

山东邹平人，1979年10月出生。王虎于2008年转业参加公安工作以后，紧盯民生案件，探索合成作战工作机制，获得2022年“两抢一盗”（抢劫、抢夺、盗窃）案件破案率全市第一。围绕“引领专业打击、强化手段支撑、推动专业发展”三大职能定位，组建常州经开区大数据侦查中心，打造分局最强大脑、最强引擎，全方位搭建“即时、全面、便捷”的治理体系，实现常州经开区刑事案件“低发高破”，全面提升了人民群众安全感。先后获得江苏省公安机关优秀共产党员、江苏好人、常州市优秀共产党员、常州最美警察等荣誉。

（朱铭铭）

王广波

武进区畜牧兽医管理服务中心牛塘分中心兽医师，中共党员。2022年11月，被农业农村部授予“全国农业技术能手”称号。

宿迁泗洪人，1981年8月出生。王广波2004年9月参加工作，始终不忘初心，扎根基层，躬身实践，竭诚为民服务，维护畜禽产品质量安全，赢得广大干群一致好评，被誉为养殖场户的“贴心人”、基层畜禽疫病防控的“排头兵”、畜禽养殖安全的“守护者”。先后获得第五届全国农业行业职业技能大赛（动物疫病防治）决赛二等奖、江苏省农业技术能手、江苏省五一创新能手等荣誉。

（叶　帆）

朱　健

常州市生态环境综合行政执法局武进分局太湖湾所副所长，民盟会员。2022年1月，被生态环境部评为监督帮扶工作表现突出人员。

常州武进人，1989年9月生。朱健从事生态环境工作10年，始终牢记为人民服务的宗旨，以精湛的业务能力和敬业奉献的精神，积极参与“环保干部走千企”活动，凭借过硬的专业素质，对企业环保设施的设计、建设和运行见解独到；耐心倾听企业诉求，宣传环保法律法规，解读典型案例，以案释法，推进企业自觉守法，共同促进地方发展，获评武进区“服务标兵”；参与多轮重点区域空气质量改善监督帮扶、秋冬季颗粒物监督帮扶检查、异地实战练兵等专项执法行动，为生态环境保护事业做出贡献。

（周志鹏）

朱邦辉

江苏（武进）水稻研究所副所长，中共党员。2022年12月，被农业农村部授予全国农牧渔业丰收奖（农业技术推广贡献奖）。

常州武进人，1975年8月出生。朱邦辉围绕加快育种进程，自2001年起往返海南—武进两地；常年穿梭于各个基地，做好良种品种鉴定工作；与高校、科研院所交流合作，先后主持部、省、市级课题20余项，育成水稻新品种20余个，累计推广面积533万公顷、增加效益60亿元左右。此外，进村入户，致力于帮助农民将问题解决在田间地头，有效提升农民科学种田能力，推动优质米产业化开发。先后获得全国农牧渔业丰收二等奖、全国南繁先进个人、江苏省农技推广一等奖、常州市科技进步一等奖等荣誉。

（叶　帆）

庄献锋

常州市公安局武进分局刑警大队二级警长，中共党员。2021年4月28日，被公安部授予全国公安系统二级英雄模范称号。

常州武进人，1978年4月出生。2000年8月参加公安工作，先后参与、破获刑事案件1.19万起，抓获各类犯罪嫌疑人3100余人，实现辖区内连续10年命案全破，“八类案件”破案率在95%以上，接触性侵财类案件破案率连年上升，一举突破60%。庄献锋总结出“盯串碰审”四字战法、“三线并举”法，“搜、研、捕”三步技战法在重案、要案侦破中屡次立功。先后荣立个人三等功2次，获嘉奖8次，获得全省公安“百优刑警”、全国优秀人民警察等称号。

（周世民）

吴 宪

武进区农业农村局农产品质量安全监管科（市场信息科）科长，中共党员。2022年12月，被农业农村部信息中心评为2022全国县域农业农村信息化发展水平评价工作先进个人。

辽宁锦州人，1989年2月出生。吴宪从2018年起参与全国县域农业农村信息化发展水平评价工作，在武进区获评2018年度全国县域数字农业农村发展水平评价先进县、枫华牧业智慧养殖数字农业试点项目获全国县域数字农业农村发展水平评价创新项目、2021—2022年武进区连续两年获评全国县域农业农村信息化发展先进县的工作中做出贡献。

（叶 帆）

何尧亮

常州市生态环境监控中心武进分中心科员，中共党员。2022年7月，被生态环境部授予长期从事生态环境工作纪念章。

常州武进人，1965年5月出生。何尧亮从事生态环境工作30年，秉持积极的工作态度和高度的责任感，严格按照不同阶段的工作要求，坚持科学发展、安全发展、绿色发展的工作理念，落实生态环境执法及各类专项排查整治工作，积极献计献策，为生态环境执法行动保质保量完成、企业合法经营、区域环境质量改善做出了贡献。

（周志鹏）

张 岳

武进区农业农村局畜牧兽医管理服务中心动物检疫科科长，民盟盟员。2022年4月，被民盟中央评为2021年度民盟反映社情民意信息工作先进个人。

常州武进人，1985年10月出生。张岳围绕中心工作，服务大局，积极履职参政。发扬“奔走国是、关注民生”的优良传统，深入调研，撰写的“参政参到点子上、议政议到关键处”信息，多次被全国政协、中央统战部、民盟中央录用。先后获得江苏省青年岗位能手、江苏省动物检疫状元、江苏省乡土人才“三带”新秀等荣誉。

（叶 帆）

陈 英

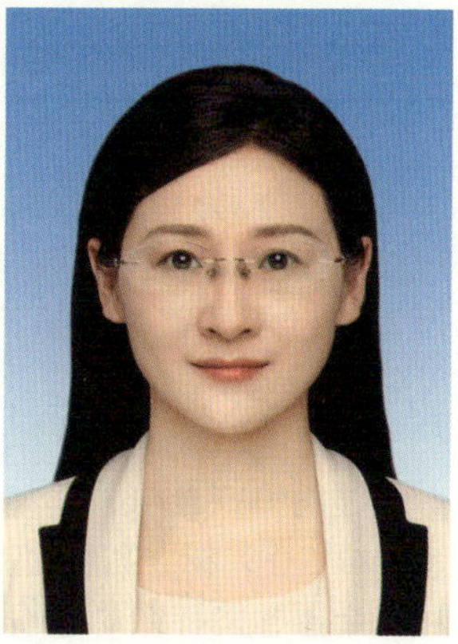

前黄镇寨桥卫生院防保科副科长、医师。2022年12月，被国家心血管病中心评为2021—2022年度中国居民心脑血管事件监测工作突出先进个人。

常州武进人，1982年1月出生。从2019年起，陈英专职负责心脑血管事件监测项目，常年在寨桥各村卫生室开展心脑血管疾病问询、登记、指导工作。2022年，结合心脑血管疾病综合防控项目成为医防联合体建设项目之一，陈英积极组织心脑血管疾病筛查，及时获得完整、准确的居民心脑血管事件发生水平和变化趋势，为心脑血管疾病防控提供大量有效依据。

（郑冰研）

周晨怡

工商银行武进支行客服经理，中共党员。2022年12月，被工商银行（总行）评为“最美客服经理”。

江苏常州人，1995年10月出生。在日常工作中，周晨怡踏实负责，以过硬的业务知识和坚定的合规意识，妥善办理各类现金业务，提供优质外汇结算服务，并与客户建立良好关系。获得2021年度江苏分行工行成就个人奖、江苏省第七届银行业金融机构现金服务知识与技能竞赛金牌讲师三等奖。

（蔡 静）

郑卫东

常州市生态环境综合行政执法局武进分局二级主办。2022年7月，被生态环境部授予长期从事生态环境工作纪念章。

江苏常州人，1967年11月出生。郑卫东在环保岗位上深耕30余年，始终认真履职，积极推进生态环境问题解决，冲锋在污染防治攻坚战前线，在促进单位内部督查制度运行良好、督查工作闭环流程优化、督查工作常态化机制建立健全等方面做出贡献。

施田野

常州市生态环境综合行政执法局武进分局一级行政执法员。2022年12月，被生态环境部评为2022年夏季监督帮扶工作表现突出个人。

宿迁泗阳人，1993年10月出生。施田野自2021年参加生态环境工作，树立高度的责任感和使命感，坚持以“志不求易，事不避难”为执法工作指引，积极投身全省环境执法暨实战比武竞赛行动、大气环境质量异地执法行动、第三方环保服务机构弄虚作假问题专项整治行动等重要执法行动，在推动夏季臭氧监督帮扶、生态环境监督执法正面清单、中央生态环境保护督察整改验收销号等方面发挥生力军作用。

（周志鹏）

姚志平

武进区农业农村局党组成员、副局长，中共党员。2022年12月，被农业农村部评为全国农村集体产权制度改革工作先进个人。

常州武进人，1973年11月出生。围绕推进全区农村集体经济产权制度改革，姚志平多次带队到京、沪等地学习先进经验做法，并结合区情实际，参与制定出台相关规范性文件，为深化改革提供政策支持；进村入户了解村组实际情况，积极宣传政策，有效解决历史遗留问题，加强“三资”管理，推动登记赋码，促进政经分开，保障成员公平合理的权益；推进股份经济合作社后继管理，使得合作章程、流程等更趋完善，促进集体经济发展。

（叶　帆）

钱丽霞

工商银行武进支行行长，中共党员。2022年9月，被工商银行（总行）授予五一劳动奖章；12月，被中国金融工会授予全国金融五一劳动奖章。

江苏常州人，1982年11月出生。2005年参加工商银行工作，历任柜员、对公客户经理、公司科长、网点主任，于2022年7月调任工商银行武进支行行长。始终秉承“大行担当”，创新理念，务实求进，连续3年获地方政府“金融服务奖”，工商银行武进支行先后获得省分行精品县支行、工商银行总行文明单位等荣誉。

（蔡　静）

蒋明峰

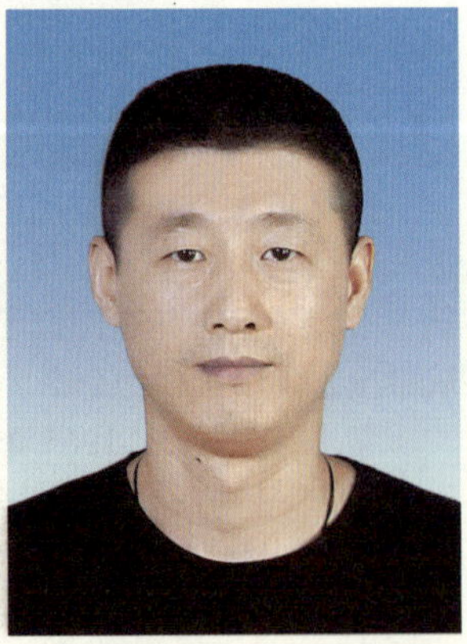

哈焊所华通（常州）焊业股份有限公司员工，中共党员。2022年5月，蒋明峰家庭被全国妇联评为2022年“全国最美家庭”。

常州武进人，1979年5月出生。2017年，蒋明峰作为六级伤残的退役军人响应公益助残活动，毅然走上公益助残之路。2018年，蒋明峰家庭无偿腾出厂房200平方米，改建成遥观镇德邻残疾人之家，为当地20多名残疾人提供就业、日间照料等服务。经常联合有爱心的企业，参加公益助残活动，为有困难的残疾人家庭捐物捐钱。同时，积极帮助残疾人走出家门，融入社会。蒋明峰先后获评“常州好人”“常州最美退役军人”，其家庭获评2020年度江苏省最美家庭。

（濮梦佳）

蒋燕敏

常州市生态环境监控中心武进分中心高级工程师。2022年7月，被生态环境部授予长期从事生态环境工作纪念章。

常州武进人，1968年1月出生。蒋燕敏从事生态环境工作30年，勤于学习，善于思考，坚持提前梳理、剖析项目全过程，按照法律法规要求，做到服务辖区企业心中有数。始终以“求

真务实、严谨细致”的态度开展工作，坚持促进横向沟通、纵向协调的内外信息交流，搭建良好的政企沟通桥梁，认真听取企业的反馈和需求，引导项目完成手续办理，给予企业专业的分析判断和建议，并及时跟踪项目进展，形成信息透明、资源共享、快速回应机制，为推动武进生态环境事业高质量发展发挥积极作用。

（周志鹏）

薛巧真

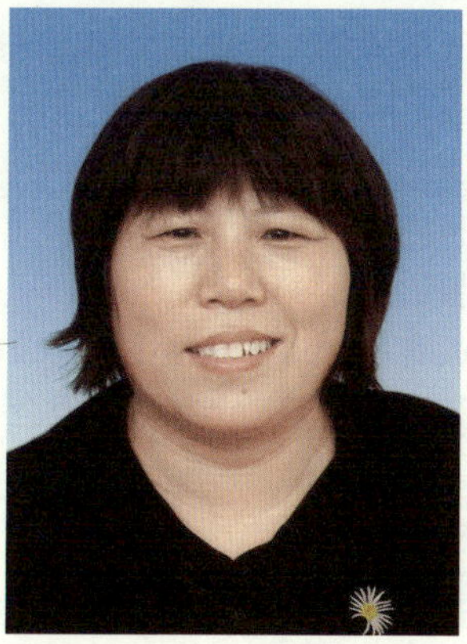

武进区遥观镇留道社区居民。入选中央文明办2022年第四季度“中国好人榜”。

常州武进人，1972年3月出生。2022年7月7日，薛巧真于千钧一发之际，全然不顾右腿曾经粉碎性骨折，临危不乱，救下1名落水的4岁女孩。还分别在2015年和2020年，先后救过两名落水儿童。每次面对被救儿童家人的酬金与礼物，薛巧真都婉言谢绝，只是反复叮嘱家长要照顾好孩子。曾先后入选“常州好人榜”“江苏好人榜”。

（濮梦佳）

全省先进个人

施小波

苏文电能科技股份有限公司董事长兼总经理。2022年12月，被省委、省政府授予“江苏制造突出贡献奖”优秀企业先进个人称号。

常州武进人，1978年10月出生。施小波于2007年创立苏文电能科技股份有限公司，2013年提出一站式供电服务模式(EPCO)，并逐步延伸其主营业务至电力工程建设、电力设备供应和智能用电服务。公司历经16年发展，扎根传统供配电工程和设备，积极布局新型电力产业，形成了独特的综合服务优势，品牌影响力不断提升。施小波在带领团队创业的同时，热心公益事业，先后捐款设立“苏文百万光彩创业基金”和“电能侠爱心光彩基金”，向武进区慈善总会、常州市教育基金会捐赠资金累计超1200万元。

（周　健）

徐　洁

横山桥镇五一村党委书记、村委会主任，中共党员。2022年1月，被省委、省政府评为江苏省乡村振兴先进个人。

常州武进人，1982年10月出生。徐洁于2021年担任五一村党委书记以后，带领该村“两委”班子走出一条工业立村、集体强村、三产兴村的发展路子。2022年，全村拥有企业70多家，包括上市企业2家，形成以塑钢型材、化工涂料为主导的特色支柱产业群。徐洁积极探索集体资源多元化利用模式，加大对影剧院、菜市场等平时闲置或半闲置场所的盘活力度，采取市场化运作的方式，挖掘闲置资产服务乡村发展的潜力。集体经济年均增幅保持在40%以上，全村富余劳动力100%就业，并为邻村提供就业岗位3000多个。

（朱铭铭）

蒋红明

湟里镇葛庄村党总支书记，中共党员。2022年1月，被省委、省政府评为江苏省乡村振兴先进个人。

常州武进人，1971年2月出生。蒋红明于2009年任职以后，始终坚持“心系葛庄百姓，情暖千家万户”的服务宗旨，团结带领群众一心一意发展壮大集体经济，加快社会公益事业建设，加强公共服务体系建设，提升村级公共服务水平。重点围绕改革创新、和美村庄建设、文明风尚培育等方面，充分发挥示范引领作用。获得全省“千名领先”村书记、全省“百名示范”村（社区）书记、常州市优秀共产党员等荣誉，葛庄村获得江苏省水美乡村、江苏省绿美乡村、江苏省文明村、江苏省特色田园乡村等荣誉。

（崔丽君）

先进集体

武进区获得的综合荣誉（省级条线以上）

荣誉名称	授予单位
全国综合实力百强区第三名	中国中小城市发展指数研究课题组和国信中小城市指数研究院
全国投资潜力百强区第一名	中国中小城市发展指数研究课题组和国信中小城市指数研究院
首批中央财政支持普惠金融发展示范区	财政部
2023—2024 年水系连通及水美乡村建设县	水利部、财政部
第三批国家农业绿色发展先行区	农业农村部、国家发展改革委、科技部、财政部、自然资源部、生态环境部、水利部、国家林草局
全国县域农业农村信息化发展先进县	农业农村部信息中心
国家知识产权强县建设示范县	国家知识产权局
全国青年发展型县域试点	中长期青年发展规划实施工作部际联席会议办公室
江苏省双拥模范区	省委、省政府、省军区
首批江苏省制造业高质量发展示范区建设地区	省工信厅
江苏省创新型示范区	省科技厅
“科创江苏”试点区	省科协
江苏省高质量平安校园建设县（市、区）	省教育厅、省委政法委、省公安厅
江苏省第二十届运动会周期全省县（市、区）人才输送奖第一名	省第二十届运动会大赛组委会
2020—2022 年度安全发展城市创建工作先进地区	省安委办
全省第二批法治政府建设示范区	省委全面依法治省委员会
2021 年落实有关重大政策措施真抓实干成效明显地方	省政府办公厅
2021 年度土地执法模范县（市、区）	省自然资源厅

全国（条线）先进集体

荣誉名称	获得单位	授予单位
节约型机关	区委政法委	国管局、中直管理局、国家发展改革委、财政部
节约型机关	区检察院	国管局、中直管理局、国家发展改革委、财政部
节约型机关	区水利局	国管局、中直管理局、国家发展改革委、财政部
节约型机关	区住建局	国管局、中直管理局、国家发展改革委、财政部
节约型机关	常州经开区人民检察院	国管局、中直管理局、国家发展改革委、财政部
2022 年度第十一届总行文明单位	工商银行武进支行	工商银行（总行）
全国优秀公安基层单位	南夏墅派出所	公安部
2022 年度全国检察宣传先进单位	区检察院	最高检察院、检察日报社
2022 年度全国检察宣传先进单位	常州经开区检察院	最高检察院、检察日报社
无偿献血促进奖特别奖	区红十字会	国家卫健委医疗应急司
全国“四好”商会	湖塘镇商会	全国工商联办公厅
全国“四好”商会	武进轻工业商会	全国工商联办公厅
全国民主法治示范村（社区）	牛塘镇丫河村	司法部、民政部
全国民主法治示范村（社区）	横山桥镇五一村	司法部、民政部

荣誉名称	获得单位	授予单位
国家级生猪产能调控基地	区畜牧兽医管理服务中心	农业农村部
农业技术推广二等奖	区农业综合管理服务中心	农业农村部
全国水利安全生产标准化应急演练成果三等奖	武进区新孟河延伸拓浚工程建设管理处	水利部办公厅
全国五一劳动奖状	江苏恒立液压股份有限公司	全国总工会
全国工会职工书屋示范点	湖塘镇职工服务中心	全国总工会
2021 年度全国学雷锋志愿服务“四个 100”先进典型	区税务局“彩虹舟”志愿服务队	中央宣传部、中央文明办、全国总工会、共青团中央等
2021—2025 年度全国科普教育基地	区疾控中心	中国科协
2021 年生态环境保护执法大练兵表现突出集体	武进生态环境局	生态环境部
2021 年度国家级科技企业孵化器	江苏现代轨道交通产业孵化基地	科学技术部
中国强化木地板之都	横林镇	中国林产工业协会
国家外贸转型升级基地（地坪地材）	横林镇	商务部

省级（条线）先进集体

荣誉称号	获得单位	授予单位
全省“七五”普法工作先进单位	区司法局	省政府
最具爱心慈善行为楷模	区税务局“彩虹舟”志愿服务队	省政府
全省政协系统先进集体	区政协	省政协
全省人大系统先进集体	区人大常委会	省人大
社会效益评价考核优秀	武进日报社	省委宣传部
2022 年度全省优秀退役军人服务站	牛塘镇退役军人服务站	省退役军人事务厅办公室
江苏省红旗团委	区融媒体中心团委	团省委
全面建设先进人民武装部	区人武部	省军区
2021 年白蚁防治工作先进单位	区房地产管理中心	省房地产业协会
江苏省优秀家长学校	湖塘桥第二实验小学	省关工委
江苏省优秀家长学校	人民路初中	省关工委
江苏省优秀家长学校	星河实验小学分校	省关工委
江苏省文明单位	区市监管局	省文明委
江苏省文明单位	区教育局	省文明委
江苏省文明单位	武进区机关幼儿园	省文明委
江苏省文明校园	江苏省前黄高级中学	省文明委
江苏省文明校园	江苏省武进高级中学	省文明委
江苏省文明校园	卢家巷实验学校	省文明委
江苏省文明校园	武进区实验小学	省文明委
江苏省文明校园	星河实验小学	省文明委
江苏省文明校园	湖塘桥实验小学	省文明委
江苏省文明校园	潘家小学	省文明委
江苏省第二十届运动会青少年曲棍球赛（女子 U10—13 岁组）第一名	鸣凰中心小学	江苏省第二十届运动会大赛组委会
江苏省第二十届运动会青少年曲棍球赛（女子 U14—15 岁组）第一名	鸣凰中学	江苏省第二十届运动会大赛组委会
江苏省第二十届运动会青少年曲棍球赛（女子 U16—17 岁组）第一名	鸣凰中学	江苏省第二十届运动会大赛组委会
江苏省“三全育人”典型中职学校	常州市高级职业技术学校	省教育厅
江苏省职业院校教学大赛“优秀组织奖”	常州市高级职业技术学校	省教育厅
江苏省智慧校园示范校	江苏省武进高级中学	省教育厅、省工信厅

荣誉称号	获得单位	授予单位
江苏省智慧校园示范校	星河实验小学	省教育厅、省工信厅
江苏省教科研先进集体	江苏省前黄高级中学	省教育科学研究院
江苏省师德师风建设宣传基地校	江苏省前黄高级中学	省教育厅教育宣传中心、省师德建设宣传中心
江苏省工人先锋号	区应急管理局安全生产基础科	省总工会
2022 年江苏省“安全生产月”活动先进单位	区应急管理局	省安委办
全省消防救援队伍先进基层党组织	武进区府东路消防救援站党支部	省消防救援总队委员会
全省党史部门先进集体	区委党史工委	省委党史工办
2022 年度全省方志文化宣传工作优秀单位	区地方志办	省志办
全省法院信息工作表现突出单位	区人民法院	省高院
全省法院行政审判工作先进集体	区人民法院行政审判庭	省高院
全省法院“银耀天平”法律志愿服务组织工作先进集体	区人民法院政治部	省高院
后续照管工作成绩突出集体	武进后续照管工作站	省戒毒管理局
工商联与司法行政机关联系协作机制建设示范单位	区司法局	省司法厅、省工商联、省律师协会
2022 年度全省城市管理宣传工作先进单位	区城市管理局	省城市管理与行政执法学会
2021 年度全省共青团工作先进单位	团区委	团省委
江苏省打好污染防治攻坚战先进集体	区生态办	省人社厅、省生态环境厅
禁捕退捕先进集体	区农业农村局	省太湖渔管办
团结管湖先进集体	区农业综合行政执法大队	省太湖渔管办
2022 年度省管湖泊管理与保护先进单位	区水利局	省太湖管理处
2022 年江苏省青年志愿服务项目大赛二等奖	区水利局团支部	团省委、省文明办、省民政厅
全省食品安全工作先进集体	区市场监管局	省食安委、省市场监管局
全省市场监管系统先进集体	区市场监管局高新区分局	省人社厅
江苏省五一劳动奖状	江苏龙城精锻集团有限公司	省总工会
江苏省工人先锋号	常州市武进惠丰金属制品有限公司警用标志车间	省总工会
江苏省工人先锋号	江苏凯达重工股份有限公司机电工段电工组	省总工会
江苏省工人先锋号	江苏瓯堡纺织染整有限公司织造车间	省总工会
江苏省工人先锋号	区应急管理局安全生产基础科	省总工会
江苏省五一劳动奖状	瑞声科技（常州）有限公司	省总工会
江苏省工人先锋号	瑞声科技（常州）有限公司项目推进部	省总工会
江苏省工人先锋号	常州市武进建筑设计院有限公司设计所	省总工会
全省女职工“双争”活动中成绩突出集体	湖塘镇永定社区网格服务队	省总工会
江苏省优秀劳动关系和谐企业	贝亲母婴用品（常州）有限公司	省协调劳动关系三方委员会
江苏省优秀劳动关系和谐企业	常州市久虹医疗器械有限公司	省协调劳动关系三方委员会
江苏省优秀劳动关系和谐企业	苏文电能科技股份有限公司	省协调劳动关系三方委员会
江苏工会爱心托管班	东方润安集团有限公司暑期公益夏令营	省总工会女职工委员会办公室
江苏工会爱心托管班	常州市久虹医疗器械有限公司幸福家人之少儿训练营	省总工会女职工委员会办公室
职工书屋示范点	区交通运输综合行政执法大队	省总工会、省全民阅读办
江苏省女性融媒体创意大赛优秀组织奖	区妇联	省妇联
江苏省巾帼文明岗	江苏恒立液压股份有限公司财务部	省城镇妇女“巾帼建功”活动领导小组、省妇女“双学双比”竞赛活动领导小组

荣誉称号	获得单位	授予单位
江苏省巾帼文明岗	万帮数字能源有限公司充电桩线束加工岗组	省城镇妇女“巾帼建功”活动领导小组、省妇女“双学双比”竞赛活动领导小组
江苏省巾帼建功先进集体	区税务局彩虹舟巾帼志愿服务队	省城镇妇女“巾帼建功”活动领导小组、省妇女“双学双比”竞赛活动领导小组
江苏省巾帼现代农业科技示范基地	常州埂绿农业科技有限公司	省妇女“双学双比”竞赛活动领导小组
江苏省妇女儿童工作先进集体	湖塘镇	省妇儿工委
江苏省妇女儿童工作先进集体	西湖街道	省妇儿工委
江苏省“在你身边”文明实践巾帼志愿阳光站	湖塘镇“湖小美”文明实践巾帼志愿阳光站	省妇联
2022 年江苏省中小企业双创大赛优秀组织奖	区工信局	省工信厅
2021 年度江苏省重点职业病监测先进单位	区疾控中心	省疾控中心
2022 年疟疾和重点寄生虫病监测工作先进集体	区疾控中心	省血吸虫病防治研究所、省寄生虫病防治研究所
“健康中国、医者先行”案例征集活动优秀案例单位	西湖街道社区卫生服务中心	健康江苏建设领导小组办公室
2022 年度全省“安康关爱行动”先进单位	区卫生健康局	省老龄办
2021 年度执法大练兵表现突出集体	武进生态环境局	省生态环境厅
2021 年度市县生态环境系统“先进党支部”	武进生态环境局	省生态环境厅党的建设领导小组
全省工信系统先进集体	武进经发区管委会经济发展局	省工信厅、省人社厅
江苏省文明镇（2019—2021）	遥观镇	省文明委
江苏省文明镇（2019—2021）	横林镇	省文明委
江苏省文明村（2019—2021）	横山桥镇五一村	省文明委
江苏省文明村（2019—2021）	遥观镇勤新村	省文明委
江苏省文明村（2019—2021）	遥观镇剑湖村	省文明委
江苏省文明单位（2019—2021）	常州经开区人民检察院	省文明委
江苏省文明单位（2019—2021）	潞城街道办事处	省文明委
江苏省文明单位（2019—2021）	戚墅堰街道办事处	省文明委
江苏省文明单位（2019—2021）	常州经开区税务局	省文明委
江苏省文明单位（2019—2021）	潞城派出所	省文明委
江苏省文明单位（2019—2021）	常州经开区环境卫生管理处	省文明委
江苏省文明单位（2019—2021）	哈焊所华通（常州）焊业股份有限公司	省文明委
江苏省文明单位（2019—2021）	江苏今创控股集团有限公司	省文明委
江苏省文明单位（2019—2021）	江苏日盈电子股份有限公司	省文明委
江苏省文明校园（2019—2021）	常州市戚墅堰东方小学	省文明委
江苏省文明校园（2019—2021）	常州市武进区宋剑湖小学	省文明委
江苏省文明校园（2019—2021）	常州市武进区横山桥高级中学	省文明委
江苏省文明校园（2019—2021）	江苏省横林高级中学	省文明委
全省工信系统先进集体	常州经开区经济发展局工业与信息化科（安全生产监督管理科）	省工信厅、省人社厅
江苏省物流行业先进集体	顺丰运输（常州）有限公司	省发展改革委
省级民主法治示范村	横林镇镇西村	省委依法治省办、省司法厅、省民政厅
省级民主法治示范村	遥观镇渔庄村	省委依法治省办、省司法厅、省民政厅

荣誉称号	获得单位	授予单位
省级民主法治示范村	横山桥东城湾村	省委依法治省办、省司法厅、省民政厅
省级民主法治示范社区	潞城街道公园壹号花园社区	省委依法治省办、省司法厅、省民政厅
省级民主法治示范社区	潞城街道华丰社区	省委依法治省办、省司法厅、省民政厅
江苏省公安机关庆祝建党 100 周年安保维稳工作成绩突出集体	横山桥派出所	省公安厅
2021 年度江苏省基层党员冬训工作示范县（市、区）	常州经开区	省委宣传部、省委组织部
2021 年度江苏省基层党员冬训工作示范乡（镇、街道）	丁堰街道	省委宣传部、省委组织部
江苏省公安机关执法办案管理中心建设应用成绩突出集体	常州经开区公安分局法制大队	省公安厅
江苏省优秀公安基层单位	常州经开区公安分局治安大队	省公安厅、省人社厅
2020—2021 年度打击非法境外电视网络接收设备（软件）和卫星地面接收设施专项整治行动表现突出集体	常州经开区公安分局网络安全大队	省广电总局
江苏省公安机关扫黑除恶专项斗争成绩突出集体	常州经开区公安分局“10 · 28”专案组	省公安厅
全国公安机关执法示范单位	遥观派出所	省公安厅
全省执法示范县级公安机关	常州经开区公安分局	省公安厅
江苏省社区医院	常州市武进区中西医结合医院	省卫健委
2022 年江苏省现代服务业高质量发展集聚示范区	戚墅堰轨道交通产业园	省发展改革委
“魅力江苏 · 最美体育”2022 全省最美跑步线路	丁堰街道大运河工业文旅健身步道	省体育总会
江苏省级科技企业孵化器	中国轨道交通双创园区（常州）	省科技厅
2022 年度全省服务贸易（服务外包）统计工作成效显著单位	常州经开区投资促进局	省商务厅
江苏省发展改革系统先进集体	常州经开区经济发展局	省人社厅、省发展改革委
江苏省老年友善医疗机构优秀单位	常州市武进区中西医结合医院	省卫健委、省中医药管理局
集体二等功	戚墅堰街道派出所	省公安厅
2022 年全省生态环境系统污染防治攻坚专项行动标兵集体	常州市生态环境综合行政执法局经开区分局	省生态环境厅

说明：部分省文明村镇、文明单位、文明校园和文明行业名单已在《武进年鉴（2022）》收录，不再重复。

市级先进集体

荣誉名称	获得单位	授予单位
平安常州建设先进集体	区民宗局	市委、市政府
平安常州建设先进集体	区检察院	市委、市政府
平安常州建设先进集体	区住建局	市委、市政府
平安常州建设先进集体	区司法局	市委、市政府
平安常州建设先进集体	丁堰街道	市委、市政府
平安常州建设先进集体	常州经开区检察院第一检察部	市委、市政府
平安常州建设先进集体	常州经开区法院横山桥法庭	市委、市政府
平安常州建设先进集体	常州经开区党群工作部	市委、市政府
平安常州建设先进集体	常州经开区公安分局法制大队	市委、市政府
平安常州建设先进集体	常州经开区公安分局纪委	市委、市政府
平安常州建设先进集体	横山桥派出所	市委、市政府

荣誉名称	获得单位	授予单位
2021年度常州市推动高质量发展先进集体	遥观镇勤新村	市委、市政府
2021年度常州市推动高质量发展先进集体	潞城街道兴东社区	市委、市政府
2021年度常州市推动高质量发展先进集体	常州经开区公安分局	市委、市政府
2021年度常州市推动高质量发展先进集体	武高新管委会	市委、市政府
2021年度常州市推动高质量发展先进集体	区市场监管局	市委、市政府
2021年度常州市推动高质量发展先进集体	礼嘉镇经济发展局	市委、市政府
2021年度常州市推动高质量发展先进集体	江苏车和家汽车有限公司	市委、市政府
2021年度常州市推动高质量发展先进集体	苏文电能科技股份有限公司	市委、市政府
2021年度常州市推动高质量发展先进集体	常州市久虹医疗器械有限公司	市委、市政府
2021年度常州市推动高质量发展先进集体	江苏省中以产业技术研究院	市委、市政府
2021年度常州市推动高质量发展先进集体	快克智能装备股份有限公司	市委、市政府
2021年度常州市推动高质量发展先进集体	江苏洛凯机电股份有限公司	市委、市政府
2021年度常州市推动高质量发展先进集体	江苏国经控股集团有限公司	市委、市政府
2021年度常州市推动高质量发展先进集体	区交通运输局	市委、市政府
2021年度常州市推动高质量发展先进集体	武进生态环境局	市委、市政府
2021年度常州市推动高质量发展先进集体	江苏先行控股集团有限公司	市委、市政府
2021年度常州市推动高质量发展先进集体	区劳动保障监察大队	市委、市政府
2021年度常州市推动高质量发展先进集体	湖塘镇和合四世同堂社会工作服务中心	市委、市政府
2021年度常州市推动高质量发展先进集体	江苏华怡明都酒店集团有限公司	市委、市政府
2021年度常州市推动高质量发展先进集体	区应急管理局	市委、市政府
2021年度常州市推动高质量发展先进集体	区建管中心	市委、市政府

先进个人

全国（条线）先进个人

姓　名	单位职务	荣誉名称	授予单位
薛巧珍	遥观镇留道社区居民	2022年第四季度“中国好人”	中央文明办
蒋明峰	哈焊所华通（常州）焊业股份有限公司行政人员	2022年全国最美家庭	全国妇联
钱丽霞	工行江苏常州分行经济开发区支行行长	全国金融五一劳动奖章	中国金融工会
钱丽霞	工行武进支行行长	五一劳动奖章	工商银行（总行）
周晨怡	工行武进支行客服经理	最美客服经理	工商银行（总行）
庄惠芬	武进区星河实验小学校长	新时代中小学名师名校长培养计划（2022—2025）培养对象	教育部办公厅
庄献锋	常州市公安局武进分局刑警大队二级警长	全国公安系统二级英雄模范	公安部
王　虎	常州经开区公安分局刑警大队大队长	全国公安机关爱民模范	公安部
姚志平	区农业农村局副局长	全国农村集体产权制度改革工作先进个人	农业农村部
王广波	区畜牧兽医管理服务中心工作人员	全国农业技术能手	农业农村部
朱邦辉	江苏（武进）水稻研究所副所长	全国农牧渔业丰收奖农业技术推广贡献奖	农业农村部
洪春晖	区畜牧兽医管理服务中心职工	农业技术推广成果奖三等奖	农业农村部科技教育司
吴　宪	区农业农村局农产品质量安全监管科科长	2022全国县域农业农村信息化发展水平评价工作先进个人	农业农村部信息中心
张　岳	区畜牧兽医管理服务中心动物检疫科科长	2021年度民盟反映社情民意信息工作先进个人	民盟中央
陈　英	前黄镇寨桥卫生院医师	2021—2022年度“中国居民心脑血管事件监测”先进个人	国家心血管病中心
郑卫东	常州市生态环境综合行政执法局武进分局科员	长期从事生态环境工作纪念章	生态环境部
蒋燕敏	常州市生态环境监控中心武进分中心高级工程师	长期从事生态环境工作纪念章	生态环境部

姓　名	单位职务	荣誉名称	授予单位
何尧亮	常州市生态环境监控中心武进分中心科员	长期从事生态环境工作纪念章	生态环境部
朱　健	常州市生态环境综合行政执法局武进分局太湖湾所副所长	监督帮扶工作表现突出人员	生态环境部生态环境执法局
施田野	常州市生态环境综合行政执法局武进分局科员	2022 年夏季监督帮扶工作表现突出个人	生态环境部办公厅

省级（条线）先进个人

姓　名	单位职务	荣誉名称	授予单位
蒋洪明	湟里镇葛庄村党总支书记	江苏省乡村振兴先进个人	省委、省政府
施小波	苏文电能科技股份有限公司董事长、总经理	“江苏制造突出贡献奖”优秀企业先进个人	省委、省政府
徐　洁	横山桥镇五一村党委书记、村委会主任	江苏省乡村振兴先进个人	省委、省政府
徐　洁	横山桥镇五一村党委书记、村委会主任	江苏最美青年	省委宣传部
李　洁	武进人民医院临床药学科科员	最美警嫂	省公安厅
陈　伟	雪堰镇退役军人服务站站长	2022 年度全省优秀退役军人服务站站长	省退役军人事务厅办公室
金占宝	区住建局白蚁防治科副科长	2021 年白蚁防治工作先进个人	省房地产业协会
蔡　静	工商银行武进支行工会副主席	最美工会工作者	工商银行江苏省分行
杨维芳	马杭社区居民	江苏好人	省文明办
邢栋华	常州市高级职业技术学校教师	江苏省五一创新能手	省教育厅、省总工会、团省委、省妇联
汪　健	常州市高级职业技术学校教师	江苏省教学名师	省教育厅
张伟俊	湖塘实验中学校长	江苏省教学名师	省教育厅
吕相华	区应急管理局执法大队副大队长	2022 年度省执法之星（第二季度）	省应急管理厅
胡晓伟	区应急管理局执法大队副中队长	2022 年度省执法之星（第三季度）	省应急管理厅
胡晓伟	区应急管理局执法大队副中队长	2022 年度执法之星	省应急管理厅
孙雪芬	武进公安分局情报指挥中心主任	个人一等功	省公安厅
卢　平	常州市公安局武进分局有组织犯罪侦查大队副大队长	全省优秀人民警察	省公安厅、省人社厅
章　琰	常州市公安局武进分局二级警长	全省优秀人民警察	省公安厅、省人社厅
赵　荣	区人民检察院第一检察部主任	全省检察机关扫黑除恶斗争先进个人	省检察院
朱建刚	区地方志办副主任	2022 年度全省方志文化宣传工作优秀个人	省志办
罗　敏	西湖街道聚新家园社区第九网格网格长	2020—2021 年“江苏最美网格员”	省委政法委
李　枫	中车戚墅堰机车车辆工艺研究所有限公司齿轮传动事业部副经理	第十八届江苏省青年科技奖	省委组织部、省人社厅、省科协
朱琴芳	武进高新区北区香溢澜桥社区法律顾问	全省工作成绩突出村（居）法律顾问	省司法厅
施银虎	湟里镇葛庄村法律顾问	全省工作成绩突出村（居）法律顾问	省司法厅
杨　灵	礼嘉镇华渡村法律顾问	全省工作成绩突出村（居）法律顾问	省司法厅
周　一	区司法局政治处主任	2021 年度依法治省工作成绩突出个人	省委全面依法治省委员会办公室
邵亚治	区司法局社区矫正管理科科长	后续照管工作成绩突出个人	省戒毒管理局
上官佳英	区司法局南夏墅司法所负责人	“法律明白人”培育工作成绩突出个人	省司法厅
巢钟如	区司法局牛塘司法所负责人	全省百佳“法律明白人”	省司法厅、省法律援助基金会
殷海峰	区城市管理局局长	2022 年度全省巩固深化城管执法队伍“强基础、转作风、树形象”专项行动表现突出个人	省住建厅
蒋雨晨	团区委书记	2021 年度全省共青团工作先进工作者	团省委
杨　琳	团区委副书记	庆祝建团 100 周年全省共青团调查研究技能比武二等奖	团省委

姓名	单位职务	荣誉名称	授予单位
于乐	武进生态环境局局长、区生态办主任	江苏省打好污染防治攻坚战先进个人	省人社厅、省生态环境厅
李萍	区生态办综合科科长	江苏省打好污染防治攻坚战先进个人	省人社厅、省生态环境厅
徐洁芬	江苏（武进）水稻研究所高级农艺师	江苏省十佳文明职工	省委宣传部、省文明办、省总工会
徐洁芬	江苏（武进）水稻研究所工作人员	江苏省五一劳动奖章	省总工会
汤泽	区畜牧兽医管理服务中心工作人员	第五届全国农业行业职业技能大赛江苏选拔赛（动物检疫检验员）江苏省技术能手、江苏省农业技术能手、江苏省五一创新能手	省农业农村厅、省人社厅、省总工会
王广波	区畜牧兽医管理服务中心工作人员	第五届全国农业行业职业技能大赛江苏选拔赛（动物疫病防治员）江苏省技术能手、江苏省农业技术能手、江苏省五一创新能手	省农业农村厅、省人社厅、省总工会
杜文炳	区农业综合管理服务中心工作人员	2022年全国行业职业技能竞赛——第五届全国农业行业职业技能大赛江苏选拔赛优秀裁判员	省农业农村厅、省人社厅
冉龙文	区畜牧兽医管理服务中心工作人员	第五届全国农业行业职业技能大赛江苏选拔赛（动物检疫检验员）江苏省优秀选手	省农业农村厅
高鹏飞	区畜牧兽医管理服务中心工作人员	第五届全国农业行业职业技能大赛江苏选拔赛（动物疫病防治员）江苏省优秀选手	省农业农村厅
周明	区农业农村局科技教育科科长	2022年中国农民丰收节江苏活动组织实施工作先进个人	省农业农村厅
李志鹏	区农业综合管理服务中心工作人员	农作物病虫害绿色防控技术模式与短视频征集活动三等奖	省植物保护植物检疫站
朱龙粉	区农业综合管理服务中心工作人员	农作物病虫害绿色防控技术模式与短视频征集活动三等奖	省植物保护植物检疫站
戈羚蔚	区农业农村局农田建设管理科科长	江苏省农田建设“最美科技工作者”	省农业资源开发学会
钱灵芝	区农业综合管理服务中心工作人员	全省农民教育培训工作先进个人	省农业广播电视学校
余晓	区市场监管局食品安全监管科（食品安全综合协调科）科长	全省食品安全工作先进个人	省食安委
沈平良	江苏丰润电器集团有限公司生产部部长	江苏省五一劳动奖章	省总工会
罗杰里奥	常州亚通杰威电机有限公司总经理	江苏省五一劳动奖章	省总工会
俞彦之	瑞声科技（常州）有限公司工会副主席	江苏省五一劳动奖章	省总工会
张乾	常州市武进建筑设计院有限公司设计员	江苏省五一劳动奖章	省总工会
陆斌	新誉轨道交通科技有限公司技术开发	江苏省五一劳动奖章	省总工会
刘艳艳	江苏恒立液压科技有限公司液压泵马达研究所副所长	江苏省五一劳动奖章	省总工会
邱奕娇	区交通运输综合行政执法大队女工委主任	优秀职工领读员	省总工会、省全民阅读办
胡菁菁	区妇联办公室主任	优秀妇女工作通讯员	省妇联
朱燕芬	湖塘桥第二实验小学校长、书记	江苏省巾帼建功标兵	省城镇妇女“巾帼建功”活动领导小组、省妇女“双学双比”竞赛活动领导小组
芮泽珺	区妇联家儿部部长	妇女儿童慈善工作“先进工作者”	省妇女儿童福利基金会
李静	区妇联妇儿工委办科员	99公益爱心传递大使	省妇女儿童福利基金会
叶青	区财政局局长	江苏省妇女儿童工作先进个人	省妇儿工委
庄惠芬	武进区星河实验小学党支部书记、校长	2021年度江苏省三八红旗手标兵	省妇联

姓 名	单位职务	荣誉名称	授予单位
倪文达	区工信局党组成员、副局长	全省工信系统先进工作者	省人社厅、省工信厅
姚斯嘉	区税务局四级主办	2021年全省税务系统业务大比武社会保险费类“专业骨干”	省税务局
黄建伟	武进人民医院感染疾病科主任	百名医德之星	省委宣传部、省文明办、省卫健委
蒋斌杰	区疾控中心职防科科长	2021年度江苏省重点职业病监测先进个人	省疾控中心
李春春	区疾控制中心职防科科员	2021年度江苏省尘肺病项目先进个人	省疾控中心
刘 燕	区疾控中心办公室副主任	《江苏疾病预防控制信息》优秀通讯员	省疾控中心
杨 璐	区妇计中心群保科科员	全省妇幼健康信息工作先进个人	省妇幼保健协会
黄丽莉	区卫健局人口监测与家庭发展科科长	2022年度全省“安康关爱行动”先进个人	省老龄办
余 涛	常州市生态环境综合行政执法局武进分局副局长	外出专项帮扶和协助执法表现突出人员	省生态环境厅
朱小峰	常州市生态环境综合行政执法局武进分局综合科科长	2021全省生态环境宣教工作突出个人	省环境保护宣教中心
彭 烨	常州市生态环境综合行政执法局武进分局西太湖所副所长	2022年度全省生态环境系统“最美家庭”	省生态环境厅、省妇联
朱小峰	常州市生态环境综合行政执法局武进分局综合科科长	2022年全省生态环境系统污染防治攻坚专项行动标兵个人	省生态环境厅
张东明	常州市生态环境综合行政执法局武进分局副局长	2022年度十大“攻坚勇士”	省攻坚办
曹 浩	常州创胜特尔数控机床设备有限公司总工程师	江苏省企业首席技师	省人社厅
常 鑫	常州经开区法院刑事审判庭审判员	江苏省第六期“333高层次人才培养工程”第三层次培养对象	省委人才办、省人社厅
何健宏	常州经开区法院执行局审判员	江苏省第六期“333高层次人才培养工程”第三层次培养对象	省委人才办、省人社厅
卢佳萍	常州经开区政法和应急管理局(司法局)行政复议应诉科科员	2021年度全省法治督察工作成绩突出个人	省司法厅
卜雅倩	常州经开区公安分局潞城派出所社区警务中队副中队长	江苏省五一巾帼标兵	省总工会
于亚芳	潞城街道东城社区筹建办党支部副书记	全省“最美网格员”提名奖	省委政法委
陈士恩	中车戚墅堰机车有限公司机车制造中心部件班班长	江苏青年五四奖章	团省委、省青年联合会
赵 京	常州市消防救援支队经济开发区大队戚月路消防救援站站长助理	江苏好人	省文明委
张剑云	中车戚墅堰机车车辆工艺研究所有限公司铸造工	江苏好人	省文明委
薛巧真	遥观中心幼儿园保育员	江苏好人	省文明委
吴 蕾	丁堰街道港龙社区居委会委员	江苏省优秀共青团员	团省委
周焱杰	横林镇党政办公室办事员	江苏省优秀共青团干部	团省委
谢 皓	横山桥镇芳茂村团总支书记	江苏省优秀共青团干部	团省委
史典文	常州经开区信访局信访科科长	全省信访系统先进工作者	省人社厅、省信访局
王 伟	常州经开区公安分局横林派出所副所长	全省优秀人民警察	省人社厅、省公安厅
陈 美	常州经开区法院政治部副主任	全省法院政治工作先进个人	省高院
钱 宇	常州经开区公安分局横山桥派出所副所长	全省公安机关扫黑除恶专项斗争成绩突出个人	省公安厅
李丽君	常州经开区检察院综合管理部主任	全省检察宣传优秀通讯员	江苏法治报社
唐仕举	常州经开区公安分局潞城派出所副所长	全省公安机关执法示范岗位	省公安厅

姓 名	单位职务	荣誉名称	授予单位
殷 虹	常州经开区税务局四级主办	江苏省最美家庭	省妇联
罗 伟	常州经开区农业农村工作局农业服务科副科长	江苏省绿色食品协会第二届理事会先进个人	省绿色食品协会
郑文英	常州经开区农业农村工作局副局长	2022 年中国农民丰收节江苏活动组织实施工作中表现突出个人	省农业农村厅
吴 浩	常州经开区农业农村工作局河（湖）长制综合协调科科长	江苏省打好污染防治攻坚战先进个人	省生态环境厅、省人社厅
卜雅倩	常州经开区公安分局潞城派出所社区警务中队副中队长	江苏省第三届十佳巾帼好网民提名	省妇联、省委网信办
杨洪祥	常州经开区公安分局情报指挥中心副主任	个人二等功	省公安厅
沈 斌	常州经开区公安分局遥观派出所副所长	党的二十大安保维稳成绩突出个人	省公安厅
陈 兰	常州经开区自然资源和规划服务中心科员	全省自然资源系统先进工作者	省人社厅、省自然资源厅
沈 静	常州市生态环境综合行政执法局经开区分局综合科科长	2022 年度深入打好污染防治攻坚战宣传工作先进个人	省攻坚办
陈 唯	常州市生态环境综合行政执法局经开区分局执法科科长	江苏省打好污染防治攻坚战先进个人	省攻坚办
蒋明峰	哈焊所华通（常州）焊业股份有限公司行政人员	江苏省学雷锋志愿服务先进典型	省文明委
杨鹏威	江苏长海复合材料股份有限公司总经理	江苏省五一劳动奖	省总工会

市级先进个人

姓 名	单位职务	荣誉名称	授予单位
何 魏	区委政法委综治科科长	平安常州建设先进个人	市委、市政府
刘 斐	区委政法委扫黑办科员	平安常州建设先进个人	市委、市政府
张 群	区委宣传部常务副部长	平安常州建设先进个人	市委、市政府
徐 斌	常州经开区政法和应急管理局综治维稳科副科长	平安常州建设先进个人	市委、市政府
陈 刚	常州经开区政法和应急管理局（司法局）公共法律服务管理科科长	平安常州建设先进个人	市委、市政府
余日璞	常州经开区法院刑事审判庭庭长	平安常州建设先进个人	市委、市政府
李锦涛	常州经开区检察院第二检察部副主任	平安常州建设先进个人	市委、市政府
许建新	常州经开区公安分局治安大队大队长	平安常州建设先进个人	市委、市政府
余 雷	常州经开区公安分局丁堰派出所教导员	平安常州建设先进个人	市委、市政府
姜 武	常州经开区公安分局横林派出所侦查办案中队长副中队长	平安常州建设先进个人	市委、市政府
高 明	区工信局党组成员、副局长	2021 年度常州市推动高质量发展先进个人	市委、市政府
王晓东	西太湖科技产业园党工委委员、管委会副主任	2021 年度常州市推动高质量发展先进个人	市委、市政府
顾 霞	武高新招商局局长助理	2021 年度常州市推动高质量发展先进个人	市委、市政府
张 明	湟里镇经济发展局企业服务岗副主管	2021 年度常州市推动高质量发展先进个人	市委、市政府
邱永宁	江苏恒立液压股份有限公司总经理	2021 年度常州市推动高质量发展先进个人	市委、市政府
吴秋华	江苏绿弘科技发展有限公司职工	2021 年度常州市推动高质量发展先进个人	市委、市政府
金宏平	区科技局对外合作与人才科科长	2021 年度常州市推动高质量发展先进个人	市委、市政府
冯江涛	常州联德电子有限公司董事长	2021 年度常州市推动高质量发展先进个人	市委、市政府
庄 明	江苏龙城精锻集团有限公司总裁	2021 年度常州市推动高质量发展先进个人	市委、市政府
管福林	区政务服务中心副主任	2021 年度常州市推动高质量发展先进个人	市委、市政府
刘志峰	区委常委、区政府党组副书记、副区长	2021 年度常州市推动高质量发展先进个人	市委、市政府

姓名	单位职务	荣誉名称	授予单位
王伊丽	武进规划管理服务中心市政工程审查科科长	2021年度常州市推动高质量发展先进个人	市委、市政府
巢俊杰	区水利局副局长	2021年度常州市推动高质量发展先进个人	市委、市政府
陈曙平	常州禹安水务有限公司董事长	2021年度常州市推动高质量发展先进个人	市委、市政府
王伟杰	江苏绿和环境科技有限公司绿和研究院院长	2021年度常州市推动高质量发展先进个人	市委、市政府
诸东海	区农业农村局党组书记、局长	2021年度常州市推动高质量发展先进个人	市委、市政府
曹志健	西湖街道聚新家园社区党委书记、居委会主任	2021年度常州市推动高质量发展先进个人	市委、市政府
毛冬霞	区人社局党组成员、副局长	2021年度常州市推动高质量发展先进个人	市委、市政府
王素旦	武进区星河实验小学副校长	2021年度常州市推动高质量发展先进个人	市委、市政府
朱效平	南夏墅街道南夏墅社区党总支书记	2021年度常州市推动高质量发展先进个人	市委、市政府
胡华静	区文体广旅局旅游促进科科长	2021年度常州市推动高质量发展先进个人	市委、市政府
单志伟	区财政局党组成员、副局长	2021年度常州市推动高质量发展先进个人	市委、市政府
龚旭东	旷达科技集团股份有限公司董事	2021年度常州市推动高质量发展先进个人	市委、市政府
陈维格	潞城街道青洋社区党总支书记、居委会主任	2021年度常州市推动高质量发展先进个人	市委、市政府
李　倩	常州经开区经济发展服务中心副主任	2021年度常州市推动高质量发展先进个人	市委、市政府
谭伟波	常州经开区社会保障局劳动关系与监察科（工伤科）科长	2021年度常州市推动高质量发展先进个人	市委、市政府
张之好	常州经开区行政审批局副局长	2021年度常州市推动高质量发展先进个人	市委、市政府
吴雯青	常州经开区政府雇员	2021年度常州市推动高质量发展先进个人	市委、市政府
刘继宗	遥观镇政法和应急管理局副局长	2021年度常州市推动高质量发展先进个人	市委、市政府
张学龙	常州强力电子新材料股份有限公司研究院院长	2021年度常州市推动高质量发展先进个人	市委、市政府
张正祥	光大环保能源（常州）有限公司总经理	2021年度常州市推动高质量发展先进个人	市委、市政府
王伟强	遥观镇党委书记	重大项目招引推进突出贡献个人三等功	市委、市政府
潘华萍	新华昌集团有限公司法人	2021年度全市“提质增效、创新争星”活动明星企业家	市委、市政府
戈建鸣	江苏今创控股集团有限公司董事长	2021年度全市“提质增效、创新争星”活动明星企业家	市委、市政府
杨国文	江苏长海复合材料股份有限公司董事长	2021年度全市“提质增效、创新争星”活动明星企业家	市委、市政府
杨仕桥	光大环保技术装备（常州）有限公司总裁	2021年度全市“提质增效、创新争星”活动明星企业家	市委、市政府
苏建国	江苏雷利电机股份有限公司董事长	2021年度全市“提质增效、创新争星”活动明星企业家	市委、市政府
周全法	哈焊所华通（常州）焊业股份有限公司副董事长、总经理	2021年度全市“提质增效、创新争星”活动明星企业家	市委、市政府
杨　琳	常州川立贸易有限公司法人	现代服务业明星企业家	市委、市政府
赵小娟	常州禹丰恩晖贸易有限公司法人	现代服务业明星企业家	市委、市政府
贾锦烽	常州川弘皓明贸易有限公司法人	现代服务业明星企业家	市委、市政府
陈焓笑	常州新华昌国际集装箱有限公司设备工程师	常州市五一劳动奖章	市委、市政府
严永敏	武进人民医院检验科主任	常州市突出贡献人才	市政府
丁雄鹰	常州经开区实验小学校长	常州市突出贡献人才	市政府
韦叶平	江苏省武进高级中学副校长	常州市突出贡献人才	市政府

附 录

Appendices

栏目编辑 颜 赶 万向阳

组织机构与负责人名录

(2022.4.1—2023.4.30)

中共常州市武进区第十三届委员会

书　记　乔俊杰

副书记　恽淇丞　吴震宇(2022.6任)

赵　钢(2022.9任)　丁　一(2022.4止)

常　委　(书记、副书记在常委中不重复列名)

李旌巍(2022.6任)　赵天晟

李　皓(2023.4任)　刘志峰　王照江

薛红霞※　徐治国　李德森(2023.4止)

唐家中(2022.6止)　张　龙(2022.12止)

委　员　(按姓氏笔画为序)

丁　一(2022.4止)　王宏强(2023.1止)

王晓航　王照江　石伟东　田　华

朱小平　乔俊杰　刘志峰

江建文(2022.8止)　江春明

李　皓(2023.4任)　李旌巍(2022.6任)

李德森(2023.4止)　吴震宇(2022.6任)

沈　涛　宋文良　张　龙(2022.12止)

武为锋　金旭兵　赵　钢(2022.9任)

赵天晟　恽淇丞　贾　东　顾伟国

徐　俊　徐治国　唐家中(2022.6止)

曹雄伟　蒋　丽※　薛红霞※

候补委员　(按姓氏笔画为序)

冷亚春　张文伟　殷宏远　龚新宇

潘　林　潘英姿※

常州市武进区第十七届人民代表大会常务委员会

主　任　石伟东

副主任　孙金才　刘云英※　周庆中　戴志华

委　员　(按姓氏笔画为序)

丁文柯　丁晓瑾※　万如生　马东方

王　乾　王元兵　王中元　王腊美※

叶　平　冯　民　冯冠华　朱丽莎※

李国栋　杨永清　吴小铭　吴武装

何泽宇　闵贤俊　陈　刚　陈炜晴※

胡文伟　贾少波　顾忠泽　钱　涛

徐　锋　徐玉峰　徐亚娟※　徐晓东

高国华　陶春健　黄盛英※　黄惠涛

曹志健　符　伟　蒋一波　蒋中敏

储　军※　强　雨※　蔡兰芬

潘一沁※(2023.1任)

中共常州市武进区人大常委会党组

书　记　石伟东

副书记　孙金才

常州市武进区人民政府

区　长　恽淇丞

副区长　赵　钢(2022.9任)　刘志峰

李德森(2023.4止)　王晓航　张小虎

朱　岩※　徐　俊　贾　东　张征宇

王　栋　朱书阳※

中共常州市武进区人民政府党组

书　记　恽淇丞

副书记　赵　钢(2022.9任)　刘志峰

政协常州市武进区第十五届委员会

主　席　郑政平

副主席　祝正庆　蒋红英※　徐　宁　朱红兴

谈　胜

常　　委　（按姓氏笔画为序）

万琴凤※　马建立　王　燕※　王云芬※

戈建鸣　方　姣※　方沛琪　计小良

朱红兴　朱丽娜※　庄　军　许国大

孙　煜※　杜国栋　李　峰　李德森

杨康健　吴文英※　吴嘉禄　余　克

狄旭东　汪立平　张　群※　张　影※

张兰平　张克强　张晓宇　陆　怡※

陆　鹏　陆惠萍※　金宏平　周　灵

周　铖　周　敏※　周义红　周嫣倩※

郑政平　赵丽君※　胡　鹤　查伟明

闻　洁※　祝正庆　袁　涛　夏建飞

钱　臣　徐　宁　徐红秀※　徐国忠

徐晔彦　唐昊骏　谈　胜　桑　遥※

黄小国　萧晨凯　曹　金　曹　毅

戚国强　戚清萍※　蒋红英※　蒋洁艳※

路军方　慧　闻　薛红良

中共常州市武进区政协党组

书　　记　郑政平

副 书 记　赵天晟（2023.2 任）　李德森（2023.2 止）

中共常州市武进区第十三届纪律检查委员会

书　　记　李旌巍（2022.6 任）　唐家中（2022.6 止）

副 书 记　王明源　莫建刚

常　　委　（书记、副书记在常委中不重复列名）

顾忠泽　窦　敏　丁文柯（2022.7 止）

谈亚玉※　曲义飞（2022.7 任）

唐丽娜※（2022.4 止）

委　　员　（按姓氏笔画为序）

丁文柯　王明源　叶　青

曲义飞（2022.7 任）　严晓国　何　涛

陆红林　张乃佳※　李旌巍（2022.6 任）

周　栋　武华忠（2022.11 止）

唐家中（2022.6 止）　莫建刚　顾忠泽

钱　涛　谈亚玉※　窦　敏

常州市武进区监察委员会

主　　任　李旌巍（2023.1 任）　唐家中（2022.6 止）

代理主任　李旌巍（2022.6—2023.1）

副 主 任　李旌巍（2022.6—2023.1）

王明源　莫建刚

委　　员　窦　敏　曲义飞（2022.7 任）

陆红林　丁文柯（2022.7 止）

常州市武进区人民法院

院长、党组书记　宋文良

党组副书记　金　峰（2022.5 任）

副　院　长　金　峰　吴　婷※　章　毓※

郑丽艳※（2022.5 任）

政治部主任　许敏华

专职委员　吴文亮　唐蕴东（2022.5 任）

潘建伟（2022.5 止）

常州市武进区人民检察院

检察长、党组书记　张　娟※

党组副书记　唐黎刚

副 检 察 长　杨康健　唐黎刚　王云涛

专 职 委 员　陈志东　秦中新（2022.9 任）

政治部主任　钱继东

中共常州市武进区委工作机构及直属单位

区委办公室

主　　任　冯　宇

副 主 任　黄晓铭　梁云波　周嫣倩※

区档案局

副 局 长　谈亚东

区委组织部

部　　长　赵天晟

常务副部长　张　群※

副 部 长　钱　涛　任　捷（2022.9 任）

区委党的建设工作领导小组办公室

副 主 任　陈　旭（2023.3 任）　任　捷（2022.9 止）

区委非公有制企业和社会组织工作委员会

书　　记　张　群※

区公务员局

局　　长　钱　涛

区考核工作委员会办公室

副 主 任　宋志盛

区委宣传部

部　　长　薛红霞※

常务副部长　戚清萍※

副 部 长　周小宇（2022.6 任）　何泽宇

区精神文明建设指导委员会办公室

主　　任　周小宇（2022.6 任）

副 主 任　王　芳※

区政府新闻办公室

主　　任　何泽宇

副 主 任　俞　伟

区新闻出版局（区版权局）

主　　任　何泽宇

区委统一战线工作部

部　　长　赵天晟（2022.12 任）　李德森（2022.12 止）

常务副部长　夏建飞

副 部 长　陈月波※　蒋金标　杨美英※　蒋建平

区民族宗教事务局

局　长　蒋金标

区委台湾工作办公室
区政府台湾事务办公室

主　任　陈月波※

副主任　皇甫海鸥※

区政府侨务办公室

主　任　杨美英※

副主任　许晓东　徐晓燕※

区归侨侨眷联合会

主　席　杨美英※

副主席　张　茹※

区委政法委员会

书　记　徐治国（2023.4任）　丁　一（2022.4止）

常务副书记　朱鹏程

副书记　王晓航（兼）　巢　鹰　陈科伟

专职委员　吴　焰　徐小江

区域社会治理现代化指挥中心（区网格化服务管理中心、区城市运行管理中心）

副主任　陈炜晴※　汤晓斌（2022.10任）

区委研究室

主　任　严　超

副主任　蒋云波（2022.8任）

区委全面深化改革委员会办公室

副主任　王　斌

区委网络安全和信息化委员会办公室

主　任　左燕钢

副主任　沈　嫵※

区委机构编制委员会办公室（区事业单位登记管理局）

主　任　钱　涛

副主任　叶彩萍※

副局长　曹法南

区委巡察工作办公室

主　任　顾忠泽

副主任　张乃佳※　袁　杰

巡察组组长　陆　浩　胡新诚　杨云飞　夏征征※
董云峰（2023.4止）

巡察组副组长　秦黎亮　周南臣　徐寒芬※
万家东（2022.7任）　丁映宇　郑小悟※
顾维娜※　陆维剑※　刘　毅（2022.7止）

区委老干部局

局　长　张　群※

副局长　张　宏（2022.6任）　史红金（2022.6止）

区委离退休干部工作委员会

书　记　张　群※

副书记　纪佩来※

区档案馆

馆　长　陶　可

副馆长　张晓燕※　邹　倩※（2022.7任）
姚文虎（2022.7止）

区委党史工作委员会
区地方志办公室

主　任　孔令君

副主任　朱建刚　罗　燕

区委党校（区行政学校）
区社会主义学院

区委党校校长　乔俊杰

区行政学校校长　恽淇丞

常务副校长（副院长）　冷亚春

副校长（副院长）　钱颖旦※　陆茹英※　刘　江

区融媒体中心

党委书记、主任　顾　芳※

党委副书记、总编辑　顾枫华

副主任　钱小松　杨富春　陈伟强
姚汗龙　陆卫东（2023.4止）

常州市武进区人大常委会工作机构

办公室

主　任　陈　刚（2023.3任）　丁文柯（2022.7—2023.3）
符　伟（2022.7止）

副主任　强　雨※　黄盛英※（2023.3止）

研究室

主　任　强　雨※（2023.3任）　黄盛英※（2023.3止）

财政经济工作委员会

主　任　胡文伟

副主任　潘一沁※

农业和农村工作委员会

主　任　高国华

副主任　张　颖※

法制和内务司法（民族宗教侨务）工作委员会

主　任　徐晓东

副主任　王　峰

城市建设环境资源工作委员会

主　任　冯　民

副主任　周亚明（2022.5止）

教育科学文化卫生工作委员会

主　任　王腊美※

副主任　任争辉

人事代表工作委员会

主　任　黄盛英※（2023.3任）　陈　刚（2023.3止）

副主任　丁晓瑾※

常州市武进区人民政府工作部门及直属单位

区政府办公室

主任、党组书记　田　华

副主任　冯冠华（2022.6任，兼）
程　锦※　贺　丹　王今丰

王　健（2022.7任）　杨伟峰（2022.10任）
蒲启城（2022.6止，兼）
陈建东（2022.6止）　王世康（2022.7止）

区外事办公室

副　主　任　荆　成

区大数据管理局

副　局　长　管福林（2023.3任）　陈国栋（2023.3止）

区对外联络中心

主　　　任　袁丽萍※
副　主　任　孙　煜※（2022.9任）　沈惠芬※（2022.9止）
沈　勇（2022.8—2023.5）

区电子政务中心

主　　　任　曾文军
副　主　任　杨　烁

区发展和改革局

局长、党组书记　夷建良
副　局　长　张庆九　宦庆辉　汤　焱
梁　源　邢诚渊（2022.9任）

区人民防空办公室

副　主　任　王　伟　梁　强（2023.2止）

区委教育工委

工委书记　曹雄伟
工委副书记　符一波

区教育局

局　　　长　曹雄伟
副　局　长　李昇学　周　敏※

区科学技术局

局长、党组书记　张卫星
副　局　长　王　卿※　夏坚远　吴淑娜※（2022.9任）
欧毅华※（2022.9止）

区工业和信息化局

局长、党组书记　张文伟
副　局　长　高　明　陆亚健（2022.7任）
倪文达　陈名恭（2022.7任）
陈　敏（2022.6止）

常州市公安局武进分局

局长、党委书记　王晓航
党委副书记、政治委员　张继洪
副　局　长　张建伟　张冬琴※　苏建中
张立南　马　承
督　察　长　王晓航
政治处主任　孙曙光

区民政局

局长、党组书记　李　荣
党组副书记　虞钟清（2022.7止）
副　局　长　姚文虎（2022.8任）　陆俊阳（2022.8止）
陈　鹰※（2023.3止）

区司法局

局长、党组书记　薛健峰
副　局　长　沈　隽　吴晓峰　熊　琦※

法治办副主任　严　征

区财政局

局长、党组书记　汤　枫（2023.4任）　叶　青（2023.4止）
副　局　长　单志伟　朱国栋　陈　建（2022.9任）
恽晓明（2022.7止）

区政府国有资产监督管理办公室

副　主　任　沈　彬（2022.7止）　王伟国（2022.7止）

区人力资源和社会保障局

局长、党组书记　杭　琰※（2023.4任）　武华忠（2022.6止）
副　局　长　杭　琰※（2023.4止）　周晓忠
毛冬霞　潘　军

区住房和城乡建设局

局长、党委书记　谈正刚
副　局　长　李　媛※　郭建军　王　韬（2022.10任）
唐昊骏　张　巍（2022.10止）

区城市资源管理研究中心

副　主　任　包文晖　王仕满

区城市管理局

局长、党组书记　殷海峰
副　局　长　周　科（2022.7任）　卜万青
毛颖彦※（2022.9任）
刘培良（2022.5止）
杨　磊（2022.7止）
综合行政执法局副局长　凌国锋

区交通运输局

局长、党委书记　周　俊
党委副书记　凌光旭
副　局　长　凌光旭　顾　青　严伟俊
张晓军（2023.3止）
总工程师　薛　飞

区水利局

局长、党组书记　周文彬（2022.6任）　刘建荣※（2022.6止）
党组副书记　王卫东
副　局　长　恽文荣（2022.9任）　庄代远
巢俊杰（2022.6止）
总工程师　恽文荣（2022.9止）

区农业农村局

局长、党组书记　钱勤东（2022.6任）　诸东海（2022.6止）
副　局　长　符　伟（2022.7任）
蒋小刚　姚志平　朱丽娜※
周小宇（2022.6止）
总农艺师　管红良

区委农村工作领导小组办公室

副　主　任　李治国

区商务局

局长、党组书记　董云峰（2023.4任）　王　勇（2023.4止）
副　局　长　王保华　徐宏杰

区投资促进服务中心

主　　　任　马　洁※
副　主　任　巢云方　张红霞※　潘晓宇　邹　蕾※

区文体广电和旅游局

局长、党组书记　居敏俊
副　局　长　吴海涛　卞曙光　沈　叶※　叶馨远※
　　李建林（2022.9 任）　陈海明（2022.5 止）
　　张志杰（2022.9 止）

区卫生健康局

局长、党委书记　左朝辉（2023.4 任）　王洪新（2023.4 止）
副　书　记　何　东
副　局　长　周义红　刘利明（2022.9 任）
　　姚绍洋（2022.6 止）　顾东武（2022.6 止）

区退役军人事务局

局长、党组书记　王　丹
副　局　长　杨育才　芮　洋　赵　辉（2022.5 任）

区应急管理局

局长、党委书记　金旭兵
副　局　长　刘红玉　潘金俊　朱晓波
　　谢　俊（2022.9 任）　巢鸿泉（2022.9 止）
　　杨志海（2023.3 止）
总 工 程 师　姜　涛
安委办副主任　高　军

区审计局

局长、党组书记　严晓国
副　局　长　毛　兴　周　斌　王泽南（2022.7 止）
总 审 计 师　李　达

区政府研究室

主　任　王世康（2022.7 任）
副　主　任　陈　萍※（2022.7 任）　王　健（2022.7 止）

区行政审批局

局长、党组书记　祁　斌
副　局　长　聂亚玉※　王　芳※　顾　峰
　　王建虎（2022.8 任）

常州市公共资源交易中心武进分中心

主　任　祁　斌
副　主　任　吴文英※　潘文杰　刘欣欣※（2022.8 任）

区市场监督管理局

局长、党组书记　王　勇（2023.4 任）
　　蒋志刚（2022.6—2023.4）
　　朱小平（2022.6 止）
副　局　长　王金熔　张宝康　陆　俊　张利萍※
　　濮文伟（2022.6 止）

区统计局

局长、党组书记　陈　江
副　局　长　谢伟洪　陆亚健（2022.7 止）
总 统 计 师　罗腊梅※

区信访局

局长、党组书记　冯冠华（2022.6 任）　蒲启城（2022.6 止）
副　局　长　李　俊　王丽莉※　莫春晓

区地方金融监督管理局

局长、党组书记　刘　宇
副　局　长　王阿娣※　邵　云※
金融办副主任　顾虎清

常州市医疗保障局武进分局

局长、党组书记　周培根（2023.4 任）　左朝辉（2023.4 止）
副　局　长　周培根（2023.4 止）　秦　羽

区机关事务管理中心

主任、党组书记　王亚杰
副　主　任　吴奋明　李　峰

区房屋征收与补偿管理中心

主任、党组书记　王卫洪（2023.4 止）
副　主　任　沈　轲※　胡　鹤　邵　劭（2023.3 任）
　　雍　军（2022.6 止）

区生态文明建设办公室

主　任　于　乐
副　主　任　沈惠芬※（2022.9 任）　庄　敏

江苏常州经济开发区

书　记　顾伟国
主　任　周永强（2022.4 止）
　　丁　一（2022.4 任）
副　书　记　周永强（2022.4 止）
　　丁　一（2022.4 任）
　　冯旭江
　　王文一（2022.12 任）
副　主　任　张云逸　何　勇
　　王文一（2022.12 止）
　　盛世麟　冯　晖　江春明
　　马　健（挂职，2022.4 止）
　　吕勤芳※（挂职，2022.5 任）
　　周　加（挂职，2022.5 任）
纪工委书记、监察工委主任　毛建国（2023.4 止）
　　刘　潇（2023.4 任）
纪工委副书记、监察工委副主任　钱莉芳※　王　成

武进高新技术产业开发区

书　记　乔俊杰
主　任　李　皓（2023.4 任）
副　书　记　李　皓（2023.4 任）　张　龙（2022.12 止）
副　主　任　张　超（2022.4 任）　王伟华　谢群丰
　　裴晓冬　恽益明　李建平　周明俊
　　丁亚英※（2022.7 任）　祝正庆（2022.6 止）
　　张　龙（2022.12 止）　蒋志龙（2022.7 止）
纪工委书记　朱志伟
纪工委副书记　管勇钢

中以常州创新园

书记、主任　刘志峰（2022.6 任）
副　书　记　陈云峰（2022.6 任）
副　主　任　陈云峰（2022.6 任）　周立平（2022.6 任）
　　王　戬（2022.8 任）　庄　铿（2022.9 止）
　　陈顺明（2022.9 止）
纪工委书记　王　迪（2022.6 任）

常州西太湖科技产业园
（江苏武进经济开发区）

书　　记　徐　俊（2022.6 任）　戴志华（2022.6 止）
主　　任　孙　洋（2022.6 任）　武为锋（2022.6 止）
副 书 记　孙　洋（2022.6 任）　徐新波
副 主 任　顾琴仙※　胡延红※　黄哲斌　王晓东
纪工委书记　周　栋

武进国家高新技术产业开发区绿色建筑产业园管理办公室

主　　任　徐　宁（2022.6 止）
副 主 任　贺　军　谢　健　周永银

武进太湖湾旅游度假区管理办公室

主　　任　武为锋（2022.6 任）　王宏强（2022.6 止）
党组书记　武为锋（2022.6 任）
党组副书记　蒋志龙（2022.8 任）
副 主 任　李文俊　殷旭东　张志杰（2022.9 任）
　　　　　李云辉　吴小杰　殷正良
纪工委书记　车勤峰（2022.5 止）

武进中国春秋淹城旅游区管理办公室

主　　任　薛　鑫
副 主 任　刘　坚

江苏省武进现代农业产业园区管理办公室

主　　任　张军亮
副 主 任　查亚新　叶　平

戚墅堰轨道交通产业园管理办公室

主　　任　殷　清（2022.7 止）
副 主 任　钱　瑜（2022.7 止）　陈建波（2022.7 任）

江苏武进经济发展集团公司

董 事 长　谈　胜（2022.8 任）　李建平（2022.8 止）
总 经 理　何雪峰
党委书记　何雪峰（2022.7 任）　李建平（2022.7 止）
党委副书记　薛泽孟（2022.7 任）　何雪峰（2022.7 止）
副总经理　薛泽孟　路　锦　许红霞※（2022.8 任）
　　　　　王志鸿（2022.8 任）
纪委书记　刘海琴※
总审计师　戴　敏（2022.10 任）

江苏武进先行控股集团有限公司

董 事 长　恽晓明（2022.8 任）　谈　胜（2022.8 止）
总 经 理　刘祝全（2022.8 任）　谈　胜（2022.8 止）
党委书记　恽晓明（2022.7 任）　王　鸣（2022.7 止）
党委副书记　刘祝全（2022.7 任）　谢　健（2022.7 任）
副总经理　诸小平　钱　岗　谢　健
　　　　　王　鸣（2022.8 止）
纪委书记　蒋黎国
总审计师　徐静波※（2022.10 任）

江苏武进国经控股集团有限公司

党委书记、董事长、总经理　徐亚娟※
党委副书记　翟华萍※
副 总 经 理　王中方　卞建荣
　　　　　　刘祝全（2022.8 止）
纪委书记　翟华萍※
总审计师　张　明（2022.10 任）

武进工贸资产经营管理有限公司

党委书记　秦明方（2022.7 止）　翟华萍※（2022.7 任）
董 事 长　徐亚娟※
总 经 理　刘祝全（2022.8 止）
党委副书记　徐亚娟※（2022.7 止）　黄文耀
　　　　　　刘祝全（2022.7 止）
纪委书记　赵寅洁※（2023.2 止）
副总经理　卞建荣

常州滨湖建设发展集团有限公司

党委书记、董事长、总经理　申晓明
副 总 经 理　李海标（2022.8 任）
　　　　　　何晓强（2022.8 任）
　　　　　　李珍珠（2023.3 任）
总审计师　谭　蓉※（2023.3 任）

伟驰控股集团有限公司

党委书记　王　鸣（2023.2 任）
　　　　　徐新波（2022.7—2023.2）
　　　　　梅可佳（2022.7 止）
党委副书记　王　鸣（2022.7—2023.2）　王建松
董 事 长　王　鸣（2022.8 任）　梅可佳（2022.8 止）
总 经 理　王建松
副总经理　林云志（2022.8 任）
纪委书记　赵寅洁※（2023.2 任）
总审计师　莫晓春（2023.3 任）

开放大学、国家级重点职业高中、省重点高中、医院

常州市高级职业技术学校

校　　长　李昇学
党委书记　张伟贤（2022.6 止）

江苏省前黄高级中学

校　　长　黄惠涛
党委书记　黄惠涛

江苏省武进高级中学

校　　长　宋海永
党委书记　张国良

武进人民医院

党委书记　奚剑波
院　　长　金建华

武进中医医院

党委书记　杨　波（2022.7 止）
院　　长　曹蕊芸※

中共常州市武进区委协助管理的单位

常州市自然资源和规划局武进分局

局长、党委书记　孔和生

副　局　长　曹　荣　卢翼波　汪志南※
蔡　剑（2022.4止）　宰　娟※

常州市住房公积金管理中心武进分中心

主　　任　章　钧
副 主 任　章蔚达（2023.2止）

国家税务总局常州市武进区税务局

局长、党委书记　狄欣荣（2022.10止）朱小景（2022.11任）
党委副书记　张志杰
副　局　长　张志杰　杜　俊（2023.02止）
王贤方　陆玉学　王士花※（2022.6止）
纪检组组长　蔡剑洪（2022.8止）　陈学忠（2022.8任）

常州市武进生态环境局

局长、党组书记　于　乐
副　局　长　顾咏梅※（2022.5止）林春雷　张　杰
周燕琴※（2022.5任）
执法分局局长　于　乐（2022.7止）　王作海（2022.7任）

常州市武进区邮管局

局　　长　武绍光

武进电信局

局　　长　江　敏（2022.7止）　陆天涛（2022.8任）
副 局 长　陈永林（2022.8任）　蒋云峰（2022.7止）
陈　翔　张婷婷※

武进烟草专卖局

局　　长　徐　晟
副 局 长　许卫群（2023.1止）　时　荫（2023.2任）

常州海关驻武进办事处

主　　任　李　博

中国人民银行常州市武进支行

行　　长　翟晓佳（2022.8止）　王　勇（2022.8任）
副 行 长　高立华（2023.1止）　戴　晏
张冬明（2023.2任）
纪检组组长　戴　晏

政协常州市武进区委员会工作机构

办公室

主　　任　袁　涛
副主任　张　磊　顾　燕※

研究室

主　　任　闻　洁※

提案和委员工作委员会

主　　任　查伟明

教文卫体和文史委员会

主　　任　王云芬※
副主任　姚国强

经济科技和农业农村委员会

主　　任　梅可佳（2022.8任）　朱红兴（2022.8止）
副主任　陆俊阳（2022.8任）　万家东（2022.8止）

社法民宗和港澳台侨委员会

主　　任　万琴凤※
副主任　鲜艳梅※

环境资源和城乡建设委员会

主　　任　张晓宇

群众团体

武进区总工会

主　　席　沈　涛
党组书记　沈　涛
副主席　陆惠萍※　张　勇　朱宏英※

共青团武进区委员会

书　　记　蒋雨晨（2022.12任）
副书记　周　钺　杨　琳※（2022.8任）
沈立人（2022.12任）　冯　玲※（2022.12任）
蒋雨晨（2022.12止）

武进区青年联合会

主　　席　蒋雨晨（2022.12任）
副主席　周　钺　杨　琳※（2022.8任）
蒋雨晨（2022.12止）

武进区妇女联合会

主席、党组书记　蒋　丽※
副　主　席　赵丽君※　赵　英※（2022.5止）
李秋萍※（2023.4止）

武进区科学技术协会

主　　席　刘云英※（2022.6止）
主席人选　王宏强（2022.6—2022.7）
党组书记　陶春健
副主席　陶春健　吴　健

武进区文学艺术界联合会

主　　席　龚　黎※
副主席　周晓东　羌云庆

武进区红十字会

会　　长　张小虎（兼）
副会长　狄旭东　承文明

武进区工商业联合会

主　　席　桑　遥※
党组书记　蒋建平
副主席　蒋建平　莫　珺※

武进区残疾人联合会

名誉主席　薛红霞※
主　　席　张小虎（兼）
副主席　李洪兴　赵美娟※　王　燕※
党组书记　王卫洪（2023.4任）　李洪兴（2023.4止）
理事长　李洪兴
副理事长　赵美娟※　王　燕※

镇、街道

雪堰镇

书　　记　武为锋（2022.6任）　王宏强（2022.6止）
副 书 记　蒋志龙（2022.8任）　陈世华（2022.8任）
孙　洋（2022.6止）　张英娟※（2022.8止）

人大主席　许文涛
镇　　长　蒋志龙（2022.7 任）　孙　洋（2022.6 止）
副 镇 长　孙　俊　王　薇※　徐　卓（2022.8 任）
　　　　　张　怡（2023.2 任）　唐海锋（2022.8 止）
　　　　　陈世华（2022.8 止）　曹　冰（2022.8 止）
纪委书记　符辛竹

礼嘉镇

书　　记　丁亚英※
副 书 记　潘宏杰（2023.4 任）
　　　　　吕　威（2022.6—2023.4）
　　　　　朱慧峰（2022.6 止）　秦能达（2022.6 止）
人大主席　秦能达（2022.6 任）　冯冠华（2022.6 止）
镇　　长　潘宏杰（2023.4 任）　朱慧峰（2022.6 止）
副 镇 长　尤　敏※　何庆伟　管翼波　姚安华
纪委书记　陈建纲

前黄镇

书　　记　龚新宇
副 书 记　葛　炎　田明江（2023.4 任）
　　　　　唐晓明（2023.4 止）
人大主席　葛永丰（2023.2 任）　李国栋（2023.2 止）
镇　　长　葛　炎
副 镇 长　潘　艳※　蒋　轩　张永相　赵匡吉
纪委书记　王　懿※

湖塘镇

书　　记　朱小平（2022.6 任）　张征宇（2022.6 止）
副 书 记　丁　涛（2022.9 任）　时培红　陶兴龙
　　　　　王　芳※（2022.9 止）
人大主席　贾少波
镇　　长　丁　涛（2022.9 任）　王　芳※（2022.9 止）
副 镇 长　张建军　徐　敏　吴旭东　王轶锋
　　　　　陈一奇　上官欣（2023.4 止）
纪委书记　杨文杰

牛塘镇

书　　记　杨志明
副 书 记　蒋雨晨（2023.4 任）　翁路英※
　　　　　汤　枫（2023.4 止）
人大主席　马东方
镇　　长　蒋雨晨（2023.4 任）　汤　枫（2023.4 止）
副 镇 长　周小成　丁洪伟　冯　甦　沈　超
纪委书记　叶　庆

洛阳镇

书　　记　朱慧峰（2022.6 任）　蒋志刚（2022.6 止）
副 书 记　吕　威（2023.4 任）　薛文伟　杨红明
　　　　　潘宏杰（2023.4 止）
人大主席　吴小铭
镇　　长　吕　威（2023.4 任）　潘宏杰（2023.4 止）
副 镇 长　王小虎　谭文俊　邱　添※（2022.6 任）
　　　　　姚洁清（2023.4 任）　吴柯含（2023.2 任）
　　　　　葛长青（2023.4 止）　沈立人（2022.6 止）
　　　　　陈　萍※（2022.6 止）
纪委书记　许　芸※

湟里镇

书　　记　朱军华
副 书 记　王　乾（2023.2 任）　吴　柯※（2023.2 任）
　　　　　丁　涛（2022.9 止）　陈　鹏（2022.8 止）
　　　　　葛永丰（2023.2 止）
人大主席　蔡兰芬
镇　　长　王　乾（2023.2 任）　丁　涛（2022.9 止）
副 镇 长　眭岳明　张　钦　王　军（2023.2 任）
　　　　　周　锋　吴　柯※（2023.2 止）
纪委书记　杨　军

嘉泽镇

书　　记　张军亮
副 书 记　蒲启城（2022.6 任）　樊晓斌（2023.2 任）
　　　　　钱勤东（2022.6 止）　王　乾（2023.2 止）
人大主席　丁文柯（2023.2 任）　王　乾（2023.2 止）
镇　　长　蒲启城（2022.6 任）　钱勤东（2022.6 止）
副 镇 长　王红明　陆霜弘（2022.6 任）
　　　　　张　斌　王铁成　诸文洁※（2022.4 止）
纪委书记　巢丽云※

南夏墅街道

书　　记　张永波（2022.6 任）　周文彬（2022.6 止）
副 书 记　朱　敏※　雷　成　陆晓忠（2023.4 任）
人大工委主任　陈　鹏（2022.9 任）
办事处主任　朱　敏※（2022.6 任）
　　　　　张永波（2022.6 止）
办事处副主任　臧伟良　郑　鑫　宋春花※　周　慧
　　　　　庄春潮※　张伟强　蒋　涛
　　　　　蒋海珍※（2022.5 止）
纪工委书记　许　斌

西湖街道

书　　记　黄铁梅※
副 书 记　巢俊杰（2022.6 任）　沈立人（2022.6 任）
　　　　　闵贤俊（2022.6 止）
办事处主任　巢俊杰（2022.6 任）
办事处副主任　吴　玲※（2023.4 任）
　　　　　高　波　周　军　恽晨雁
　　　　　田明江（2023.4 止）
人大工委主任　闵贤俊
纪工委书记　蒋轶佶

横林镇

书　　记　江春明（2022.6 止）　姚鸿波（2022.6 任）
副 书 记　张毋左（2022.6 止）　姚鸿波（2022.6 止）
　　　　　吴志建　王美姣※（2022.6 任）
　　　　　孙亚明（2022.6 任）
人大主席　王美姣※（2022.6 止）
　　　　　潘筱伟（2022.6 任）
镇　　长　姚鸿波（2022.6 止）
　　　　　王美姣※（2022.6 任）
副 镇 长　王　红　卜冰洋（2022.12 止）
　　　　　吴寿波　承晓培　方金虎（2022.12 任）
纪委书记　郭　平

遥观镇

书　　记　王伟强
副 书 记　薛　飞　任义权　刘伟强
人大主席　叶　平
镇　　长　薛　飞
副 镇 长　邹　优　张　波　沈钱巍　史俊华
纪委书记　荆　涛

横山桥镇

书　　记　徐　海（2022.6 止）　赵文明（2022.6 任）
副 书 记　姚　贺（2022.6 止）　孙亚明（2022.6 止）
　　　　　程　金　张毋左（2022.6 任）
　　　　　冯越超※（2022.6 任）
人大主席　诸立群
镇　　长　姚　贺（2022.6 止）　程　金（2022.6 任）
副 镇 长　陈建波（2022.6 止）　庄　跃
　　　　　缪　飞　徐亚萍※　张祥龙（2022.6 任）
纪委书记　魏　胜

潞城街道

书　　记　赵文明（2022.6 止）　姚　贺（2022.6 任）
副 书 记　赖岩松　周明珠※
人大工委主任　朱丽莎※
主　　任　赖岩松
副 主 任　沈齐乐　陈益伟　夏海峰　孙　燕※
纪工委书记　赵　飞

丁堰街道

书　　记　蒋政剑
副 书 记　林　霄※　石剑虹
人大工委主任　蒋一波
办事处主任　林　霄※
办事处副主任　徐　熠　高　攀　周　莉※
　　　　　马　奕（2022.5 任）
纪工委书记　梁晓波

戚墅堰街道

书　　记　潘　俊
副 书 记　姜祖胜　陈　尧（2022.5 止）
人大工委主任　杨永清
办事处主任　姜祖胜
办事处副主任　刘晓莲※　苏澄宇　黄可人
纪工委书记　王永斌

说明：①中共 ×× 镇纪律检查委员会书记，简称纪委书记。
②局和镇党委下的基层和村级党委不收其领导名录。
③各银行、保险公司、电信、税务、烟草、自然资源和规划、生态环境等部门的领导，由其上级业务主管部门任免，区委协助有关部门管理。
④右上角带 ※ 号者为女性。
⑤乡镇镇长、副镇长、人大主席、人大副主席的任职时间为提名时间。

（王　艳　朱铭铭　田阳中　梁　娟　缪雨晴　吴雯娴　杨　欣　毛浩宇　周志鹏　何凯琳　陈志伟　张　珏　周学文　王雪凯）

文献摘要

以党的二十大精神为统领，以首位担当铸就时代荣光，奋力书写好中国式现代化的武进答卷

——在区委十三届四次全会上的报告（摘要）

中共常州市委常委、武进区委书记　乔俊杰

（2022 年 12 月 28 日）

这次全会的主要任务是，以习近平新时代中国特色社会主义思想为指导，深入学习贯彻党的二十大精神，贯彻落实中央、省委经济工作会议和省委、市委全会精神，总结今年各项工作，部署明年重点任务，动员全区上下踔厉奋发、勇毅前行，深入推进“两湖”创新区建设，在新时代新征程更好地“扛起新使命、谱写新篇章”，奋力书写好中国式现代化的武进答卷。

一、在伟大思想的指引下锚定时代坐标，知行合一贯彻落实党的二十大精神

党的二十大是在全党全国各族人民迈上全面建设社会主义现代化国家新征程、向第二个百年奋斗目标进军的关键时刻召开的一次十分重要的大会，为新时代新征程党和国家事业发展、实现第二个百年奋斗目标指明了前进方向、确立了行动指南。学习宣传贯彻好党的二十大精神，事关党和国家事业继往开来，事关中国特色社会主义前途命运，事关中华民族伟大复兴，是当前和今后一个时期的首要政治任务。全区上下要坚决贯彻习近平总书记“五个牢牢把握”和“全面学习、全面把握、全面落实”的重要指示要求，深入学、反复学，读原文、悟原理，做到学懂弄通、常悟常进、知行合一，真正把党的二十大精神转化为推动经济高质量发展的生动实践，奋力谱写“强富美高”新武进现代化建设新篇章。

1. 学习贯彻党的二十大精神，核心在于领悟“两个确立”，要在学思践悟中做到“两个维护”。我们要深刻体悟到，“两个确立”是新时代十年最大的政治成果、最重要的历史经验、最客观的实践结论，是新时代十年伟大变革的决定性因素，是党的事业兴旺发达之所在，是国家长治久安之所在，是民族前途命运之所在，是人民幸福安康之所在。党的百年奋斗史告诉我们，使命任务越是艰巨、风险挑战越是严峻，就越需要坚强领导核心的掌舵领航。奋进新征程，我们要更加坚定地忠诚核心、信赖核心、紧跟核心、维护核心，坚决维护党中央的权威和集中统一领导，学深悟透笃行习近平新时代中国特色社会主义思想，胸怀“两个大局”、牢记“国之大者”，做到政治上绝对忠诚、思想上高度统一、意志上更加坚韧、行动上坚决有力，在以习近平同志为核心的党中央周围团结成“一块坚硬的钢铁”，步调一致向前进，紧跟习近平总书记走好新的赶考之路，不断夺取新的伟大胜利。

2. 学习贯彻党的二十大精神，关键在于坚定信心决心，要在抢抓机遇中开启现代化征程。党的二十大深刻阐述了中国式现代化的中国特色和本质要求，作出了“两步走”的战略安排，向全党全国发出了全面建设社会主义现代化国家的动

员令。站在新的历史起点上，面对新机遇、新任务、新环境，我们要自觉对标对表党的二十大精神，深刻把握中国式现代化五大特征和本质要求，切实用好“常州精神”这个传家宝，在新时代的坐标系中找准定位，坚定信心决心、凝聚广泛力量，牢牢把握经济社会发展的主动权，以更加过硬的能力引领发展，在综合发展实力、人民生活品质、生态环境质量、社会文明程度、社会治理效能上不断赋予新的发展内涵，推动武进在新的历史方位中实现新跨越、再创新辉煌，努力交出不负人民、不负时代的优秀答卷。

3. *学习贯彻党的二十大精神，动力在于深化改革创新，要在勇挑重担中提升发展质量。*党的二十大报告指出，高质量发展是全面建设社会主义现代化国家的首要任务，发展是党执政兴国的第一要务。武进要切实担负起经济大区“勇挑大梁”的重大责任，全力以赴抓好高质量发展，推动经济实现“质”的有效提升和“量”的合理增长。要用好用活“深化改革”这个关键一招，把实施扩大内需战略同深化供给侧结构性改革有机结合起来，着力破解深层次体制机制障碍，不断增强武进现代化建设的动力和活力。要充分激发“创新驱动”这个关键一环，深入实施科教兴国战略、人才强国战略、创新驱动发展战略，加快建设一批重点创新平台，多维度引进、培育、壮大科创人才力量，加快建设具有全国影响力和区域话语权的产业科技创新中心。要持续深化“对外开放”这个关键一步，把中以常州创新园打造为武进扩大开放的“桥头堡”，坚持以国际化视野促进项目投资、推动产业升级、深化交流合作，打造新时代对外开放新高地，推动国内国际双循环相互促进、互动发展。

4. *学习贯彻党的二十大精神，根本在于坚守为民初心，要在坚定立场中推动共同富裕。*党的二十大报告指出，要维护人民根本利益，增进民生福祉，让现代化建设成果更多更公平惠及全体人民。踏上新征程，我们必须站稳人民立场、把握人民愿望、尊重人民创造、集中人民智慧，在高质量发展中创造高品质生活、在共同奋斗中促进共同富裕。要充分认识到武进发展过程中面临的新问题、新矛盾，特别要厘清发展与民生、需求与供给、均衡与兜底，以及“大多数”与“极少数”之间的关系。问题就是导向，短板就是潜力，我们要始终坚持“以人民为中心”的发展思想，抓重点、补短板、强弱项，推动民生供给“从少向多”拓展、“从低向高”攀升、“从有向优”转变，以标准化推动公共服务均等化，尽最大努力办更多的好事实事，让百万武进人民过上更有品质的生活。

二、在砥砺奋进的征程中感受时代伟力，坚定信心凝聚接续奋斗的壮志豪情

今年来，全区上下坚持以习近平新时代中国特色社会主义思想为指导，深入学习宣传贯彻党的二十大精神和习近平总书记系列重要讲话精神，完整、准确、全面贯彻新发展理念，经济社会保持了平稳健康的发展态势。预计全年完成地区生产总值3050亿元，一般公共预算收入205亿元，全体居民人均可支配收入增长5%。武进荣获2022年全国投资潜力百强区第一名、中国高质量发展百强区第三名，连续9次获评全国综合实力百强区第三名。

1. *以“智”为擎锻造最硬支撑，产业优势持续巩固。*始终坚持智能制造这一主攻方向不动摇，不断壮大实体经济根基，加快发展现代产业体系，有力推动全区经济由量大转向质强。产业根基夯实筑牢。武进制造业优势持续巩固，规上工业预计全年完成产值5500亿元；“95X”产业体系加快构建，9大重点产业产值规模突破2700亿元，获评省级制造业高质量发展示范区。产业结构优化升级，智电汽车、工业机器人、石墨烯等新赛道产业强势崛起，产值均增长30%以上。8家企业上市挂牌、4家企业过会待发。高技术服务业提档升级，我区入选全国首批中央财政支持普惠金融发展示范区，湖塘科技产业园入选首批省现代服务业高质量发展集聚示范区，工网宝等4家企业平台入选省级重点工业互联网平台。现代化农业蓬勃发展，滨湖现代农业产业园开工建设，我区入选2022年度全国县域农业农村信息化发展先进县、第三批国家农业绿色发展先行区，农村产业融合发展示范园创成国家级示范园。项目招引成果显著。围绕“重大项目攻坚突破年”活动，创新探索招商方式，扎实推进项目建设。成功招引总投资10亿元以上项目29个，武高新新能源汽车零部件产业园、铭纳阳新能源汽车电驱动系统、泛亚氢燃料电池质子交换膜等重点项目签约落户；11个项目被列入省重大项目，创历年新高。创新开展“133”项目推进模式，省市区三级重点项目完成投资665亿元，219个项目建成投产，全面完成“532”发展战略重点项目年度目标任务。企业发展量质并举。恒立液压、新誉集团、万帮数字能源3家企业（项目）摘得第七届中国工业大奖，快克股份获评国家制造业单项冠军，星星充电入选工信部新型信息消费示范项目，21家企业获评国家级专精特新“小巨人”企业，18家企业获工信部两化融合管理体系贯标达标评定。新增省级智能工厂4家、省两化融合管理体系贯标示范试点企业20家、省级星级上云企业151家，关键核心技术（装备）攻关产业化项目6家，首台（套）重大装备项目2个、专精特新中小企业111家。新增市级“专精特新”中小企业69家，数量全市第一。

2. *以“园”为核激活最强动能，创新能级不断跃升。*全面推进各大园区提档升级，积极发挥载体优势，打造创新集群，以创新驱动引领高质量发展。创新园区锚定航向。中以常州创新园成为领航国际创新合作的标志性项目，中以创新合作周活动顺利开展，大湾区创新中心正式揭牌，中以国际创新村二期加快建设，9个以色列项目成功引进，3个国家级人才团队入驻园区，开创国际科技合作“1+2+N”新模式。武进高新区创成省级智慧园区，获评国家级知识产权强国建设试点园区，“一车一人一芯”产业名片愈发靓丽，数字孪生、高性能固态锂电池等未来产业加速布局。西太湖科技产业园加快平台升级，细胞治疗研究院4个院士级项目完成注册。绿建区建成长三角碳管理体系研究院、长三角绿色建筑与韧性城市技术联合创新中心。创新主体迸发活力。创新型企业梯队培育体系作用彰显，新增高新技术企业435家，新认定独角兽企业1家、潜在独角兽企业6家、瞪羚企业40家，新增省级企业技术中心2家，恒立液压获全市唯一的省企业技术创新奖。核心技术攻关能力强化，智能装备及关键零部件研发能力提升，长三角（常州）创新中心等重要载体落户我区，新建省级工程技术研究中心12家、市重点实验室2家，市工程技术研究中心52家；自主创新水平不断提高，武进入围全国首批“国家知识产权强县建设示范区”，新认定国家级众创空间1家、国家级孵化器1家，新建3家科创综合体，万人有效发明专利74.5件。创新人才加速汇聚。武进入选全国青年发展型县域试点名单，启动“长三角青年发展友好型示范城区”、长三角青年创新创业港建设。实施引才合伙人计划、龙城英才计划，引进各类人才2.75万名、“龙城英才计划”顶尖人才3名，签约引进优质人才创业项目99个、创新人才项目29个。新建国家级博士后科研工作站1家、省示范博士后科研工作站1家、市级博士后创新实践基地2家，新增国家重大人才工程A类专家1名、省“333高层次人才”18名、省“双创博士”9名；完善全区人才安居体系，新增人才公寓7006套。

3. *以“城”为卷挥洒最靓特质，统筹融合焕发生机。*以“两湖”创新区建设为龙头牵引，加快城市发展格局变革重塑，推动城乡融合一体化发展。“两湖”建设全面起势。武进“两湖”创新区建设工作指挥部实体运作，持续加大项目招引力度，签约项目达267个，计划总投资1150亿元，已开工项目86个。高标准编制国土空间规划，划定“三区三线”。现代化综合立体交通框架全面拉开，常州南站中央枢纽概念性方案设计形成深化成果，常泰铁路线型优化释放1250亩土地空间，南沿江城际铁路武进段轨道铺设完毕，武进站综合交通枢纽工程地下主体基本完工，丹金高速涉铁段基本完成，青洋路快速化（滆湖路—武进大道）工程建成通车，花海大道（南沿江城际铁路段）建设完工。高标准配套基础设施，“两湖”创新区规划展示馆、西太湖医院、西湖街道社区卫生服务中心、万丽酒店等投入使用，江理工绿建区协同创新园、氢湾国际创新社区等项目加快建设。城乡面貌日臻美好。长沟河片区城市设计重磅发布，沟南片区城市更新有序推进；13条精品街道全面创成，18个星级菜场全新升级，8个老旧小区全方位改造。现代宜居农村加快建设，行政村实现生活污水接管、天然气全覆盖；编制农民住房集中居住区规划37个，建成入住21个；环太湖“四好农村路”一体化全国示范路常州段完工，成功入围2022年度全国“十大最美农村路”智慧创新路名单；我区入选2022年度“四好农村路”全国示范县创建单位名单、创成“江苏省第一批城乡公交一体化达标县（市、区）”。牛塘镇丫河村创成全国民主法治示范村，洛阳镇马鞍村、湟里镇武宜村获评江苏省生态文明建设示范村。生态环境更具品质。践行绿色发展理念，创成国家级建筑产业现代化示范城市，荣膺中国绿色发展百强区第二名，湖塘镇获评江苏省文明乡镇和生态文明建设示范乡镇，嘉泽镇周庄村、礼嘉镇庞家村等8个村建成省级绿美村庄。滆湖治理系统推进，数字孪生滆湖项目入选水利部工作试点，退田还湖成效显著，呈现51万平方米的“水下森林”景观；“绿箭2022”专项行动圆满收官，武南第二污水处理厂一期工程建成投运，河道水质显著提升，镇村小微水体面貌焕然一新。新沟河工程获评国家级水土保持示范工程，新沟河武进段、新孟河漕桥河武进段入选江苏省幸福河道建设示范样板。新建农田林网5599亩，乡村绿脉加快形成。办结中央环保督察信访件69件、省级环保专项督查问题368个，环保问题整治成效显著。

4. *以“民”为本彰显最高追求，幸福指数稳步提升。*坚决贯彻以人民为中心的发展思想，努力让发展成果更多惠及全体武进人民。民生保障持续强化。十大类民生实事项目高质量完成，“十个吾有”民生品牌持续擦亮。新增就业岗位10.8万个，城镇新增就业4.7万人、失业人员再就业2.4万人，建成全市首家“就业驿站”。发放慈善救助资金、社会公益事业补助资金6356万元，发放残疾人“两项”补贴约5795万元。扎实推进特殊困难群体救助帮扶专项排查整治行动、困境儿童保障和未成年人保护工作，开展“家家到”入户排查，救助困难群众40余万人次。社会事业协调共进。教育资源更显公平，牛塘实验学校等项目竣工投用，新增义务教育阶段学位6325个，新市民学校整治任务圆满完成，集团化办学3.0版本全面启动。医疗资源更趋均衡，武进人民医院创成三级甲等综合医院，前黄人民医院病房楼等3项工程竣工投用，“15分钟医保服务圈”省级示范区建设稳步推进。“一老一幼”全面提标，为400户困难老年人家庭提供适老化改造，新增省级普惠托育机构2家、省级示范托育机构1家。文体惠民不断加码，“花都水城·浪漫武进”文化旅游节成功举办，太湖湾音乐节享誉周边，全年送戏送综艺400场，武进第三图书馆建成开放。前进村体育公园建成投用，二十届省运会成果喜人，我区获全省县（市、区）人才输送奖第一名，金牌数、奖牌数、总分均位列常州市第一。社会治理持续深化。坚持人民至上、生命至上，高效处置突发疫情，及时跟进优化防控措施，最大程度减少疫情对经济社会发展的影响。统筹推进安全生产三年专项整治行动和安全生产大检查暨百日攻坚行动，安全事故起数同比下降21.2%，死亡人数同比下降30.8%。持续推进“危污乱散低”综合治理，累计出清提升企业810家，完成低效用地再开发5175亩。系统推进市域社会治理现代化，加强基层应急管理体系和能力建设，在全省率先试点专属网格建设，实施工业企业网格化监管。巩固深化“常态整治+动态监管”“区域清查+定点清除”工作模式，挂牌整治重点地区12个。全面建设平安武进，圆满完成党的二十大、北京冬奥会、冬残奥会等重大安保维稳任务。

5. *以“严”为基抓好最大政绩，党建引领充分释放。*坚持严的基调不放松，扎实推进全面从严治党，贯彻落实抓好党建就是最大政绩的要求，以永远在路上的坚定执着深入推进新时代党的建设新的伟大工程。旗帜鲜明坚定政治立场。高举习近平新时代中国特色社会主义思想旗帜，坚定捍卫“两个确立”、坚决做到“两个维护”。把迎接党的二十大、学习宣传贯彻党的二十大精神作为鲜明工作主线，推出“喜迎二十大一起听吾说”“10个一”理论宣讲系列活动。区委常委担任“领学员”深入基层开展宣讲近30场，启动“听吾说·党的二十大精神进万家”活动，利用全媒体专栏，分众化、全方位、多平台，迅速掀起学习宣传贯彻党的二十大精神热潮。持续巩固意识形态阵地。区委理论学习中心组全面落实“第一议题”学习制度，建立健全“三个六”管理制度，组织开展集中学习研讨15次，蝉联两届省级示范点。大力强化主流舆论声势引导，中央、省级主流媒体正面报道全年共计2000余次，两部影视作品荣获省精神文明建设“五个一工程”奖。全面压紧压实意识形态工作责任制，建好用好管好各类意识形态阵地，政治安全和意识形态安全更加牢固。深化以“党史”为重点的“四史”教育，推动党史学习教育常态化长效化。不断夯实基层组织基础。健全完善“一核五域”基层党建工作体系，打造“红盟矩阵”六维评价体系，大力实施“红盟聚力 先锋建功”系列行动，挂牌成立全市首个新业态新就业群体党校和党群服务中心，聚焦城市、农村、机关、“两新”等各领域，切实提升抓党建促乡村振兴、促基层治理、促经济发展的实效。干部队伍建设持续加强，基层干部专业化建设深化推进，选派推荐47名年轻干部到重点领域、基层一线、国家部委挂职锻炼，干部队伍结构不断优化、活力有效激发。持之以恒抓牢正风肃纪。出台全面从严治党主体责任、“第一责任人”责任、“一岗双责”责任、监督责任四项清单，推行“共性＋个性”责任清单制度，推动全面从严治党向纵深发展。以自我革命的勇气和对党的事业高度负责的态度，坚决落实省委巡视工作部署，积极认真配合巡视工作，做到同题共答、同向发力。始终保持惩治腐败高压态势，加大“四风”问题查处力度，今年全区共查处违反中央八项规定精神问题44起73人，通报曝光典型案例16批43起69人。统筹开展政治巡察，持续推进农贸市场腐败和作风问题等专项治理，深入开展反腐倡廉“走基层”宣传教育活动，筑牢党员干部廉洁防线。同心同德凝聚发展合力。加快健全各项工作机制，党内民主更加充分、决策部署更加科学高效。区人大、政协围绕中心服务大局，在依法监督、民主决策、政治协商、参政议政等方面发挥重要作用，今年分别获评全省人大系统先进集体、政协系统先进集体。新时代“两个健康”先行区创建高效推进，“梧桐同心”统战品牌持续擦亮，广泛凝聚起社会各界的共识、智慧和力量。此外，人武、老干部、民族、宗教、侨务、档案、党史、党校、退役军人事务、群团、关心下一代、援疆援陕等各项工作也取得了新成绩。

*6. 以“进”为势取得最新突破，经开区发展亮点纷呈。*经开区沉着应对严峻考验，全力突破发展制约，紧扣“苏南智造新高地、开放融合先行区”定位，扎实开展“勇当先行突破年”主题活动，经济社会发展保持了稳中有进的良好势头。“三改”工作多点突破。“工改”闯出集约高效新路径，出台园区更新五年规划，成功获批全省首批产业园用地整治提升试点。“村改”打造美丽宜居新样板，横山桥芙蓉宅改集聚区高标准交付，横林狄坂村创成省特色田园乡村。“股改”激发民营经济新活力，全年新增上市公司2家、过会待发1家、IPO申报2家、新三板挂牌企业4家、股改企业15家。产业转型步伐加快。研究确立主导产业新定位，聚力培育绿色优特钢、轨道交通、绿色家居、智能电机及光电材料、汽车电子、生命健康“四特三新”产业。轨道交通产业孵化基地被认定为国家级专业孵化器，绿色家居产业园入选国家林业产业示范园区，创成国家工业互联网平台赋能数字化转型提升试点。城乡面貌一体改善。高起点谋划东部副中心、宋剑湖、大运河丁堰段等五大片区规划，在全省率先开展全域乡村空间规划编制。东方新城建设拉开框架，科技金融中心、文化活动中心等地标项目拔地而起，东方数字经济产业园、东方智慧科技园等10个项目竣工交付。民生事业持续进步。生态环境质量大幅改善，232省道两侧“危污乱散低”企业彻底出清，城市环境友好度不断提升。社会事业稳步发展，中小学全部创成省智慧校园，区街道社区卫生服务中心高标准投运，率先实现“秋白书苑”镇（街道）全覆盖。创成省食品安全示范区，成为全省唯一获此荣誉的省级开发区。

三、在宏伟壮阔的蓝图中找准时代方位，高水平展现中国式现代化现实图景

2023年是全面贯彻落实党的二十大精神的开局之年，也是奋力书写中国式现代化武进答卷的起步之年。作为苏南先发地区，武进向来有勇立时代潮头的志气和魄力，现在也有基础、有条件、有信心继续在现代化建设上勇挑大梁、走在前列。要进一步把思想和行动统一到党的二十大精神上来，把现代化建设的各项部署要求，贯穿融入到落实“532”发展战略、打造“一园一城一示范”等创新探索中去，努力把率先探索的“先发优势”进一步转化为争先进位的“发展态势”，让中国式现代化在武进大地上率先展现出可观可感的现实图景。

明年工作的总体要求是：坚持以习近平新时代中国特色社会主义思想为指导，全面学习全面把握全面落实党的二十大精神，深入贯彻落实中央、省委经济工作会议和省委、市委全会精神，坚决扛起“争当表率、争做示范、走在前列”光荣使命，在全市“国际化智造名城、长三角中轴枢纽”城市定位和“532”发展战略引领下，坚持稳中求进工作总基调，完整、准确、全面贯彻新发展理念，更好统筹疫情防控和经济社会发展，更好统筹发展和安全，坚决扛起“两湖”创新区建设主力军、主战场重任，聚力打造“一园一城一示范”，加快建设“现代化强区”，为全市迈入GDP万亿之城做强支撑，奋力书写好中国式现代化的武进答卷。

明年经济社会发展主要预期目标是：地区生产总值增长5%以上；一般公共预算收入同口径增长6%；固定资产投资增长8%左右，工业投资增长10%以上；进出口总额、实际使用外资稳中提质；社会消费品零售总额增长5%左右；居民人均可支配收入增长高于GDP增幅；生产安全事故起数和死亡人数持续下降；主要污染物减排、单位GDP能耗下降，大气、水环境质量改善完成上级下达任务；其余指标确保高于全市平均，力争提升贡献份额。

根据上述目标，我们要坚持谋长远和抓当下相结合，蹄疾步稳推进“六个现代化强区”建设：

*1. 坚定不移抓实体，加快建设产业高端、动能充沛的现代化强区。*在全市冲刺万亿之城中，武进要提供“硬核支撑”，实体经济是最坚实的依托，制造业是最强大的底气。要着力巩固传统产业领先地位和竞争力，大力发展战略性新兴产业，抢占数字经济这一关键赛道，升级产业链、重塑价值链、拓展供应链，加快构建现代化产业体系，展现新时代新征程实业报国、产业报国的武进担当。一要推进集群强链做“加法”。抢抓全市新能源之都建设机遇，按照“做强龙头、做长链条、做大集群”的思路，持续推动智电汽车、机器人等优势产业“强

链”发展、“补链”提升、“延链”融合，超前布局第三代半导体、氢能等未来产业，积极推进常州氢湾“一基地、一示范区、两中心”建设，加快构建具有区域竞争力和影响力的“95X”产业地标。要坚持以高质量项目壮大高质量集群，瞄准重点央企、知名外企、实力民企，不断强化链式招商、科技招商、基金招商、以商引商，常态化、多频次开展小分队点对点招商，既招引投资规模大、带动能力强、产业融合度高的龙头型项目，也引进“小而优”、补链强链、爆发力强的专精特新项目，力争招引100亿元或10亿美元项目1个、50亿元或5亿美元项目1个、30亿元或3亿美元项目4个。二要加快腾笼换凤做“减法”。紧扣全市“危污乱散低”综合治理三年行动要求，因地制宜编制我区综合治理方案，重点对电镀、铸造、涂料、印染4个行业，以及玻璃钢产业集群实施整治提升，全面清退废棉、喷粉等低端低效企业，以点带面推动全行业绿色化、智能化、高端化改造，有效激活用地存量、拓展生态容量、提高亩均产量，明年要完成低效用地再开发5000亩左右。要结合新一轮国土空间规划，划定园区更新片区，按照“定战略、定产业、定招商、定运营”的实施路径，规划建设一批亩均产出高、园区质态优、创新能力强的特色工业园区，逐步形成“一园一特色”生产力布局。三要推动数字赋能做“乘法”。大力推进智能化改造、数字化转型，围绕全市“十链突破”“百企领航”“千景应用”三大工程，加快完善我区企业培育库，深入开展数字化免费诊断行动，全面推广“机器人+”各类场景改造，推动数实融合走深向实，全年分行业、分层次为800家以上中小企业开展诊断，创建省级智能工厂（车间）10家以上。要大力实施扩大内需战略，把恢复和扩大消费摆在优先位置，大力营造便利消费的环境条件，提档升级各类促消费活动，推动线上线下消费深度融合、双向提速。要抢抓国家实施平台经济“绿灯”案例的契机，聚焦工业、能源、软件信息等行业特点，外引内育一批知名平台型企业，以平台经济发展赋能实体经济。四要优化营商环境做“除法”。深化“放管服”改革，着力破除痛点堵点难点，一体推进政策、市场、政务、法治、人文“五个环境”建设，全面推动“一网通办”“一件事”改革迭代升级，持续优化“标准地+承诺制”“拿地即开工”、联合竣工验收等创新举措，以“有为政府”支撑“有效市场”，全面擦亮“武A服务、进无止境”营商环境品牌。要切实落实“两个毫不动摇”，平等对待国企民企，依法保护民营企业产权和企业家权益，从政策和舆论上鼓励支持民营经济和民营企业发展壮大，奋力开创武进民营经济高质量发展新局面。要聚焦企业发展的“急难愁盼”，健全政企互动、代办帮办等常态化机制，各级领导干部要带头为民营企业解难题、办实事，构建亲清政商关系，推动各类惠企政策非申即享、直达快享，以“适宜水温”助力企业发展“如鱼得水”。

2. *乘势而上谋创新，加快建设活力涌动、青年友好的现代化强区。*党的二十大报告指出，要坚持教育优先发展、科技自立自强、人才引领驱动，强化现代化建设人才支撑。要牢牢把握武进的高教资源优势、创新平台优势、人才集聚优势、开放合作优势，全面激发现代化强区建设的强劲引擎。一要以高质量教育涵养源头活水。深化集团化办学改革，聚焦人口集聚、产业配套等趋势，做好义务教育阶段学校施教区优化调整方案，推进前黄高中综合楼、科教城中小学、星河实验小学东龙路校区等项目建设，打牢教育优质均衡发展和城乡一体化基础。要以集团化办学为抓手，统筹用好“名校长、名教师、名班主任”资源，着力推进省市优质园和市“新优质学校”创建工作，推动我区学前教育普惠健康发展、普通高中特色多样化发展。要纵深推进职普融通、产教融合、科教融汇，加快创成省职业教育改革发展成效明显地区。二要以高水平创新激发动能活力。聚焦“点上突破”，高标准推进中以常州创新园建设，持续在机制优化、要素集聚、载体建设、政策支持等方面积极争取，加快推进中以数字谷和核心区基础设施建设，努力把中以合作“标志性项目”的品牌擦得更亮。要聚焦“线上成景”，大力实施新一轮企业股改上市三年行动、（潜在）独角兽三年倍增计划、高新技术企业“小升高”计划，持续完善科技型中小企业培育体系，加快构建创新型企业“雁阵梯队”、上市企业“联合舰队”，明年要新增上市企业3家以上，净增高新技术企业160家、招引科技型中小企业180家。要聚焦“面上蓄能”，深入实施创新产业名片提升三年计划，积极探索“基础研究、技术攻关在科教城、龙城实验室，产业转化在武高新、西太湖”的融合创新模式，加快推进长三角化合物半导体产业创新基地等创新平台建设，在新能源汽车、石墨烯等领域打造一批“专业+研发+孵化”功能叠加、“技术+管理+资本”一体运作的新型研发机构。要深化龙城金谷（南区）建设，招引各类基金及基金管理机构超200家，管理资产规模超200亿元，用“金融活水”润泽“创新雨林”。三要以高素质人才夯实基础力量。更大力度实施“武进英才计划”，不断拓展“一行业领域一人才政策”内涵，深化落实领军型创新人才“倍增工程”、“主导产业引智计划”，加快推动人才与产业“双向奔赴”，全年引进领军型创新创业人才项目100个以上、顶尖人才项目3个以上、各类人才2.75万人。要聚焦“青年发展友好型示范城区”定位，持续扩大“青春留武”品牌效应，落实青年人才“生活居住双资助”政策，精准推进升级版“荣誉工程”，持续加大人才公寓供给力度，让广大青年才俊在武进大地成长成才、成家成业、成事成器，明年要建成人才公寓1万套。四要以高能级开放集聚发展资源。锚定“长三角一体化”高质量发展示范的目标，主动融入长三角区域一体化、上海大都市圈等重大区域发展战略，精准挖掘上海科创、金融、人才等资源，积极承接长三角产业链创新链供应链关键环节，努力在更宽领域、更深层次服务长三角一体化。要抢抓国家高水平开放的有利契机，更大力度吸引和利用外资，持续放大开发园区、特色园区等“开放窗口”作用，充分发挥驻外功能机构优势，加力推动外资企业在我区增资扩股、设立区域总部和功能性机构，确保全年实际使用外资8.6亿美元。要依托武进综保区、现代物流产业园、电商产业园等平台优势，大力发展跨境电商，带动我区外贸转型升级、创新发展。

3. *内外兼修提能级，加快建设功能完善、品质一流的现代化强区。*抢抓发展“黄金窗口期”，以“两湖”创新区建设为引领，加快空间优化和形态重塑，推动城市颜值和气质同步提升，建设人民满意的现代化城市。一要拉开综合交通框架。

高效率推进交通基础设施建设，加快推动常泰铁路、盐泰锡常宜铁路、南沿江城际铁路等规划建设，有序推进丹金高速、锡宜高速扩建、沪武高速扩建等重点工程，确保南沿江城际铁路武进站综合交通枢纽与铁路同步建成投用。要深化常州南站枢纽方案研究，联动规划布局购物中心、会展中心、文化艺术中心、高铁商务区，扮靓“两湖”创新区的“第一门户”、八方来客的“第一印象”。要持续深化以“两湖”为圆心、辐射周边的多层次综合交通规划，提速腾龙大道、中吴大道西延、花海大道（延政西路－湟村线）等重点项目进程，加快打通支撑“两湖”创新区发展的重要快速通道。要纵深推进农村道路交通安全专项整治行动，全面打通“断头路”、提升“老化路”、塑造“民心路”，持续擦亮“至善吾径”农村公路品牌，确保高质量创成“四好农村路”全国示范县。二要加快湖湾新城建设。紧扣“生态创新区、最美湖湾城”定位，全力以赴勇当主力军、建好主战场，拉满弓、绷满弦、鼓足气，推动“两湖”创新区建设加快起势见效。要弘扬勇争一流的志气，坚持世界眼光、国际标准、系统思维，精心编制专项规划，精雕细琢重大功能性项目、标志性建筑设计方案，全力打造地上与地下联动、城市与生态交辉、人与城共荣的现代化新城样板。要彰显蓬勃向上的朝气，锚定“青年之城、未来之城”目标，加快建设南医大常州校区、南大未来技术创新研究院、江苏理工学院新校区，建成投用长三角青年创新创业港一期，持续开展多领域、多层次的青年国际友好合作项目，全力营造最适合青年创新创业的“梦工厂”。要涵养从容不迫的底气，紧扣“创新、生态、文化”三大要素，加快打造滆湖科学城等高能级创新载体，大力集聚本土企业总部、央企区域总部、金融机构总部等总部经济，加速推进环孟津河生态廊道建设，建成口袋公园 8 个以上，持续办好西太湖马拉松、音乐节等重大活动，全面激活黄金湖湾的经济价值、生态价值、文化价值。要激昂舍我其谁的锐气，紧盯重点工作、重点项目、重点任务，敢闯敢试不避难、紧抓快干不停顿、善作善成不打折，在最美湖湾彰显最亮眼的风采。要塑造别具一格的神气，系统谋划城市色彩、视线廊道和天际线设计，精心打造道路照明、休憩座椅、雕塑艺术品等一批城市家具，用城市美学点亮“两湖”，让城市神韵成为永恒记忆。要点燃活色生香的烟火气，在核心区加快布局社区、教育、医疗、体育等优质资源，加大西太湖外国语学校、CoCo Park 商业综合体、总部经济区启动区、蓝湾国际人才公寓等项目建设力度，全方位构筑宜居宜业宜游的人居环境，让“两湖”真正成为诗意栖居的理想家园。三要打造“城乡融合”示范。按照全市“城乡融合发展示范区”建设要求，深入探索“区镇联动”，深化推进城乡一体的管理制度、财政支出体制等集成改革，加快推动城乡要素有序流动、基础设施互联互通、公共资源均衡配置，着力打造“各美其美”“美美与共”的城乡融合发展新格局。要优化行政管理体制改革，进一步健全镇街职能机构运行机制，完善实施新一轮财政管理体制，充分调动乡镇生财聚财理财积极性，持续提高区镇两级财权、事权匹配度。要持续深化国资国企改革，引导平台公司加快实体化、市场化转型，在城乡建设、乡村振兴、园区更新等方面发挥更大支撑作用。要深化央地合作开展片区综合开发的新模式，高标准推进长沟河、沟南等片区的综合开发，加快实现“旧貌换新颜”。四要涵养城市文化气质。深入贯彻全市“争创全国文明典范城市”要求，扮靓市容市貌，擦亮文明底色，补齐“破旧缺”、根治“脏乱差”、展现“洁齐美”，全力打造“文明气自华”的区域典范。要统筹建新与更新、建设与管理，加快推动中心城区更新提升，深入开展“美丽街区”建设，打造拥有文化底蕴的精品特色街区，着力营造干净、整洁、优美的城区环境。要坚持以文塑旅、以旅彰文，充分挖掘红色资源，深度塑造文旅 IP，全面优化“吃住行游购娱”全链条服务，不断提升“一古一今一生态”三大旅游板块发展水平，串珠成链、连点成片，努力绘就“处处皆胜景”的全域旅游武进画卷。

4. 千方百计增福祉，加快建设民生幸福、共同富裕的现代化强区。要以“十个吾有”民生名片为基础，迭代升级为“十个吾优”，推出更多惠民生、暖民心举措，健全基本公共服务体系，提高公共服务水平，加快实现从满足“有没有”向“优不优”的跃升，推动共同富裕在武进取得更为明显的实质性进展。一要实施就业优先战略。健全就业促进机制，完善高校毕业生等重点群体就业支持体系，加大灵活就业、新就业形态的支持和规范力度，发挥公共投资和重大项目带动就业作用，落实落细援企稳岗政策，力争明年新增城镇就业 2.6 万人、创业带动就业 1.6 万人。要加快推动江苏（武进）技能人才服务产业园提档升级，提升高层次人才服务联盟能级，推动实现更加充分更高质量就业。要持续深化收入分配制度改革，提高劳动报酬在初次分配中的比重，加大税收、社保、转移支付等再分配调节力度，切实发挥慈善“第三次分配”作用，加快形成“橄榄型”收入群体结构。二要健全社会保障体系。切实推进全民参保提质增效工作，深入开展城乡居民基本养老保险省级试点工作，探索建立工伤预防综合培训服务平台，加快构建覆盖全民、统筹城乡、公平统一、安全规范、可持续的多层次社会保障体系。要健全分层分类的社会救助体系，以创建“党建＋社会救助”示范点、省级儿童“关爱之家”为抓手，提高困难弱势群体精准救助能力水平，将民生保障网织得更密、编得更牢。要夯实住房保障，聚焦老旧小区改造、保障性租赁住房建设等重点领域，持续发力、久久为功，让更多人在武进拥有一个温暖的“家”。三要提升公共服务水平。抢抓国家“医疗新基建”政策机遇，加快推动医疗机构提档升级，积极开展武进中医医院“三甲”创建、坂上卫生院二级专科医院创建工作，重点推进武进人民医院南院二期等项目建设，有效促进优质医疗资源更加均衡普惠。要以医共体建设为牵引，进一步完善合作共建机制、夯实基层卫生网络，加强“名院、名科、名医”培养，让老百姓在家门口就有好大夫、好医院。要加强重大疫情防控救治体系和应急能力建设，更好地为群众提供全方位全生命周期健康服务。要用心用情完善“一老一幼”服务体系，加快普惠托育机构建设，优化养老服务供给，持续推进居家养老、医养融合工作，构建具有武进特色的养老托育服务体系。要在发展中保障和改善民生，更好节用裕民，用“三公”经费的“减法”助力民生福祉的“加法”，用政府的“紧日子”换来百姓的“好日子”。

5. 持之以恒优环境，加快建设绿色低碳、生态宜居的现代化强区。要牢固树立和践行“绿水青山就是金山银山”的理念，站在人与自然和谐共生的高度谋划发展，协同推进降碳、减污、扩绿、增长，让绿色生态成为武进的靓丽底色和鲜明特色。一要树牢绿色发展理念。充分发挥武进“一区滨两湖”的自然禀赋优势，全面放大绿色建筑产业的集聚示范和应用推广效应，加快促进产业生态化、生活低碳化、能源绿色化，坚决遏制“两高”项目盲目发展，为常州争创碳达峰国家试点作出更多“武进贡献”。要严格落实耕地保护和种粮稳产要求，毫不放松抓好高标准农田建设和粮食生产工作，坚决稳住农业“基本盘”。二要加强污染防治攻坚。打好“蓝天”保卫战，持续推动 $PM_{2.5}$ 和臭氧协同治理，加强 VOCs 产业集群综合整治，确保大气环境质量持续改善。要打好“碧水”保卫战，高质高效开展支流支浜整治、水产养殖污染治理、污水处理能力提升、滆湖湖体生态修复、工业涉水企业监管等工作，加速改善区域水质。要打好“净土”保卫战，严格落实上级土壤污染防治有关要求，加强农用地、建设用地污染源头防治，全面推进“无废城市”建设。要持续做好中央环保督察反馈问题整改工作，确保“改到位、不反弹、有长效”。三要打造特色亮点品牌。全力创建国家级生态文明建设示范区，深化生态绿城项目，着力建设环太湖绿色长廊，纵深推进绿色创新试验。要深化农村宅基地制度改革，发挥基层首创精神，引进乡村创业人才、“乡村规划师”等外智外脑，推动制度优化设计、农房更新改善、自建房建设与美丽乡村建设有机融合，切实增强镇村“造血”功能，全面赋能乡村振兴。要大力开展农村人居环境整治提升，加快推进宜居宜业和美乡村建设，持续提高乡村建设软硬件水平，奋力打造“农业强、农村美、农民富的新时代鱼米之乡”武进样板。

6. 全力以赴促和谐，加快建设治理高效、安全稳定的现代化强区。国家安全是民族复兴的根基，社会稳定是国家强盛的前提。要坚定不移贯彻总体国家安全观，牢牢掌握安全发展主动权，把安全发展理念和高效有序标准贯穿于社会治理各领域，打造社会治理更有张力、德治法治相辅相成、社会彰显公平正义的现代化治理新样板。一要持续提高公共安全水平。从容智慧应对后疫情时代，认真落实新阶段疫情防控各项举措，全力守护群众生命健康安全。要压紧压实安全生产责任，深入开展安全生产风险专项整治，加强建筑施工、城镇燃气、自建房等重点行业、重点领域安全监管，坚决遏制重特大安全生产事故发生。要深入推进公共安全体系建设，着力提高防灾减灾救灾和急难险重突发公共事件处置保障能力，强化食品药品安全监管，不断提升本质安全水平。二要有效提升社会治理效能。系统推进区域社会治理现代化，创新开展“三官一律”进网格等“网格 +”工作，全面推进医院、园区、企业、学校等专属网格建设，推动资源整合、制度创新、力量下沉，打造更多具有武进特色的网格示范链精品项目。要加快“一网统管”建设，推进区镇两级社会治理现代化指挥中心规范化建设，深度开发跨行业、跨领域、跨部门、跨单一需求的“多跨示范场景”，让区域治理更聪明、更智慧。三要深入推进民主法治建设。积极推进全过程人民民主，健全基层党组织领导的基层群众自治机制，完善办事公开制度，拓宽基层各类有序参与治理的渠道。要一体推进法治武进、法治政府、法治社会建设，扎实推进依法行政，加大事关群众切身利益的重点领域执法力度，深化司法体制综合配套改革，深入实施“八五”普法规划，持续拓展公共法律服务内容和形式，努力形成办事依法、遇事找法、解决问题用法、化解矛盾靠法的良好氛围。四要确保社会大局和谐稳定。深入开展“四查一帮扶”活动，以信访积案攻坚和重点人员稳控为切入点，深化运用风险防控“四项机制”，健全人民调解、行政调解、司法调解和专业调解联动体系，及时把矛盾纠纷化解在基层、化解在萌芽状态。要持续深化治安防控体系建设，常态化开展扫黑除恶斗争，严厉打击电信网络诈骗等突出违法犯罪，进一步提升平安武进水平。要提高舆情预警和精准处置能力，积极防范化解金融、房地产、政府性债务等重点领域风险，见微知著、抓早抓小，全力营造安定祥和有序的社会环境。

四、在自我革命的淬炼中践行时代要求，坚持推动全面从严治党向纵深发展

新起点新征程，我们要深入学习宣传贯彻党的二十大精神，全面贯彻新时代党的建设总要求，坚持和加强党的全面领导，推动全面从严治党纵深发展，以高质量党建引领高质量发展，为武进现代化建设注入强大精神动力。

1. 坚持旗帜鲜明讲政治，坚定方向锐意进取。要把学习宣传贯彻党的二十大精神作为当前和今后一个时期的首要政治任务，全面贯彻习近平新时代中国特色社会主义思想，深刻领悟“两个确立”的决定性意义，增强“四个意识”、坚定“四个自信”、做到“两个维护”，自觉在思想上政治上行动上同以习近平同志为核心的党中央保持高度一致。坚持理论武装同常态化长效化开展党史学习教育相结合，把学好党章作为党史学习教育的必修课，在学深悟透中增强党章意识，砥砺初心使命。要持续擦亮党委（党组）理论学习中心组省级示范名片，引导全区党员干部把新时代中国特色社会主义思想转化为坚定理想、锤炼党性和指导实践、推动工作的强大力量。要严格落实意识形态工作责任制，提高意识形态工作的预见性、敏锐性，强化网络、宗教、高校、文化等重点领域意识形态工作，牢牢守住意识形态主阵地。

2. 坚持锤炼队伍展作为，永葆激情担当奋进。要统筹抓好干部育选管用，围绕发展培育干部，坚持聚焦“八种本领”“七种能力”，在重大工作、重大斗争第一线培养干部、锤炼干部、考察干部，全面提高干部队伍适应新时代、适应现代化建设的能力素养。把培养年轻干部作为事关事业薪火相传的大事抓紧抓好，以更长远的眼光、更有效的举措，及时发现、培养、起用优秀年轻干部，形成优秀年轻干部喷涌而出的生动局面。要树立正确的选人用人导向，坚持把政治标准放在首位，将贯彻落实中央和省、市、区委部署要求作为政治素质考察重要内容；做到严管与厚爱相结合，深化落实“三个区分开来”的要求，持续完善“三项机制”配套措施，放大职务职级并行激励效应，把年度考核结果作为推进干部能上能下的重要依据，让敢担当、善作为、勇争先蔚然成风。各级各部门要知重负重、攻坚克难，挺身而出、冲锋在前，在苦干实干中体现作为、再立新功。

3. 坚持筑牢基层强堡垒，厚植根基丰润沃土。严密的组织体系是党的优势所在、力量所在。要坚持把党的政治建设摆在首位，全面增强党组织政治功能和组织功能。持续推进基层党建“五聚焦五落实”深化提升行动，深化“抓管带”机制，大力推动党支部标准化规范化建设，进一步严格党员教育管理，让基层基础更加坚强有力。统筹推进村“两委”干部、社区工作者和两新组织党务工作者专业化建设，加快推动基层干部专业化体系建设落地见效。深入实施“五亮五优工程”，高质量打造“两带三圈”红色地标格局，充分释放“红盟矩阵”党建品牌效应，培育一批新的引领发展、凝聚人心、体现时代精神的先进典型和党建品牌，切实把党的政治优势、组织优势转化为发展优势、制胜优势。

4. 坚持正风肃纪不松劲，锲而不舍昂扬正气。实践一再表明，管党治党一刻也不能放松，必须常抓不懈、紧抓不放，持之以恒推进全面从严治党。扎实做好巡视“后半篇”文章，坚持对标对表、从严从实抓好巡视反馈问题整改，努力把巡视整改成果转化为推动高质量发展新成效。要保持严的基调不松、严的措施有力、严的氛围常在，坚持不敢腐、不能腐、不想腐一体推进，深化运用监督执纪“四种形态”，从严落实“一岗双责”，强化对权力运行的制约和监督；准确把握新形势下纠治“四风”的规律特点，重点纠治形式主义、官僚主义。要紧盯“一把手”和基层领导班子，建立健全上级“一把手”对下级“一把手”谈话机制，聚焦“关键领域”，管住“关键少数”，形成知责明责、履责尽责、督责问责的工作闭环。推进日常监督具体化、精准化、常态化，推动“四项监督”贯通协同、党内监督和其他各类监督协调衔接，使守纪律、讲规矩成为党员干部的新常态，建设风清气正的政治生态环境。

5. 坚持众志成城办大事，同心协力共谱新篇。团结是中国人民和中华民族战胜前进道路上一切风险挑战、不断从胜利走向新的胜利的重要保证。要充分发挥区委牵头抓总、协调各方的领导核心作用，支持人大及其常委会依法加强法律监督和工作监督，支持政协发挥协商民主重要渠道和专门机构作用，更好地协调关系、服务大局。要完善大统战工作格局，充分发挥统一战线重要法宝作用，用足用好“梧桐同心”品牌与“同心红盟”实践基地，发展充满活力的政党、民族、宗教、阶层、海内外同胞关系，牢牢把社会各界人士团结凝聚在党的周围。要增强群众工作本领，创新群众工作体制机制和方式方法，推动工会、共青团、妇联、科协、文联、残联、工商联等群团组织增强政治性、先进性、群众性，发挥联系群众的桥梁纽带作用，在全社会汇聚团结奋斗的磅礴力量。

同志们，风劲好扬帆，奋进正当时。让我们更加紧密地团结在以习近平同志为核心的党中央周围，坚持以习近平新时代中国特色社会主义思想为指导，全面深入学习宣传贯彻党的二十大精神，在省委、市委的坚强领导下，以永不懈怠的精神状态和一往无前的奋斗姿态，自信自强、守正创新，敢为善为、奋勇争先，一步一个脚印把党的二十大作出的重大决策部署付诸行动、见之于成效，奋力书写好中国式现代化的武进答卷！

政府工作报告

——在常州市武进区第十七届人民代表大会
第二次会议上
区长　恽淇丞
（2023 年 1 月 3 日）

2022 年工作回顾

刚刚过去的 2022 年，是党的二十大召开之年，是本届政府履职的开局之年，也是重大挑战和机遇并存的一年。一年来，面对疫情反复和经济下行压力，我们坚持以习近平新时代中国特色社会主义思想为指导，以迎接党的二十大召开、贯彻党的二十大精神为主线，深入贯彻落实“532”发展战略，着力打造“一园一城一示范”，在区委坚强领导下，团结依靠全区人民，风雨同舟战疫情、不惧万难稳经济、坚定不移保安全，全区经济社会发展呈现稳中有进、稳中加固、稳中提质的良好态势。全年预计完成地区生产总值 3050 亿元，成功突破 3000 亿元关口；完成一般公共预算收入 205 亿元；居民人均可支配收入增长 5%。武进荣获全国综合实力百强区第三名、投资潜力百强区第一名；双创工作获国务院督查激励，外资外贸、金融服务等 10 项工作获省政府督查激励。

一年来，我们克难奋进谋发展，产业质效稳步提升。工业经济量质齐升。完成规上工业总产值 5500 亿元，获评省级制造业高质量发展示范区。“95X”产业体系加快完善，9 大重点产业产值规模突破 2700 亿元，智电汽车、工业机器人等战略性新兴产业强势崛起，产值均增长 30% 以上，数字经济、氢能等新赛道产业加速布局。企业发展亮点纷呈，恒立液压、新誉集团、万帮新能源摘得中国工业大奖，快克股份获评国家制造业单项冠军，21 家企业入选国家级专精特新“小巨人”、152 家企业入选省级专精特新，8 家企业上市挂牌、4 家企业过会待发，9 家企业获首批“江苏精品”认证。智能化改造和数字化转型进程加快，新增省级智能工厂 4 家、省级星级上云企业 151 家，星星充电入选工信部新型信息消费示范项目，中天钢铁获工信部工业互联网创新发展工程项目。现代服务业提档升级。规上服务业营业收入增长 12%，西太湖电商产业园创成国家电子商务示范基地，湖塘科技产业园入选首批省现代服务业高质量发展集聚示范区。现代农业持续增效。获评全国县域农业农村信息化发展先进县，入选国家农业绿色发展先行区创建名录，创成全市首个国家农村产业融合发展示范园，滨湖现代农业产业园开工建设，11 个水稻新品种通过省级以上认定。

一年来，我们千方百计促创新，动能转换加速推进。战略平台布局实现突破。南京大学未来技术创新研究院、南京医科大学常州医疗健康科技园签约落户，长三角青年创新创业港正式发布。重点园区活力迸发。中以常州创新园扩容提级，举办中以创新合作周活动，建成中以国际创新村，打造以色列江苏创新中心离岸平台，设立中以园大湾区创新中心，探索国际科技合作“1+2+N”新模式。武进高新区发展动能持续增强，实施创新驱动战略获省政府督查激励，理想汽车零部件产业园等重大项目签约落户，国家级高新区综合排名上升至第35位。西太湖科技产业园能级不断提升，医疗器械研究院获评国家级孵化器，细胞治疗研究院完成4个院士级项目注册。绿建区建成长三角碳管理体系研究院、长三角绿色建筑与韧性城市技术联合创新中心。创新主体培育成效显著。新认定国家级众创空间2家、独角兽企业1家、潜在独角兽企业10家、省级瞪羚企业40家，新增高新技术企业613家，万人有效发明专利达70.5件，入围首批国家知识产权强县建设示范区。人才支撑更加有力。引进各类人才3.65万名，新增国家级博士后科研工作站1家、国家重大人才工程A类专家3名、省示范博士后科研工作站2家、省“333高层次人才”21名、创新创业人才（团队）163个，建成人才公寓9358套（间），入选全国青年发展型县域试点名单。

一年来，我们勠力同心抓项目，发展后劲显著增强。坚持以攻坚重大项目稳增长、促转型、强后劲，树立“项目为王”工作导向，重大项目入库、投资、开工、竣工均超额完成年度目标任务。抓实招商引资“一号工程”，建立“大招商”队伍和机制，综合运用产业链招商、以企招商、基金招商多种形式，累计引进总投资3000万元以上项目299个，其中百亿元以上项目1个、30亿元以上项目6个、10亿元以上项目22个，铭纳阳汽车电驱动系统、豪森新能源汽车核心零部件智能装备、御马高精密电机零部件等重点项目签约落户。在库省重大项目11个、新增入库市重大项目50个，为全市最多，创历年新高。建立项目评审机制，创新“133”项目推进模式，深化工程建设项目审批制度改革，提升项目建设全周期效率，泛亚氢质子交换膜、博瑞电力储能产业基地、中以数字谷等省重大项目进展良好，各级重点项目完成投资665亿元，289个项目开工建设，219个项目建成投产。项目投资结构持续优化，技改投入占工业投资比重超60%。全面完成“532”发展战略重点项目（工作）年度目标任务。

一年来，我们全力以赴优环境，改革红利充分释放。营商环境不断优化。深化助企纾困，累计减、免、退、缓税费105亿元，发放稳岗返还补贴、一次性留工培训补助等3.5亿元。滚动实施优化营商环境5批次49项重点举措，推出79个“一件事”套餐办事项，构建“1+3+X”模式的政务帮办代办促办体系，启用企业全链通综合服务平台，惠企政策“一企通”入选全国优化营商环境十佳案例。省药监局审评核查常州分中心挂牌运行。农村综合改革成效明显。“探索建立新型职业农民制度”改革任务通过省级验收，全省首例农村宅基地产权择位竞价交易成功实施。对外开放进一步深化。实际使用外资8.28亿美元，进出口总额1055亿元，核准境外投资项目26个，对外直接投资额同比增长70%，武进跨境电商产业园升格为省级跨境电子商务产业园。金融活力持续激发。武进入选首批中央财政支持普惠金融发展示范区，全区本外币存贷款余额较年初分别增长8.5%、14.5%，普惠小微贷款余额较年初增加115亿元。基金运作质效良好。发挥百亿元规模产业母基金作用，密切合作IDG、国电投、武岳峰等头部机构，投资带动项目136个，区产业投资基金跻身投中榜“中国最佳私募股权投资引导基金”三十强。探索“基金＋基地＋城市”模式，湖塘科技产业园全新启航。国企改革持续推进，恒基路桥混改圆满完成。

一年来，我们只争朝夕抢先机，“两湖”建设迅速起势。以科学规划引领城市发展。高标准编制国土空间规划，划定“三区三线”。立足打造长三角中轴枢纽“第一门户”，加快推进常州南站周边城市设计。突出商业商务、科技创新、文旅休闲等多业态功能，完成总部经济区城市设计及详细规划修改。以交通先行拉开发展框架。南沿江城际铁路武进段轨道铺设全面完成，武进站综合交通枢纽工程地下主体基本完工，花海大道涉铁段顺利建成，青洋路快速化二期工程建成通车，丹金高速涉铁段基本完成，腾龙大道智慧快速路先导段开工建设，常泰铁路线型优化释放超千亩土地空间。以项目落地浓厚发展氛围。西太湖细胞治疗前沿技术研究中心、石墨烯小镇烯望创智港等重大平台竣工运行，“两湖”创新区规划展示馆、万丽酒店等建成投用，国际医药创新中心、氢湾国际创新智慧园等重点项目有序推进。

一年来，我们精益求精提品质，城乡魅力愈加彰显。城市面貌持续焕新。长沟河片区城市设计重磅发布，沟南片区完成整体规划。21条精品街道全面创成，22个星级菜场全新升级，15个老旧小区改造完成，公益广告、道路道板、空中线缆等领域整治取得阶段性成果。乡村振兴纵深推进。新增美丽农村路14公里，入选“四好农村路”全国示范县创建单位，获评全省首批城乡公交一体化达标县。建成农民集中居住区8个，实现省级生态文明建设示范镇全覆盖，新增洛阳镇马鞍村、湟里镇武宜村2个省级生态文明建设示范村。城市内涵持续丰富。武进第三图书馆开放运营，曲艺故事《捕风》获省“五星工程奖”，太湖湾音乐节、机甲大师超级对抗赛等活动成功举办。文明典范城市测评、城市长效管理考核、农村人居环境考评成绩均位居全市前列。生态基底持续夯实。滆湖治理系统推进，滆湖完成国家级水利风景区现场验收，武南污水处理二厂一期出水投运，数字孪生滆湖项目入选水利部试点，退田还湖成效显著，51万平方米“水下森林”刷屏全网。水环境持续改善，支流支浜专项整治圆满收官，自监测以来首次出现Ⅱ类水断面，6个国省考断面实现“Ⅲ升Ⅱ”。$PM_{2.5}$平均浓度同比改善12.7%，降至32.2微克／立方米，创最好成绩。积极配合中央环保督察，全力整改相关问题，做好督察“后半篇文章”。

一年来，我们笃行不怠惠民生，公共服务持续改善。十大类民生实事项目高质量完成。教育优质均衡加快实现。牛塘实验学校、鸣凰中心小学等新、改扩建项目竣工投用，新增义务教育阶段学位1.3万个，新市民学校整治任务圆满完成。医疗卫生保障不断强化。武进医院创成“三甲”综合医院，武进医院南院二期加快建设，武进第三医院病房楼顺利竣工，西湖街道社区卫生服务中心、前黄医院病房楼、嘉泽卫生院新院区建成投用，医联体建设加快推进。“一老一幼”服务体系更加完善。在全省率先启动城乡居民基本养老保险集体补助试点工作，统筹推进居家养老服务中心改造、养老助餐服务、困难老人家庭适老化改造等工作，全国未成年人保护示范区创建通过民政部验收。社会保障持续强化。新增城镇就业4.7万人，建成全市首家“就业驿站”。发放慈善救助资金、社会公益事业补助资金8586万元，完成住房公积金扩面5.02万人，低保每月标准达到千元。双拥模范区创建实现“九连冠”。第十批武进对口援疆工作圆满收官。机关事务管理、工会、妇女儿童、关心下一代、红十字、残疾人、档案、地方志等工作再上新台阶。

一年来，我们慎终如始守底线，社会大局保持稳定。疫情防控科学精准。持续提升全链条防控水平，果断高效处置“3·13”“4·25”等突发疫情，以最小代价实现最好效果，相关做法获中央电视台《新闻联播》点赞。安全形势整体向好。全面推进“危污乱散低”综合治理，启动玻璃钢等重点行业综合治理三年行动计划，推动重点片区、重点地块整治提升工作。全面启动公共安全体系建设，创新实施基层应急体系和能力改革，推行镇（街道）“多委合一”，聚焦自建房、城镇燃气、农村道路交通等重点领域，统筹推进安全生产三年专项整治行动、安全生产大检查暨百日攻坚行动，全年事故起数和死亡人数分别下降26.7%、33.3%。纵深推进食品安全“守查保”专项行动，食品安全事故保持“零发生”。社会大局和谐稳定。圆满完成党的二十大维稳安保任务，开展信访突出问题攻坚化解年行动，化解一批重点信访积案。社会治理持续增效。攻坚冲刺市域社会治理现代化试点，在全省率先推进专属网格建设，城乡基层“援法议事”实现村（社区）全覆盖。

一年来，常州经开区各项事业发展迈上新的台阶。紧扣“苏南智造新高地、开放融合先行区”定位，开展“勇当先行突破年”活动，一体推进“工改”“村改”“股改”。园区更新加速推进，首轮9个项目加快建设，获批全省首批产业园用地整治提升试点。横山桥芙蓉湖畔雅苑顺利交付，打造现代化宜居农房建设新标杆。股改上市成绩显著，哈焊华通、祥明智能成功上市，4家企业在新三板挂牌。产业转型深入推进，确立“四特三新”产业新定位，轨道交通产业孵化基地被认定为国家级专业孵化器，绿色家居产业示范园区入选国家林业产业示范园区，获批国家工业互联网平台赋能数字化转型提升试点。东方新城建设成效突出，东方数字经济产业园等10个项目竣工交付，科技金融中心、文化活动中心等地标建筑高标准建设。城乡宜居度和群众幸福感不断提升，启用街道社区卫生服务中心，完成232省道两侧“危污乱散低”企业出清，创成省级食品安全示范区。

在过去的一年中，政府系统自身建设也迈上了新的台阶。我们坚持党的全面领导，贯彻全面从严治党要求，严格落实党风廉政建设和意识形态责任制。我们坚决落实“过紧日子”要求，坚持统筹资源、开源节流，争取上级债券资金56.56亿元，压降非民生、非刚性支出3.24亿元。我们坚持法治为本、数字赋能，入围全省法治政府建设示范地区，“跨域通办”“免证办”等纵深推进，工业经济高质量发展、经营性自建房智慧管理等政务信息化项目相继推出，数字政府建设迈出坚实步伐。我们坚持公开透明、阳光用权，积极配合省委巡视，主动公开政府信息3739条，实施审计项目18个，办理人大代表建议132件、政协委员提案304件。

各位代表，2022年是武进发展“开顶风船”“走上坡路”的一年，各项成绩来之不易、成之惟艰。这是习近平新时代中国特色社会主义思想科学指引的结果，是市委市政府和区委正确领导的结果，凝聚着全区人大代表、政协委员的支持和付出，更凝聚着百万武进人民的拼搏与奋斗。我们尤其不会忘记，在城市因疫情而按下“静止键”的时刻，全区人民给予政府工作的充分理解和莫大支持。在此，我代表武进区人民政府，向全区人民致敬！向给予政府工作大力支持的人大代表、政协委员和离退休老同志，向各民主党派、人民团体和各界人士，向各驻武单位同志、海内外朋友们，致以崇高的敬意和衷心的感谢！

在肯定成绩的同时，我们也清醒地看到，前进道路上还有诸多困难与问题。现代产业体系基础还不够扎实，部分关键环节“卡脖子”问题仍然较为突出；产业链创新链融合有待深化，发展动能转换和效率提升尚须加快；现有城市能级对发展的制约日益凸显，青年创新创业人才集聚能力不足；各项民生事业距离人民群众对美好生活的向往仍有短板；部分干部谋事创业的思维、视野和作风还有欠缺。知不足须进取，望山远当力行。我们一定直面问题、努力改进，以更加昂扬的斗志、更加务实的作风、更加主动的作为，切实扛起“勇挑大梁”的责任担当！

以党的二十大精神为指引，书写中国式现代化的武进答卷

党的二十大对全面建成社会主义现代化强国两步走战略安排进行宏观展望，科学谋划未来5年乃至更长时期党和国家事业发展的目标任务和大政方针。党的二十大报告明确指出高质量发展是全面建设社会主义现代化国家的首要任务，并对高质量发展作出战略谋划和系统部署，进一步明晰了发展的目标、方向和路径，对于做好当前工作、谋划未来发展具有重要引领作用。我们要自觉以党的二十大精神统揽政府工作，学深学透、入脑入心、落地落实，感悟思想伟力、坚定政治定力、凝聚奋进合力，在新的赶考之路上开辟武进高质量发展新境界。

2023年是贯彻落实党的二十大精神的开局之年，是常州冲刺“万亿之城”的决胜之年，也是武进乘势而上、构筑未来发展战略优势的关键之年。新的一年，政府工作的指导思想是：坚持以习近平新时代中国特色社会主义思想为指导，将党的二十大精神贯穿工作全过程各方面，自觉把思想和行动统一到中央和省、市、区委决策部署上来，坚持稳字当头、稳中求进，完整、准确、全面贯彻新发展理念，深入贯彻落实“532”发展战略，全力推动“两湖”创新区建设，聚力打造“一园一城一示范”，加快建设“现代化强区”，以稳经济发展为重中之重，系统推进产业转型、改革创新、城乡建设、生态环境、民生改善各项工作，在常州“万亿之城”“新能源之都”建设版图中勇挑首位担当，交出厚重提气的高质量发展成绩单，书写中国式现代化的武进答卷。

综合考虑各方面因素，建议今年全区经济社会发展的主要预期目标为：地区生产总值增长3%左右，一般公共预算收入同口径增长6%，规上工业增加值增长4%左右，固定资产投资增长8%左右，社会消费品零售总额增长5%左右，居民人均可支配收入增长高于GDP增幅，安全生产形势稳定向好，外资、外贸、能耗和环境指标完成上级下达任务。

重点做好以下工作：

（一）以重振产业雄风为战略抓手，系统推进转型升级，创造产业强区新胜势

产业是武进发展的命脉，是城市制胜未来的关键。我们将把握常州决胜“万亿之城”、建设“新能源之都”的重要时势，坚持产业强区、智造兴区主导战略，进一步优化产业结构、提升产业质态、增强产业韧性，为高质量发展提供硬核支撑。

打造高端高质的产业体系。深耕“95X”产业体系（制造业高质量发展“95X”工程，即重点发展9大产业集群“162”：高端装备、智电汽车、新一代信息技术、新材料、新能源、医疗健康、节能环保、纺织服装、绿色精品钢），打响5张产业名片（机器人、智电汽车、集成电路、石墨烯、医疗健康），聚焦X批未来产业（数字经济、军民融合等），推动传统产业蝶变升级、新兴产业裂变发展、未来产业加速布局。深度参与“新能源之都”建设。巩固智电汽车产业先行优势，加快理想汽车零部件产业园建设，提升供应链本地配套能力，进一步扩能、拓面、提效，持续放大集群效应。抢抓氢能产业发展风口，发挥“常州氢湾”集聚作用，打造长三角领先的氢能装备及核心零部件研发制造基地、检验检测中心、科技创新转化中心。深入推进机器人产业卓越发展行动，完善产业体系，优化创新生态，创建国家级中小企业特色产业集群，打造国内领先、国际知名的机器人产业基地。聚焦化合物半导体、光电芯片等细分赛道，完善芯片研发、设计、制造、应用全流程产业链，打造“武进芯谷”。协同推进前沿领域研发、重大科技成果转化，推动生物医药产业高质量发展。加快制造业“智改数转”步伐，培育更多省级智能工厂、智能车间、智能制造领军服务机构。持续推动现代服务业扩容提档。加大研发设计、知识产权、创业孵化等科技服务业集聚力度，培育壮大供应链管理等新型服务业态，提升养老、商贸等生活性服务业品质。

强化有力有效的项目支撑。聚焦特色优势产业链关键环节，健全联动招商机制，拓宽项目信息渠道，一体推进产业链招商、基金招商、科技招商、平台招商，着力引进一批旗舰型、龙头型、基地型重大项目，集聚一批“小而美”优质项目。全年招引总投资100亿元或10亿美元项目1个以上、30亿元或3亿美元项目5个以上、10亿元或1亿美元项目20个以上，新增地区总部和功能性机构1个以上。深化高位推进、高频调度、高效保障项目工作机制，深入实施重大项目信用承诺预审、“拿地即开工”等举措，切实提升项目建设效率。全力推进“532”发展战略年度重点项目、“两湖”创新区重点项目建设，为重大战略实施提供有力支撑。

完善全程全链的金融服务。加快企业股改上市步伐，新增上市挂牌企业7家以上，争创首批省级上市公司高质量发展示范区。提升普惠金融服务发展水平，推动“领航保”“外贸护航保”等产品落地。组建金融服务“智囊团”，常态化举办资本市场研讨会、政银企对接会等活动。提升产业基金运行质效，积极布局北上深等一线城市基金圈，加快筹建二期母基金。放大产业基金的资源链接力、产业运营力，深化湖塘科技产业园“基金＋基地＋城市”模式探索，打造园区运营新标杆。

（二）以强化创新驱动为第一动力，纵深推进改革创新，激活区域发展新动能

当前，武进仍处于转型升级、爬坡过坎的关键时期，与周边城市在各个赛道的竞争更为激烈，挑战更加艰巨。我们将把创新作为引领发展第一动力，坚持既对标一流、更创标先进，纵深推进各领域改革，厚积内生动力，增强发展动能。

持续性营造一流营商环境。将营商环境作为高质量发展的“金字招牌”、提升城市能级的关键支撑、决胜区域竞争的重大法宝，驰而不息打造市场化法治化国际化一流营商环境标杆城市。精准更新营商环境重点举措清单，深化政务服务改革，推动“一件事”线上全流程办理，扩大“跨省通办”事项范围，推行重大项目“容缺后补”机制。始终将稳市场主体摆在突出位置，加大惠企政策集成力度，提升助企服务精准度，发布涉企常用轻罚免罚清单2.0版，以“真金白银”助力企业轻装上阵，以躬身服务护航企业专注前行，全面打响“武A服务 进无止境”营商环境品牌。构建高水平开放格局，以建设跨境电商产业园、海外仓为抓手，加大跨境电商人才培养、团队孵化力度，带动外贸创新发展。开展商务包机工作，组织外贸企业赴境外参展洽谈、争抢订单。

全方位构造一流创新生态。深化产业链、创新链、人才链协同，构建创新策源强劲、技术攻坚活跃、人才支撑有力的创新生态。加大战略平台布局力度。把握科技变革趋势，瞄准前沿领域，建好用好南京大学未来技术创新研究院、南京医科大学常州医疗健康科技园、江理工绿建区协同创新园、细胞治疗研究院等创新载体，高标准建设滆湖科学城、长三角青年创新创业港、鸣凰科创城，推动江苏大学常州创新港等高教资源签约落地。壮大创新主体“雁阵”。招引科技型中小企业240家以上，培育国家级企业技术中心1家以上、省级企业技术中心6家以上、省级核心关键技术攻关项目4个以上，力争高新技术企业突破1700家。推动新能源汽车能源与信息创新中心创建国家制造业创新中心。强化创新人才集聚。实施“主导产业引智计划”，完善高黏性人才服务体系，引进顶尖人才（团队）4个以上，新增领军型创新创业人才100人以上。

高标准打造一流园区平台。错位布局、协同联动，打造贯穿常州科教城、中以创新园、武高新、西太湖、绿建区的“科创长廊”。中以常州创新园着力打造国际合作标杆示范，落实“共建计划”，启动核心区南田湾基础设施建设，高标准推进中以数字谷、中以产业技术研究院、中以科创学院建设，加速引入创新资源要素，强化辐射带动能力。武进国家高新区扛起首位担当，加快建设中汽研汽车检验中心、机器人检测科研平台、长三角化合物半导体产业创新基地等重要载体，优化提升“一人一车一芯”产业链，放大产业集群优势。西太湖科技产业园当好“两湖”建设先行军，坚持科产城人融合发展，强化研发创新、高端智造、企业总部、科技金融等核心功能，提升文化旅游、公共服务、现代物流等支撑功能，高水平建设最美湖湾城。绿建区全力打造长三角建筑科技创新中心，积极创建联合国工业发展组织绿色国际示范园区，深化中欧合作，推动绿色建筑技术推广创新。

（三）以提升城市载体能级为关键支撑，统筹推进城乡建设，塑造城市发展新格局

当前，常州正意气风发冲刺“万亿之城”目标、全力以赴推动“两湖”创新区建设，城市发展迎来系统重塑、能级提升的战略机遇期。我们必须乘势而上，走好紧要关头的“关键几

步”，进一步打开空间、优化布局、提升品质，推动城市载体能级向上攀升。

在“两湖”建设中起势见效。持续完善现代综合交通体系，深化常州南站、武进南站枢纽规划研究，配合做好常泰铁路、盐宜铁路等前期推进工作，加快推动腾龙大道、花海大道等交通项目建设，确保南沿江城际铁路武进站与铁路同步投用，加速打通直达滨湖的空间通道。不断完善基础配套，加快推进环孟津河生态廊道规划建设，打通果香路等区域节点道路。强化重点项目支撑，加快推动140个、年度投资358亿元的“两湖”创新区核心区重点项目，推进西太湖外国语学校等配套项目建设。深入开展全国青年发展型县域试点工作，持续完善青年人才落户、家属就业、子女入学等全方位服务，构建“国际人才社区—高层次人才公寓—蓝领人才公寓—青年驿站”人才安居体系，建成人才公寓1.3万套（间）以上，加快配套社区、医疗、文娱功能，打造适应青年需求的生活场景，营造青年与城市双向奔赴、共同成长良好格局。

在城市面貌上出新出彩。深入推进片区开发，加快打造长沟河片区“春华秋妍”城市盛景，统筹推进沟南片区、江理工片区等重点片区改造。系统推进街区塑造和绿地系统优化，发掘城市历史记忆，涵养城市文化品质，让积厚流光的历史底蕴在现代武进焕发新的魅力。着力提升城市治理品质，继续实施老旧小区改造、既有住宅加装电梯、菜场改造提升等工程，全面启动“美丽街区”建设，深化背街小巷、建筑工地等重点领域攻坚整治，推进落实市容环卫责任区制度。聚焦老旧小区环境整治、非机动车治理等难点，深入开展文明城市建设工作，为常州创建文明典范城市作出应有贡献。

在乡村振兴中再上台阶。深化农村改革，推进全国农村宅基地制度改革和乱占耕地建房整治试点工作，赋能乡村发展。严格落实耕地保护和粮食稳产要求，完成高标准农田建设5500亩以上，打造高标准农田示范区，守牢粮食安全底线。强化农产品质量安全监管，打造农安智慧监管平台。加快发展现代农业，扎实推进国家农村产业融合发展示范园建设，办好农民丰收节、阳湖果品节等活动，提升十大农产品优选品牌知名度。发展壮大集体经济，完善新型农村集体经济运营机制，鼓励发展乡村休闲旅游、农村电商等新产业新业态，激活农村集体经济发展动能。深化美丽宜居乡村建设，落实农房建设奖补政策，完成农房更新改造4200户以上，加快推动雪堰镇雅浦板块美丽乡村建设，推进礼嘉镇何墅村等省级特色田园乡村创建，培育生态宜居美丽乡村14个以上。

（四）以深化绿色发展为坚定导向，持续推进生态保护，绘就美丽武进新画卷

中国式现代化是人与自然和谐共生的现代化，高质量发展是以绿色为普遍形态的发展。我们将深入践行“两山”理念，锚定“双碳”目标，推进绿色转型，以高水平保护、高标准治理推动高质量发展、创造高品质生活。

坚定不移推动生产方式绿色转型。大力构建绿色低碳产业体系，实施制造业清洁生产改造，坚决遏制“两高”项目盲目发展。深入推进“危污乱散低”综合治理，坚持“优绩效、增产值、提亩均，降污染、减能耗、紧用地”标准，结合新一轮国土空间规划编制，推进低效用地再开发，深化玻璃钢行业整治，加快建设表面处理循环产业园、绿色涂料集聚区、高端铸造试点项目，争取更多绿岛、绿链项目入库。深化工业园区绿色转型，完善园区准入机制，开展限值限量管理，探索园区环境质量与污染防治、总量核算的联动管理模式。落实绿色金融政策，推动武进高新区创建省级绿色金融示范区，积极培育“绿色发展领军企业”“绿色工厂”。

坚定不移打好污染防治攻坚战。打好“蓝天”保卫战，强化大气污染物协同控制和区域协同治理，完成排放大户超低排放改造，实现$PM_{2.5}$和臭氧浓度“双控双减”、重污染天数持续压降。打好“碧水”保卫战，推进滆湖近岸带水生态修复工程，启动滆湖生态清淤一期工程，建设湖滨自来水厂一期项目、阳湖生态净水厂、滨湖污水厂二期工程，巩固支流支浜整治成效。打好“净土”保卫战，加强农用地和建设用地污染源头防控，推动一般工业固废、危废产生强度稳步下降，推进环太湖地区有机废弃物示范区建设，加快打造“无废城市”。

坚定不移提升环境治理能力。聚力创建国家级生态文明建设示范区，推进生态绿城建设，统筹山水林田湖草沙系统治理，倡导绿色低碳生活方式，构建生态环境治理全民行动体系，让生态理念更加深入人心，让生态红利更加普惠共享，实现还绿于民、融绿于城。强化联防联控机制，提升“数字环境”治理能力，加快打造“一张网”生态数据平台，构建天地水一体化生态环境监测系统。完善环保执法机制，推进排污许可一证化管理，构建企业持证排污、清单式管理和政府依法监管、社会共同监督的环保执法监管新格局。

（五）以为民造福为本质要求，全力推进民生改善，谱写共建共享新篇章

人民群众对美好生活的向往，就是政府工作的奋斗目标。我们将深刻践行以人民为中心的思想，始终把为民造福作为最本质要求、最重要政绩，高质量推进民生实事项目，全面擦亮“十个吾优”民生品牌，让改革发展成果更多更公平惠及人民群众。

推动保障体系更可靠更充分。稳住就业“基本盘”。实施更加积极的就业政策，创业带动就业2.1万人以上，提供高校毕业生就业岗位1万个以上。深入开展城乡居民养老保险集体补助省级试点工作，推进全民参保扩面提质增效工程。织密民生“保障网”。聚焦中低收入住房困难家庭、稳定新就业大学生等重点群体，持续完善住房保障体系，完成住房公积金新增缴存职工5万人以上。统筹推进社会救助、特殊困难群体帮扶、慈善救助各项工作。聚力“一老一幼”事业，深入推进医养融合，提升护理型床位占比，优化居家养老服务，开展老年友好型社区创建，加大困境儿童保障和未成年人保护工作力度，积极创建省级“儿童关爱之家”。

推动公共服务更优质更均等。加快教育高质量发展步伐。持续优化教育资源配置，加速建成湖塘桥实验小学淹城校区、湖塘实验中学东龙路校区等项目，增加学位1.2万个以上。加大教育改革力度，深化集团化办学，提升义务教育优质均衡、学前教育普及普惠比例，进一步规范民办义务教育阶段学校发展，创建省级职业教育改革发展成效明显地区。构建高水平医疗卫生服务体系。优化区域医疗资源布局，支持武进中医医院开展“三甲”创建，加快推进武进医院南院二期等项目建设，深入开展“优质服务基层行”活动。完善“15分钟医保服务圈”建设，健全区、镇（街）、村（社区）三级经办服务网络。加大文体惠民力度。重点推进长沟河儿童体育公园、武进第四图书馆建设，建成口袋公园8个以上。坚持现代视野、一流标准，启动建设淹城文博区，打造新的文化地标。高标准举办西太湖马拉松、太湖湾音乐节、全国摩托艇公开赛等重点活动。稳步推进红色文化资源保护开发工作。

推动社会治理更高效更安全。全面落实疫情防控新要求，不断优化防控措施，加强公共卫生应急体系和能力建设，守护人民生命安全。持续提升区域安全水平，深入推进公共安全体系建设，打造数字化公共安全治理平台，建强应急救援队伍，持续排查治理重点行业领域风险隐患，严防各类生产安全事故。着力提升数字治理能力，以“一网通办”“一网统管”“一网协同”为抓手，统筹推进“云、网、数、用、安”等基础能力建设，打造一批管用实用的示范应用场景，赋能基层治理。推动网格增效，深化专属网格建设，探索形成更多网格化治理“武进实践”。提升信访矛盾源头治理能力，继续攻坚化解信访积案，完善新形势下维稳工作和平安建设新机制。

（六）以实干担当为鲜明底色，扎实推进政府自身建设，干出蓝图落地新作为

面对新的机遇与挑战，面对百万武进人民的重托，我们重任在肩、使命重大。我们将坚持苦干实干、惟实惟先，加快政府职能优化、方式转变、作风提升，打造勇挑大梁、堪当重任的有为政府。

涵养坚定信念，打造战斗力更强的人民政府。把政治建设摆在首位，持续深入学习党的二十大精神，深刻认识“两个确立”的决定性意义，增强“四个意识”、坚定“四个自信”、做到“两个维护”，坚决把党的领导落实到政府工作各领域全过程。牢记“国之大者”，时刻保持与党中央的高度一致，自觉在全局中谋划工作，在大局下推动工作，不折不扣落实党中央和省、市、区委决策部署，以实际行动和扎实成果体现对党的绝对忠诚。

锤炼过硬作风，打造行动力更强的效能政府。把全部心思用在干成事、创实绩上，把全部精力用在办实事、求实效上，把全部智慧用在解难题、破瓶颈上。强化效能建设，推行“闭环管理”工作机制，整肃庸政懒政怠政，让“案无积卷、事不过夜”成为政府效率标准。树立正确政绩观，把有限财力更多用于民生建设，促进公共服务资源向基层延伸、向群众亟需领域倾斜，切实把群众安危冷暖放在心上、抓在手上、落在行动上。认真办理人大代表建议、政协委员提案，推动办理工作由按时办结向高质量办好转变。

坚持廉洁从政，打造公信力更强的法治政府。深化法治政府建设，推行政府权责清单标准化管理，促进政府治理规范化、程序化、现代化。健全科学民主依法决策机制，畅通公众参与重大决策渠道，持续提高行政决策质效。认真落实中央八项规定及其实施细则精神，锲而不舍纠治“四风”。落实“过紧日子”要求，严控“三公”经费，提高财政资金使用绩效。加强重大政策落实、重点工程项目跟踪审计，推进国资国企审计全覆盖。

各位代表、同志们，党的二十大全面擘画了以中国式现代化推进中华民族伟大复兴的宏伟蓝图，区委十三届四次全会明确了建设“现代化强区”的目标任务。未来更可期，奋进正当时！让我们更加紧密地团结在以习近平同志为核心的党中央周围，在区委的坚强带领下，勇立潮头、笃行不怠，积跬步以至千里、致广大而尽精微，一步一个脚印推动蓝图愿景变为现实，为书写中国式现代化的武进答卷而不懈奋斗！

缩略语注释：

[1] 国际科技合作“1+2+N”新模式：“1”，即1个品牌——“中国—以色列创新合作周”活动品牌；“2”，即2项机制——中以两地同步举行创新合作活动机制、“中以创新园区6+6合作联盟”机制；“N”，即创新合作活动覆盖“会、展、节、演、营”等各类形式、创新合作成果覆盖科教文卫等各类领域。

[2] “133”项目推进模式：“1”，即1个系统——重大项目管理服务系统；“3”，即3项机制——“流程规范化、要求具体化、需求个性化”的评审机制，“周督查协调、月调度评比、季签约开工”的推进机制，“周巡查、月通报、季督查”的督查机制；“3”，即3类服务——资源保障服务、帮办代办服务、信用承诺审批服务。

[3] 惠企政策“一企通”：即聚合各级各类惠企政策的信息平台，集“发布、汇聚、查询、匹配、申报、反馈”等功能于一体，有助于企业更加便捷享受各项政策，实现“人找政策”到“政策找人”的转变。

[4] “基金＋基地＋城市”：即通过产业基金专业化、市场化运营手段，赋能科创园区（基地）发展，由此进一步赋能城市发展的新型园区运营模式。

[5] 镇（街道）“多委合一”：即整合镇（街道）安委会、消委会、减灾委、森林防灭火指挥部等职能，组建镇（街道）应急管理委员会，负责辖区内应急救援、安全生产、综合减灾、消防安全的组织、指导、协调等工作。

[6] 食品安全“守查保”专项行动：即食品安全“守底线、查隐患、保安全”专项行动。

[7] 援法议事：即运用法治思维、法治方式协商、决定、办理、管理、监督基层群众自治事项的活动。

[8] 重大项目“容缺后补”：即在办理重大项目相关审批事项时，对部分不影响安全和公共利益的非关键要件实行容缺办理，非关键要件可在后续补齐。

[9] 主导产业引智计划：即聚焦高端装备、新能源汽车及汽车核心零部件、新一代电子信息技术等重点产业的专项引才引智行动。

[10] 15分钟医保服务圈：即加快建设功能齐全、服务优质、办事便捷的基层服务平台，推动医保服务进一步向基层延伸，让老百姓在家门口就可办理医保相关事项。

文件选录

关于做好2022年全面推进乡村振兴加快农业农村现代化重点工作的实施意见

武发〔2022〕17号

2022年是党的二十大召开之年、"十四五"时期的关键之年，也是乡村振兴全面展开、农业农村现代化进程加快之年，做好"三农"工作意义重大。全区"三农"工作总体要求是，以习近平新时代中国特色社会主义思想为指导，全面贯彻中央、省、市农村工作会议要求和区委十三届二次全会部署，积极贯彻落实"532"发展战略，紧抓"一园一城一示范"建设机遇，加快全面乡村振兴和农业农村现代化步伐，扎实有序推进乡村发展、乡村建设、乡村治理和农村改革等重点工作，着力构建城乡融合发展体制机制和政策体系，持续促进共同富裕，努力建设农业强、农村美、农民富的新时代鱼米之乡。

一、全力抓好粮食生产和重要农产品供给

1. 切实担起粮食安全政治责任。强化粮食安全政治责任，全面落实粮食安全党政同责，严格粮食安全责任制考核，力保粮食播种面积11万亩以上，总产量0.95亿斤以上，全力确保粮食丰收。深入实施优质粮食工程，提高粮食单产和品质。油菜等油料作物播种面积基本稳定，攻坚克难扩种大豆，确保大豆面积增幅7%以上。落实好耕地地力保护、农机具购置补贴、稻谷补贴、粮食收购和水稻收入保险等扶持政策，优化农村生态保护补偿制度，加快构建农民种粮收益保障机制。支持各类主体发展订单农业、加工物流、产品营销，提高种粮综合效益。压实地方政府粮食储备责任，建立多元化粮食储备体系。做好化肥等农资生产储备调运，切实保障农资供应和价格稳定。推动粮食节约行动落地见效。

2. 全力保障重要农产品生产供应。压紧压实地方政府属地管理责任，保障生猪、蔬菜、水产等重要"菜篮子"产品生产、供给，促进价格稳定。深入开展生猪稳产保供行动，力争能繁母猪存栏量达0.5万头，生猪保供自给率达到30%。鼓励蔬菜规模化种植和以村为主体打造特色小菜园，力争2022年蔬菜播种面积8万亩左右，新建20亩以上规模精品小菜园8个。发展绿色生态渔业，全区水产养殖面积稳定在3.8万亩。

二、强化农业现代化基础支撑

3. 落实最严格的耕地保护制度。实行耕地保护党政同责，严守耕地红线。采取"长牙齿"的举措坚决遏制耕地"非农化"、防止耕地"非粮化"，切实稳定粮食生产，牢牢守住国家粮食安全的生命线。按照省市统一部署，足额带位置逐级分解下达耕地保有量和永久基本农田保护目标任务，签订新一轮耕地保护责任书，并将此作为刚性指标严格考核，实行一票否决、终身追责。对已经突破现有耕地保有量目标的，抓紧制定耕地恢复补充方案，有计划、有目标、有节奏地抓好落实。改进和规范耕地占补平衡管理，严格补充耕地认定和监管。强化耕地用途管制，加强耕地利用优先序管理，永久基本农田重点用于粮食生产。运用信息技术手段开展耕地卫片专项监督，对疑似问题图斑开展核实整改。加大土地督察发现问题整改力度，稳妥推进农村乱占耕地建房问题专项整治，巩固"大棚房"问题专项清理整治成果。

4. 推进高标准农田建设。鼓励新建连片高标准农田、美丽农田，提高投入标准和建设质量，改善农田生态环境。改造完善农田基础设施，采取地力培肥、土壤改良、退化修复等综合措施提升耕地地力等级。按照每亩补助不低于省级的标准建立高标准农田占补平衡储备库。全区建成国家级高标准农田1.7万亩，推进建设国家级高标准农田国家级0.5万亩、省级生态农田0.1万亩、市级美丽农田0.15万亩、区级农田基础设施建设0.2万亩。完善高标准农田管护机制，对建成的高标准农田统一上图入库，任何单位和个人不得损毁、擅自占用或改变用途。

5. 深入推进种源农业建设。持续发挥粳稻育种优势，加快优良食味稻米新品种培育，力争2022年新审定水稻新品种8个左右，优质食味品种种植面积占比70%左右。完善油用牡丹种质资源库建设，加大水产良种体系建设，支持开展长江系列、诺亚系列河蟹扣蟹苗种场建设，加大引进太湖系列青虾良种，有效提升虾蟹混养良种双覆盖率，推进螺蚌等底栖动物省级原良种场建设。加大对列入国家、省级畜禽遗传资源保护名录的"雪山鸡"保护开发力度。支持以企业为主体的商业化育种能力提升建设，构建商业化育种体系，促进种业全面提质增效。强化种业知识产权保护，打击违法犯罪行为。

6. 不断强化农业科技和物质装备支撑。充分发挥中以常州创新园平台优势，加强中以农业科技合作，加大农业新品种、新技术、新模式、新装备引进应用和示范引领力度，推动农业科技创新。深入推进农业生产全程全面机械化和农机装备智能化绿色化提升"两大行动"，落实农机购置与应用补贴政策，积极建设"全程机械化＋综合农事"服务中心，提高农机社会化服务合同作业面积占比，农作物耕种收综合机械化率达90%，建成市级粮食生产"智能化"农场和特色农业生产全程机械化示范园（场）4个。不断推进省农业生产全程全面机械化示范县建设工作，特色农业生产机械化水平提高3%以上。加快发展设施农业，有序推进设施农业宜机化改造、标准化建设。引导建设工厂化集约养殖、立体生态养殖等新型养殖设施，推动水肥一体化、饲喂自动化、环境控制智能化等设施装备技术应用。

7. 持续提升农业本质安全水平。纵深推进农业安全生产专项整治三年行动，进一步树牢安全发展理念，围绕农机、渔业等重点行业条线，持续压实部门监管责任、企业主体责任和员工岗位责任。完善农业自然灾害防御机制，加大农业防灾减灾救灾能力建设和投入力度。加强草地贪夜蛾等农作物重大病虫疫情和非洲猪瘟等重大动物疫病监测预警与防控，落实属地责任，实行定责定岗定人。做好人兽共患病源头防控。持续防范松材线虫、加拿大一枝黄花等外来物种入侵。加强防汛抗旱应急物资、救灾备荒种子等储备。

8. 切实保障农产品质量安全。开展国家农产品质量安全区提升行动，强化农业品种培优、品质提升、品牌打造和标准化生产。实施规模主体入网监管提质增效工程，全面推行网格化＋精准监管模式，加强农产品安全源头治理，持续开展食用农产品治违禁、控药残、促提升行动，落实食用农产品承诺达标合格证制度。全面提升各镇（街道）农产品质量安全监管站能力，建设五星级乡镇农产品质量安全监管站、村级农产品质量安全服务示范站，加强食用农产品生产主体信用分级分类监管。全年开具食用农产品合格证150万张以上，绿色优质农产品比重达到66%以上，确保地产农产品质量安全例行监测合格率保持在98%以上。

三、促进农民农村共同富裕

9. 完善农村低收入人口帮促政策体系。开展低收入人口认定和动态监测常态化管理，及时将有返贫致贫风险和突发严重困难的农户纳入监测范围，优化自上而下数据比对预警和自下而上排查申报机制，简化工作流程，缩短认定时间，确保及时发现、应纳尽纳。持续做好农村低收入人口就业帮扶工作，健全低收入人口常态化帮扶机制，帮助有就业意愿的未就业脱贫人口实现就业，帮助已就业脱贫人口稳定就业，保持就业规模总体稳定。关爱农村困境青少年，推进“梦想改造+”关爱计划。加强社会救助兜底保障与乡村振兴的有效衔接，积极开展农村公益医疗互助试点，防止返贫。

10. 促进农民持续增收。推动先富带后富，加快构建农民收入持续较快增长长效机制，实现农民人均可支配收入增幅高于城镇居民、农村低收入人口可支配收入增幅高于农民平均增幅。实施供销促进共同富裕先行先试“十百千万”工程，组建农业产业农合联2家，建设供销综合为农服务中心10个，培育金牌农产品经纪人100人，带动1000户低收入农户实现增收。完善创新创业创富机制，支持农民就地就近就业创业，培育乡村创客空间，完善创业孵化基地功能。落实农民工稳岗就业政策，大力开展促进农民工就业的技能培训和新职业新业态培训，切实提升农民就业质量、农民创业能力，稳定农业经营效益和农村改革效能，进一步激发村级经济内生动力，不断增加农民的合作社分红收入，拓展工资性收入、经营性收入和财产性收入。强化政策支持，完善农村社会保障制度，稳步增加转移性收入。鼓励农业精英人才和乡土人才牵头组织实施现代农业产业技术体系项目。引导有需求的乡村就业人员参加城镇职工基本养老保险和基本医疗保险。

11. 健全新型农村集体经济持续发展机制。巩固拓展资源发包、物业租赁、资产经营等发展路径，健全村村抱团、村企合作、村社融合等资产运营新机制，通过市场化配置手段实现集体资产资源保值增值。鼓励支持村集体参与新业态、新载体建设，推动村级集体经济差别化、错位式发展，提高新型农村集体经济强村占比。支持村集体经济组织以出租、联营、入股等方式盘活利用空闲农房及宅基地。建立集体经济发展成效与经营管理人员待遇报酬增长挂钩机制。全区村均集体经营性收入力争达570万元。

四、促进乡村产业发展

12. 高水平发展高效特色农业。继续优化农业产业布局，全力建设东南部果蔬、中南部稻麦、西部花卉苗木、环湖水产养殖、城郊都市三产融合“五大片区”，不断做强现代种养业，创建特色鲜明、优势聚集、市场竞争力强的特色农产品集中区。促进现代农业产业园高质量发展，提升市级及以上产业园3个，武进滨湖现代农业产业园争创市级和省级现代农业产业高质量发展示范园。大力支持农业产业化龙头企业发展，培育一批产加销一体的全产业链企业，提高农产品生产、加工、销售、研发和服务融合发展水平，带动农业产业链全面升级。持续引导和推进农业企业股改上市，鼓励符合条件的涉农企业赴省股交中心农业板挂牌。深入实施农业品牌提升计划，精心培育“阳湖果品”“滆湖鲜”“夏溪花木”“戴溪青鱼”等特色品牌，努力提升“武”字头品牌知名度。深入实施“双百提升”工程，培育市级示范家庭农场和合作社各8家以上。

13. 持续推进农业全产业链发展。推动农业全产业链优化升级，打造花木产业重点链，培育一批“链主”企业。大力培育加工型农业龙头企业，促进农产品精深加工和综合利用加工。新认定区级农业龙头企业5家，市级农业龙头企业2家。不断推进农业经营主体联合，完善利益联结机制，鼓励省级以上农业龙头企业带头成立产业联合体，努力形成龙头企业与家庭农场、合作社、种植大户合作共赢的经营新机制。以特色农产品优势区、农业产业园区为重点，加强农产品冷链设施和骨干冷链物流基地建设，支持家庭农场、农民合作社、基层供销合作社等建设产地仓储保鲜冷链设施。支持农产品批发市场做大做强，推进夏溪花木等专业市场转型升级，打造长三角农产品物流中心。持续推进农业与旅游、科技、教育、文化、健康、养老等产业深度融合，启动实施“武进农家”农业品牌打造三年计划，加强农家乐、乡村民宿、农耕实践基地、康养基地等建设，培育发展特色化、多样化、差异化乡村休闲旅游产品。加快创建武进国家农村产业融合发展示范园，打造农村产业融合示范样板。争创省级创意农园2家以上，乡村旅游和休闲农业接待250万人次，综合营收达5亿元。推进电子商务进乡村，深入实施快递进村工程，推动区、镇、村三级物流体系建设，因地制宜探索乡村邮政快递服务用房建设管理新模式，支持一点多能村级共配中心建设，实现行政村快递服务全覆盖。加快农业金融等农业服务业发展，增强农业产业链发展要素支撑。

14. 推进农业农村绿色发展。巩固长江流域重点水域禁捕退捕成效，深化非法捕捞专项整治。探索开展湖泊水生生物保护区常年禁捕、科学增殖湖泊水生生物资源、湖泊保护区外水域科学回捕保护水域生态试点。实施加强农业农村污染治理促进乡村生态振兴行动计划，完善生态产品价值实现机制，推进农业农村领域碳达峰碳中和。加强种植业面源污染防治，实施化肥农药减量增效行动，深入推进农业投入品减量化，支持农药集中采购统一配供，试行化肥施用定额制，扩大商品有机肥应用；加强农田退水污染防治，开展农田生态化改造，减轻农业退水对断面水质的影响；推进池塘生态化改造，引导养殖尾水循环利用或达标排放；加强太湖蓝藻打捞处置及资源化利用，确保完成安全度夏任务。持续实施废旧农膜和农药包装废弃物回收行动，废旧农膜回收率达90%，基本形成农膜回收网络全覆盖。依托区级回收中心，以点带面，逐渐完善区、镇、村三级回收网络，农药包装废弃物回收处置26吨以上，无害化处置率100%。支持秸秆综合利用，加强畜禽粪污资源化利用，秸秆、畜禽粪污综合利用率全部达到95%。

五、深入实施乡村建设行动

15. 完善乡村建设实施机制。推进实施乡村建设行动，把握乡村建设的时度效，坚持数量服从质量、进度服从实效，求好不求快，因地制宜、有力有序推进。坚持乡村振兴为农民而兴、乡村建设为农民而建，充分发挥村级组织作用，建立自下而上、村民自治、农民参与机制。坚持先规划后建设，加强城乡发展统筹规划，优化乡村空间布局，因地制宜根据需要编制和实施实用性村庄规划。优化城镇开发边界外的村庄布局，严格规范村庄撤并。立足村庄现有基础开展乡村建设，不盲目大拆大建，不超越发展阶段搞大融资、大开发、大建设。推行政府购买服务等方式，引导组建社会化、专业化、职业化的乡村建设和服务队伍，鼓励建立政府引导与市场运作相结合的管护机制。

16. 接续实施农村人居环境整治提升五年行动。立足现有村庄基础，扎实推进农村厕所革命，巩固农村无害化户用厕所全覆盖成果，加强整治户厕化粪池盖板破损、外溢渗漏、违规直排等重点问题，注重农村公厕品质提升和长效管护，新建改建农村公厕30座。优化农村生活污水处理模式，因地制宜推进农村生活污水治理向自然村延伸，提高农户受益率和覆盖率，确保已建设施正常运行。健全农村生活垃圾收运处置体系，逐步提高农村生活垃圾分类实效，有序推进农村生活垃圾就地处理和资源化利用。全面开展以“四清一治一改”为重点的常态化村庄清洁行动，组织动员农村妇女争创“美丽庭院”。开展季度检查考评，完善投诉处理机制，不断提升村容村貌。着力完善长效管护机制，推行村庄河道、道路、绿化、垃圾和公共设施“五位一体”的综合管理及社会化管护模式。持续开展农村河道疏浚整治，加强水系连通，全年疏浚农村河道土方17.27万方。加强农村黑臭水体整治，建立重点监管清单、动态排查治理销号制度。将河湖长制体系向小微水体延伸，推进问题小微水体整治，农村生态河道覆盖率达40%。

17. 实施现代化宜居农房建设行动。从经济社会发展规律、人民群众对美好生活的向往和“四化同步”发展出发，统筹生产生活生态，同步谋划产业发展，同步配套建设基础和公共服务设施，同步加强社会治理，通过有利生产、方便生活等方面的实质性改善，有序引导农民群众按城镇化规律集中居住。尊重乡土风貌和地域特色，保留村庄原有肌理，片区化、组团式整体谋划村庄规划。加强对新建农房式样、体量、色彩、高度等的引导，迭代优化农房设计通用图集，推进“五优农居”建设，努力建成一批可复制推广、富有“武进特色”的样板房。加快农村宅基地制度改革成果转化，着力优化农村土地资源要素配置，促进土地节约集约利用，通过农民主动、项目带动、政策推动，切实改善农民住房条件，全面提升农村人居环境，积极构建武进未来乡村建设雏形，力争年内完成1000户（套）以上农房建设任务。突出设计引领，强化农房建设审批管理，加强农房风貌塑造，探索开展整体连片乡村风貌提升，优先推动在交通主干线沿线开展存量农房微改造，努力构建一批民居风貌美观、田园气息浓郁、体现苏南特色的乡村风貌示范区域。

18. 实施全域推进美丽乡村建设行动。围绕“长三角最美湖湾城”建设要求，深入实施美丽乡村建设，重点围绕市级美丽乡村示范项目建设和新孟河沿线片区建设，加快省特色田园乡村等特色典型的打造，加快形成一批立足乡土社会、富有地域特色、承载乡韵乡愁、体现现代文明的美丽乡村样板，年内太湖湾片区雅浦板块核心区全面建成，力争新增省特色田园乡村3个。结合现代化宜居农房建设和乡村风貌提升，组织实施“三美一高”（生态美、环境美、人文美、管护水平高）生态宜居美丽乡村示范建设，加快打造“新江南水乡”。

19. 强化乡镇服务功能。顺应规律、分类引导，形成主导功能鲜明的小城镇空间布局，把乡镇建设成为服务农民的区域中心。改善小城镇基础设施和公共服务条件，满足农民就近生活需求。高质量培育产城融合特色小镇，加强重点中心镇、特色小城镇建设，开展美丽宜居小城镇建设试点，提升被撤并乡镇集镇区整体面貌。

20. 推动农村基础设施提档升级。争创“四好农村路”全国示范县。深化农村公路管理养护体制改革，全面推行农村公路路长制。实施农村道路交通安全设施和交通管理设施精细化提升工程，深入开展平交路口信号灯、减数带、视频监控、区域测速、电子警察等交通管理设施建设，加强农村支路、进出村路口的警示和降速措施设置，在有条件的路口实施“坡改平”改造。加强对穿村过镇、平交路口等重点路段和区域的交通组织精细化设计，明确道路通行路权，完善标志标线、机非隔离、人行横道等设施。加强农村公路临水、高路堤、陡坡等隐患路段交通安全设施建设，设置防撞护栏、警示桩、警示标志灯设施。推进农村公路＋产业融合发展，改善城乡客运出行品质，提升农村物流服务水平。推进农村村组道路建设，加强通自然村道路和村内街巷道路建设。持续提升农村电网供电可靠性和供电质量，推进农村电力设施提档升级。推动供气设施向乡村延伸，不断提高乡村管道天然气覆盖率。全面实施光网乡村建设，光网乡村全面建成，光纤到户实现全覆盖。加快农村供水管网更新改造，构建从源头到龙头的城乡供水保障体系。加强农村公共基础设施管护体制改革，推进公共基础设施城乡一体化管护体制改革试点。

21. 促进数字乡村建设。加快推进数字农业农村基地发展进度，引导推动大数据、云计算、物联网、人工智能技术在农业农村领域全产业、全链条覆盖应用，加快农业农村生产、经营、管理、服务数字化试点改造，打造产业、风貌、文化、服务、治理等数字化应用场景，建设智慧农业服务体系、智慧乡村治理体系。推进农业物联网技术应用，培育园艺、畜牧、水产、大田种植、农产品质量监管等农业全行业领域物联网技术示范亮点。规模设施农业物联网技术推广应用面积占比超27%，农业电商线上线下交易额达20亿元。

22. 加快城乡基本公共服务一体化。加快推进新型城镇化建设，推动基本公共服务供给向服务常住人口覆盖。重视学前教育普及，多渠道加快农村普惠性学前教育资源建设。整体提升农村学校硬件设施和内涵建设水平，鼓励城乡学校开展学校联盟集团化办学，优秀教师跟岗锻炼，优秀教师城乡牵手，推动义务教育正高级教师、特级教师、骨干教师依托乡村骨干教师培育站送教下乡到边远农村学校、新建校交流。全区新建、改扩建农村学校12所，年内竣工7所，农村义务教育学校全面达到省定办学标准。强化基层特色科室建设，新增1个省级、4个市级基层特色科室，推进村卫生室（家庭医生工作室）建设。加强乡村医疗卫生人才队伍建设，加大全科医生培养力度，提升基层卫生人员能力。全面建立分级诊疗制度，县域内就诊率达到95%以上。健全农村社会保障体系，落实城乡居民基本养老保险待遇确定和基础养老金正常调整机制，提高城乡居民基本养老保险基础养老金标准。统一城乡居民医保政策，门诊慢性病增加到14种，普通门诊统筹待遇增加高额费用补助，将全区低保边缘家庭成员纳入城乡居民医保资助参保范围。健全农村优质养老服务体系，改造提升农村区域性养老服务中心1家。

六、加强和改进乡村治理

23. 完善乡村治理体系。积极推进党建引领、自治法治德治智治融合、村级集体经济充分发展的“1+4+1”乡村治理体系建设，推行网格化管理、数字化赋能、精细化服务，积极运用清单制、积分制、数字化等新技术新手段，推广“大数据＋网格化＋铁脚板”经验做法，不断提高乡村善治水平。完善村级重要事项、重大问题经村党组织研究讨论机制，全面落实“四议两公开”制度。加强基层纪检监察组织与村务监督委员会的沟通协作、有效衔接，加强对村干部特别是“一肩挑”人员的监督。加强农村集体“三资”监管，开展村集体经济组织五年轮审。推进村委会规范化建设。完善农村基层民主制度，全面推广民生茶社等自治模式。因地制宜推广村级小微权力清单、村级组织依法自治事项清单、依法协助政府工作事项清单，规范村级组织机构牌子和证明事项，推行村级基础信息统计一张表制度，切实减轻村级组织负担。培育乡村治理示范村，树立一批典型，发挥其引领示范和辐射带动作用，促进建设充满活力、和谐有序的乡村社会。

24. 创新农村精神文明建设有效平台载体。组织农村党员群众深入学习习近平新时代中国特色社会主义思想，依托新时代文明实践中心（所、站）、区级融媒体中心等平台开展对象化、分众化宣传教育，培育和践行社会主义核心价值观。推动乡镇新时代文明实践所、村级新时代文明实践站、综合文化服务中心提高建设标准、拓展内涵功能，全面提升服务农民群众质效。持续开展“听党话、感党恩、跟党走”宣传教育活动。以典范性文明城市创建统领文明村镇、文明家庭、文明户创建，深化爱国卫生运动，推动移风易俗，弘扬文明乡风。广泛开展文明村镇创建活动，区级以上文明村镇创建率达65%以上。启动实施文化产业赋能乡村振兴计划。创新实施文化惠民工程，提升农村基层公共文化服务效能，扎实推进送文化下乡，丰富高品质文化产品和文化供给。开展“乡村读书节”系列活动，推动农家书屋转型升级。加强农耕文化传承保护，推进非物质文化遗产和重要农业文化遗产保护利用。支持农民自发组织开展广场舞、趣味运动会等体现农耕农趣农味的文化体育活动。办好中国农民丰收节武进庆祝活动。

25. 确保农村社会和谐稳定。严格落实“一区一警两辅”“一村一辅警”工作要求，推动中心村和治安复杂村警务室提档升级。常态化开展农村扫黑除恶斗争，进一步改善农村政治生态和治安环境。深入推进平安法治乡村建设，依法严厉打击农村制售假冒伪劣农资、非法集资、电信诈骗等违法犯罪行为，依法制止利用宗教、邪教干预农村公共事务，维持稳定安宁的社会秩序。深入践行、创新发展新时代“枫桥经验”，完善矛盾纠纷多元预防调处化解综合机制。妥善解决农村矛盾纠纷，实施“信访突出问题攻坚化解年”行动，深入开展农村宅基地、承包地矛盾纠纷排查化解工作。健全领导干部接访下访和阅批群众来信制度，真心实意回应解决群众诉求。加强农业综合行政执法能力建设。村民委员会依法自治达标率达到97.2%。高度重视农业农村安全生产，开展农村交通、消防、安全生产、自然灾害、食品药品安全等领域风险隐患排查和专项治理，建立常态化监管工作机制，道路隐患排查治理机制及交通死亡事故党政领导到场制度，坚决遏制重特大安全事故。持续抓好农村疫情常态化防控，防止出现聚集性疫情。

七、加大乡村振兴政策保障力度

26. 统筹推进农村集成改革。深化农村土地承包“三权分置”改革，全面加强承包经营纠纷调解仲裁工作。开展全国农村宅基地制度改革和农村改革试验区试点任务，深化拓展宅基地制度改革试点，围绕农村宅基地“三权分置”，探索形成一批可复制推广的制度和典型案例，努力打造宅基地制度改革“武进样本”。完善农村村民住房建设规划许可流程，指导乡镇开展农村宅基地用地建房联审联办工作。深化宅基地数字化管理制度改革，优化完善全区农村宅基地综合管理信息平台应用软件设计与功能布局，为建立全市统一的宅基地和农房管理系统提供“武进经验”。深化集体产权制度改革，有序推进“政经分开”试点。加强农村产权交易市场体系建设，丰富拓展产权交易品种、范围，盘活各类资产资源。开展探索构建推动水稻稳产保供生产补偿机制集成改革，有序建成水稻稳产保供生态试验示范区，有效提升镇村和种植主体重农抓粮的积极性。深化拓展农产品质量安全“数字化＋网格化”精准监管机制改革，构建“区—镇—村—站”四级网格精准监管体系，完善农产品质量安全信息传递机制，探索创新长效监管机制。持续深化供销合作社生产、供销、信用“三位一体”综合改革，增强供销合作社为农服务能力和综合实力，推进基层“农合联”长效管理及实体化运作。

27. 健全财政支农稳定增长机制。加大一般公共预算投向农业农村力度，压实地方政府投入责任，保持“三农”投入稳定增长。认真落实省稳步提高土地出让收入用于农业农村比例的政策，避免对一般公共预算支农投入产生挤出效应。进一步加大涉农资金统筹整合力度，加强“先建后补、以奖代补”“大专项＋任务清单”等方式的运用。发挥财政、基金、银行、保险、担保“五位一体”财政金融协同支农政策作用，建立健全“三农”领域多元化投入机制。优化乡村振兴专项资金使用，集聚用于美丽乡村建设。引导保险机构开发适合地方特色和农户急需的保险产品，加快农业保险信息化建设，加快推进农业保险高质量发展。

28. 创新金融支农方式。鼓励金融机构加大农业农村专属金融产品创新力度。稳步推进农村土地承包经营权、农民住房财产权抵押贷款工作。推进农村信用体系建设。发挥农商行农村金融主力军作用，发挥政府性融资担保公司、农村小额贷款公司等服务“三农”作用。充分运用再贷款、再贴现等货币政策工具，撬动更多信贷资源投向农业领域、农村地区。支持地方政府申请发行政府债券用于符合条件的乡村振兴公益性项目。深入推进金融惠农行动。鼓励金融机构加大对乡村建设的中长期信贷支持力度。持续推进农村信用体系建设，创建农村信用示范区。选派金融人才到镇、村挂职。加强农村金融知识普及教育和金融消费权益保护。

29. 持续推进农业农村重大项目建设。牢固确立项目为王理念，开展农业农村重大项目提质增效年活动。健全农业农村重大项目建设服务机制，全力服务项目落地推进。围绕农村基础设施、基本公共服务设施和稳产保供、产业融合、绿色发展、乡村建设等领域，超前谋划储备一批打基础、管长远的重大工程，完善市级农业农村重大项目储备库。实施农业农村重大项目20项以上，总投资、年度计划投资分别达20亿元、9亿元以上。

30. 加强乡村振兴人才队伍建设。加快培养乡村产业人才，深入实施新型职业农民培育工程、农民专业技能培育计划和农村创业创新带头人培育行动，积极培育家庭农场经营者、农民合作社带头人和农业专业化服务人才，加快培养农村一二三产业融合发展人才、农村电商人才、乡村建设工匠，培育壮大乡村企业家队伍。新培育高素质农民1500人，继续推进新型职业农民函授大专定向培养。培育造就特色乡土人才，深入实施龙城英才乡土人才选拔培养计划，加强对“农创客”“田秀才”“土专家”的引进培养使用。选优建强乡村治理人才，深化基层干部专业化体系建设，选优配强村党组织带头人，加强村“两委”后备人才队伍建设，加大网格员队伍建设，完善提升“戎装兴村”、“定制村干”等工作，坚持和完善向重点乡村选派驻村“第一书记”制度。稳定提升乡村公共服务人才，聚焦农村教育、医疗卫生、文化旅游、基础设施等，打造一支与之相适应的公共服务人才队伍。发展壮大农业农村科技人才，实施百名现代农业精英人才培育计划，大力培育农业农村科技创新人才和科技推广人才，稳定农业技术、农村水利、农村畜牧兽医、农业机械等公益性服务队伍。鼓励培养乡村规划、设计、建设、管理专业人才。加大政策扶持，优化发展环境，促进各类人才“上山下乡”投身乡村振兴。

31. 统筹配置农村土地资源。保障落实县镇级国土空间规划安排不少于10%的建设用地指标，专项保障乡村发展。规范使用每年单列不低于5%的新增建设用地计划指标，支持农村一二三产业融合发展。有序推进土地整理，鼓励镇村积极开展农村居住用地复垦，盘活存量建设用地，获得的建设用地指标优先满足现代化宜居农房建设需求。用足用好每年不低于5%的农村村民住宅建设新增建设用地计划指标。探索村民向符合申请条件的本集体经济组织成员转让宅基地，引导进城落户村民自愿有偿退出宅基地。

32. 深入开展农业农村现代化示范建设。积极建设市新时代鱼米之乡（新江南水乡）示范镇，分级推动省级特色田园乡村、生态宜居美丽乡村、市级美丽乡村创建，高质量全面推进乡村振兴。对标先进地区开展现场观摩、交流学习等务实管用活动，营造实干争先、比学赶超良好氛围。广泛动员社会力量参与乡村振兴，深入推进“万企联万村、共走富裕路”行动。

八、坚持和加强党对“三农”工作的全面领导

33. 强化乡村振兴责任落实。坚持发扬党带领群众艰苦奋斗的精神，制定落实乡村振兴责任制实施细则，明确区级推动乡村振兴责任，推动各级党委书记切实扛起乡村振兴“第一责任”。持续开展乡村振兴实绩考核，并纳入党政领导班子和领导干部综合考核评价内容。完成乡村振兴党政负责同志轮训工作。落实各级党委和政府负责同志乡村振兴联系点制度。

34. 实施抓党建促乡村振兴行动计划。深化镇级管理体制改革，健全镇级党委统一指挥和统筹协调机制。加强镇、村集中换届后领导班子建设，整体优化村党组织书记队伍，推进村书记专职化管理全覆盖，全面开展农村基层干部乡村振兴主题培训。加强党支部标准化建设，深入开展以软弱涣散基层党组织动态清零和党支部标准化规范化建设100%全覆盖为主题的零百行动，实施党组织“评星定级”和党群服务中心“五亮五优”工程。新评定“五星”级村党组织15个，打造村党群服务中心“点亮工程”示范阵地4个左右。

35. 加强党的农村工作机构建设。发挥党委农村工作领导小组“三农”工作牵头抓总、统筹协调等作用，一体承担巩固拓展脱贫攻坚成果、全面推进乡村振兴议事协调职责。推进党委农村工作领导小组议事协调规范化制度化建设，建立健全重点任务分工落实机制，完善重点工作督办体系，发挥部门和工作专班作用，协同推进乡村振兴。加强党委农村工作领导小组办公室建设，围绕强化决策参谋、统筹协调、政策指导、推动落实、督导检查等职能，充实人员力量、健全运行机制、提高履职能力。

武进区教育高质量发展三年行动方案（2022—2024年）

武政发〔2022〕45号

为推进武进教育高质量发展，办好人民满意教育，实现教育优先发展、科学发展、创新发展，根据《江苏省深化新时代教育评价改革实施方案》《常州市深化基础教育综合改革实施方案》《常州市武进区“十四五”教育发展规划》等文件精神，结合全区教育发展实际，制定本方案。

一、指导思想

以习近平新时代中国特色社会主义思想为指导，全面贯彻落实习近平总书记关于教育的重要论述，全面贯彻党的教育方针，坚持为党育人、为国育才，围绕立德树人根本任务和教育高质量发展的主题，争当教育改革排头兵、争做创新发展先行者，推进教育领域综合改革，促进教育内涵发展，提高教育社会服务水平，为推进“两湖”创新区和最美湖湾城建设，争创更多“第一唯一”贡献教育力量。

二、总体目标

全面落实市“532”发展战略，打造全市领先、全省前列、长三角教育高质量发展示范窗口，打响“吾有优学”的武进品牌，让每一所学校都成为更有品位更具活力的高品质学校，让每一个孩子都能享有更加公平更为优质的高质量教育。到2024年，高标准创成全国义务教育优质均衡区、全国学前教育普及普惠区、江苏省高质量平安校园建设区，全面建成有创新力、影响力、发展力的现代化教育强区。

三、主要任务

（一）实施教育攻坚行动，营造良好教育生态

规范民办义务教育发展。深化民办学校分类管理改革，理顺“公参民”义务教育学校体制机制，依法依规加强对民办义务教育学校办学行为监管。针对区内义务教育阶段“公参民”学校，一校一策制定工作方案，分类推进“公参民”学校规范工作，2022年底前完成规范整治工作。制定新市民学校整治

方案，开展社会风险评估，2022年完成新市民学校整治，有效推进教育公平。

全面落实“双减”政策。全面加强中小学生作业、睡眠、手机、读物、体质管理，开展经常性督导评估和动态监测。发挥学校主阵地作用，实施作业改革，提升课堂质量。创新实施“5+2”课后服务模式，调动社会资源积极参与，促进优质教育资源共建共享。构建校外培训长效管理机制，加强校外培训机构资金监管，完善规范校外培训发展综合治理体系。实现100%学校“作业提质、课堂提效、教研提档、服务提标”，学校育人功能有效发挥，学生负担显著减轻，校外培训规范有序，家庭教育支出显著减少。

优化教育体制机制。推进学前教育管理机制改革，理顺学前教育管理体制，落实推进学前教育更好发展的若干措施。完善经费保障体系，加大经费投入力度，贯彻落实教育发展的“三个优先”和两个“只增不减”，健全生均拨款制度，建立稳定增长机制。完善学校治理机制，实施中小学校党组织领导的校长负责制，优化学校内部治理结构，促进学校主动发展。

（二）实施“五育”融合行动，落实立德树人根本任务

开展“吾育100”工程。培养全面发展，适应未来的学生，实现100%孩子都有专长，100%学校都有特色，三年内全区打造思政、体育、艺术、科学、劳动等特色学校100所。突出德育为先，推进大中小学思政课一体化建设，打造品格提升工程项目，加强班主任队伍培育，每年评选区名班主任100名。提升智育水平，统筹实施跨学科综合性主题教学，开展科创教育的教学实践，打造科创教育品牌。加强学校体育改革，推进学校体育“一校一品一特色”项目建设，增强体育素养，改善学生体质。加强美育熏陶，实施学校美育提升计划，打造全区域中小学艺术联盟，探索艺术特长生贯通培养模式，创建市“书法教育示范区”。强化劳动育人，依托太湖湾劳动教育基地，探索劳动实践教育新样态，形成区域劳动教育特色。

开创“协同育人”新格局。构建政府主导、学校主体、家庭配合、社会参与的全方位育人体系。统筹各学段培养目标，优化学生评价机制，创新评价方法，强调过程性、多元性和科学性，构建基于大数据的中小学生综合素质评价体系。出台《关于进一步加强全区中小学心理健康教育和家庭教育的指导意见》，优化心理健康和家庭教育服务、支持和保障体系。开发多样化的教育资源，加强“线上＋线下”家长学校建设，每年开设百场讲座和家长课堂，推进家校共育工作，促进青少年身心健康成长。

探索“创新人才”培育新路径。实施普通高中拔尖创新人才培养工程，建立拔尖创新人才培养“绿色通道”，每年选拔一批学生进入省前中“强基计划”人才培养试点。引进优质师资，搭建平台，设立数理化、信息等领域重点项目，努力培育拔尖创新人才。探索构建各学段有机衔接、与高等院校、科研院所等联合协同培养拔尖创新人才的有效方式。建设学生创新创造平台，开展研究性学习成果评选、创新实验大赛等提升学生的创新能力和素养。

（三）实施质量提升行动，推动育人方式改革

深化教育教学改革。研究建立“双减”政策下的新型教学评价机制，切实加强对教学工作的过程管理和质量管理。修订完善《关于进一步深化中小学课堂教学改革的行动方案》，推进课堂转型、作业提质、深度教研等领域改革，全面提高教学质量。指导学校制定“一校一案”课堂教学改革行动计划，三年内评选区课堂教学改革优秀项目50个，打造省、市前瞻性教学改革实验项目12个。组织全区课堂教学改革推进会，总结提炼各校特色，发挥学科育人功能，宣传推广“武进经验”，推动育人方式改革。

强化教育科研创新。提升科研活动参与率，三年内实现两个“百分百”：100%的中小学承担区级以上教科研课题，100%的中小学教师参与教育科研活动。高标准建设好各级教科研基地，三年内创建市示范教科研基地1所，评选表彰区教科研示范学校50所，区教科研领军教师200名。提高教育科研的适切度，完善四级课题网络，优化教科研课题结构，聚焦区域教育发展中的重点、难点问题，每年设立20项左右专项课题。遴选精品项目持续培育，三年内，评选并持续孵化30项教学成果培育项目，每学年组织1次区域教科研成果展示推广活动。提升教科研的贡献度和区域教育的影响力。

推进智慧教育发展。按照“区级公共平台＋校级智慧校园＋班级智能教学”的三级建设模式，探索“未来学校”建设，形成武进特色的智慧教育体系。优化智慧教育环境，每所中小学至少建成1个智慧教室，实现名师优质资源广泛共享。丰富智慧教学资源，实施“个性化学”与“差异性教”相统一的智能教学，“线上”与“线下”相结合的混合式学习。完善智慧教育管理，探索基于信息技术的新型教学方式，重塑教学评价和教学管理方式，构建以学习者为中心的个人成长空间，形成信息时代教育治理新模式。努力实现100%的中小学成功创建为省智慧校园，每年至少创建1所省智慧校园示范校。

实现各学段协调发展。扩大学前教育普及普惠范围，2023年争创全国学前教育普及普惠区，三年内创建18所省市优质园。进一步规范民办幼儿园管理，以“市幼小衔接实验区”“课程游戏化”等为抓手，推动幼儿园品质提升。促进义务教育优质均衡发展，创建市“新优质学校”12所，2024年高标准创建全国义务教育优质均衡发展区。深化普通高中多样化特色发展，支持省前中高水平完成省高品质示范高中各项改革发展任务，支持省武高争创省高品质示范高中建设立项学校，到2024年，全区省四星级普通高中比例力争达100%。

（四）实施培根铸魂行动，提高教师队伍素养

优化教师评价机制。以“四有”好教师团队建设和“新时代教师队伍建设先进学校”评选为抓手，建立以师德、能力、业绩、贡献为导向的教师评价机制。三年内，建设市级“四有”好教师团队20个，评选“新时代教师队伍建设先进学校”30所。把师德师风教育纳入各类教师培训“第一课”内容，健全教师个人信用记录和诚信承诺、失信惩戒机制，将治理师德师风纳入专项督导和责任督学挂牌督导范畴。

完善教师队伍培育。三年内，根据我区公办中小学生源数变化情况，结合新市民学校分流、上级规范义务教育阶段民办学校相关部署等工作，动态调整教师编制数，有序新增教师。公办幼儿园编制教师和员额管理教师占公办幼儿园教师总数的比例逐步提高。加大教育高层次人才和名特优教师优惠政策支持力度，着力打造教育人才高地。启动“吾有优师”培育计划：

设立新教师培训基地10个，探索新教师成才新路径；组建区"名教师工作室"50个，充分发挥名师的示范、引领、辐射作用。三年内，培育15名"苏教名家"、省特级教师、省正高级教师等高层次人才，100名"武进名师"，1000名区学科带头人和骨干教师，力争中小学市、区两级梯队教师比例达32%以上。

深化人事制度改革。深入实施"区管校聘"人事制度改革，真正做到"人尽其用、人尽其才"。推进教师交流轮岗工作，提高教师交流质量，确保每年教师交流人数不少于应交流人数的15%，其中骨干教师数不少于交流人数的20%。继续推进"1+X"绩效工资改革，激发队伍活力。巩固完善中小学教师与本地公务员工资收入增长长效联动机制，确保中小学教师平均工资收入水平不低于或高于当地公务员平均工资收入水平。提高备案聘用教师保障，足额缴纳"五险一金"，完善编外教师收入提升机制，保持队伍稳定。

（五）实施卓越领航行动，打造一流校长团队

优化校长选拔模式。严格校长选任程序，强调德才兼备。建立"武进区教育系统管理人才培养梯队库"，三年内充实后备库人才600名。实施"未来校长"培养工程，依托教育系统优秀青年教师培训班、中层干部能力提升班等，三年内重点培养校长、副校长后备人选300名左右，为建设高质量队伍奠定基础。推行"武教英才计划"，制定激励政策，营造良好教育环境，吸引和留住优秀人才。

创新校长培育方式。构建全面提能的培养体系。依托校级领导任职资格培训班、"武进教育讲堂"、"校长聚焦课堂"等载体，实施精准施培。继续开展好"名校长工作室"系列工作，成立"名校长成长俱乐部"。采取"内修＋外研"和"递进式导师制"培养模式，助推校长专业成长。开展校级领导职级制改革试点，三年内评选星级校（园）长100名，星级书记30名，为促进武进教育高质量发展提供人才支撑。

强化校长监督机制。坚持党管干部、党管人才、党管队伍。严格落实《中小学校领导人员管理办法》，强化监管职能。建立校级领导班子和干部队伍分析研判机制，定期开展综合分析。建立立体监督网络，实施巡查计划，三年内巡查学校30所，离任审计100%全覆盖。坚持严管和厚爱结合、激励和约束并重，打造一支风清气正的校长队伍。

（六）实施"集团化3.0"行动，推进教育优质均衡

加快品牌名校孵化。针对武进教育实际，着力打造有区域影响力的知名教育品牌，依托名校优质资源和品牌效应，实施品牌孵化计划，采取"名校建新校"模式，对新建学校实施一体化管理。进一步完善名校集团化办学支持政策，建立经费保障机制，制定区域内集团校师资互派计划，加强对集团发展性绩效评估监测考核。完善名校资源的动态再生发展机制，重点板块新建学校实现100%名校资源全覆盖，推动武进核心区域教育的整体高品质发展。

实施乡村教育振兴。依托区内优质教育资源，实现管理共通、师资共育、课程共建、资源共享。探索以集团为平台的教师交流轮岗模式，引领校与成员校每学年互派不少于5人的交流教师团队，实现学科全覆盖，逐步实现集团内骨干教师资源的共享。深化城乡一体化教育协作机制，实现优质教育资源的流动和共享，以"硬件设施更新＋师资队伍升级＋课程文化培育"发展模式，为乡村学校赋能，推动学校提升办学品质，让乡村学校迅速成长为群众"家门口的好学校"，实现城乡教育更加优质均衡，三年内打造优质乡村学校15所。

促进优质学校成长。充分发挥中坚部分学校的力量，成立"优质学校成长"联盟，强化竞争合作机制，统一联盟内素质教育考评标准。制定学校三年成长计划和发展规划，召开联会和论坛，提升学校主动发展能力，在创新管理、教育科研、队伍建设等方面互相学习、携手共进，促进学校成为持续学习和成长的"发展共同体"。通过高质量的校际协作共享，提升武进优质教育群体质量，打造培育一批新的市新优质学校和知名教育品牌。

（七）实施产教融合行动，建设职教创新高地

推进产教融合政策落地。建立产教融合联席会议制度，出台《武进区产教融合促进办法》，鼓励企业参与校企合作、培养技术技能人才，推进落实"金融＋财政＋土地＋信用"组合式激励政策，充分激发行业企业参与职业教育发展的内生动力。试点开展股份制、混合所有制改革项目1～2个。制定《武进区产业学院、企业学院建设指导意见》，聚焦区域先进制造业产业集群与战略性新兴产业，依托区域龙头企业和骨干院校，组建产业学院集群1个，联合区域中小企业共建企业学院N个。完成常高职产教融合公共实训中心建设。

提高校企协同育人质量。推进"校企协同育人"模式改革，构建校企协同育人评价指标体系，强化学校和企业"双主体育人模式"实施。出台《武进区产业导师评聘办法》，推进校企互聘兼职的双师队伍建设，建设校企协同创新中心3个。制定职业学校教师企业实践管理办法，在企业建设校企一体化教学工作站10个以上，建设省级、争创国家级高水平结构化教师教学创新团队。实施现代学徒制、企业新型学徒制，提升实践教学比例。推进校企共同研发课程，推进1+X证书制度实施，共同指导师生参加"技能大赛""双创大赛"，推进"岗课赛证"综合育人模式，提升人才培养质量。

提升服务区域发展能力。主动融入"两湖"创新区和最美湖湾城建设，主动对接市场需求，优化区域职业教育供给，区内对口合作企业100家，每年为地方培养实用人才1000名。研究制定武进区产教融合型企业认定、管理和激励办法，锚定优势产业、主导产业、未来产业开展产教融合型企业认定和建设，每年培育省、市级产教融合型企业不少于2家，力争国家产教融合型企业取得突破。推进职业学校和企业联盟、与行业联合、园区联结，探索建立基于"政校行企、四方联动、协同共建"为导向的产教融合发展联盟，促进城市、产业与教育的协同发展、共同提升。

（八）实施平安校园行动，提供和谐安全保障

建设高质量平安校园。推进更高水平平安校园建设，压实校园安全责任，优化部门联席联动机制，完善学校安全防控体系。抓住关键环节，突出重点工作，依托校园专属网格系统推广使用，全力防范消除校园安全风险隐患，努力把每所学校建成安全标准更高、稳定基础更牢、师生员工更满意、社会各界更认可的高质量平安校园。2022年创建为江苏省高质量平安校园建设区。

推进校园安全保障工程。推进教育系统安全专项整治三年行动，加强安全防控体系建设，推进安全信息化监管平台建设，

总结推广一批平安校园建设和校园及周边治理经验成果。推进全民安全教育工程建设，加大硬件设施设备投入。着力开展校园智慧安防建设，三年内建设 15 ～ 20 所“智慧安防校园”。大力推进校园消防安全保障能力建设，三年内完成全区 20 所公办幼儿园消防设施改造任务。

深化校园安全宣传教育。推进安全宣传教育进校园，深化安全教育课程建设，用好武进区中小学生安全教育读本，制定课程的设计、实施、评价方案。定期组织学生开展安全体验和技能训练。推动安全教育实践（体验）阵地建设，每年建成 1 所以交通安全、消防安全、防溺水、逃生自救等为主题的综合性中小学安全教育实践基地。推进体验式安全教育，开展多样实操和培训课程，提高全体师生的应急意识和安全素养。

四、保障措施

（一）强化组织保障。加强党对教育工作的全面领导，建立推进教育高质量发展工作领导小组，由区委、区政府主要领导担任双组长，区相关分管领导为副组长，各相关部委办局及各地主要负责人为组员，形成教育行政部门负责具体工作、相关部门协调配合的体制机制，统筹推进教育高质量发展三年行动方案的贯彻落实，不断增强推进教育改革发展的动力，形成工作合力，为教育高质量发展营造良好环境。

（二）强化资源保障。结合“532”发展战略，“两湖”创新区和最美湖湾城等布局规划，编制《武进区教育设施布局专项规划（2021—2035）》和武进“两湖”创新区域教育专项规划，推进“两湖”创新区基础教育配套建设，优化全区教育规划布局。高效率、高起点、高标准开展教育项目建设，继续加快推进《武进区教育“强弱项 补短板”三年行动方案（2021—2023 年）》，增加优质学位供给，为教育高质量发展提供资源保障。

（三）强化宣传保障。充分提炼武进教育发展理念，打造“吾有优学”品牌特色，每年举办“教育发展论坛”“教学成果汇报会”，宣传推广教育发展成果。整合媒体力量，深度报道武进教育特色亮点，形成全媒体立体化宣传格局，切实提升武进教育品牌的认知度和认同度。组建“武进教育好声音”团队，提升宣传队伍素质，营造教育发展和谐氛围。深化跨区域、跨层次教育交流，进一步输出“吾有优学”品牌，提升武进教育知名度和美誉度。

（四）强化督导考核。区委、区政府将落实教育高质量发展纳入全区高质量发展考核体系，纳入对各乡镇及区有关部门履行教育职责评价指标体系。区委、区政府将教育工作作为督查重点内容，加大考核力度，定期进行督查，确保高质量发展三年行动方案扎实推进、高效落实。

表 85

附件：武进区教育高质量发展三年行动方案重点推进项目计划及分年推进表

序号	行动名称	项目名称	主要内容	分年度推进内容			牵头部门	责任部门
				2022 年	2023 年	2024 年		
1	教育攻坚行动	义务教育民办学校规范	完成义务教育阶段民办学校规范整改，完成区内新市民学校的整治，有效推进教育公平，营造良好的教育生态	2022 年秋学期开学前，完成新市民学校的整治。制定“一校一策”方案完成区内“公参民学校”的规范整改	巩固包括义务教育“公参民”学校专项治理在内的规范民办义务教育发展工作成果	强化管理，促进区内义务民办教育规范发展	教育局	政府办、宣传部、政法委、网信办、编办、发改局、公安分局、司法局、财政局、人社局、审计局、信访局、高新区、湖塘镇、牛塘镇、礼嘉镇
2		“双减”工作全面落实	全面落实“双减”工作，充分发挥学校主阵地作用，规范校外培训机构发展。实现学校育人功能有效发挥，学生负担显著减轻，校外培训规范有序，家庭教育支出显著减少	实现义务教育阶段学校课后服务 100% 覆盖；形成科学的作业管理规范；强化校外培训机构长效监管，大大压减学科类校外培训机构数量	构建全方位、全学段、全覆盖的高质量课后服务体系。将作业管理纳入教研体系，构建规范校外培训发展综合治理体系	全面实现作业育人功能有效发挥，学生过重作业负担显著减轻；校外培训行为规范有序，家庭教育支出显著减少	教育局	公安分局、民政局、财政局、人社局、住建局、文体广旅局、市场监管局、金融监管局、消防救援大队、各镇（开发区、街道）
3		体制机制改革	理顺幼儿园管理机制。完善经费保障体系，加大经费投入力度。落实学校办学主体地位，增强学校发展动力	启动学前教育管理机制改革。提高各学段生均公用经费拨款标准。完善学校主动发展规划评估指导机制	理顺幼儿园管理机制。动态调整生均公用经费拨款标准。实施中小学校党组织领导的校长负责制	构建完善的经费保障体系。实现学校治理体系和治理能力提升	教育局	编办、财政局、人社局、各镇（开发区、街道）
4	『五育』融合行动	“吾有100”工程	全面落实立德树人根本任务，高质量实施“五育”并举，大力发展素质教育，让每个孩子都有专长，每所学校都有特色	打造品格提升工程 10 个，加强班主任队伍建设，评选市区名班主任 100 名，创建各类特色学校 35 个	新增品格提升工程 10 个，新增市区名班主任 100 名，创建各类特色学校 35 个	新增品格提升工程 10 个，新增市区名班主任 100 名。创建各类特色学校 30 个，全区 100% 的学校完成特色学校创建工作	教育局	编办、财政局、人社局

续表 85

序号	行动名称	项目名称	主要内容	分年度推进内容			牵头部门	责任部门
				2022 年	2023 年	2024 年		
5	质量提升行动	学前教育普及普惠	创建全国学前教育普及普惠区，创建18～20所省市优质园，提升学前教育品质	明确创建目标，根据职责分工，对标对表，建立问题清单，积极整改落实。创建省市优质园8～10所	完成全国学前教育普及普惠区创建。创建省市优质园6所	创建省市优质园6所。全面提升区域学前教育发展水平	教育局	编办、财政局、人社局、各镇（开发区、街道）
6		义务教育优质均衡	创建全国义务教育优质均衡区，推进区域教育优质均衡发展	建立推进区域义务教育优质均衡发展领导机构、工作小组，明确责任主体、工作目标和任务，一校一策、一镇(街道)一案，统筹推进	提升推进阶段：明确时间进度及责任人，确保工作质量和进度。召开研讨会、现场会、推进会，攻坚克难，重点推进	迎评验收阶段：各成员单位对照职责、标准自查完善；区政府组织模拟评估，区、镇（街道）、校做好迎接省、市评估的各项工作	教育局	编办、财政局、人社局、各镇（开发区、街道）
7		普通高中特色发展	支持省前中高水平完成省高品质示范高中各项改革发展任务，支持省武高争创省高品质示范高中培育学校，推进普通高中特色优质发展。全区省四星级普通高中比例力争达100%	支持普通高中特色优质发展。支持省前中高水平完成省高品质示范高中各项改革发展任务。建立拔尖创新人才培养“绿色通道”	支持普通高中特色优质发展。支持省武高争创省高品质示范高中培育学校。引进拔尖人才培养师资，搭建平台	高中特色优质发展。探索建立和高校等联合协同培养拔尖创新人才的有效方式。礼嘉中学创建为省四星级高中	教育局	编办、财政局、人社局
8		教育教学提质工程	深化课堂教学改革，加强教学管理和教研指导，推进教育信息化建设，推动育人方式改革。所有中小学校创建成为省智慧校园，完成区域智慧教育云平台建设，构建具有武进特色的智慧教育体系	修订完善中小学课堂教学改革的行动方案，推进课堂转型、作业提质、深度教研等领域改革。建设智慧教室35个，85%以上的中小学创建成为省智慧校园	各校制定“一校一案”课堂教学改革行动计划，评选学校课堂教学改革优秀项目50个。建设智慧教室35个，95%以上的中小学创建成为省智慧校园	实现每所中小学至少1个智慧教室，100%的中小学创建为省智慧校园，建成区域智慧教育云平台。举行教育教学改革推进会，推广“武进经验”	教育局	财政局
9		科研创新提质工程	完善课题结构，壮大科研队伍，孵化科研成果。立项省级以上课题20项、市级课题60项、区级课题300项；每年设立专项课题20项。创建市示范教科研基地1所，评选区教科研示范学校50所，区教科研领军教师200名。评选并持续孵化30项教学成果培育项目	立项省级课题10项左右；创建市示范教科研基地1所。组织1次区域教科研成果展示推广活动。争取在国家级教学成果评奖中获奖	立项市级课题60项、区级课题300项。评选区教学成果培育项目30项	立项省级课题10项左右；评选区教科研示范学校50所、区教科研领军教师200名。争取15个项目确定为市教学成果培育项目	教育局	教育局
10	集团化办学3.0行动	集团化办学3.0工程	聚焦优质均衡发展，优化布局全区教育资源，基本实现全区各教育集团品牌化	制定《武进区深入推进集团化办学的实施意见》，区域义务教育学校集团化办学新格局调整完成。创建市新优质学校4所	新建学校纳入集团化管理，优化集团化办学机制。创建市新优质学校4所。打造优质乡村学校7所	全区各教育集团基本实现品牌化，做好宣传工作。创建市新优质学校4所。打造优质乡村学校8所	教育局	编办、财政局、人社局、各镇(街道)

续表 85

序号	行动名称	项目名称	主要内容	分年度推进内容			牵头部门	责任部门
				2022 年	2023 年	2024 年		
11	培根铸魂行动	师德建设工程	探索深化新时代教育评价改革，建立以师德、能力、业绩、贡献为导向的教师评价机制，发挥评价激励作用，强化教师队伍建设，夯实教育高质量发展基石	评选市“四有”好教师重点培育团队6～8个，区“新时代教师队伍建设先进学校”10所左右	评选市“四有”好教师重点培育团队6～8个，评选区“师德建设先进学校”20所	评选市“四有”好教师重点培育团队6～8个，评选区“新时代教师队伍建设先进学校”10所左右	教育局	财政局、人社局
12		人才建设工程	优化教师资源配置，创新和完善名教师、名班主任、名校长培养机制，加大教育高层次人才和名特优教师优惠政策支持力度，着力打造教育人才高地，启动“吾有优师”培育计划	新增省教育高层次人才5名左右，市学科带头人50名左右，市骨干教师80名左右。设立新教师培训基地10个左右；评选区学科带头人200名左右，区骨干教师300名左右；组建20个“区名教师工作室”	新增省教育高层次人才5名左右，市特后10名左右，市新秀80名，市能手60名	省教育高层次人才5名左右，市学科带头人50名左右，市骨干教师80名左右。评选区学科带头人200名左右，区骨干教师300名左右；组建30个左右“区名教师工作室”	教育局	组织部、编办、人社局、财政局
13		机制建设工程	深入实施“区管校聘”人事制度改革，真正做到“人尽其用、人尽其才”。继续推进“1+X”绩效工资改革，激发队伍活力	研究幼儿园教师的绩效工资改革，理顺管理关系，加强与乡镇部门的沟通，保障幼儿教师的待遇，稳定幼儿教师队伍	巩固完善中小学教师与本地公务员工资收入增长长效联动机制，完善教师交流轮岗机制。实施好第四轮专业技术岗位聘任工作	备案聘用教师足额缴纳“五险一金”，完善编外教师收入提升机制，保障收入逐年提高	教育局	编办、人社局、财政局
14	卓越领航行动	未来校长培育工程	依托教育系统优秀青年教师培训班、中层干部能力提升班等，三年内重点培养“未来校长”人选300名左右	重点培养后备人才100名左右	重点培养后备人才100名左右	重点培养后备人才100名左右	教育局	组织部、编办、人社局、财政局
15		卓越校长培育工程	开展校级领导职级制改革试点，三年内评选区星级校长100名左右，区级好书记30名左右，新增常州市特级、高级、骨干校长15名左右，新增常州市一至三级好书记10名左右。开展30所学校巡查	评选区星级校长35名左右，星级书记10名左右，新增市特级、高级、骨干校长5名左右，新增市一至三级好书记4名左右。开展10所学校巡查	评选区星级校长35名，星级书记10名，新增市特级、高级、骨干校长5名左右，新增市一至三级好书记3名左右。开展10所学校巡查	评选区星级校长30名左右，星级书记10名左右，新增市特级、高级、骨干校长5名左右，市一至三级好书记3名左右。开展10所学校巡查	教育局	组织部、编办、人社局、财政局
16	产教融合行动	创新合作机制工程	建立和完善促进产教融合发展的体制机制，出台相关制度和办法，推进落实激励政策，充分激发行业企业参与职业教育发展的内生动力	建立产教融合联席会议制度，出台产教融合办法和相关政策。建设2个产业学院，选聘产业教授（产业导师）6人	试点开展股份制、混合所有制改革项目1～2个。启动常高职产教融合实训中心建设。建设2个产业学院，选聘产业教授（产业导师）6人	建设2个产业学院，选聘产业教授（产业导师）6个，完成常高职产教融合公共实训中心建设	教育局	发改局、财政局、住建局、金融监管局

续表 85

序号	行动名称	项目名称	主要内容	分年度推进内容			牵头部门	责任部门
				2022 年	2023 年	2024 年		
17	产教融合行动	校企协同育人工程	推进“校企协同育人”模式改革，强化学校和企业“双主体育人模式”实施	建设校企协同创新中心 1 个；建设校企一体化教学工作站 4 个；参加“技能大赛”“双创大赛”获省级金牌不少于 8 枚	建设校企一体化教学工作站 4 个，建设省级、争创国家级高水平结构化教师教学创新团队	推进校企共同研发课程，推进 1+X 证书制度实施	教育局	发改局、人社局
18		提升服务能力工程	优化区域职业教育供给,结合“一区一城”的发展规划和目标定位，统筹规划职业教育和人力资源开发的规模、结构和层次	每年建设高水平骨干示范专业 1–2 个；制定武进区产教融合型企业认定和管理办法，培育省、市级产教融合型企业不少于 2 家；启动产教融合发展联盟建设	认定区级产教融合企业 8 家；进一步完善产教融合发展联盟运行机制	认定区级产教融合企业 8 家；建成区域示范的产教融合联盟	教育局	发改局、工信局、财政局、科技局、人社局、税务局
19	平安校园行动	高质量安全发展工程	开展校园智慧安防建设，实施消防设施改造。完成创建江苏省高质量平安校园建设区，推进教育高质量安全发展	完成校园智慧安防和公办幼儿园消防设施改造的计划、预算、立项和招标。完成江苏省高质量平安校园建设区创建，推进安全信息化监管平台建设	完成 9 所智慧安防校园建设和 10 所公办幼儿园消防设施改造任务。进一步推进安全防控体系建设，完成信息化监管体系建设	完成 9 所智慧安防校园建设，完成 10 所公办幼儿园消防设施改造任务。构建高质量安全发展长效常治工作机制	教育局	宣传部、政法委、发改局、公安分局、财政局、住建局、交通局、卫健局、应急管理局、市场监管局、文体广旅局、城管局、消防救援大队
20		校园安全教育工程	深化推进区域性安全教育课程建设，开展安全教育实践（体验）阵地建设，深化安全教育进校园活动	区域性安全教育读本进课程，建成 1 所综合性安全教育实践（体验）阵地	建成 1 所安全教育实践基地。构建学生安全教育课程体系；持续进行安全教育实践（体验）阵地建设，定期组织学生开展实验体验活动	建成 1 所安全教育实践基地。推进区域性安全教育课程建设出经验成果，深化安全教育进校园活动，构建校园高质量安全发展宣传教育工作机制	教育局	

重要文件题录

表 86 区委文件题录

编号	文件标题	编号	文件标题
4	关于认真组织开展 2021—2022 年度基层党员冬训工作的通知	18	关于印发 2022 年全区党建工作要点、纪检监察工作要点、组织工作要点、宣传思想文化工作要点、统战工作要点、作风建设工作要点、党的基层组织建设工作要点的通知
9	关于印发《2022 年常州市武进区重点民生实事项目责任分解落实方案》的通知	19	关于印发《法治武进建设规划（2021—2025 年）》的通知
10	关于对 2021 年度“阳湖先锋”进行通报表扬的决定	20	关于印发《常州市武进区法治社会建设实施方案（2021—2025 年）》的通知
14	印发《2022 年全区政法工作要点》的通知		
17	关于做好 2022 年全面推进乡村振兴加快农业农村现代化重点工作的实施意见	21	关于印发《常州市武进区贯彻落实〈法治政府建设实施纲要（2021—2025 年）〉实施方案》的通知

续表 86

编号	文件标题	编号	文件标题
22	转发《区委宣传部、区司法局关于在全区公民中开展法制宣传教育的第八个五年规划（2021—2025）》的通知	37	关于印发《武进区"532"发展战略2022年度重点项目（工作）清单》的通知
24	关于成立武进区"两湖"创新区建设工作指挥部的通知	39	关于印发《2022年武进区深入打好污染防治攻坚战工作方案》的通知
25	关于撤销常州市武进中国春秋淹城旅游区党工委、常州市武进中国春秋淹城旅游区纪工委、设立常州市武进中国春秋淹城旅游区管理办公室党工委的通知	40	关于成立武进区创新委员会的通知
		41	关于经济发达镇培育对象申报的请示
26	关于印发《武进区建设"长三角青年发展友好型示范城区"实施意见》的通知	45	关于印发《中共常州市武进区委常委会2022年工作要点》的通知
27	关于印发《十三届常州市武进区委巡察工作规划（试行）》的通知	46	关于印发《关于加强基层治理体系和治理能力现代化建设的实施意见》的通知
28	武进区国有企业风险排查报告	50	关于"2022中国——以色列创新合作周"成果总结的报告
29	武进区融资平台公司底数核查工作情况报告		
30	关于印发《武进英才"荣誉工程"实施办法（修订）》的通知	55	关于深入学习贯彻党的二十大精神的通知
		58	关于印发《武进区共青团基层组织改革实施方案》的通知
36	关于成立中共常州市武进区委考核工作委员会的通知		

表 87 区政府文件题录

编号	文件标题	编号	文件标题
1	关于印发《2022年政府工作报告》目标任务分解落实方案的通知	137	关于印发《武进区妇女发展规划（2021—2025年）》和《武进区儿童发展规划（2021—2025年）》的通知
3	关于印发《常州市武进区政务数据资源共享管理暂行办法》的通知	145	关于印发《常州市武进区全民健身实施计划（2021—2025年）》的通知
8	关于印发《武进区关于加快推进知识产权高质量发展的若干政策》的通知	158	关于命名第二届"金牌工人"的决定
		163	关于印发《关于武进区公办义务教育学校吸纳新市民学校学生入读的实施方案》的通知
18	关于授予龙凯等8人武进荣誉市民称号的决定		
25	关于印发《关于切实做好2022年全区自然资源和规划工作的实施意见》的通知	170	关于切实做好第五次全国经济普查专项试点工作的通知
		198	关于取消、承接、调整一批行政权力事项及进一步规范行政审批中介服务事项的通知
26	关于印发《武进区深化农村公路管理养护体制改革实施方案》的通知	205	关于印发《常州市武进区国家知识产权强县建设示范工作方案（2022—2025年）》的通知
29	关于发布2021年度武进区区长质量奖评审结果的通知		
44	关于印发《常州市武进区"十四五"教育发展规划》的通知	238	关于成立武进区药品安全委员会的通知
		242	关于公布行政规范性文件和政策措施类文件清理结果的通知
45	关于印发《武进区教育高质量发展三年行动方案（2022—2024年）》的通知	243	关于印发《武进惠企政策"一企通"管理暂行办法》的通知
50	关于印发《关于深入开展农村人居环境整治提升行动 扎实推进生态宜居美丽乡村建设的实施意见》的通知	244	关于加快数字政府建设的实施方案
57	关于印发《武进区深入推进县域医共体建设实施方案》的通知	255	关于上报备案《武进区池塘标准化改造实施方案（2022—2023）》的报告
123	关于印发《各镇、开发区集中行使农村村民非法占用土地建住宅行政处罚权试点工作方案》的通知	257	关于印发《武进区关于加快推进质量品牌和标准化高质量发展的若干意见》的通知

表 88

区委办公室文件题录

编号	文件标题	编号	文件标题
1	关于印发《关于贯彻落实深化国有企业和国有资本审计监督的实施意见》的通知	34	关于确定2022年度区领导重点联系督办、领办代表建议的通知
2	关于通报2021年武进区重点（专项）课题验收结果的通知	35	关于印发《关于加强基层应急管理体系和能力建设的实施意见》的通知
3	关于转发区关工委《2022年武进区关心下一代工作意见》的通知	36	关于成立常州市武进区南医大常州校区建设推进领导小组的通知
4	关于调整区四套班子领导挂钩联系镇、开发区（重点园区）分工的通知	37	关于印发《武进区机器人长夜高层次人才引进实施办法（试行）》的通知
5	关于印发《常州市武进区档案事业发展“十四五”规划》的通知	38	关于印发《2022年全区督查检查工作计划》的通知
6	关于印发《武进区集成电路产业高层次人才引进实施办法（试行）》的通知	39	关于印发《2022年度中共常州市武进区委与各民主党派政治协商计划》的通知
7	关于印发《2022年区级重点产业项目投资计划表》的通知	43	关于印发《常州市武进区“武商服务卡”实施办法（试行）》的通知
8	关于印发《武进区“全民反诈”防范电信网络诈骗专项治理行动方案》的通知	44	关于印发《武进区2022年优化营商环境重点任务清单》的通知
9	关于实施全区党群阵地“五优五亮工程”的意见	45	关于成立武进区“两湖”创新区建设工作指挥部办公室的通知
10	关于表扬十六届人大代表建议、十四届政协委员提案办理工作先进集体和先进个人的通报	46	关于调整区四套班子领导挂钩联系乡镇、开发区（重点园区）分工的通知
11	关于调整武进区生态文明建设委员会成员的通知	47	关于印发《积极应对新冠肺炎疫情影响强化财政支出管理的通知》的通知
12	关于成立常州市武进区林长制工作领导小组的通知	48	关于调整农村改革试验工作领导小组的通知
15	关于印发《关于开展“四查一帮扶”走访活动的方案》的通知	49	关于印发《武进区2022年度对口支援协作合作工作要点》的通知
16	关于成立中央生态环境保护督察协调联络组的通知	50	关于印发《武进区人才公寓建设和运营管理暂行办法》的通知
17	关于印发武进区突出生态环境问题整改专项督查组工作方案的通知	52	关于印发《武进区应急管理综合行政执法改革实施方案》的通知
18	关于印发《关于领导干部外出请示报备工作的实施办法》的通知	56	关于2022年武进区重点（专项）课题立项的通知
19	关于印发《关于优化农村生态补偿政策的实施意见》的通知	59	关于成立武进区南医大常州校区建设推进领导小组办公室的通知
20	关于印发《2022年全区主要经济社会发展预期目标任务分解表》的通知	61	关于举办第十届市民艺术节的通知
21	武进区政协2022年工作要点及年度协商计划	63	关于转发《关于开展2022年度“慈善一日捐”活动的意见》的通知
23	关于转发《2022年全区干部（人才）教育培训工作要点》的通知	64	关于成立武进区人才公寓建设和运营管理工作领导小组的通知
25	关于印发《关于深化提升安全生产专项整治三年行动的实施方案》的通知	65	关于印发《关于进一步加强武进区党外代表人士队伍建设的实施意见》的通知
26	关于印发2022年度重大项目任务分解表的通知	68	关于印发《关于加强全区数据安全工作的实施方案》的通知
28	关于印发《中共常州市武进区委全面深化改革委员会2022年工作要点》的通知	70	关于印发《关于加强社区工作者队伍建设的实施意见》的通知
29	关于开展2022年度区领导挂钩联系服务重点企业工作的通知	71	关于印发《武进区深化社区建设和管理的实施意见》的通知
31	关于印发《区委常委会成员、区政府领导班子成员2022年安全生产重点工作清单》的通知		
33	关于开展2022年度重点提案督办工作的通知		

续表 88

编号	文件标题	编号	文件标题
74	关于探索深化基层干部专业化体系建设的实施意见	85	关于成立常州市武进区南大未来技术创新研究院建设推进领导小组的通知
75	关于印发《关于推动党史学习教育常态化长效化的实施意见》的通知	87	关于成立"首位廉盟"助力两湖建设的实施意见
77	关于印发《关于开展全区基层党建"红盟聚力 先锋建功"系列行动的实施意见（2022—2026 年）》的通知	89	武进区经济发达镇改革与培育工作方案
		91	关于做好《历史的丰碑——武进红色资源概览》发行工作的通知
83	关于 2022 年武进区重点（专项）课题结项的通知		
84	关于转发《区人大、区政协、区检察院关于建立人大代表建议、政协委员提案与公益诉讼检察建议衔接转化工作机制的意见》的通知	92	关于印发加强和改进新时代我区政协工作的实施意见的通知

表 89　**区政府办文件题录**

编号	文件标题	编号	文件标题
2	关于印发常州市武进区城镇燃气安全"三查三全三化"排查整治工作方案的通知	22	关于印发《常州市武进区"十四五"农业农村现代化规划》的通知
3	关于印发《武进区产业投资基金管理办法》的通知	25	关于印发《2022 年武进区太湖、滆湖安全度夏应急防控实施方案》的通知
4	关于印发《关于支持机器人产业发展若干政策》的通知		
7	关于印发《常州市武进区"十四五"生态环境保护规划》的通知	26	关于印发《常州市武进区太湖（滆湖）湖泛应急预案》的通知
8	关于印发武进区 2022 年第一批政府投资项目建设计划的通知	28	关于印发《疫情期间加大力度助企纾困推动经济稳定健康运行的专项行动实施方案》的通知
9	关于印发《2022 年武进区金融工作要点》的通知	29	关于加快推进武进区智慧广电乡村工程建设的通知
10	关于印发《全面推行农村公路"路长制"的实施方案》的通知	33	关于印发《2022 年度武进区引导化工生产企业转型发展的若干政策》的通知
12	关于转发市政府办公室《关于扶持帮助受本轮疫情影响较重的企业及困难群众的若干政策》的通知	36	关于印发《2022 年度武进区关于推进制造业智能化改造和数字化转型的若干措施》的通知
13	关于印发《关于开展"创智武进当标杆"活动的实施意见》的通知	37	关于印发《常州市武进区 2022 年度地质灾害防治方案》的通知
15	关于印发《武进区铸造行业高质量发展工作方案（试行）》的通知	38	关于印发《关于应对疫情影响重点支持服务业相关企业稳定发展的若干举措》的通知
16	关于印发《常州市武进区水利（务）发展"十四五"规划》的通知	41	关于转发《常州市自建房安全专项整治实施方案》的通知
17	关于印发《常州市武进区既有住宅加装电梯实施方案》的通知	42	关于印发《2022 年常州市武进区法治政府建设工作要点》的通知
18	关于公布《常州市武进区实行告知承诺制证明事项清单（2022 版）》的通知	44	关于印发《关于促进武进区医疗健康产业高质量发展若干政策措施》的通知
19	关于印发《2022 年全区科技招商工作突破年实施方案》的通知	45	关于印发《武进区制造业智能化改造和数字化转型行动计划》的通知
20	关于认定常州炜烨食品技术开发有限公司等 8 家企业为常州市武进区农业产业化龙头企业的通知	46	关于印发《2022 年武进区城乡生活垃圾分类和治理工作实施方案》的通知

续表 89

编号	文件标题	编号	文件标题
48	关于印发《常州市武进区 2022 年政务公开工作要点》的通知	63	关于公布 2022 年度常州市武进区政府重大行政决策事项目录的通知
50	关于印发《2022 年武进区各镇、街道和开发区管委会及区消防安全委员会成员单位消防工作任务清单》的通知	65	关于印发《武进区优势农产品推广（2022—2024）实施意见》的通知
52	关于印发《关于武进区域内高速公路项目前期征地拆迁工作的实施意见》的通知	66	关于印发武进区建立以“村级服务站（点）”为最小网格的精准监管机制改革试验实施方案的通知
53	关于印发常州市武进区道路交通事故应急预案的通知	67	关于印发《关于进一步提升全区政务帮办代办促办服务质量的实施方案》的通知
55	关于印发武进区 2022 年第二批政府投资项目建设计划的通知	69	关于印发《武进区区长质量奖管理办法》的通知
56	关于印发武进区 2022 年电子政务项目建设计划的通知	72	关于公布常州市武进区行政许可事项清单的通知
57	关于印发《2022 年武进区普惠金融发展示范区建设实施方案》的通知	73	关于印发《武进区畜禽养殖污染防治规划（2021—2025）》的通知
59	关于印发《常州市武进区促进创新发展的若干政策（试行）》的通知	75	关于印发《全区农村道路交通安全专项整治行动方案》的通知
60	关于转发《常州市城乡居民基本养老保险实施办法》的通知	82	关于印发《关于推进林木种苗和林下经济高质量发展的实施意见》的通知
61	关于印发《常州市武进区全民科学素质行动规划纲要实施方案（2021—2025 年）》的通知	83	关于修订武进区居家养老服务实施办法的通知
		84	关于印发《常州市武进区“无废城市”建设实施方案（2022—2025 年）》的通知

调研报告选编

赋能高质量发展新引擎、打造数字经济新高地

——关于“十四五”时期武进区数字经济发展的思考和建议

党的十九大以来国家先后出台了《网络强国战略实施纲要》《数字经济发展战略纲要》《“十四五”数字经济发展规划》，从国家层面部署推动数字经济发展。2021 年 10 月 18 日，中央政治局就“把握数字经济发展趋势和规律推动我国数字经济健康发展”进行第三十四次集体学习。习近平总书记明确提出，要不断做强做优做大我国数字经济，推进数字产业化和产业数字化，推动数字经济和实体经济深度融合，不断做强做优做大数字经济。党的二十大报告提出：加快建设数字中国，加快发展数字经济，促进数字经济和实体经济深度融合，打造具有国际竞争力的数字产业集群。

在新一轮科技革命和产业变革中抢占先机、赢得主动，顺应时代发展趋势、培育经济增长新动能与新增长点，准确研判发展数字经济的宏观形势，深入分析我区数字经济发展的现状和存在问题，认真研究产业数字化、数字产业化和实现数字化治理的任务书、时间表和路线图，对于深入贯彻“532”发展战略、全力推动“两湖”创新区建设，全面完成“十四五”时期的各项目标任务，具有十分重要的意义。

一、数字经济的概念、内涵和定义

（一）数字经济的概念。最早提出数字经济概念的是北美学者 Don Tapscott 于 1996 年出版了 *The Digital Economy: Promise and Peril in the Age of Networked Intelligence*，描述了互联网经济对数字经济的发展带来的影响，他被学界公认为“数字经济之父”。从国际上看，信息技术的飞速发展使数字经济成为各国争夺的战略高点。美国最早在数字经济领域布局，并在云计算、大数据和人工智能等领域不断推动数字经济发展。1998 年，美国商务部首次发表了一本关于数字经济的书，该书中解读了数字经济，引起了世界其他各国的高度关注。英国在 2009 年针对性地出台了《数字英国》规划，借助信息技术大力发展数字经济。德国的“工业 4.0”以及《数字德国 2015》则旨在推动企业数字化转型，促进数字经济发展。

从国内看，数字经济的概念已经成为各界关注的热点。自十八大以来，数字经济等新兴产业蓬勃发展，数字经济与经济社会各领域不断融合发展。新一代信息技术催生的创新要素使资源配置进一步优化，提高了我国的全要素生产率，传统行业获得了发展的新动能，数字技术已经成为我国转变经济发展方式，推动经济高质量发展的重要因素。

综上所述，数字经济的概念一般分为两个维度：从狭义上看，数字经济就是以信息与通信技术为基础的数字化社会经济活动；从广义上看，数字经济不仅是社会经济活动，还应该细化为娱乐文化产业、工业控制、物流运输产业和军事领域等所有可以被数字化的领域。

（二）数字经济的内涵。国家发展改革委会同中央网信办

2019年、2020年分别印发的《国家数字经济创新发展试验区方案》和《关于推进“上云用数赋智”行动培育新经济发展实施方案》，将数字经济主要内容聚焦到数字产业化和产业数字化两大领域：数字产业化指的是数字技术形成产业的过程，为数字经济整体进步提供了基础的技术、产品、服务和解决方案等，如近年来的人工智能、云计算等新兴产业；产业数字化指的是传统产业的数字化升级过程，主要是应用数字技术带来了生产数量的提高和生产效率的提升等，如传统汽车生产企业采用自动化生产线、液压油缸制造企业采用的智能化铸造流水线。

从国家统计局在其网站上公布的数字经济及其核心产业统计分类（2021年）来看，从“数字工业化”和“产业数字化”两个方面，将数字经济分类分为五类：(1) 数字产品制造业，(2) 数字产品服务业，(3) 数字技术应用产业，(4) 数字要素驱动产业，(5) 数字效率提升产业。其中，前四类产业即数字经济的核心产业，是指为数字产业、产品、服务、基础设施和解决方案的发展提供数字技术，完全依靠数字技术，各种经济活动的数据要素，是数字经济发展的基础。第五类工业数字化是指数字技术和数据资源应用于传统产业带来的产出和效率的提高，即数字技术与实体经济的融合。这一部分涵盖智能农业、智能制造、智能交通、智能物流、数字金融、数字商务、数字社会、数字政府等数字应用场景。数字技术已经并将进一步与国民经济各行业产生深刻的渗透和广泛融合。

（三）数字经济的定义。数字经济这一新型经济模式随着信息技术的不断的演变，出现了多视角、多维度的定义。

中国信通院从多个方面对数字经济进行阐述和定义。第一，中国信通院将数字经济分为三大部分，分别为产业数字化、数字产业化以及数字化治理。第二，数字经济是一种与工业经济、农业经济性质相同，但其技术性和创新性又大大超越前两种经济社会的全新形态。第三，数字经济起源于信息经济，是信息化发展更高级的表现形式，同时又有别于信息经济。

阿里研究院于2018年开始从商业模式和新技术范式方向定义数字经济，其定义为：数字经济是能够改变原有经济体系，从根本上改变全球经济格局，并且以新商业模式为基础对未来经济发展做出重大治理格局改变的新经济范式。

2016年9月20日在杭州举办的G20峰会上，对数字经济给出了一个较为明确的完整的定义：数字经济指以使用数字化的知识和信息作为关键生产要素、以现代信息网络作为重要载体、以信息通信技术的有效使用作为效率提升和经济结构优化的重要推动力的一系列经济活动。

2021年国务院印发的《“十四五”数字经济发展规划》中明确，数字经济是继农业经济、工业经济之后的主要经济形态，以数据资源为关键要素，以现代信息网络为主要载体，以信息通信技术融合应用、全要素数字化转型为重要推动力，促进公平与效率更加统一的新经济形态。数字经济发展速度快、辐射范围广、影响程度深，正推动生产方式、生活方式和治理方式深刻变革，成为重组全球要素资源、重塑全球经济结构、改变全球竞争格局的关键力量。

2022年8月1日起施行的《江苏省数字经济促进条例》中规定，本条例所称数字经济，是指以数据资源为关键要素，以现代信息网络为主要载体，以信息通信技术融合应用、全要素数字化转型为重要推动力，促进公平与效率更加统一的新经济形态。

综上所述，本课题组认为：数字经济是以大数据、智能算法、算力平台三大要素为基础的一种新兴经济形态，它以算力平台为基础，运用智能算法对大数据进行存储、处理、分析和知识发现等，进而服务于各行业的资源优化配置和转型升级，促进经济的高质量发展。以上三大组成要素对于数字经济缺一不可：没有大数据，数字经济便是“无米之炊”；没有智能算法，数字经济不能“创造价值”；没有算力平台，数字经济将“不复存在”。

二、数字经济发展先进地区的可借鉴经验

近年来，杭州、南京和苏州等地在数字经济领域的发展突出，促进了其经济的整体转型升级。

（一）杭州：优化数字经济生态

杭州数字经济发展是“数字中国”的重要展示窗口。近年来，杭州市实施数字经济号工程”，打造“全国数字经济第一城”为全国数字经济发展探路试点。新一轮科技革命和产业革命方兴未艾，新技术、新业态、新模式竞相涌现。国际格局深刻调整，发达国家纷纷部署数字经济战略。北京、上海、深圳等地竞相布局数字经济，给杭州数字经济发展带来新挑战、提出新要求。为应对日益激烈的数字经济竞争，杭州要加快完善数字经济发展体制机制，保持其在该领域的竞争力。

做法1：杭州建立企业分类吸引机制，形成多层次协同产业集群。杭州根据企业不同类型，制定不同的吸引政策，即对领军企业实施“鲲鹏计划”，对高成长性企业实施对科技型初创企业实施“瞪羚计划”，对科技型初创企业实施“雏鹰计划”。比如，“雏鹰计划”中针对投融资的扶持措施是：获得银行贷款，将按照不超过实际贷款额银行基准利息的50%给予贴息补助，每家企业可享受贴息的最高贷款金额为2000万元；市创业投资引进基金向“雏鹰企业”倾斜，对获得风险投资的“雏鹰计划”，杭州高科技担保公司可根据其经营状况提供不超过投资额50%的信用担保。通过分类施策，杭州共有制造业单项冠军26家，排在全国前列。

做法2：杭州为数字经济相关产业提供丰富多元应用场景，推动技术融合与创新应用。杭州市政府除与阿里巴巴集团签订战略协议，在数字技术创新、数字赋能产业、数字金融服务、数字城市建设等方面深化合作外，杭州还有数据与航天相结合的云栖小镇、试点智慧医疗的东部软件园创新大厦、低空物流无人机配送服务的余杭未来研创园和西溪无人驾驶测试场等。

（二）苏州：创新数字技术与先进制造业融合

苏州坚持把数字经济作为转型发展的关键增量，以“智改数转”为抓手，加快数字经济和实体经济深度融合，助力企业提质增效，为转型发展增添了强劲动能，也为全省各地推进“智改数转”工作提供了有益经验。

做法1：要素支撑有力。为破解企业因“缺资金”而“不愿转”的难题，苏州出台专项政策措施，为企业“智改数转”送上“真金白银”。推动贴息奖励落地惠企。按照市、县（区）两级累计给予不低于2%的贷款利息补贴，降低企业“智改数转”成本。全市累计41家银行参与“智能制造贷”合作，383家企业签订智能化专项贷款，授信总额达248.6亿元。兑现有效投入奖补政策。按照先导产业、高新技术产业、其他产业三个类别，落实工业企业有效投入专项奖励实施细则，鼓励企业加大技改投入。2021年度支持资金6.3亿元，带动151家企业技术改造投资90.9亿元，推进实施技术改造项目1000个。开展免费诊断服务。面向全国招标优秀机构，通过政府购买服务，分行业、分层次、分区域免费帮助企业“把脉问诊”，挖掘激发转型需求。如昆山市以国家智能制造能力成熟度评估标准为方向，通过“移动门诊”情景式辅导，帮助企业对接“最佳资源”。安特威阀门依据诊断报告实施改造后，年均成本下降了20%，人员减少了50%，产品不良率降至0.1%，探索出一条投资小、成本低、人工少、效率高的全新生产模式。

做法2：扩展服务范围。通过外引内育，培育“智改数转”优秀服务商，针对不同规模、不同类型企业分类开展“智改数转”，持续拓展服务覆盖面。加大平台院所引进力度。2021年，苏州引进浙江蓝卓、海尔卡奥斯等工业互联网平台，落地中国工业互联网研究院江苏分院、国家工业信息安全发展研究中心江苏分中心等大院大所，全国15大双跨平台已有12家落户苏州。培育壮大本地工业互联网平台，新增省工业互联网特色基地4个、省级重点平台10个，居全省第一。新增15家省级智能制造领军服务机构，评选首批20家智能化改造和数字化转型优秀服务商，评选首批26家数字化采集服务商，在机加工、3C及零部件等领域为中小企业提供数据采集服务。鼓励龙头企业集成应用，由点上示范向面上推广转变，推动中小企业加速普及应用，推动产业链条共同实现精益生产、精细管理和智能决策。创建工信部智能制造试点示范工厂3个、智能制造优秀场景5个，占全省三分之一。支持骨干龙头企业参与各类标准制定，以标准引领“智改数转”，如泽达兴邦牵头的中药生产智能化改造标准获批ISO国际标准。

（三）南京雨花台区：推动数字经济协同规模化发展

作为全国首批、江苏唯一的国家软件和信息服务业示范基地、国家数字服务出口基地，第二批国家级“双创”示范基地，雨花台区紧扣“全面创新全域高新”发展定位，抢抓数字经济发展重大机遇，坚持软硬结合、双轮驱动，全面推动数字产业化和产业数字化。从“软件研发”到“数字经济”，雨花台区把握时代发展脉搏，紧跟产业转型和技术进步趋势，创新推动了数字经济快速、协同、规模化发展。

做法：加快优势产业深度融合。综合运用数字创新技术，并与传统优势产业紧密结合，是推动数字经济高质量发展的有效路径。雨花台区瞄准数字经济与主导产业融合发展契合点，通过思想再统一、政策再升级、机制再完善、模式再创新，实现了产业再迭代、应用再拓展，传统产业数字化、智能化水平不断提升，经济发展与治理模式加速重构和优化。同时，强化产业主体要素供给。提升数字经济产业创新能力，是抓住新一轮科技革命和产业变革机遇、赢得区域竞争主动的关键。雨花台区紧紧围绕产业主体发展需求，以提升产业创新能力为导向，加快集聚高端创新资源，加速培育内生发展动力，促进各类创新资源要素迸发涌流、集聚整合，为数字经济发展提供了强大动力。

（四）厦门火炬高新区：壮大区域数字经济服务平台

厦门火炬高新区紧跟国家统计局数字经济统计标准，拟定了火炬高新区关于数字经济发展工作方案。按照现有标准，2021年厦门火炬高新区规上工业企业中数字经济企业达346家，占厦门火炬高新区现有规上工业企业总数74.2%，2021年规上数字经济企业占厦门火炬高新区规上工业总产值的90%以上，数字经济占比不断提高。

做法1：打造智能化服务平台，提升数字服务水平。为提升数字化服务，弥补当前高新区专业服务与企业快速发展不匹配等方面的不足，增强企业及时获取行业信息和资源的渠道，2020年高新区管委会推出两个智能化服务平台——火炬高新区金融服务平台和火炬高新区智能制造服务平台，分别从资金和技术入手提升产融结合与智能制造服务水平。为解决传统企业数字化转型成本高、企业数字化转型路径不清晰等问题，引进华为云厦门创新中心、Watson Build创新中心等相关数字化服务企业，为园区企业转型升级量身定制方案，提升转型效率，降低大量成本。

做法2：引入行业领军企业，带动产业集群发展。围绕数字经济强链补链，厦门火炬高新区持续引进重大项目，如引进联芯、星宸等，构建了一条各环节完善的半导体与集成电路产业链；通过设立的火炬孵化加速母基金，引进集睿致远、天德钰、华大北斗等优质项目；引入戴尔、弘信电子、华联电子等龙头企业，将计算机与通信设备产业打造成为区内产值超千亿元的制造业产业链。同时，孵化培育数字创新企业。近年来，厦门火炬高新区致力“创生态”“强链群”，建立国家级科技企业孵化器，组建火炬产业联合会、软件园发展战略咨询委员会、平板显示产业联盟等企业联盟，积极营造优质的“双创”生态环境，孵化培育出美柚、吉比特、瀚天天成等数字经济细分领域的“小巨人”企业。

三、武进区数字经济“十三五”时期发展状况

“十三五”期间，我区围绕数字经济及相关领域制定和实施一系列政策举措，实现数字经济稳步发展，数字基础设施部署有序、数字产业化发展进程全面提速、产业数字化成绩显著、数字化治理能力大幅提升，数字经济在全区经济中的核心地位和主引擎作用日益突出，成为全区经济社会高质量发展的重要推动力。

（一）数字基础设施建设加快推进。不断强化信息基础设施投入，信息基础设施支撑能力大幅提升。网络基础设施加快完善，截至“十三五”末，累计建成移动通信基站15239个、5G基站2647个，累计建设宽带端口127.68万个，光端口78.90万个，光纤到户（FTTH）用户35.19万户，无线局域网（WLAN）接入点（AP）数1.33万个，城镇和农村宽带接入能力分别达到1000兆和100兆，为经济社会数字化、网络化、智能化转型提供有力支撑。武进全域旅游大数据中心正式启用，实现全区重点旅游景区远程监管。传统设施智慧化改造进程不断加快，公路、水利、邮政等传统基础设施智能化升级初步完成，交通出行服务系统平台、公交智能调度系统、交通运输应急指挥调度平台、公共服务平台、智慧停车平台基本建成，智能应用终端快速推广。

（二）数字产业化发展成效明显。数字产业已成为推动武进区经济发展、具备较强创新能力的主导产业之一。创新撑能力逐渐增强，全社会R&D经费支出占GDP的比重达3.54%，

拥有高新技术企业978家，有效发明专利达7918件，新誉集团、恒立液压等一批企业被认定为国家级企业创新平台。全国双创示范基地建设成效显著，发起创建长三角双创示范基地联盟，创新推出长三角双创券通用通兑，"双创"工作获得国务院激励。软件和信息服务业快速增长，累计培育信息服务业企业125家，2020年实现软件和信息技术服务业业务收入131.8亿元，同比增长9.8%。累计认定省重点领域首版次软件1个，累计建成2家省级软件企业技术中心，入选省级重点软件企业培育库3家、省级专精特新软件企业培育库3家。工业和能源互联网成效显著，新一代信息技术与制造业相互渗透、深度融合，累计获评工信部示范工业互联网平台1家，江苏省重点工业互联网平台5家，武进高新区入选省工业互联网示范工程首批"互联网+先进制造业"基地，星星充电的示范项目成功入选国家能源局首批"互联网+"智慧能源示范项目名单，成为国家级能源互联网试点工程。

（三）产业数字化转型进程加速。武进区作为全省GDP最高的市辖区，拥有丰富的数字化应用市场和融合发展空间。智能制造试点示范突破有力。"十三五"期间累计获评省级智能车间2家、智能车间62家、市级智能车间121家，智能制造装备产业产值达542.1亿，累计认定江苏省智能制造领军服务机构10家，占全省比例超20%，位列全省县区级第一。涌现出由恒立液压领衔探索形成国内首条铸造智能车间"全领域智能制造"的工作闭环模式、万帮数字能源牵头打造的新能源汽车充电桩领域的远程运维模式等一批可复制可推广的新模式。服务业数字化发展稳中提质，韭田创客、嗨购科技和视觉中国等一批服务业领军企业正在深化新一代信息技术向交通出行、电子商务、文化旅游等领域应用和产品创新升级。"智游武进"小程序全面上线，建设以游客服务为核心，集全域旅游全景地图、智能导航、电子讲解、实时信息推送、在线预订、线上支付等服务为一体的智慧旅游服务平台。深入推进"互联网+"现代农业融合发展，成立武进智慧农业研究院，开发并推广应用"武进区畜禽养殖信息系统"，自主研发"武进区渔业信息智能化管控平台"。农村电商发展迅速，2020年农产品电商销售额达13.8亿元，懒人园艺、常洛果品等9个单位入选省农业电子商务示范单位，成功获评2018年度全国县域数字农业农村发展水平先进县（区）。

（四）数字化治理能力大幅提升。紧紧围绕推进政府治理体系和治理能力现代化的目标，不断深化"互联网+政务服务"，积极推进政务服务、社会治理和全民监管数字化。政府数字化转型进展明显，"网上办、快递送、不见面"的行政审批制度改革加快推进，武进公共资源交易、社保卡等事项全流程不见面服务上线，在全市率先完成首个乡镇"不见面"开标，"一窗通办""一网通办"服务能力全面提升。社会治理成效切实提高，首创"先锋网格"和"蜗牛网格"排名模式，全区日均均流转网格事项数稳居全市第一。建成河长制信息化平台，运用"武进河长通"App，实现了巡河轨迹可视、问题交办快捷、数据统计准确等功能。探索建立群租房"红黄蓝"三色动态管理制度，群租房"六创新"模式被国务院督导组认定为"武进经验"。数字惠民工程稳步推进，积极推进"智慧校园"建设，积极引导学校整合优化教育管理应用系统，实现教育管理标准化、精细化、智能化和教育决策科学化，全区省智慧校园数占比超64%。"互联网+医疗健康"取得较大成就，进一步健全和规范武进区人口健康信息平台建设，促进跨机构跨地域互联互通和信息共享，实现就医一卡通、医疗一账通。智慧养老信息服务平台搭建完成，建立以区级养老服务中心为基本载体、镇级养老服务中心为支撑，站点服务网络为依托的三级联动平台。

四、武进区数字经济发展面临的问题

（一）数字产业化基础较为薄弱。新一代信息技术产业链中涉及的产品趋于中低端，在核心零部件的构成中仍然以外部配套为主，导致本区域内的智能网联汽车整车企业，暂时无法就近采购智能驾驶域控制器、语音识别系统、中控芯片等智能化核心零部件；软件产业规模相对较小，在全市的占比低于5%，支撑数字化发展的软件企业集中度不高。在云计算、大数据、人工智能等新一代信息技术领域起步相对较晚，龙头企业匮乏，能适应本地需求、提供本地化服务的优质解决方案服务商较少，发展成熟、规模化应用的产品与服务缺失，产业生态尚未形成。据统计，十大产业链中"新一代信息技术"类别的企业90%不具备自主核心技术。

（二）产业数字化转型相对滞后。大型企业基本上有足够的能力和意愿实现数字化转型，但部分中小型企业由于客观存在改造转型壁垒高，引进智能生产线、研发个性化定制系统费用高，初始资金投入大、回报周期长、试错成本大，后期维护难度大，生产全流程及组织架构、生产方式等都需要进行调整等情况，造成传统中小型企业数字化转型动力不足，这将会导致产业数字化转型的滞后。主要呈现不会转、不敢转、没钱转等问题。

（三）数字生态创新体系有待完善。在新兴产业市场主体培育方面，我区数字经济新业态企业数量少、规模小，缺乏共享经济、平台经济等领域新兴业态的大企业。例如，缺乏滴滴出行、摩拜单车、ofo小黄车、永安行，以及人工智能领域的旷世科技、寒武纪等行业头部企业；在新业态发展中，缺乏如杭州市般以阿里巴巴为龙头带动形成互联网深厚土壤，孕育的人工智能、分享经济、新零售等一系列互联网新业态。相比之下，武进区在发挥如视觉中国、嗨购科技等龙头企业带动作用，推动形成全社会基于数字经济的创新创业氛围，打造数字经济发展新生态等方面还存在差距。

（四）协同治理存在数字壁垒。政府部门间、社会行业间、企业间依然存在"信息孤岛"和"数据烟囱"现象，数据资源"不愿共享""不敢共享""不能共享"等难题亟待突破。支撑数据资源共享和企业合作的新型基础设施建设、标准化建设也有待提升。例如，在工业企业资源集约利用综合评价工作中，涉及市场监督、税务、国土、科技、工信、统计等多个部门、条线的数据，而其中大部分数据都储存于各个部门自己开发运营的数字工作平台中，没有一个统一的平台可以一站式获取企业和地块的相应信息，影响了数据采集工作的精度和效率。

（五）数字经济研发和人才投入不足。数字经济的研发需要花费大量资金，研发周期长，见效慢，企业对数字化研发重视不足，数字自主技术较为缺乏。目前，武进区由发改系统组织申报的创新平台——工程研究中心，共有46个，总数位居常州市第一。但无论省级还是市级的工程研究中心，都没有与数字经济相关的。而创新能力薄弱，直接导致核心技术和关键产品方面受制于人，也制约了数字经济的发展；另外，数字技术人才培养周期长，耗费人力成本、经济成本大，大数据、物联网等新兴技术领域高精尖人才培养本身就存在数量上的不足。数字经济人才不仅仅局限于数字技术，还要熟悉生产流程、管理、营销等企业经营各方面。既懂管理又懂数字化的数字经济复合型人才缺口较大，不足以满足当下武进区数字经济发展需求。而武进区相较于周边上海、苏州和南京等地对人才吸引力不足，也将在一定程度上导致人才缺口持续增加，这些都成为制约数字经济发展的瓶颈。

五、武进区数字经济发展的对策建议

以习近平新时代中国特色社会主义思想为指导，全面贯彻落实党的二十大精神，深入学习贯彻习近平总书记视察江苏重要讲话指示精神，把握全球数字化发展新机遇，以高质量发展为主题，以推动数字技术与实体经济深度融合为主线，突出创新引领，强化数据赋能，夯实数字设施，聚焦数字产业化、产业数字化、数字化治理，加快培育新技术、新业态、新模式，以打造长三角区域数字经济发展新高地，为我区深入贯彻实施“532”发展战略，加快建设“两湖”创新区提供强有力的数字支撑。

（一）聚焦顶层设计，构建数字经济“最强大脑”

1. 加强组织领导。将数字经济作为全区今后工作的重中之重，组建并发挥好数字经济工作推进领导小组的作用，加强对数字经济发展的组织领导和统筹协调，推进落实数字经济发展规划、重点项目建设及重大问题决策，形成上下协同推进数字经济发展的良好格局。同时，考虑到数字经济发展迭代迅猛，数字科技未来的发展具有很强的不确定性特征，可组建高水平的数字经济专家咨询委员会，根据数字经济领域最前沿信息，及时为产业发展提供决策咨询和技术支持。

2. 强化政策扶持。建议在深入研究周边县市区数字经济产业扶持政策的基础上，尽快制定出台差异化的、有竞争力的数字经济高质量发展扶持政策，完善财政投入、载体建设、创新示范、人才引培等各项细化配套政策，推动数字经济产业健康有序发展。重点对产业数字化和数字产业化企业的财政和金融资金支持。根据常州市产业政策资金管理办法，拿出“智改数转”专项资金，保障普惠诊断和标杆项目的激励。此外，针对数字技术研发、数字应用示范、数字产业培育等过程中的创新性、探索性行为，建立“容错纠错”机制，储备“试错”风险资金池，为相关研发投入较大的创新型企业减轻思想负担，激发创新活力。

3. 完善法制监管。数字经济创新发展离不开健全稳固的法规环境，要支持和推动相关部门制定和完善关于数据权属、数据交易、网络安全、个人信息保护等方面的政策法规，为数字经济发展提供支撑。在市场监管方面，需针对数字经济的跨界性特点，建立各部门相互配合的跨区域、跨部门协同监管机制；同时，明确网络平台的主体责任，充分发挥网络平台对数字经济企业主体的管理作用，通过政府管理平台、平台管理企业的分层式管理方式，提高监管实效。

（二）聚焦载体设施，打造数字经济“坚实底座”

1. 适度超前布局数字基础设施。统筹推进新一代信息基础设施建设，提升“新基建”赋能能力。以国家战略为导向，建设以感知、网络、存储、计算、安全为核心要素的基础设施，倡导共享共用。加强人工智能、工业互联网、物联网等新型基础设施建设，超前布局 5G+ 重点领域的信息基础设施建设和典型应用，抢抓新技术发展的机遇红利，加快推动高速、移动、安全、泛在的信息基础设施体系建设，夯实智慧城市发展基础。

2. 打造数字产业集聚区。结合武进区各板块的区位优势、产业优势和生态优势，差异化发展数字经济特色产业区域。例如，武高新可依托现有的常州信息产业园、智能制造产业集群、机器人产业生态圈等平台，加强技术研发与企业孵化，打造数字科技产业园；中以园可依托中以数字谷等项目，利用以色列数字经济发展的先进经验，推进满足数字经济发展要求的基础设施建设，打造国际化数字产业融合示范区；西太湖科技产业园可依托嗨购科技、小牛电动、苏文电能、捷成华视网聚、视觉中国、江苏整搜等互（物）联网平台，打造数字平台产业园；湟里镇可依托东方润安集团的“钢铁 + 智能 + 绿色”战略驱动，打造大数据与制造业深度融合示范基地等。通过差异化布局，形成各板块相互促进的数字经济创新发展格局。

3. 探索建设区级大数据交易中心。党的十九届四中全会首次将“数据”纳入生产要素参与分配，为数据作为商品进行流通交易提供了理论依据。随着数字经济深入发展，未来必然会产生海量数据，因此武进区有必要提前谋划建设数据交易中心，并研究制定规范的商业数据交易、交换机制，在数据流通、数据开放、数据服务等领域为政府机构与行业公司提供专业服务，让数据从“资源”变为“资产”，充分释放大数据发展红利。

（三）聚焦项目引育，筑牢数字经济“硬核支撑”

1. 力促龙头项目引进落地。武进区各板块需围绕数字经济定位，充分发挥特色优势，强化产业链招商，通过与上海、深圳、南京、苏州等城市开展交流合作，举办切实有效的招商活动，主动承接先进城市的溢出效应，引进具有带动示范效应的数字经济龙头项目。同时，倒排时序做好已签约重大数字经济项目的落地服务工作，建立重大项目协调推进机制，提前介入、全程跟进，加速推动项目落地建设投产。此外，要充分利用现有数字经济项目的创新朋友圈，通过以商引商的模式，吸引更多具有创新基因的优质数字经济企业入驻，进一步壮大武进区数字经济的创新力量。

2. 加大中小企业培育。本地中小企业是数字经济发展的主力军，特别是当前，国内外对大型互联网科技公司反垄断不断加强，中小数字企业迎来了新的发展机遇。要更加重视对中小企业的培育，适当降低数字经济行业的准入门槛，简化相关行政审批事项，且对本地数字企业提供一定的税收优惠政策。此外，在制造业、服务业等实体经济领域，挖掘、培育一批具有数字技术应用能力、有发展前景的数字融合企业，并给予相应的技术、人才、资金支持，通过典型带动、示范引领，推动产业数字化进程，打造数字产业集群。

（四）聚焦要素保障，营造数字经济发展“沃土乐园”

1. 强化人才保障。人才是数字经济创新发展的动力，可考虑采用“外引 + 内育”相结合的方式，加强数字经济领域的招才引智。一方面，在数字经济人才引进上提供更多的政策优惠，对人才特别关心的税收、住房、子女入学等问题，提供更加优厚的待遇，对高层次人才可采用柔性引进的方式，如在上海、苏州、深圳等数字经济领跑的城市建设飞地，允许人才研发在外地，项目落地生产在武进；另一方面，鼓励本地高校开设数字经济及相关专业，并与本地企业开展产学研合作，加强应用型、技能型人才培养，对毕业后有意扎根武进、服务武进的学子给予一定的激励措施。

2. 细化资金支持。现代意义上的数字经济企业种类多、范围广，应针对不同类型、不同特点的数字经济企业提供相应的服务。例如，一般数字科技企业通常有“轻资产”的特点，可设立专项信贷资金，接受包括抵押、质押、保证、信用等多种担保方式，适应其企业特征；对新引进具有发展潜力的数字经济项目，可由区国资平台公司成立数字经济专项基金，同时撬动社会资本，在数字经济领域形成具有一定规模的产业基金群；对智能化改造和数字化转型企业，要在及时足额落实财政补助发放的基础上，鼓励银行根据企业的抵押物品、贷款用途、发展前景等评估设计专项金融产品并加大对数字产业的普惠贷款额度，与项目贴息奖励政策形成互补；为部分优质企业争取以资格认证的方式获取国资平台担保贷款，为其转型提供启动资金和持续投入。

3. 优化营商环境。吹响“武A服务，进无止境”营商环境品牌服务集结号，主动当好服务数字经济发展的“店小二”，构建“亲”“清”的政商关系，推进“互联网＋政务服务”和“互联网＋监管”体系建设，强化数字经济创新研究载体建设和体制机制保障，打造一流营商环境。定期召开政企联席会、对话会、专题讲座培训等，倾听企业心声，提供政策解读，积极解决相关发展问题。通过举办数字经济创新创业比赛、高峰主题论坛、产业博览会等活动，为高层次人才搭建沟通交流平台，营造数字经济创新发展良好氛围。

（课题组成员：夷建良　梁　源　王晓丰　唐　晓）

从“开发区”到“湖湾城”

——“两湖”创新区背景下西太湖产业格局重塑路径探析西太湖科技产业园

5月9日，“两湖”创新区建设推进大会隆重召开，作为市委落实“532”发展战略、打造长三角中轴枢纽的重大战略部署，“两湖”创新区建设正式启动。市委书记陈金虎在会上指出，要坚持创新在“两湖”创新区建设中的核心地位，将科技创新“关键变量”转化为高质量发展的“最大增量”，为常州打造长三角创新中轴提供强大源动力。他要求，聚焦十大先进制造业产业集群、八大高成长性产业链，特别是新能源汽车、动力电池、石墨烯等已经形成一定集聚效应的优势产业，全力引进一批旗舰型、龙头型、科技型重大项目，加快未来产业布局落子、拔节成长，抢占引领发展的制高点。建设长三角青年创新创业港，加快推进中央商务区建设，引进集聚总部经济、大院大所、重点实验室、产学研中心等创新资源要素，打造创新策源地。

西太湖科技产业园作为“两湖”创新区核心区，尤其承载着孟津河以南核心城市片区建设的重任，园区的整体面貌将会迎来一次由“开发区＋功能”向真正的“湖湾创新城”的深刻变化和革新。本文将围绕这一深刻变化和革新过程中，园区产业结构的重构做简要分析。

一、西太湖产业发展现状

西太湖的产业发展，始终带着鲜明的清洁、创新、科技底色。2006年7月，国家发改委认定“江苏省武进外向型农业综合开发区”更名为“江苏武进经济开发区”，彼时，西太湖片区经过农发区的十年发展，已经从纯农业开发定位整合转型为以清洁工业为主导产业的综合开发区。无论是经发区发展初期提出的以“生态、精品、特色”为目标，发展生态清洁工业、现代三产服务业、文化创意产业等特色产业的发展定位，到后来逐步形成以石墨烯产业、健康产业、互联网产业、文化旅游产业及中以国际合作的“4+1”特色产业发展格局，再不断发展到今天以“高端医疗健康产业、新材料产业、新智造产业和新经济产业”的“一高三新”特色产业板块，园区的特色产业始终在接续奋斗中蹄疾步稳，内涵不断丰富、能级持续做强，深刻塑造了园区产业发展的整体格局。多年的发展历程中，西太湖逐步形成了以下几方面产业发展特点：

（一）良好的创新转化体系。创新是西太湖最鲜明的产业底色。近年来，西太湖在加速创新成果产业转化进程方面形成了一系列亮点和成果。一方面，园区集聚了大量的创新型企业。截至目前，园区拥有高新技术企业143家，科技型中小企业197家，2022年1—9月高新技术产业产值183.22亿元。万人有效发明专利突破120件，位列全省同等开发区第一；市级以上人才（项目）超过270名，董国材、王涵文、冯江涛、徐世中为常州自主培养的国家重大人才计划。市级以上企业“两站三中心”近百家。医疗器械企业共有二类以上产品注册证555张，其中三类146张。创新型企业将大量的创新成果落地转化，并成功在市场中取得一席之地、不断做大做强，今年以来，百利锂电、征图新视、嘉轩智能等11家列入区高成长型企业累计上报工业总产值33.64亿元，同比增长67.7%。其中嘉轩、征图、孟腾和巨石4家企业同比增长超100%，这些企业本身都有着极强的技术储备，也在积极寻求扩产扩能，体现出创新主导、高成长型的企业对园区经济发展的拉动作用正在不断增强。另一方面，园区积极布局高端创新平台。今年以来，南京大学未来产业学院、南医大常州医学院先后签约落户，江苏大学研究生院也在积极洽谈中，园区创新的“源动力”正在持续增强。在创新转化平台方面，目前已经集聚市级以上“双创平台”超20家，其中，细胞治疗前沿技术研究院下半年正式投用，争取3年内纳入中国医学科学院创新体系；以江南石墨烯研究院牵头建设的常州先进碳材料产业集群入选工信部名单，江苏省石墨烯创新中心获评全省首批制造业创新中心，正在联合创建国家级。园区已建和在建的产业创新载体超过120万平方米。

（二）成熟的特色产业板块。经过十年耕耘、探索，园区“一高三新”特色产业布局愈发鲜明。其中，高端医疗健康产业：重点发展骨科、齿科、有源手术工具、康复辅具、诊断试剂等高端医疗器械，以及细胞治疗、健康医美等高端医疗服务和医疗旅游，创成了国家医疗器械国际创新园（科技部同类园区排名第一)、国家医药外贸转型升级基地,集聚400多家研发、制造和服务企业。新材料产业:重点发展石墨烯和先进碳材料,集聚企业150家,石墨烯首创全球“十四项第一”,建成了国家石墨烯新材料高新技术产业化基地,形成了设备制造、原料制备、下游应用的产业链,“东方碳谷”美誉响彻业界。新智造产业:聚焦产业数字化、制造业服务化,推进智能化改造和数字化转型,大力发展工业互联网,集聚了牛电科技、海鸥股份、晶雪节能、联德电子、新纶科技、腾龙股份等一批行业龙头、单项冠军和上市企业。新经济方面:发展城市经济、文化旅游和科技金融等生产性服务业。创成了省级创投示范区,“龙城金谷”力争5年内,集聚机构数量超1000家,管理资产规模超5000亿元,投资实体企业数量超1000家,投资企业上市数量超100家;建有省级互联网产业园、服务外包示范区,西太湖影视基地是国内最大民国内景拍摄基地,成功打造了国际半程马拉松、音乐节等品牌活动。

（三）*完善的基础城市功能*。园区紧扣“产城融合”这一工作关键,不断提升片区城市品质,经过十多年的城市建设,园区城市道路框架基本搭建完成,水、电、气、信管网实现100%覆盖。近年来,作为常州市产城融合发展综合改革任务,随着“两湖”创新区战略布局落地和核心区建设启动,园区坚持高位谋划、生态为本、转型发展,按照功能分区,实行模块化项目推进。其中,延政路以南,规划滆湖科学城,以揽月湾滨湖风景带为“最大依托”,打造滨湖生态景观和新型城市社区、总部经济,未来成为“两湖”创新区“中央创新轴”,接连落子布局了国际教育名校威雅公学、江苏省武进高级中学、西太湖医院、西太湖外国语附校、华师大附校、万丽酒店等一批重大功能性项目。中部片区,按照孟津河以南片区更新的总体要求,加快谋划“退二进三”,打造“城站活力轴”,规划建设常州南站中央枢纽,培育TOD经济圈。西部片区结合南医大常州校区、常州大学建设,打造“青年创智轴”围绕服务创新人才、高校学生,打造科创街区、医疗健康产业社区、创投公园、会展中心,石墨烯小镇入选国家发改委第二轮特色小镇典型经验。长虹路两侧及北部片区,围绕现有礼河集镇加快推进改造提升,实施好城镇更新、园区更新、农村更新,积极探索西太湖—嘉泽联动片区开发,布局工业邻里中心、城市田园综合体,逐步打造西太湖未来的特色产业集聚板块。

（四）*发展经验:尊重创新,方得蓄势爆发*。创新产业质效好、爆发力强、发展前景广阔,通常也具有环保、安全、节能的特点,是西太湖一以贯之的发展重点。经历十多年的发展,西太湖在近年陆续迎来了一批创新型企业的爆发增长。从头部企业看,今年1—9月,小牛电动、海鸥股份、腾龙股份、晶雪节能等6家列入区重点企业累计完成工业总产值48.68亿元,占园区规上产值的比重达到21%。产值超亿元的企业达到了55家,累计上报规上产值176.08亿元,占规上产值的比重达77.25%,累计上报规上工业产值超1亿元的工业企业数量达到了55家,贡献规上工业产值176.08亿元,在用电量同比微增3.1%的基础上,同比增幅高达31.4%,占整个工业企业总产值的64.89%。规上企业中产值超3亿元的企业达到了20家,累计上报规上产值122.82亿元,占规上产值的比重达53.88%;这55家产值过亿元的企业都已经在园区生产经营5年以上,充分说明西太湖培养出了一批头部企业,有力支撑了整个园区经济的基本盘。从高成长型企业来看,在园区落户的一批创新型企业在度过压力期后,也开始逐步爆发出应有的发展能量。百利锂电、征图新视、嘉轩智能等11家列入区高成长型企业累计上报工业总产值38.49亿元,在累计用电量同比上年同期下降0.4%的基础上,产值同比增长达到了69.1%,其中孟腾、巨石、嘉轩等3家企业同比增长超100%,10家企业的同比增幅都在20%以上,高成长型企业对经济发展的拉动作用不断增强,这是园区一批优质企业持续扩大技术研发密度、高度重视转型升级、坚持创新高质量发展的成果体现。从科技型、创新型企业来看,科技型企业备受资本市场关注。今年以来,园区一批专精特新、瞪羚企业受到了资本的关注。中进医疗已经完成美国纳斯达克问询,预计年底上市,富烯科技预计今年10月启动IPO申报,明年上市;嘉轩智能、第六元素、中科朗恩斯、长三角环科院、孟腾智能装备(宁德时代战略投资1500万)等5家上市后备企业引进战略投资4.2亿元,投后估值达37.4亿元(5家企业都计划在2023—2024年启动IPO);蒙彼利生物、科标医学、芯盛捷创等3家苗圃企业引进战略投资4900万元,投后估值达3.8亿元;唯德康医疗被深圳麦科田收购,股权评估价值为13.91亿元;巨石新能源引进A轮融资3.5亿元,投后估值达12亿元,先诺新材引进战略投资8500万元,10月完成股权变更。创新型企业的发力,在当前和未来都将有力支撑园区产业快速增长和结构优化。

二、西太湖产业结构目前存在问题

1. *项目质效问题*。长久以来,西太湖范围内的总部项目、龙头项目、重大项目数量不多、质效不强。*一是历史基础形成了产城发展的后发劣势*。西太湖脱胎于“国营五七农场”,推进工业化和城市化的进程尚不超过30年,起步较晚,产业基础相较同类开发区相对薄弱,缺少可以倚重的“老牌”强企,城市基础相较其他城市区域又缺乏人口和配套支撑,无论是重大的产业项目还是城市项目都更依赖对外招引,相较其他片区有更多的“后发劣势”。*二是产业特点决定了中小企业的主体地位*。园区特色产业板块整个产业板块中的占比有限,产出还有很大提升空间,引领性没有体现,各产业板块普遍存在行业上限不高或是爆发力尚未兑现的情况,举例来说,医疗器械是园区倚重的医疗健康产业板块,但园区医疗器械产业主要集中在中低端产品,附加值相较医药加工、手术器械等尖端行业明显偏低,而细胞治疗生物药则尚处于研发探索阶段,距离市场化仍有一定距离,短期内投入大于产出的势头无法显著扭转,快速发展的窗口期和机遇期还未到来。再例如,园区石墨烯产业历经十余年发展,已形成一定规模,但行业整体仍处于创新成果从研发端向市场端逐步转化的发展阶段,石墨烯材料应用到信息产业、储能产业仍然较为困难,产业整体处于市场过高期望与中低端应用为主两者的叠加期,无论是企业寻求投资、还是产品拓展市场,都存在一定难度。*三是队伍建设影响了招商引资的工作质效*。园区招商引资所能调度的行政资源有限,招商引资的机构设置还不够科学,板块与板块、条线与条线的信息互通互联还不够通畅,招商人员的素质能力水平还不适应新形势、新要求的需要,综合研判招商项目信息的能力素养还不够,面对城市招商、新兴产业招商的新任务、新课题,人才储备、信息储备和资源储备都有所欠缺。

2. 资源支撑问题。一是创新资源不足。多年来，西太湖的创新平台解决了新兴产业“从0到1”的关键问题，但始终缺少大院大所大企的支持，能级提升存在瓶颈。一方面，辖区内除了常州大学以外，尚未承载更多、更高端的高等院校资源，创新的知识、技术、人才等智力资源获取困难、支撑有限，尤其是结合本地产业特色寻求国内外相关特色院校合作的范围和深度还不足；另一方面，尽管目前园区打造了细胞治疗前沿技术研究院、江南石墨烯研究院、上海交大科技园、常大科技园等一系列特色创新转化平台，但这些平台与诸如中国科学院、北大、清华等国内外顶尖科研机构的合作层次仍然不够，合作深度依然不足，产业领域最为顶尖的创新成果很少在园区转化落地，一定程度上也影响了园区产业在行业内的领先地位，园区特色产业的先发优势、集聚优势难以向领先优势有效转变。二是承载能力不足。园区作为“两湖”创新区核心区，支撑发展的资源量级与所需承载的项目能级始终存在错配，整个园区目前可用土地和厂房载体也所剩无几，石墨烯科技产业园、医疗器械产业园、国际智慧园几大特色产业园空间基本饱和，已经无法承载更多重大企业落户，此外，从目前“两湖”创新区规划设计方案看，孟津河以南片区的“两湖”创新区启动区规划以居住、商业、办公、文体、研发、科技、行政办公、公共服务、基础设施建设等为主，与目前该片区以工业用地为主、集聚大量企业的现状显著不符。未来城市更新的推进过程中，位于该片区范围内的大量企业将面临征迁，其中包括了相当一部分产业特色鲜明、创新能力扎实、绩效产出强势的优质企业，也需要大量的土地资源予以配套。此外，随着新经济的快速发展，园区培育的一批创新项目逐步迎来集中爆发的窗口期，部分特色产业向产业化、规模化项目转化与市场发展高度关联，短时间内会形成对空间载体资源的冲击和巨大需求，这与规建手续、土建周期等客观上存在的时间差难以轻易抹平，上述多个因素叠加，对西太湖的资源储备形成了极大压力。三是政策瓶颈较高。西太湖具有极佳的生态禀赋，有“长三角最后一块净土”之称。这是西太湖的优势，但也是对西太湖发展的一把“双刃剑”，客观上强化了各级考核中对西太湖生态环境保护的考核权重，尤其是使得西太湖成为市、区应对上级考核、选择环保指标“洼地”的选项。当前，大体量项目仍然集中在整车制造、冶炼锻造、生物医药等相对传统的制造、化工行业，环保“门槛”的拔高，能源容量的限制，使得园区的资源承载能力远远无法匹配此类大体量项目的需要。

3. 城市引力问题。一是城市功能尚待完善。园区城市建设起步相对产业发展较晚，城市配套建设虽初具规模，园区的城市功能配套层次单一、功能不周全。商业配套密度较低，目前仅有礼河片区、湖滨社区商业街、绿地香奈商业街等商贸集中区域，且商业配套档次不高，现代商贸环境尚未形成，科教文卫等公共服务功能仍停留在“满足刚需”阶段，对于满足多层次需求尤其是中高端需求方面仍然乏力；产城匹配度不高，城市“钟摆效应”逐步显现：上下班高峰期、节假日、重大活动举办时，园区车流量、人流量都处于高位水平，然而在平日，尤其是下班后，大量职工、游客向城市回流，园区人流量显著降低。二是城市面貌还需提升。“产业园＋集镇”“产业园＋功能”仍然是西太湖目前的主流形态，北部片区以企业集聚和乡镇集镇面貌为主，形象设施陈旧；南部片区生活区、产业区、科创区、景区混杂，尤其在孟津河至环湖路之间，涵盖了生产企业、生活片区、大学园区各种城市形象面貌，点缀着少数老旧乡村，整体面貌与“两湖”创新区不够匹配，乡村更新、园区更新、城市更新亟待推进。三是城市文化内涵不深。围绕城市“文旅”“休闲”“青年”诸多IP的打造探索不多，IP知名度利用不充分，特色活动长期游离在园区产业体系之外，围绕“西太湖马拉松”“西太湖音乐节”开发不足，融合不够，“后马拉松时代”“后音乐节时代”缺乏深入人心的文化产品来延续“IP”和氛围，“创新”的城市文化氛围尚不深入人心，依托文化吸引人才集聚和高质量发展的引力不足。

三、产业结构重塑的指导思想

1. 产业和创新的大势更为明确。党的二十大报告指出，要建设现代化产业体系。坚持把发展经济的着力点放在实体经济上，推进新型工业化，实施产业基础再造工程和重大技术装备攻关工程，支持专精特新企业发展，推动制造业高端化、智能化、绿色化发展。推动战略性新兴产业融合集群发展，构建一批新的增长引擎。要完善科技创新体系。加强科技基础能力建设，提升国家创新体系整体效能。深化科技体制改革，加大多元化科技投入，形成支持全面创新的基础制度；扩大国际科技交流合作，加强国际化科研环境建设，形成具有全球竞争力的开放创新生态。

要加快实施创新驱动发展战略。集聚力量进行原创性引领性科技攻关，坚决打赢关键核心技术攻坚战。增强自主创新能力。加强基础研究，突出原创，鼓励自由探索。强化企业科技创新主体地位，发挥科技型骨干企业引领支撑作用，营造有利于科技型中小微企业成长的良好环境，推动创新链产业链资金链人才链深度融合。要深入实施人才强国战略。加快建设世界重要人才中心和创新高地，促进人才区域合理布局和协调发展，着力形成人才国际竞争的比较优势。加快建设国家战略人才力量，努力培养造就更多大师、战略科学家、一流科技领军人才和创新团队、青年科技人才、卓越工程师、大国工匠、高技能人才。

当前，“中国制造2025”战略目标近在眼前，经济发展“脱虚向实”“向高向远”的趋势不可逆转，无论是习近平总书记对江苏省提出的“两争一前列”要求，省委对常州“要勇争一流，争创更多第一唯一，成为我省现代化建设走在前列的一面旗帜”，还是市委陈金虎书记对武进区“紧扣‘国际化智造名城、长三角中轴枢纽’城市定位，要从带动引领支撑常州未来城市发展、参与长三角城市群竞争的定位高度出发，建立完善市、区统筹的组织领导体系，全力将“两湖”创新区打造成为科技之城、创新之城、生态之城、秀美之城、青年之城、未来之城。”的要求，也在倒逼城市竞争回归产业主赛道。对于常州市而言，新能源、新材料、数字经济、医药健康迎来爆发式发展的风口，规划布局创新“硬核”、打造高能级平台，加速各类资源要素流通集聚，已经成为这座城市竞逐新赛道、增创新优势的“胜负手”。

2. 长三角一体化成为最重要的区域竞合发展路径。长三角地区，一直是我国经济最具活力、开放程度最高、创新能力最强的区域之一。长三角区域一体化发展，将辐射带动长三角以外地区的发展，引领全国的高质量发展。更是在东部沿海与长江经济带新的‘T’形战略布局呼之欲出的大背景下，探索消除行政分割，促进要素自由流动，提高国际竞争力，同时建立健全区域一体化发展的体制机制，实现更高层次的共生共享，打造世界级城市群的重要探索。江苏省作为长三角的“制造业”引擎，持续增强制造业优势，积极打造一批集聚型“拆不散、搬不走、压不垮”的产业“航空母舰”，同时为推动每一条产业链做大做强给予相应的政策支持和营造良好发展环境，从而通过整体做大做强产业链集群和每一条产业链，来夯实长三角一体化发展战略的经济基础。

西太湖位于长三角的几何中心，随着多项重大交通基础设施建设，必将成为长三角重要的交通枢纽。西太湖要更好地融入到长三角一体化战略中，必须“练好内功”，紧紧把握“两湖”创新区发展机遇，坚决贯彻落实市委、区委的部署决策，坚持走创新发展道路，做强特色产业能级，才能更好地打造辐射整个长三角的“两湖”创新区核心区。

3.“两湖”创新区是有史以来最好的机遇。在“两湖”创新区建设推进大会上，陈金虎书记指出：当前，常州产业振兴之势日益凸显，能级跃升之势积蓄待发，区位质变之势呼之欲出，政通人和之势充分激发，新一轮发展最好的“时与势”聚于常州，而汇聚的焦点，正落在“两湖”区域。“两湖”创新区是资源最优、空间最足、展示度最高的绝佳宝地。优化城市空间布局，推动要素资源的科学分布和高效组合，是高质量发展的内在需求。作为“两湖”创新区核心区，西太湖必须以“两湖”创新区建设为契机，按下空间重塑、系统再造的“快进键”，建设新城市、发展新产业、集聚新人才。市委《关于创新驱动高质量发展》的实施意见中指出，要统筹推进双创载体空间布局规划和产业规划，高起点规划建设西太湖、长荡湖“两湖”科创长廊（“两湖”创新区），并启动建设西太湖“长三角青年创新创业港”。当前，作为常州“两湖”创新区核心区的西太湖，要自觉认识到自身作为市、区打造“国际化智造名城”的未来和希望的责任和担当。我们的医疗器械在长三角区域内有一定影响力，石墨烯产业打造了全国产业化水平最好、集聚水平最高的“东方碳谷”，获评工信部先进制造业集群。我们的产业集群整体展现出“创新有余、能级有限；基础扎实、尚需发力”的发展态势。发展城市，集聚人才，打造我们必须抢先行动、加快布局，把“两湖”创新区打造为支撑城市发展的新增长极和强劲引擎，以最优质的环境吸引更多创新人才、创新企业、创新资源，提升创新浓度，催生新技术、新业态、新模式，在新一轮发展中赢得优势、赢得主动、赢得未来。

四、“新城市、新产业、新人才”目标框架下的产业重构路径建议

产业结构重塑是工作所向、大势所趋，按照市委提出“两湖”创新区“新城市、新产业、新人才”的工作目标。新城市，就是围绕秀美生态的品质湖区，打造太湖流域最优水系生境区、国家碳中和实践先行区，探索常州城乡建设的绿色生态新模式。新产业，就是瞄准开放创新的未来湖区，围绕科技策源和高端商务两大主要方向，发展科研机构、实验研发、企业总部、金融贸易等核心功能；提升技术转化、文化旅游、生活服务、现代物流等支撑功能，对标全球的未来产业策源地，培育引领长三角产业科技创新中心的核心区、打造支撑长三角中轴枢纽的区域服务中心。新人才，就是构建青春多元的品质湖区，建设集聚青年人才的“试验场”，成为长三角休闲度假中心的重点区域，为青年人才提供“舒适温馨的社区、优质周到的服务、智慧完备的设施、绿色健康的出行、创业创新的载体”。围绕“新城市、新产业、新人才”的目标，从产业结构重塑的维度，建议推进好下列工作。

（一）聚焦新城市，打造未来中央活力区。一是深刻重塑城市布局。按照“两湖”创新区核心区建设要求，合理协调产城二元关系，城市和产业要“方向高度统一，形态适度分隔，功能互相支撑”。精心推动“两湖”创新区核心区城市设计方案在西太湖园区落地生根，城市中心的功能、品质、服务、面貌主要由孟津河以南核心片区承载；通过片区开发逐步推动“退二进三”，加快启动腾龙大道、地铁五号线沿线企业搬迁，中央车站地块整理，把现有的产业逐步向长虹路以北和嘉泽联动区疏导；加快北部园区更新、城镇更新、农村更新，布局工业邻里中心、高性价比住宅等配套，加快实施区镇联动发展，打通城市功能和产业发展的良性循环。二是深度发展城市经济。城市和产业都是经济发展的重要组成部分，“两湖”创新区核心区的城市既要成为产业的支持，自身也要有支撑经济发展的增长点。要结合“两湖”创新区规划设计，加快研究总部经济区、中央车站商务区、滆湖科学城等多个城市中心的产业定位和政策，确保功能布局与城市大框架同步推进；对标金鸡湖、松山湖等知名湾区，结合常州本地实际，在进一步完善孟津河以南核心区衣食住行、科教文卫等基础生活配套的基础上，大力引入高端商贸服务、文体休闲娱乐等“增值型”城市功能，尤其瞄准国际连锁、行业知名等各类品牌、打造具备网红热卖、个性差异等各类特色的商贸“地标”，要不惜资源引进和培育具有号召力的常州、长三角乃至全国“首店”，以“首店经济”快速激活城市商贸经济；围绕龙城金谷南区和烯望创智港，布局现代金融、创意研发等生产性服务业，加快研究石墨烯研究院、医疗器械研究院向区域型、行业型研发转化枢纽进化，在孟津河以南片区更新过程中更加集约化、中心化，在石墨烯小镇片区打造一个产城融合、支撑有力、服务周到的生产性服务业集群，作为北部片区产业集群的有力支撑和补充。三是深入营造城市文化。文化产业是“在城市身上刻名字”，必须要和本地城市发展深度绑定。要围绕音乐节、马拉松等核心活动和影视基地、雅集园、揽月湾等核心载体，结合城市发展，持续提升活动和载体的档次层级，引育一批音乐娱乐主题、体育运动主题、文化创意主题的生产、商贸市场主体，借助腾讯、阿里、华为等旗下的国内顶尖软硬件平台，以及捷成华视、视觉中国、喜马拉雅等园区听视觉文化平台，举办签唱见面会、专业运动公开赛事、专题艺术展等衍生活动，拉高文化输出“音量”，拉长 IP 建设“战线”。同时，既要把一系列重大活动的“文化效应”带到西太湖、扎根西太湖，更要借助重大活动、优质平台，把西太湖、武进乃至常州的文化传播出去，提高城市认知度、辨识度、许可度，真正把重大活动和优质载体的影响效应转化为城市的发展效益。

（二）聚焦新产业，打造武进经济增长极。一是踏进蓝海寻变机。推动经济转型、发展先导产业，始终是开发区的不变使命。要紧紧跟随产业发展前沿，在新能源、新互联、新材料、新经济等最前沿、最高端的产业上提前布局。围绕氢能产业、细胞治疗、石墨烯、数字经济等经济前沿和产业“蓝海”，要正视其整个产业正处于早期研发逐步向市场转化的关键阶段，一方面，要耐得寂寞、舍得资源，在严格做好创新型、孵化型项目筛选鉴别的基础上，容忍一些研发周期长、短期回报低的项目团队积蓄能量，静候爆发；另一方面，要借力大院大所大企大资本，为前沿产业打造好“资金池”“政策池”“服务池”，和企业一起熬过最困难、最低谷的时期，才能一起迎来突破和发展。*二是面向存量求增量*。西太湖的产业“存量”，既是指具有一定规模的特色产业体系，也是指园区已有的企业。在特色产业方面，要全力做大增量，要无条件地把“高端医疗健康、新材料、新能源、新智造、新经济”产业打造成为“两湖”创新区最鲜明的产业标识。高端医疗健康产业要全力打造为西太湖1号产业。重点发展高端医疗装备，打造“医疗器械注册人智能制造基地”。释放细胞研究院创新力，加快形成细胞医学全产业链，加快建设南医大常州校区，打造长三角最优产业创新生态。加速布局生物医药，同步发展特色医疗服务、康养医美等产业，高标准建设国家医疗旅游先行区，打造长三角医疗健康产业的一块“金字招牌”。新材料产业、尤其是石墨烯先进碳材料要全力打造为西太湖产业旗帜。推进石墨烯研究院与航发集团实体化战略合作，打造国家石墨烯创新中心常州产业基地。加快布局碳纤维、碳纳米管、碳碳复合和高端膜材料，力争到“十四五”末上市企业突破3家，打造为技术强、产值高、应用产品丰富的“东方碳谷”。新能源产业要有力把握国家“双碳”战略机遇，围绕“两湖”创新产业升级建设好、打造好“氢湾”这一氢能产业集聚区，打造好“长三角领先的氢能装备及核心零部件研发与制造基地、华东地区氢能源产业链差异化发展示范区、国内成效显效的氢能源科技创新转化中心、氢能装备及核心零部件检验检测中心这“一基地、一示范、两中心”；紧跟常州建设“新能源之都”关键机遇乘势而上，依托园区锂电装备制造的扎实基础，努力支持一批动力电池装备企业“异军突起”，打造园区产业经济的新增长极。新智造产业要全力打造成为西太湖产业规模主体。大力引育先进装备制造和核心零部件企业，推进产业数字化、制造服务业化，大力发展工业互联网、能源互联网，培育一大批龙头型、平台型智能制造示范企业，打造全市“智改数转”示范基地。新经济要全力打造成为西太湖产业新动能。把握科技发展新趋势，积极部署产业发展新赛道。同时，要将政策资源向龙头项目、领军人才和成熟应用倾斜，推动园区的生产制造项目逐步转型升级；结合龙城金谷充分研究科技金融创新，积极引导国有公司健全风险投资、股权投资、固定资产管理配置功能，形成更适宜企业发展的政策环境；要建立健全企业培育库，充实和壮大园区产业集群质效，形成“龙头项目引领、一批上市企业支撑、大量高成长型中小企业快速发展”的良好产业发展局面。*三是融入“两湖”定身位*。“两湖”创新区建设必然会带来区域产业链的整合重塑，构建一个创新区产业的“内循环”新格局。在市委、市政府“532”产业布局的整体带动下，整个片区内的产业必将逐步成链成团，扩大产业联结度。当前，长三角区域是全国医药健康、数字经济、新能源新材料、装备制造等产业的高地，“两湖”创新区正在快速形成新能源、新材料、整车制造等代表性产业集群，西太湖的特色产业在其中居于基础性、前瞻性的位置，要充分发挥园区高端医疗健康产业和新材料产业起步早、成熟应用多、产业集聚度高等一系列优势，把产业发展提升到整个创新区的高度，主动融入到“两湖”创新区的大产业格局中去，深度参与到产业“内循环”中，“一高四新”产业中，高端医疗健康产业中更加注重细胞生物药和高端医疗器械，新材料中全力攻关石墨烯、碳复合材料和“双碳”经济，新能源产业聚焦绿色清洁发展宗旨，主攻氢能和动力电池领域，新智造更加侧重整车、机器人配套环节，新经济集中精力强化“智改数转”数字经济，在“两湖”高端产业中占据关键环节、加大覆盖面积，在创新区的新一轮产业分工中占据主动、打造特色、有效引领。

（三）聚焦新人才，打造创新创业首善地。一是要大力引进“创新源”。大院大所、知名院校是“技术池”“创新池”，西太湖要做“摘果子的人”，就要让技术、人才、创意无限靠近企业、市场、资本。“两湖”创新区建设规划提出，要建设未来科学城，关键就是要引进知名科研机构，把创新的“源头活水”引进“两湖”。要依托南京大学未来产业研究院，加快建设长三角青年创新创业港，把国内顶尖的创新资源加快导入；要加紧建设南医大常州医学创新中心，布局医工研究院、动物实验中心等科研支撑配套，加快推进常州大学全面发展，力争再引进一批国内科研院所和高等院校及其研发机构，形成新技术快速富集、新人才大量导入、新成果有效转化的创新“源动力”，叠加中以、中德、中瑞等国际先进技术转化，把西太湖努力打造成为长三角科技创新策源地。*二是要全力打造“转化器”*。推动产业链、创新链双向融合，高水平建好细胞治疗前沿技术研究院，三年内纳入中国医学科学院创新体系。推进石墨烯研究院同步提升先进碳材料研究能力，积极参与国家创新中心建设。以龙城金谷（南区）为核心平台，构筑覆盖科创企业生命全周期、成果转化全过程、产业发展全链条的科技金融体系。深化省药监局审评核查常州分中心运行质效，强化赋能赋权赋责，大力降低企业制度性成本。*三是培育创新企业群*。更大力度推进企业培育工程，建立健全“初创企业—科技型企业—高新技术企业—专精特新和瞪羚企业—（潜在）独角兽企业—上市企业”培育库，每半年定期更新，同步配套政策措施。支持企业做强创新主体，建设提升“三站三中心”，支持福隆、唯德康、集硕、天衍、新纶等企业研发平台升级为产业创新平台，让企业成为人才发展的大舞台。*四是要合力建设“引力场”*。始终坚持“创新是第一动能、人才是第一资源”的理念，切实营造“以创新创业者为中心”的营商环境，构筑高品质的人才发展生态圈、高效率的创新发展生态链。建设青年友好城。围绕“全国青年创新创业最向往城市”这一目标，研究制订“西太湖新人才计划”，按照YOD模式（青年需求为导向）建设好“长三角青年创新创业港”，建好人才公寓、产业社区。加强平台引才、产业聚才、高校育才，每年新增市级以上人才项目50个，每年引进硕士以上人才1000名，让西太湖园区成为国际化最浓、平均年龄最轻、平均学历最高的新型开发区。

（课题组成员：徐新波　王晓东　蒋霄宇　樊晓斌　牟建茂　邵骏飞　张成华　周　健）

统计资料

表 90

2022 年武进区国民经济主要指标统计表

指标	单位	2022 年	2021 年	指标	单位	2022 年	2021 年
年末户籍总人口	万人	100.25	99.51	工业利税总额	亿元	494.88	507.04
年末常住人口	万人	172.15	171.72	工业利润总额	亿元	335.69	368.84
国内生产总值	亿元	3101.97	3005.46	年末工业固定资产原值	亿元	2177.35	2038.37
第一产业增加值	亿元	41.18	39.38	社会消费品零售总额	亿元	847.45	876.61
第二产业增加值	亿元	1685.79	1633.83	实际利用外资	万美元	71896	96279
工　业	亿元	1575.67	1529.74	自营出口总额	亿元	793.53	740.30
第三产业增加值	亿元	1375	1332.25	一般公共预算收入	亿元	203.93	216.55
人均国内生产总值	元	180415	176012	一般公共预算支出	亿元	207.46	209.40
粮食总产量	吨	56954	56921	金融机构年末存款余额（本外币）	亿元	4506.70	4087.65
肉类产量	吨	9274	9285	个人存款（本外币）	亿元	2050.25	1672.29
水产品产量	吨	35745	33612*	金融机构年末贷款余额（本外币）	亿元	3978.22	3448.92
农机总动力	万千瓦	23.09	22.78	全体居民家庭人均可支配收入	元	60894	58296
工业总产值	亿元	6505.51	6250.35	城镇居民人均可支配收入	元	71505	68775
工业销售收入	亿元	6688.85	6823.04	农村居民人均可支配收入	元	39952	37901

注：资料来源为《武进统计年鉴（2023）》，带“*”数据不含常州经开区

表 91

2022 年武进区社会发展主要指标统计表

指标	单位	2022 年	2021 年	指标	单位	2022 年	2021 年
科技项目及经费 *				电视台	座	1	1
立项	项	235	302	广播电台	座	1	1
资助金额	万元	34548	17441	有线电视用户	万户	26.7	26.72
高新技术产业				区属卫生机构合计			
国家认定的高新技术企业	家	1452	1131	机构 *	个	40	41
科研成果				床位 *	张	7399	7249
科技进步奖 *	项	14	8	卫生从业人员	人	14730	13859
专利申请及授权				诊所、卫生室、医务室、门诊部			
当年授权	件	20461	21455	机构 *	个	248	215
年末有效发明专利拥有量	件	12210	9748	卫生从业人员	人	1512	1381
学校	所	226	224	社区卫生服务站（村级卫生组织）			
教职工	人	19316	18889	机构 *	个	150	149
在校学生	人	237747	238971	卫生从业人员	人	396	394
幼儿园（注册）	所	123	122	体育场 *	个	1	1
影剧院	个	19	18	室内游泳池 *	个	46	46
剧团	个	1	1	全民健身工程（点）*	个	924	910
文化馆	个	1	1	年末等级社会体育指导员	人	5848*	5434
区级图书馆	个	3	2	业余体校 *	个	1	1
博物馆	个	1	1	专职教练 *	人	15	15
新华书店	个	16	16	体育彩票销售额	万元	85972	78111

续表 91

指　　标	单位	2022 年	2021 年	指　　标	单位	2022 年	2021 年
企业养老保险				基本医疗保险费支出额	万元	234595	231639
已参保单位	个	43304	36952	城乡居民医疗保险			
已参保职工	人	546079	584793	参保人员	人	474530	476570
基本养老保险费实际收缴额	万元	722265	592473	合计筹资（包括市级财政投入）	万元	76709	81508
基本养老保险费支出额	万元	441537	410919	失业保险			
机关事业养老保险				参加失业保险职工人员	人	464292	465951
年末参保单位 *	个	510	504	失业保险费实际收缴额	万元	29428	24393
年末参保职工 *	人	17113	19299	失业保险费支出额	万元	49544	18925
基本养老保险费实际收缴额	万元	65133	63755	工伤保险			
基本养老保险费支出额	万元	104705	100841	参加工伤保险职工人员	人	599574	533047
城乡居民社会养老保险				年内工伤保险费实际收缴额	万元	23355	18886
年末参加城乡居民社会养老保险人员	人	38560	42699	工伤保险费支出额	万元	26227	23147
年末领取基础养老金人员	人	144166	144395	生育保险			
城镇职工医疗保险				参加生育伤保险职工人员	人	499782	483103
年末已参保人员	人	737997	704694	生育保险费实际收缴额	万元	23738	19783
基本医疗保险费实际收缴额	万元	341780	312188	生育保险费支出额	万元	15142	13101

注：资料来源为《武进统计年鉴（2023）》，带“*”数据不含常州经开区

表 92

武进的一天统计情况表

指　　标	单位	2022 年	2021 年	指　　标	单位	2022 年	2021 年
一、每天创造的财富				肉类	吨	126	119
地区生产总值（当年价）	万元	84985	82341	蔬菜	吨	617	613
第一产业增加值	万元	1128	1079	家禽	吨	52	51
第二产业增加值	万元	46186	44762	蛋类	吨	53	48
工业增加值	万元	43169	41911	食糖	吨	7	6
第三产业增加值	万元	37671	36500	奶及奶制品	吨	54	55
一般公共预算收入	万元	5587	5933	水产品	吨	96	94
粗钢	吨	29777	44044	鲜瓜果	吨	182	204
钢材	吨	34346	44907	电力	万千瓦时	6091	6466
电动机	千瓦	1494	1574	工业用	万千瓦时	4893	5386
光伏电池	千瓦	4400	207	三、每天其他经济活动			
液压元件	件	8932	10592	社会消费品零售额	万元	23218	24017
液晶电视机	台	627	517	实际利用外资	万美元	197	264
光缆	芯千米	24263	6029	自营出口额	万元	21742	20282
工业机器人	套	70	59	专利授权数	件	56	59
新能源汽车	辆	377	240	发明专利授权数	件	8	5
粮食	吨	156	156	四、每天户籍人口变动			
出栏生猪	头	183	178	出生人数	人	16	16
出栏家禽	万羽	0.74	0.83	死亡人数	人	21	20
水产品产量	吨	98	—	迁入人数	人	32	37
二、每天消费				迁出人数	人	8	10
粮食	吨	553	643				

注：资料来源为《武进统计年鉴（2023）》

（杨　瑛）

索 引

Indexes

栏目编辑 万向阳 颜 赶 周小红 陈 蓉

说 明

1. 本索引采用主题分析方法，按主题词汉语拼音顺序排列。
2. 标引词后的数字标示内容所在页码，字母 a、b、c 分别标示左栏、中栏、右栏。
3. 栏目、分目、子分目标题款目用小五号黑体标示，正文款目用小五号书宋标示。
4. 本索引编有附见系统和参见系统，附见款目放在主款目下行缩 1 字编排；第二个页码开始为参见位置。
5. 索引标引词采用中心词简称，武进区区级党政机关、社会团体名称采用通行简称。

条目主题索引

A

B

C

D

H

J

K

L

M

N

O

P

T

W

X

Y

Z

表格索引

随文图片索引

人名索引

书名索引